本成果受到中国人民大学2020年度"中央高校建设世界一流大学（学科）和特色发展引导专项资金"支持。

汉西系动词结构比较研究

李静 著

中国纺织出版社有限公司

图书在版编目(CIP)数据

汉西系动词结构比较研究 / 李静著 . -- 北京:中国纺织出版社有限公司，2020.12

ISBN 978-7-5180-8092-2

Ⅰ. ①汉… Ⅱ. ①李… Ⅲ. 汉语—动词—对比研究—西班牙语 Ⅳ. ① H146.2 ② H344.2

中国版本图书馆CIP数据核字（2020）第211148号

责任编辑：姚　君　　责任校对：高　涵　　责任印制：储志伟

中国纺织出版社有限公司出版发行
地址：北京市朝阳区百子湾东里 A407 号楼　邮政编码：100124
销售电话：010—67004422　传真：010—87155801
http://www.c-textilep.com
中国纺织出版社天猫旗舰店
官方微博 http://www.weibo.com/2119887771
三河市宏盛印务有限公司印刷　各地新华书店经销
2020 年 12 月第 1 版第 1 次印刷
开本：710×1000　1/16　印张：19.75
字数：240 千字　定价 68.00 元

凡购本书，如有缺页、倒页、脱页，由本社图书营销中心调换

前　言

系动词结构是西班牙语独特的语言现象，在语法中占有重要地位，也是西班牙语教学与研究的重点和难点。西班牙语的系动词结构纷繁复杂，目前，绝大多数关于西班牙语系动词结构的语言学研究著作所讨论的内容均比较浅显，缺乏系统深入的理论框架式的研究。此外，在汉西系动词结构比较方面，两者在理论和实用层面存在很多异同点，本书所进行的比较研究能够在更深层次揭示汉西语言差异。而目前在汉西系动词结构的比较研究方面，国内和国际学术界鲜有著作出版，且专门针对西班牙语系动词结构的教材也尚未问世。因此，本书的学术价值和应用价值显而易见。

本书内容主要分为三大部分。第一部分，作者研究了西班牙语系动词结构的语言学原理及在中国大学课堂的教学现状。就语言学内容，本研究主要从句法角度探讨了西班牙语系动词结构的内在共性，分析了系动句、谓语动词句和其他助动词结构的相似与差异，系动句中的表语构成，系动词"ser""estar"和"parecer"所构成的句式，并且着重分析了"ser"和"estar"句式的差异。关于目前西班牙语系动词在大学课堂中的教学现状，本书主要分析了在以《现代西班牙语》为教材的课堂中，系动词结构在课文、语法、词汇、练习等各个板块中的"教"与"学"。

第二部分，在汉语语言学层面，本书着重分析了汉语系词系统的内在共性，并且研究了"是""像"等词语的具体用法和构成机制。在汉西语言对比层面，本书首先从理论层面比较了汉语系词系统和西班牙语系动词系统的相似与差异。其次，就"ser"与"是"，"estar"与"在"，"parecer"和"像"的句子构成机制进行了详细深入的比较，并且作者通过语料库实证分析方法、数学统计方法比较了上述对等词在汉西两种语言中的使用频次、使用语境、主语和表语类型的分布，以及在平行语料库中实际对等情况。本研究揭示了上述对等词之间的相似与差异。此外，本书调查了汉语系词结构在西班牙语的教学与研究现状。

第三部分，就二语教学层面，着重分析了适用于讲解西班牙语系动词结构的相关二语教学理论。调研了中国西班牙语语言文学专业大三、大四学生及毕业生对西班牙语系动词结构的认识和应用情况。结果显示，绝大多数在读学生和毕业生有兴趣深入学习系动词结构的用法。并且根据二语教学相关理论，综合考虑西班牙语系动词结构的构成特性，汉西对应结构的相似与不同，西班牙语系动词在中国大学课堂的教学情况，中国学生学习西班牙语系动词结构的需求，本研究提出了科学合理的教学方案。

综上所述，本书在语言学研究领域具有重要学术价值，在西班牙语"教"与"学"层面具有重要参考价值。因时间仓促，书中难免有不足和纰漏之处，欢迎广大专家学者与读者批评指正。

2020年6月
著者

Introducción Del libro 1

    Resumen 3
    La revisión de los conocimientos 4
    Hipó tesis del trabajo 6
    Objetivos del trabajo 7
    Metodología y desarrollo del trabajo 8

Introducción Del libro

Las construcciones copulativas tratan de un fenómeno gramatical característico del español. Estas estructuras ocupan un lugar importante en la gramática española, por lo que es la parte a la que tanto los profesores como los alumnos han prestado mucha atención.En español existen muy diversas y complejas construcciones copulativas. Actualmente en el territorio chino todavía faltan estudios lingüísticos relacionados con dichas estructuras. Además, se observan muchas similitudes y diferencias tanto teóricas como pragmáticas entre las construcciones del chino y el español. No obstante, nacionalmente e internacionalmente no han salido a la luz las obras centradas en el estudio comparativo. En este libro se ha realizado un estudio sistemático sobre las construcciones copulativas del español y sobre la comparación entre el idioma oriental y el idioma occidental con el fin de aclarar en profundidad las diferencias lingüísticas entre los dos idiomas.

En este libro se abarcan tres partes. En la primera parte se estudian las teorías lingüísticas y usos pragmáticos de las construcciones copulativas del español y la situación actual de su enseñanza en el aula universitaria china. En el ámbito lingüístico se analizan las similitudes intrínsecas de las diversas construcciones copulativas, investigando primero, las semejanzas y diferencias entre las oraciones copulativas, las predicativas y las estructuras de auxiliares de perífrasis; segundo, las categorías de atributos; tercero,las construcciones de los verbos copulativos *ser*, *estar* y *parecer*; cuarto, las diferencias entre las construcciones de *ser* y *estar*. En el ámbito didáctico, se estudia la situación de enseñanza y aprendizaje de las construcciones copulativas del español en las aulas donde se usan principalmente el manual Español Moderno.

La segunda parte, referida a la lingüística china, se centra en el análisis de las similitudes de los nexos chinos y de los mecanismos constructivos y usos prácticos de las palabras copulativas de "是" y "像". En lo tocante a la comparación teórica de las construcciones copulativas y los nexos chinos, se analizan las semejanzas y discrepancias de los mecanismos constructivos entre los tres pares de palabras: *ser* y "是", *estar* y "在" y *parecer* y "像". Se utiliza la metodología empírica basada en el corpus y la metodología estadística para realizar la comparación de la frecuencia de uso, el contexto de uso, la distribución de las diversas categorías de sujeto y atributo y la relación de equivalencia de los tres pares de palabras chinas y españolas en el corpus paralelo. Además, en esta obrase ha investigado y analizado la situación de enseñanza y estudio de los nexos chinos en el terreno español.

La tercera parte se ha centrado en el análisis de las teorías relacionadas con la enseñanza de español como segunda lengua, especialmente las adecuadas para la didáctica de la gramática española y en concreto los verbos copulativos. En esta parte también se ha diseñado una encuesta y se ha investigado el nivel de conocimiento de los alumnos universitarios de tercer y cuarto año y los graduados. El resultado muestra que la mayoría de los alumnos están interesados por un profundo estudio de los verbos copulativos españoles. De acuerdo con las pertinentes teorías de la enseñanza de segundas lenguas, las particularidades de las construcciones copulativas españolas y la diferencia de las estructuras entre el chino y el español, se ha planteado una propuesta didáctica que es adecuada para los estudiantes chinos y que cubre sus necesidades de estudiar en profundidad los verbos copulativos españoles.

En definitiva, esta obra tiene mucho valor académico en el ámbito de estudios lingüísticos y un gran valor pragmático y referencial en la enseñanza del español como lengua extranjera.

Resumen

En cualquier idioma el verbo constituye una parte clave al ser el encargado de transmitir la información principal de la oración. Si decimos que la lengua es como un árbol, entonces los verbos serían el tronco y sus formas copulativas, las ramas. El buen dominio de las conjugaciones juega un papel esencial en el aprendizaje de un idioma extranjero y por ello dedicaremos este trabajo al estudio de los verbos copulativos existentes en el español y sus equivalencias con el chino.

El español y chino pertenecen a distintos sistemas lingüísticos, ya que el primero procede del latín y el segundo desciende de la familia sinotibetana. Mientras la base lingüística del español está en el alfabeto latino, la del chino tiene su origen en los trazos de sus caracteres, que forman los sinogramas. La distancia existente entre estas dos lenguas, por tanto, es enorme y no se mide solo por su alejamiento geográfico, sino también por las diferencias entre las dos lenguas y sus culturas. Minkang Zhou (2011: 26) denomina la traducción entre estas dos lenguas como «distante», mientras que Laureano Ramírez Bellerín (2004: 18) señala que el chino es un sistema regido por unos principios distintos a los del español y sus equivalencias léxicas siempre son aproximadas e imperfectas. Asimismo, Lameng Shen (沈拉蒙, 2006: 1), autor dedicado a los estudios comparativos entre el chino y el español, indica que:

> En general podemos decir que el chino es un idioma más ambiguo y menos preciso que el español. Una de las causas de ello es que en español las palabras flexionan según género o número, los verbos declinan, la misma palabra cambia de forma según se trate de sustantivo, adjetivo o verbo (claridad, claro, aclarar) y muchas estructuras gramaticales tienen una forma más precisa. El chino tiene una forma más esquemática.

Por tanto, entre el chino y español existe una distancia difícilmente superable, aunque esta se puede reducir si efectuamos un estudio adecuado y conocemos y profundizamos más en sus características. Persiguiendo ese fin, en este trabajo nos centraremos, en primer lugar, en el estudio de los verbos copulativos existentes en el español; en segundo, en sus equivalencias con la lengua china a través de un análisis comparativo; en tercer lugar, basándonos en el estudio del manual *Español Moderno*, investigaremos la situación de la enseñanza de este tipo de verbos en las universidades chinas; en cuarto, nos dedicaremos al análisis de los modelos de enseñanza de idiomas; y, finalmente, trataremos de diseñar un material didáctico complementario para la mejor comprensión de los verbos copulativos. Aunque actualmente son muchos los trabajos de análisis de estos verbos españoles, todavía existen escasos estudios comparativos y aún menos son los esfuerzos dedicados a su enseñanza para los estudiantes chinos, por lo que se justifica la intención de este libro, que pretende realizar dicha comparación y aportar sugerencias sobre la enseñanza de los verbos copulativos.

La revisión de los conocimientos

A lo largo de la historia, se han publicado muchas obras destinadas al estudio de la gramática española. Entre las últimas cabe destacar la aparición en el año 2009 de la *Nueva gramática de la lengua española*, que nos ha proporcionado no solo una amplia panorámica lingüística, sino también explicaciones detalladas en lo referente a cada fenómeno gramatical. Además, podemos tomar como referencia otras obras centradas solamente en el análisis de los verbos españoles y sus construcciones verbales, como las de Dietrich (1983), Fernández de Castro (1990), Garcés Gómez (1997), Gómez Torrego (1999), Gutiérrez Araus (1995), Iglesias Bango (1988), Roca-Pons (1958) o Yllera (1999), entre otros filólogos que han realizado estudios significativos. En busca de mayor especialización podemos acudir a materiales centrados únicamente en los verbos copulativos o en las construcciones atributivas, como los elaborados por Cárdenas (1963), Carrasco (1974), Clements (1988), Falk (1979a, 1979b), Fernández Leborans (1995, 1999), Fogsgaard (2000), Franco (1984), Gili Gaya (1943), Malaver (2009), Marín Gálvez (2000, 2004), Molina Redondo y Ortega Olivares (1987), Morimoto y Pavón Lucero (2006, 2007a, 2007b), Navas Ruiz (1977), Navas Ruiz y Llorente (2002), Penadés Martínez (1994), Penas Ibáñez y Zhang (2012), Porroche Ballesteros (1988, 2009) o Silvagni (2013), entre otros.

En cuanto a la gramática de la lengua china, poseemos una gran cantidad de obras, entre las que se cuentan 《汉语语法》 (*La gramática de la lengua china*) de Shi

Liuzhi (2010), 《汉语语法趣说》 (*Una interpretación interesante de la gramática china*) de Shao Jingmin (2011), 《现代汉语语法教程》 (*Manual de la gramática de la lengua china moderna*) de Ding Chongming (2009), 《实用汉语语法》 (*La gramática aplicada de la lengua china*) de Fang Yuqing (2008) o *Gramática de la lengua china* de Marco Martínez (1998). En otro ámbito, con la profundización del intercambio cultural, económico y político entre China y los países hispanohablantes, los estudios comparativos y de traducción chino-español se han hecho cada día más numerosos, entre los que puede destacarse el llevado a cabo por Zhou Minkang (1995), quien ha realizado investigaciones comparativas de los dos idiomas para establecer las características propias de los tipos de traducción especializada; o el análisis en profundidad de Laureano Ramírez Bellerín (1999) sobre las características de la lengua china para el estudio del proceso de traducción y sus dificultades, basándose en ejemplos concretos. Terminaremos citando a Ramón Santacana Feliu (2006), quien también ha realizado una comparación de los dos idiomas con el fin de aportar estrategias para cada tipo de traducción.

En el ámbito de la traducción o en cualquier otro sector profesional relacionado con el español, se exige un buen nivel de idioma a los graduados de Filología hispánica[1], por lo que la enseñanza universitaria desempeña una función esencial. Actualmente en China se utiliza un manual de enseñanza titulado *Español Moderno*, que se compone de seis volúmenes que van transmitiendo los conocimientos sobre la lengua española de una forma progresiva, de lo más básico y sencillo a lo más complejo. Dado su uso generalizado, el análisis de este libro de referencia nos ayudará a conocer el principal método de enseñanza utilizado en las universidades chinas.

---

[1] Numerosas universidades chinas adoptan el término *Filología hispánica* para designar aquellas enseñanzas universitarias en que los alumnos tienen como meta el dominio del español y el conocimiento de su literatura y su realidad política y económica. En el plan de estudios de cuatro años del grado se incluyen asignaturas de lectura intensiva, lenguaje oral, redacción, traducción, interpretación, situación cultural, económica y política de los países hispanohablantes, así como literatura española y latinoamericana. Los graduados universitarios de *Filología hispánica* tienen la posibilidad de conseguir un empleo en un amplio ámbito de profesiones relacionadas con la lengua española. En este contexto, la enseñanza universitaria posee una gran relevancia, puesto que es la principal herramienta para aquellos que pretendan dominar esta lengua en China.

En cuanto al español como lengua extranjera, son muchos los estudios que se han realizado al respecto. Concha Moreno García (2011) ya planteó unas críticas en lo tocante a los materiales, estrategias y recursos en la enseñanza de español como segunda lengua, mientras que José María Santos Rovira (2011) realizó un estudio sobre la historia, desarrollo y situación actual de la enseñanza del español en China. En el mismo campo, José Andrés Molina Redondo (2011) se centró en el análisis de la enseñanza de la gramática de la lengua española y Juan Carlos Moreno Cabrera (2010) realizó una introducción del español desde el punto de vista de este como lengua extranjera. Todos estos estudios y los anteriormente citados servirán como cimiento teórico para la realización del presente trabajo.

Hipótesis del trabajo

—Los verbos copulativos poseen unas características propias que los diferencian de otros tipos de verbos, lo cual exige una metodología didáctica específica para ellos.
—El conjunto de verbos copulativos comparte rasgos comunes y, para su correcta enseñanza a los estudiantes chinos, hay que tener en consideración tanto las características compartidas como las exclusivas de cada uno.
—En chino también existen las 《palabras atributivas》[1], pero sus usos difieren de los que presentan estos verbos en la lengua española, por lo que en la enseñanza del español a los estudiantes chinos es necesario considerar las características propias de la lengua china.
—La escasa trayectoria de la enseñanza de español en las universidades chinas obliga a realizar mayores esfuerzos en los métodos para instruir sobre los verbos copulativos.
—En el planteamiento de las actividades didácticas deben tenerse en cuenta no solo las teorías sobre la enseñanza de una segunda lengua, sino también la situación didáctica del país en el que se aplica en la actualidad y las características de los estudiantes

---

[1] En chino, "系词" (xì cí) es la designación dada al conjunto de palabras que desempeñan función copulativa pero, a diferencia de los verbos copulativos españoles, "系词" no son verbos. Como "系" tiene el significado de "atributivo" "copulativo" o "nexo" y "词" significa "palabra", en el presente trabajo, "系词" se traducirá por «palabras atributivas», «palabras copulativas» o «nexo».

chinos y su lengua materna.

Objetivos del trabajo

Esta investigación tiene dos objetivos fundamentales: en primer lugar, realizar un estudio comparativo de los verbos copulativos del español y del chino para pormenorizar las dificultades que se afrontan en su enseñanza a los estudiantes chinos. En segundo lugar, desarrollar unas actividades didácticas con la intención de que sirvan para mejorar el dominio de los verbos copulativos españoles por parte de estos estudiantes. Aún más concretamente, los objetivos específicos de este libro pueden resumirse en los siguientes puntos:

—Investigar los usos de los verbos copulativos y las características que los diferencian de otros tipos, con el objetivo de demostrar qué elementos pertenecen a este grupo y cuáles son sus funciones y usos.

—Estudiar los equivalentes chinos de estos verbos del español, o lo que es lo mismo, estudiar las formas copulativas del chino, para que quede clara la diferencia lingüística entre ambas lenguas y conozcamos las dificultades de la enseñanza del español para los estudiantes chinos.

—Estudiar la situación actual de la enseñanza de este tipo de verbos en las universidades chinas, mostrando las desventajas del método utilizado mayoritariamente en el país y detallando los esfuerzos pendientes para optimizar la enseñanza del español.

—Confirmar los principales objetivos didácticos e investigar las dificultades encontradas por los estudiantes chinos en relación con el aprendizaje de los verbos copulativos.

—Diseñar unas actividades didácticas adecuadas y eficaces para mejorar las habilidades de los estudiantes respecto al dominio y uso de los verbos copulativos del español.

—Plantear un sistema de evaluación que verifique la eficacia de dichas actividades didácticas para comprobar si los estudiantes mejoran sus competencias en lo referente al uso de este tipo de verbos.

Metodología y desarrollo del trabajo

—Estudiaremos cuáles son los verbos copulativos en el español, analizándolos desde el punto de vista sintáctico y semántico. En cuanto a la sintaxis, nos centraremos en qué tipos de atributo pueden insertarse en las oraciones copulativas, caso a caso. Es importante tener presente que la confusión que generan estos verbos entre los chinos estudiantes de español supone un enorme obstáculo en su aprendizaje, puesto que sus usos son muy parecidos; por tanto, es muy importante hacer énfasis en el estudio de su sintaxis, semántica y usos concretos.
—Estudiaremos los llamados "nexos" de la lengua china, investigando sus usos y respectivas subclases para la posterior realización de un estudio comparativo a nivel sintáctico y semántico con los verbos copulativos españoles. Aunque se hace necesaria una comparación más amplia entre las dos lenguas antes de adentrarnos en el estudio comparativo de los verbos, no nos dedicaremos a analizar todos los fenómenos gramaticales, sino solo los aspectos más contrapuestos, con el objetivo de demostrar las grandes diferencias existentes y los retos a los que nos enfrentamos en el camino de enseñar español a estudiantes chinos. Dicho análisis también nos ayudará en la comprensión de las diferencias entre los verbos copulativos de español y las formas del chino.
—Investigaremos el método utilizado para la enseñanza de los verbos copulativos que, en la actualidad, en casi todas las universidades chinas se ciñe a la utilización de un manual denominado *Español Moderno*. Este libro cuenta con su propio método de enseñanza, que analizaremos con el fin de realizar una panorámica sobre cómo se enseña el español, especialmente en los verbos que nos interesan. Así, estudiando cuáles son los principales problemas generados por estos verbos, podremos conocer con claridad los aspectos en los que será necesario un mayor esfuerzo pedagógico.
—Analizaremos los modelos de enseñanza de segunda lengua o lengua extranjera y los materiales concernientes a la enseñanza del español y de sus verbos, con el objetivo de encontrar un método didáctico eficaz para los verbos copulativos. Sin embargo, para confirmar un método adecuado para estos estudiantes, hay que tener en consideración

las características propias de la lengua china, el alumnado y demás dificultades encontradas.

—Fundamentándonos en todos estos análisis, elaboraremos unas actividades útiles y adecuadas, plantearemos un modelo de enseñanza y diseñaremos unos ejercicios para fortalecer el dominio de los estudiantes sobre la materia, así como unos métodos de evaluación que nos permitirán conocer cómo controlan el uso de los verbos copulativos.

目录

Parte I Las construcciones copulativas del español y su enseñanza en China 1

1 Conceptos básicos relacionados con las construcciones copulativas del español 2

    1.1 Similitudes y diferencias entre oraciones predicativas y copulativas 2
    1.2 Atributo de oraciones copulativas 5
    1.3 Predicado de oraciones copulativas 15

2 Categorías de atributos 22

    2.1 Oraciones subordinadas posverbales 22
    2.2 Sintagmas nominales como atributo 23
    2.3 Sintagmas verbales como atributo 25
    2.4 Sintagmas adjetivales como atributo 26
    2.5 Sintagmas preposicionales como atributo 29
    2.6 Sintagmas adverbiales como atributo 32
    2.7 La concordancia en oraciones copulativas 33

3 Oraciones copulativas con *ser*: de caracterización e identificativas 38

    3.1. La categoría de oraciones copulativas adscriptivas 39

    3.2. La categoría de oraciones copulativas identificativas 62

4   Oraciones copulativas con *estar* 82

    4.1   Atributos adjetivales en las construcciones con *estar* 82

    4.2   Particularidades de las construcciones con *estar* 84

5   *Ser* y *estar* en oraciones copulativas 87

    5.1   Diferencia entre *ser* y *estar* 87

    5.2   *Ser* y *estar* en algunos casos concretos 105

6   Oraciones con *parecer* 156

    6.1   Nombres como atributo 156

    6.2   Preposiciones como atributo 158

    6.3   Adjetivos como atributo 158

    6.4   Adverbios como atributo 159

    6.5   Infinitivos detrás de *parecer* 160

    6.6   Oraciones que siguen *parecer* 164

7   Construcciones copulativas del español en el manual Español Moderno 167

    7.1   Construcciones con *ser* y *estar* 168

    7.2   Construcciones con *parecer* 177

Parte II Nexos chinos y su enseñanza en España 180

8 Nexos Chinos **181**

    8.1. Copulativos del chino 182

    8.2. El nexo chino "是" (equivalente a ser) 184

    8.3. El copulativo "是" en oraciones 189

    8.4. Los equivalentes de *parecer* 195

9 Diferencia entre nexos chinos y verbos copulativos españoles 197

    9.1   La traducción y equivalencia 197

    9.2   La polisemia funcional de *ser* y *estar* en español y en chino 201

    9.3   Equivalentes chinos de las construcciones copulativas del español 203

    9.4   Equivalentes chinos de las construcciones con *ser* en el RST Spanish-Chinese Treebank 205

10   Enseñanza de las palabras copulativas del Chino en España 218

    10.1   Esquemas de chino 218

    10.2   *Chino para españoles* 220

    10.3   La categoría de aspecto verbal y su manifestación en la lengua China 221

    10.4   Gramática de la lengua China 223

    10.5   Comparación de la comprensión de los chinos sobre *ser* y *estar* y la comprensión de los españoles sobre "是" (equivalente a ser) y "在" (equivalente a *estar* o *estar en*) 224

Parte III   Propuesta para la enseñanza de las construcciones

copulativas del español 228

11 Teor í as relacionadas con la enseñanza de una segunda lengua 229

    11.1   Encuestas preparadas para los alumnos de Filología Hispánica 229

    11.2   Teorías relacionadas con la selección y gradación de la metodolog ía 234

    11.3   Cómo se evalúa al alumno 237

12 Propuesta para la enseñanza de los verbos copulativos del español 239

    12.1   Tareas relacionadas con los conceptos básicos 239

    12.2   Tareas relacionadas con los verbos copulativos españoles 242

    Conclusiones 273

BIBLIOGRAFÍA 282

Parte I Las construcciones copulativas del español y su enseñanza en China

1. Conceptos básicos relacionados con las construcciones copulativas del español
2. Categorías de atributos
3. Oraciones copulativas con *ser*: de caracterización e identificativas
4. Oraciones copulativas con *estar*
5. *Ser* y *estar* en oraciones copulativas
6. Oraciones con *parecer*
7. Construcciones copulativas del español en el Manual *Español Moderno*

1 Conceptos básicos relacionados con las construcciones copulativas del español

La noción de oración copulativa queda al margen del aprendizaje de los estudiantes chinos, puesto que, cuando se les pregunta acerca de este concepto, la mayoría de ellos no saben de qué se trata y la consideran una construcción muy difícil y complicada por ser completamente nueva para ellos. Ante esta situación se hace evidente la necesidad de realizar un estudio profundo para aclararles tales conceptos, pues la gramática constituye una parte muy importante de la lengua. Debido a la creatividad de los seres humanos, el idioma es una entidad viva, influida y revitalizada por la cultura y la ideología de sus hablantes. Y, aunque el estudio de la gramática funciona como base orientativa para el buen dominio de una lengua, no podemos por eso olvidar otros aspectos no menos importantes, como los usos cotidianos en el lenguaje oral.

1.1 Similitudes y diferencias entre oraciones predicativas y copulativas

En el español se definen como construcciones copulativas "aquellas cuyo predicado[1]

---

[1] De acuerdo con Gumiel Molina (2005: 11-12), las expresiones que denotan eventos o estados se denominan predicados, mientras que las expresiones quedesignan entidades se denominan argumentos. La autora utiliza dos oraciones (El padre interrumpió la lección de física y Juanjo envió a Mónica un ramo de flores) para explicar las nociones de predicado y argumento, indicando que, en la primera oración, la expresión interrumpió es predicado y las expresiones el padre y la lección de física son argumentos; en la segunda oración, envió es predicado y Juanjo, a Mónica y un ramo de flores son argumentos. Asimismo, la autora señala que, en las oraciones copulativas, el atributo funciona como predicado.

1 Conceptos básicos relacionados con las construcciones copulativas del español

está formado por un atributo, es decir, por un elemento nominal (sustantivo o adjetival), que, desde el punto de vista léxico, es el centro del predicado, y un verbo copulativo, que no es sino un portador de los morfemas[1] de número, persona, tiempo, modo y aspectos verbales" (Porroche Ballesteros, 1988: 19).

Tradicionalmente, las oraciones se han dividido grosso modo en dos tipos: las predicativas y copulativas[2]. En las primeras el predicado es verbal, pues se trata de un verbo pleno, mientras que en las segundas su predicado nominal[3] está constituido por el verbo copulativo y el atributo. Con el fin de entender esta diferencia, aquí se muestran unos ejemplos:

(1) a. Don Rafael entró a la casa (Bayly, Los últimos días de "La Prensa", 1996)

    b. Lorenzo Sanz compra el barrio del Bernabéu. (*El Mundo*, 03/12/1995)

(2) a. La pequeña familia es feliz. (*La Vanguardia*, 16/10/1995)

    b. Alonso está enfermo. (Prensa, *El Siglo*, 01/11/2000)[4]

En los ejemplos (1a) y (1b) el núcleo predicativo lo conforman, respectivamente, los verbos entrar y comprar y, tanto el verbo intransitivo como el transitivo, funcionan

---

[1] De acuerdo con el Diccionario de la Real Academia Española, versión online, el morfema es la "unidad mínima significativa del análisis gramatical" o la "unidad mínima analizable que posee solo significado gramatical". Consultado en <www.rae.es>.

[2] Hernández Alonso (1971) y Porroche Ballesteros (1990) indican que, desde el punto de vista sintáctico, existe un paralelismo entre oraciones copulativas y oraciones predicativas, porque ambas presentan un mismo signo de predicación oracional: un verbo; además, los autores Demonte (1979), López García (1996) y Navas Ruiz (1977) mantienen una opinión semejante, señalando que las oraciones transitivas y las oraciones copulativas poseen una estructura sintáctica parecida, ya que, en las primeras, el verbo transitivo exige un complemento directo y, en las segundas, el verbo copulativo exige un atributo. Véase Fernández Leborans, 1999: 2359.

[3] De acuerdo con el Diccionario de Real Academia Española, versión online, el predicado nominal está "constituido por un verbo copulativo, como *ser* o *estar*, y por un nombre, un adjetivo, un sintagma o una proposición en función nominal. El verbo, que en ocasiones puede faltar, sirve de nexo con el sujeto, de tal modo que se establece concordancia entre los tres componentes de la oración". Consultado en <http://www.rae.es>. Acerca del término predicado nominal, Baralo (1998) indica que, cuando se utiliza un sintagma nominal, adjetival o preposicional como predicado, normalmente se suele hablar de predicado nominal, en oposición a predicado verbal. Además, algunos autores defienden que, en el predicado nominal, la base semántica es el atributo (Alonso y Henríquez Ureña, 1938: 33; RAE, 1973: 66) y el núcleo sintáctico es el verbo copulativo (Seco, 1972: 106; Alarcos, 1970: 159).

[4] Los ejemplos del presente trabajo se citan de REAL ACADEMIA ESPAÑOLA: Banco de datos (CREA) [en línea]. Corpus de referencia del español actual. <http://www.rae.es>.

como núcleo que selecciona al sujeto. En cambio, en los ejemplos de (2) los verbos *ser* y *estar* han perdido plenamente su significado y han experimentado un proceso de desemantización❶ (RAE, 1931: 158), por lo que la parte que selecciona al sujeto solo pueden ser los atributos *feliz* y *enfermo* (Porroche Ballesteros, 1990: 83). Por otra parte, si omitimos los complementos de las oraciones (1a) y (1b), el significado de los verbos no sufrirá ningún cambio; sin embargo, si realizamos la misma operación en las oraciones (2a) y (2b), eliminando los atributos, estas experimentarían cambios semánticos y quedarían incompletas:

*La pequeña familia es.

*Alonso está.❷

Lo que se demuestra aquí es que el núcleo predicativo de las oraciones copulativas es el atributo y que es este mismo el que selecciona al sujeto. Y es que los verbos copulativos *ser* y *estar*, además de portar los morfemas de número, persona, tiempo, modo y aspectos verbales, funcionan como el nexo que relaciona al sujeto con el atributo.

En lo tocante a la división de oraciones en predicativas y copulativas, en el *Esbozo de una nueva gramática de la lengua española* (RAE, 1973: 364) se indica que existen dos clases de predicados: el nominal y el verbal y, por ello, las oraciones se pueden dividir en oraciones de predicado nominal y de predicado verbal, llamadas, respectivamente, copulativas y predicativas. Tanto para el predicado de las oraciones copulativas como para el de las oraciones predicativas, existe un núcleo. De acuerdo con Hernández (2004: 104), un predicado puede tener dos tipos de núcleos, uno sintáctico y otro semántico. El núcleo sintáctico de los predicados verbal y nominal siempre es el verbo, que, en el caso del verbal, es predicativo y, en el caso del nominal, copulativo, mientras que el núcleo semántico varía según de qué predicado se trate, de modo que el núcleo semántico del predicado verbal es el verbo y el núcleo del nominal es el nombre❸. Por lo tanto, una de las diferencias entre las oraciones copulativas y predicativas consiste

---

❶ Los autores Hernández Alonso (1971) y López García (1983: 87) denominan este proceso 'gramaticalización'.

❷ En el presente trabajo se utiliza el signo * para indicar una oración agramatical.

❸ De acuerdo con el Diccionario de Real Academia Española, versión online, el nombre es una categoría de palabras que comprende el nombre sustantivo y el nombre adjetivo. Consultado en <www.rae.es>.

en que en las predicativas el núcleo semántico coincide con el núcleo sintáctico, mientras, en las copulativas, el núcleo semántico es el atributo y el núcleo sintáctico, el copulativo. Sobre este mismo tema, señala Fernández Leborans (1999: 2359) en la *Gramática descriptiva de la lengua española* que las oraciones se distinguen en función de la categoría del núcleo léxico del predicado, por lo que las de predicado verbal se denominan predicativas y las de predicado nominal, copulativas. En realidad, aunque las definiciones de los anteriores autores varían entre sí, al final confluyen, ya que se centran en una expresión clave común: predicado nominal.

1.2 Atributo de oraciones copulativas

La *Nueva gramática de la lengua española* (RAE, 2009: 2773) nos ha facilitado una definición clara del atributo, indicando que "se llama atributo la función que desempeñan varios grupos sintácticos que denotan propiedades o estados de cosas que se predican del referente de algún segmento nominal u oracional". Según Navas Ruiz (1977: 23), Wilhelm Meyer-Lübke (1900) planteó en su libro *Grammaire des langues romanes* una descripción más completa, señalando que "el atributo es un nombre yuxtapuesto al sujeto o al objeto, o unido a ellos por un adverbio comparativo o una preposición, que tiene por función expresar el aspecto bajo el que un ser se presenta, la particularidad gracias a la cual este ser aparece como autor u objeto de la acción". De esta manera, mientras en la definición dada por la *Nueva gramática de la lengua española* se destacan propiedades y estados como palabras clave, en la descripción de Wilhelm Meyer-Lübke lo hacen aspecto y particularidad. Con todo, ambas definiciones subrayan la función que el atributo desempeña en las oraciones copulativas. De hecho, el atributo pretende evidenciar las características o el estado del sujeto. Navas Ruiz (1977: 24), por su parte, utilizará cuatro puntos para demostrar qué y cómo es el atributo, indicando que:

    a. Tiene por función expresar la manera como se nos presenta el sujeto o el objeto, definiéndolos bajo ciertas determinaciones como cualidad o estado.

    b. Es un nombre, pues ésta es la categoría gramatical encargada de definir las características de las cosas.

c. Es un nombre adjetivo, porque su función es precisar las notas de otro término, sujeto u objeto, que está necesariamente representado por un sustantivo. De aquí se deduce que toda palabra o conjunto de palabras que actúan como atributo están adjetivadas, traspuestas a la categoría de adjetivo.

d. Es introducido directa o indirectamente a su término mediante un verbo, que ocasionalmente puede no estar explícito.

1.2.1 Las estructuras sintácticas atributivas

Según la *Nueva gramática de la lengua española* (2009: 2776), el atributo puede estar formado por los siguientes grupos sintácticos: construcciones adjetivales, nominales, preposicionales, adverbiales y oracionales. Además, puede aparecer tanto en oraciones copulativas como en oraciones predicativas, pero desempeñando distintos papeles. En primer lugar, veremos estos distintos grupos sintácticos, comenzando por sus construcciones más frecuentes, las adjetivales, y siguiendo por las demás. Aportaremos para ello ejemplos de cada tipo de atributo, primero en su uso en oraciones copulativas, luego en oraciones predicativas.

Ejemplos de atributos adjetivales:

En una oración copulativa:

(3) El control de la corriente eléctrica es muy importante. (*VV.AA., 1998*)

En una oración predicativa:

(4) Este vegetal no se come crudo. (Lira, *Medicina andina*, 1985)

Ejemplos de atributos nominales:

En una oración copulativa:

(5) Ese es el problema. (*Proceso*, 13/10/1996)

En una oración predicativa:

(6) Pues lo considero efecto de una estrategia de enseñanza. (*Umbral*, 2000)

Ejemplos de atributos preposicionales:

En una oración copulativa:

(7) Carmen es de Madrid. (Leguina, *Tu nombre envenena mis sueños*, 1992)

En una oración predicativa:

(8) Te veo con mejor cara que estos días pasados. (Alonso de Santos, *Pares y Nines*, 1989)

Ejemplos de atributos adverbiales:

En una oración copulativa:

(9) No me parece mal la situación actual de estos proyectos. (*Vía libre*, 09/2000)

En una oración predicativa:

(10) La encontré estupendamente. (*El País*, 20/10/1997)

Ejemplos de atributos oracionales:

En una oración copulativa:

(11) Yo soy el que soy. (Gómez Torrego, *Gramática didáctica del español*, 1998)

En una oración predicativa:

(12) Pero los hay que me adoran y hablan bien. (*Tiempo*, 22/01/1990)

1.2.2 Los complementos predicativos

Aportemos para comenzar este epígrafe la definición que ofrece la Real Academia (2009: 2779) sobre los complementos predicativos, calificándolos como "las expresiones atributivas que se predican de un grupo nominal o de una oración a través de un verbo principal o pleno; por tanto de un verbo que no sea copulativo ni semicopulativo". Por su parte, Demonte y Masullo (1999: 2463-2464) señalan que los complementos predicativos modifican simultáneamente al predicado verbal y a un sintagma nominal[1] de la misma oración, de manera que existen dos predicados, uno primario y uno secundario[2]. El primario es el verbo principal y el secundario es el complemento predicativo que se predica del sintagma nominal al que modifica y le atribuye un estado o propiedad. "De ahí que sea corriente denominar 'predicados secundarios' a los complementos predicativos y que el sintagma nominal del que se predican secundariamente pueda denominarse el sujeto de ese predicado secundario (con

---

[1] De acuerdo con el Diccionario de Real Academia Española, versión online, el sintagma nominal también tiene el nombre de grupo nominal y "está construido en torno a un nombre o un sustantivo". Consultado en <www.rae.es>.

[2] Los autores Sobejano (1956: 125) y Navas Ruiz (1977: 30) lo denominan predicativo adverbial o adjetivo atributivo-adverbial.

independencia de que sea sujeto u objeto respecto del verbo principal)" (ibid.: 2464). Otra forma de comprender el complemento predicativo es decir que constituye una variante del atributo (RAE, 2009: 2864). Según la función sintáctica que desempeñe el grupo nominal del que se predican las expresiones atributivas, es decir, de acuerdo con el sintagma nominal al que modifiquen los complementos predicativos, se establecen las subclases[1] de complementos predicativos del sujeto, complementos predicativos del objeto directo, complementos predicativos del objeto indirecto y complementos predicativos del complemento de régimen[2] (RAE, 2009: 2865). Mostramos a continuación un ejemplo de cada tipo de estos, comenzando por el complemento predicativo del sujeto:

>(13) La actividad económica es responsabilidad del hombre. Cuando él llega cansado del trabajo, su esposa debe atenderlo y brindarle descanso. Si los dos trabajan, ambos llegarán cansados. No tendrá tiempo para el hogar y esto no es bueno. (Prensa, *El tiempo*, 07/01/1988)

En este caso, los atributos cansado y cansados se predican de los grupos nominales que desempeñan la función sintáctica del sujeto, él y ambos respectivamente; por tanto, las dos expresiones atributivas son complementos predicativos del sujeto. De acuerdo con Gumiel Molina (2005: 13) las oraciones con complementos predicativos del sujeto se distinguen porque pueden ser parafraseadas y, de esta manera, las oraciones del ejemplo (13) podrían identificarse porque pueden parafrasearse de la siguiente manera: Cuando él llega del trabajo, está cansado y ambos llegarán y estarán cansados. Vayamos ahora al complemento predicativo del complemento directo:

---

[1] A diferencia de la *Nueva Gramática de la Lengua Española*, Gumiel Molina (2005: 17) indica que, como el sujeto del predicado secundario tiene que ser un sintagma nominal, los complementos predicativos solo pueden modificar al sujeto y al complemento directo y que es imposible que modifiquen al complemento indirecto, porque se trata de un sintagma nominal incluido dentro de un sintagma preposicional.

[2] El complemento de régimen es un tipo de complemento verbal introducido por preposición. El régimen es una relación de dependencia y un tipo de reacción que indica qué elemento sintáctico funciona como "principal" o "núcleo" y cuál como "subordinado" o "modificador". Por ejemplo, en la oración No abuses del alcohol, el elemento sintáctico principal o núcleo es abusar y el elemento subordinado o modificador es alcohol. El término subordinado alcohol delimita al término principal abusar y así el término principal resulta determinado. Véase Cano Aguilar, 1999: 1809-1811 y RAE, 2009: 2715-2721.

(14) No sé nada de ese pobre desgraciado y lo creo capaz de hacer cualquier cosa, por horrible que sea. Los designios de Dios son inescrutables. (Egido, *El corazón inmóvil*, 1995)

Como se aprecia, el atributo *capaz* atribuye a la entidad que representa el pronombre átono *lo* –*ese pobre desgraciado*–, que es el complemento directo de la oración. Veamos ahora el complemento predicativo del complemento indirecto:

(15) Le registraron los bolsillos apoyado a la pared. (RAE, *Nueva gramática de la lengua española*, 2009)

De forma análoga a las anteriores, el atributo *apoyado* se predica del complemento indirecto *le*, formándose el complemento predicativo del complemento indirecto. Finalmente, citemos un ejemplo de complemento predicativo del complemento de régimen:

(16) Piensa en ella a tu lado. (RAE, *Nueva gramática de la lengua española*, 2009)

En esta oración citada de la *Nueva gramática de la lengua española* la expresión atributiva *en ella* es el complemento de régimen y la expresión preposicional *a tu lado* es el complemento predicativo del complemento de régimen.

1.2.2.1 Las expresiones que pueden desempeñar funciones de complementos predicativos

En lo tocante a qué categorías de sintagmas pueden aparecer como complementos predicativos, Gumiel Molina (2005: 21) indica que todas aquellas que puedan denotar propiedades o estados podrían desempeñar dicha función. En ellas se incluyen sintagmas adjetivales, sintagmas preposicionales, sintagmas nominales, participios, gerundios, ciertos adverbios y algunas oraciones subordinadas, siendo los adjetivos los que aparecen con más frecuencia (ibid.), quedando divididos en dos grandes grupos: calificativos y relacionales, entre los cuales solo los primeros pueden desempeñar función de complemento predicativo. Por eso, la autora indica que es incorrecta la oración **No queremos la ocupación estadounidense, la preferimos francesa* (ibid.: 22). Gumiel Molina (2005: 22) también señala que, debido a que los sintagmas nominales con determinantes definidos identifican individuos, mientras que los sintagmas nominales sin determinantes o con determinantes indefinidos expresan propiedades o características de su sujeto, solo los segundos y los terceros pueden aparecer como complementos predicativos. Por tanto, la oración *Yo no tengo la pretensión de creerme un ángel ni mucho menos* es correcta, mientras que **Yo no tengo la pretensión de creerme el ángel ni mucho menos* es incorrecta.

En cuanto a los sintagmas preposicionales, al igual que los adjetivos, también aparecen con frecuencia como complementos predicativos. Generalmente, las preposiciones que se colocan en complementos predicativos son livianas❶, "cuya única función consiste en convertir una expresión referencial en una expresión que indique una propiedad o estado" (ibid.: 23). Ejemplificando lo anterior, Gumiel Molina (2005: 24) señala que en la oración *Ramón trabaja de camarero pero es médico*, el sustantivo *camarero* es una expresión referencial y designa evento y la aparición de la preposición *de* convierte el nombre en un sintagma preposicional que denota estado: *de camarero*.

Los adverbios *bien* y *mal* y algunos adverbios terminados en *–mente* también pueden aparecer como complementos predicativos, pero en casos bastante reducidos. De acuerdo con Gumiel Molina (2005: 25), en la oración *A pesar de su edad, Carmen se conserva estupendamente* el adverbio *estupendamente* funciona como complemento predicativo, puesto que modifica al sujeto *Carmen* y asimismo al predicado *conservarse*. En relación con los participios, Gumiel Molina (2005: 25) señala que, dado que denotan normalmente estado perfectivo, aparecen también con facilidad como complementos predicativos, de manera que, en la oración *Inés se casó enamorada*, el participio *enamorada* es el complemento predicativo del sujeto. En español, existen muchos participios de pasado que pueden alternar con los adjetivos procedentes de participios truncos❷, como por ejemplo *llenado* con *lleno*, *soltado* con *suelto*, *descalzado* con *descalzo*, *desnudado* con *desnudo*, entre otros. En este caso, los adjetivos procedentes de participios truncos aparecen con más facilidad como complementos predicativos (ibid.: 25).

En cuanto a los gerundios que pueden aparecer como estos complementos, Fernández

---

❶ De acuerdo con Gumiel Molina (2005: 23), las preposiciones livianas no tienen contenido semántico y su función es convertir un sintagma nominal que denota evento en un sintagma preposicional que expresa propiedad o estado.

❷ Estos adjetivos provienen de los antiguos participios de perfecto. Véase Gumiel Molina, 2005: 25.

1 Conceptos básicos relacionados con las construcciones copulativas del español

Lagunilla (1999: 3490) indica que solo los gerundios de verbos eventivos[1] pueden cumplir esta función. De tal modo, señala que en la oración *María recitó el poema temblando/ *teniendo frío*, *temblando* es el gerundio del verbo eventivo *temblar* y desempeña sin problema la función de complemento predicativo, mientras que la expresión *teniendo frío* es el gerundio del verbo de estado[2] *tener* y, por tanto, no puede ser complemento predicativo.

Abordando las oraciones subordinadas, Gumiel Molina (2005: 26-28) nos indica que solo existen cuatro situaciones en que estas puedan funcionar como complementos predicativos. En primer lugar, cuando aparecen con el predicado existencial *haber*, como en *Hay gente que tiene suerte*[3]. En segundo lugar, cuando el predicado primario es un verbo intencional[4] que exige un sintagma nominal como objeto directo y además existe una oración subordinada que modifica al nombre, es posible que la oración subordinada desempeñe función de complemento predicativo: *En esa academia buscan profesores que hablen japonés*. En tercer lugar, también resulta posible con los verbos de percepción sensorial[5], que pueden estar seguidos por oraciones subordinadas que funcionan como complementos predicativos: *La vi que se marchaba antes de tiempo*. Y por último, Gumiel Molina incluye las relativas consecutivas dentro de las subordinadas capaces de desempeñar esa función: *La encontramos que se debatía entre la vida y la muerte*. Hay que puntualizar que las oraciones subordinadas funcionando como complementos predicativos difieren de las oraciones relativas explicativas o especificativas, puesto que las primeras son independientes de los sintagmas nominales a los que modifican y permiten que los sintagmas nominales se pronominalicen solos. Por ejemplo, en la oración *En esa academia buscan profesores que hablen japonés*, el sintagma nominal *profesores* puede pronominalizar solo y resultar en la siguiente oración: *En esa academia los buscan que hablen japonés*.

---

[1] Los verbos eventivos son aquellos que expresan acciones. Véase Gumiel Molina, 2005: 26.
[2] Los verbos de estado son aquellos que expresan propiedades del sujeto o estados constantes. Véase Gumiel Molina, 2005: 26.
[3] Los ejemplos de este párrafo se extraen de Gumiel Molina, 2005: 26-28.
[4] Los verbos *querer*, *buscar* y *necesitar* son verbos intencionales. Véase Gumiel Molina, 2005: 27.
[5] Los verbos de percepción sensorial abarcan *oír*, *escuchar*, *ver*, *mirar*, entre otros.

1.2.2.2. Las diferencias entre complementos predicativos y adjetivos modificadores del nombre

En lo tocante a las principales diferencias entre los complementos predicativos y los adjetivos modificadores directos del nombre, Demonte y Masullo (1999: 2465-2466) formulan una serie de pruebas para su distinción. En primer lugar, señalan que la pronominalización del sintagma nominal no afecta a los complementos predicativos, es decir, que los complementos predicativos permiten que el sintagma nominal se pronominalice solo, mientras que los adjetivos atributivos sí tienen que formar parte de la pronominalización. El sintagma nominal la camisa del que se predica el adjetivo sucia del ejemplo (17) puede pronominalizarse solo: Juan la guardó sucia; pero el adjetivo atributivo blanca del ejemplo (18) no permite que el sintagma nominal la camisa haga lo mismo y los dos elementos tienen que participar en este proceso, como en la frase Ayer la lavé.

(17) Juan guardó la camisa sucia. (Demonte y Masullo, *La predicación: los complementos predicativos*, 1999)[1]

(18) Ayer lavé la camisa blanca. (Demonte y Masullo, *La predicación: los complementos predicativos,* 1999)

En segundo lugar, los autores llaman la atención sobre cómo los complementos predicativos permiten el reordenamiento, y pueden separarse del sintagma nominal al que modifican y seguir al verbo principal, mientras que los adjetivos modificadores directos del nombre no pueden aparecer a continuación del predicado primario.

(17) a. Juan guardó sucia la camisa.

(18) a. *Ayer lavé blanca la camisa.

Además, nos dicen, los complementos predicativos pueden anteponerse al resto de la oración, pero no lo hacen así los adjetivos atributivos.

(17) b. Sucia es como Juan guardó la camisa.

---

[1] En realidad, *la oración Juan guardó la camisa sucia* posee dos interpretaciones: 1) el adjetivo *sucia* modifica solamente al sintagma nominal *la camisa* y desempeña funciones del adjetivo atributivo; 2) el adjetivo modifica simultáneamente al sintagma nominal *la camisa* y al verbo *guardó*, y es un complemento predicativo del objeto directo. Con el objetivo de mostrar las diferencias con la otra oración *Ayer lavé la camisa blanca*, en este apartado solo escogemos la segunda interpretación.

1　Conceptos básicos relacionados con las construcciones copulativas del español

(18) b. *Blanca es como ayer lavé la camisa.

En último lugar, puede demostrarse esta diferencia cuando una oración con complemento predicativo del objeto se transforma en una construcción pasiva, ya que el complemento predicativo puede permanecer en la misma posición, mientras que el adjetivo atributivo no puede separarse del sintagma nominal al que modifica.

(17) c. La camisa fue guardada sucia.

(18) c. *La camisa fue lavada blanca. (La camisa blanca fue lavada).

1.2.2.3　Las diferencias entre complementos predicativos y atributos de oraciones copulativas

Otra diferenciación relevante es la que hay que establecer entre complementos predicativos y atributos de oraciones copulativas, que Gumiel Molina (2005: 69) cifra en que los segundos siempre se predican del sujeto, y por eso solo hace falta comparar estos y los complementos predicativos del sujeto. Dado que en las oraciones con verbos propiamente copulativos *ser*, *estar* y *parecer*, el atributo puede conmutarse por el pronombre neutro *lo*[1] (Alarcos Llorach, 1970), y los complementos predicativos nunca se sustituyen por *lo*, son evidentes las diferencias entre los atributos de oraciones copulativas y los complementos predicativos.

1.2.3　Los atributos en construcciones no verbales

Los atributos también están presentes en construcciones no verbales. Citamos lo expuesto sobre tal aspecto en la *Nueva gramática de la lengua española* (2009: 2777), donde se señalan los siguientes lugares para su aparición:

a. En grupos nominales: *la búsqueda del prófugo vivo o muerto*.

b. En grupos preposicionales: *con las manos limpias*.

c. En oraciones absolutas: *concluidas las fiestas, todo el mundo regresó a sus quehaceres*.

d. En incisos y otras construcciones parentéticas: *Malena, visiblemente nerviosa, levantó el auricular*.

---

[1] En cuanto a la conmutación por *lo*, Carrasco (1972, 1973) indica que el pronombre neutro sustituye no solo al atributo, sino al predicado entero formado por el verbo copulativo y el atributo, y que el carácter clítico de *lo* hace que la presencia del verbo copulativo sea obligatoria.

e. En otras oraciones bimembres: *el presidente, de visita oficial en Canadá*.

En los ejemplos mostrados, las estructuras en las que aparecen los atributos no cuentan con la presencia de los verbos; no obstante, esto no supone que tales construcciones no tengan carácter atributivo. Pero dado que el núcleo de este trabajo está centrado en el análisis de las oraciones copulativas, no profundizaremos más en los atributos en las construcciones no verbales. Gracias a las explicaciones y ejemplos anteriores, ya queda clara la idea de que los atributos tienen presencia en dos macro-modalidades de construcciones: las verbales y las no verbales, y que, en lo referente a las verbales, contamos con dos subclases, las oraciones copulativas (las oraciones con verbos copulativos y verbos semicopulativos) y las predicativas con verbos plenos[1].

En cuanto a las similitudes y diferencias entre oraciones copulativas y construcciones atributivas, se muestran las siguientes observaciones. Las oraciones copulativas se caracterizan por la posesión de la función atributiva y, por tanto, todas ellas pertenecen a construcciones atributivas. Sin embargo, teniendo en cuenta lo mencionado anteriormente, hay que concluir que las expresiones atributivas están presentes no solo en oraciones copulativas, sino también en oraciones predicativas, e incluso en construcciones no verbales. Por lo tanto, las oraciones copulativas no son las únicas estructuras que poseen relación atributiva, ya que no todas las construcciones atributivas son copulativas. En no pocas ocasiones, cuando leemos los materiales acerca

---

[1] De acuerdo con la *Nueva gramática de la* lengua española (2009: 2774), un adjetivo o un grupo adjetival pueden desempeñar las funciones siguientes: "1. modificador o adyacente nominal: La ropa limpia se guarda en este armario; 2. predicado de una oración copulativa: *La ropa ya está limpia*; 3. predicado de una oración semicopulativa: *La ropa permanecía limpia*; 4. complemento predicativo: *Me gusta que lleven bien limpia la ropa*; 5. predicado de una cláusula absoluta: *Una vez limpia y seca la ropa*, debe plancharse; 6. predicado de una exclamativa bimembre: *¡Qué limpia la ropa que lleva!*; 7. predicado de otras construcciones no verbales: *La ropa que mandé a lavar, limpísima*". En dicha gramática, se utiliza el término atributo para designar la parte subrayada de los ejemplos del 2 al 7. Asimismo se indica que los adjetivos o grupos adjetivales de estos mismos ejemplos son variedades del atributo.

Igualmente, en función del tipo de verbo con que se combinen los atributos, la *Nueva gramática de la lengua española* (2009: 2776-2777) clasifica los atributos en aquellos que aparecen en construcciones verbales y en aquellos que aparecen en construcciones no verbales. Los primeros se establecen en los atributos construidos con verbos copulativos, con verbos semicopulativos y con verbos plenos. De acuerdo con este análisis, podemos afirmar que los atributos no solo aparecen en oraciones copulativas, sino que también aparecen en oraciones predicativas.

1 Conceptos básicos relacionados con las construcciones copulativas del español ▶▶▶

de oraciones copulativas, los autores denominan a estas construcciones atributivas como si fueran conceptos sinónimos y, sin embargo, esta definición no es exacta, ya que las oraciones copulativas son solo una subclase.

1.3 Predicado de oraciones copulativas

En el *Esbozo de una nueva gramática de la lengua española* (RAE, 1973: 365) se indica que "los verbos intransitivos *ser* y *estar*, que nuestra lengua emplea en esta clase de oraciones, se llaman copulativos porque su papel principal consiste en servir de nexo entre el sujeto y el complemento predicativo". El otro manual de referencia, la *Nueva gramática de la lengua española* (2009: 2774) aporta una opinión semejante, señalando que la razón por la cual se denominan copulativos a los verbos de las construcciones copulativas radica en el hecho de que la cópula liga o vincula el predicado nominal con el sujeto. Asimismo, en lo referente a la función de los verbos copulativos, Fernández Leborans (1999: 2359) muestra en la *Gramática descriptiva de la lengua española* que el verbo que presenta la clase de oraciones copulativas "es un verbo cópula, semánticamente vacío, portador de los morfemas que contienen el modo, tiempo y aspecto gramaticales, y de los morfemas de número y persona concordantes con el sujeto".

Los verbos copulativos y los verbos predicativos muestran diferencias evidentes[1]. No obstante, Fernández Leborans (1999: 2362) hace referencia a que algunos autores "cuestionan la oposición 'verbo copulativo' vs. 'verbo predicativo', porque consideran, en general, que no hay delimitación precisa entre las dos clases". Por ejemplo, pese a que se consideran propiamente copulativos los verbos *ser* y *estar*, estos, además de los usos atributivos, también poseen usos predicativos y usos auxiliares de perífrasis

---

[1] Gutiérrez Ordóñez (1986: 15) indica que la distinción entre verbos predicativos y verbos copulativos fue introducida en la gramática en términos de verbos adjetivos y verbos sustantivos. Roca Pons (1960: 236), por su parte, utiliza una oposición gradual como método para describir la relación entre copulativos y predicativos, alegando que, en función de la carga semántica, los verbos copulativos y predicativos presentan una oposición gradual, en la que *ser* se situaría en el término negativo de la oposición y los verbos exclusivamente predicativos ocuparían el extremo positivo de la escala.

verbal[1] (Navas Ruiz, 1977). Por tal razón, cuando a continuación hablemos de los verbos copulativos, no debemos considerarlos absolutamente atributivos, sino también capaces de desempeñar funciones auxiliares de perífrasis verbal y de tener usos predicativos.

En comparación con los verbos predicativos, los cuales son semánticamente plenos y se considera tradicionalmente que suelen expresar acción o proceso (Fernández Leborans, 1999: 2361), los verbos copulativos son semánticamente vacíos y tienden a expresar cualidad o estado (Alonso y Henríquez Ureña, 1938: 38; Lenz, 1920: 67; Seco, 1954: 132). No obstante, Navas Ruiz (1977: 20) indica que el verbo *dormir* es predicativo, pero expresa estado, mientras que en la oración semicopulativa *sus cabellos se vuelven blancos* el verbo semicopulativo *volverse* designa proceso. Por tanto, la denotación de cualidad o estado no puede funcionar como un criterio general para determinar si un verbo es o no copulativo.

En resumen y, de acuerdo con Fernández Leborans (1999:2363) y con este análisis anterior, facilitamos los siguientes puntos de referencia.

a. Semánticamente, los verbos copulativos han experimentado un proceso de desemantización, llegando a perder plenamente o parcialmente su significado léxico original.

b. Sintácticamente, los verbos copulativos funcionan como el nexo que vincula el sujeto con el predicado nominal –el atributo– y sirven como portadores de los morfemas temporales, modales, aspectuales, numerales y personales.

c. A diferencia de los verbos predicativos, los copulativos no imponen restricciones al sujeto y la parte que funciona como el instrumento de selección es el atributo, esto es, semánticamente, el atributo en las oraciones copulativas constituye el predicado, a pesar de la concordancia gramatical entre el sujeto y los verbos copulativos.

---

[1] Las perífrasis verbales están constituidas por un verbo auxiliar y una forma no personal de un verbo. Se agrupan en tres clases: perífrasis verbales de infinitivo, perífrasis verbales de gerundio y perífrasis verbales de participio. Son perífrasis verbales las construcciones de < *deber* + infinitivo>, <*poder* + infinitivo>, <*tener que* + infinitivo>, <*ir a* + infinitivo>, <*volver a* + infinitivo>, <*empezar a* + infinitivo>, <*estar* + gerundio>, <*seguir* + gerundio>, <*andar* + gerundio>, <*llevar* + gerundio>, <*ser* + participio>, <*haber* + participio>, etc. Para un estudio pormenorizado de las perífrasis verbales, véase Gómez Torrego, 1999: 3323-3390 e Yllera, 1999: 3391-3442.

1 Conceptos básicos relacionados con las construcciones copulativas del español ≫≫≫

Hasta aquí hemos analizado las características de los verbos copulativos y las diferencias entre ellos y los verbos plenos; a continuación, nos centraremos en la comparación entre los verbos copulativos y los verbos auxiliares de perífrasis verbal. Resumiendo lo anterior, a grandes rasgos, diremos que los copulativos desempeñan la función sintáctica que, como ya analizamos, consiste en relacionar el sujeto con el atributo, pese a que cada uno cuente con sus usos característicos o propios. Los verbos copulativos, además, no pueden valerse por sí mismos para construir predicados y el atributo constituye, de hecho, el predicado semántico en oraciones copulativas. Pues bien, en la gramática española, existen otras categorías verbales que, no siendo un predicado semántico, requieren la compañía de otro verbo en forma no personal: el infinitivo, gerundio o participio, que, en términos de modalidad del verbo, constituyen los auxiliares de perífrasis verbal. Estas categorías verbales han experimentado un proceso de desemantización y aportan morfemas personales, numerales, temporales, modales y aspectuales[1]. De hecho, estos verbos auxiliares y los verbos en forma no personal (el infinitivo, gerundio y participio) forman las perífrasis verbales. Tradicionalmente se considera que las oraciones con perífrasis verbales "expresan acciones o procesos aspectualmente especificados", mientras que las oraciones con verbos copulativos "refieren a propiedades o a estados con determinación aspectual" (Fernández Leborans, 1999: 2364). Sin embargo, la razón por la cual analizamos las diferencias y puntos en común entre estos dos tipos es que los verbos copulativos, en muchas ocasiones, pueden utilizarse como verbos auxiliares de perífrasis verbal; por tanto, se incluyen tales usos copulativos y de perífrasis. En este caso, los mismos verbos van acompañados por categorías verbales no personales. A continuación, analizaremos los ejemplos pertinentes:

Verbos *ser* y *estar*:

(19) El "puente de la amistad", de 1.200 metros de largo, fue construido por los

---

[1] Justamente por las similitudes entre oraciones copulativas y perífrasis verbales anteriormente mencionadas, Roca Pons (1958) y Porroche Ballesteros (1990) abogan por un estudio conjunto de los dos tipos de construcciones. Sin embargo, los autores Gili Gaya (1943), Hernández Alonso (1971), Rojo (1974), Alcina Franch y Blecua (1975) y Navas Ruiz (1977) defienden la distinción entre verbos copulativos y verbos auxiliares.

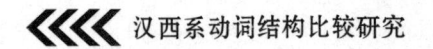

australianos... (*La Vanguardia*, 02/03/1995)

(20) ...ahora mismo estamos comiendo en el jardín de la residencia. (*El País*, 02/08/1985)

En el ejemplo (19) la expresión *fue construido* es una perífrasis verbal que expresa la acción y el valor pasivo[1], mientras que la preposición *por* confirma el aspecto pasivo de esta oración e introduce el complemento agente[2], que realiza la acción de construir. En esta construcción pasiva, el núcleo predicativo es el participio *construido*, siendo este mismo el que selecciona al sujeto. Por tanto, el verbo fue funciona como verbo auxiliar de perífrasis verbal. Si nos fijamos, la estructura *estamos comiendo* del segundo párrafo se basa en el mismo principio gramatical del primer párrafo. El verbo *estar* va seguido por el gerundio *comiendo*, que semánticamente constituye el centro de predicado, dando lugar a una perífrasis verbal *estar* + gerundio que expresa el proceso que se está llevando a cabo[3]. Con los dos ejemplos ofrecidos se demuestra que los verbos copulativos en ocasiones no expresan relación copulativa sino que funcionan como auxiliar de perífrasis verbal y, por su parte, las perífrasis verbales suelen expresar acciones o procesos aspectualmente especificados (Fernández Leborans, 1999: 2364). Los dos ejemplos anteriores son buenas muestras de las diferencias entre los verbos auxiliares de perífrasis verbal y los verbos copulativos.

En español existen dos verbos auxiliares representativos: *haber* en construcciones compuestas y *ser* en la voz pasiva. No obstante, algunos adjetivos tienen la forma de participio pasivo y en realidad funcionan como atributo. Analizaremos el siguiente ejemplo:

---

[1] Alarcos Llorach (1951, 1966) defiende la integración de los usos auxiliares y los usos copulativos, pues argumenta que la pasiva con *ser* es análoga a una oración atributiva por tener la misma estructura sintáctica.

[2] El complemento agente es una palabra o expresión que designa a la persona, animal o cosa que realiza la acción del verbo. Consultado en <www.rae.es>.

[3] En relación con la construcción *estar* + gerundio, la Real Academia (2009: 2779), Fente Gómez; Fernández Álvarez y Feijóo (1972), Fernández de Castro (1990), Gómez Torrego (1998: 195), Iglesias Bango (1988: 90), Porroche Ballesteros (1988: 18) e Yllera (1999: 3402-3412) señalan que es una perífrasis verbal que indica la duración de la acción; mientras que Fernández Leborans (1999: 2432-2434) considera que la construcción es copulativa y que el gerundio funciona como atributo.

En este trabajo la construcción *estar* + gerundio es considerada perífrasis verbal.

(21) ...el indio es callado pero también orgulloso. (Aldecoa, *Mujeres de negro*, 1994)

En el ejemplo (21) callado es un adjetivo y denota la cualidad de no hablar mucho. Por tanto, aquí es es un verbo copulativo y la oración el indio es callado es copulativa.

Veamos otros dos ejemplos:

(22) Existen culturas, como sabemos, en las que el niño es educado por una colectividad siendo secundario el papel de los padres. (Caparrós, *Crisis de la familia: revolución del vivir*, 1977)

(23) ...pero ¿quién es educado, hoy día? (Azúa, *Diario de un hombre humillado*, 1987)

En ambas oraciones contamos con la misma estructura *es educado* que, sin embargo, denota distintos significados por sus diferentes contextos. En la primera oración, *es educado* significa que 'alguien lo educa', interpretación a la que nos ayuda la preposición que sigue a esta estructura, *por*, que nos facilita la comprensión de la construcción. Sintácticamente, la oración *el niño es educado por una colectividad* es una oración pasiva en que *el niño* es el sujeto paciente y *una colectividad* es el complemento agente que produce la acción de educar; mientras que, en la segunda oración, de acuerdo con el contexto, la construcción *es educado* significa 'tiene educación' y es un adjetivo. Con este ejemplo se demuestra que algunas palabras que tienen la forma de participio pasivo son adjetivos en realidad.

A pesar de los difusos límites entre los participios verbales y los participios adjetivos, de acuerdo con Morimoto y Pavón Lucero (2007a), contamos con unos criterios diferenciadores. En primer lugar, "si se puede formular una pregunta con *cómo* a la que responda la forma participial, entonces esta es un adjetivo" (ibid.: 21). Veámoslo en los siguientes ejemplos:

Para las frases (22), la pregunta formulada con cómo sería la siguiente:

* ¿Cómo es el niño por una colectividad siendo secundario el papel de los padres?

La incoherencia y falta de naturalidad de la pregunta (22*) demuestra que el particpo *educado* es de carácter verbal y, junto con el verbo auxiliar *ser*, forma una perífrasis verbal. Además, las autoras proponen una segunda prueba, basada en esto: "ciertos verbos poseen dos formas de participio: una regular y otra irregular. En la mayoría de los casos, la forma regular es el verdadero participio, por lo que sirve para formar los tiempos compuestos, mientras que la irregular, en la lengua actual, es un adjetivo" (Morimoto y Pavón Lucero, 2007a: 21). Estos verbos en los que existe un participio regular que forma los tiempos compuestos y un participio irregular que se ha convertido en un adjetivo son, entre otros, los siguientes: *imprimir* (*imprimido* – *impreso*), *atender* (*atendido* – *atento*), *corregir* (*corregido* – *correcto*), *despertar* (*despertado* – *despierto*), *dividir* (*dividido* – *diviso*), *elegir* (*elegido* – *electo*), *expresar* (*expresado* – *expreso*), *extender* (*extendido* – *extenso*), *freír* (*freído* – *frito*), *romper* (*rompido* – *roto*), *soltar* (*soltado* – *suelto*), *suspender* (*suspendido* – *suspenso*). En los siguientes ejemplos, los participios *oculto* y *ocultado* constituyen las dos formas participiales del verbo *ocultar*. En el ejemplo (24), la forma *oculto* tiene carácter adjetival, desempeña una función atributiva y denota estado, mientras que en el (25) el participio *ocultado* es de carácter verbal y forma junto con el verbo auxiliar *fue* una perífrasis verbal que constituye la voz pasiva.

(24) ...el titular del dinero está oculto. (*La Vanguardia*, 13/02/1994)

(25) Solamente en esta última se refirió al automóvil que utilizaba Manuel Muñoz Rocha poco antes de desaparecer, y que, según el teniente coronel, fue ocultado por Raúl Salinas. (*Proceso*, 17/11/1996)

Una tercera prueba propuesta dicta que "el hecho de que la forma participial se pueda sustituir por un adjetivo, adverbio o locución adverbial puede ser también un indicio de que la construcción no es perifrástica" (Morimoto y Pavón Lucero, 2007a: 22). En el ejemplo (26), el participio *enfadado* puede sustituirse por los adjetivos *furioso*, *molesto*, *colérico*, entre otras construcciones, mientras que en el (27), el participio *encantado* puede reemplazarse por la locución *con gusto*, por lo que en ambos las formas participiales *enfadado* y *encantado* poseen carácter adjetivo y desempeñan funciones atributivas.

(26) El brasileño estaba enfadado. (*La Razón*, 20/11/2001)

(27) Mis padres estuvieron muy contentos, yo estaba encantado, me imaginaba vivir fuera de mi casa como toda una aventura... (*Proceso*, 21/07/1996)

Para finalizar se incluye una última premisa: "si el participio puede coordinarse con un adjetivo, tampoco hay perífrasis" (Morimoto y Pavón Lucero, 2007a: 22). En el ejemplo siguiente, el participio *ofendido* se coordina con el adjetivo *amenazante*, lo cual pone en evidencia que en este caso la forma participial posee carácter verbal y que en este enunciado desempeña función atributiva.

(28) Bonoldi estaba ofendido y casi amenazante, tú hastiado. (Gabriel Galán, *El bobo ilustrado*, 1986)

2 Categorías de atributos

2.1 Oraciones subordinadas posverbales

Las oraciones pueden aparecer en posición posverbal, pero para determinar si desempeñan funciones atributivas es necesario un estudio más profundo, que trataremos de reflejar aquí sintéticamente. Lo más frecuente es que las oraciones subordinadas se combinen con el verbo *ser*, pero en ocasiones también se combinan con el verbo *estar*. En primer lugar, veamos ejemplos relacionados con los verbos copulativos.

Con el verbo *ser*:

(1) Yo soy el que soy. (Goméz Torrego, *Gramática didáctica del español*, 1998)

(2) Otra consecuencia es que el artista funciona como un dios, o como un demonio, si se quiere. (Ynduráin, *Del clasicismo al 98*, 2000)

Con el verbo *estar*:

(3) Tan emocionado estaba que salió desnudo a la calle gritando: "¡Eureka! ¡Eureka!" (Sabadell, *El hombre que calumnió a los monos*, 2003)

(4) Yo estaba que me salía de la vaina porque quería jugar de una vez por toda una definición y justo éste me venía a decir eso. (Maradona, *Yo soy el Diego*, 2000)

La *Nueva gramática de la lengua española* (2009: 2795) y Navas Ruiz y Llorente (2002: 37) nos han facilitado un método eficaz para comprobar cuál de las dos partes, si el grupo nominal o la oración subordinada, ejerce la función atributiva. Dicho método se basa en el hecho de que el atributo en oraciones copulativas de *ser*, *estar* y *parecer* puede sustituirse por el pronombre neutro *lo*. En función de eso, si las oraciones subordinadas de las oraciones constituidas por ser en los ejemplos anteriores se conmutan por el pronombre átono *lo*, obtenemos las siguientes construcciones:

Yo lo soy;

*Otra consecuencia lo es.

Como se observa, la segunda oración conmutada resulta forzada. En realidad, normalmente el pronombre *lo* no sustituye a las oraciones subordinadas sustantivas❶ y en este caso, puede sustituir a otra consecuencia:

Lo es que el artista funciona como un dios, o como un demonio, si se quiere.

Por eso en esta segunda oración del verbo *ser* (2), *otra consecuencia*, es el atributo y la oración que *el artista funciona como un dios, o como un demonio, si se quiere*, el sujeto. Mientras, en la primera oración de este mismo verbo (1), la oración subordinada de relativo desempeña funciones atributivas❷.

En realidad, estas oraciones del verbo *estar* pueden interpretarse como consecutivas. Además, en *Tan emocionado estaba que salió desnudo a la calle gritando: "¡Eureka! ¡Eureka!"* (Sabadell, *El hombre que calumnió a los monos*, 2003), se antepone el grupo cuantitativo *tan emocionado* por razones enfáticas, pero el orden común de los sintagmas sería Estaba tan emocionado que salió a la calle gritando: "¡Eureka! ¡Eureka!" . De hecho, la oración *Yo estaba que me salía de la vaina porque quería jugar de una vez por toda una definición y justo éste me venía a decir eso* es otra oración consecutiva con el grupo cuantitativo omitido, ya que aquí es posible que se haya omitido *tan decidido*, *tan excitado* o *tan enfadado*, entre otros. Es importante concluir que en estas oraciones consecutivas, las oraciones subordinadas no desempeñan funciones atributivas.

2.2 Sintagmas nominales como atributo

De acuerdo con Navas Ruiz (1977: 33), las palabras no adjetivales tienen que adjetivarse para asumir la función de atributo, y por ello en la oración copulativa el atributo sustantivo experimenta esta adjetivación. Por lo tanto, cuanta más capacidad de adjetivación tenga un

---

❶ Según indica la Real Academia (2009: 2795), las oraciones sustantivas de verbo en forma personal no ejercen la función de atributo en las oraciones copulativas.
❷ Según señala la Real Academia (2010: 707), "en las oraciones copulativas se rechazan como atributos las relativas con antecedente, como muestra la falta de alternancia en *Estos libros son {nuevos ~ *que los acabo de comprar}*; *Las flores están {caras ~ *que han subido de precio}*".

sustantivo, mayores serán sus posibilidades de funcionar como atributo. Navas Ruiz (1977: 33) indica que "el sustantivo está más cerca del adjetivo cuanto menos específico es, cuanto es menor su comprensión y mayor su extensión [···]. El más alejado del adjetivo es el sustantivo propio". De este modo, sustantivos como *persona*, *animal*, *planta* o *mueble* poseerían más posibilidades de desempeñar la función atributiva que palabras del tipo *abuela*, *tigre*, *almendro* o *mesa*. Asimismo está claro que los sustantivos más comprensibles y de menor extensión pueden ampliar su extensión y adquirir la capacidad de atribuir al sujeto como, por ejemplo, podría hacerse con el nombre propio *Don Quijote*, con el objetivo de referirnos a través de él a las características propias de este personaje. Así, se formaría esta oración: *Él es un Don Quijote*.

Veamos a continuación qué clase de sustantivos pueden funcionar como atributo, teniendo en cuenta que los atributos sustantivos son empleados en un número de casos notablemente más reducido que los adjetivales. De hecho, con los verbos copulativos solo se combinan con *ser* y *parecer*. Sin embargo, cuando los sustantivos están evidentemente adjetivados también pueden ir acompañados por el verbo *estar* en construcciones como *estar pez* o *estar mosca* (RAE, 2009: 2818). A continuación, veamos unos ejemplos en los que los sustantivos o grupos nominales constituyen expresiones predicativas con los verbos copulativos.

Con el verbo copulativo - *ser*:

(5) Gustavo Ruz es funcionario de la Dirección de Presupuesto en comisión de servicio en Interior. (*Revista Hoy*, 25-31/08/1997)

Con el verbo copulativo - *parecer*:

(6) En los años ochenta este sector de comercio parece una realidad consolidada. (*VV.AA.*, 2002)

Los grupos nominales que funcionan como atributos en las oraciones pueden aparecer en forma singular o plural, sin determinación o con artículos. Concretamente, en los ejemplos anteriores de *ser* y *hacerse*, en los que los atributos sustantivos aparecen en forma singular y sin determinante, generalmente "se desea describir objetivamente a alguien asignándole alguna característica nominal" (RAE, 2009: 2800). Por otra parte, cuando el atributo nominal denota profesiones o cargos, también se utiliza la forma singular y sin determinante, como *Es profesora de inglés* (Mañas, *Historia de Kronen*, 1996) o *Es dirigente del PI* (*La Nueva Provincia*, 15/12/1997). Con todo, cuando los sustantivos están seguidos de modificadores adjetivales o preposicionales, es normal que se utilice la forma con artículo indefinido, *un* o *una*, como se ve en los demás ejemplos expuestos.

Por su parte, los sustantivos discontinuos en plural "pueden aparecer como atributos tanto si el sujeto denota genéricamente una clase (*Los leones son mamíferos*) como si designa un conjunto de individuos (*Esos chicos son alumnos míos*)" (RAE, 2009: 2785). En el caso de los sustantivos contables, estos suelen aparecer con artículos, como en *Es una flor*, de manera que la construcción: *Es flor sería errónea. Por el contrario, los sustantivos no contables aparecen en singular y sin determinante: *Es sangre*. Una observación importante en este apartado, según la Real Academia (2009: 2785) es que "en general, los sustantivos que designan animales y cosas pueden funcionar como atributos en singular, y sin determinante cuando denotan propiedades de las entidades de las que se predican". Citamos aquí ejemplos de ello tomados de la *Nueva gramática de la lengua española* (2009: 2785):

(7) El discurso de Balaguer era lectura obligatoria en las escuelas (Vargas Llosa, *Fiesta*); El oyente no percibe sino esas unidades; lo demás es tarea del analista (Álvarez Muro, *Poética*); Toda actividad que cumpla esta acepción es deporte (Cagigal, *Deporte*).

2.3 Sintagmas verbales como atributo

En páginas anteriores, cuando se ha realizado la comparación entre verbos copulativos y auxiliares de perífrasis verbal, ya dedicamos unas páginas al infinitivo, al gerundio y al participio. Sin embargo, entonces el núcleo de nuestro estudio se centró en el análisis de estas categorías verbales en perífrasis verbales, mientras que ahora pondremos especial atención a las mismas categorías verbales pero en oraciones copulativas. Comenzaremos diciendo que el infinitivo solo puede aparecer como atributo en oraciones copulativas de *ser* y, por su fuerte carácter verbal, en muy pocas ocasiones puede desempeñar funciones atributivas. Veamos el siguiente ejemplo:

(8) Hablar de tercera edad es hablar de una época muy amplia de la vida que engloba

aquellas edades situadas más allá de los 60-65 años. (*Sanidad pública*, 2000)

En esta oración, el atributo está constituido por la construcción infinitiva de *hablar de una época muy amplia de la vida que engloba aquellas edades situadas más allá de los 60-65 años*, y de este modo, una construcción infinitiva ha dado una explicación al sujeto *hablar de tercera edad*.

En cuanto a los participios, cuando están adjetivados y se combinan con los verbos copulativos, pueden cumplir una función atributiva. En tal caso, habrían experimentado un proceso de adjetivación, por medio del cual pierden su valor verbal original y pueden por ello desempeñar las mismas funciones que los adjetivos. En las siguiente oración, podemos ver cómo la palabra *enfadado*, de valor adjetival, desempeña la función de atributo.

(9) Pero estaba enfadado por la situación, por la mala suerte. (Llongueras, *Llongueras tal cual. Anécdotas y recuerdos de una vida*, 2001)

2.4 Sintagmas adjetivales como atributo[1]

En esta sección pormenorizaremos los tipos de atributos que encontramos en español,

---

[1] En relación con qué tipos de adjetivos pueden funcionar como atributos, la Real Academia Española (2009, 2010) indica que, en primer lugar, los adjetivos relacionales admiten la función atributiva en ciertos contextos, como en *El problema es político*; *La invasión es naval* y, sin embargo, los adjetivos relacionales que aportan información correspondiente al agente rechazan utilizarse como atributos, como en **La decisión de ayer fue presidencial*; en segundo lugar, los adjetivos gentilicios admiten la función atributiva: *La película que obtuvo el primer premio es iraní*; en tercer lugar, los adjetivos no intersectivos o intensionales que aportan información temporal pueden funcionar como atributos: *Los insultos eran frecuentes*; *Los viajes fueron esporádicos*; en cuarto lugar, los adjetivos modales pueden utilizarse como atributos cuando se predican de nombres de acción: *La visita es posible*; en quinto lugar, cuando los adjetivos *antiguo*, *claro*, *justo*, *puro*, *único*, *verdadero* o *viejo* se utilizan como atributos, se obtiene una interpretación predicativa, como en Esos amigos son viejos, el adjetivo viejo significa 'de edad avanzada', mientras que en *Son viejos amigos*, *viejo* significa 'desde mucho tiempo'; en sexto lugar, cuando los adjetivos *distinto* o *diferente* se emplean como atributos, también prevalece la interpretación predicativa, como, por ejemplo, en *Las teorías existentes son distintas*, el adjetivo *distinto* tiene el significado de 'disímil', mientras que en la expresión *las distintas teorías existentes*, *distinto* obtiene la interpretación cuantificativa y tiene el significado de 'múltiple'; en séptimo y último lugar, los adjetivos *otro* y *consabido* que pueden utilizarse como determinantes o como pronombres también admiten la función atributiva, como en *Mis preocupaciones son otras* o en *Vemos lo que hay de cotidiano en nuestra vida y no solemos pensar en lo que, al parecer, es consabido* (*ABC*, 30/08/1989). Véase RAE, 2009: 2782–2783 y RAE, 2010: 704.

comenzando por los más utilizados: las expresiones adjetivales. Demonte (1999: 137-141) indica en la *Gramática descriptiva de la lengua española* que, según su significado intrínseco, los adjetivos pueden dividirse en calificativos, relacionales y adverbiales[1]. Desde el punto de vista léxico-sintáctico, los calificativos a su vez se agrupan en adjetivos de dimensión (10), de velocidad (11), de propiedad física (12), de color (y forma) (13), de edad (14), de valoración (15) y de aptitudes y (pre) disposiciones humanas (16) (ibid.: 175). Así, a los de dimensión pertenecen *"largo, corto, alto, bajo, ancho, amplio,* angosto, *estrecho, grueso, fino, delgado, pequeño, grande, enorme, inmenso, diminuto* o *profundo"* ; dentro de los de velocidad se encuentran *rápido, lento, veloz, momentáneo, imperceptible* o *brusco*; mientras, los de propiedad física dan lugar a las subclases que indican forma, peso, consistencia, sabor, tacto, olor, temperatura o sonoridad (*redondo, pesado, líquido, picante, suave, fétido, frío* o *agudo*); por otra parte, los adjetivos de color abarcan *blanco, negro, gris, violeta, rojo, cano* o *rojizo*; a los adjetivos de edad pertenecen *joven, viejo, anciano, pasado* o *caduco*[2]; algunos adjetivos de valoración serían *guapo, feo, estupendo, magnífico, excelente, bueno* o *malo*; por último estarían los adjetivos de aptitudes y (pre) disposiciones humanas, que incluyen *astuto, inteligente, idiota, sensible, simpático, emotivo, nervioso, agresivo* o *celoso*[3] (ibid.: 175-182). Ofrecemos a continuación un ejemplo de cada subclase de los calificativos para comprender mejor esta clasificación:

(10) Michael Gross es alto y tiene ventaja, porque física y técnicamente es un gran nadador. (*El País*, 01/08/1984)

---

[1] Demonte (1999: 137-141) señala que los adjetivos calificativos expresan una sola propiedad y los adjetivos relacionales expresan varias propiedades. Existen tres contextos de uso que distinguen los adjetivos calificativos de los adjetivos relacionales. Estos son: "(a) la posibilidad de poder ser o no usado predicativamente", (b) el poder entrar en comparaciones y ser modificados por adverbios de grado y (c) su capacidad para formar parte de los sistemas binarios y ser por tanto términos de correlaciones de polaridad" (ibid.: 138). La misma autora también indica que, además de estas dos clases de adjetivos que se distinguen según la manera de atribuir propiedades a los nombres, existe una tercera clase de adjetivos: los adjetivos adverbiales, que "sirven para indicar la manera como el concepto o intensión de un término se aplica a un determinado referente" (ibid.: 139).
[2] En relación con los usos concretos de *ser* y *estar* con adjetivos de edad, véase Malaver, 2009 y Jonge, 1993.
[3] Para conocer los usos concretos de las subclases de adjetivos calificativos, véase Demonte 1999: 175-182.

(11) El hombre es lento, pero no miedoso. (*El Mundo*, 21/ 12/ 1994)

(12) El cielo es redondo en la concreta exactitud de su forma y podría repetirse sin dejar de ser hermoso. (Egido, *El corazón inmóvil*, 1995)

(13) El fruto es rojo, jugoso, de agradable sabor agridulce. (Ronald Morales, *Frutoterapia*, 1998)

(14) El producto es antiguo. (*El Mundo*, 11/ 02/ 1994)

(15) La primera mitad de la película es excelente. (*La Vanguardia*, 16/ 11/ 1995)

(16) La madre Géminis es inteligente, comprensiva y mantiene buena comunicación con sus hijos. (Prensa, *Vea on line, nº 1761*, 11- 17/ 05/ 2003)

Demonte (1999: 138) aclara la posibilidad de que los adjetivos calificativos puedan usarse como atributos, así como que una de las principales diferencias entre estos y los relacionales es la posibilidad de poder ser o no usados predicativamente, pues numerosos adjetivos relacionales no pueden ser utilizados de tal modo (ibid.: 158-159), aunque una parte de ellos sí puede cumplir esa función en la oración copulativa. Una regla que rige su uso como predicado es que solo es posible cuando el nombre al que modifican es concreto o abstracto; sin embargo, si el sustantivo es deverbal[1] los adjetivos relacionales no podrían usarse predicativamente. A continuación se muestran tres pares de oraciones que la autora usa para ejemplificar el caso:

(17) a. *La respuesta es docente. – El problema es docente.

b. *La actividad es militar. – El cartel es militar.

c. *El transporte es aéreo. – La panorámica es aérea.

Por otro lado, los adjetivos relacionales no predicativos no establecen ninguna relación semántica específica con el nombre al que modifican, y forman junto a él "una entidad única que posee semejanzas con los compuestos sintagmáticos" (ibid.: 159), encontrándose en esta subclase de adjetivos relacionales términos como *polar, imperial, cultural, escolar, fiscal* o *digestivo*. Para terminar, en cuanto a los adjetivos adverbiales, Demonte (ibid.: 204-211) se centra en sus usos en las frases nominales,

---

[1] Demonte (1999: 159) utiliza el ejemplo *La producción es automovilística* para explicar por qué el adjetivo no puede ser utilizado predicativamente en esta oración. El nombre deverbal *producción* no es el sujeto de automovilística sino que condensa en sí dos papeles: el de predicado que selecciona al adjetivo y el de sujeto de ese predicado. Véase Demonte, 1999: 158-159.

esto es, como modificadores directos del nombre. Y los clasifica en cuatro subclases: adjetivos adverbiales modales, marcadores de la intensión o referencia, circunstanciales y aspectuales[1].

2.5 Sintagmas preposicionales como atributo

Con los atributos preposicionales se puede expresar origen, pertenencia, constitución, destinatario, estado, finalidad o causa, entre otros (RAE, 2009: 2786-2787).

2.5.1 Sintagmas con la preposición *de*

La preposición que desempeña función atributiva con mayor frecuencia es *de*. Con ella se expresa origen (18), pertenencia (19), constitución (20), modo (21) y tiempo (22) (RAE, 2009: 2786-2787).

(18) En cuanto a la procedencia de los alumnos, casi un 31 por ciento son de fuera de la Comunidad. (*La Razón*, 02/09/2002)

(19) El medio ambiente y las playas son de todos, esto es un robo absoluto. (*Faro de Vigo*, 12/06/2001)

(20) Son de hierro y están sin pintar, por lo que pronto estarán oxidadas. (*Faro de Vigo*, 18/06/2001)

(21) ...María José Checa, que estaba de guardia ese día. (*El Periódico Extremadura*, 06/05/2004)

(22) Se levanta cuando aún es de noche y prepara la comida a los suyos. (Alborch, *Malas. Rivalidad y complicidad entre mujeres*, 2002)

2.5.2 Sintagmas con la preposición *para*

Con la preposición *para* se construyen oraciones copulativas que expresan finalidad (23), destinatario (24) y tiempo (25) (RAE, 2009: 2787).

---

[1] Demonte solo habla de los usos de estas subclases de adjetivos adverbiales en las frases nominales, analizando cómo modifican a los nombres y cuál es su posición: deben estar antepuestos o pospuestos al nombre. Véase Demonte, 1999: 206-210.

(23) El toreo de verdad no es para divertir, es para emocionar... (*La Voz de la Afición, nº 20*, 10/2002)

(24) Toda la vida se ha dicho que "las prisas son para los ladrones y los malos toreros" . (*La Voz de la Afición,* nº 19, 05/2007)

(25) El contrato de Maazel es para las próximas cuatro temporadas y especifica que tendrá que dirigir 10 semanas el primer año, y 14 el resto de los años... (*El Diario Vasco*, 31/01/2001)

2.5.3   Sintagmas con la preposición *por*

Con la preposición por, en las oraciones copulativas se suele expresar causa (26), lugar (27) y medio (28) (RAE, 2009: 2787).

(26) Todo lo que me pasa es por haber leído El Capitán Trueno. (*El País*, 22/03/2003)

(27) Perú sólo interviene si esa salida es por Arica. (Expreso [Perú] 3/9/2009) (RAE, *Nueva gramática de la lengua española*, 2009)

(28) La única forma de reducir el peso que se haya ganado en estas fiestas es por medio de una reeducación alimentaria. (*El Diario Vasco*, 11/01/2001)

2.5.4   Sintagmas con la preposición *sin*

Con la preposición *sin* se expresa estado. Asimismo sin puede constituir expresiones preposicionales con los infinitivos, tanto de verbos transitivos (29) como de intransitivos (30). (RAE, 2009: 2787).

(29) El motor del Majesty destaca por su suavidad de funcionamiento, aunque sigue sin aprobar su asignatura pendiente: es ruidoso. (Airbag. *Suplemento de El Periódico*, 18/07/2004)

(30) Pero el supuesto tesoro del propietario de la compañía sigue sin aparecer. (*El Diario Vasco*, 23/01/2004)

En el español contemporáneo, estas expresiones están, a veces, modificadas por los adverbios de grado; por tanto, los grupos preposicionales están cuantificados (RAE, 2009: 2787). Se ejemplifican a continuación expresiones con el cuantificador *tan* (31)

(32):

(31) La dificultad artística del Reformador no es tan sin sentido... (*ABC Cultural*, 13/12/1991)

(32) Por eso resulta tan chocante y tan sin lugar... (*El Mundo*, 28/07/1995)

2.5.5   Sintagmas con la preposición *con*

En las oraciones copulativas las construcciones con *con* pueden expresar compañía (33), estado (34) y apoyo (35) (Navas Ruiz y Llorente, 2002: 46-48).

(33) Aquí estoy mejor rodeado, porque estoy con mis amigos. (*La Vanguardia*, 17/06/1994)

(34) ...pero la madre sigue con la obsesión de tener un varón. (*La Voz de Galicia*, 1991)

(35) Es que yo permanentemente estoy con la gente: si a alguien se le muere un niño yo le compro la caja... (*Vistazo*, 09/07/1997)

De acuerdo con la *Nueva gramática de la lengua española* (2009: 2786), en muchos casos los atributos preposicionales pueden alternar con los adjetivos sin dar lugar a cambios semánticos, como ocurre con las expresiones que expresan origen, *de* + lugar, que pueden sustituirse por los adjetivos gentilicios: *de España/ español*; *de la Mancha/ manchego*; *de Madrid/ madrileño*. Asimismo, las construcciones que denotan materia pueden intercambiarse por los adjetivos correspondientes: *de metal/ metálico; de algodón/ algodonoso*. Y del mismo modo, los grupos preposicionales que denotan estado cuentan con su alternancia adjetiva: *con preocupación/ preocupado; con cansancio/ cansado; sin zapatos/ descalzo; sin dormir/ despierto; sin dinero/ pobre*.

2.5.6   Comparación entre construcciones preposicionales y locuciones adjetivales

La *Nueva gramática de la lengua española* (2009: 2788) destaca que las locuciones adjetivales difieren de los grupos preposicionales en que las primeras funcionan como adjetivos y son estructuras idiomáticas, mientras que los segundos no poseen esta cualidad. A continuación mostramos unas locuciones tomadas de la *Nueva gramática de la lengua española* (RAE, 2009: 2789).

> De vacaciones; de mal humor; en jarras; de confianza; a oscuras; en mal estado; en paz; de buen ver; de buen año; de cuerpo presente; de mala leche; de miedo ('muy delicioso'); en el aire; en bolas; en la inopia; en los huesos; en sus cabales; en vilo; para el arrastre; en blanca (sin dinero).

De acuerdo con lo explicado en la *Nueva gramática de la lengua española* (2009: 2789), las locuciones adjetivales son unidades léxicas, mientras que los grupos preposicionales son esquemas sintácticos. Y esa es la razón por la que muchos gramáticos abogan por que las locuciones adjetivales figuren en los diccionarios, y a su vez rechazan que lo hagan los grupos preposicionales.

2.6 Sintagmas adverbiales como atributo

Los atributos adverbiales no son muy frecuentes en español, por lo que su uso está mucho más restringido que el de otras categorías atributivas. Entre los que sí pueden cumplir esa función se encuentran los adverbios de valor ponderativo[1] (RAE, 2009: 2790), donde se incluyen *bien*, *mal*, así como los adverbios constituidos por los adjetivos y el segmento *–mente*. Estos suelen combinarse con el verbo *estar*, y normalmente pueden alternar con los adjetivos.

Estar:

(36) La comida estuvo bien... (*El Mundo*, 03/03/2003)

(37) Que yo estoy bien, de verdad que estoy bien, no tengáis pena que no pasa nada, de verdad, que estoy estupendamente. (Hidalgo, *Azucena, que juega al tenis*, 1988)

Las frases *la comida estuvo bien* del primer ejemplo y *estoy estupendamente* del segundo ejemplo pueden alternarse respectivamente con *la comida estuvo buena* y *estoy estupendo*. Por otra parte, la expresión *estoy bien* del segundo párrafo no puede

---

[1] A este grupo pertenecen los adverbios *divinamente, espléndidamente, extraordinariamente, maravillosamente y perfectamente*, entre otros (RAE, 2009: 2790).

alternarse con *estoy bueno*, ya que tal cambio implicaría una transformación del significado, donde la primera expresión significaría 'tengo buen estado de salud', mientras que la segunda expresión denotaría 'soy atractivo'. Y es que el adjetivo *bueno* no se puede utilizar como un atributo que denota el estado de salud, pero puede preceder al sintagma nominal salud y funcionar como modificador: *tengo una buena salud*.

Además de los adverbios anteriores, el adverbio demostrativo[1] *así*, el relativo *como* y el interrogativo *cómo* se utilizan con frecuencia en las oraciones copulativas (Navas Ruiz y Jaén Andrés, 1989: 38; Porroche Ballesteros, 1988: 87). Veamos cómo lo hacen a través de los siguientes ejemplos:

Así puede alternarse con los atributos adjetivales:

Joaquín es alto, guapo y muy inteligente > Joaquín es así.

Parece interesante su comentario > Así parece.

El adverbio *cómo* puede funcionar como atributo:

– ¿Cómo es la fiesta? – Es excitante.

– ¿Cómo es tu hermano? – Es responsable y serio.

– ¿Cómo es tu amigo? – Es un escritor muy creativo.

Por su parte, el adverbio relativo *como* tiene la función de vinculación:

(38) En algún sentido, la vida es como una enfermedad infecciosa... (Yunduráin, *Del clasicismo al 98*, 2000)

(39) Así es como resulta posible la gran variedad de personajes y de ambientes que nos presenta en sus relatos. (*Espéculo*, 2003)

Los adverbios locativos se usan, asimismo, como expresiones predicativas: *Estaban allí*.

2.7 La concordancia en oraciones copulativas

Generalmente, los tres elementos más importantes de las oraciones copulativas, es

---

[1] Los adverbios demostrativos son los que identifican lugar, modo o tiempo: *aquí, así, ahora*. Consultado en < www.rae.es >.

decir, el sujeto, la cópula y el atributo, deben mantener la concordancia de número y género entre ellos. No obstante, existen muchos casos en que el sujeto y el atributo no presentan el mismo número gramatical, el mismo género gramatical o la misma persona gramatical; por tanto, hay que profundizar en el estudio para la correcta utilización de la norma de concordancia, como haremos en las siguientes secciones.

2.7.1 La concordancia en oraciones copulativas con atributo nominal y pronominal

En una oración copulativa el sujeto y el atributo pueden poseer géneros opuestos, como puede apreciarse en los ejemplos siguientes.

(40) El cuerpo entero es una memoria. (Jodorowsky, *La danza de la realidad. Chamanismo y psicochamanismo*, 2001)

(41) La democracia es un recuerdo funesto del siglo XIX. (Tibón, *Aventuras en las cinco partes del mundo*, 1986)

Si tanto el atributo como el sujeto son grupos sintácticos nominales, y uno de ellos es singular y otro plural, es preferible que el verbo concuerde con la forma plural (42) (44); no obstante, también es posible que se dé la concordancia con la forma singular (43) (45) (Porroche Ballesteros, 1988: 32; RAE, 2010: 711-712). Esta regla no solo se aplica a las oraciones caracterizadoras[1] y a las identificativas rectas, sino también a las identificativas inversas[2].

(42) Pero el problema son los médicos. (*El mundo*, 15/ 06 1996)

(43) La realidad es los otros, y ellos me prueban a mí la imagen que pretendo ofrecer como exacta o como inexacta. (*Castilla del Pino*, 1993)

(44) Y más teniendo en cuenta que las enfermedades cardiovasculares son el

---

[1] De acuerdo con la *Nueva Gramática de la Lengua Española*, las copulativas de *ser* que expresan características del referente del sujeto se llaman oraciones adscriptivas, caracterizadoras o de caracterización. Véase el capítulo 4 de este trabajo.

[2] Según Fernández Leborans (1999: 2382-2383), en las oraciones identificativas de *ser* "se expresa una relación de identificación entre el sintagma precopular y el sintagma poscopular". La clasificación de las identificativas se establece en identificativas de orden recto y de orden inverso. En las identificativas rectas el sujeto se sitúa en posición preverbal y el atributo se sitúa en posición posverbal; mientras que en las identificativas inversas tal orden aparece alterado, esto es, el sujeto aparece en posición posverbal y el atributo, en posición preverbal.

problema más grave de salud entre la población adulta. (*El Mundo - Salud*, 08/ 05/ 1997)

(45) Los colonos es el sector conformado por agricultores... (Asencio Díaz, *La producción de algarroba de los bosques secos*, 1997)

Las oraciones de los ejemplos (42) y (43) son copulativas inversas, mientras que (44) y (45) serían rectas. Se observa que, en estos ejemplos, atributo y sujeto presentan distintos morfemas de número y el verbo *ser* puede concordar tanto con uno como con otro. No obstante, hay que señalar la preferencia de la segunda opción, es decir, de la concordancia con el sujeto y el verbo en forma plural.

Tras analizar los grupos sintácticos nominales de la tercera persona, trasladamos nuestra atención al uso del verbo en casos en que el atributo y el sujeto pertenecen a distintas personas. Principalmente, hay que señalar que si un grupo sintáctico nominal se une con un pronombre de primera y segunda persona, el verbo concuerda con el pronombre (46) (47). E igualmente, si un pronombre de tercera persona se une con otro de primera o segunda persona, el verbo presentará la flexión de primera o segunda persona. Por otra parte, si se mezcla un pronombre de primera persona y otro de segunda, el verbo concordará con el que encabeza la oración (48) (49) (Porroche Ballesteros, 1988: 32). Veámoslo en los siguientes ejemplos.

(46) Señores, aquí estoy; hoy el director soy yo. (*La Vanguardia*, 10/ 08/ 1994)

(47) ¡Ah, yo eso no lo sé! ¡Tú eres el director! (Miralles, *Céfiro agreste de olímpicos embates*, 1981)

(48) Uno no nace donde lo dio a luz su madre, uno nace donde, en un momento dado, en un rincón del mundo, el mundo dice tú eres yo y yo soy tu. (Prensa, *Radar*, 30/ 12/ 2001)

(49) Nosotros no somos vosotros. (Porroche Ballesteros, *Ser, estar y verbos de cambio*, 1988)

2.7.2 La concordancia en oraciones copulativas con atributo adjetivo

Abordemos ahora problemáticas similares en los atributos adjetivos, los cuales, en principio, siempre concuerdan en género y número con el sujeto. Sin embargo, en los casos en que el sujeto presenta una propiedad genérica e impersonal, es decir, cuando el sujeto no presenta características de género ni de número, resultan posibles muchas alternancias, como en masculino singular (50), masculino plural (51), femenino singular (52) y femenino plural (53) (RAE, 2010: 711). Veámoslo en los siguientes ejemplos:

(50) La zona de basuras puede ser un foco de contaminación muy peligroso y hay que ser muy estricto con la higiene de los elementos... (Armendáriz Sanz, *Perocesos de cocina*, 2001)

(51) ...pero hay que ser muy cuidadosos con el significado de esta afirmación ya que... (Millás Vendell, *La Física en el mundo latino medieval*, 1983)

(52) No hay que ser orgullosa que luego todo se paga. (Marsillach, *Feliz aniversario*, 1992)

(53) Para ser solidarias, para compartir la buena estrella, previamente o al mismo tiempo hay que ser autónomas. (Alborch, Malas. *Rivalidad y complicidad entre mujeres*, 2002)

Como se ve, en todos los ejemplos anteriores el sujeto es genérico, por lo que no hay restricciones de género ni número de sus atributos. De este modo, en la primera oración, el atributo es masculino singular, en la segunda, masculino plural; en la tercera, femenino singular; y en la cuarta, femenino plural. Aunque las opciones más utilizadas serían las dos primeras, las dos últimas también son gramaticales. Por otra parte, en las oraciones copulativas constituidas por *ser* y *estar*, el pronombre se puede preceder a estos verbos, formando oraciones impersonales en que el verbo siempre está en forma singular, pero el atributo puede aparecer en masculino (54) (56) y en femenino (55) (57) (RAE, 2010: 711).

(54) No por ser más grande se es más listo ni más bueno. (Teso, *Introducción a la informática para torpes*, 1993)

(55) Todo el peso de los fantasmas inconscientes refuerza la idea de que se es buena cuando no se pide nada. (Alborch, *Malas. Rivalidad y complicidad entre mujeres*, 2002)

(56) La conexión era lenta y, además, mientras se estaba conectado no se podía hablar por teléfono... (Santesmases Mestre, *Usted compra, yo vendo*, 2002)

(57) Si se estaba quietecita acabaría antes··· (García Sánchez, *La historia más ttriste*, 1991)

En el español, contamos con una expresión muy típica del pronombre neutro *lo* que expresa el superlativo: *lo más* + adjetivo, la cual, para denotar las propiedades o características de su sujeto, normalmente va precedida por la preposición *de*. En ocasiones, el adjetivo concuerda en género y número con el sujeto (58) y otras veces mantiene su forma masculina singular (59), siendo esta última opción la que suele aparecer en el lenguaje formal. En realidad la construcción de *lo más* + adjetivo desempeña funciones adjetivas, expresando el valor superlativo (RAE, 2010: 712).

(58) Sin embargo, cuando lo estudiamos objetivamente los resultados son de lo más chocantes. (Delibes de Castro, *Vida. La naturaleza en peligro*, 2001)

(59) Las reacciones de los pequeños son de lo más sorprendente. (López, *Un gorila con paperas. Historias de un veterinario entre monos*, 2001)

3 Oraciones copulativas con *ser*: de caracterización e identificativas

Las oraciones copulativas constituidas por la cópula *ser* se dividen en dos categorías oracionales: las adscriptivas o de caracterización[1] y las identificativas o especificativas[2]. Dicha división[3] se basa en la relación establecida entre el sujeto y el atributo (RAE, 2009: 2798). Dado que las oraciones copulativas del verbo *ser* son muy abundantes y pueden expresar distintos valores y significados, en palabras de Silvagni (2013: 24) "la distinción estriba en el tipo de conexión semántica que se activa entre el atributo y su sujeto; esta se establece dependiendo de parámetros gramaticales (relativos a la naturaleza de los constituyentes que componen la oración) y pragmáticos" .

La referencialidad también puede funcionar como un parámetro para analizar las oraciones copulativas de *ser* (Silvagni, 2013; Zamorano Mansilla, 2008), y se describe como "la capacidad de una expresión de referir (aludir, remitir) a una entidad o un concepto específico del mundo real –o de un mundo imaginario-" (Silvagni, 2013: 25), capacidad que se opone a la descriptiva. En las oraciones de caracterización, la expresión precopular suele ser referencial y la expresión poscopular suele ser descriptiva, mientras que en las identificativas, tanto las expresiones precopulares como las poscopulares pueden poseer una carga referencial fuerte. A continuación, de acuerdo con la distinción mencionada, analizaremos las características principales de

[1] En lo tocante a la definición de oraciones caracterizadoras, véase el apartado 4.1.1 del presente trabajo.
[2] En lo que respecta a la definición de oraciones identificativas, véase el apartado 4.1.2 del presente trabajo.
[3] Los autores Declerck (1988), Demonte (1979), Fernández Leborans (1999), Gutiérrez Ordóñez (1986), Hengeveld (1992), Porroche Ballesteros (1990) y Mikkelsen (2005) abogan por dicha clasificación, indicando que las oraciones copulativas con *ser* se dividen en dos grupos principales: por un lado, están los que caracterizan al sujeto; por otro, los que identifican o especifican al sujeto.

3 Oraciones copulativas con *ser*: de caracterización e identificativas

cada categoría copulativa.

3.1 La categoría de oraciones copulativas adscriptivas

De acuerdo con la *Nueva gramática de la lengua española* (RAE, 2009: 2798), las copulativas que expresan características del referente del sujeto se llaman las oraciones adscriptivas, caracterizadoras o de caracterización. Valga la redundancia, la diferencia existente entre las dos categorías oracionales consiste en que las copulativas caracterizadoras caracterizan al sujeto y las identificativas, lo identifican. La razón por la cual los dos tipos copulativos desempeñan distintas funciones radica en que los atributos poseen diferentes propiedades y, de hecho, en las oraciones caracterizadoras,

"lo que se predica del sujeto es una especie de características, entendida como rasgo distintivo" (Silvagni, 2013: 24). A continuación, trataremos de estudiar cuáles son los grupos sintácticos que funcionan como atributo en las oraciones caracterizadoras, comenzando por citar la aportación de Fernández Leborans al respecto:

"En sentido amplio, se considera atributo de 'caracterización' o 'propiedad' toda aquella expresión que predica del sujeto algún tipo de característica, permitiendo así su individuación en el universo de discurso. El atributo asignado puede ser relativo a cualidades físicas, psíquicas, morales..., o a otros rasgos de caracterización: materia, origen o procedencia, posesión o pertenencia, o adscripción a una clase" (Fernández Leborans, 1999: 2368). Los atributos adjetivales suelen desempeñar la función caracterizadora y constituyen una parte mucho menos problemática que los atributos sustantivos (Fernández Leborans, 1999: 2369-2370; RAE, 2009: 2800). Veamos un ejemplo:

(1) Herminio es serio, profesional y respetado por ambos partidos. (Prensa, *El nuevo heraldo*, 18/ 03/ 1997)

Partiendo de la misma base teórica, también se consideran atributos de caracterización los grupos preposicionales que denotan características del sujeto o que expresan materia, origen, procedencia, posesión, pertenencia o adscripción a una clase (Fernández

− 39 −

Leborans, 1999: 2375-2377; RAE, 2009: 2801), como se ve a continuación:

(2) La alternancia de generaciones es de naturaleza distinta en las dos divisiones de plantas. (Fuentes Yagüe, *Iniciación a la botánica*, 2001)

(3) El vestido es sin mangas y el cierre de la espalda está aún sin subir. (Daulte, *Desde la noche llamo*, 1994)

Igual que los grupos atributivos adjetivales y preposicionales, generalmente los atributos adverbiales son de interpretación caracterizadora. Entre todos los adverbios que se combinan con el *ser* copulativo, se debe destacar el adverbio *así*, el cual sustituye con mucha frecuencia a los atributos adjetivos (Fernández Leborans, 1999: 2369). En el apartado 3.2.4, ya hemos analizado las categorías adverbiales que se construyen con el *ser* copulativo, que, recordemos, pueden ser adverbios de modo, de tiempo, de lugar, de cantidad o grado. Veamos unos ejemplos representativos.

(4) Era frenético... La moda es así... (*El Mundo*, 16/ 03/ 2003)

(5) Cuando antes mejor, que mañana es tarde. (*El País*, 29/ 10/ 1997)

Ahora llegamos a la parte más complicada, referida a los grupos atributivos nominales, que pueden desempeñar no solo funciones caracterizadoras sino también funciones identificativas o especificativas. Son estos límites entre las dos funciones los que suelen traer muchas confusiones a los estudiantes chinos. Sintácticamente, existen tres estructuras atributivas nominales destinadas a caracterizar el sujeto: los grupos nominales sin artículo, los grupos con artículo indeterminado y aquellos con artículo determinado (Fernández Leborans, 1999: 2369; RAE, 2009: 2798-2801). De hecho, dicha clasificación es muy genérica, aunque puede funcionar como un marco para orientarnos y dar claridad al análisis de los atributos nominales.

3.1.1 Los atributos nominales sin artículo y de interpretación caracterizadora

En primer lugar, nos centraremos en los grupos nominales sin artículo, comenzando con la clasificación de la *Nueva gramática de la lengua española* (2009: 2798-2801), que divide esta categoría nominal en los siguientes tipos: 1) grupos nominales atributivos formados por nombres no contables; 2) grupos nominales atributivos formados por nombres contables; 3) grupos nominales atributivos formados por nombres contables abstractos; y 4) sustantivos que designan profesiones, ocupaciones y otras clases de individuos establecidas en función de rasgos sociales.

1) Es de conocimiento común que los sustantivos no contables no van precedidos por el artículo indeterminado, pero sí por el artículo determinado, y cuando estos no están precedidos por ningún artículo, desempeñan una función caracterizadora. Tal y como indica la RAE (2009: 2798), "los grupos nominales atributivos formados por nombres no contables se acercan a los adjetivales en su forma de denotar". Por lo tanto, al igual que los adjetivos, los nombres no contables atribuyen propiedades caracterizadoras al sujeto y al mismo tiempo clasifican al sujeto, diferenciándolo de los demás. Veamos unos ejemplos acerca de estos grupos nominales formados por nombres no contables:

(6) Pero el sudor es agua que se saca de la sangre. (*La Vanguardia*, 06/ 07/ 1994)

(7) ¿Esther es belleza, es amor, es fuerza? (Chávez Jr., *El batallador*, 1986)

(8) El resto es silencio... (*El Mundo*, 13/ 04/ 1995)

Como se puede observar, todos los atributos nominales anteriores son nombres no contables. El nombre *agua* pertenece al grupo que denota materia, las palabras *belleza* y *fuerza* pertenecen a los nombres que designan cualidades o propiedades, el sustantivo *amor* pertenece a los que expresan sensaciones o sentimientos y, por último, el nombre *silencio* es un sustantivo que denota estado o situación. Con estos ejemplos, se demuestra que muchos de los nombres no contables forman grupos atributivos de interpretación caracterizadora cuando no están precedidos por el artículo. Si bien resulta posible que no se hayan ejemplificado aquí todos los tipos de nombres no contables, no obstante, esto no significa que la categoría se limite a los tipos ya citados. De hecho, estos ejemplos ya resultan suficientes para que conozcamos la capacidad de los nombres no contables para expresar la interpretación caracterizadora.

2) Una observación pertinente sobre los nombres contables es que generalmente van precedidos por los artículos, tanto indeterminados como determinados, por lo que los nombres contables sin artículos no resultan gramaticales. Sin embargo, la *Nueva gramática de la lengua española* (2009: 2798) indica unas excepciones al respecto: los "atributos clasificativos con los sustantivos *persona, hombre, animal, cosa* y

otros similares que proporcionan rasgos de cierta extensión restringidos por algún modificador". Veámoslo en las siguientes oraciones:

(9) El autor, además de sincero, es persona curiosa y apasionada que vivió cada momento con plena intensidad... (*La Vanguardia*, 01/ 07/ 1994)

(10) La política no es cosa de agitación sino de ideas, ni es cosa de pancartas sino de proyectos... (Prensa, *El Socialista*, 04/ 2003)

En realidad, este caso no se limita solo a las cuatro palabras que menciona la *Nueva gramática de la lengua española*, sino que existen otros nombres contables que también disponen de este uso. Dichos sustantivos abarcan *planta*, *herramienta* o *prenda*, entre otros. Este tipo de nombres se caracteriza por la capacidad de extensión, y por ser palabras genéricas que no se limitan a una única entidad. En las copulativas caracterizadoras, estos sustantivos no van precedidos por artículos, pero normalmente, sí van seguidos de complementos adjetivales, preposicionales u oracionales que determinan y ponen restricciones al sustantivo. Estos grupos nominales atributivos se utilizan para clasificar y distinguir el sujeto, subrayando sus características.

3) En tercer lugar, los nombres contables abstractos también pueden presentarse sin artículo y con unos complementos que los modifican (RAE, 2009: 2799). Los mencionados sustantivos engloban las palabras *causa, decisión, razón, preocupación, consecuencia*, entre otras. Veamos el siguiente ejemplo:

(11) ...y que la subida del ocio y la cultura es consecuencia del aumento de los precios de los paquetes turísticos, propios de la temporada invernal. (Prensa, *La Voz de Galicia*, 15/ 01/ 2004)

4) En último lugar, los sustantivos que designan profesiones forman parte de los grupos nominales atributivos que caracterizan al sujeto[1]. Cuando se expresa una profesión u ocupación, generalmente no se utilizan artículos. "La ausencia de artículo en las expresiones predicativas nominales es compatible con que estos sustantivos aparezcan modificados por adjetivos de relación" (RAE, 2009: 2799). Los adjetivos

---

[1] En relación con los sustantivos que designan profesiones, puestos, cargos u oficios, Stowell (1991: 50) indica que estos forman una clase gramatical y se comportan como adjetivos. Posteriormente, Bosque (1996) ha realizado una ampliación, indicando que los sustantivos sin determinación se asimilan a los adjetivos.

3 Oraciones copulativas con *ser*: de caracterización e identificativas

relacionales serían los que indican una relación entre ellos mismos y el sustantivo al que modifican, y generalmente son derivados de sus correspondientes sustantivos. A diferencia de los grupos nominales anteriores, los sustantivos tratados en este párrafo no están necesariamente seguidos por los modificadores delimitadores. Así que, cuando los sustantivos que designan profesiones y ocupaciones denotan una función caracterizadora, así como cuando no van precedidos por artículos, estos sustantivos pueden aparecer o no seguidos por modificadores. Veámoslo en algunos ejemplos.

(12) Granger, nacido en 1934 en Gales, es profesor de Economía en la Universidad de California. (Prensa, *El Universal*, 09/ 10/ 2003)

(13) Grisolía dirige ahora dos programas que forman parte de este convenio: uno en el Instituto de la Sanidad en Washington y otro en la Universidad de Kansas, donde es profesor. (*El País*, 01/ 10/ 1988)

Cuando los grupos atributivos nominales no llevan determinación, existe una particularidad que se debe subrayar: el hecho de que, a diferencia de los atributos con artículo indeterminado o determinado, los atributos sin determinación admitan con facilidad las referencias espaciales y temporales (Fernández Leborans, 1999: 2372). La presencia de estas supone que los atributos denotan propiedades de estadio, aunque esto no supone una oposición a la realidad de que estos predicados sean de caracterización. Dichas propiedades de estadio no equivalen a las propiedades designadas por los predicados de estadio que se combinan con el copulativo *estar*; pese a la intervención de cierto contexto temporal o espacial, los atributos del verbo *ser* expresan propiedades que caracterizan y clasifican al sujeto. En los casos donde aparecen referencias espacio-temporales, no se admiten los atributos con artículos indeterminados, lo cual hemos podido comprobar de hecho al no encontrar ni un ejemplo de ello en el Banco de datos CREA. En cambio, en CREA sí se ofrecen muchos ejemplos que seleccionan atributos sin determinación cuando intervienen las referencias espacio-temporales, como en los siguientes ejemplos:

(14) El filósofo alemán Ernst Bloch falleció ayer en Tubinga, en cuya universidad era profesor desde 1961, a los 92 años de edad, de un ataque al corazón. (*El País*, 05/ 08/ 1977)

(15) Patarroyo es profesor en universidades de Colombia, Nueva York y Estocolmo. (*La Vanguardia*, 24/ 10/ 1994)

Acerca de este punto, la *Nueva gramática de la lengua española* (2009: 2800) nos facilita otra manera de entenderlo, indicando que "cuando se desea describir objetivamente a alguien asignándole alguna característica nominal se evita el artículo". Este punto de vista resulta más amplio que la teoría relacionada con las referencias espacio-temporales, ya que la mencionada descripción objetiva resulta mucho más abarcadora. Por tanto, es natural que encontremos muchas oraciones cuyo atributo se modifica por los elementos que denotan características objetivas, como se ve en la siguiente oración:

(16) En la actualidad, es profesor honorario. (*El País*, 16/ 04/ 2003)

En este ejemplo no aparecen referencias espacio-temporales, pero, como el modificador del atributo posee propiedades objetivas, no se utilizan artículos. Queda, pues, claro que en estas cuatro situaciones en que los nombres no están precedidos por artículos, estos desempeñan la función caracterizadora. Mediante el análisis, no resulta difícil concluir que los atributos sin artículos normalmente clasifican al sujeto dentro de alguna clase o categoría y que de este modo lo distinguen de los demás de otras clases o categorías. En realidad, podemos denominar "etiqueta de clase" (Fernández Leborans, 1999: 2371) a los atributos sin determinación. Veamos en el siguiente apartado los grupos nominales atributivos precedidos por artículos indeterminados.

3.1.2 Los grupos nominales atributivos precedidos por artículos indeterminados

Muchos de los grupos nominales precedidos por artículos indeterminados son de interpretación caracterizadora y, según la Real Academia, las llamadas "expresiones nominales caracterizadoras se suelen construir con el artículo indefinido *un, una* cuando introducen descripciones o definiciones" (RAE, 2009: 2799). A diferencia de los atributos sin determinación que están destinados a clasificar al sujeto, los grupos nominales con artículos indefinidos tienden a describirlo o caracterizarlo y, de acuerdo con la *Nueva gramática de la lengua española* (2009: 2799), cuando se introducen

3 Oraciones copulativas con *ser*: de caracterización e identificativas

descripciones o definiciones, los sujetos pueden aparecer con artículos definidos o indefinidos, sin que ello produzca cambios sintáctica o semánticamente significativos[1]. Ello se ejemplifica en las siguientes oraciones:

(17) En general, el sotobosque es una especie de selva incontrolada con una parte

---

[1] De acuerdo con Leonetti (1999), el significado del artículo definido se centra principalmente en dos nociones: la información consabida o conocida, y la de unicidad o inclusividad. Con la noción de información conocida se quiere indicar que el artículo definido "permite hacer referencia a entidades que ya están presentes en el universo de discurso, bien porque pueden ser percibidas directamente, bien porque han sido mencionadas, bien porque los conocimientos extralingüísticos de los interlocutores las hacen identificables" (ibid.: 791). Mientras que con la noción de unicidad se señala que, en primer lugar, el artículo definido "permite hacer referencia a la única entidad existente que cumpla con las condiciones impuestas por el contenido descriptivo del SN, se puede decir que los SSNN definidos se refieren a la máxima colección de objetos a los que se pueda aplicar su contenido descriptivo, y este conjunto es único en el contexto de uso" (ibid.: 792). Por ejemplo, cuando un hablante enuncia la oración de *Coge los libros* (ibid.: 792), se refiere a todos los libros considerados relevantes en la situación. En segundo lugar, el artículo definido permite resaltar la unicidad de ciertos roles en situaciones estereotipadas, pero no la unicidad de los objetos aludidos, como, por ejemplo, la oración *La había besado en la mejilla* (ibid.: 793), que no quiere decir que se trate de una persona con una sola mejilla ni pretende determinar de qué mejilla se habla, sino que solo intenta subrayar la situación de besar en la mejilla (sin identificarla). En tercer lugar, el artículo definido permite "resaltar y destacar un referente entre otros de un grupo, como si fuera el único" (ibid.: 794). En la oración *Lea Ahora*, el seminario de actualidad no significa que Ahora es el único seminario que existe, sino que el hablante quiere resaltarlo y darle especial importancia.

Según este mismo autor, el artículo indefinido forma contrastes evidentes con el artículo definido. En primer lugar, con el artículo indefinido se puede introducir un nuevo referente en el universo de discurso, como, por ejemplo, en la oración *Han denunciado un caso de corrupción en el juzgado nº 3, parece que lo ha descubierto un periodista* (ibid.: 838), en que se utiliza el artículo indefinido para introducir un referente que antes nadie ha mencionado y, posteriormente, se utiliza el pronombre *lo* para sustituir ese referente mencionado inmediatamente antes. En segundo lugar, con el artículo indefinido se introduce la propiedad de no indicar la totalidad de la clase de objetos denotada, como, por ejemplo, en la oración *Últimamente he leído unos libros de turismo* que significa que 'he leído algunos/una parte de todos los libros de turismo' y sé seguro que existen otros libros del mismo tema. El análisis del significado de los artículos definidos e indefinidos nos ayuda a notar qué propiedad intenta transmitir el autor cuando introduce definiciones o descripciones con el sujeto definido o indefinido. Por ejemplo, en la oración (17) el referente *sotobosque* aparece definido, lo cual significa que, en primer lugar, ha sido mencionado anteriormente, y ha sido percibido directamente o ha sido identificado con los conocimientos extralingüísticos; y, en segundo lugar, el referente definido alude a la clase o al conjunto del sotobosque. Mientras que en la oración (18) el sujeto aparece indefinido, y es muy posible que se trate de una noción que haya sido introducida por primera vez en el universo de discurso y, posiblemente, la oración (18) corresponda a la respuesta de la pregunta *¿Qué es un estado o situación de enfermedad?*

inferior absolutamente seca de años y años de abandono, que arderán como yesca a la menor oportunidad. (*La Vanguardia*, 01/ 07/ 1994)

(18) Un estado o situación de enfermedad es una imagen manifiesta de un estado orgánico que, como imagen científica, puede ser o no patológico. (García Barreno, *Medicina: Tecnología y sociedad*, 1991)

Los atributos que denotan profesión, ocupación u oficio no van precedidos por artículos "cuando se desea describir objetivamente a alguien asignándole alguna característica nominal" (RAE, 2009: 2800), excepto cuando los atributos van modificados por los adjetivos o expresiones evaluativas, en cuyo caso se utiliza el artículo indefinido. "La presencia del artículo indeterminado en estas oraciones da lugar al llamado UN ENFÁTICO❶, característico de los grupos nominales de interpretación evaluativa" (ibid.). De acuerdo con la *Nueva gramática de la lengua española* (ibid.), las siguientes situaciones favorecen la interpretación del *un enfático*:

1) La presencia del modificador adjetival. Los adjetivos evaluativos incluyen *bueno, malo, lindo, bonito, feo, perfecto, excelente* y *horrible*, entre otros. De acuerdo con Demonte (1999: 179-180), la variación léxico semántica interna de esta clase es muy

---

❶ De acuerdo con Portolés (1993), la oración *Juan es un soldado* se puede comprender de tres formas: (1) se trata de una oración identificativa que podría ser respuesta de la pregunta *¿Quién es Juan?*; (2) es una oración de caracterización y serviría como respuesta de la pregunta *¿Qué es Juan?*; (3) es una oración de caracterización que correspondería como respuesta de la pregunta *¿Cómo es Juan?*. En las dos primeras interpretaciones, el artículo indefinido *un* sería átono, mientras que en la tercera interpretación, *un* sería tónico y se subraya que Juan posee las propiedades del soldado en grado sumo. El tercer caso es denominado *un enfático*. El *un enfático* se utiliza con frecuencia en la lengua oral. Podemos observar el contraste que existe entre los siguientes dos ejemplos:

A: ¿La conoces? B: Sí, es una jueza.;

A: ¿Podemos confiar en su comportamiento? B: Hombre, es una jueza.

En el primer diálogo, el atributo *una jueza* identifica al sujeto, mientras que, en el segundo, subraya que el sujeto posee las propiedades del juez en grado sumo.

En lo tocante al artículo indefinido de *un enfático*, Bello (1988: 856) indica que "el artículo indefinido da a veces una fuerza particular al nombre con que se junta. Decir que *alguien es holgazán* no es más que atribuirle este vicio; pero decir que *es un holgazán* es atribuírselo como cualidad principal y característica". Véase Portolés, 1993: 218-236.

3 Oraciones copulativas con *ser*: de caracterización e identificativas

diversa, como, por ejemplo, en el campo de la comida, en el que encontramos los adjetivos *rico, sabroso* y *delicioso*; o en el campo de la imagen externa, con *guapo* y *buen mozo*; en el de la imagen interior, *santo*; en el de la física, *carcamal, decrépito* y *achacoso*; en el de la forma y estructuración de los objetos y de los hechos, *amorfo, desquiciado, deslavazado* y *descuajaringado*; en el terreno del color/luminosidad, *radiante* y *tenebroso*; en el de la dimensión, *achaparrado* y *gigantesco*, y todos estos entre muchos otros. Estos adjetivos suelen expresar la opinión que tiene el hablante acerca de cierto objeto y, por tanto, los atributos modificados por ellos denotan propiedades relativamente subjetivas:

(19) Igual que trato bien a mi mamá porque es una persona buena que nunca hizo mal a nadie. (Puig, *El beso de la mujer araña*, 1976)

2) Cuando se construye el predicado con un adverbio de naturaleza escalar, la oración adquiere la interpretación del *un enfático*. Estos pueden ser: *simplemente, más* y *menos*, entre otros (RAE, 2009: 2800).

(20) No, no es ni mejor ni peor que un hombre, es simplemente un ser humano haciendo bien su trabajo. (*Proceso*, 22/ 12/ 1996)

(21) ¿Es que el maestro don Rodrigo, cuyo retrato nos dejó Jorge Manrique, su hijo –aun juzgado como una idealización-, es menos que un héroe clásico, antiguo o moderno? (Fernández Suárez, *El pesimismo español*, 1983)

3) Cuando se introduce un modificador oracional que va detrás del atributo y el modificador expresa contenido evaluativo, el predicado se interpreta como una estructura de *un enfático*.

(22) Era un profesor que "nunca dejaba un tema hasta que lo exprimía de tal modo que satisfacía los requerimientos de los espíritus más exigentes. (Rodríguez Salinas, *Cauchy*, 1994)

4) Los sufijos apreciativos llevan matices evaluativos (RAE, 2009: 2800), y mediante su uso se percibe cómo es la actitud que tiene el hablante hacia el objeto o la persona. Primero, veamos un ejemplo en el que el predicado aparece con sufijos y adquiere la interpretación del *un enfático*:

(23) Rampín es un perrillo téckel mío, de pelo largo y fuego que debería de

llamarse Fumanchú. (Gala, *Los invitados al jardín*, 2002)

Los sufijos expresan valores positivos y negativos de acuerdo con el matiz que lleva cada uno de ellos. En español, existen muchos sufijos apreciativos[1] y, para que conozcamos las connotaciones evaluativas que tienen, es recomendable elaborar una tabla en que se muestran los más utilizados.

Cuadro 20[2]

Sufijos diminutivos.			
Sufijo.	Connotación.	Ejemplo sustantivo.	Ejemplo adjetivo.
-ete, -eta.	Afecto, aprecio/ pequeñez.	Placeta.	Moreneta.
-ejo, -eja.	Desprecio/ pequeñez.	Palabreja.	Medianejo.
-ito, -ita.	Afecto/ disminución.	Gatito.	Baratito.
-ico, -ica.	Afecto/ pequeñez, desprecio, burla.	Miedica.	Limpico.
-illo, -illa.	Afecto, aprecio/ pequeñez, desdén, ironía, jocosidad.	Perrillo.	Fuertecillos.
-ín, -ína.	Afecto/ pequeñez.	Pelín.	Chiquitín.
-uelo, -uela.	Afecto/ disminución.	Ojuelo.	Estrechuelo.
Sufijos aumentativos.			
-azo, -aza.	Desprecio/ valor ponderativo.	Cuerpazo.	Buenazo.
-ón, -ona.	Desprecio, burla.	Cabezón.	Inocentona.
-ote, -ota.	Desprecio, escasa simpatía.	Palabrota.	Brutote.
-udo, -uda.	Posesión en abundancia/ burla.	Forzudo.	Peludo.
Sufijos despectivos.			
-aco.	Gran tamaño/ repulsa, burla.	Libraco.	Rubiaca.

[1] Según la Real Academia, los sufijos apreciativos son aquellos que "se añaden a numerosos sustantivos y adjetivos, y ocasionalmente también a otras clases de palabras, para expresar tamaño, atenuación, encarecimiento, cercanía, ponderación, cortesía, ironía, menosprecio y otras nociones –no siempre deslindables con facilidad- que caracterizan la valoración afectiva que se hace de las personas, los animales o las cosas" (RAE, 2009: 627).

[2] La clasificación de los sufijos apreciativos diferencia entre diminutivos, aumentativos y despectivos. En ocasiones, los sufijos despectivos se cruzan con los diminutivos y aumentativos, puesto que algunos de ellos son a la vez despectivos y diminutivos o despectivos y aumentativos. Véase RAE, 2009: 627. La elaboración de la tabla toma como referencia RAE, 2009: 627-656.

3 Oraciones copulativas con *ser*: de caracterización e identificativas

续表

-acho, -acha.	Gran tamaño/ repulsa, burla.	Populacho.	Ricacho.
-ajo, -aja.	Intensidad/ repulsa o burla.	Hierbajo.	Pequeñajo.
-ales.	Desprecio, repulsa o burla.	Viejales.	Rubiales
-uco, -uca.	Afecto, aprecio/ pequeñez.	Frailuco.	Tontuco.
-ucho, -ucha.	Burla/ disminución.	Casucha.	Paliducho.
-ujo, -uja.	Desprecio, burla.	Ventanuja.	Pequeñujo.
-uzo, -uza.	Desprecio.	Gentuza.	

5) Favorece asimismo la interpretación de *un enfático* "la presencia de otros grupos yuxtapuestos o coordinados que aporten más información que la meramente clasificatoria" (RAE, 2009: 2800).

(24) El conductor del aprendizaje no es un profesor; es un animador, un facilitador. (Entrena, *Animar a desanimados*, 2001)

6) Finalmente, señalaremos que, cuando un nombre de cualidad funciona como atributo, normalmente se trata de una evaluación y, por tanto, se utiliza la estructura de *un enfático* (RAE, 2009: 2800). Los nombres de cualidad, también denominados cualitativos o sustantivos cualitativos, son los sustantivos que designan cualidad, y provienen de los adjetivos, como por ejemplo el sustantivo *bondad*, que deriva del adjetivo *bueno*. Los nombres de cualidad son abstractos y no cuantitativos, como ejemplifican los siguientes: *eficacia, elegancia, claridad, libertad, flexibilidad, fluidez, hombría, malicia* o *lealtad*, entre otros. Además, estos son propiamente valorativos y, por tanto, resulta más fácil y natural el uso del *un enfático* con esta categoría sustantiva.

(25) Por ejemplo, yo soy un hombre de 50 años, mas la idea de reflexionar con el alma de una señora de 80 o un niño de 10 años o una campesina de Chiapas, es una libertad. (*Proceso*, 24/ 11/ 1996)

Cuando los adjetivos valorativos modifican al atributo, se utiliza la estructura de *un enfático*, aunque, cuando los modificadores adjetivales se anteponen, es preferible la omisión del artículo, si bien esta opción alterna con la otra, en la que no se da la omisión (RAE, 2009: 2800).

(26) Pero Miguel es un buen profesor... (Ruiz Zafón, *La sombra del viento*, 2001)

(27) Si es buen profesor, tiene que andar bien. (Oral, *Hombre de 29 años*)

En muchas ocasiones, para caracterizar o describir cómo es una persona, se utiliza la siguiente estructura especial: *es un/ una* + adjetivo sustantivado. Fernández Leborans (1999: 2373) indica que cuando la estructura de *un enfático* queda construida por el artículo indefinido y un adjetivo sustantivado, generalmente se denotan cualidades negativas, mientras que resultan mucho más restringidas las copulativas que expresan cualidades positivas. Las propiedades designadas pueden ser físicas, psíquicas y morales.

(28) El problema con Fer es que es un orgulloso. (Gamboa, *Páginas de Vuelta*, 1998)

(29) Ese anciano venerable es un santo, Majestad. (Vallejo-Nágera, *Yo, el rey*, 1985)

3.1.3 Los sintagmas nominales definidos

Desde nuestra consideración, en comparación con los atributos definidos, resulta mucho más fácil comprender la interpretación caracterizadora de los atributos constituidos por grupos nominales sin determinación y con artículo indeterminado. Existe incluso el estereotipo de que todos los grupos sin determinación o con artículo indeterminado son de interpretación caracterizadora, mientras que todos los grupos definidos son de interpretación identificativa. Sin embargo, todo puede cuestionarse, ya que, de acuerdo con el contexto, los grupos indefinidos y definidos desempeñan funciones tanto caracterizadoras como identificativas. No obstante, también es una realidad que los grupos definidos poseen más poder referencial que los indefinidos, por lo que existen muchos menos casos en que los definidos poseen una interpretación caracterizadora. En este apartado, nos centramos en analizar las situaciones en que los definidos desempeñan dicha interpretación.

En español, existen tres categorías de expresiones definidas que pueden poseer una interpretación caracterizadora: los sintagmas nominales definidos, los nombres propios y los pronombres personales (Fernández Leborans, 1999: 2374-2375). A continuación, las analizamos con más detalle.

3 Oraciones copulativas con *ser*: de caracterización e identificativas

De acuerdo con Fernández Leborans (1999: 2374) "en general, los sintagmas nominales definidos que admiten este uso atributivo expresan profesiones, cargos y oficios únicos. En contextos expresivos enfáticos, funcionan como atributos valorativos". Para expresarlo de una forma más comprensible, diremos que cuando los sintagmas definidos expresan profesiones, cargos y oficios únicos, o cuando los grupos nominales definidos están modificados por los adjetivos o expresiones valorativas (la expresión más representativa es la superlativa), dichos sintagmas adquieren la interpretación caracterizadora. De hecho, en casos en que los sintagmas nominales definidos funcionan como atributos valorativos se resaltan especialmente las expresiones superlativas. "Naturalmente, los sintagmas nominales definidos, adquieren clara interpretación de atributos de cualidad cuando contienen un adjetivo calificativo valorativo de exclusividad o un cuantificador superlativo" (Fernández Leborans, 1999: 2374). Veamos los siguientes ejemplos:

(30) Jorge Wagensberg es el director del Museo de la Ciencia de la Fundación la Caixa, Barcelona. (*El País*, 24/ 09/ 1997)

(31) La experiencia inolvidable para mí la obtuve con el profesor Catalano, Nicolo Catalano, que es el abogado más importante de la Comunidad Económica Europea. (Oral, *BO-3. Mujer de 33 años*)

(32) El camionero es el hijo preferido de la virgen. (Fuentes, *Ceistóbal Nonato*, 1987)

Además, es necesario hacer una aclaración sobre cuáles son las profesiones, las ocupaciones o los cargos únicos que, desde nuestro punto de vista, podrían definirse como aquellos que no tienen igual y, por tanto, son singulares, exclusivos de la persona que los ostenta. Veamos los siguientes ejemplos:

(33) Su comisario es el profesor de arte de la Universidad de Estrasburgo Aliain Roy. (*ABC Cultural*, 20/ 12/ 1991)

(34) Gilles de Rais es el maestro de ceremonias del concurso de belleza. (Obando Bolaños, *El más violento paraíso*, 2001)

En las oraciones (33) y (34) los atributos se constituyen por los sintagmas nominales con determinación definida y, sin embargo, no expresan oficios, profesiones, ocupaciones únicas, ya que su comisario no es el único profesor de arte de la Universidad de Estrasburgo, ni Gilles de Rais es el único maestro de ceremonias del concurso de belleza. Sin embargo, esto no significa que no se trate de las copulativas caracterizadoras, puesto que los atributos *el profesor de arte de la Universidad de Estrasburgo Aliain Roy*, y *el maestro de ceremonias del concurso de belleza* poseen las cualidades de los atributos caracterizadores en cuanto que son sustituibles por los pronombres, *lo, eso* y *qué* (RAE, 2010: 709). Con esa sustitución obtenemos las siguientes oraciones:

Su comisario lo es; Su comisario es eso; ¿Qué es su comisario?

Gilles de Rais lo es; Gilles de Rais es eso; ¿Qué es Gilles de Rais?

En lo tocante a los sustantivos con determinación (están incluidos los sustantivos de determinación definida y determinación indefinida), Fernández Leborans (1999: 2372) indica que "los sustantivos de determinación admiten, por su componente referencial, extensional, interpretación de caracterización o interpretación de identificación; los límites entre ambas lecturas se confunden si hacemos abstracción del contexto y de la situación de comunicación".

Por lo tanto, los pronombres *ese* y *quién* también pueden ser sustitutos de las expresiones *el profesor de arte de la Universidad de Estrasburgo Aliain Roy* y *el maestro de ceremonias del concurso de belleza* y, desde ahí, podemos formar las siguientes oraciones:

Su comisario es ese; ¿Quién es su comisario?

Gilles de Rais es ese; ¿Quién es Gilles de Rais?

Pero la diferencia es que cuando los ejemplos (33) y (34) responden a *¿Qué es su comisario?* y *¿Qué es Gilles de Rais?*, el propósito es el de caracterizar a *su comisario* y a *Gilles de Rais*, mientras que cuando responden a ¿Quién es su comisario? y *¿Quién es Gilles de Rais?*, el propósito es, en cambio, no caracterizar sino identificar a *su comisario* y a *Gilles de Rais*. En el caso de caracterización, se supone que el interlocutor conoce a los dos protagonistas, y, en el caso de identificación, se entiende que no los conoce. Por tanto, en realidad los sintagmas nominales definidos de caracterización no se limitan a los sustantivos que designan profesiones, ocupaciones,

3 Oraciones copulativas con *ser*: de caracterización e identificativas

cargos u oficios únicos, o a los sintagmas que aparecen en forma superlativa. Además, la *Nueva gramática de la lengua española* (2009: 2800-2801) también aboga por una interpretación más amplia del fenómeno, señalando que las oraciones como "El éxito es el resultado feliz de alguna empresa" y "La falta de agua es el problema principal" son de interpretación caracterizadora, puesto que los atributos *el resultado feliz de alguna empresa* y *el problema principal* son sustituibles por *lo, eso* y *qué*. Tras el intercambio obtenemos las siguientes oraciones:

El éxito lo es; El éxito es eso; ¿Qué es el éxito?

La falta de agua lo es; La falta de agua es eso; ¿Qué es la falta de agua?

De todo lo anterior podemos concluir que, para determinar los valores caracterizadores o identificativos de una copulativa con sintagmas nominales definidos, hace falta analizar el contexto o la situación de comunicación, porque este tipo de oraciones pueden desempeñar tanto funciones caracterizadoras como identificativas de acuerdo con distintas situaciones. Sin embargo, los nombres propios, por su fuerte capacidad referencial, generalmente no desempeñan funciones atributivas caracterizadoras. No obstante, cuando la intención del uso de los nombres propios es para subrayar las propiedades o cualidades poseídas por dichos nombres, se adquiere la interpretación caracterizadora (Hernanz y Brucart: 1987: 221; Fernández Leborans, 1999: 2375). Igual que los nombres propios, los pronombres personales también cuentan con una carga referencial muy fuerte, sin embargo, en caso de referirse a cualidades o características representadas por ellos, los pronombres sí que adquieren la capacidad caracterizadora (Fernández Leborans, 1999: 2375). Así queda ejemplificado en las siguientes oraciones:

(35) Si yo fuese Ortega escribiría un artículo que también se titulara: ¡Poeta a la vista! (*ABC*, 14/ 10/ 1986)

(36) Si yo fuese tú, lo hubiera hecho. (Gala, *Los invitados al jardín*, 2002)

En ambos ejemplos, los atributos *Ortega* y *tú* designan interpretación caracterizadora, y la intención de utilizar dichos atributos consiste en referirse a las cualidades representadas por los pronombres personales y los nombres propios. Aquí *Ortega* y *tú* representan una clase o tipo de persona, parecidos a una etiqueta de cualidades, y las oraciones ejemplificadas equivalen a las siguientes:

Si yo tuviera las cualidades que tiene Ortega...

Si yo tuviera las cualidades que tienes tú...

3.1.4 Las características de las copulativas caracterizadoras

Tras analizar los tres grupos nominales que desempeñan interpretación caracterizadora, hace falta sacar una conclusión más sistemática sobre las características poseídas por las copulativas de caracterización. Basándonos en el contenido anterior y en el análisis de Fernández Leborans (1999: 2377-2382), llegamos a las siguientes conclusiones:

1) Los grupos sin determinación atribuyen propiedades destinadas a clasificar a su sujeto para ponerle una etiqueta de clase. Además, los sintagmas nominales con determinación indefinida se inclinan a la caracterización o la descripción del sujeto. Mientras, las expresiones definidas no se limitan a designar profesiones, ocupaciones u oficios únicos.

2) Los atributos de las copulativas caracterizadoras no son referenciales, pese a que los sintagmas nominales definidos posean una carga referencial muy fuerte. Los sintagmas nominales sin determinación y los sintagmas nominales con determinación indefinida son propiamente no referenciales o tienen una carga referencial muy débil.

3) Los pronombres neutros pueden sustituir a todos los atributos de las copulativas caracterizadoras, mientras que los predicados de las copulativas caracterizadoras se conmutan por los pronombres neutros *lo* y *eso* y el adverbio *así* (RAE, 2010: 709), el cual sustituye a los atributos calificativos, es decir, a los adjetivos calificativos, los sintagmas nominales con determinación indefinida y a los grupos nominales definidos de contenido valorativo. En primer lugar, veamos la conmutación con los pronombres neutros en las siguientes cinco oraciones, que representan los cinco sintagmas tratados anteriormente: los adjetivos, los atributos preposicionales, los grupos nominales sin determinación, los grupos nominales con determinación indefinida y los grupos nominales con determinación definida.

(37) Él no es chino, papi. (Santiago, *El sueño de América*, 1996)

(2 bis) La alternancia de generaciones es de naturaleza distinta en las dos

3   Oraciones copulativas con *ser*: de caracterización e identificativas ▶▶▶▶

divisiones de plantas. (Fuentes Yagüe, *Iniciación a la botánica*, 2001)

(6 bis) Pero el sudor es agua que se saca de la sangre. (La Vanguardia, 06/ 07/ 1994)

(38) A veces, un genio de la literatura es una especie de loco. (La Vanguardia, 16/ 08/ 1995)

(30 bis) Jorge Wagensberg es el director del Museo de la Ciencia de la Fundación la Caixa, Barcelona. (*El País*, 24/ 09/ 1997)

Si utilizamos los pronombres neutros *lo* y *eso* para sustituir a los atributos que están subrayados, conseguiremos las siguientes oraciones, gramaticales y naturales:

Él no lo es, papi. / Él no es eso, papi.

La alternancia de generaciones lo es. / La alternancia de generaciones es eso.

Pero el sudor lo es. / Pero el sudor es eso.

A veces, un genio de la literatura lo es. / A veces, un genio de la literatura es eso.

Jorge Wagensberg lo es. / Jorge Wagensberg es eso.

En cuanto a la conmutación por el adverbio *así*, se ejemplifican unas oraciones que pueden ser representativas de los tres tipos atributivos mencionados: los adjetivos calificativos, los grupos nominales con determinación indefinida y los grupos nominales definidos de contenido valorativo.

(1 bis) Herminio es serio, profesional y respetado por ambos partidos. (Prensa, El *nuevo heraldo*, 18/ 03/ 1997)

(17 bis) En general, el sotobosque es una especie de selva incontrolada con una parte inferior absolutamente seca de años y años de abandono, que arderán como yesca a la menor oportunidad. (*La Vanguardia*, 01/ 07/ 1994)

(31 bis) La experiencia inolvidable para mí la obtuve con el profesor Catalano, Nicolo Catalano, que es el abogado más importante de la Comunidad Económica Europea. (Oral, *BO-3. Mujer de 33 años*)

Si sustituimos los atributos por el adverbio *así*, obtenemos las siguientes oraciones:

Herminio es así.

En general, el sotobosque es así.

Nicolo Catalano es así.

4) Las copulativas con atributos calificativos pueden funcionar como respuestas a las preguntas planteadas con el interrogativo ¿*cómo*?, mientras que las copulativas con atributos clasificadores lo hacen como respuestas a las preguntas formadas con el interrogativo ¿*qué*? Como ha sido señalado anteriormente, los atributos calificativos engloban los grupos atributivos adjetivales calificativos, los sintagmas con determinación indefinida y los grupos nominales definidos de contenido valorativo, mientras que entre los atributos clasificadores se incluyen los sintagmas nominales sin determinación, y los grupos nominales definidos que designan profesiones, ocupaciones u oficios únicos. En primer lugar, tomemos como ejemplos las oraciones representativas de los atributos calificativos, es decir, los grupos atributivos adjetivales calificativos, los sintagmas con determinación indefinida y los grupos nominales definidos de contenido valorativo. Para ello, se ilustran las posibles preguntas correspondientes a las oraciones (1 bis), (17 bis) y (31 bis):

¿Cómo es Herminio?

¿Cómo es el sotobosque?

¿Cómo es Nicolo Catalano?

A través de los sintagmas nominales con determinación indefinida se expresan la definición y la descripción. Y si anteriormente hemos analizado las posibles preguntas destinadas a las oraciones definitorias, ahora veremos las oraciones descriptivas.

(21 bis) ¿Es que el maestro don Rodrigo, cuyo retrato nos dejó Jorge Manrique, su hijo –aun juzgado como una idealización–, es menos que un héroe clásico, antiguo o moderno? (Fernández Suárez, *El pesimismo español*, 1983)

(19 bis) Igual que trato bien a mi mamá porque es una persona buena que nunca hizo mal a nadie. (Puig, *El beso de la mujer araña*, 1976)

En este caso, resulta más natural el uso del interrogativo *cómo* y las preguntas corresponden a ¿*Cómo es el maestro don Rodrigo?* y ¿*Cómo es tu mamá?* Una gran parte de las oraciones descriptivas poseen contenido valorativo, por lo que supone más comodidad y conveniencia el empleo del interrogativo *cómo*. En cuanto a las oraciones definitorias que intentan demostrarnos qué es una entidad, se percibe una alternancia entre el interrogativo *qué* y *cómo*.

3 Oraciones copulativas con *ser*: de caracterización e identificativas

No obstante, el interrogativo *cómo* no es la única opción para las oraciones con atributos valorativos. Fernández Leborans (1999: 2379) indica que "naturalmente, el atributo valorativo representado por sintagmas nominales no rechaza la interrogación mediante *¿Qué es X?*: así expresiones del tipo: *un holgazán/ mi mejor amigo/...* son respuestas posibles a esta pregunta". De acuerdo con esta teoría, los sintagmas nominales con determinación indefinida y los sintagmas nominales definidos pueden servir como respuestas a las preguntas planteadas con el interrogativo *qué*. Por tanto, las oraciones (17 bis) y (31 bis), además de servir como respuestas de *¿Cómo es el sotobosque?* y *¿Cómo es Nicolo Catalano?*, también pueden responder a las siguientes preguntas:

¿Qué es el sotobosque?

¿Qué es Nicolo Catalano?

Ambas opciones resultan naturales y, sin embargo, con distintos interrogativos se inclinan a preguntar diferentes propiedades, ya que con *cómo*, se inclinan a subrayar el contenido evaluativo, y con *qué*, destacan más el papel que juega el sujeto. Para el ejemplo (31), si planteamos una pregunta con *qué*, el núcleo sería el papel social jugado por *Nicolo Catalano*, "el abogado", mientras que en el segundo caso, si se formula la pregunta con cómo, el papel del núcleo desempeñado por "el abogado" se debilita y se traslada a los sintagmas que van posteriormente, en este caso: "más importante de la Comunidad Económica Europea".

5) Para los atributos preposicionales, se formulan las preguntas con las correspondientes preposiciones y los interrogativos: *qué, quién, dónde, cuándo*, entre otros. A continuación, se ejemplifican unas oraciones copulativas caracterizadoras con atributo preposicional, colocándose al lado sus correspondientes preguntas:

(39) La torre es de piedra sillería con marcas. (Villanueva Lázaro, *La Cantabria del Esla*, 2000) —¿De qué es la torre?

(40) Mi padre es de Sevilla. (Santana, *Mirando al tendido*, 1991) — ¿De dónde es tu padre?

(41) El horario hábil para la pesca en aguas salmonícolas en cada uno de los meses es para marzo y abril de 7 a 21 horas, y para mayo, junio y julio de 6.30 a 22 horas.

(*El Diario Vasco*, 13/ 03/ 2001) — ¿Para cuándo es el horario hábil para la pesca en aguas salmonícolas en cada uno de los meses?

6) Un punto importante para diferenciar las copulativas caracterizadoras y las identificativas consiste en la imposibilidad por parte de los atributos de las copulativas de caracterización de cambiar su posición poscopular con la posición precopular del sujeto, mientras que las copulativas identificativas son reversibles. Ello puede observarse en las oraciones (2 bis), (6 bis), (37 bis) y (38 bis), que son de caracterización y son no reversibles, por lo que no se pueden transformar en las siguientes oraciones:

(2 bis) *De naturaleza distinta en las dos divisiones de plantas es la alternancia de generaciones.

(6 bis) *Pero agua que se saca de la sangre es el sudor.

(37 bis) *Chino no es él, papi.

(38 bis) *Una especie de loco es un genio de la literatura.

Evidentemente, las cuatro oraciones transformadas resultan antinaturales y agramaticales. Sin embargo, al contrario que las demás, la oración (30 bis) sí es reversible, porque la oración transformada *El director del Museo de la Ciencia de la Fundación la Caixa, Barcelona es Jorge Wagensberg* resulta gramatical. Igualmente, otro punto al que debemos prestar atención es el señalado por Fernández Leborans (1999: 2379), que aboga por la cualidad de no reversible de las copulativas caracterizadoras; sin embargo cuando se ejemplifican para demostrar dicha propiedad, no contamos con la presencia de los sintagmas nominales definidos. Fernández Leborans (1999: 2379) afirma (sin aludir a los grupos nominales definidos) que los atributos adjetivales, los atributos sin determinación y con determinación indefinida se caracterizan por no ser precopulares, indicando además la inexactitud de las siguientes oraciones:

Guapa es María.

Arquitecto es Antonio.

Un profesor es Luis.

Debido a su débil carga referencial, los grupos atributivos adjetivales, nominales sin determinación, y nominales con determinación indefinida, no tienen posibilidad

3   Oraciones copulativas con *ser*: de caracterización e identificativas

de ocupar la posición precopular. Justamente por esta misma razón, los sintagmas nominales definidos precopulares no suponen ninguna incoherencia, dado que poseen una carga referencial muy fuerte. Sin embargo, la naturalidad y la gramaticalidad de la oración *El director del Museo de la Ciencia de la Fundación la Caixa, Barcelona es Jorge Wagensberg* no supone que las copulativas caracterizadoras con atributos definidos sean reversibles, ya que al estar en posiciones opuestas el atributo y el sujeto, la oración transformada ya se ha convertido en una identificativa inversa; de este modo, *Jorge Wagensberg* aporta informaciones que especifican al *director del Museo de la Ciencia de la Fundación la Caixa*. Por lo tanto, si la intención es caracterizar al sujeto o demostrar el cargo o la profesión poseída por el mismo, para evitar malentendidos innecesarios, no es recomendable cambiar las posiciones del sujeto y el atributo. Pese a que hemos demostrado la gramaticalidad de la oración transformada, resulta insignificante la transformación si cambiamos la cualidad originaria caracterizadora a identificativa. Por todo ello, en este trabajo se aboga por la propiedad no reversible de las copulativas caracterizadoras. No obstante, a continuación, estudiamos las situaciones en que las copulativas de caracterización muestran la capacidad de ser reversibles.

Fernández Leborans (1999: 2379) indica que el atributo de las oraciones copulativas de caracterización puede aparecer en posición precopular en los siguientes casos: cuando expresa "focalización", cuando presenta un "especificador de grado", cuando se utiliza para expresar "la topicalización, con la consecuente duplicación por el clítico lo", y cuando designa propiedades de carácter comparativo. A continuación transformaremos el ejemplo (42) en oraciones que expresan focalización, grado, topicalización y comparación.

(42) La gente es amable y honesta con el extranjero... (*La Vanguardia*, 02/ 03/ 1995)

Focalización:

Amable es la gente, pero no honesta con el extranjero.

Grado:

Muy/ poco/ bastante/ demasiado/ tan/ nada amable y honesta es la gente con el extranjero.

Topicalización:

　　Amable y honesta, la gente lo es con el extranjero.

Comparación:

　　Más/ menos/ igualmente amable y honesta es la gente con el extranjero.

7) Además de las características anteriores, Moreno Cabrera (1987: 232) indica que las oraciones de caracterización aceptan expansión del atributo con *como*. En relación con esta característica, Fernández Leborans (1999: 2380) señala que "los sintagmas nominales, sin determinación o con determinación indefinida, en función de atributo poseen características análogas a las de los adjetivos calificativos, lo que es esperable, dado su significado de propiedad; así pueden entrar en construcciones de grado".

La expansión del atributo con *como* se puede aplicar tanto a los grupos nominales sin determinación o con determinación indefinida, como a los sintagmas nominales con determinación definida. Pero existe una diferencia, ya que cuando se utilizan los primeros, la expansión puede ser solamente una entidad o una persona, mientras que cuando se emplean los segundos, a esta hay que añadirle un contraste temporal, que funciona para diferenciar la parte expandida y la oración copulativa original. A continuación, se ejemplifican tres oraciones que corresponden, respectivamente, a la oración con atributo sin determinación, con determinación indefinida y con determinación definida:

　　(43) Nacido en Santiago en 1953, Masiá en la actualidad es profesor de la Escuela de Artes y oficios de Santiago. (*La Voz de Galicia*, 30/ 10/ 1991) —...es profesor de la Escuela de Artes y oficios de Santiago como Javier.

　　(44) Manuel Artigas es un profesor de letras hispánicas. (Prensa, *Excélsior*, 04/ 09/ 2001) — Manuel Artigas es un profesor de letras hispánicas como su novia, Ana.

　　(45) Él era el profesor de literatura de nosotras. (Oral, *CSHC-87 Entrevista 105*)—

　　Él era el profesor de literatura de nosotras como lo eres en la actualidad.

Además de los sintagmas nominales, la expansión con *como* también se aplica a los atributos adjetivales y preposicionales, no haciendo falta en este caso el uso del contraste temporal:

3 Oraciones copulativas con *ser*: de caracterización e identificativas

(46) Delic Senad es alto y fuerte. (*La Vanguardia*, 02/ 10/ 1995) —— Delic Senad es alto y fuerte como Antonio.

(47) Se llama Arantxa, tiene veintiséis años y es de Granada. (Oral, *Informe Semanal*, 02/ 11/ 96) -- Se llama Arantxa, tiene veintiséis años y es de Granada como Antonio.

En cuanto a las construcciones de grado, que aclararemos a continuación, solo las admiten los atributos adjetivales, los grupos nominales sin determinación y los grupos nominales con determinación indefinida. Generalmente, los adverbios son los utilizados para expresar grado, entre los que se cuentan *muy, bastante, poco, demasiado, más, menos, tan, casi, apenas, así de*, entre otros. Entre estos, *más* expresa superioridad, *menos* expresa inferioridad, la construcción *tan...como...* expresa la igualdad y *muy* expresa el grado superlativo. Además de los adverbios, las construcciones exclamativas también se utilizan para denotar el grado. Tomemos los siguientes ejemplos representativos de los tres tipos de atributos:

(48) Pero además es guapa y simpática... (Prensa, *El Norte de Castilla*, 13/ 05/ 1999)

(49) Carece de sentido del humor, pero en su estilo docto y grave es buen maestro en astronomía y ciencias matemáticas. (Alberto, *Biografía del Diablo*, 1978)

(50) Pero Miquel es un buen profesor... (Ruiz Zafón, *La sombra del viento*, 2001)

En cuanto al ejemplo (48), véase que lo podemos transformar en las siguientes construcciones de grado:

Pero además es muy/ bastante/ poco/ demasiado guapa y simpática; Pero además es más/ menos guapa y simpática que Ana; Pero además es tan guapa y simpática como Ana; Pero además, ¡qué guapa y simpática es!; ¡Pero además es tan guapa y simpática!; Pero además es guapísima y simpatiquísima.

Convirtamos ahora el ejemplo (49) en las siguientes construcciones de grado:

...es muy/ bastante buen maestro en astronomía y ciencias matemáticas; es mejor maestro en astronomía y ciencias matemáticas que todos los demás; es tan buen maestro en astronomía y ciencias matemáticas como Antonio; es buenísimo maestro en astronomía y ciencias matemáticas; ¡qué buen maestro es en astronomía y ciencias

matemáticas!; ¡es tan buen maestro en astronomía y ciencias matemáticas!
Por último, transformemos la oración (50):

Pero Miquel es un profesor muy/ bastante bueno; Pero Miquel es un profesor mejor que Javier; Pero Miquel es un profesor tan bueno como Antonio; Pero Miquel es un profesor buenísimo; ¡Pero Miquel es un profesor tan bueno!

Tras analizar las oraciones transformadas, se observa la diferencia entre los sintagmas nominales sin determinación y aquellos con determinación indefinida, puesto que al transformar las oraciones con atributos de determinación indefinida, siempre hace falta una coordinación de la secuencia de las palabras, mientras que los sintagmas nominales sin determinación son parecidos a los atributos adjetivales, pudiendo admitir los mismos adverbios de grado y las mismas construcciones exclamativas. En este aspecto, en comparación con los sintagmas con determinación indefinida, las propiedades poseídas por los grupos nominales sin determinación están más próximas a las de los adjetivos.

3.2 La categoría de oraciones copulativas identificativas

De acuerdo con la *Nueva gramática de la lengua española* (2009: 2801), se llaman oraciones copulativas identificativas a aquellas que identifican personas o cosas. Al mismo tiempo, esta gramática indica que "estas oraciones también se denominan especificativas porque especifican la referencia de un grupo nominal aportando información que lo identifica". Partiendo de estas dos definiciones, intentaremos describir las características básicas de las copulativas identificativas. Una oración identificativa analizada con gran frecuencia es la siguiente: *El problema principal es la falta de agua* (RAE, 2009: 2801), que estudiaremos aquí de una forma más detallada.

Para analizar una oración identificativa, lo primero que debemos hacer es determinar cuál es el sujeto y cuál el atributo. En las copulativas identificativas, especialmente en los casos en que el sujeto y el atributo se constituyen por sintagmas nominales definidos, ambos elementos gramaticales poseen una carga referencial muy fuerte, lo

3 Oraciones copulativas con *ser*: de caracterización e identificativas

cual confunde a los estudiantes chinos hasta el punto de que no comprenden bien la diferencia entre sujeto y atributo. Por lo tanto, analizamos la oración basándonos en dos hipótesis: una dicta que *el problema principal* desempeña la función del sujeto y el sintagma *la falta de agua* funciona como atributo; la otra se opone a la primera, señalando como sujeto *la falta de agua* y, como atributo, *el problema principal*. Veamos la primera hipótesis:

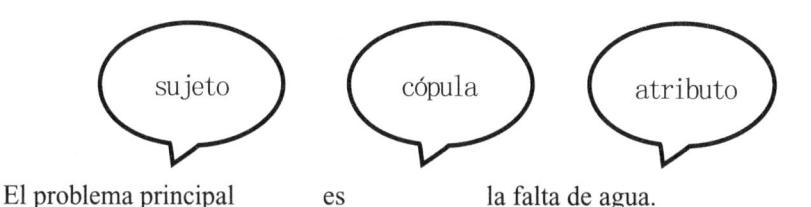

      sujeto   cópula   atributo

El problema principal   es   la falta de agua.

De acuerdo con la *Nueva gramática de la lengua española* (2009: 2801), en la oración *El problema principal es la falta de agua*, "no se aporta una propiedad o una cualidad del referente del grupo nominal *el problema principal*, sino que se identifica tal problema, en el sentido de que se le otorga una determinada referencia o se señala entre otros". En las oraciones copulativas, el atributo es sustituible por el pronombre neutro *lo* y el interrogativo *qué*. Según la primera hipótesis, el atributo *la falta de agua* puede sustituirse por *lo* y *qué*, y obtenemos las siguientes oraciones:

    *El principal problema lo es; *¿Qué es el principal problema?

La agramaticalidad y la falta de naturalidad de ambas indican de forma clara la falsedad de la primera hipótesis. A continuación, utilizamos el mismo método para comprobar la segunda hipótesis:

      atributo   cópula   sujeto

El problema principal   es   la falta de agua.

De acuerdo con la segunda hipótesis, *la falta de agua* es el sujeto de la oración y *el problema principal* es el atributo. Con el objetivo de comprobar la exactitud de estas designaciones, sustituimos el atributo *el problema principal* por los pronombres *lo* y *qué*, y conseguimos las siguientes oraciones:

¿Qué es la falta de agua?; La falta de agua lo es.

Como se ve, las dos oraciones son gramaticales y confirman la segunda hipótesis. A diferencia de las copulativas caracterizadoras anteriormente analizadas, esta oración identificativa tiene una estructura especial, con el sujeto en posición poscopular y el atributo en posición precopular. Por otra parte, como *El problema principal es la falta de agua* es una copulativa que identifica el problema o, expresado de otra manera, lo especifica entre muchos otros, el pronombre interrogativo adecuado para sustituir el sujeto *la falta de agua* sería *cuál*, y al mismo tiempo el sujeto también puede ser sustituido por los pronombres *ese* y *eso*, como se ve en los siguientes ejemplos:

¿Cuál es el principal problema?; El principal problema es eso; El principal problema es ese.

Estas tres oraciones, especialmente la primera, ponen en evidencia el objetivo identificador de esta oración. Y, de hecho, en las copulativas inversas el atributo precopular es el sintagma identificado, y el sujeto, el sintagma identificador. Con los sujetos pospuestos y atributos precopulares, estas oraciones identificativas también se denominan copulativas inversas (RAE, 2009: 2801-2802), mientras que una oración caracterizadora como *Ana es una buena persona*, pertenece a la categoría oracional denominada copulativas rectas. No obstante, las copulativas rectas no solo comprenden a las caracterizadoras, sino también a las identificativas rectas. En este apartado, el ejemplo utilizado *El principal problema es la falta de agua* es una identificativa inversa, por lo que ahora nos interesa estudiar un ejemplo de oración identificativa recta.

(51) Dinara es la hermana de Marat Safin. (Prensa, Clarín, 09/ 07/ 2001)

En esta oración, *Dinara* es el sujeto, *la hermana de Marat Safin* el atributo, que puede ser sustituido por los pronombres, *lo, eso, esa, quién* pero no por *qué*:

Dinara lo es; Dinara es eso; Dinara es esa; ¿Quién es Dinara? *¿Qué es Dinara?

Con el sujeto antepuesto, el atributo poscopular y sirviendo como respuesta a la pregunta formada por *quién* y no por *qué*, la oración (51) ha de considerarse como una identificativa recta. Y es que las diferencias entre las identificativas rectas y las inversas principalmente consiste en la estructura sintáctica: en las primeras, el sintagma nominal

3 Oraciones copulativas con *ser*: de caracterización e identificativas >>>>

con más fuerza referencial se sitúa en la posición precopular, mientras en las segundas, lo que cuenta con mayor carga referencial es el sintagma poscopular. De acuerdo con Fernández Leborans (1999: 2384), "la 'fuerza' referencial de una expresión se determina por su capacidad para aludir singularmente a un objeto o entidad extralingüísticos en una situación y contexto dados [...]. La medida de la 'fuerza' o 'carga' referencial de las categorías nominales se puede estimar en función de la siguiente escala de referencialidad (en sentido decreciente): expresiones deícticas[1] y pronombres personales > nombres propios > sintagmas nominales definidos > sintagmas nominales indefinidos específicos > sintagmas nominales indefinidos inespecíficos y genéricos > sintagmas nominales sin determinación (sintagmas nominales de propiedad)"[2].

Como hemos indicado anteriormente, en las copulativas identificativas el sintagma nominal que funciona como sujeto es relativamente más referencial que el sintagma nominal atributivo. Por lo tanto, la estimación de referencialidad facilitada por Fernández Leborans nos puede ayudar a determinar cuál es el sujeto y cuál es el atributo y luego a saber cuándo estamos ante una identificativa recta o inversa. De acuerdo con la autora (1999: 2383), "en las identificativas rectas, la expresión poscopular identifica por descripción el objeto referido por la expresión precopular, mientras que, en las inversas, la expresión poscopular identifica por especificación de un referente el contenido descriptivo de la expresión precopular". Es decir, que en las rectas el sintagma nominal precopular es referencial, el sintagma nominal poscopular es descriptivo, y se identifica el sintagma preverbal mediante la descripción. Y en las inversas, el sintagma nominal precopular es descriptivo, el sintagma nominal poscopular es referencial y se identifica el sintagma preverbal mediante la especificación. Además,

---

[1] Las expresiones deícticas principalmente se dividen en tres tipos: de persona, de tiempo, y de lugar. Más concretamente, a los deícticos de persona pertenecen los pronombres personales (*yo, tú, él, ella, usted, ello, nosotros, nosotras, vosotros, vosotras, ellos, ellas, ustedes*), los determinantes y pronombres demostrativos (*éste, ése, aquello, esto, eso, aquello, este, ese*) y los determinantes posesivos (*mí, tu, su, nuestro, vuestro, suyo*). Los deícticos de tiempo tienen su correspondencia en los adverbios de tiempo (*ahora, anoche, anteanoche, ayer, hoy, mañana*, entre otros). Y los deícticos de lugar son los adverbios de lugar (*aquí, ahí, allí, acá, allá*, entre otros).

[2] La escala de referencialidad que ofrece Fernández Leborans se adapta de Kleiber (1981: 113-114).

de este párrafo citado se puede sacar la idea de que, tanto en las identificativas rectas como inversas, el sintagma precopular siempre es el término identificado y el sintagma poscopular, el identificador. A continuación, veamos cómo las identificativas rectas identifican el sintagma nominal preverbal mediante la descripción.

3.2.1 Las identificativas rectas

Con la estimación de referencialidad anteriormente citada, sabemos aproximadamente qué sintagmas nominales tienen posibilidad de desempeñar funciones atributivas. En principio, los sintagmas nominales sin determinación solo funcionan como predicados de propiedad y las expresiones deícticas no pueden funcionar como predicados atributivos, ya que no existen sintagmas nominales con mayor carga referencial que las expresiones deícticas. Sin embargo, tanto los sintagmas nominales sin determinación como las expresiones deícticas sí aparecen en la posición posverbal y desempeñan funciones atributivas.

3.2.1.1 Las expresiones deícticas

Cuando las expresiones deícticas desempeñan funciones atributivas, el sintagma nominal que aparece en posición precopular debe pertenecer a la misma escala de referencialidad, ya que no existe un tipo nominal que posea mayor fuerza referencial que las expresiones deícticas. "De hecho, cuando las dos expresiones de una oración identificativa pertenecen a un mismo rango en la escala de referencialidad, la aceptabilidad de la oración depende de que una de ellas presente referencia marcada o se aplique sobre un ámbito de referencia o espacio exofórico marcado" (Fernández Leborans, 1999: 2387). Veamos los siguientes ejemplos:

(52) Yo no soy esa pavisosa, infantilona, que has pintado. (G. Delgado, *La mirada del otro*, 1995)

(53) Yo soy esa chica simpática de quien te hablaron en el pueblo. (Luca de Tena M. L., 1990)

En los dos ejemplos, la parte *pavisosa, infantilona, que has pintado* y la parte *simpática de quien te hablaron en el pueblo* son los modificadores que ponen restricciones a "esa", "esa chica", los encargados de debilitar la carga referencial

3　Oraciones copulativas con *ser*: de caracterización e identificativas

de las expresiones "esa" y "esa chica", volviendo coherentes y naturales las dos oraciones. En los ejemplos anteriores, los atributos son sustituibles por *lo, eso, esa*:

Yo no lo soy; yo no soy eso; yo no soy esa.

Yo lo soy; yo soy eso; yo soy esa.

3.2.1.2　Los nombres propios

Si los nombres propios aparecen en la posición poscopular y funcionan como el atributo de una oración identificativa recta, el sintagma nominal que funciona como el sujeto solo puede ser una expresión deíctica. Veamos las siguientes oraciones:

(54) "¡Anda, si esa es Ana Obregón!" (Prensa, Hola, 01/ 06/1995)

(55) ¿Os conocéis? Miste, éste es Antonio; Califa, para los amigos. (Tomás García, La otra orilla de la droga, 1984)

Los atributos de nombres propios son menos problemáticos que las expresiones deícticas, dado que los primeros son menos referenciales. En los ejemplos anteriores, los pronombres *lo* y *quién* pueden ser los sustitutos de los nombres propios atributivos *Ana Obregón* y *Antonio*:

¡Anda, si esa lo es! ¿Quién es esa?

Éste lo es. ¿Quién es éste?

3.2.1.3　Los sintagmas nominales definidos

Cuando los sintagmas nominales definidos desempeñan funciones atributivas en las identificativas rectas, las construcciones con posibilidad de aparecer en la posición del sujeto serán las de las expresiones deícticas, los nombres propios y los sintagmas nominales definidos. Veamos los siguientes ejemplos:

(56) Él es el director de aquí de Villagarcía, y le llaman Fernando. (*Tiempo*, 02/ 07/ 1990)

(57) Antonio Pérez Mudarra es el director de la publicación... (*La Voz de Galicia*, 23/ 11/ 1991)

(58) Y el artífice de todo es el director de orquesta... (Carreras, *Autobiografía*, 1989)

En las tres identificativas rectas, los atributos pueden ser sustituibles por los pronombres *lo*, *eso*, *ese*, y *quién*:

 Él lo es; Él es eso; El es ese; ¿Quién es él?

 Antonio Pérez Mudarra lo es; Antonio Pérez Mudarra es eso; Antonio Pérez Mudarra es ese; ¿Quién es Antonio Pérez Mudarra?

 Y el artífice de todo lo es; Y el artífice de todo es eso; Y el artífice de todo es ese; ¿Quién es Y el artífice de todo?

En realidad, este tipo de oraciones suele tener dos interpretaciones: en una se entiende que los atributos *el director de aquí de Villagarcía*, *el director de la publicación* y *el director de orquesta* son predicados identificativos, como ha sido anteriormente analizado. En otra, que estos atributos son predicados de propiedad, puesto que, a diferencia de las expresiones deícticas, los sintagmas definidos no son plenamente referenciales y tienen capacidad caracterizadora. Cuando estas oraciones se interpretan como caracterizadoras, obtenemos las siguientes oraciones:

 Él lo es; Él es eso; ¿Qué es él?

 Antonio Pérez Mudarra lo es; Antonio Pérez Mudarra es eso; ¿Qué es Antonio Pérez Mudarra?

 Y el artífice de todo lo es; Y el artífice de todo es eso; ¿Qué es Y el artífice de todo?

En cuanto a las dos interpretaciones, podemos acudir a la *Gramática descriptiva de la lengua española*, en que se utilizan ejemplos muy parecidos en dos apartados distintos como los siguientes:

 (59) X es el director de una agencia inmobiliaria/ el rector de la Universidad Central/ el abogado de la familia/... (Fernández Leborans, *La predicación: los complementos copulativos*, 1999)

 (60) Ese señor es el director general del centro. (Fernández Leborans, *La predicación: los complementos copulativos*, 1999)

Fernández Leborans (1999: 2374-2383) utiliza las oraciones del ejemplo (59) para explicar la interpretación caracterizadora de los sintagmas nominales con determinación definida, y utiliza el ejemplo (60) para analizar las identificativas rectas. De acuerdo con la autora, las oraciones del ejemplo (59) son copulativas caracterizadoras, mientras que la oración (60) se trata de una copulativa identificativa recta. Sin embargo, entre los

3 Oraciones copulativas con *ser*: de caracterización e identificativas

dos ejemplos se observan más similitudes que diferencias: los pronombres *lo, eso* y *qué* pueden ser sustitutos de los atributos *el director de una agencia inmobiliaria/ el rector de la Universidad Central/ el abogado de la familia* del ejemplo (59) y *el director general del centro* del ejemplo (60); además, las mismas expresiones también pueden ser sustituidas por los pronombres *ese* y *quién*:

X lo es; X es eso; ¿Qué es X?; X es ese; ¿Quién es X?

Ese señor lo es; Ese señor es eso; ¿Qué es ese señor?; Ese señor es ese; ¿Quién es ese señor?

Además de la oración del ejemplo (60), en el apartado de las identificativas rectas, Fernández Leborans ha utilizado muchos ejemplos parecidos a las oraciones del ejemplo (59):

(61) Pedro es el médico de la familia. (Fernández Leborans, *La predicación: los complementos copulativos*, 1999)

(62) La mujer de Luis es la directora del colegio. (Fernández Leborans, *La predicación: los complementos copulativos*, 1999)

3.2.1.4 Los sintagmas nominales indefinidos

En los casos en que los sintagmas nominales con determinación indefinida aparecen en la posición poscopular y desempeñan funciones atributivas, las construcciones que suelen aparecer en la posición del sujeto son expresiones deícticas, nombres propios y sintagmas nominales definidos, como se ve en las siguientes oraciones:

(63) Él es un amigo del Hispanic American Amateur Radio club. (Oral, *Boletín 10*, 12/ 03/1999)

(64) Carlos Cardoen es un amigo nuestro solamente. (Prensa, *Caras*, 13/ 10/ 1997)

(65) El dueño del chalé es un amigo del delegado del gobierno. (*El País*, 01/ 08/ 1985)

Obsérvese que los atributos sombreados son sustituibles por los pronombres *lo, eso, ese* y *quién*, pero no por *qué*, ya que no son predicados de propiedad:

Él lo es; Él es eso; Él es ese; ¿Quién es él? *¿Qué es él?

Carlos Cardoen lo es; Carlos Cardoen es eso; Carlos Cardoen es ese; ¿Quién es Carlos Cardoen? *¿Qué es Carlos Cardoen?

El dueño del chalé lo es; El dueño del chalé es eso; El dueño del chalé es ese; ¿Quién es el dueño del chalé? *¿Qué es el dueño del chalé?

3.2.1.5 Los sintagmas nominales con o sin determinación

De acuerdo con Fernández Leborans (1999: 2389-2391) existen dos tipos de oraciones identificativas rectas, que se podrían denominar "definicionales" e "inferenciales", que se diferencian porque el "predicado definicional informa sobre el significado denotativo de la expresión precopular y el predicado inferencial revela ciertas connotaciones del contenido de la expresión precopular" (ibid.: 2389). En las oraciones definicionales, cuando los dos sustantivos son contables, se utiliza la forma con determinación:

(66) Un pájaro es un ave.

(67) El oro es un metal precioso.

De hecho, en este tipo de oraciones definicionales no solo se admiten los sustantivos, sino también los adjetivos, adverbios y verbos, entre otros.

(68) Tenaz es persistente.

(69) Divinamente es espléndidamente.

(70) Alimentarse es comer.

Cuando se utiliza una palabra de una lengua para interpretar o explicar otra palabra que significa lo mismo pero pertenece a una segunda lengua, este tipo de oraciones se incluyen en las identificativas definicionales y, en general, se utilizan sustantivos sin determinación:

(71) Life es vida.

(72) 生活 (sheng huo) es vida.

Acerca de las identificativas inferenciales, Fernández Leborans (1999: 2390) señala que "existe un tipo de oración impropiamente identificativa en la que se identifica, por asociación metonímica, el contenido de la expresión precopular con una consecuencia, manifestación o resultado que de él se infieren gratuitamente, en el sentido de que se trata de efectos no necesarios o inherentes. Tales oraciones, que pueden ser denominadas identificativas inferenciales, están constituidas por sustantivos sin determinación o por verbos sin delimitación temporal". Este tipo de oraciones

3   Oraciones copulativas con *ser*: de caracterización e identificativas >>>>

generalmente expresa una opinión subjetiva del interlocutor, y el atributo suele tratarse de un efecto o una consecuencia del sujeto. No se consideran como copulativas de caracterización, dado que la intención no consiste en atribuir características o propiedades al sujeto, sino en denotar lo que piensa el interlocutor sobre algún tema. Veamos los siguientes ejemplos:

(73) Amor es furor y lágrima. (*ABC Cultural*, 26/ 04/ 1996)

(74) Devoción es lealtad.

3.2.2   Las identificativas inversas

Las identificativas inversas, a diferencia de las rectas, que identifican mediante la descripción, identifican al sujeto por la especificación, por lo que por inversas también se entienden las identificativas especificativas; en estas el sujeto aparece pospuesto, de modo que el núcleo de estudio se traslada del atributo al sujeto. Por ello, a diferencia del apartado de las copulativas caracterizadoras y de las identificativas rectas, en este apartado, estudiamos cuáles son los sintagmas que pueden aparecer en posición poscopular y funcionan como el sujeto de las identificativas inversas. De acuerdo con la *Nueva gramática de la lengua española* (2009: 2802-2803), constituyen sus principales sujetos los sintagmas nominales definidos, los nombres propios, los pronombres personales y las subordinadas sustantivas[1].

3.2.2.1   Los sintagmas nominales definidos

En la oración ya analizada en un punto anterior, *El problema principal es la falta de agua*, el sujeto es un grupo nominal definido. A continuación, veamos otro ejemplo de este tipo para llegar a un mejor entendimiento.

(75) La clave es la ternura y el amor de la anciana hacia el escritor anciano. (*Revista Panameña de Cultura*, 01-04/ 2000)

---

[1]   En relación con la función desempeñada por las oraciones subordinadas sustantivas, existe desacuerdo entre los gramáticos, por ejemplo, Seco (1972: 119) indica que en la oración *Mi deseo es que me lo des enseguida*, la oración subordinada sustantiva *que me lo des enseguida* funciona como 'predicativo', mientras que Alarcos Llorach (1994: 327) tiene una opinión contraria, defendiendo que en la oración copulativa identificativa *La verdad es que no me faltaban modelos*, la oración subordinada sustantiva *que no me faltaban modelos* opera como sujeto.

Estas oraciones identificativas pueden considerarse las más básicas de su tipo, y para comprobar su propiedad identificativa no tenemos más que tratar de sustituir el sujeto por *cuál* y *ese*.

¿Cuál es la clave?; La clave es esa.

Cuando el demostrativo *ese* funciona como sustituto del sujeto de las copulativas inversas, debe mantener la concordancia con el atributo. Por ejemplo, cuando sustituimos el sujeto, *la falta de agua*, de la oración *El principal problema es la falta de agua*, utilizamos ese. Nótese que el sujeto *la falta de agua* es de género femenino, pero lo sustituimos por *ese* para que concuerde con el atributo *el principal problema* y obtenemos así la siguiente oración: *El problema principal es ese*. Asimismo, cuando utilizamos el demostrativo *ese* para sustituir el sujeto de la copulativa (75), dicho pronombre concuerda con el atributo, y conseguimos la oración: *La clave es esa*.

Sin embargo, los grupos nominales definidos no se limitan solo al tipo anteriormente analizado, sino que también existe un tipo distintivo que denota profesiones, oficios, cargos o puestos. De acuerdo con la *Nueva gramática de la lengua española* (2009: 2803-2804): "los sustantivos que designan profesiones, oficios, cargos o puestos pueden formar parte de grupos nominales que denotan propiedades, pero también de otros que identifican individuos". En esta gramática se indica además que este doble papel se ha extendido a los grupos nominales formados por un superlativo relativo. De hecho, estos grupos nominales los hemos analizado en el apartado de las copulativas caracterizadoras, quedando clara su capacidad para denotar cualidades o propiedades. Mientras, en este apartado nos centraremos en su doble papel[1]. Veamos los siguientes ejemplos:

(76) El entrenador del Real Madrid es el ayudante del seleccionador serbio. (El Mundo, 17/ 06/ 1995)

(77) Mino Martinazzoli es el secretario general del Partido Popular Italiano (PPI). (*La Vanguardia*, 27/ 03/ 1994)

(78) Precisamente Rezza es el entrenador más importante de la historia del club norteño. (Prensa, *La Nueva Provincia*, 01/ 03/ 1997)

---

[1] En esta gramática se incluye el siguiente ejemplo: *Ester es la mejor profesora de la escuela* (>*Ester es esa o Ester es eso*) (RAE, 2009: 2804).

3 Oraciones copulativas con *ser*: de caracterización e identificativas

En primer lugar, en el ejemplo (76), si creemos que la parte *el ayudante del seleccionador serbio* desempeña funciones atributivas y designa las propiedades del sujeto *el entrenador del Real Madrid*, entonces los pronombres *lo, eso* y *qué* serían los sustitutos del atributo *el ayudante del seleccionador serbio*, obteniendo oraciones como:

El entrenador del Real Madrid lo es; El entrenador del Real Madrid es eso; ¿Qué es el entrenador del Real Madrid?

Por otro lado, si creemos que la parte *el ayudante del seleccionador serbio* desempeña funciones atributivas y se designa para identificar el atributo *el entrenador del Real Madrid*, conseguimos las siguientes oraciones:

El entrenador del Real Madrid es ese; ¿Quién es el entrenador del Real Madrid?

De la misma forma, para el ejemplo (77) contamos con las siguientes oraciones sustitutas, entre las cuales las tres primeras pertenecen a la interpretación caracterizadora y las dos últimas, a la interpretación identificativa:

Mino Martinazzoli lo es; Mino Martinazzoli es eso; ¿Qué es Mino Martinazzoli?; Mino Martinazzoli es ese; ¿Quién es Mino Martinazzoli?

Acerca del ejemplo (78), la *Nueva gramática de la lengua española Manual* (2010: 710) pone de relieve la expansión del doble papel a los grupos nominales de forma superlativa, por el hecho de que los sintagmas nominales superlativos tienen una carga caracterizadora muy fuerte y generalmente se utilizan para caracterizar al sujeto. No obstante, la fuerte carga caracterizadora no impide que desempeñen funciones identificativas, de modo que pueden obtenerse las siguientes oraciones:

Precisamente Rezza lo es; Precisamente Rezza es eso; ¿Qué es Rezza precisamente?; Precisamente Rezza es ese; ¿Quién es Rezza precisamente?

3.2.2.2 Los nombres propios

En las copulativas caracterizadoras, los nombres propios suelen aparecer en posición precopular y desempeñar la función del sujeto, pero también cumplir con funciones atributivas en oraciones como *No es Ana, no es capaz para ese trabajo*. En los casos en que desempeñan funciones atributivas, se enfatizan las cualidades o propiedades poseídas por dicho nombre propio. Siendo ese el caso, podemos convertir la oración anterior en la siguiente: *No tiene las cualidades de Ana, no es capaz para ese trabajo*.

En las siguientes oraciones, los nombres propios aparecen pospuestos, lo que nos permitirá analizar las funciones desempeñadas por ellos:

(79) El autor de la obra es Antonio Elio Brailovsky. (*El Mundo*, 07/ 02/ 1995)

(80) El más famoso y popular personaje es Javier. (*ABC*, 28/ 05/ 1989)

En primer lugar, si el nombre propio *Antonio Elio Brailovsky* caracteriza al sujeto *El autor de la obra*, aquel podría sustituirse por *lo, eso* y *qué*. No obstante, la agramaticalidad de las siguientes oraciones se opone a esta hipótesis:

*El autor de la obra lo es; *El autor de la obra es eso; *¿Qué es el autor de la obra?

En segundo lugar, si el ejemplo (79) es una copulativa inversa, el nombre propio *Antonio Elio Brailovsky* identifica al atributo *El autor de la obra*, lo que daría lugar a las siguientes oraciones, cuya gramaticalidad y naturalidad confirma que esta hipótesis es la correcta:

El autor de la obra es ese; ¿Quién es el autor de la obra?

En cuanto al ejemplo (80), solo podemos conseguir oraciones como:

El más famoso y popular personaje es ese; ¿Quién es el más famoso y popular personaje?

Mediante el análisis de los ejemplos anteriores, concluimos que en las copulativas inversas los nombres propios desempeñan funciones identificativas, mientras que en las copulativas rectas caracterizadoras, funcionan como atributos y se interpretan como cualidades o propiedades poseídas por dichos nombres propios.

3.2.2.3 Los pronombres personales

En las copulativas inversas, al igual que los nombres propios, los pronombres personales también aparecen pospuestos y desempeñan la función del sujeto. Igualmente, cuando aparecen en copulativas caracterizadoras, aquellos pueden funcionar como atributo. Por ejemplo, en la oración Si fuera tú, no haría eso, el pronombre *tú* es el atributo y esta oración puede sustituirse por *Si tuviera las cualidades que tienes tú, no haría eso.* En este apartado nos centraremos en estudiar el uso de pronombres personales en las copulativas identificativas. Veamos las siguientes oraciones:

(81) El mejor, el que más sabe de esta ciudad soy yo. (*La vanguardia*, 16/ 05/ 1995)

3 Oraciones copulativas con *ser*: de caracterización e identificativas

(82) Los protagonistas de esta historia sois vosotros. (*El Mundo*, 30/ 09/ 1996)

La concordancia puede ser un criterio que nos ayude a diferenciar el sujeto del atributo, ya que normalmente el verbo concuerda con el sujeto. Por lo tanto, en las dos oraciones, los sujetos son *yo* y *vosotros* respectivamente. Para confirmar las funciones desempeñadas por los pronombres, analizamos las oraciones según dos hipótesis, comenzando por postular que si en la oración del ejemplo (81), el pronombre *yo* caracteriza al sujeto *El mejor, el que más sabe de esta ciudad*, el atributo pronominal sería sustituible por *lo*, *eso* y *qué*. Pero la agramaticalidad de las siguientes oraciones ha demostrado la falsedad de esta primera hipótesis:

El mejor, el que más sabe de esta ciudad lo soy; * *El mejor, el que más sabe de esta ciudad es eso*; *¿Qué es el mejor, el que más sabe de esta ciudad*?

En contraposición, la gramaticalidad y naturalidad de las siguientes oraciones demuestra las funciones identificativas del sujeto pronominal *yo*:

El mejor, el que más sabe de esta ciudad es ese; *¿Quién es el mejor, el que más sabe de esta ciudad*?

Por lo tanto, sacamos la conclusión de que, por una parte, los pronombres personales funcionan como el sujeto en las copulativas inversas y desempeñan funciones identificativas, pero, por otra, igual que los nombres propios, estos también aparecen como atributos en las copulativas rectas caracterizadoras y están destinados a caracterizar al sujeto.

3.2.2.4 Las subordinadas sustantivas

En las copulativas inversas, las subordinadas sustantivas aparecen como poscopulares y funcionan como el sujeto. Veámoslo en las siguientes oraciones inversas:

(83) Según Zubillaga, el problema es que el 18% de la población de Gipuzkoa es mayor de 65 años y el 2% tiene más de 80. (*El Diario Vasco*, 23/ 01/ 2004)

Al ver estas oraciones, la primera tarea consiste en analizar las funciones desempeñadas por las distintas construcciones. Si la subordinada sustantiva del ejemplo (83) funciona como atributo, entonces sus sustitutos serían los pronombres *lo* y *qué*, lo que daría lugar a las siguientes oraciones agramaticales:

* *Según Zubillaga, el problema lo es*; *¿Según Zubillaga, qué es el problema?*

Por lo tanto, la subordinada desempeña las funciones del sujeto y se utiliza para identificar el problema, quedando del modo siguiente:

¿Según Zubillaga, cuál es el problema?; Según Zubillaga, el problema es ese; Según Zubillaga, el problema es eso.

De acuerdo con la *Nueva gramática de la lengua española* (2009: 2802), en las copulativas caracterizadoras, las subordinadas sustantivas también funcionan como sujeto y dentro de la oración subordinada solo se admite el modo subjuntivo, mientras en la subordinada de las oraciones identificativas inversas, se admiten tanto el indicativo como el subjuntivo.

3.2.2.5 Las identificativas inversas reducidas y la construcción de *es que...*

Las identificativas inversas reducidas se caracterizan por la falta de la expresión precopular, es decir, por solo poseer la expresión poscopular. De acuerdo con Fernández Leborans (1999: 2403), algunas de sus realizaciones más frecuentes son fórmulas de significación temporal[1], otras son de referencia diversa[2]; "la expresión poscopular puede adoptar, en este tipo de construcción, la forma de adverbios, locuciones adverbiales o sintagmas nominales de significado temporal, en el primer caso; pronombres personales, sintagmas nominales o cláusulas sustantivas de tiempo finito, en las demás manifestaciones" (ibid.). Veamos los siguientes ejemplos, en que *tarde* es un adverbio temporal, y la expresión de *las 8: 30 A. M. Del domingo 10 de abril de 1988*, un sintagma nominal de significado temporal y *ella*, un pronombre personal.

(84) - ¡Es tarde! (Llongueras, *Llongueras tal cual*, 2001)

(85) Son las 8:30 A.M. del domingo 10 de abril de 1988. (Rodríguez Juliá, *El*

---

[1] En relación con las construcciones de significado temporal como, por ejemplo, la oración (84) *Es tarde*, Navas Ruiz (1977: 116) y Bello (1847) consideran que son atributivas, y este último autor indica que, en estos casos, el verbo *ser* es de uso impersonal y que la expresión temporal es un complemento del verbo; mientras que, para Fernández Ramírez (1951, IV: 447), en estos casos, *ser* desempeña funciones predicativas y la expresión temporal funciona como sujeto.

[2] De acuerdo con Fernández Leborans (1999: 2404), en lo tocante a las construcciones de referencia diversa, "los gramáticos coinciden, generalmente, en señalar que se trata de representaciones residuales del valor predicativo de *ser*, en analogía con el uso primitivo 'existencial' (Bello, 1847: § 1088) o de 'acontecimiento' (RAE, 1973: § 3.3.4)".

cruce de la bahía de Guánica, 1989)

(86) La abraza y esos labios rozan su mejilla. Es ella, sí. (Sampedro, *La sonrisa etrusca*, 1995)

Entre estas tres oraciones, las dos primeras intentan especificar el tiempo y la tercera intenta especificar a un individuo. El punto en común consiste en que la expresión precopular de las tres oraciones no queda expresa. En lo referente a la razón por la cual el sujeto de especificación puede ser prescindible, Fernández Leborans (1999: 2404) señala que, por un lado, el sujeto "es recuperable por el contenido de la expresión poscopular", y, por otro, "es fácilmente inferible a partir del contexto previo de la situación". Por tanto, los dos primeros ejemplos pertenecen a la primera situación, en que las expresiones poscopulares aclaran fácilmente cuál es el sujeto. Podemos enterarnos del sujeto del tercer ejemplo mediante el contexto ya que, evidentemente, el pronombre *ella* se refiere a la mujer que está dando un abrazo al protagonista.

En el caso de que la expresión poscopular sea una oración, se forma la construcción con *es que...*, utilizada con frecuencia en el lenguaje oral. En ella, la expresión poscopular, es decir, la oración sustantiva, especifica el evento que no se encuentra expreso y que se identifica mediante el análisis del contexto. De acuerdo con Fernández Leborans (1992), en las especificativas con la construcción *es que...* se pueden distinguir en dos variedades, basándose en el análisis del contexto, de la situación y de la intención del hablante. Por una parte, "el término especificado nunca aparece expreso, y se infiere como «la causa», «la razón», «el motivo»... del estado de cosas o de la situación aludidos en un contexto previo" (Fernández Leborans, 1999: 2405). Veamos el siguiente ejemplo:

(87)- Mire, buen hombre, con esas manos no puede seguir esa profesión; tendrá que dejarlo.

- Es que mi hijo tiene mucha ilusión por este oficio. (Llongueras, *Llongueras tal cual*, 2001)

En el ejemplo anterior, la primera parte se centra en la narración de una situación y la segunda, empezada por *es que*, intenta dar una explicación a lo comentado por el otro interlocutor.

La segunda variedad de la construcción de *es que...* intenta aclarar "un hecho o circunstancia que el hablante considera preciso especificar para satisfacer una expectativa creada por la propia situación de comunicación" (Fernández Leborans, 1999: 2406). Veamos un ejemplo:

(88) - ¿Qué le sucede...? ¿Tiene algún problema personal? Ya sabe que estamos muy contentos con usted... Si podemos ayudarla en algo...

- Es que no sé cómo decirlo... (Llongueras, *Llongueras tal cual*, 2001)

La expresión *¿qué le sucede?* pone de manifiesto que el contexto precedente no está contando una situación como en la primera variedad, sino que aparece como expectativa que exige una respuesta del otro interlocutor. Con respecto a la diferenciación de las dos variedades de la construcción de *es que...*, Fernández Leborans (1999: 2406) indica que para la primera variedad ocasionalmente el objeto de especificación puede ser representado por el pronombre *eso*; mientras que en la segunda variedad el término especificado puede ser sustituido por *el hecho/ el caso/ el problema/ la cuestión/ la verdad...* o *lo que (le/ te/...) ocurre/ pasa/ sucede...*, pero nunca por el anafórico neutro *eso*. Para el ejemplo (87), la oración encabezada por *es que...* puede alternar con la variante que se ofrece a continuación, mientras que la variante del ejemplo (88) resulta agramatical e incoherente.

- *Eso es que mi hijo tiene mucha ilusión por este oficio.*

*- *Eso es que no sé cómo decirlo... (El hecho es que no sé cómo decirlo).*

3.2.3 Las características de las copulativas identificativas

De acuerdo con todo el análisis realizado anteriormente, y según Fernández Leborans (1999: 2393-2397 y 2401-2403), subrayamos las siguientes características de las copulativas identificativas:

1) En las oraciones inversas, el sujeto funciona como una referencia de informaciones que identifican a su atributo, es decir, como un aportador de información temático, mientras que en las rectas, el sujeto es el término identificado y el atributo, el identificador.

2) Diferentes sintagmas nominales poseen distintas capacidades referenciales. Para

3 Oraciones copulativas con *ser*: de caracterización e identificativas

consultarlas podemos acudir a la estimación de escala de referencialidad facilitada por Fernández Leborans (1999: 2384), donde se dicta que, normalmente, los sujetos son más referenciales que los atributos. En las identificativas rectas, el término identificado posee una carga más referencial que el término identificador, mientras que en las inversas el término identificado ha de ser más débil referencialmente que este último. Veamos las siguientes oraciones:

(89) Ella es la directora del Programa Centauro, que trabaja en la recuperación de drogadictos y alcohólicos. (*El Tiempo*, 24/ 09/ 1996)

(90) La que realmente desconoce los presupuestos de la legislación vigente es ella misma. (*El País*, 03/ 06/ 1997)

En la primera oración, una identificativa recta, el pronombre personal *ella* pertenece a una escala de referencialidad superior al grupo nominal definido *la directora del Programa Centauro, que trabaja en la recuperación de drogadictos y alcohólicos*. Mientras, en la segunda oración, una identificativa inversa, el sujeto pospuesto *ella* también posee mayor referencialidad que el atributo *la que realmente desconoce los presupuestos de la legislación vigente*.

3) Tanto en las identificativas rectas como en las inversas, el término identificador tiene una fuerte capacidad referencial, que resulta suficiente para identificar el término identificado, especialmente en las inversas, en las que el sintagma nominal posverbal debe poseer una carga referencial exclusiva. Justamente por esta razón, los sintagmas nominales poscopulares no admiten la adición, salvo en casos en que se trate de una adición oracional y se utilicen los conectivos apropiados, tales como *también* y *además*. De acuerdo con Fernández Leborans (1999), esta característica no solo es propia de las identificativas, sino también de las caracterizadoras. Veamos las siguientes oraciones:

(53 bis) Yo soy esa chica simpática de quien te hablaron en el pueblo. (Luca de Tena M. L., 1990)

(81 bis) El mejor, el que más sabe de esta ciudad soy yo... (*La vanguardia*, 16/ 05/ 1995)

La primera oración es una identificativa recta y la segunda, una identificativa inversa, de modo que si ampliamos los sintagmas nominales posverbales, conseguimos las siguientes oraciones agramaticales e incoherentes:

*Yo soy esa chica simpática de quien te hablaron en el pueblo y la profesora de español en el colegio del pueblo.

*El mejor, el que más sabe de esta ciudad soy yo y el guía turístico de esta ciudad.

Mientras que si utilizamos los conectivos, obtenemos estas otras:

Yo soy esa chica simpática de quien te hablaron en el pueblo, y además soy la profesora de español en el colegio del pueblo.

*El mejor, el que más sabe de esta ciudad soy yo y además el guía turístico de esta ciudad soy yo.

La segunda oración transformada sigue siendo incoherente, lo cual se debe a que el pronombre *yo* es exclusivamente referencial, y la parte descriptiva es el sintagma precopular, por lo que, en este caso, si añadimos otra oración descriptiva detrás del sujeto resultará sintáctica y semánticamente incoherente.

4) Las identificativas rectas responden a las preguntas encabezadas por *quién* y *qué*, de manera que cuando el sujeto es personal, preguntamos ¿*Quién es X?*, y cuando no es humano, la pregunta sería ¿*Qué es X?* Sin embargo, a diferencia de aquellas, para las especificativas las preguntas corresponderían a ¿*Quién es X?* y ¿*Cuál es X?*, de modo que cuando el sujeto es humano, la pregunta se encabezaría por *quién*, mientras que cuando no lo es, se encabezaría por *cuál*. Además, tanto en las rectas como en las inversas, el término identificado es el sintagma nominal precopular, por lo que se formulan las preguntas siempre con el que está en posición preverbal. A continuación, ponemos dos ejemplos de identificativas rectas y dos de inversas:

(91) Antonio Pérez Mudarra es el director de la publicación, cuyo contenido de este número ofrece, entre otros temas, un capítulo dedicado a la historia del arco en Galicia. (*La Voz de Galicia*, 23/ 11/ 1991)

(73 bis) Amor es furor y lágrima. (*ABC Cultural*, 26/ 04/ 1996)

(82 bis) ...los protagonistas de esta historia sois vosotros... (*El Mundo*, 30/ 09/ 1996)

(92) Pero la realidad es que los ricos son menos y más ricos, y los pobres son más y más pobres. (*La Voz Católica*, 01/2000)

En los dos primeros casos, se trata de identificativas rectas y, en los dos últimos, de inversas. Y teniendo en cuenta que el sujeto de la primera y la tercera oración es humano y el sujeto de las demás no, obtendríamos las siguientes versiones interrogativas:

¿Quién es Antonio Pérez Mudarra?

¿Qué es amor?

¿Quiénes son los protagonistas de esta historia?

¿Cuál es la realidad?

5) Tanto las identificativas rectas como las inversas forman oraciones correctas gramaticalmente al invertirse, aunque dan lugar a unos cambios que no se pueden ignorar, ya que las identificativas descriptivas se convertirían en especificativas y viceversa. Normalmente, las identificativas definicionales formadas por dos sinónimos o sintagmas equivalentes en distintos idiomas sí son reversibles, y no se producen muchos cambios semánticos, pero el término identificado sí se cambia. Y en cuanto a las identificativas inferenciales, hay que señalar que su inversión produciría cambios en cuanto a la interpretación. Veamos las siguientes oraciones:

(57 bis) Antonio Pérez Mudarra es el director de la publicación. (*La Voz de Galicia*, 23/ 11/ 1991) — El director de la publicación es Antonio Pérez Mudarra.

(82 bis) Los protagonistas de esta historia sois vosotros. (*El Mundo*, 30/ 09/ 1996) — Vosotros sois los protagonistas de esta historia.

(71 bis) Life es vida.— Vida es life.

(74 bis) Devoción es lealtad. — ??Lealtad es devoción.

Las oraciones de los ejemplos (57 bis) y (82 bis) pertenecen respectivamente a las identificativas rectas e inversas y, al revertirlas, no se observa agramaticalidad ni incoherencia alguna. No obstante, la primera oración se ha convertido en una especificativa y la segunda en una descriptiva. Por otra parte, desde una perspectiva gramatical, sería posible la transformación de la oración (71 bis) y (74 bis), pero, en este caso, con un cambio de interpretación. De este modo, considerando únicamente el aspecto gramatical, concluimos que la mayoría de las identificativas son reversibles, excepto si tuviéramos en cuenta los aspectos semántico y pragmático, en cuyo caso habría que considerarlas no reversibles.

4 Oraciones copulativas con *estar*

4.1 Atributos adjetivales en las construcciones con *estar*

En función de la "perfectividad" de los adjetivos del español[1], es decir, de su capacidad para indicar el término de realización de los eventos, estos pueden dividirse en tres tipos: adjetivos del rasgo [+Perfectivo], adjetivos del rasgo [-Perfectivo] y adjetivos del rasgo [± Perfectivo]. Los primeros se construyen con el verbo *estar*, los segundos con *ser* y los últimos admiten ambos verbos (Fernández Leborans, 1999: 2429). Matizaremos, no obstante, que no todos los adjetivos que seleccionan estar son de carácter perfectivo. También en relación con la idea de "perfectividad", diremos que el verbo *estar* admite cuatro subclases de adjetivos, que definiremos en los epígrafes correspondientes a los números que los acompañan: 1) los adjetivos verbales, 2) los predicados de individuo genuinos, 3) los adjetivos de propiedad polisémicos y 4) los adjetivos que son genuinamente predicados de estadio.

1) Los adjetivos verbales son perfectivos porque denotan el estado resultante, término o culminación (Bosque, 1990: 178) y derivan de los participios, y aquí se ejemplifican algunos: "*lleno, tenso, harto, limpio, seco, suelto, maduro, despierto, disperso*" y otros (Fernández Leborans, 1999: 2430). Algunos de estos adjetivos poseen más de una acepción, y si esta es perfectiva, el adjetivo se construye con *estar*, mientras que en el caso contrario, selecciona *ser*, y en ese caso experimentan una recategorización. Expresado de diferente forma, en el léxico este tipo de adjetivos pueden ser tanto

---

[1] Luján (1980, 1981) y Bosque (1990) abogan por la clasificación aspectual de los adjetivos en términos de 'perfectividad'.

4 Oraciones copulativas con *estar*

predicados de estadio como predicados de individuo. Veamos los siguientes ejemplos:

(1) Ana es abierta.

(2) La puerta está abierta.

En el ejemplo (1), el adjetivo *abierta* tiene el significado de 'no estar cerrada' y expresa el estado resultante de la acción abrir, mientras que en el ejemplo (2), el adjetivo se recategoriza y designa el carácter comunicativo del sujeto.

2) Los predicados de individuo genuinos pueden construirse con el verbo *estar* y comportarse como predicados de estadio, y además no experimentan cambio de significado. Se ejemplifican algunos adjetivos de este tipo: *guapo, alto, bajo, gordo, delgado, cariñoso, inteligente,* entre otros. Como dice Fernández Leborans "Esta clase de adjetivos solo puede ser léxicamente del tipo P-I y, en consecuencia, son aspectualmente no marcados; su recategorización en predicados de estadio no es un fenómeno léxico sino sintáctico" (Fernández Leborans, 1999: 2430-2431). Veamos los siguientes dos ejemplos:

(3) Ana es guapa.

(4) Ana está guapa.

Pese a que el adjetivo *guapo* puede construirse con ambas cópulas, no implica que en el léxico el adjetivo *guapo* sea tanto predicado de individuo como predicado de estadio, ya que, en realidad, cuando el predicado de individuo *guapo* se combina con *estar*, adquiere una reinterpretación de predicado de estadio.

3) Los adjetivos de propiedad polisémicos tienen dos o más acepciones léxicas, que se diferencian en que cuando la acepción es del tipo de predicado de individuo, se construye con *ser*, y cuando la acepción es del tipo de predicado de estadio, lo hace con *estar*. Pertenecen a este tipo de adjetivos *bueno, malo, verde, atento, decente, rico, rojo,* entre otros. Veamos los siguientes dos ejemplos:

(5) Ana es decente.

(6) Ana está decente.

En el ejemplo (5), la acepción del adjetivo *decente* es predicado de individuo y significa 'honesto' y en el (6), el adjetivo se recategoriza, funciona como predicado de estadio y significa que el sujeto 'está bien arreglado'.

4) Los adjetivos que son genuinamente predicados de estadio solo se construyen con el verbo copulativo *estar*, incluyéndose en esta categoría los adjetivos "*solo, contento, cuerdo, loco, ausente, presente*" y otros (Fernández Leborans, 1999: 2432).

En conclusión, el análisis de las cuatro categorías adjetivales que se construyen con *estar* pone de relieve que "los predicados compatibles con *estar*, son del tipo P-E de modo inherente o adquirido en construcción con *estar* y, consecuentemente, deben ser sensibles al aspecto, pero, a excepción de los adjetivos perfectivos y los participios, no pueden ser caracterizados como predicados perfectivos" (Fernández Leborans, 1999: 2334).

4.2 Particularidades de las construcciones con *estar*

Las construcciones con *estar* presentan las siguientes características, que hemos organizado en dos puntos:

1) En primer lugar, en las construcciones con *estar* solo los adjetivos perfectivos (que corresponden a los adjetivos verbales mencionados en el apartado anterior 4.2.1) y los participios admiten los adverbios aspectuales compatibles con la 'perfectividad', tales como *recién, completamente, del todo* o *casi*, mientras que los demás atributos los rechazan. Como nos dictan los especialistas, estas expresiones adverbiales "sirven para precisar el modo de 'perfección' o 'cumplimiento' de un evento perfectivo en su realización (esto es, para especificar si el término se concibe como efectuado de modo inmediato, parcial o total)" (Fernández Leborans, 1999: 2434-2435). Esta autora (ibid.: 2435) se valdrá de los siguientes ejemplos para demostrar el contraste mencionado:

(7) a. Está completamente limpio.

b. Está {arruinado del todo/recién pintado}.

c. *Está completamente {gordo/feo/grande}

d. *Está {delgado/joven/amplio} del todo.

Como podemos ver en los ejemplos anteriores, el adjetivo perfectivo *limpio* y los participios *arruinado* y *pintado* son compatibles con las expresiones adverbiales completamente, *del todo* y *recién*, mientras que los demás atributos adjetivales *gordo, feo, grande, delgado, joven* y *amplio* no pueden operar con ellas. En las oraciones (7a) y (7b) las expresiones adverbiales se comportan como adverbios de aspecto y sirven para indicar el modo de realización de los eventos designados por los adjetivos perfectivos y los participios. No obstante, además de poder utilizarse aspectualmente, estos adverbios también funcionan como adverbios de grado, en cuyo caso serían compatibles con los otros tipos de adjetivos. Veámoslo en el siguiente ejemplo:

(8) Está completamente loca. (Fernández Leborans, *La predicación: los complementos copulativos,* 1999)

En la oración (8) el adverbio *completamente* se comporta como adverbio de grado y no supone que el estado designado por el adjetivo *loca* corresponda a un evento 'terminado completamente', sino que expresa un estado manifestado en grado sumo. Los adverbios de grado abarcan *nada, algo, un poco, muy* y otros. Además, Fernández Leborans (1999: 2435) indica que los adverbios aspectuales no son compatibles con los sintagmas preposicionales (9), pero, cuando se utilizan para indicar el punto extremo de una localización que es ajeno a la 'perfectividad', admiten los sintagmas preposicionales (10). Veámoslo en los siguientes ejemplos:

(9) *Pepe está {en Francia/de buen humor/...} del todo.

(10) El libro está arriba del todo. (Fernández Leborans, *La predicación: los complementos copulativos*, 1999)

2) En segundo lugar, el verbo *estar* posee características parecidas a los verbos no estativos[1], aun cuando en muchas ocasiones se ha asociado el carácter estativo del verbo con la referencia de "estado". Según Fernández Leborans (1999: 2437), dichas características corresponden a las siguientes:

a. Igual que los verbos no estativos, el verbo *estar* puede aparecer como imperativo, mientras que los verbos estativos permanentes no lo admiten:

(11) ¡Estáte tranquilo! (Fernández Leborans, *La predicación: los complementos copulativos,* 1999)

---

[1] Los verbos propiamente estativos son *saber, adorar* y *parecerse*, entre otros. Véase Fernández Leborans, 1999: 2437.

b. Igual que los verbos no estativos, el verbo *estar* puede aparecer como complemento de los verbos *obligar*, *forzar* y similares, mientras los verbos estativos permanentes lo rechazan:

(12) Juan forzó a Óscar a estar de guardia toda la noche. (Fernández Leborans, *La predicación: los complementos copulativos*, 1999)

c. Según la misma autora, "el predicado con *estar* admite complementos temporales, y puede aparecer en oraciones subordinadas temporales (13), contrariamente a los verbos estativos permanentes (14)" (Fernández Leborans, 1999: 2437). Veámoslo en los siguientes ejemplos (ibid.: 2437):

(13) Juan está enfermo desde hace varios días; Se lo conté cuando estaba de buen humor. (Fernández Leborans, *La predicación: los complementos copulativos*, 1999)

(14) *Juan {viene de buena familia/es inteligente} desde hace varios días; *Se lo conté cuando {venía de buena familia/era inteligente}. (Fernández Leborans, *La predicación: los complementos copulativos*, 1999)

5   *Ser y estar* en oraciones copulativas

En la gramática española, los verbos copulativos son *ser*, *estar* y *parecer* y, en este capítulo, nos centramos en los dos primeros, *ser* y *estar*, utilizando un método comparativo para analizarlos, ya que la distinción entre ambos constituye uno de los temas de análisis más discutidos en la gramática.

5.1   Diferencia entre ser yestar

La distinción entre *ser y estar*[1] ha sido un tema clásico de análisis y debate entre los gramáticos[2], y para dar cuenta de él, a continuación analizaremos las principales distinciones entre *ser/ estar* que existen hasta la actualidad, esto es, la distinción entre propiedades accidentales/ propiedades sustantivas, la que diferencia verbo perfectivo/ verbo imperfectivo, la distinción entre norma general/ norma individual, la distinción [-NEXUS]/ [+NEXUS], la distinción en torno a clasificar/ describir, la distinción referente a cualidad/estadoyfinalmentelaquedistingueentornoalosconceptos de

---

[1]   En lo tocante a la distinción ser/ estar, numerosos autores han realizado aportaciones a este estudio, centrándose en analizar la distribución de los atributos, la alternancia entre ser y estar y el contenido semántico que lleva el predicado (Fernández Leborans, 1999: 2366). Entre los estudios que existen hasta la actualidad, destacan los de Aletá Alcubierre (2008), Andrade (1919), Baralo (1998), Bolinger (1947), Cárdenas (1963), Carrasco (1974), Cirot (1931), Clements (1988), Declerck (1988), Demonte (1979), Devitt (1990), Falk (1979a, 1979b), Fernández Leborans (1999), Fogsgaard (2000), Franco (1979, 1984), Franco y Steinmetz (1983, 1986), González Muela (1961), Gutiérrez Ordóñez (1986, 1995), Hengeveld (1986), Jonge (1993), Kratzer (1988), Lema (1992), Leonetti Jungl (1994), López de Richards (1980-81), Malaver (2009), Marín Gálvez (2000, 2004), Molina Redondo y Ortega Olivares (1987), Monge (1959-61), Navas Ruiz (1977), Navas Ruiz y Jaén Andrés (1989), Navas Ruiz y Llorente (2002), Navas Ruiz y Moreno (1984), Penas y Zhang (2012), Porroche Ballesteros (1988), Schmitt (1992), Silvagni (2013), Vaño-Cerdá (1982).
[2]   Bello (1951: 172) opina que el uso de ser y estar se caracteriza por una "diferencia delicada, y sin embargo de uso universal y uniforme en todos los países castellanos".

predicado de caracterización y predicado de estadio.

5.1.1 [-NEXUS]/ [+NEXUS]

Con el objetivo de explicar la oposición *ser/ estar*, Clements (1988) formula la distinción expresada como [-NEXUS]/ [+NEXUS][1], indicando que el uso del verbo copulativo *estar* implica un nexo o una conexión con una situación que suele ser anterior, mientras que el verbo *ser* carece de dicha conexión. Por tanto, estar es definido como verbo [+NEXUS] y *ser* como [-NEXUS]. De acuerdo con esta distinción, en los dos siguientes ejemplos el verbo *ser* [-NEXUS] denotaría una propiedad que no tiene conexión con otra situación antecedente, mientras la expresión *está cansado* puede interpretarse como que alguien o algo ha cansado a José.

(1) José es español.

(2) José está cansado.

Clements (1988) también se basa en los atributos adjetivales para realizar una distinción entre las funciones de *ser* y *estar*, dividiendo dichos atributos en dos tipos: [-RESULTATIVO] y [+RESULTATIVO]. A ese respecto, los atributos [-RESULTATIVO] con adjetivos como *inteligente*, *español*, *político o redondo* admitirían el verbo *ser* y los atributos [+RESULTATIVO] con adjetivos como *satisfecho*, *cansado*, *enfadado*, *roto o desnudo* seleccionarían el verbo *estar*.

A estas distinciones hay que sumarle la que se basa en la diferencia norma general/ norma individual. El autor señala que, para los atributos [± RESULTATIVO], el hablante puede elegir *ser* o *estar* conforme a la distinción de Falk (1979b). De hecho, la distinción [-NEXUS]/ [+NEXUS] se completa con la distinción norma general/ norma individual (Marín Gálvez, 2000: 95). Con la combinación de estas distinciones se puede explicar la mayoría de los comportamientos de *ser* y *estar* cuando se combinan con los atributos adjetivos, como se expresa en la siguiente tabla de la tesis doctoral de Marín Gálvez (2000: 96):

Cópula	Adjetivo	Hablante
[-NEXUS]	[-RESULTATIVO]	Norma general
[+NEXUS]	[+RESULTATIVO]	Norma individual
[-NEXUS]/ [+NEXUS]	[± RESULTATIVO]	NG/ NI

---

[1] Basándose en las interpretaciones relacionadas con la diferenciación *ser/ estar* de Carrasco (1974) y Falk (1979b), Clements formula la distinción [-NEXUS]/ [+NEXUS].

5.1.2 Clasificar/ describir

En cuanto al estudio de los atributos adjetivales, Molina Redondo y Ortega Olivares (1987: 113-130) plantean una regla general que diferencia entre clasificación/ descripción, indicando que "con *estar* se hace una descripción del sujeto, el enunciado es descriptivo. Con *ser* se hace una clasificación del sujeto, el enunciado es clasificatorio" (ibid.: 117). Con respecto a los dos términos clave de dicha distinción, clasificar y describir, los dos autores los describen de la siguiente manera: "clasificar es incluir un elemento dentro de una CLASE. Las clases pueden estar objetivamente establecidas (dadas en realidad), y la lengua se limita a reflejarlas, o pueden SER CREADAS LINGÜÍSTICAMENTE" y "describir consiste meramente en expresar una cualidad, propiedad o característica del referente al que designa el sujeto, sin establecer relación con clase alguna" (ibid.: 117). En referencia al término CLASE, veamos los siguientes tres ejemplos en los que el adjetivo *rojo* es una clase de color, establecida objetivamente, mientras que el adjetivo *interesante* indica un gusto subjetivo, que depende del interlocutor.

(3) El sofá es rojo.

(4) La película fue interesante.

(5) La película estuvo interesante.

En el ejemplo (3), el sujeto está clasificado dentro de la clase de los sofás rojos, mientras que los ejemplos (4) y (5) forman un contraste indiscutible, dado que con la construcción de *ser* + *interesante* se expresa un juicio "categórico", mientras que con la construcción de *estar* + *interesante* se designa un juicio "circunstancial". Es decir, que en el ejemplo (4), el adjetivo *interesante* clasifica al sujeto y, en el ejemplo (5), el mismo adjetivo describe al sujeto. No obstante, la distinción basada en esta oposición clasificar/ describir tiene sus limitaciones, ya que existe la posibilidad de que el hablante no tome en cuenta su intención de clasificar o describir cuando enuncia oraciones como *El pelo es rojo* o *El pelo está rojo*. Además, esta distinción basada en el análisis de los atributos adjetivales no es recomendable para su aplicación con los atributos sustantivos, puesto que en ocasiones el límite entre clasificación y descripción resulta difuso. A este respecto, los dos autores indican que los sustantivos también categorizan o clasifican al sujeto, pero de hecho esto más bien depende de la forma en que aparecen los atributos sustantivos. Veámoslo en los siguientes ejemplos:

(6) Antonio es profesor de matemáticas.

(7) Antonio es la persona más interesante del mundo.

Es evidente que la oración (6) intenta clasificar a *Antonio* dentro de la clase de profesión referida por el atributo, pero es mucho más difícil juzgar la función que desempeña el sintagma nominal *la persona más interesante del mundo* en el ejemplo (7), dado que no solo clasifica sino también describe al sujeto.

5.1.3 Verbo imperfectivo y verbo perfectivo

De acuerdo con el autor Gili Gaya (1943), la distinción basada en el binomio imperfectivo/ perfectivo[1] se centra principalmente en valorar si las propiedades denotadas provienen de un cambio previo, o bien tienen la posibilidad de experimentar alguna modificación. En el primer caso, cuando las propiedades denotadas por el atributo son el resultado de un cambio precedente o tienen el potencial de modificarse, se seleccionaría el verbo copulativo *estar*, mientras que se utilizaría el verbo *ser* en caso contrario. Marín Gálvez (2000: 90) indica que la interpretación de la distinción imperfectivo/ perfectivo de Gili Gaya se basa "en la idea de modificación, según la cual todo predicado atributivo con *estar*, pero no con *ser*, denota un estado, entendido éste como el resultado de un cambio o como algo potencialmente modificable".

De este modo, los predicados quedarían divididos en dos categorías: los perfectivos, que se construyen con el verbo perfectivo *estar* y los imperfectivos, que se combinan con el imperfectivo *ser*. Sin embargo, Marín Gálvez (2000: 90) objeta: "por un lado, *ser* no es incompatible con la noción de cambio; por otro, *estar* no siempre se relaciona con una modificación dada o potencial". A continuación veamos unos ejemplos utilizados en la tesis de este autor:

(8) Jacinta es soltera, pero no lo será por mucho tiempo. (Marín Gálvez, *El componente aspectual de la predicación*, 2000)

---

[1] Los autores Navas Ruiz (1977), Luján (1980, 1981) y Hernanz (1988) defienden el uso de la distinción perfectivo/ no perfectivo para diferenciar los verbos *ser* y *estar*, indicando que *ser* es 'no perfectivo' y *estar* es 'perfectivo'.

(9) Jacinta está soltera, y se quedará soltera toda la vida. (Marín Gálvez, *El componente aspectual de la predicación*, 2000)

En el ejemplo (8), pese a que Jacinta ahora es soltera, posee un gran potencial de modificar este estado, mientras que, en el ejemplo (9), aunque se utiliza el verbo *estar*, Jacinta no demuestra la posibilidad de no estarlo en el futuro. De este modo, la distinción imperfectivo/ perfectivo no puede servir para explicar las diferencias en los usos verbales de oraciones como las presentadas en los ejemplos (8) y (9).

En torno a estos razonamientos que distinguen entre propiedades imperfectivas y perfectivas, Silvagni (2013: 15) ha señalado que el verbo copulativo *ser* es imperfectivo y denota propiedades "atemporales, no delimitadas e independientes de las circunstancias". Asimismo, el verbo copulativo *estar* se caracteriza por *ser* perfectivo, lo que "daría lugar a predicaciones que designan propiedades adquiridas, accidentales, que refieren a un periodo temporal delimitado". Esta diferenciación evidencia que las propiedades expresadas por *ser* no tienen límite temporal ni circunstancial, mientras que las propiedades denotadas por *estar* están sujetas a un límite. Por tanto, para Silvagni dicha distinción se justifica como "un intento de sancionar en términos más formales la perspectiva canónica que oponía transitoriedad a permanencia" (ibid.: 15). Por tanto, la distinción imperfectivo/ perfectivo tiene los mismos inconvenientes de la distinción entre propiedades accidentales y sustantivas. Concluimos con la opinión de Fernández Leborans (1995: 259), que también considera que la perfectividad no es una característica inherente del verbo *estar*, pues este puede seleccionar predicados de aspecto perfectivo o de aspecto imperfectivo, o expresado de otra forma, la cópula *estar* es sensible al aspecto, mientras que el verbo *ser* es indiferente al aspecto[1].

5.1.4 Norma general/ norma individual

Acerca de la oposición *ser/ estar* en combinación con los adjetivos, Falk (1979b) plantea la distinción basada en la oposición norma general/ norma individual. La norma general corresponde a las propiedades expresadas mediante el verbo copulativo *ser*, mientras que la norma individual encaja con las propiedades designadas por *estar*. Esta distinción parte de la perspectiva de la intención del hablante, ya que "la visión de

---
[1] En relación con este tema, véanse los estudios de Schmitt (1992).

norma general indica una comparación entre una entidad y otras de su misma clase" y "la visión de norma individual, por su parte, describe una comparación entre el estado actual de una entidad y el estado que podría esperarse como normal o habitual en ella" (Marín Gálvez, 2000: 92). De acuerdo con Fernández Leborans (1999: 2428), las construcciones con *ser* "suponen una comparación entre una entidad y otras de su misma clase, o entre clases distintas", mientras que "en las construcciones con *estar*, los atributos son asignados como desviaciones de lo que se considera normal para el sujeto individual respectivo, de modo que supone una comparación implícita entre el estado actual de la entidad referida por el sujeto y el estado esperable como normal o habitual de tal entidad".

De este modo, cuando el hablante emite las oraciones de los ejemplos expuestos al final de este párrafo, se vale de distintos criterios. En la oración (10), aplica un juicio general, con la intención de clasificar a *Ana* en la clase de personas guapas. Por el contrario, en la (11), el hablante aplica un criterio individual, ajustable solamente a *Ana* y, de hecho, al enunciar una oración como *Ana está guapa hoy*, ha hecho una comparación implícita entre la belleza de hoy y la belleza habitual de Ana. Por tanto, según el criterio del hablante, el estado de hoy del sujeto es una desviación de la normalidad.

(10) Ana es guapa.

(11) Ana está guapa hoy.

Siguiendo con esta distinción, Porroche Ballesteros (1988: 49) indica que en este tipo de ejemplos, "la cualidad o el estado no se consideran en sí mismos, sino en relación con otras situaciones o circunstancias que pueden ser". Por ejemplo, en *la comida está buena*, las otras situaciones o circunstancias se refieren al gusto que tiene el hablante que enuncia esta oración. Dichas situaciones o circunstancias que afectan a la evaluación del hablante, se denominan circunstancias experienciales.

Sin embargo, también hay objeciones a esta distinción basada en la oposición norma general/ norma individual, como las interpuestas por Fernández Leborans (1999: 2428), quien señala que cuando el hablante emite una oración como *Ana está muy guapa*, es muy posible que no haya hecho una comparación implícita con el habitual estado de *Ana* y no haya considerado si normalmente está guapa o no. En ese sentido, dictamina: "naturalmente, los usos de *estar* no pueden ser interpretados, en general, como desviaciones de la norma individual que se supone corresponde al referente del sujeto; entre otras razones, porque es perfectamente posible expresar un estado del sujeto desatendiendo sus estados regulares o normales" (Fernández Leborans, 1999: 2428). Por su parte, Silvagni (2013: 17) pone objeciones a esta distinción con similares criterios, indicando con claridad la posibilidad de desatender dichas normas. Además, ha utilizado unos ejemplos para demostrar que las construcciones con *estar* también pueden denotar propiedades o estados habituales o normales. Citamos uno de ellos: si decimos que en la oración *Juan está contento*, el estado de *estar contento* es una desviación del estado normal de Juan, no se encuentran modelos para explicar el comportamiento de Juan en el siguiente ejemplo.

(12) Juan {siempre/ habitualmente} está de {buen humor/ contento}. (Silvagni, *¿Ser o estar? Un modelo didáctico*, 2013)

El caso anterior pone de manifiesto que la distinción norma general/ norma individual tiene limitaciones en cuanto a la explicación de la oposición *ser/ estar*, pese a que en muchas ocasiones es válida para explicar el comportamiento de los adjetivos que admiten tanto un verbo como el otro[1].

5.1.5 Propiedades accidentales y propiedades sustantivas

De acuerdo con la *Nueva gramática de la lengua española* (2009: 2811), la distinción entre propiedades accidentales y propiedades sustantivas es una diferenciación tradicional que indica que "el verbo *ser* se combina con atributos que designan características permanentes de los sujetos, mientras que *estar* toma aquellos que

---

[1] De acuerdo con Malaver (2009: 33), "Falk parte de la idea de que la visión de norma general del hablante radica en un punto base a partir del cual se comparan o contrastan los adjetivos que forman pares contrarios (*alto-bajo*, por ejemplo), ya que existe entre ellos una relación implícita con la norma estándar: se es alto o bajo en relación con un punto base de comparación". Añade que, por su parte, Penadés Martínez (1989) "señala críticamente que, aunque la propuesta de Falk funcione para los adjetivos que forman parejas de antónimos, los conceptos de visión de norma general e individual no logran explicar la relaciones entre adjetivos que no son antónimos y que aparecen con alguna de las dos cópulas ("Estaba ausente desde hace una semana" o "Juan es español"), o con ambas: "El cielo era azul/ el cielo estaba azul". (Malaver, ibid.)

indican propiedades transitorias, y por ello accidentales, de una entidad". No obstante, este manual de referencia no aboga por esta diferenciación, ya que no es tan exacta si tenemos en cuenta determinados casos. En referencia a su exactitud, Silvagni (2013: 14) indica que "en el panorama de la didáctica, la distinción en términos de permanente frente a transitorio parece ser la que mayor grado de aceptación ha encontrado – y hemos de suponer que esto se debe a su extremada simplicidad e inmediatez–, pero es indudablemente el criterio descriptivo menos acertado de toda la tradición gramatical".

Efectivamente, los atributos combinados con *ser* también pueden denotar características o propiedades transitorias y, en ocasiones, los combinados con *estar* también indican características o propiedades permanentes, como se puede observar en los siguientes ejemplos de apoyo, que confirman la inexactitud de la distinción entre propiedades accidentales y sustantivas:

(13) a. Y hasta uno de los hijos de Caridad y Rigoberto, que es estudiante de último año. (Quintero, *Te sigo esperando*, 1996)

(13) b. Estudió en Edimburgo y en Cambridge, fue profesor de filosofía natural en la Universidad de Aberdeen (1856-60), de física y astronomía en la de Londres (1860-65) y de física experimental en Cambridge (1871-79). (Durán Miranda, *La óptica en el siglo XIX*, 1987)

(13) c. Pero el viajero es joven todavía. (Llamazares, *El río del olvido*, 1995)

(14) a. Su marido estaba muerto. (Chacón, *La voz dormida*, 2002)

(14) b. Me quemaron los ojos, soldado, y si recuerdas el tiempo en que no estaba ciego, y no tienes nada contra mí, indícame el camino de Lej. (Ferrero, *Opium*, 1986)

En los ejemplos (13a), (13b) y (13c), el verbo *ser* denota propiedades transitorias, ya que los atributos *estudiante de último año*, *profesor de filosofía natural en la Universidad de Aberdeen (1856-60), de física y astronomía en la de Londres (1860-65) y de física experimental en Cambridge (1871-79)* y por último, *joven*, ya sean nominales o adjetivales, son propiedades no permanentes y duran como máximo unos años. Por otra parte, en los ejemplos (14a) y (14b) el verbo *estar* expresa propiedades permanentes, ya que los atributos *muerto* y *ciego* no denotan propiedades transitorias. *Muerto* expresa características permanentes y *ciego* puede expresar tanto propiedades transitorias como permanentes, pues si al hablante le pueden curar en el futuro, habría una temporalidad efímera y, si no pueden, hablaríamos de un estado definitivo e inmutable. En conclusión, la distinción propiedad permanente/ propiedad transitoria tiene sus restricciones al diferenciar las funciones de las oraciones copulativas de *ser* y *estar*, y no es un método de análisis preciso y fundamentado❶.

5.1.6 Cualidad y estado

Basándose en la oposición que la filosofía clásica hace entre "esencia" y "accidentes", los gramáticos tradicionales formulan una distinción basada en el binomio cualidad/ estado (Salvá, 1830 [1988]), afirmando que los atributos que se combinan con *ser* denotan cualidad y los atributos combinados con *estar* expresan estado. No obstante, estos mismos gramáticos no han aportado una definición clara de cualidad y estado que dé consistencia a su regla, lo que supone dificultades de entendimiento para los estudiantes extranjeros a la hora de utilizarla para comprender así las diferencias entre *ser* y *estar*. Además, esta distinción también tiene sus limitaciones, dado que los atributos que se construyen con *ser* también pueden denotar estado, mientras que los construidos con *estar* expresan cualidad. Para solventar algunas de estas dificultades, veamos primero cómo se definen los dos conceptos de cualidad y estado en la Real Academia Española (DRAE en línea):

Cualidad.

(Del lat. qualĭtas, - ā tis).

1. f. Cada uno de los caracteres, naturales o adquiridos, que distinguen a las personas, a los seres vivos en general o a las cosas.

2. f. Manera de ser de alguien o algo.

Estado.

(Del lat. status).

1. m. Situación en que se encuentra alguien o algo, y en especial cada uno de sus

---

❶ En este trabajo se considera un método diferenciador adecuado la distinción predicado de individuo/ predicado de estadio. *Véase el apartado 3.1.7.*

sucesivos modos de *ser* o *estar*.

Como se aprecia en las definiciones de los conceptos de cualidad y estado establecidas por la Real Academia Española, se destaca la palabra *carácter* en la definición de *cualidad*, y *situación* lo hace en la definición de *estado*, por lo que podemos concluir que la *cualidad* corresponde a los caracteres distintivos y el estado corresponde a una situación. Lo analizaremos en los siguientes ejemplos:

(15) a. La situación es grave. (Beltrán Martínez, *Pueblos de Aragón* II, 2000)

(15) b. Cuando este estado es grave, se habla más propiamente de angustia... (Lavilla Royo, *Familia y salud*, 2002)

(16) La comida estaba buena. (Giménez Bartlett, *Serpientes en el paraíso. El nuevo caso de Petra Delicado*, 2002)

Las dos oraciones (15a) y (15b) describen la situación y el estado, pero el verbo copulativo que se utiliza es *ser*. Mientras, en el ejemplo (16) –la oración la comida *estaba buena*–, no resulta adecuado utilizar la distinción cualidad/ estado para explicar las diferencias, puesto que, de acuerdo con la teoría cualidad/ estado, *la comida es buena* denota cualidad, mientras que *la comida está buena* expresa estado; sin embargo, la diferencia entre las dos oraciones no se encuentra en el hecho de denotar cualidad o estado, sino en que solamente intenta expresar que *la comida es buena* es algo comentado por la gente y *la comida está buena* es el comentario enunciado por alguien que acaba de probar tal comida. Por tanto, no resulta efectiva ni concluyente esta distinción para analizar las diferencias ejemplificadas en este par de oraciones.

5.1.7 Predicados caracterizadores y predicados de estadio o episódicos

Se incluye en la *Nueva gramática de la lengua española* (2009: 2812) "la distinción entre los llamados PREDICADOS CARACTERIZADORES (también DE INDIVIDUO, INDIVIDUALES, DE NIVEL INDIVIDUAL O INHERENTE, entre otras denominaciones) y los predicados DE ESTADIO O EPISÓDICOS (también entre otras denominaciones que allí se mencionan)". Dicha distinción fue formulada inicialmente en los estudios de Milsark (1974) y Carlson (1977), y de acuerdo con Fernández

Leborans (1999: 2426), "el fundamento de la distinción es aspectual; la diferenciación individuo/ estadio se ha determinado como un parámetro primario del aspecto léxico-semántico" ❶. Esto es, los predicados caracterizadores o de individuo son los atributos que no están sujetos a una situación particular ni son el resultado de un cambio, mientras que los predicados de estadio o episódicos limitan sus propiedades a una situación particular o surgen como efecto de una alteración. A este respecto, la *Nueva gramática de la lengua española* (2009: 2812) nos facilita una regla general sobre la diferencia entre los predicados construidos con *ser* y *estar*, diciendo: "los predicados que designan propiedades que caracterizan a los individuos no admiten modificadores que limiten estas a una situación particular. Por el contrario, los grupos verbales que contienen atributos construidos con el verbo *estar* designan situaciones episódicas en las que estos modificadores relativos a circunstancias particulares se añaden sin dificultad" ❷.

Después de resumir esta norma genérica para la distinción entre *ser* y *estar*, los autores nos facilitan unas explicaciones más profundas sobre las nociones de predicados de individuo y de estadio: "la noción de predicado individuo da a entender que las propiedades en cuestión –permanentes o no– se predican de la entidad designada por el sujeto en sentido absoluto, es decir, sin asociarlas a una situación o a un episodio particular [...]. Por el contrario, los predicados de estadio designan propiedades del sujeto en su relación con una situación concreta" (RAE, 2009: 2812). Según señala Fernández Leborans (1999: 2426), los predicados de estadio suponen una limitación espacio-temporal y solo son compatibles con el verbo *estar*, puesto que este verbo está dotado de estructura temporal-aspectual interna, mientras que la cópula *ser* carece

---

❶ En palabras de Kratzer (1988), la distinción individuo/ estadio se basa en una 'referencia espacio-temporal', que es propia de los predicados de estadio y ajena a los predicados de individuo.
Los autores Fernández Leborans (1999) y Leonetti Jungl (1994), así como la RAE (2009) abogan por el uso de la distinción entre predicados de individuo y predicados de estadio para diferenciar los verbos copulativos *ser* y *estar*.

❷ En relación con la distinción predicados de individuo/ predicados de estadio, Leonetti Jungl (1994: 184) sostiene una opinión parecida a la RAE, indicando que "los predicados de individuos expresan propiedades, duraderas e intrínsecamente ligadas a una entidad; los predicados de estadios, por el contrario, corresponden a hechos y estados transitorios, accidentales o limitados en el tiempo".

de temporalidad inherente y es insensible a los límites temporal-aspectuales, lo cual constituye un rasgo marcado de la oposición *ser/ estar*.

Por su parte, Silvagni (2013: 19) observa que "los predicados de individuo (P-I) describen cualidades (características intrínsecas, propiedades) de una entidad, mientras que los predicados de estadio (P-E) designan modos de manifestarse (situaciones, episodios) de la entidad a la que asignan". De hecho, los predicados de individuo son "asignadores de clase" y los de estadio describen manifestaciones sujetas a una situación o un contexto concreto. Además Silvagni (ibid.) aclara la relación de los predicados de individuo y los predicados de estadio con la referencia espacio-temporal, diciendo que "los Predicados de Individuo se conciben al margen de cualquier vínculo espacio-temporal –ya que expresan rasgos intrínsecos de una entidad–, los de Estadio, al describir manifestaciones, implican un anclaje en el tiempo y en el espacio para ser correctamente interpretados". Dicha explicación de Silvagni coincide con la de *Nueva gramática de la lengua española*, puesto que ambos afirman que los predicados de estadio hacen referencia a los factores espacio-temporales, mientras que los de individuo, no.

5.1.7.1 Algunos fenómenos gramaticales inexplicables a través de la distinción entre propiedades sustantivas y propiedades accidentales

Utilizando la diferenciación entre predicado de individuo y predicado de estadio, intentaremos resolver los problemas detectados en los apartados anteriores, comenzando con las oraciones de verbo *ser* y corresponden a los ejemplos (13a) y (13c). En primer lugar, veamos las siguientes oraciones copulativas: *es estudiante de último año y es joven todavía*. Como anteriormente se ha confirmado, la distinción entre propiedades permanentes y propiedades transitorias no es adecuada para explicar estas dos oraciones, puesto que no denotan propiedades permanentes pero usan el verbo *ser*. De acuerdo con la distinción entre predicado de individuo y predicado de estadio, en estas dos sentencias encontraríamos construcciones de predicados de individuo, y las propiedades que denotan los predicados de las dos copulativas no son el efecto de un cambio ni están sujetas a una situación particular.

En cuanto a la oración (13b), la situación es un poco más complicada. La copulativa *fue profesor de filosofía natural en la Universidad de Aberdeen (1856-60), de física y astronomía en la de Londres (1860-65) y de física experimental en Cambridge (1871-79)* cuenta con varios atributos, cada uno de los cuales corresponde a un período diferente. No obstante, la distinción de predicados de individuo y predicados de estadio indica que los atributos asociados a una situación o un episodio particular deben combinarse con el verbo *estar*. En esta copulativa, es evidente que los predicados no están sujetos a una situación particular sino a períodos de unos años. Por tanto, hay que identificar a cuánto tiempo corresponde un episodio, para ver si podemos decir que unos años equivalen a uno de ellos. A continuación, mediante unos ejemplos, intentaremos llegar a una conclusión sobre preguntas derivadas de esta distinción: *¿A qué se refiere una situación particular?* Y *¿a cuánto tiempo corresponde un episodio?*

(17) En ese vídeo ella hablaba sentada en su sofá, estaba guapa. (Marías, *Corazón tan blanco*, 1992)

(18) Tenía las manos en los bolsillos de la bata, estaba descalza, con el pelo alborotado por las vueltas que habría dado sobre la almohada, estaba guapa, sin maquillar. (Marías, *Corazón tan blanco*, 1992)

(19) Cuando hacía ya semanas que el cielo estaba rojo... (Muñoz Molina, *Sefarad. Una novela de novelas*, 2001)

(20) ...pero el funcionario que reparte la correspondencia estaba hoy perezoso y retrasó más de dos horas la entrega. (Chacón, *La voz dormida*, 2002)

(21) Yo entonces ignoraba la razón, pero ahora estaba claro... (Pedraza, *La pequeña pasión*, 1990)

Utilizamos los cinco ejemplos para identificar qué sería una situación y un episodio particular y así lograr un mejor entendimiento acerca de la distinción entre predicados de individuo y predicados de estadio. Las oraciones (17) y (18) son las copulativas del verbo *estar*, donde, en la primera (17), la situación particular es *en ese vídeo* y la existencia de esta circunstancia especial hace posible el uso del verbo *estar* en la construcción copulativa *estaba guapa*. En el segundo ejemplo, la situación particular es *Tenía las manos en los bolsillos de la bata, estaba descalza, con el pelo alborotado por las vueltas que habría dado sobre la almohada*, pormenorización que hace razonable la selección del verbo *estar* en *estaba guapa*. Vayamos ahora a los ejemplos (19), (20), (21), en los que los predicados están sujetos a episodios particulares. En el (19), el episodio particular consiste en *semanas*, en el (20), en *hoy*, y en el (21), en *ahora*. Además de estos, tendremos en cuenta también la oración que encontramos en la *Nueva gramática de la lengua española* (2009: 2812) *Hace ya bastantes meses que está insoportable, en* la que el episodio particular sería *meses*. De acuerdo con estos cuatro ejemplos, los intervalos desde ahora hasta unos meses son todos episodios particulares mencionados en las nociones de predicados de estadio. No obstante, no disponemos de recursos para confirmar si los episodios solo corresponden a estos intervalos, por lo que la respuesta es negativa, ya que "la gramática no precisa ni acota la posible extensión de los puntos o los intervalos temporales que se admiten" (RAE, 2009: 2812) en los casos de predicados de estadio.

Al menos, sí sabemos que los intervalos entre ahora y unos meses son los períodos temporales a los que se refieren los episodios particulares. Por lo tanto, en la oración *Estudió en Edimburgo y en Cambridge, fue profesor de filosofía natural en la Universidad de Aberdeen (1856-60), de física y astronomía en la de Londres (1860-65) y de física experimental en Cambridge (1871-79),* no resulta rara la selección del verbo *ser*, porque los predicados de esta copulativa están relacionados con períodos de unos años y ninguna gramática estipula que unos años son el intervalo admitido por los casos de predicados de estadio. Además, muchos ejemplos demuestran que cuando el intervalo coincide con unos años, generalmente se utiliza el verbo *ser*.

Por todo lo analizado anteriormente, concluimos que la distinción entre predicados de individuo y predicados de estadio puede dar una explicación razonable a una parte de los problemas que la distinción entre propiedades sustantivas y propiedades accidentales no es capaz de resolver. A continuación veremos si esta teoría puede explicar los ejemplos (14a bis) y (14b bis):

(14a bis) Cuando llegaron a la margen derecha del Tajo, su marido estaba muerto... (Chacón, *La voz dormida*, 2002)

(14b bis) Me quemaron los ojos, soldado, y si recuerdas el tiempo en que no estaba ciego, y no tienes nada contra mí, indícame el camino de Lej. (Ferrero, *Opium*, 1986)

5   *Ser* y *estar* en oraciones copulativas ▶▶▶▶

Con las situaciones particulares *cuando llegaron a la margen derecha del Tajo y me quemaron los ojos*, los predicados *muerto* y *ciego* subrayan el cambio de estado, por lo que son predicados de estadio. Y aquí queda patente el problema para el que la distinción entre propiedades permanentes y propiedades transitorias no ha sido capaz de facilitar una explicación razonable. En conclusión, mediante estos ejemplos, llegamos a la certeza de que la distinción entre predicados de individuo y predicados de estadio es más general que la distinción entre propiedades permanentes y propiedades transitorias, pues la primera puede explicar los fenómenos gramaticales que resultan inexplicables si utilizamos la segunda teoría.

5.1.7.2   Los fenómenos gramaticales inexplicables con la distinción entre cualidad y estado

Recordemos las oraciones de las que ya dimos cuenta en el apartado 3.1.6, y son las siguientes:

(15a bis) La situación es grave . (Beltrán Martínez, *Pueblos de Aragón* II, 2000)

(15b bis) Cuando este estado es grave, se habla más propiamente de angustia... (Lavilla Royo, *Familia y salud*, 2002)

(16 bis) La comida estaba buena. (Giménez Bartlett, *Serpientes en el paraíso. El nuevo caso de Petra Delicado*, 2002)

Los atributos *grave* de las dos oraciones del verbo *ser* describen el estado o características de sus sujetos *la situación* y *este estado*, y el predicado *grave* no está sujeto a ninguna alteración ni a ninguna situación particular y, por lo tanto, es razonable utilizar el verbo copulativo *ser*. A diferencia de la distinción entre estado y cualidad, la distinción entre predicados de individuo y predicados de estadio nos ha facilitado explicaciones sobre las nociones pertinentes, por lo que poseemos un mejor entendimiento, y conocemos con detalle y a la perfección a qué se refieren los predicados de individuo y los predicados de estadio. En cuanto a la distinción entre cualidad y estado, hace falta que analicemos los ejemplos de acuerdo con el significado literal de dichos términos. A su vez, cuando utilizamos la distinción fundamentada en predicados de individuo y predicados de estadio, no podemos solo mirar el significado literal de estos términos sino que también hay que prestar atención a los significados escondidos detrás de los términos literales.

En lo referente a la otra copulativa *la comida estaba buena*, señalaremos que se trata de una oración valorativa, que expresa el comentario enunciado por el hablante que acaba de probar la comida. Por tanto, la situación o el momento en que se enuncia esta oración también pueden entenderse como una situación o episodio particular. Ahora es recomendable que ofrezcamos un fundamento teórico de apoyo para confirmar que *buena* es predicado de estadio a través de esta definición de la RAE (2009: 2813):

> El carácter episódico de los predicados que se construyen con estar (más exactamente, el que estos predicados sean relativos al estado particular en que se encuentran los referentes de sus sujetos) es coherente con el hecho de que elijan este verbo los que designan el resultado de un cambio de estado (El suelo está sucio), el comportamiento particular de los individuos bajo ciertas circunstancias (El gobernador estuvo cruel en su discurso), la percepción que el hablante tiene de una entidad en un momento particular (El tiempo está frío) y otras muchas nociones que no se refieren a las entidades aisladamente, sino a la relación que establecen con determinadas circunstancias o situaciones.

En cuanto a la oración *la comida estaba buena*, entraría a identificarse como correspondiente al tercer caso mencionado en el párrafo anterior, ya que expresa la percepción que el hablante tiene de la comida en el momento particular tras probar la comida. Así que los fenómenos gramaticales inexplicables con la distinción entre propiedades sustantivas y propiedades accidentales (propiedades permanentes y propiedades transitorias) y la distinción entre cualidad y estado, resultan naturales y razonables con la distinción de predicados de individuo y predicados de estadio.

El párrafo citado de la *Nueva gramática de la lengua española* ha dado una explicación más detallada sobre los predicados de estadio, comentando que los predicados que elijan el verbo *estar*, es decir los predicados de estadio, suelen designar el resultado de un cambio de estado, comportamiento o actitud particular de los individuos bajo ciertas circunstancias, así como de la percepción que el hablante tiene de una entidad en un momento particular y otros fenómenos que están sujetos a la alteración o a determinadas circunstancias. Anteriormente, con los ejemplos expuestos, hemos dado explicaciones, aunque no demasiado sistemáticas, para los tres fenómenos gramaticales designados por los predicados de estadio. No obstante, para llegar a un entendimiento más sistemático de las nociones relacionadas, mostraremos a continuación más ejemplos:

Oración que denota el resultado de un cambio de estado:

(22) El cabello, negro y abundante, estaba sucio y revuelto, conservando todavía el légamo del río. (Pérez- Reverte, *El maestro de esgrima*, 1988)

Oración que denota el comportamiento o la actitud particular de los individuos bajo ciertas circunstancias:

(23) Algunos asistentes vieron al ex ministro "bastante fastidiado", aunque luego estuvo amable y relajado con los periodistas. (*PRENSA*, 1995)

Oración que denota la percepción que el hablante tiene de una entidad en un momento particular:

(24) Tenía muchas expectativas con el Gourt de Mautens, Rasteau Villages 2000, y el vino estaba bueno, pero era muy 'fashion', muy globalizado. (*El Mundo*, 2003)

Con los tres ejemplos, resultan más claras las nociones denotadas por los predicados de estadio o episódicos. No obstante, algunos fenómenos gramaticales todavía quedan difusos para aquellos que hablan el español como una lengua extranjera y deseen comprender estas diferencias, como la posibilidad de admisión de ambos verbos, *ser* y *estar*, en sentencias como *El presidente fue muy amable conmigo esta mañana* y *El presidente estuvo muy amable conmigo esta mañana*. En el siguiente apartado, nos dedicamos a comparar las dos oraciones para clarificar las dudas derivadas.

5.1.7.3 El presidente fue muy amable conmigo esta mañana vs. El presidente estuvo muy amable conmigo esta mañana

Al comparar las dos oraciones, desde un punto de vista gramatical diríamos que resulta más razonable la segunda, que selecciona el verbo *estar*, pues si utilizamos la distinción entre predicados de individuo y predicados de estadio, la expresión temporal *esta mañana* denota que el suceso tiene lugar en un episodio particular y es más natural gramaticalmente el uso de este verbo. Sin embargo, existen muchos ejemplos parecidos que seleccionan *ser* como la cópula de las oraciones, como en los casos que exponemos a continuación:

(25) El entonces secretario Pedro Aspe Armella fue generoso en ese terreno por lo que aparecieron en total 16 nuevas instituciones. (*Diario de Yucatán*, 1996)

(26) En una entrevista fue sincero y en la otra mintió. (*La Vanguardia*, 1995)

En los dos ejemplos anteriores, el verbo *fue* puede alternar con *estuvo*, porque en todas estas copulativas contamos con situaciones particulares: en la primera, la situación particular es *en ese terreno* y en la segunda, *en una entrevista*. Esto se explica porque, de acuerdo con la *Nueva gramática de la lengua española* (2009: 2820), los adjetivos que denotan propiedades episódicas, generalmente, se construyen con *estar*, pero si estos adjetivos son los que designan comportamientos que afectan a otros individuos, también pueden seleccionar el verbo *ser*. Normalmente dichos adjetivos mencionados pertenecen al grupo adjetival que denota modo de ser. Esta gramática (2009: 2820) indica que "a este grupo pertenecen *cariñoso*, *distante*, *encantador*, *frío*, *generoso*, *grosero*, *simpático*, *sincero* y otros muchos adjetivos que expresan modos de ser o de comportarse".

Además de este método, disponemos de otro para analizar estas categorías oracionales. Anteriormente[1], cuando nos referimos a la distinción entre *ser* y *estar*, fue mencionada por primera vez la teoría planteada por Falk (1979b), basada en la distinción entre norma general y norma individual, que resulta muy adecuada para explicar los ejemplos *El presidente fue muy amable conmigo esta mañana* y *El presidente estuvo muy amable conmigo esta mañana*. Recordemos que se denomina la norma general y la norma individual a partir del punto de vista de la consideración del hablante, de modo que si este considera que el comportamiento del sujeto en determinadas situaciones indica una forma de actuar o de ser en la vida diaria del sujeto, se utiliza la norma general; pero en el caso de que el hablante considere el comportamiento del sujeto como una desviación de la vida diaria, se aplicaría la norma individual. El verbo copulativo *ser* funciona como el clasificador e indicador de lo que el hablante considera la norma general, mientras que *estar* es el indicador de lo que el hablante considera la norma individual.

---

[1] Véase el apartado 5.1.1 del trabajo.

5 *Ser* y *estar* en oraciones copulativas

Intentemos ahora explicar las oraciones *El presidente fue muy amable conmigo esta mañana* y *El presidente estuvo muy amable conmigo esta mañana* mediante la distinción entre norma general y norma individual. Cada uno de nosotros disponemos de un criterio de valoración de acuerdo con los comportamientos de una persona en una determinada situación o episodio particular, y podemos valorar si él o ella fue amable y así podemos clasificarla dentro de la categoría de las personas amables. De acuerdo con Fernández Leborans (1999: 2428), en el caso de utilizar el verbo *ser*, generalmente los hablantes no toman en consideración si los sujetos son verdaderamente amables en su vida corriente. Sin embargo, cuando decimos que alguien estuvo amable esta mañana, sí se ha realizado esta comparación implícita con su grado normal de amabilidad en la vida cotidiana y, por tanto, *estar amable* denota que el sujeto se ha comportado de manera diferente de lo que lo hace habitualmente en su vida cotidiana. Eso quiere decir que, normalmente, tal sujeto no pertenece a las personas amables, pero en un episodio o situación determinada, sus comportamientos son amables. Como se observa, la distinción entre la norma general y la norma individual resulta un método eficaz para explicar este tipo de oraciones.

5.2 *Ser* y *estar* en algunos casos concretos

Mediante las teorías anteriores, hemos aportado unas nociones sistemáticas sobre las diferencias entre los dos verbos copulativos más tratados en la gramática, *ser* y *estar*. No obstante, aún son necesarios más esfuerzos en el análisis de los usos más específicos de los dos verbos. Por ello, a continuación, nos centraremos en los usos concretos de *ser* y *estar* cuando se combinan con los atributos adjetivales, sustantivos, adverbiales y preposicionales, así como los usos para indicar tiempo, temperatura y otras medidas.

5.2.1 Sintagmas adjetivos que se combinan con *ser* y *estar*

Los adjetivos pertenecen al conjunto de atributos que pueden combinarse tanto con el verbo *ser* como con *estar*, lo cual hace que esta categoría atributiva constituya la parte más problemática en la distinción entre los dos verbos. De esta manera, será de nuestro interés estudiar los casos en que se trata de los atributos adjetivales, ya que su análisis constituirá una gran ayuda para mejorar la pedagogía de enseñanza para español. A continuación, aludiremos a dos clasificaciones de adjetivos: la de Porroche Ballesteros (1988) y la de Navas Ruiz (1977).

5.2.1.1 La clasificación de los adjetivos de Porroche Ballesteros

Porroche Ballesteros (1988) divide los adjetivos en tres categorías: los adjetivos que solo se combinan con *ser*, los que solo admiten *estar* y los que se construyen con ambos verbos[1].

5.2.1.1.1. Los adjetivos que generalmente solo se combinan con el verbo *ser*

De acuerdo con Porroche Ballesteros (1988: 39), existen adjetivos que, por sus valores semánticos, normalmente solo se combinan con el copulativo *ser*. Pertenecen a este tipo los adjetivos gentilicios que indican nacionalidad (27), lugar de nacimiento (28), así como los que indican religión (29), ideas políticas (30), clase social (31) o pertenencia a una institución, escuela o tendencia (32). Como los adjetivos relacionales poseen una fuerte carga de asignación de clase, sirven para caracterizar al sujeto[2]. Veamos los

---

[1] Marín Gálvez (2004) aporta una clasificación semejante, indicando que los atributos adjetivales se recogen en tres grupos: los que denotan estados no acotados, los que denotan estados acotados y los ambivalentes. Los adjetivos del primer grupo son aquellos que se construyen únicamente con *ser*, los del segundo grupo solo admiten *estar* y los del tercer grupo son compatibles con ambas cópulas. Véase Marín Gálvez, 2004: 37-48.

[2] Además de las categorías adjetivales mencionadas anteriormente, existen otros adjetivos que prefieren seleccionar la cópula *ser*. La *Nueva gramática de la lengua española* (2009: 2820) indica que "se usan con el verbo *ser* algunos de los adjetivos que denotan propiedades cuantitativas (*abundante, considerable, copioso, profuso*) o temporales (*duradero, eterno, fugaz, pasajero, repentino*) de las cosas". En el caso de que se combinen con el verbo copulativo *ser*, normalmente expresan la cantidad de algo o el tiempo que algo dura. Veamos un ejemplo: *Aunque la materia prima del vidrio (la arena) es abundante...* (Bueno, *El libro práctico de la casa sana*, 2004). Con menor frecuencia los adjetivos que denotan propiedades cuantitativas se construyen con el verbo *estar* y, en este caso, se expresa la cantidad en alguna situación especial o en algún tiempo determinado, como en el ejemplo siguiente: *pero como se resistía con todas sus fuerzas y estaba abundante en carnes, acabaron rodando los dos por el suelo* (Moix, *El arpista ciego*, 2002). Resulta mucho más natural el uso de estos adjetivos en oraciones copulativas de *ser*, por lo que en los casos en que tales adjetivos eligen *estar* se trata de situaciones excepcionales.

ejemplos concernientes:

(27) Mi padre es italiano y mi madre malagueña. (*Tiempo*, 15/01/1990)

(28) El primero se llama Pepe, es andaluz, tiene treinta y cinco años... (Sánchez Dragó, *El camino del corazón*, 1990)

(29) Peggy es protestante y se casan por el rito anglicano. (Herrera Luque, *En la casa del pez que escupe el agua*, 1985)

(30) Dice que todo lo proletario es comunista y todo lo comunista es proletario··· (Miret Magdalena, *¿Qué nos falta para ser felices?*, 2002)

(31) En la Edad media no se pertenece tanto a la nobleza como se es noble. (Prensa, *Cuaderno de Materiales*, 2002)

(32) El chico, que es universitario y estudia en Oviedo Psicología... (Llamazares, *El río del olvido*, 1990)

Semánticamente, cuando estos adjetivos se combinan con el copulativo *ser*, se expresa el mismo significado que los adjetivos en cuestión suelen denotar. Por ejemplo, en las oraciones anteriores, cuando decimos que alguien es italiano, significa que su país de origen es Italia, y cuando decimos que alguien es protestante, se da a suponer que la fe religiosa que profesa es el protestantismo. Es decir, que en estas oraciones el verbo copulativo solo vincula el sujeto con el atributo, sin dar lugar a cambios semánticos en los adjetivos. Pese a que dicho tipo de adjetivos suelen combinarse con el verbo *ser*, en casos no muy frecuentes también se combinan con el copulativo *estar*, y entonces

---

Los adjetivos que designan formas suelen combinarse con el copulativo *ser* (RAE, 2009: 2821). Pertenecen a este grupo los adjetivos *redondo* o *cuadrado*, entre otras figuras geométricas. Cuando se construyen con el verbo copulativo ser, describen la forma geométrica de un objeto. Citemos el siguiente ejemplo: *El cielo es redondo en la concreta exactitud de su forma...* (Egido, *El corazón inmóvil*, 1995). En este ejemplo, si el verbo *ser* alterna con *estar*, resulta antinatural y forzada la oración *El cielo está redondo en la concreta exactitud de su forma*. La forma del cielo es una figura que no cambia con facilidad y la figura de muchos otros objetos tampoco se modifica, excepto los objetos que son blandos y son susceptibles de una transformación. En este último caso, cuando la figura sufre alguna alteración, parece más natural el uso del verbo *estar*. "Favorece el uso de *estar* con adjetivos que indican propiedades físicas el adverbio *ya*, que marca explícitamente la presencia de un cambio de estado: *El bizcocho ya está alto*; *La nariz ya está roja*; *El agua ya está caliente*; *la escultura ya está redonda*" (RAE, 2009: 2821). Y cuando los adjetivos geométricos se construyen con *estar*, generalmente se expresa el cambio de estado o cualidad, como por ejemplo en la oración *El bizcocho ya está alto*, en la que existe un proceso de cambio, pues al principio el bizcocho no está tan alto como ahora.

los atributos adjetivales denotan propiedades distintas, y más concretamente, alguna clase de cambio en la forma de comportarse. Por ejemplo, si decimos *estás muy francés* (Navas Ruiz, 1977: 70), significa que tu comportamiento recuerda al de los franceses[1].

5.2.1.1.2. Los adjetivos que se construyen preferentemente con el verbo *estar*

De acuerdo con Porroche Ballesteros (1988: 56), existe un grupo de adjetivos que, por su contenido semántico, solo se combinan con el verbo *estar*. Los participios y los adjetivos que provienen de antiguos participios truncos pertenecen a este grupo de palabras, en el que se incluyen *maduro, marchito, quieto, seco, agotado, limpio, sucio, sofocado, helado, excitado, desesperado, preocupado, asustado, disgustado, atemorizado, lleno, vacío, contento, descontento, fijo, oculto, cubierto, harto, desnudo, descalzo, preso, enfermo, maltrecho, suspenso, satisfecho* o *insatisfecho*. Normalmente, los adjetivos de este grupo denotan cambio de estado, y los participios implicados ya han experimentado un proceso de adjetivación y funcionan igual que los primeros. Si estas palabras funcionan como atributo en oraciones copulativas, normalmente están sujetas a una modificación o alteración, o a una situación o episodio particular. Por ejemplo, en las siguientes oraciones se expresa un estado sujeto a determinada situación o tiempo, donde la construcción *estaba oculto* pasa a poseer el significado de 'estar escondido', mientras que *estaba desnudo* indica que el sujeto estaba sin ropa[2].

---

[1] En lo referente a este fenómeno gramatical, Silvagni (2013: 38) indica que el adjetivo *francés* es un predicado de nivel individual y cuando se construye con *estar*, se recategoriza y adquiere lectura de estado en la sintaxis, es decir, se convierte en un adjetivo que denota un modo de encontrarse o manifestarse. En realidad, el uso de estos adjetivos con *estar* no es tan frecuente como su uso en construcciones copulativas con *ser*.

[2] En las oraciones anteriores, los atributos son aquellos adjetivos que provienen de sus correspondientes verbos *ocultar* y *desnudar*, cuyos participios pasivos son *ocultado* y *desnudado*. Al comparar los adjetivos y los participios pasivos de estos dichos verbos, nos damos cuenta de que las dos categorías léxicas cuentan con un significado igual o similar. No obstante, las formas adjetivas se construyen con *estar* para expresar estado y la otra categoría aparece en las formas verbales compuestas de *haber* + participio pasivo y en las construcciones pasivas perifrásticas de *ser* + participio pasivo, para denotar acción o movimiento (Fernández Leborans, 1999: 2364; Morimoto y Pavón Lucero, 2007a: 21). Los ejemplos siguientes funcionan como una demostración: *De hecho, y aunque el dato fue ocultado a los adeptos, los dirigentes mantenían unas muy cordiales relaciones con la Fundación Greber*. (Vidal, *Historias del ocultismo*, 1995); *Una vez llegado a Urgencias rápidamente fue desnudado e instalado en una camilla...* (Jiménez de Diego, *Memorias de un médico de Urgencias*, 2002)

(33) El hombre no le vio ninguna vez, pero sin duda sospechaba que estaba oculto, entre la vegetación. (*Gavilanes, El bosque perdido*, 2000)

(34) Fermín estaba desnudo, llorando y temblando de terror. (Ruiz Zafón, *La sombra del viento*, 2001)

Además, algunos de estos adjetivos (*limpio, sucio, quieto, maduro*), que comparten su raíz léxica con los correspondientes verbos, pueden construirse con el verbo *ser*:

(35) Se finalizará con la gestación cuando se prevea que el bebé es maduro y que dentro de la matriz no está ganando peso. (García del Real, *Nueva guía de ginecología*, 1999)

No obstante, en ocasiones, como en el caso de que este tipo de adjetivos se combinen con *ser*, el significado variará con respecto al de las oraciones con estar, como en el ejemplo (35), donde el adjetivo *maduro* significa 'tener madurez', mientras la construcción *estar maduro* significa 'haber madurado'. En el siguiente apartado, se presentará una tabla en la que están incluidos los adjetivos que denotan distintos valores semánticos según el verbo con el que se combinen, y donde también se incluirán los adjetivos procedentes de los antiguos participios truncos.

5.2.1.1.3. Los adjetivos que se construyen tanto con el verbo *ser* como con el verbo *estar*

La mayoría de los adjetivos son los que pueden combinarse tanto con *ser* como con *estar*. Porroche Ballesteros (1988: 35-56) clasifica estos adjetivos en aquellos que se construyen con *ser* o *estar* independientemente de su significado léxico y aquellos que son polisémicos y que se construyen con *ser* y *estar* según la acepción que designe.

5.2.1.1.3.1. Los adjetivos que se construyen con *ser* o *estar* independientemente de su significado léxico

Las distintas propiedades denotadas por los atributos construidos con los verbos *ser* y *estar* hacen que el mismo adjetivo designe diferentes valores al combinarse con una u otra cópula. Analicemos dos oraciones muy clásicas, que son *Ana es guapa* y *Ana está guapa con ese vestido*; el atributo *guapa* de la primera oración es un predicado caracterizador y denota una propiedad que caracteriza a *Ana* como individuo, no sujeta a los factores exteriores. Mientras, el atributo *guapa* de la segunda oración funciona como predicado de estadio o episódico y está sujeto a la situación particular *con ese vestido*. Cuando decimos que *alguien está guapo*, hemos hecho una comparación implícita con su estado normal de no tan guapo❶. La mayoría de los adjetivos son de esta categoría, pero también contamos con muchos otros que tienen varios significados y seleccionan su verbo de acuerdo con qué significado designen.

5.2.1.1.3.2. Los adjetivos polisémicos

En este grupo adjetivo "se encuentran los adjetivos espaciales, los modales y un grupo de adjetivos que no pueden inscribirse en un solo grupo léxico" (Porroche Ballesteros, 1988: 51)❷. A continuación, analizamos cada uno de sus tipos e intentamos incluir todas las situaciones en el análisis.

5.2.1.1.3.2.1. Los adjetivos que no pertenecen a un solo grupo léxico

Primero trataremos los adjetivos que no pueden inscribirse en un solo grupo léxico. En la parte resaltada en color negro se cita de Porroche Ballesteros (1988: 51-54), y la sombreada corresponde a la que se añade posteriormente a la citación❸. En la fila derecha están los ejemplos y en la fila izquierda, el significado que expresan los correspondientes adjetivos.

---

❶ La palabra *guapo* pertenece al grupo adjetivo que no cambia sus significados léxicos aunque se construye con distintos verbos. Según Silvagni (2013: 39), pese a que estos adjetivos pueden construirse con ambos verbos y, además, no cambian su significado léxico, ello no implica que tengan "dos acepciones distintas en el léxico –una PI (predicado de individuo) y otra PE (predicado de estadio)–, sino que esta clase se compone de adjetivos de nivel individual que pueden rendir como predicados de estadio en la sintaxis, al entrar en construcción con el verbo *estar*".

❷ En lo concerniente a estos adjetivos, Silvagni (2013: 40) afirma que tienen dos acepciones en el léxico: una P-I (predicado de individuo) que indica propiedad del sujeto y se construye con *ser* y otra P-E (predicado de estadio) con valor de estado que selecciona *estar*. No obstante, existe la posibilidad de que los adjetivos de acepción genuina de P-I (predicado de individuo) recategoricen como estadio en la sintaxis y los adjetivos de acepción genuina de P-E (predicado de estadio) se combinen con *ser* y funcionen como predicado de individuo en la sintaxis, lo cual es parecido a lo visto respeto al comportamiento de los adjetivos que admiten ambos verbos, pero no denotan el mismo significado léxico.

❸ Completamos la siguiente tabla de acuerdo con las explicaciones dadas por el Diccionario de Real Academia Española, versión online a cada adjetivo. Consultado en < http://www.rae.es/>.

5 *Ser* y *estar* en oraciones copulativas

Cuadro 1.

1. Bueno/ malo	
El niño es bueno.	Bondadoso.
El niño ya está bueno.	Sano.
Esos zapatos son buenos.	De buena calidad.
Es bueno que salgas.	Está bien que salgas.
El jamón serrano está bueno.	Rico, delicioso.
Juan es malo.	Malvado.
Juan está malo.	Enfermo.
2. Católico	
Él no es protestante, es católico.	Profesa el catolicismo.
Le duele la cabeza, no está muy católico.	No se encuentra bien.
3. Listo.	
Pedro es muy listo.	Inteligente.
Pedro ya está listo para salir.	Preparado.
Las maletas ya están listas.	Preparadas.
4. Decente.	
Él siempre ha sido decente.	Honesto.
No estás decente para recibir a tus primos.	Bien arreglado.
5. Blanco.	
Todos los habitantes del pueblo son blancos.	De piel blanca.
Siéntate, estás muy blanca.	Pálida.
Debes tomar el sol, estás muy blanca.	No tostada por el sol.
6. Negro.	
Mi amigo es negro.	De piel negra.
Mis amigas están negras, toman mucho el sol.	Tostadas.
Yo estoy negra de oírte. (registro coloquial)	Harta.
7. Verde.	
Esa fruta es verde.	Tiene color verde.
Esa fruta está verde.	Inmadura.
Tú estás muy verde para ser director. (registro coloquial)	Todavía falta mucho para que seas director; no estás capacitado.
Ese chiste es muy verde. (registro coloquial)	Connotación sexual.
8. Rojo.	
Ese vestido es rojo.	Tiene color rojo.
Ella está roja, le da vergüenza que la mires.	Ruborizada.
9. Nuevo/ viejo.	
El coche es nuevo.	Acabado de comprar.
El coche está nuevo.	Bien conservado.
El coche es viejo.	Hace mucho que fue comprado.
El coche está viejo.	Mal conservado.

续表

10. Ciego.	
Él es/ está ciego.	No ve/ no ve temporalmente.
Él está ciego, cualquiera se daría cuenta de la verdad.	Ofuscado. No se da cuenta de algo.
11. Violento.	
A Juan no le gustaba la conversación, estaba violento.	Incómodo.
Él nunca le pegaría a nadie, no es violento.	1. Persona violenta. 2. Que actúa sin comedimiento.
Es muy violento oír sus discusiones.	Crea una situación incómoda.
12. Despierto.	
Él es muy despierto.	Inteligente.
Él está despierto.	No dormido.
13. Atento.	
Él es atento.	Educado, servicial, amable.
Él está atento.	Presta atención.
14. Vivo.	
Él es vivo.	Agudo, ingenioso, ágil.
Él está vivo.	Tiene vida.
Ese color es muy vivo.	Fuerte, intenso.
15. Molesto.	
Él es molesto. Ese ruido es molesto.	Causa molestias.
Él está molesto.	Ofendido, no se encuentra bien.
16. Considerado.	
Él es muy considerado.	Considera a los demás, los trata bien y con respeto.
Él está bien considerado.	Se le quiere y respeta.
17. Dispuesto.	
Él es dispuesto.	Hábil.
Él está dispuesto.	Preparado.
18. Desenvuelto.	
Él es desenvuelto.	Tiene desenvoltura, sabe comportarse en diferentes situaciones.
El paquete está desenvuelto.	Sin papeles.
19. Agarrado.	
Él es agarrado.	Roñoso.
Él está agarrado a la roca.	Sujeto, asido.
20. Leído.	
Él es muy leído.	Lee mucho.
Ese libro está leído.	Lo han leído.
21. Parado.	
Él es muy parado.	Tímido.
Él está parado.	Sin movimiento, sin ocupación.

5 Ser y estar en oraciones copulativas

续表

22. Cumplido.	
Él es muy cumplido.	Atento.
La promesa ya está cumplida.	Realizada.
23. Abandonado.	
Él es muy abandonado.	Descuidado.
Ese perro está abandonado.	No tiene a nadie que lo cuide.
24. Redicho.	
Él es muy redicho.	Habla con pedantería.
Eso está dicho y redicho.	Repetido.
25. Callado.	
Él es callado.	De carácter reservado.
Todo el mundo está callado.	En silencio.
26. Aburrido.	
La película es aburrida.	Que causa aburrimiento.
Él está aburrido.	Un estado de ánimo negativo.
27. Cansado.	
El trabajo es muy cansado.	Que causa cansancio.
Él está cansado.	Exhausto, agotado.
28. Delicado.	
El chico es delicado.	Sensible.
El chico está delicado.	Enfermo.
29. Orgulloso.	
Juan es muy orgulloso.	Arrogante.
Su madre está orgullosa por él.	Satisfecho.
30. Interesado.	
Su hermana es interesada, nunca ha considerado los sentimientos de los demás.	Egoísta.
Estoy interesada en ese libro.	Tener interés.
31. Abierto/ cerrado.	
Ana es abierta.	Carácter comunicativo.
La puesta está abierta.	El resultado de la acción de abrir.
Ana es cerrada.	Carácter comunicativo.
La tienda está cerrada.	El resultado de la acción de cerrar.
32. Grave.	
La situación es muy grave.	Serio.
Su abuelo está grave.	Muy enfermo.
33. Discreto.	
Ana es discreta.	Prudente.
Ana hoy está discreta	No llamativa
34. Maduro.	
Ana es madura.	Tener madurez, buen juicio.
La fruta está madura.	Haber madurado.
35. Fresco.	
Ana es muy fresca.	Desvergonzado.
Estoy fresca tras el viaje a la playa.	Descansado.

续表

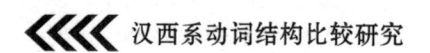

El queso está fresco.	Recién hecho.
Las frutas están frescas.	Recién recogido.
La cerveza está fresca.	Moderadamente frío.
36. Rico.	
Su marido es rico.	Adinerado.
La comida está muy rica.	Sabroso, delicioso.
37. Sano.	
Los chinos creemos que las verduras son muy sanas.	Saludable.
Mi abuela está sana.	Gozar de buena salud.
38. Feo	
Ese chico es muy feo	No es atractivo
Lo que has hecho está muy feo	Estar mal o estar mal visto

5.2.1.1.3.2.2. Los adjetivos espaciales

Los adjetivos espaciales son *alto, bajo, hondo, horizontal, vertical* o *profundo*, entre otros. Esta categoría adjetival puede denotar propiedades o características de un objeto o de una persona, pero también designar la posición de algo o alguien. Cuando denotan características, se construyen con *ser* o *estar* de acuerdo con la distinción de predicados caracterizadores y predicados episódicos, mientras que cuando expresan la posición, solo seleccionan el verbo *estar* (Porroche Ballesteros, 1988: 54).

(36) El hombre es alto y fuerte... (Llamazares, *El río del olvido*, 1990)

(37) ...el precio estaba alto. (Prensa, *Revista Hoy: Oro*, 1979)

(38) El sol estaba alto cuando penetramos en el corazón de la reserva de animales. (Leguineche, *El camino más corto*, 1995)

En los dos primeros ejemplos, el adjetivo espacial *alto* denota las cualidades de sus respectivos sujetos, *el hombre* y *el precio*, ya que cuando el adjetivo designa propiedades que no dependen de una situación o episodio particular, elige la cópula *ser*, mientras que cuando expresa propiedades que están sujetas a la alteración, a una situación particular o a la percepción del hablante, selecciona la cópula *estar*. Tal diferencia puede observarse al comparar el ejemplo (36), donde se expresa el significado de que 'el hombre es de gran estatura', con el ejemplo (37), donde *estar alto* significa que 'el precio ha subido relativamente', y con el ejemplo (38), donde el atributo *alto* designa la posición del sol, y en este caso, solo se construye con *estar*.

5.2.1.1.3.2.3. Los adjetivos modales

Según Porroche Ballesteros (1988: 54), "denominamos adjetivos modales a aquellos que expresan la actitud del hablante acerca de la verdad o falsedad, la posibilidad, la obligatoriedad... del contenido de la oración a la que se refieren". Dichos adjetivos modales incluyen voces como *indudable, falso, evidente, posible, preciso, necesario, seguro, cierto, dudoso, imposible* o *claro*, entre otros. De acuerdo con la autora (1988: 55), si estos se combinan con un sujeto oracional, casi todos ellos se construyen con el verbo *ser*, aunque hay excepciones como la palabra *claro*, que puede combinarse con ambos copulativos, *ser* y *estar*. En las oraciones de sujeto oracional, el verbo suele aparecer en forma singular de tercera persona, y normalmente expresa una actitud objetiva. Veámoslo en el ejemplo (39), en el que el adjetivo *seguro* puede alternar con *cierto* e *indubitable* y, en el (40), donde la expresión *es preciso* puede sustituirse por *es necesario* y *es indispensable*.

(39) Es seguro que usarán la biodiversidad, pero no sabemos, ni podemos siquiera imaginar en muchos casos, qué elementos de ella ni para qué. (Delibes de Castro, *Vida*, 2001)

(40) Es preciso que la ciudadanía pueda elegir entre los candidatos que le propongan las fuerzas establecidas... (Otero Novas, *Fundamentalismos enmascarados*, 2001)

A continuación, veamos el caso excepcional del adjetivo modal *claro*:

(41) Es claro que los cambios en el sistema musculo esquelético ya no permiten determinadas actividades. (Lucena Marotta, *Qué significa estar sano*, 2002)

(42) Estaba claro que no iba a poder leer semejante mensaje ni en diez años. (Rodríguez Calafat, *Informática avanzada al alcance de todos*, 2004)

Entre las construcciones *es claro que* y *está claro que* no se perciben grandes diferencias semánticas, porque, en ambos casos, la palabra *claro* expresa el significado de 'evidente', 'cierto' o 'manifiesto'.

Por otra parte, hay que señalar que, cuando el sujeto es personal e inanimado, los adjetivos modales se combinan con el verbo *ser* (Porroche Ballesteros, 1988: 56), ya que en este caso se intenta narrar una realidad.

(43) Las pruebas cutáneas con alérgenos ambientales son seguras y solo en raras ocasiones pueden provocar reacciones indeseables. (Pelta & Vivas, *Tengo alergia, ¿Qué debo saber?*, 1995)

Sin embargo, cuando el sujeto es personal y animado, normalmente los adjetivos modales seleccionan el verbo *estar* y se expresa la opinión particular de alguien (Porroche Ballesteros, 1988: 56). En el ejemplo (44), la expresión de *estoy seguro* expresa opiniones del sujeto "yo" y denota el significado de 'estar convencido'.

(44) Estoy seguro de que va a triunfar en el Barcelona. (*La Vanguardia*, 30/11/1995)

Generalmente, los adjetivos modales expresan diferentes significados léxicos en las oraciones con sujeto personal y animado y en las oraciones con sujeto oracional. Por ejemplo, en la oración (39), la construcción *es seguro* que significa 'es cierto que', 'es verdadero que' o 'es verdad que', mientras que en el ejemplo (44), *estoy seguro de que* significa 'estoy convencido de que'.

5.2.1.2 La clasificación de los adjetivos de Navas Ruiz

Navas Ruiz (1977: 56) indica que, en lo tocante al tema de la distinción *ser/ estar*, los atributos adjetivales constituyen la parte más difícil, puesto que las categorías de adjetivo son diversas y existe muy poca precisión en el análisis y clasificación de los mismos. Con todo, este autor nos proporciona una clasificación clara y detallada, dividiendo los adjetivos en cinco categorías: clasificadores, cualitativos, de estado, relacionales, y verbales. A continuación pormenorizamos los casos y la definición de cada una de sus clases.

5.2.1.2.1. Adjetivos clasificadores

Los adjetivos clasificadores son descritos como "aquellos que encuadran al sustantivo dentro de un grupo, especie, o categoría muy precisa" (ibid.: 56), y se dividen a su vez en seis subclases: de nacionalidad (*chino, español, francés, peruano*, etc.); de religión (*católico, ateo, cristiano, budista, musulmán*, etc.); de partidos políticos, instituciones y escuelas literarias, filosóficas o artísticas (*socialista, monárquico, comunista, capitalista, académico, cubista, horaciano, positivista*, etc.); de profesiones, clase social o cultura (*militar, aristócrata, cortesano*, etc.); y de especie, orden, ciencia o tendencia (*carnívoro, arqueológico, histórico, mozarabizante, hispano,* etc.) (ibid.: 56-57).

Normalmente los adjetivos anteriores solo se construyen con el verbo copulativo *ser*, pero cuando los atributos pretenden denotar ciertos comportamientos o manifestaciones externas, también se construyen con *estar*. Por ejemplo, la oración de *Estás muy francés* (ibid.: 70) no quiere decir que 'naciste en Francia', sino que tu comportamiento o tu pensamiento se asemeja al de los franceses en un momento determinado.

5.2.1.2.2. Adjetivos cualitativos

Los adjetivos cualitativos son "aquellos que contienen una cualidad o propiedad intrínseca que afecta a la manera de ser de algo como la forma, el color, la virtud" (ibid.: 57). Estos se dividen en cuatro subclases: adjetivos de cualidades físicas y morales, de forma física y color, de sensaciones y afectos, y aquellos que designan virtudes y vicios. De acuerdo con los ejemplos citados por Navas Ruiz, los adjetivos *feo, guapo, pequeño, peludo, suave, taciturno, meditativo, afectuoso, tierno, mimoso, pacífico, quieto, ancho, basto, claro, oscuro, evidente, manifiesto* y demás, denotan cualidades físicas y morales. Y cuando estos se construyen con *ser,* funcionan como una nota definitoria del sujeto, mientras que cuando se combinan con *estar* designan una condición temporal, o un comportamiento o conducta del sujeto (ibid.: 71).

Por otra parte, entre los adjetivos de forma física y color se encuentran *alto, desgarbado, calvo, gordo, delgado, flaco, grande, amarillo, blanco, azul, rojo, rosa, negro, naranja, morado, verde* y similares. Igual que los de cualidades físicas y morales, esta categoría adjetival también admite ambos verbos copulativos, y su funcionamiento con *ser* y *estar* se produce del mismo modo que con los adjetivos de cualidades físicas y morales (ibid.: 72). Dentro de la categoría de sensaciones y afectos, tendríamos *dulce, amargo, agrio, salado, visual, olfativo, hostil, odioso, sabroso, rico, apetitoso, delicioso,* o *desagradable,* entre otros. Y todos ellos admiten *ser*, pero no todos funcionan con *estar* (ese sería el caso de adjetivos como *visual, olfativo, auditivo* o *partidario*) (ibid.: 72). Mientras, adjetivos como *malo, bueno, egoísta* u *orgulloso* y similares denotan vicios y virtudes, y cuando se combinan con *ser* expresan cualidades intrínsecas, mientras que, cuando se construyen con *estar*, designan una manifestación externa, un comportamiento o conducta del sujeto. Hay que tener en cuenta que el significado de algunos adjetivos varía según con qué verbo se utilicen, como, por ejemplo, en una oración como *La película es buena*, en la que intentamos transmitir informaciones sobre la calidad de la película, mientras que en *Ese chino está muy bueno*, queremos decir que el chino del que se habla es muy atractivo (ibid.: 72-73).

5.2.1.2.3. Adjetivos de estado

Según Navas Ruiz, "se entiende por tales aquellos que expresan una situación civil como *casado, soltero*; una condición física extrínseca como *vivo, muerto, ciego, sano, enfermo*; una condición psíquica transitoria como *feliz, aburrido, contento*" (ibid.: 59). Normalmente, una gran parte de estos adjetivos solo pueden utilizarse con el verbo copulativo *estar*, aunque algunos también se combinan con *ser*. Un caso particular dentro de esta categoría es el uso de los adjetivos de estado civil, ya que admiten ambos verbos sin que se produzca alteración sustancial del significado. Con todo, puede apreciarse una sutil diferencia en que, cuando se combinan con *ser*, se pretende destacar lo legal de la situación y, cuando lo hacen con *estar*, se tiende a enfatizar el hecho en sí.

5.2.1.2.4. Adjetivos relacionales

Los adjetivos relacionales son "aquellos que expresan relaciones circunstanciales del sustantivo" (ibid.: 60), y se distinguen cinco subclases de ellos: tiempo y espacio, medida, norma y precio, semejanza, carencia y abundancia y obligación. Dentro de los primeros, se distinguen a su vez entre los que designan épocas de la vida como *joven, anciano, mayor, viejo*, o *infantil*; aquellos que se refieren al tiempo en general como *efímero, eterno, instantáneo, crónico, contemporáneo, anterior* o *posterior*; y los que designan situación en el espacio como *lejano, próximo, cercano* o *distante* (ibid.: 60-61). A grandes rasgos, los que designan épocas de la vida admiten ambos verbos copulativos y, cuando se combinan con *ser*, intentan indicar la edad del sujeto, mientras que con *estar* hacen referencia a la apariencia del mismo. Sin embargo, los adjetivos que designan tiempo en general solo eligen *ser*, y los que designan situación en el espacio suelen construirse con *estar*, salvo los que poseen connotación temporal (lejano, próximo), que también admiten *ser*.

Dentro de los adjetivos de precio encontramos *barato, caro, costoso* y demás, mientras los adjetivos de norma serían *normal, aberrante, absurdo, esencial, eficaz, absoluto, necesario*, etc., y los de medida englobarían *largo, ancho, alto, bajo, estrecho*, que admiten tanto *ser* como *estar.* Hay que puntualizar, no obstante, que en el caso de que se combinen con *estar*, se pretende indicar una circunstancia temporal, un comportamiento externo o un aspecto del sujeto. Por otra parte, los adjetivos de semejanza son *semejante, diferente, distinto, parecido, similar, análogo, heterogéneo*, y se construyen con *ser*, y "algunos de menor uso como *semejable, análogo, heterogéneo* no admiten otro verbo que *ser*" (Navas Ruiz, 1977: 62). A los adjetivos de carencia y abundancia pertenecen *huérfano, libre, pobre, rico, harto, repleto, lleno, vacío* y otras formas análogas. Una parte de ellos como *libre, pobre, rico* admiten ambos verbos y otros como *harto, repleto, lleno, vacío* seleccionan *estar* mientras conservan su significado original. Por último, señalaremos entre los adjetivos de obligación *forzoso, lícito, obligatorio, opcional* y *voluntario*, que siempre suelen construirse con el verbo copulativo *ser*.

5.2.1.2.5. Adjetivos verbales

Según Navas Ruiz, los adjetivos verbales se definen como "derivados de un verbo y en los que sigue predominando marcadamente su naturaleza verbal. Los acabados en *–dor, –ante* y *–oso* indican que se causa un efecto determinado: *abrumador, desesperante, asombroso*. Los acabados en *–ble* significan que algo es posible o imposible o bien obligación: *incurable, imposible, plausible*. Por último, los acabados en *–orio* señalan un contenido: *admonitorio, absolutorio*" (ibid.: 62). De acuerdo con el autor, estos adjetivos siempre prefieren funcionar con *ser*.

5.2.1.3 Las locuciones adjetivas

Las locuciones adjetivas difieren de los grupos preposicionales y se definen como expresiones idiomáticas, es decir, construcciones fijas que funcionan igual que los adjetivos. La distinción entre predicados caracterizadores y predicados episódicos no solo se utiliza para los adjetivos sino también para las locuciones adjetivas, ya que estas se pueden dividir entre las que denotan propiedades individuales no sujetas a la alteración ni a una situación o episodio particular, y las que expresan propiedades sujetas a un cambio o a un período especial. Dentro las locuciones adjetivas encontramos las siguientes expresiones:

De vacaciones, de mal humor, de buen corazón, de armas tomar, de cuidado, de la cáscara amarga, de malas pulgas (o de pocas pulgas), de mírame y no me toques, de toma pan y moja, en mal estado, en paz, de buen ver, de buen año, de cuerpo presente, de mala leche, de miedo, en el aire, en bolas, en la inopia, en los huesos, en sus cabales, en vilo, para el arrastre, sin blanca (sin dinero), de noche, a oscuras, a salvo, a solas, a la muerte, en pie, en pijama, en ruinas, de caza, de paseo, de viaje, de visita, en ascuas o sobre ascuas, en crisis, en guerra, en peligro, en antecedentes, de acuerdo, de vuelta, de luto, de suerte, de actualidad (RAE, 2009: 2789 y 2821)

Con el objetivo de conocer más concretamente los usos de las locuciones adjetivas más utilizadas diariamente, establecemos una tabla en que se presentan unos ejemplos concretos. En la fila izquierda están las locuciones adjetivales y en la fila derecha, sus correspondientes significados.

Cuadro 2.

Ser de buen corazón.	Ser buena persona.
Ser de armas tomar.	Ser una persona con quien se debe tener cuidado en el trato.
Ser de cuidado.	Ser una persona con quien se debe tener cuidado en el trato.
Ser de, o de la cáscara amarga	1. Ser travieso y valentón. 2. Ser persona de ideas muy avanzadas.
Ser de noche.	
Ese objeto es de mírame y no me toques, es de porcelana.	Es delicado.
Estar a oscuras.	Sin luz.
Estar a salvo.	Estar fuera de peligro.
Estar a solas.	Sin compañía de otro.
Estar a la muerte.	Hallarse en peligro inminente de morir.
Estar de paseo.	Estar paseando.
Estar de viaje.	Estar viajando.
Estar de visita.	Estar visitando algo o alguien.
Estar de acuerdo.	Conforme, unánime.
Estar de luto.	Observar, durante algún tiempo, los rigores de comportamiento y atuendo que son tradicionales tras la muerte de un pariente o de una persona querida.
Estar de vuelta.	Haber retornado a un lugar.
Estar de suerte.	Tener buena suerte (temporalmente).
Estar de actualidad.	Estar de moda.

	续表
Estar de vacaciones.	Haber tomado las vacaciones.
Estar de mal humor.	Estar enfadado.
Estar de malas pulgas.	Estar enfadado.
Estar de toma pan y moja.	Estar guapo, bueno, atractivo.
Estar de buen ver.	Estar guapo.
Estar de buen año.	Estar gordo.
Estar de mala leche.	Estar enfadado.
La comida está de miedo.	Sabroso, exquisito.
Estar en mal estado.	Estar mal, defectuoso.
Estar en paz.	Estar tranquilo.
Estar en ruinas.	Estar en estado ruinoso, asolado.
Estar en crisis.	Estar en apuros.
Estar en guerra.	
Estar en peligro.	
Estar alguien en antecedentes de algo.	Conocer las circunstancias previas a un asunto.
Estar en el aire.	Estar distraído.
Estar en vilo.	Con indecisión, inquietud.
Estar en la inopia.	No enterarse de lo que sucede en el entorno, sobre todo cuando es algo conocido por los demás.
Estar en los huesos.	Estar sumamente delgado.
Estar en crisis.	Estar en apuros.
Estar en guerra.	
Estar en peligro.	
Estar alguien en antecedentes de algo.	Conocer las circunstancias previas a un asunto.
No estar en sus cabales.	Estar fuera de juicio.
Estar para el arrastre.	Hallarse en un decaimiento físico o moral extremo.
Estar sin blanca.	Estar sin dinero.

5.2.1.4 Los factores que afectan a la selección entre las dos cópulas *ser* y *estar*

Al analizar los usos de las dos cópulas, no es difícil darnos cuenta de que existen unos factores que afectan a la selección. Expresado de otra manera, esos factores o la aparición de algunos elementos lingüísticos nos facilitan la elección entre uno u otro verbo copulativo y, si los conocemos, contaremos con una idea más sistemática sobre las diferencias entre los dos verbos y resultará menos difícil elegir entre ellos. A continuación analizamos esas situaciones de uso.

5.2.1.4.1. La concurrencia del adverbio *ya* favorece el uso de *estar*

En las oraciones copulativas, si aparece el adverbio *ya*, normalmente se utiliza el verbo *estar* (RAE, 2009: 2821). Recordemos que el adverbio *ya* puede marcar cambio o resultado de alguna acción.

(45) ¿Para qué el hielo si el cava ya estaba frío? (*El Diario Vasco*, 23/01/2004)

(46) Para mí, le contaron mal lo mío o ya estaba sordo: yo no pretendía arruinarles el negocio de la televisión, allá ellos... (Maradona, *Yo soy el Diego*, 2000)

5.2.1.4.2. La aparición de los adverbios comparativos favorece la selección de *estar*

Los adverbios comparativos comprenden *más*, *menos*, *mejor*, *peor*, *mayor* y *menor*. Cuando existe una comparación explícita de diferentes estados de una misma entidad, existe una inclinación a utilizar el verbo *estar*, ya que, en este caso, se subraya el cambio o el resultado del cambio (47). No obstante, normalmente esta regla no se aplica a la comparación entre dos entidades distintas (48) (49).

(47) La hernia hiatal había desaparecido y yo estaba mejor que nunca. (Vargas, *Y si quieres saber de mi pasado*, 2002)

(48) Su auditorio no estaba menos atento ni menos convencido que el mío. (Araya, *La luna era mi tierra*, 1982)

(49) La verdad histórica es menos trascendental que la otorgada por la tradición a las formas de vida constituidas. (Beltrán Martínez, *Pueblos de Aragón* II, 2000)

En el ejemplo (47), se produce una comparación de los diferentes estados de la misma entidad, entre el estado de salud cuando la hernia hiatal había desaparecido y todo el tiempo anterior. Por tanto, en esta oración resulta más natural el uso del verbo *estar*, porque se destaca el contraste entre dos momentos o situaciones. En los demás ejemplos, donde se dan comparaciones entre dos entidades, se usan, respectivamente los dos verbos; en el (48), se utiliza el verbo *estar*, mientras que en el (49) se utiliza *ser*, así que cuando se comparan dos entidades, en lugar de presuponer sin más el uso de *estar* o *ser*, debemos analizar cada caso concreto.

5.2.1.4.3. La naturaleza léxica del sujeto

En muchos casos, la naturaleza léxica del sujeto afecta a la selección del verbo (RAE, 2009: 2823). Anteriormente hemos analizado los adjetivos modales, y ahora concluimos que, cuando el sujeto es una oración, se elige el verbo *ser*, al igual que cuando es personal pero no animado, pero si el sujeto es personal y animado, se utiliza *estar*. Esta regla no solo se aplica a los adjetivos modales, sino a muchos otros. Como señala la RAE (2009: 2823-2824), "debe resaltarse que varias propiedades y estados transitorios que se aplican a las personas o a las cosas materiales se conciben a menudo como inherentes cuando se aplican a nociones más abstractas. Se interpretan, pues, en esos casos como propiedades definitorias o caracterizadoras suyas". Por tanto, cuando el sujeto denota nociones abstractas, normalmente se selecciona el verbo *ser*. Veamos esta teoría en los ejemplos siguientes.

(50) Tu amor no es confiado, no es alegre. (Gómez- Arcos, *Queridos míos, es preciso contaros ciertas cosas*, 1994)

(51) Y es que Picasso estaba alegre, hasta el punto de que en 1947 fue padre, a los sesenta y cinco años, de un niño, Claude. (Zalama, *La pintura en España*, 2002); Carmen es alegre y me quiere. (Gala, *Los invitados al jardín*, 2002)

Los contrastes entre las frases anteriores demuestran que, para las nociones abstractas, generalmente se selecciona la cópula *ser* y, para las personas o cosas materiales, se elige la cópula de acuerdo con el contexto, porque ambos verbos son posibles.

5.2.1.4.4. La concurrencia del dativo posesivo como factor que afecta a la selección

Según la RAE (2009: 2824), cuando los atributos adjetivos denotan propiedades físicas o características de medida, la aparición del dativo posesivo[1] favorece el uso del verbo *estar*[2]. Veamos los siguientes contrastes entre oraciones:

(52) El sombrero es grande, entre 6 y 20 cm, convexo, muy carnoso y robusto. (Toharia, *El libro de las setas*, 1985)

(53) Así es que ahora tendrá que ir C., uno de estos días, a cambiar no sé qué el que no le estaba grande, o le estaba pequeño, no sé. Claro, lo de siempre. (Oral, *MA-7. Hombre de 47 años*)

Antes de que el sujeto se pruebe el sombrero u otra prenda de vestir, solo podemos enunciar la evaluación de que es grande según el criterio que tenemos sobre una prenda grande en términos generales. Pero después de que el sujeto se pruebe la prenda, podemos ya decir que *a Ana le está grande el abrigo* o *a Lucía le está pequeño el*

---

[1] Los dativos posesivos son aquellos que designan al poseedor en las oraciones nominales. Consultado en < www.rae.es >.

[2] En este caso también se puede utilizar el verbo *quedar*: *el sombrero me queda grande*.

abrigo, al establecerse una relación estrecha entre las propiedades denotadas por los atributos y los factores exteriores, en este caso, la talla de Ana y Lucía.

5.2.1.4.5. Los complementos del adjetivo calificativo como factor que repercute en la elección entre las dos cópulas

Cuando los atributos adjetivos van seguidos de complementos es preferible el uso de *estar* (RAE, 2009: 2824). Veamos los siguientes ejemplos:

>(54) Esto es cansado, triste, melancólico a tope. (Beccaria, *La luna en Jorge*, 2001)
>Bueno, estoy cansado y realmente, ¿qué he hecho? (Figuero, *UCD: La "empresa" que creó Adolfo Suávez*, 1981)
>(55) Yo estoy cansado de suplicarle al príncipe. (Herrero, *El ocaso del régimen*, 1995)

Los ejemplos anteriores indican que, cuando los atributos adjetivos van seguidos de los complementos, resulta normal la elección de la cópula *estar*. En caso de que no existan los complementos, se admiten ambos verbos copulativos según lo que intenten expresar las oraciones. En los ejemplos (54) y (55), las oraciones del verbo *ser* denotan características absolutas de sus respectivos sujetos, que no se alteran por el cambio temporal ni situacional. Las demás oraciones del verbo *estar* designan propiedades de estado, y las diferencias entre las oraciones de los ejemplos (54) y (55) consisten en que las oraciones (54) no cuentan con complementos, mientras que la oración (55) dispone de los complementos que expresan el contenido de la noción a la que se refieren los atributos adjetivos. En el ejemplo (55), *suplicarle al príncipe* es el contenido que complementa al atributo cansado. Si este no va seguido de un complemento, para la elección de la cópula es necesario analizar lo que intenta expresar cada oración, pero en caso contrario, es decir, si existen complementos que sigan al predicado, sería obligatorio el uso del verbo *estar*.

La norma a la que nos referiremos a continuación se aplica especialmente a los adjetivos que denotan sentimientos o afecciones del ánimo (RAE, 2009: 2824-2825), y queda ejemplificada con estos adjetivos:

Ser/ estar aburrido; estar aburrido de...
Ser/ estar celoso; estar celoso de...

Ser/ estar seguro; estar seguro de...

Ser/ estar interesado; estar interesado en...

5.2.1.5 Los modismos de *ser* y *estar* con adjetivos

En el aprendizaje de un idioma, las frases hechas[1] constituyen una parte muy importante, especialmente en la lengua oral, y por lo tanto resultará muy útil confeccionar una lista o tabla en la que se indican las más utilizadas. Si en el apartado sobre las locuciones adjetivas aportamos un formulario en que se presentaban los usos y significados de cada una de ellas, en este, creamos una lista análoga[2]:

Cuadro 3.

Modismos de *ser* con adjetivos	
Ser acojonante.	Ser impresionante, asombroso, increíble.
Ser empollón.	Dicho de un estudiante: Que prepara mucho sus lecciones, y se distingue más por la aplicación que por el talento.
Ser cerrado de mollera.	Ser corto de entendederas o poco inteligente, además de terco.
Ser feo de encargo.	Aquel que es poco agraciado físicamente.
Ser duro de mollera.	Ser corto de entendederas o poco inteligente, además de terco.
Ser duro de roer.	Es difícil de convencer o derrotar.
Ser duro de pelar.	Es difícil de convencer o derrotar.
Ser (muy) enrollado.	Ser amable con alguien, alguien que siempre hace favores.
Ser ligero de cascos.	Aplicado a mujeres, aquellas que son "fáciles".

Cuadro 4.

Modismos de *estar* con adjetivos	
Estar acojonado.	Estar nervioso, preocupado, tener miedo por algo.
Estar agilipollado.	Estar atontado.
Estar atónito.	Pasmado por un suceso extraño, sorprendido o estupefacto.
Estar cagado de miedo.	Estar muy asustado.
Estar cocido en algo.	Estar muy experimentado o versado en ello.
Estar colado por.	Estar enamorado de.
Estar colgado por.	Estar enamorado de.
Estar cortado.	Se aplica a la persona que es tímida y se avergüenza con facilidad.

---

[1] En el lenguaje oral, existen muchas expresiones idiomáticas, entre las que se encuentran las frases hechas, que generalmente tienen significados distintos de su contenido literal, y por ello constituyen una parte muy difícil de la lengua, imposibilitando a menudo a los estudiantes extranjeros adivinar su significado. Puesto que este trabajo no se centra en las frases hechas, no ofreceremos explicaciones muy detalladas de cada expresión. Aunque en la comunicación con los españoles no se puede ignorar el importante papel jugado por las expresiones idiomáticas, por el momento solo mostraremos las frases más utilizadas en la vida cotidiana.

[2] Las frases hechas de este apartado aparecen recogidas en Rebollo Torío, 2000: 433-441.

续表

Estar cuadrado.	(Estar cachas). Estar muy fuerte físicamente.
Estar chungo.	1.(Referido a una persona) No encontrarse bien
2.(Referido a una cosa) En mal estado, difícil, complicado.
Estar chupado.	1.(Referido a una persona) Muy flaco y extenuado, en los huesos.
2.Muy fácil.
Estar dejado de la mano de Dios.	Cometer enormes delitos o notables desaciertos; errar en todo cuanto emprende.
Estar descojonado.	Estar muerto de la risa.
Estar despendolado.	Estar sin respeto ni medida comportándose alocadamente.
Estar empalmado.	Excitarse sexualmente el macho, con erección del pene.
Estar encoñado.	Sentirse un hombre obsesionado y sexualmente atraído por una mujer.
Estar enganchado.	Ser muy aficionado a... o estar enamorado de...
Estar frito.	Estar cansado de alguien o de una situación, o estar durmiendo.
Estar grogui.	Estar casi dormido.
Estar hecho un lío.	Estar confundido, sin saber qué hacer.
Estar liado.	Estar ocupado o estar confundido.
Estar molido.	Estar cansado, fatigado.
Estar montado en el dólar.	Tener dinero en abundancia.
Estar negro.	Estar muy enfadado o irritado.
Estar pasado de rosca.	Estar loco.
Estar pirado.	Estar alocado.
Estar quemado.	Estar muy enfadado, decepcionado, cansado de una situación, harto.
Estar salido.	Dicho de la hembra de algunos animales: que está en celo; dicho de una persona o de un animal macho: que experimenta con urgencia el apetito sexual.
Estar tocado del ala.	Estar loco.
Estar verde de envidia.	Estar celoso o envidioso de una persona, de su situación o de sus pertenencias.

5.2.2 Sintagmas sustantivos que se combinan con *ser* y *estar*

Cuando los sustantivos desempeñan funciones atributivas, en la mayoría de los casos se construyen con *ser*, por lo que aquí solo nos centraremos en unos fenómenos gramaticales particulares, tales como los atributos sustantivos construidos con *estar* y los modismos de *ser* y de *estar* con sustantivos. En primer lugar, veamos unas frases

5 Ser y estar en oraciones copulativas

compuestas con *ser* más sustantivos.

Cuadro 5.

Frases hechas de *ser* con sustantivos	
Ser aguafiestas.	Persona que turba cualquier diversión o regocijo.
Ser un águila.	Persona de mucha viveza y perspicacia.
Ser alma de dios.	Persona muy bondadosa y sencilla.
Ser un as.	Persona que sobresale de manera notable en un ejercicio o profesión.
Ser una bala.	Persona nerviosa o inquieta, muy rápida.
Ser bendición de Dios.	Ser muy abundante, o muy excelente, o muy digno de admirar.
Ser la biblia en verso.	Frase hecha con que se pondera la cantidad o la complejidad.
Ser un bocazas.	Persona que habla más de lo que aconseja la discreción.
Ser borde.	Esquinado, impertinente, antipático.
Ser un borrego.	Hombre sencillo o ignorante, que se deja manipular fácilmente y sigue a los demás sin voluntad propia.
Ser un cacho de pan.	Ser de condición afable y bondadosa.
Ser un cantamañanas.	Persona informal, fantasiosa, irresponsable, que no merece crédito.
Ser carabina de Ambrosio.	No servir para nada.
Ser carne de cañón.	Gente ordinaria, tratada sin miramientos.
Ser caso clínico.	Persona rara, extravagante.
Ser un cerdo.	Persona sucia, grosera, ruin y maleducada.
Ser cero a la izquierda.	Persona que no vale o no pinta nada.
Ser el colmo.	Ser algo insuperable, desmesurado o intolerable:
Ser el cuento de nunca acabar.	Asunto o negocio que se dilata y embrolla de modo que nunca se le ve el fin.
Ser un dolor de muelas.	Ser una molestia.
Ser un don nadie.	Hombre sin valía, poco conocido, de escaso poder e influencia.
Ser empollón.	Dicho de un estudiante: que prepara mucho sus lecciones, y se distingue más por la aplicación que por el talento.
Ser gallito.	Hombre presuntuoso o jactancioso.
Ser gallina.	Persona cobarde, pusilánime y tímida.
Ser una ganga.	Ser una oferta sorprendentemente barata, con un precio mucho menor que el habitual.
Ser gilipollas.	Tonto, lelo.
Ser harina de otro costal.	Ser muy ajeno o diferente de otra cosa con la que se es comparado.
Ser la hostia.	Ser extraordinario.
Ser hombre de pelo en pecho.	Dicho de una persona: vigorosa, robusta y denodada.
Ser un hueso duro de roer.	Persona de carácter desagradable o de trato difícil.
Ser una lagarta.	Mujer taimada, astuta.
Ser la leche.	Ser extraordinario.

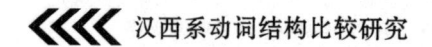

续表

Ser un lince.	Persona aguda, sagaz.
Ser miedica.	Que tiene miedo de cualquier cosa.
Ser la monda.	Parecer extraordinario en buen o mal sentido.
Ser oveja negra (de la familia).	Persona que, en una familia o colectividad poco numerosa, difiere desfavorablemente de las demás.
Ser pan comido.	Ser muy fácil de conseguir.
Ser el pan nuestro de cada día.	Ocurrir cada día o con mucha frecuencia.
Ser pasta flora.	Ser de carácter blando y demasiado condescendiente.
Ser un pelele.	Persona simple o inútil, fácil de manipular.
Ser perro viejo.	Hombre sumamente cauto, advertido y prevenido por experiencia.
Ser rata de biblioteca.	Erudito que con asiduidad escudriña muchos libros.
Ser algo o alguien la reoca.	Para calificarlo muy positiva o muy negativamente.
Ser tarambana.	Persona alocada, de poco juicio.
Ser el último mono.	Persona insignificante, no contar para nada.
Ser uña y carne (dos o más personas).	Existir una amistad estrecha entre dos o más personas.
Ser una buena tijera.	Persona hábil en cortar; persona que come mucho; persona muy murmuradora.
Ser una mosquita muerta.	Persona, al parecer, de ánimo o genio apagado, pero que no pierde la ocasión de sacar provecho.

Normalmente, los predicados constituidos por sustantivos solo se construyen con *ser*, aunque en el lenguaje coloquial los sustantivos también se combinan con *estar*. De acuerdo con Silvagni (2012: 36) "esta posibilidad se debe al rendimiento adjetivo de los sintagmas nominales sin determinación y ha de atribuirse a una intención marcada –crítica o crónica– del hablante, el cual pretende resaltar un modo de encontrarse del sujeto (no una propiedad de este)". En el ejemplo (56), la oración *estás tú muy ferroviario* viene a significar: 'sabes muy bien el horario del tren, tanto que pareces un ferroviario'. Y en el ejemplo (57), *el mar está espejo* querría decir: 'el mar está inmóvil, limpio o transparente como el espejo'. Veámoslo en los ejemplos:

(56) - ¿A qué hora es vuestro tren?

- A las veintidós treinta.

- Estás tú muy ferroviario. (Porroche Ballesteros, *Ser, estar y verbos de cambio*, 1988)

(57) El mar está espejo. (Porroche Ballesteros, *Ser, estar y verbos de cambio*, 1988)

Además, el verbo copulativo *estar* admite los sintagmas nominales de posición escalar

5 *Ser* y *estar* en oraciones copulativas

(Camacho, 1993; Navas Ruiz, 2002: 10; Silvagni, 2013: 37), que indican el orden o la posición, favoreciendo la interpretación de estadio (Silvagni, 2013: 37). Veamos unos ejemplos:

(58) Juan está el primero en la lista. (Silvagni, *¿Ser o estar? Un modelo didáctico*, 2013)

(59) Mi equipo favorito está el tercero en la clasificación. (Silvagni, *¿Ser o estar? Un modelo didáctico*, 2013)

Por último, tenemos que tener en cuenta la existencia de un tipo de sustantivos que se construyen con *estar* y forman expresiones idiomáticas. En estas construcciones, los sustantivos adquieren un nuevo significado, tal y como se ejemplifica en parte en la siguiente tabla:

Cuadro 6.

Frases hechas de *estar* con sustantivos	
Expresiones.	Significado.
Estar mano sobre mano.	Estar sin hacer nada.
Estar pedo.	Estar borracho.
Estar pez en alguna materia.	No sabe nada acerca de un tema.
Estar mosca. (Tener la mosca en, o detrás de la oreja).	Que sospecha o no tiene confianza en una persona o un asunto.
Estar cañón.	Estar atractivo físicamente.
Estar trompa.	Estar borracho.

5.2.3 Sintagmas preposicionales que se combinan con *ser* y *estar*[1]

En este apartado nos dedicaremos a las distintas propiedades designadas por los

---

[1] De acuerdo con Marín Gálvez (2004), en función del verbo con el que se construyen, los sintagmas preposicionales se recogen en dos grupos: los que denotan estados no acotados y los que describen estados acotados. El primer grupo solo se construye con *ser* y a él pertenecen los siguientes sintagmas preposicionales: "*de madera, de Barcelona, de Pedro, de carácter fuerte, de buena pasta, de mucho comer, de armas tomar, de fiar, de día, de noche, del Real Madrid, de lo que no hay, de diseño*". El segundo grupo solo admite *estar* y abarca los sintagmas preposicionales de "*a oscuras, bajo sospecha, entre rejas, con gripe, de buen ver, de compras, de pie, de los nervios, de moda, de servicio, en silencio, en alto, hasta los cojones, por la labor, sin aliento*". Un fenómeno gramatical que diferencia los sintagmas preposicionales de los adjetivos está en que apenas existen sintagmas preposicionales que pueden admitir tanto *ser* como *estar*, mientras que hay adjetivos ambivalentes que son compatibles con ambas cópulas. Por ejemplo, el sintagma preposicional de madera solo admite *ser* y rechaza *estar*, y asimismo, el adjetivo *guapo* se construye con las dos cópulas. Véase Marín Gálvez, 2004: 49-52.

atributos preposicionales, así como a las estructuras preposicionales que forman modismos con las dos cópulas y tienen un uso frecuente en la lengua oral.

5.2.3.1 La preposición *de*

Según los teóricos, las construcciones *ser de* + sustantivo denotan origen (60), pertenencia (61), materia (62), filiación (63), medida (64) y tiempo (65), entre otras propiedades (Navas Ruiz y Llorente, 2002: 53; Porroche Ballesteros, 1988: 76).

(60) Señorita, usted es de España, ya lo veo. (Pombo, *Una ventana al norte*, 2004)

(61) Esta familia incluye plantas tan conocidas como el diente de león, el girasol o la achicoria y es de la misma familia que el crisantemo. (Martínez Pérez, *La diabetes y su control con Stevia*, 2004)

(62) si el vaso soñado por el niño es de cristal. (Carranza, *Comprender los sueños de los niños*, 2003)

(63) un mensaje y meta mensaje A son de clase distinta al meta mensaje que los engloba. (Castilla del Pino, *Introducción a la psiquiatría*,2, 1980)

(64) Las ecuaciones predicen que la velocidad de esas ondas alterativas es de 300.000 kilómetros por Segundo. (Alemañ, *Relatividad para todos*, 2004)

(65) Nuestro horario de atención es de lunes a viernes, por las mañanas de 10 a 14 h. y por las tardes, de 17 a 20 h. (Ministerio de Sanidad y Consumo, *Prevención del VIH*, 2003)

Las construcciones *ser de* + infinitivo denotan valoración (66) (Navas Ruiz y Llorente, 2002: 53).

(66) El campesinado está fuera de sí, no es de fiar, nunca son de fiar esas explosiones pasionales. (Pombo, *Una ventana al norte*, 2004)

De acuerdo con Navas Ruiz y Llorente (2002: 54), "*ser de* indica una caracterización en construcciones como las siguientes: <*de* + artículo indeterminado + adjetivo + sustantivo> (67), <*de* + infinitivo + adverbio> (68), <*de* + sustantivo + adjetivo> (69), <*de* + *lo* + *que* + oración> (70), <*de* + *lo* + *más, menos* + adjetivo> (71)". Nosotros consideramos que, en ocasiones, estas construcciones también nos enseñan la valoración que tiene el hablante acerca del sujeto. De hecho, es difuso el límite definitorio de las oraciones de caracterización y de valoración.

(67) También es de una naturaleza helada poco conocida. (Herrera Merino, *Guía para observar el firmamento*, 2002)

(68) El Elisa es de muy poco fiar... (Nieto Gil, *La alimentación y las enfermedades*, 2004)

(69) Cuando el fichero no es de texto sencillo e incluye marcas especiales...(Rodríguez Calafat, *Informática avanzada al alcance de todos*, 2004)

(70) De eso es de lo que no quiero privarme: de mi propia vida. (Salvador Caja, *El eje del compás*, 2002)

(71) Su grado de fiabilidad es de los más altos. (Rodríguez Calafat, *Informática avanzada al alcance de todos*, 2004)

Existen muchas frases hechas constituidas por la construcción *ser de*, entre las que a continuación se exponen los modismos más usados.

Cuadro 7.

Frases hechas de *ser* con la preposición *de*	
Ser de abrigo.	Ser algo o alguien temible. Ser de cuidado.
Ser del año de Maricastaña (la pera, catapún, la polca, cuando reinó Carolo...)	Ser algo de hace muchos años.
Ser de armas tomar.	Dicho de una persona: de cuidado; dicho de una persona: que muestra bríos y resolución para acometer empresas arriesgadas.
Ser de aúpa.	Ser de cuidado; ser de mala condición, violento, desagradable.
Ser de campeonato.	Que excede lo normal, en lo positivo o en lo negativo.
Ser de carne y hueso.	Ser sensible como los demás a las experiencias y vicisitudes de la vida humana.
Ser de cuidado.	Dicho de una persona: sospechosa, peligrosa.
Ser de fábula.	Ser maravilloso.
Ser del gremio.	Ser de un conjunto de personas que tienen un mismo ejercicio, profesión o estado social.
Ser de hierro.	Muy fuerte, resistente y firme.
Ser de la acera de enfrente.	Ser homosexual.
Ser de la cofradía del puño.	Una persona que es muy tacaña, que no le gusta gastar dinero, que no invita a sus amigos o familiares y que solo piensa en ahorrar y no malgastar dinero.
Ser de la piel del diablo (Barrabás)	Ser muy travieso, enredador y revoltoso, y no admitir sujeción.
Ser de lo que no hay.	Ser muy especial.

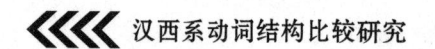

续表

Ser de otro cantar.	Ser distinto.
Ser de primera.	Excelente y que supera a los demás.
Ser de risa.	Que provoca burla.
Ser de rompe y rasga.	Ser de ánimo resuelto y gran desenfado.

Las construcciones *estar de* + sustantivo expresan un estado de ánimo (72), un trabajo episódico (73), una situación transitoria o provisional (74) (Navas Ruiz y Llorente, 2002: 54-55; Porroche Ballesteros, 1988: 78).

(72) Si estaba de mal humor, lo mejor era no acercarse a las rejas. (Pardo de Santayana, *El beso del chimpancé*, 2001)

(73) En Estrasburgo estaba de embajador mi viejo y buen amigo Fernando Baeza. (Feo, *Aquellos años*, 1993)

(74) Dos horas más tarde la muchacha estaba de vuelta. (Fisas, *Historias de la Historia*, 1983)

Las construcciones *estar de* + sustantivo también forman muchos modismos como los siguientes:

Cuadro 8.

Frases hechas de *estar* con la preposición *de*	
Estar de bote en bote.	Dicho de un sitio o de un local: lleno de gente completamente.
Estar de bromas.	Estar de chanza, burla.
Estar de buen año.	Estar saludable.
Estar de buen ver.	Estar guapo, atractivo.
Estar de buenas.	Estar de buen humor, alegre y complaciente.
Estar de capa caída.	Padecer gran decadencia en bienes, fortuna o salud.
Estar de charla, de palique.	Conversación de poca importancia.
Estar de coña.	Estar de broma.
Estar de cuerpo presente.	Dicho de un cadáver: expuesto y preparado para ser llevado al enterramiento.
Estar de despedida.	1. Acción de despedir a alguien, o despedirse. 2. Estar de despedida de soltero.
Estar de dios.	Estar dispuesto por la Providencia, y por consiguiente ser inevitable.
Estar de espanto.	Que produce asombro, terror, consternación.
Estar de extranjis.	Estar en secreto, ocultamente llevando a cabo una acción.
Estar de mala leche.	Estar enfadado, estar de mal humor.
Estar de malas.	Estar de mal humor.
Estar de más.	Estar de sobra o en demasía.

Estar de miedo (de muerte).	Para ponderar algo, dicho de alguien atractivo o de algo delicioso.
Estar de morros.	Mostrar enfado en la expresión del rostro.
Estar de rechupete.	Muy exquisito y agradable.
Estar de toma pan y moja.	Se valora positivamente la calidad o las cualidades de algo o alguien. Se usa especialmente para aludir al aspecto físico de una persona.
Estar de uñas.	Denota la enemistad de dos o más personas.

5.2.3.2 La preposición *por*

En combinación con *ser*, la preposición *por* puede expresar tiempo (75), causa (76) o modo (77) (Porroche Ballesteros, 1988: 83-84).

(75) Una habitación especial para evacuar y lavarse ha sido por mucho tiempo un lujo extranjerizante en nuestras sobrias viviendas. (Miguel, *La perversión del lenguaje*, 1994)

(76) Si las mujeres no triunfan en la vida es por su culpa. (Alborch, *Malas*, 2002)

(77) La verdadera paz no se podrá alcanzar, si no es por medio de una convivencia de todas las naciones. (Miret Magdalena, *¿Qué nos falta para ser felices?*, 2002)

En combinación con *estar*, por puede expresar lugar indeterminado (78) y tiempo indeterminado (79) (ibid.: 83-84).

(78) Había oído en Cadaqués que estaba por allí en esas fechas. (Llongueras, *Llongueras tal cual*, 2001)

(79) Merino no estaba por entonces alzado en armas, acción que llevaría a cabo a finales del mes de marzo de 1821. (Ortiz-Armengol, *Aviraneta o la intriga*, 1994)

Además, la construcción *estar* + *por* también puede expresar el significado de 'a favor de' (86).

(80) Juan Mari estaba por ella. (Grandes, *Los aires difíciles*, 2002)

Cuando el sujeto no es personal, la construcción *estar por* seguida de un infinitivo expresa que algo se queda sin hacer o va a ocurrir en breve (81), mientras que cuando el sujeto es personal y animado, indica una intención no muy decidida de hacer algo (82) (Navas Ruiz y Llorente, 2002: 56-57; Porroche Ballesteros, 1988: 84).

(81) la sorpresa más grande todavía estaba por llegar. (Llongueras, *Llongueras tal*

cual, 2001); Todo estaba por hacer, la lucha contra el analfabetismo. (Leguineche, *Latierra de Oz*, 2000)

(82) Llegó el 20, el 25 y el 30 de octubre y aún estaba por decidirse. (Landero, *Juegos de la edad tardía*, 1989)

5.2.3.3 La preposición *para*

En combinación con *ser*, la preposición *para* puede denotar tiempo (83), destino o finalidad (84) (Navas Ruiz y Llorente, 2002: 45; Porroche Ballesteros, 1988: 83-84).

(83) La próxima cita es para el jueves 23. (Prensa, *Diario el clarín*, 09/09/2004)

(84) Por supuesto, y en contra de la opinión general, la ciencia no es para locos o genios. (Sabedell, *El hombre que calumnió a los monos*, 2003)

Si un infinitivo sigue a la construcción *es para*, se denota el efecto o la reacción que el sujeto puede causar o la valoración emitida por el interlocutor sobre algún hecho o situación (85) (Navas Ruiz y Llorente, 2002: 45; Porroche Ballesteros, 1988: 84).

(85) Este momento no es para reírse. (Porroche Ballesteros, *Ser, estar y verbos de cambio*, 1988)

Las construcciones *estar para* pueden expresar tiempo, y cuando así lo hacen conllevan el significado implícito de 'estar hecho', 'estar terminado', 'estar acabado', 'estar preparado', entre otros (86) (87) (Porroche Ballesteros, 1988: 83-84).

(86) Las fotos estarán (hechas) para el jueves. (Porroche Ballesteros, *Ser, estar y verbos de cambio*, 1988)

(87) El libro estará (escrito) por Navidad. (Porroche Ballesteros, *Ser, estar y verbos de cambio*, 1988)

Cuando un infinitivo sigue a esta construcción, si las oraciones son afirmativas, se designa el hecho de que algo está a punto de ocurrir (88), mientras que si las oraciones son negativas, se expresa el hecho de que algo no tiene posibilidad de suceder o el sujeto no está en condiciones de hacerlo (89) (Navas Ruiz y Llorente, 2002: 46; Porroche Ballesteros, 1988: 85).

(88) Una de sus hijas, doncella, estaba para casarse. (Bosch García, *Sueño y ensueño de los conquistadores*, 1987)

(89) Aquella noche, mi cabeza no estaba para pensar. (Llongueras, *Llongueras tal*

cual, 2001)

Con la construcción *estar para* se forman unos modismos como los que se exponen a continuación:

Cuadro 9.

Frases hechas de *estar* con la preposición *para*	
Estar para hacerle un favor.	Indica la disposición de una persona a tener sexo con otra.
Estar para comérselo.	Dicho de una persona o comida: que está muy buena.
Estar para el arrastre.	Hallarse en extremo decaimiento físico o moral.

5.2.3.4 La preposición *en*

Por un lado, la preposición *en* puede indicar lugar y se combina con las dos cópulas *ser* y *estar*. Cuando el sujeto es una entidad física, la preposición *en* se construye con *estar* (90), mientras que cuando el sujeto designa un suceso o un acontecimiento, el atributo preposicional selecciona *ser* (91) (Navas Ruiz y Llorente, 2002: 13; Porroche Ballesteros, 1988: 80-81). Existen divergencias sobre si estas oraciones pertenecen a las copulativas .De momento, veamos unos ejemplos:

(90) En el invierno de 1932, Abraham Fexner estaba en California a la caza de talentos. (Sabadell, *El hombre que calumnió a los monos*, 2003)

(91) Total, la boda era en Huesca ¿no? (Grandes, *Las edades de Lulú*, 1989)

Por otro lado, la construcción *estar en* puede significar 'estar de acuerdo', 'apoyar', 'concordar' (Navas Ruiz y Llorente, 2002: 56) y, en este caso, generalmente está seguida por una oración que empieza por *que* (92). Por otra parte, cuando el verbo *estar* aparece al final de la oración con el significado de preguntar si alguien está de acuerdo, se elimina la preposición *en* (93). Además la construcción *estar en* puede expresar el significado de 'radicar en' (94).

(92) Hasta la fecha estamos en que los vecinos siguen teniendo los decibelios en la terraza de casa, pero la gente no puede entrar en la sala. (*ABC*, 1987)

(93) Lo hacen porque así se ha dispuesto, ¿estamos? (Navas Ruiz y Llorente, *Ser y estar: verbos atributivos, la voz pasiva*, 2002)

(94) El problema estaba en que era demasiado inestable. (Sabadell, *El hombre que calumnió a los monos*, 2003)

Con estar en se forma una gran cantidad de modismos como los siguientes:

Cuadro 10.

Frases hechas de *estar* con la preposición *en*	
Estar en ascuas.	Estar inquieto, estar sobresaltado.
Estar en Babia.	Estar distraído y como ajeno a aquello de que se trata.
Estar en blanco.	Sin comprender lo que se oye o lee; o sin saber qué decir.
Estar en bolas.	Estar desnudo.
Estar en el aire.	Estar distraído o estar algo sin decidirse o concretarse.
Estar en el ajo.	Estar al corriente o al tanto de un asunto tratado reservadamente, estar involucrado en una situación.
Estar en el candelero.	Tener poder o autoridad, fama o éxito.
Estar en el limbo.	Estar distraído; o ignorar los entresijos de un asunto que le afecta.
Estar en forma.	Estar en buenas condiciones físicas o espirituales.
Estar en guardia.	Estar en actitud de defensa o estar prevenido o sobre aviso.
Estar en la calle.	Estar pobre, desprovisto de medios de subsistencia.
Estar en la cuerda floja.	Estar en una situación difícil.
Estar en la gloria.	Estar muy contento y gozoso.
Estar en la higuera.	Estar en Babia: estar distraído y como ajeno a aquello de que se trata.
Estar en la inopia.	Ignorar algo que otros conocen, no haberse enterado de ello.
Estar en la luna.	Estar distraído.
Estar en la miseria.	Estar en la pobreza extrema.
Estar en la onda.	Estar al corriente de las últimas tendencias o de lo que se habla.
Estar en órbita.	Actuar de acuerdo con un acontecimiento o tendencia de actualidad; o estar informado acerca de un asunto o involucrado en él.
Estar en la prángana.	Estar sin dinero. (La expresión se utiliza solamente en México y Puerto Rico).
Estar en las Batuecas/ los Cerros de Úbeda.	Estar distraído y como ajeno a aquello de que se trata.
Estar en las nubes/en la luna de Valencia	Ser despistado, soñador, no apercibirse de la realidad.
Estar en lo cierto.	Seguro de la verdad de algún hecho.
Estar en los huesos.	Estar sumamente delgado.
Estar en su derecho.	Tener derecho.
Estar en su punto.	Estar en el estado de perfección que le corresponde.
No estar en sus cabales.	Estar fuera de juicio.
Estar en vilo.	Estar suspendido, sin el fundamento o apoyo necesario; sin estabilidad.; estar con indecisión, inquietud y zozobra.
Estar en todo.	Atender a un tiempo a muchas cosas, sin aturdirse por la gran cantidad de ellas.

5.2.3.5 La preposición *con*

Es más frecuente que la preposición *con* se construya con *estar*, y en este caso puede indicar compañía (95), posesión (96), apoyo (97), o un estado físico (98) o moral

5 *Ser* y *estar* en oraciones copulativas

(99). Asimismo, puede significar 'trabajar en una materia' (100) o 'mantener una relación con alguien' (101) (Navas Ruiz y Llorente, 2002: 46-47).

(95) Tomás, uno de los Doce, a quien llamaban el Mellizo, no estaba con ellos cuando se presentó Jesús. (*VV. AA.*, Religión, 1996)

(96)...tan precioso estaba con los ojos muy negros··· (Pombo, *El héroe de las Mansardas de Mansard*, 1983)

(97) Le dice que se vinieron de Córdoba al acabar la guerra, porque su padre estaba con la República y allí lo sabía todo el mundo. (Chacón, *La voz dormida*, 2002)

(98)...no podría asistir a la citada reunión porque estaba con fiebre. (Fisas, *Historias de la Historia*, 1983)

(99) Yo estaba con miedo, no era posible andar ni hacer movimiento. (Jiménez, *Enigmas sin resolver II*, 2000)

(100) Menos mal, porque mi padre estaba con problemas de caderas. (Llongueras, *Llongueras tal cual*, 2001)

(101) Ahora estaba con un hombre viudo y mucho mayor que ella. (Chirbes, *La buena letra*, 1992)

La construcción estar con da lugar a muchos modismos:
Cuadro 11.

Frases hechas de *estar* con la preposición *con*	
Estar con alguien.	Mantener una relación sentimental con otra persona, (puede tener connotaciones sexuales)
Estar con ánimo.	Sentirse animado.
Estar con el culo al aire.	Estar en situación comprometida por haberse descubierto algo.
Estar con la antena puesta, con la mosca detrás de la oreja.	Estar pendiente de las conversaciones ajenas.
Estar con los pies en el suelo (en la tierra).	Dicho de una persona que es madura, modesta o humilde y ve bien la realidad.
Estar con el agua al cuello.	Estar en un gran aprieto o peligro.
Estar con la piel en el estribo.	Estar dispuesto y próximo a hacer un viaje o emprender un camino; estar próximo a la muerte.
Estar con un pie en el aire.	Estar en situación o posición inestables.
Estar con una mano delante y otra atrás.	Estar con pobreza o miseria.
Estar con las manos en el seno.	Estar ocioso; o llegar a pretender o a pedir sin poner nada de su parte.

5.2.3.6　La preposición *sin*

Cuando la preposición *sin* sigue al verbo *ser*, normalmente denota modo o manera (102) (Navas Ruiz y Llorente, 2002: 48), y tiende a describir cómo es un suceso, un artículo material, o una persona.

(102) Ahora bien, esta poesía que, como la arquitectura neoplásica, "es sin forma determinada... implica también al lector". (Crego Castaño, *El espejo del orden*, 1997)

Por otra parte, cuando la preposición *sin* sigue al verbo *estar*, generalmente expresa 'carencia' (103).

(103) Feliciano se había arruinado con la última película de leprosos que había hecho y estaba sin un duro... (Martínez Mediero, *Lola la divina*, 1988)

A continuación, se enumeran unos modismos formados por la construcción *estar sin*. Cuadro 12.

Frases hechas de *estar* con la preposición *sin*	
Estar sin blanca.	Estar sin dinero.
Estar sin chapa.	Estar sin dinero.
Estar sin una perra.	Estar sin dinero.

5.2.3.7　Las otras preposiciones *a* y *hasta*

Cuando la preposición *a* se combina con *ser*, normalmente designa destino (104).

(104) Si a alguien se le ha complicado el futuro, es a mí. (Pardo de Santayana, *El beso del chimpancé*, 2001)

La construcción *estar a* puede utilizarse para expresar temperatura (105), fecha (106), distancia geográfica (107) y precio (108) (Porroche Ballesteros, 1988: 76-77). Cuando denota la fecha, generalmente el sujeto suele presentar la primera persona del plural.

(105) Poco después de la Gran Explosión, el Universo estaba a una temperatura de millones de grados centígrados... (Trigo i Rodríguez, *Nosotros en el Universo*, 2001)

(106) Aún no estamos a 20 de septiembre y esa nueva encarnación de Sísifo ya habita entre nosotros. (Ramírez Codina, *David contra Goliat*, 1995)

(107) Esta vez, el ingeniero estaba a cuatro kilómetros del centro de la segunda

5 *Ser* y *estar* en oraciones copulativas

explosión, en Nagasaki. (Sabadell, *El hombre que calumnió a los monos*, 2003)

(108) ...el euro súper sin plomo, que estaba a 111,5 pesetas, llegará a las 112,2. (*El mundo*, 15/08/1996)

También la construcción *estar a* da lugar a muchos modismos.

Cuadro 13.

Frases hechas de *estar* con la preposición *a*	
Estar a bien/ mal con alguien.	Llevarse bien/ mal con alguien.
Estar al acecho.	Observando y mirando a escondidas y con cuidado.
Estar al borde del abismo.	Estar cerca de un problema grave o una situación complicada.
Estar al cabo de la calle.	Estar enterado de algo, tener conocimiento de algo.
Estar al caer.	Dicho de un suceso: estar a punto de sobrevenir; dicho de una persona: estar a punto de llegar; dicho de una hora que se indica: estar a punto de sonar.
Estar al corriente de algo.	Estar informado, enterado de algo.
Estar al día de algo.	Estar enterado de algo; dicho de pagos: estar al corriente.
Estar a la cuarta pregunta.	Estar escaso de dinero o no tener ninguno.
Estar a la luna de Valencia.	Frustradas las esperanzas de lo que se deseaba o pretendía.
Estar a la muerte.	Hallarse en peligro inminente de morir.
Estar a la que salta.	Estar siempre dispuesto a aprovechar las ocasiones o dispuesto a empezar una discusión por lo más mínimo.
Estar a las duras y las maduras.	Quien goza de los privilegios de una situación debe cargar asimismo con sus desventajas.
Estar al loro.	Estar atento.
Estar a matar dos o más personas.	Estar muy enemistadas o aborrecerse vivamente.
Estar a oscuras.	Estar completamente ignorante.
Estar a punto de.	Estar próximo a suceder.
Estar a punto de caramelo.	Estar perfectamente dispuesto y preparado algo para algún fin.
Estar al sereno.	Estar a la intemperie de la noche.
Estar al tanto.	Estar al corriente de, enterado de.
Estar a verlas venir.	Esperar para la resolución de algo, la determinación o intención de alguien, o el suceso futuro.

Además de los modismos listados anteriormente, contamos con los que están constituidos por *estar* y *hasta*. Lo que caracteriza a este grupo de frases hechas consiste en que se utilizan con mucha frecuencia en el lenguaje oral, sobre todo cuando un interlocutor intenta expresar el significado de 'no poder soportar más'. Veamos las construcciones en la siguiente lista:

Cuadro 14.

Frases hechas de *estar* con la preposición *hasta*	
Estar hasta el gorro.	No aguantar más.
Estar hasta el moño.	Estar harto, no aguantar más.
Estar hasta la coronilla (cogote, moño...)	Estar cansado y harto de sufrir alguna pretensión o exigencia.
Estar hasta las narices.	Estar cansado y harto de algo o alguien.
Estar hasta los cojones	Estar cansado y harto de algo o alguien.
Estar hasta los mismísimos (cojones)	Estar cansado y harto de algo o alguien.

5.2.4 Sintagmas adverbiales que se combinan con *ser* y *estar*❶

5.2.4.1 Adverbios de modo

Anteriormente, hemos analizado de forma detallada los atributos adverbiales, por lo que en este apartado ya no nos centramos en los puntos ya tratados. Los adverbios de modo abarcan los terminados en *–mente* y los elementos *así, bien, mal, mejor, peor*, entre otros (Navas Ruiz y Llorente, 2002: 38-39). Los adverbios constituidos por un adjetivo y el segmento *–mente* generalmente solo se combinan con el verbo *estar*❷ (ibid.: 38); en combinación con *estar*, los adverbios terminados en *-mente* designan valoraciones del estado de una persona, de un suceso o un acontecimiento.

Cuando *así* se combina con *ser*, se utiliza para sustituir a los atributos caracterizadores o de individuo (109). Pero en caso de que se construya con *estar*, *así* sustituye a los predicados de estadio o episódicos (110) (Porroche Ballesteros, 1988: 87).

(109) Ana es guapa, alta y delgada. Ella es así.

---

❶ Marín Gálvez (2004) indica que los adverbios se dividen en dos grupos: los que refieren a estados no acotados y los que describen estados acotados. Los primeros se construyen solamente con *ser* y los segundos admiten *estar*. El límite entre los dos grupos no es tan claro como el de los sintagmas preposicionales, puesto que, en ocasiones, los adverbios pueden denotar tanto estados acotados como estados no acotados. Por ejemplo, los adverbios *cerca* y *lejos*, normalmente, se construyen con *estar*, pero a veces también se combinan con *ser*: Altamira no es lejos (*Oral, CSHC-87 Entrevista 127*). Véase Marín Gálvez, 2004: 52-55.

❷ Bosque (1989: 127) indica que los adverbios "sitúan la significación del verbo en unas coordenadas espaciales o temporales", lo cual para Silvagni (2013: 43) significa que los adverbios son "piezas de la lengua que indican 'circunstancias', 'estados', 'situaciones' (P-E); lo que determina su preferente asociación con *estar*". Por lo tanto, es preferible la combinación de *estar* con los adverbios locativos, temporales y de manera.

(110) Estaba así tras saber su nota de matemáticas.

Los adverbios *bien* y *mal* solo se combinan con *estar*. Pueden expresar distintos significados, tales como el estado de salud o el estado espiritual (111), la valoración sobre un suceso, o aportar información sobre los comportamientos o sobre el aspecto de una persona (112), entre otros usos (Navas Ruiz y Llorente, 2002: 38-39; Porroche Ballesteros, 1988: 88).

(111) Fernando estaba bien. (Feo, *Aquellos años*, 1993)

(112) Pero estás bien, estás fuerte, no es que estés gordo. (Radio 5, *¿Usted qué haría?*, 26/02/91)

La construcción *estar mal* da lugar a unos modismos, como los que se leen a continuación:

Cuadro 15.

Frases hechas con *estar mal*	
Estar mal de la cabeza.	Estar fuera del juicio, estar loco.
Estar mal de la chaveta.	Estar mal de la cabeza.
Estar mal de la chola.	Estar mal de la cabeza.
Estar mal del coco.	Estar loco.
Estar mal de la olla.	Estar mal de la cabeza
Estar mal de la azotea	Estar mal de la cabeza

En combinación con el verbo *ser*, el adverbio *cómo* se utiliza para inquirir sobre el carácter, la manera de ser o las características de alguien o algo (113). En cambio, cuando se construye con *estar*, se intenta inquirir el estado de salud o el estado espiritual (114) (Porroche Ballesteros, 1988: 87).

(113) – ¿Cómo es tu profesor? – Es rubio y alto / Es responsable y amable.

(114) – ¿Cómo está tu abuela? – Mi abuela está muy bien.

Como se ve en las frases siguientes, el adverbio *como* puede denotar comparación (Navas Ruiz y Jaén Andrés, 1989: 38).

(115) La célula es como una fábrica viviente en donde hay diferentes departamentos que realizan diversas funciones. (Fuentes Yagüe, *Iniciación a la botánica*, 2001)

(116) En aquel tiempo, Marcelino estaba como una cabra (sic). (Sotillos Palet, *1982. El año clave*, 2002)

La construcción *ser como* da lugar a modismos como los siguientes:

Cuadro 16.

Frases hechas constituidas por *ser como*	
Ser como la carabina de Ambrosio.	No servir para nada.
Ser como la purga del tío Benito.	Para aludir a una causa a la cual se atribuyen efectos anticipados o desmedidos.
Ser como una esponja.	Persona que con maña atrae y chupa la sustancia o bienes de alguien, o bien tener la facilidad y capacidad propia de los niños de asimilar enseñanzas e informaciones.

Por su parte, *estar como* da lugar a los siguientes modismos:

Cuadro 17.

Frases hechas constituidas por *estar como*	
Estar como Dios.	Estar en excelentes condiciones, cómodo y bien dispuesto.
Estar como gallina en corral ajeno.	Persona que se halla avergonzada y confusa entre gente desconocida.
Estar como el pez en el agua.	Disfrutar comodidades y conveniencias.
Estar como un flan.	Muy nervioso o excitado.
Estar como un leño.	Persona de poco talento y habilidad; persona pesada e insufrible.
Estar como un roble.	Persona o cosa fuerte, recia y de gran resistencia.
Estar como un tren.	Para denotar que una persona es muy atractiva.
Estar como una cabra.	Estar loco, chiflado.
Estar como una chota.	Estar como una cabra: estar loco, chiflado.
Estar como una malva.	Ser dócil, bondadoso, apacible.
Estar como una moto.	Estar medio loco.
Estar como unas pascuas.	Estar alegre y regocijado.

Los adverbios mejor y peor se utilizan en construcciones comparativas y, cuando se combinan con ser, denotan cambios de propiedades caracterizadoras (117), mientras que en combinación con estar, expresan cambios de propiedades episódicas o de estadio (118). Obsérvese que si se trata de una comparación realizada al mismo sujeto, pero entre los distintos episodios, se tiende a utilizar estar.

(117) En cualquier caso es mejor tomarse el tema con sentido del humor. (Giménez Bartlett, *La deuda de Eva*, 2002)

(118) La hernia hiatal había desaparecido y yo estaba mejor que nunca. (Vargas, *Y si quieres saber de mi pasado*, 2002)

5.2.4.2 Adverbios de cantidad o grado

Los adverbios de cantidad o grado, por sí solos, pueden desempeñar funciones atributivas. No obstante es más usual que estos adverbios sigan a los atributos adjetivos,

5 Ser y estar en oraciones copulativas

clasificando la cantidad o el grado. Pertenecen a este grupo *muy*, *mucho*, *bastante*, *poco*, *demasiado*, *más*, *menos*, *tan*, *tanto*, *cuanto*, *cuánto* y *otros* (Porroche Ballesteros, 1988: 87). Pero antes de desglosar sus modismos, utilizaremos ejemplos representativos para dar una explicación sistemática sobre el uso de dichos adverbios, comenzando por señalar que cuando esta categoría adverbial desempeña el papel del atributo, normalmente se construye con la cópula *ser* (Porroche Ballesteros, 1988: 87).

(119) La verdad es que yo no me esperaba esto, es demasiado para mí. (Vázquez, *La vida perra de Juanita Narboni*, 1976)

(120) Tenernos a los dos contentos ya es bastante para ti. (Vilalta, *Nada como el piso 16*, 1975)

Por su parte, las construcciones *ser más/menos* expresan valoración o posición social (Navas Ruiz y Llorente, 2002: 40; Porroche Ballesteros, 1988: 87)

(121) En mi Nuevo Estado nadie es menos que nadie. (Umbral, *Leyenda del César visionario*, 1991)

Y ahora sí, veamos los modismos construidos por las cópulas y el adverbio *más*[1].
Cuadro 18.

Frases hechas constituidas por *ser más que*	
Ser más de campo que las amapolas.	Ser una persona ruda, sin educación ni modales. También, aquel que gusta del campo y/o que ha crecido en un entorno rural.
Ser más feo/malo que Picio.	Ser extremadamente feo/malo.
Ser más fresco que una lechuga.	Ser muy descarado.
Ser más frío que la picha de un pez.	Ser una persona fría, cerebral.
Ser más fuerte que un roble.	Ser muy fuerte y con buena salud.
Ser más largo que un día sin pan.	De mucha duración; pesado; aburrido. A veces también se aplica a personas de elevada estatura.
Ser más lento que el caballo del malo.	Ser muy lento.
Ser más papista que el papa.	Se usa para referirse a quien manifiesta más preocupación o celo por un asunto que la persona directamente interesada o afectada, pretendiendo a veces ser más dogmático y rígido que el entendido en una materia.
Ser más puta que las gallinas.	Ser una mujer que mantiene numerosas relaciones sexuales.
Ser más tonto que Abundio.	Ser muy tonto.

[1] En los modismos, el adverbio *más* presenta más relevancia que los demás adverbios de grado y cantidad; por tanto, aquí solo nos centramos en las frases hechas constituidas por las dos cópulas *ser* y *estar* y el adverbio *más*.

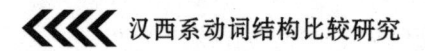

| Ser más viejo que Carracuca. | Ser muy viejo. |
| Ser más viejo que Matusalén. | Ser muy viejo. |

Cuadro 19.

Frases hechas constituidas por *estar más...que*	
Estar más para allá que para acá.	Ser homosexual, estar en un estado cercano a la muerte, estar loco.
Estar más ancho que largo.	Estar orgulloso del trabajo o la acción de uno cuando no está bien hecha o no es buena
Estar más bueno que el pan de Cáceres.	Estar muy bueno.
Estar más chupado que la pipa de un indio.	Muy flaco.
Estar más perdido que Carracuca.	Para ponderar la situación angustiosa o comprometida de alguien.
Estar más salido que el pico de la plancha (que el pico de una mesa)	Estar sexualmente excitado continuamente (normalmente en la adolescencia).

5.2.4.3　Los adverbios temporales y de lugar

Normalmente, los adverbios temporales se construyen con el verbo *ser*, y entre ellos se cuentan *tarde*, *temprano*, *pronto*, *ahora*, *antes*, *ayer*, *hoy* y otros (Navas Ruiz y Llorente, 2002: 12; Porroche Ballesteros, 1988: 85).

(122) Nunca es tarde, Dios te ha probado como a uno de sus elegidos. (Romero, *Tragicomedia de España*, 1985)

Los adverbios que indican lugar comprenden *allí*, *aquí*, *ahí*, *acá*, *abajo*, *arriba*, *cerca*, *delante*, *detrás*, *lejos*, *debajo*, *encima*, *atrás*, *enfrente*, *alrededor*, *donde*, *dónde*, y es usual que se combinen con el verbo *estar* (Porroche Ballesteros, 1988: 86).

(123) Ser artista de la radio estaba lejos de mi horizonte. (Díaz, *La radio en España*, 1992)

Pese a que el uso de *ser* con los adverbios de lugar es mucho más restringido, esto no supone que dicho uso resulte menos importante en el aprendizaje del español. Cuando el sujeto de la oración es un evento o suceso, se utiliza el verbo *ser* para indicar la localización; en este caso, tanto los grupos preposicionales como los adverbios de lugar pueden construirse con la cópula *ser* (Porroche Ballesteros, 1988: 86).

(124) El accidente fue allí. (Porroche Ballesteros, *Ser, estar y verbos de cambio*, 1988)

Cuando se identifica un lugar, también se prefiere utilizar la cópula *ser* (Porroche

5 *Ser* y *estar* en oraciones copulativas

Ballesteros, 1988: 86).

(125) -allí podría llegar a casa a las doce de la noche.

-sí, pero allí no es aquí. (Porroche Ballesteros, *Ser, estar y verbos de cambio*, 1988)

Y en las construcciones de enfatización también se tiende a seleccionar el verbo *ser* (Porroche Ballesteros, 1988: 86-87).

(126) Donde vivimos es allí. (Porroche Ballesteros, *Ser, estar y verbos de cambio*, 1988)

Asimismo, cuando se denota la dirección o el camino hacia determinado domicilio, comercio, entidad pública, pueblo o ciudad, es preferible utilizar *ser* que *estar* (Porroche Ballesteros, 1988: 82).

(127) El camino es por allí. (Porroche Ballesteros, *Ser, estar y verbos de cambio*, 1988)

(128) Su casa es allí, su casa es en esa calle. (Porroche Ballesteros, *Ser, estar y verbos de cambio*, 1988)

5.2.5 Funcionamiento de los verbos *ser* y *estar* cuando se indica el tiempo

Normalmente, para indicar el tiempo se utiliza el verbo *ser*, pero en casos restringidos también se selecciona el verbo *estar*. A continuación, nos centramos en estudiar las expresiones que designan la hora, el día, el mes y el año, entre otras. Comencemos con las que indican la hora, que utilizan la construcción *es la* o *son las*, seguida por la hora correspondiente. En todo caso, es imprescindible la presencia del artículo definido. La expresión destinada a preguntar la hora es "¿Qué hora es?" (Navas Ruiz y Jaén Andrés, 1989: 15; Navas Ruiz y Llorente, 2002: 11).

(129) Catalina: ¡Es que es tan tarde...!

Aniceto: No, si solo son las tres. (García May, *Operación ópera*, 1991)

Para indicar un día de la semana o algún día numeral del mes, se puede utilizar el verbo *ser*, mientras que para preguntar el día o la fecha utilizamos la expresión de "¿Qué día es hoy?" o simplemente "¿Qué es hoy?". Cuando indicamos un día de la semana, no se usa ningún tipo de artículo (130), pero cuando se trata de un día numeral del mes,

– 145 –

existen dos opciones, con (132) o sin artículo determinado (131), aunque suele ser más común no usarlo (Navas Ruiz y Jaén Andrés, 1989: 15; Navas Ruiz y Llorente, 2002: 11).

(130) Hoy es lunes, el mismo día que recibo tu carta. (Colorado Castellary, *Introducción a la historia de la pintura*, 1991)

(131) Hoy es 24 de diciembre. Es Nochebuena. (Matos, *Cómo llegó la noche*, 2002)

(132) La fecha es el 25 de agosto. (Ortiz-Armengol, *Aviraneta o la intriga*, 1994)

Si utilizamos el verbo *ser* para indicar los meses, en cambio, no se utiliza el artículo (133), y en cuanto a los años (136) y las estaciones (134) (135), es opcional el uso del artículo determinado y la preferencia es no usarlo (Navas Ruiz y Jaén Andrés, 1989: 15; Navas Ruiz y Llorente, 2002: 11-12), como se observa en las siguientes oraciones:

(133) Yo tampoco puedo olvidar que hoy son vísperas de Corpus Christi, que es domingo, que es mayo... (Martín Recuerda, *Las arrecogías del beaterio de Santa María Egipcíaca*, 1980)

(134) Ya es primavera para el Real Madrid. (*La Vanguardia*, 17/04/1995)

(135) Es el verano. (Rossi, *María la noche*, 1985)

(136) Te has equivocado. Es (el) dos mil dos. (Navas Ruiz y Llorente, *Ser y estar, verbos atributivos, la voz pasiva*, 2002)

En cuanto a los adverbios temporales o las locuciones adverbiales de tiempo, también se utiliza el verbo *ser*. Dichos adverbios engloban *tarde, temprano, pronto, ahora, antes, ayer*, u *hoy* (137), y a las expresiones de tiempo pertenecen expresiones como *de día, de noche, de tarde*, o *de mañana* (138) (Navas Ruiz y Jaén Andrés, 1989: 16; Navas Ruiz y Llorente, 2002: 12).

(137) Todavía es temprano. (Satué, *El desierto de los ojos*, 1985)

(138) Sí, porque aquí es por la tarde, y allí es de noche y se sale tardísimo, y es mejor. (Alonso de Santos, *Vis a vis en Hawai*, 1992)

Para los días especiales, o expresado de otra forma, para los días festivos, se utiliza *ser*, como en el siguiente ejemplo:

(139) Hoy es Navidad, se lo pido por Dios. Déjeme entrar. (Chacón, *La voz dormida*, 2002)

No se utiliza el verbo *estar* para expresar la hora, aunque sí podemos usarlo para indicar el día (140) (141), mes (142), estación (143), año (144) y días festivos (145). En estos casos, el verbo *estar* generalmente aparece en la primera persona del plural y va seguido de las preposiciones *a* o *en*. Si el día aparece en forma numeral, solo es posible el uso de la preposición *a*, mientras que para indicar las cuatro estaciones del año, solo es posible el uso de la preposición *en*. En lo referente a las demás expresiones temporales, se pueden utilizar tanto *en* como *a* (Navas Ruiz y Llorente, 2002: 12; Porroche Ballesteros, 1988: 76-77).

(140) Aún no estamos a 20 de septiembre. (Ramírez Codina, *David contra Goliat*, 1995)

(141) Vamos a ver, estamos a jueves, ¿podría tratar de tener el informe para mediados de la semana próxima? (Ribera, *La sangre de mi hermano*, 1988); Estamos en jueves. (Porroche Ballesteros, *Ser, estar y verbos de cambio*, 1988)

(142) Y ahora estamos en mayo. (Goldenberg, *Cartas a Moreno*, 1987)

(143) Aún estamos en primavera. (Vázquez Montalbán, *La soledad del mánager*, 1977)

(144) Pero estamos en 1969, 29 de julio... (Anson, *Don Juan*, 1996)

(145) ...ahora que estamos en Navidad. (Leguina, *Tu nombre envenena mis sueños*, 1992)

5.2.6 Los verbos *ser* y *estar* para indicar el precio, la temperatura y las otras medidas.

Con *estar* generalmente se expresa el precio por kilo, litro o por otras unidades (Navas Ruiz y Jaén Andrés, 1989: 14; Navas Ruiz y Llorente, 2002: 13), como, por ejemplo, cuando compramos frutas, que podemos preguntar *¿A cuánto está?*, y la respuesta sería *Está a...*

(146) El euro súper sin plomo, que estaba a 111,5 pesetas, llegará a las 112,2. (*El mundo*, 15/08/1996)

Cuando queremos saber el coste total de una compra o el precio de un artículo, acudimos a las expresiones *¿cuánto es?, ¿cuánto cuesta?* y *¿cuánto vale?*, y la respuesta *será es/ son..., o cuesta/ cuestan..., vale/ valen...*, o simplemente sin ningún verbo, pues con decir solo la cantidad del dinero es suficiente (Navas Ruiz y Jaén Andrés, 1989: 14; Navas Ruiz y Llorente, 2002: 13-14).

(147) – ¿Cuánto es el pantalón y la chaqueta?

– Son ciento cincuenta euros. (Navas Ruiz y Llorente, *Ser y estar, verbos atributivos, la voz pasiva*, 2002)

Cuando contestamos con el verbo *ser*, los atributos nominales pueden alternarse con los atributos preposicionales. Por eso, en el ejemplo (147), en la alternancia con la oración *Son ciento cincuenta euros*, también podemos decir que *Son de ciento cincuenta euros*. La diferencia consiste en que cuando enunciamos la segunda oración, pretendemos ofrecer una comparación entre diferentes productos de distintos precios, como, por ejemplo, cuando decimos que *Estos pantalones son de cincuenta euros y aquellos son de cien*. Por otra parte, para expresar la temperatura, también se pueden utilizar ambos verbos. Cuando se utiliza el verbo *estar* (148), se pregunta con la oración *¿a qué temperatura estamos?* y contestamos con *estamos a...* (Navas Ruiz y Jaén Andrés: 1989: 14).

(148) Poco después de la Gran Explosión, el Universo estaba a una temperatura de millones de grados centígrados. (Trigo i Rodríguez, *Nosotros en el Universo*, 2001)

Sin embargo, cuando utilizamos el verbo *ser* (149) y se pregunta con *¿cuál es la temperatura?*, contestamos con *es/ es de...*

(149) Hoy la temperatura es de/ es 36 grados.

Con otras medidas tales como la altura o el tamaño es normal el uso del verbo *ser*. Además, los atributos nominales también se pueden alternar con los atributos preposicionales encabezados por *de* (150).

(150) Los dos ejes del Coliseo miden 188 metros por 156 y la altura es de 50 metros. (ABC, 24/12/1983)

5.2.7 Las polémicas existentes acerca de las oraciones constituidas por *ser* y por *estar* con expresiones locativas

5.2.7.1 Atributos locativos en las copulativas de *estar*

El uso fundamental de *estar* consiste en indicar la localización. Sin embargo, existen muchas divergencias acerca de si estas oraciones pertenecen realmente a las copulativas, como el siguiente ejemplo, que puede servir como dato de análisis:

(151) Ya estamos en Roma. (Laín Entralgo, *Descargo de conciencia*, 1976)

Algunos gramáticos creen que esta oración no es copulativa, porque el atributo locativo *en Roma* no admite la alternancia del pronombre neutro *lo*. No obstante, la *Nueva gramática de la lengua española* (2009: 2815) nos facilita otro punto de vista, indicando que "si los grupos preposicionales de sentido locativo puede ser complementos predicativos –como en *Te imaginaba en el congreso de optometría; El jefe te quiere en su oficina de inmediato*, o *Vi las llaves en el cenicero*–, parece lógico suponer que también puedan ser atributos en las oraciones copulativas". Este primer punto de vista indica que las expresiones locativas juegan el papel de complementos predicativos en las oraciones predicativas y, entonces, de forma natural, estas mismas expresiones también pueden desempeñar funciones de atributo en las oraciones copulativas. Anteriormente, hemos realizado un análisis sobre los complementos predicativos y, en realidad, los complementos predicativos son una variedad de atributos. Por lo tanto, la explicación dada por la *Nueva gramática de la lengua española* resulta razonable. En lo referido al mismo tema, Silvagni (2013: 31) afirma que "los complementos locativos en construcción con *estar* desempeñan la misma función sintáctica que los atributos descriptivos: no se trata, pues, de complementos circunstanciales de lugar, sino de complementos predicativos (atributos)". Mediante el análisis anterior, ya se puede sacar la conclusión de que son copulativas las oraciones constituidas por la cópula *estar* y las expresiones locativas.

En segundo lugar, la *Nueva gramática de la lengua española* (2009: 2815) utiliza otros argumentos para convencernos, indicando que "a ello se añade que los modificadores adjuntos son elementos que se añaden optativamente para completar el significado de un predicado. Se ha observado que esta caracterización se aplica con dificultad a expresiones como la subrayada en *El jefe está en la oficina*". Este segundo argumento se basa en la hipótesis de que la expresión locativa *en la oficina* no es un atributo, sino un adjunto, y entonces en la oración *El jefe está en la oficina*, la expresión locativa se puede eliminar y nos quedaría una oración como *El jefe está. Evidentemente, cuando se omite la expresión locativa, la oración queda incompleta y su significado es totalmente diferente que antes de hacerlo. Por eso, la expresión *en la oficina* no es un adjunto, sino una parte imprescindible de la oración, y por ello la denominamos atributo. Con este segundo argumento, queda clara la función atributiva que desempeña la expresión locativa en las oraciones construidas por el verbo *estar*, y su función como núcleo del predicado.

En último lugar, la RAE (2009: 2816) indica que en las oraciones constituidas por *estar* y expresiones locativas, "el verbo *estar* constituye un nexo que vincula un individuo con un estado episódico o circunstancial". Esta propuesta coincide perfectamente con la teoría sobre las propiedades denotadas por los atributos que aparecen en las oraciones copulativas del verbo *estar*. Las expresiones *en la oficina* y *en Roma* son los predicados de estadio o episódicos, designando propiedades episódicas o circunstanciales.

En lo tocante al mismo tema, Fernández Leborans (1995: 254) indica que las expresiones posverbales de localización desempeñan una función análoga a los adjetivos y participios, cuya diferencia consiste en el aspecto semántico, es decir, el significado. Las propiedades denotadas por la cópula *estar* no vienen determinadas por el verbo, sino por las construcciones poscopulares y, por tanto, el significado de localización no lo determina el verbo *estar*, sino la expresión posverbal locativa. Expresado de otra forma diríamos que, cuando se indica la localización, no es porque el verbo funcione como verbo intransitivo; y cuando se expresa un estado psíquico con los adjetivos, tampoco es porque el verbo funcione como cópula. Para entender la diferencia y similitud de las expresiones locativas y los adjetivos o participios, veamos los siguientes dos ejemplos:

(152) Ahora estamos en Madrid. (Díaz L. , *La radio en España*, 1993)

(153) ... pero yo estoy triste. (Salisachs, *La gangrena*, 1975)

De hecho, la expresión *estar en Madrid* y la expresión *estar triste* desempeñan función parecida: la primera denota la situación física o el estado físico del sujeto y la segunda designa el estado psíquico del sujeto, por lo que la construcción *en Madrid* no es un complemento circunstancial de lugar, sino un atributo locativo que tiene el mismo rendimiento que el adjetivo *triste*.

A pesar de los tres fundamentos expuestos, hay otros gramáticos que apoyan un criterio contrario, argumentando que los atributos locativos resultan diferentes de los adjetivos. Se trata, en realidad, de una cuestión bastante polémica y es muy posible que cada uno de nosotros tenga su propia propuesta. En este trabajo, abogaremos por el punto de vista de la *Nueva gramática de la lengua española*, apoyándonos en razones que ya se han explicado con claridad anteriormente.

5.2.7.2 Expresiones locativas en las oraciones constituidas por el verbo *ser*

Si la *Nueva gramática de la lengua española* aboga por la idea de que las oraciones constituidas por *estar* y las expresiones locativas son copulativas, ¿cómo son las oraciones construidas por *ser* y las expresiones locativas? En este último caso, la situación se complica, ya que, a diferencia del verbo *estar*, *ser* no solo desempeña la función de nexo entre el sujeto y las expresiones locativas, sino también conserva su significado original de 'tener lugar', 'suceder'. Ante este difícil caso, nos esforzaremos por dar una explicación lo más clara posible. Antes que nada, se ejemplifica con una oración sencilla que funciona como un prototipo de esta categoría oracional.

(154) La boda es en la catedral. (Porroche Ballesteros, *Ser, estar y verbos de cambio*, 1988)

Las expresiones locativas pueden construirse tanto con *ser* como con *estar*, pero sus sujetos son obligatoriamente diferentes, ya que el sujeto de *ser* consiste en un evento o suceso y el sujeto de *estar* es una entidad física. Si admitimos la propiedad atributiva de la expresión *en la catedral* de la oración *La novia está en la catedral*, entonces

¿cómo definimos la propiedad denotada por la misma expresión locativa pero en *La boda es en la catedral*? En lo referente a este caso, la *Nueva gramática de la lengua española* (2009: 2817) indica que existen diferentes opiniones al respecto: "la opción más tradicional es considerar intransitivo el verbo *ser* y complementos circunstanciales los grupos preposicionales". Esta opción no explica adecuadamente el hecho de que un elemento adjunto que debería ser potestativo resulte imprescindible en esta oración. Por tanto, el sintagma preposicional en la catedral no es un adjunto circunstancial y esta propuesta no es correcta.

Otros autores consideran que *ser* introduce en estos casos argumentos locativos, por lo que resulta razonable que no se puedan suprimir; otros gramáticos, por último, entienden que la oración *La boda es en la catedral* es copulativa. Sin embargo, como en esta oración *ser* tiene el significado de 'tener lugar', ya no es un verbo nulo semánticamente, lo cual supone oposiciones a la definición del verbo copulativo. Por tanto, concluimos que esta oración no es copulativa y, teniendo en cuenta todo lo anterior, nos inclinamos a considerar predicativas las oraciones como *la boda es en la catedral* y el sintagma preposicional, como un argumento locativo.

5.2.7.3 Los casos en que el verbo *ser* significa 'existir', 'tener lugar' y 'suceder'

Existen otros casos en los que *ser* conserva sus significados originales de 'existir', 'suceder' y 'tener lugar'. El significado de 'existir' se utiliza mayoritariamente en el lenguaje antiguo o en los libros sagrados, como se ve en los siguientes ejemplos:

(155) Dios es. (Porroche Ballesteros, *Ser, estar y verbos de cambio*, 1988)

(156) Los pocos sabios que en el mundo han sido. (Porroche Ballesteros, *Ser, estar y verbos de cambio*, 1988)

Cuando el verbo *ser* significa 'suceder' o 'tener lugar' se pueden denotar distintos valores, entre los que caben destacar los siguientes: el lugar (157), el tiempo (158), la causa (159), la finalidad (160), el modo (161), entre otros (Fernández Leborans, 1999: 2367-2368).

5 *Ser* y *estar* en oraciones copulativas

(157) Total, la boda era en Huesca, ¿no? (Grandes, *Las edades de Lulú*, 1989)

(158) Claro, es que es viernes, la boda es en viernes. (Oral, *Restaurante, conversación entre amigas*, 04/ 01/ 91)

(159) Claro que quiero ser tan rico como una estrella de rock en roll pero eso es por culpa del precio que le habéis puesto a las cosas. (Loriga, *Héroes*, 1993)

(160) Otro me dijo que va todos los años y que cada visita es para comprobar la degradación. (Beltrán Martínez, *Pueblos de Aragón* II, 2000)

(161) ¡Pum! Se escuchó un balazo. Le dio en la pierna a una señora que viajaba con una niña. El asaltante le dijo: "Discúlpame señora, fue sin querer". (Prensa, *Excélsior*, 02/ 01/ 1997)

De acuerdo con Molina Redondo y Ortega Olivares (1987: 22), cuando el verbo *ser* desempeñe funciones predicativas, el sujeto puede denotar las siguientes cualidades:

a) acciones, procesos o fenómenos que se produzcan espontáneamente,

b) actos formales, de naturaleza social (en sentido amplio).

Además, los dos autores lo ejemplifican con unos cuantos sustantivos que pertenecen a esta categoría nominal: "*accidente, bautizo, comida, concierto, charla, coloquio, defensa, desastre, emergencia, enlace, función, hecatombe, imprevisto, incidencia, lance, milagro, novedad, odisea, percance, peripecia, recital, reunión, suceso, terremoto*, etc." (Molina Redondo y Ortega Olivares, 1987: 22).

Además de los casos anteriores, contamos con otros en los que el verbo *ser* significa 'tener lugar', 'suceder' u 'ocurrir'. "En las fórmulas, *sea lo que sea, sea como sea, sea lo que fuera, fuese como fuese, fuera lo que fuera*..., el verbo *ser* tiene también el significado de 'tener lugar' o 'suceder'. Exactamente el mismo significado existe en la expresión *¡así sea!*" (Porroche Ballesteros, 1988: 108). Por último, señalaremos que cuando se pregunta por el destino o la suerte de alguien, utilizando la estructura de *¿Qué será de...?*, el verbo *ser* significa 'suceder', 'ocurrir' y suele aparecer en tercera persona singular del tiempo futuro (Porroche Ballesteros, 1988: 18 y 108).

(162) ¿Qué será de los huérfanos? (Porroche Ballesteros, *Ser, estar y verbos de cambio*, 1988)

Hasta aquí, es posible que los lectores tengan muchas dudas sobre el uso de las preposiciones en las oraciones constituidas por *ser*. Anteriormente se ha comentado que las construcciones preposicionales pueden desempeñar el papel de atributo en las oraciones copulativas; no obstante, en este apartado contamos con la presencia de las mismas expresiones preposicionales en las oraciones no copulativas. Por eso, es necesario diferenciar cuáles son las oraciones copulativas y cuáles las predicativas.

Mediante el análisis de los ejemplos del (157) a (161), nos damos cuenta de que algunas oraciones disponen de un sujeto explícito, como las (157), (158) y (160) y otras cuentan con su sujeto implícito, como las (159) y (161). En el último caso, no se detecta a primera vista cuál es el sujeto del verbo *ser* y, para determinarlo, es necesario analizar el contexto, pero no importa si el sujeto es explícito o implícito, pues descubrimos que cuando el verbo *ser* significa 'tener lugar', 'ocurrir' o 'suceder', su sujeto trata de un suceso, evento o acontecimiento. Así que, ante una oración construida por el verbo *ser* y una expresión preposicional, si pretendemos comprobar las características copulativas de la oración, debemos centrarnos en analizar las propiedades del sujeto. Normalmente, si es un suceso, evento o acontecimiento, el verbo *ser* desempeña funciones predicativas, pero si este se presenta como una entidad física, el verbo *ser* juega el papel de cópula. Con el objetivo de confirmar lo efectivo de la diferenciación, tomemos la siguiente oración:

(163) Este libro es para aquellos que siguen pensando con tino que queda mucho por saber. (Cardeñosa, *El código secreto. Los misterios de la evolución humana,* 2001)

En el ejemplo (160), el sujeto del verbo *ser* es *cada visita*, que consideramos un suceso, evento o acontecimiento, mientras que en el (163) sería *el libro*, que es una entidad física. Partiendo de la hipótesis de que en ambos ejemplos el verbo *ser* puede alternar con los verbos, *tener lugar, suceder* u *ocurrir*, obtendríamos las siguientes oraciones:

(164) a ...cada visita tiene lugar/ ocurre/ sucede para comprobar la degradación.

(165) a *Este libro tiene lugar/ ocurre/ sucede para aquellos que siguen pensando con tino que queda mucho por saber…

Al comparar las nuevas oraciones con las originales, no se percibe diferencia entre el significado del ejemplo (160) y el ejemplo (160a), pero la oración del ejemplo (163a) resulta incorrecta, lo que confirma la conclusión sacada anteriormente. En conclusión, esperamos que estas pocas páginas hayan bastado para aclarar las cuestiones más importantes que se plantean sobre los atributos preposicionales.

6 Oraciones con *parecer*

En la gramática española, el verbo *parecer* desempeña una función imprescindible, tanto en el lenguaje oral como en el lenguaje escrito y, sin embargo, en la enseñanza universitaria de español a estudiantes chinos, su enseñanza se limita a sus usos más básicos. En este capítulo, albergamos el deseo de poder presentar y analizar sus usos de una forma más detallada, con el fin de trabajar para superar esa carencia programática. Y sin más dilación, comenzaremos diciendo que los sintagmas que pueden aparecer en la posición posverbal son los grupos nominales, preposicionales, adjetivales, adverbiales, infinitivos y oracionales, que todavía no se pueden denominar atributos del verbo *parecer*, ya que una parte de los sintagmas posverbales no desempeñan la función atributiva. Sirva de momento esta sintética clasificación de los sintagmas para orientar el proceso del análisis.

6.1 Nombres como atributo

En este caso, los sintagmas nominales pueden seguir las dos pautas siguientes: A. *Parecer* + grupo nominal; B. *Parecer* + complemento indirecto + grupo nominal (RAE, 2009: 2827). En la pauta A tiende a interpretarse como el resultado de una percepción, mientras en la pauta B, como interviene el complemento indirecto, normalmente se expresa el significado de 'opinar' o 'creer'. Veamos las siguientes oraciones:

(1) Estados Unidos todavía parece un imperio. (*La Vanguardia*, 16/06/1995)

(2) Su llegada me parece un acierto. (*El Diario Vasco*, 11/01/2001)

La norma más utilizada para determinar la propiedad copulativa de una oración se basa en el hecho de si el sintagma poscopular puede conmutarse o no por el pronombre neutro *lo*. Una vez efectuada la conmutación, obtenemos las siguientes oraciones:

Estados Unidos todavía lo parece.

Su llegada me lo parece.

Como se ve, la conmutación por el pronombre *lo* resulta natural y gramatical y, sin embargo, debido a la presencia del complemento indirecto me, algunos gramáticos (RAE, 2009: 2829) han considerado que en el ejemplo (2) *parecer* es más propiamente un verbo de juicio o de opinión que un verbo copulativo. *La Nueva gramática de la lengua española* (ibid.) aboga por la cualidad copulativa de las oraciones de la pauta B, ya que, en primer lugar, la conmutación por *lo* no trae ninguna incoherencia; y, en segundo lugar, el hecho de que una oración exprese opinión no contradice su propiedad copulativa, ya que muchas oraciones copulativas constituidas por las cópulas *ser* y *estar* también expresan opinión o valoración, como se observa en los siguientes ejemplos:

(3) Pero también Jana Novotna es una buena jugadora sobre la superficie de "rebound ace" del Flinders Park de Melbourne. (*La Vanguardia*, 16/ 01/ 1995)

(4)... y el vino estaba bueno. (*El Mundo-Vino*, 03/ 01/ 2003)

Como se aprecia, ambas oraciones expresan opinión sin que ello se oponga a su cualidad copulativa, por lo que no resulta fundamentado excluir la pauta B fuera del marco atributivo. No obstante, es verdad que entre las pautas A y B se perciben unas diferencias evidentes. Por un lado, en la pauta A es posible pero es infrecuente que el verbo *parecer* aparezca en tiempo perfectivo, mientras en la pauta B resulta habitual el uso del tiempo perfectivo (*Me pareció una buena profesora*). Por otro lado, como las oraciones de la pauta B expresan opinión, eso implica una mayor coloración personal, es decir, una actitud más personal por parte del interlocutor que enuncia dicha oración. Mientras, en las oraciones correspondientes a la pauta A no interviene la opinión del hablante, sino que se describe objetivamente la apariencia de una persona o un asunto: *La comida parecía rica, pero no lo fue* (RAE, 2009: 2829). Concluiremos añadiendo que tanto los sintagmas nominales definidos como indefinidos pueden funcionar como atributo en las oraciones que corresponden a la pauta A y B, mientras que como sujeto de estas oraciones podemos encontrar un pronombre personal, un nombre propio, un sintagma nominal o una oración.

6.2 Preposiciones como atributo

Las pautas correspondientes a los atributos preposicionales son las construcciones: C. *Parecer* + grupo preposicional; D. *Parecer* + complemento indirecto + grupo preposicional (RAE, 2009: 2827). Veamos las siguientes oraciones:

(5) La marihuana de aquí no parece de muy buena calidad. (*Revista El Amante*, 2000)

(6) Este tema me parece de los más graves que se han producido. (*La Vanguardia*, 16/ 06/ 1995)

Las pautas que corresponden a los atributos preposicionales son parecidas a las correspondientes de los sintagmas nominales, en cuanto a que pueden conmutarse por el pronombre neutro *lo*, resultando en las siguientes oraciones:

La marihuana de aquí no lo parece.

Este tema me lo parece.

En la pauta C *parecer* rechaza los grupos preposicionales locativos y los temporales (**Antonio parece en su casa*; **La guerra parecía en el siglo pasado*), y en la pauta D se rechazan los grupos preposicionales locativos y los adverbios que los sustituyen (**Por la hora me parece en su casa*) (RAE, 2009: 2828). La preposición que se utiliza aquí con más frecuencia es *de*, que expresa origen, composición, valoración. De la misma manera como sucede en las oraciones con atributos sustantivos, en las que cuentan con atributos preposicionales, la función de sujeto puede ser desempeñada por un pronombre personal, un nombre propio, un sintagma nominal o una oración.

6.3 Adjetivos como atributo

Las pautas correspondientes a los sintagmas adjetivales son las siguientes: E. *Parecer* + grupo adjetival; F. *Parecer* + complemento indirecto + grupo adjetival (RAE, 2009: 2827). Veamos los siguientes ejemplos:

(7) La idea parece buena hasta que él mismo se da cuenta de qué tipo de fotos guarda. (*El País*, 14/ 02/ 2003)

(8) La venganza no me parece buena en política. (*Tiempo*, 04/ 06/ 1990)

Igual que los sintagmas nominales y preposicionales, los adjetivales desempeñan la función atributiva y pueden conmutarse por el pronombre neutro *lo*.

La idea lo parece.

La venganza no me lo parece.

El verbo *parecer* admite tanto los adjetivos que se combinan con *ser*, como los que se construyen con *estar*, tal y como se muestra en las siguientes oraciones:

(9) Admiro la seguridad con la que sus señorías hablan sobre un tema que a mí me parece chino. (Rico Godoy, *Cómo ser una mujer y no morir en el intento*, 1990)

(10) Un ser que –según el papel designado- nos parece lleno de bondad o de injusticia, y, las más de las veces, se nos antoja absurdo e incomprensible. (Aguilera, *La caricia rota*, 1983)

Nótese que el adjetivo *chino* normalmente solo se combina con el verbo *ser* y el adjetivo *lleno* solo se construye con *estar*, por lo que la construcción de "me parece chino" del ejemplo (9) adquiere un significado diferente, expresando que 'me parece que es muy difícil', mientras que la construcción de "nos parece lleno" del ejemplo (10) viene a significar 'nos parece que está lleno'. Desde este punto de vista, el verbo *parecer* posee propiedades similares a los dos verbos *ser* y *estar* y, además, admite los participios pasivos y expresa el significado de que 'parece que algo está hecho' o 'parece que ha hecho algo', como se observa en las siguientes oraciones:

(11) Parece llegado el momento de abrir otras líneas de trabajo. (*Revista de la Sociedad Española de Medicina de Urgencias y Emergencias*, 2000)

(12) Después de una temporada, y ahora que parece finalizado el trabajo de Ugarte con la EGO... (*El Diario Vasco*, 19/ 12/ 2000)

6.4 Adverbios como atributo

Según la Real Academia, la única estructura en que un adverbio puede funcionar como atributo es la siguiente: G. *parecer* + complemento indirecto + grupo adverbial (RAE, 2009: 2827). El verbo *parecer* admite la mayoría de los adverbios, como, por ejemplo, los de modo, y en los casos en que aquellos funcionen como atributo del verbo *parecer*, normalmente se hace necesaria la presencia del complemento indirecto, pasando a expresar opiniones. Veamos los siguientes ejemplos:

(13) Además nos parece bien poder alquilar compactos y sobre todo, que tenga máquina de café. (*El Diario Vasco*, 27/ 04/ 99)

(14) CHANFALLA. A mí me parece divinamente. (Sanchis Sinisterra, *El retablo de Eldorado*, 1985)

En el apartado 5.2 de los sintagmas preposicionales, se ha aclarado ya que, según señala la Real Academia, en la construcción de *parecer* + grupos preposicionales no se admiten los que expresan la localización y el tiempo, mientras que en la estructura *parecer* + complemento indirecto + grupos preposicionales no se admiten los que expresan localización. En cuanto a los adverbios, se sigue utilizando un principio parecido, que dicta que la mayoría de los locativos y temporales, tales como *allí, aquí, ahí, acá, allá, abajo, arriba, ahora, ayer, mañana, hoy*, entre otros, no pueden desempeñar la función de atributo en combinación con parecer y que los locativos tampoco pueden desempeñar esta función en la combinación de *parecer* + complemento indirecto, mientras que sí es posible, en este último tipo de construcciones, el uso de adverbios temporales que aparecen en posición posverbal y funcionan como atributo (15) y también, referido al tiempo, hemos encontrado algún ejemplo en combinación con *parecer* (16).

(15) Me parece temprano y la información demasiado nebulosa para empezar a elucubrar. (*Diario de las Américas*, 25/ 07/ 1997)

(16) Pero tal intento de introducir racionalidad en el debate parece lejos de lograrse. (*La Vanguardia*, 21/ 07/ 1994)

6.5 Infinitivos detrás de *parecer*

Los infinitivos pueden aparecer posverbales y sus correspondientes pautas son las siguientes: H. *Parecer* + infinitivo; I. *Parecer* + complemento indirecto + infinitivo concordado con el sujeto; J. *Parecer* + complemento indirecto + infinitivo concordado con el complemento indirecto (RAE, 2009: 2827). Veamos las siguientes oraciones que corresponden a las tres pautas anteriores:

(17) En cada nueva exposición, la pintura de Ignacia Aballí parece llegar a un límite tras el cual solo es posible la autonegación y la desaparición. (*La Vanguardia*, 02/ 06/ 1995)

(18) Jorge me parece ser un buen escritor. (RAE, *la Nueva gramática de la lengua española*, 2009)

(19) Cierro los ojos y me parece escuchar a Frondizi, a Balbín, a Dellepiane, a Perette y a Sammartino. (Oral, *Reunión 57, Sesión ordinaria 30*, 1998)

En primer lugar, analizamos la función desempeñada por el infinitivo *llegar a un límite* del ejemplo (17) y, para conseguirlo, es necesario analizar la propiedad poseída por el verbo *parecer*. En este ejemplo, si *parecer* es un copulativo, el infinitivo sería el atributo, mientras que en el caso de ser un verbo pleno, la construcción infinitiva sería el complemento directo; si, en cambio, *parecer* ejerce como verbo auxiliar, entonces se constituye una perífrasis verbal junto con el infinitivo. Basándonos en la primera hipótesis, el atributo llegar a un límite se conmutaría por el pronombre neutro lo y obtendríamos la siguiente oración:

*La pintura de Ignasi Aballí lo parece.

Visiblemente, la conmutación resulta más forzada que cuando se aplica a los sustantivos, adjetivos, adverbios y construcciones preposicionales. Pero veamos otros ejemplos de la pauta H y analicemos la naturalidad y gramaticalidad de la conmutación por el pronombre neutro *lo*:

(20) La poesía parece ser, y no otro género, el último reducto de la memoria en su suma de acepciones. (*La Vanguardia*,16/ 06/ 1995)

(21) Todo lo que sale de sus pinceles parece real, todo parece estar vivo. (*La Vanguardia*, 30/ 10/ 1995)

En el ejemplo (17) la construcción infinitiva llegar a un límite no denota propiedades caracterizadoras ni propiedades de estadio, ni posee las cualidades de los predicados de los copulativos *ser* y *estar*, por lo que resulta muy forzada la conmutación por *lo*. En cuanto a los ejemplos (20) y (21), la situación se ve alterada, ya que no se percibe falta de naturalidad alguna en las siguientes oraciones:

　　La poesía lo parece.

　　Todo lo parece.

Existen dos razones por las cuales se puede aplicar la conmutación a los ejemplos (20) y (21). En primer lugar, los verbos *ser* y *estar* se diferencian de los demás en que son propiamente copulativos, ya que, pese a que aparecen precedidos por el verbo *parecer*, sus propiedades no están modificadas, y siguen denotando propiedades caracterizadoras y de estadio. Las cualidades propias de las dos cópulas distinguen sus construcciones infinitivas de los sintagmas infinitivos encabezados por verbos plenos y, por lo tanto, para oraciones similares a los ejemplos (20) y (21) la conmutación por *lo* resulta más parecida a cuando este pronombre sustituye a los atributos nominales, adjetivales, adverbiales y preposicionales. En segundo lugar, no se perciben muchas diferencias entre la oración *La poesía parece ser el último reducto de la memoria en su suma de acepciones* y *La poesía parece el último reducto de la memoria en su suma de acepciones*; ni tampoco entre *todo parece estar vivo* y *todo parece vivo*. El pronombre neutro *lo* no suele conmutar en las construcciones infinitivas, y por eso en las oraciones *la poesía lo parece* y *todo lo parece, lo* solo conmuta al sintagma nominal *el último reducto de la memoria en su suma de acepciones* y al adjetivo *vivo* (RAE, 2009: 2831). Las construcciones *parecer ser* y *parecer estar* son excepciones y de ahí que sea discutible que en la pauta H, *parecer* siempre funcione como verbo copulativo. La dificultad de que las construcciones infinitivas se conmuten por *lo* contradice a la primera hipótesis, por *lo* tanto, en la pauta H, el verbo *parecer* no debe considerarse copulativo. Además, en la pauta H *parecer* tampoco es un verbo pleno, porque no es el núcleo del predicado de las oraciones (17), (20) y (21), ya que la parte que funciona como predicado la conforman las construcciones infinitivas, que son las que ponen restricciones al sujeto.

Nos queda la última opción, en la que *parecer* funciona como verbo auxiliar y construye una perífrasis verbal con el infinitivo. Los verbos auxiliares comparten similitudes con los copulativos en que no funcionan como predicado, ni ponen restricciones a la selección del sujeto, mientras que se diferencian en que las cópulas son seguidas por sintagmas sustantivos, adjetivales, adverbiales, preposicionales y oraciones, mientras a los verbos auxiliares los siguen los verbos no personales, tales como el infinitivo, el participio y el gerundio. En cuanto a los ejemplos anteriores correspondientes a la pauta H, se ha excluido la posibilidad de que *parecer* sea un verbo copulativo, por lo que solo puede tratarse de un verbo auxiliar. No obstante, la *Nueva gramática de la lengua española* (2009: 2832) ha planteado inconvenientes a esta opción, indicando que, en comparación con las dos hipótesis anteriores, los inconvenientes de la última opción son superables. Dichos inconvenientes vendrían por que, en primer lugar, en las perífrasis verbales constituidas por el auxiliar y el infinitivo, los pronombres enclíticos alternan con los proclíticos, mientras que el verbo *parecer* lo rechaza. Por ejemplo, *puedes decírmelo* puede pasar a *me lo puedes decir*, pero *parece mentírselo* no alterna con **se lo parece mentir*. Y es que el verbo *parecer*, a diferencia del auxiliar de las perífrasis verbales, no admite la alternancia de los pronombres enclíticos y proclíticos, y además, pone restricciones a los infinitivos que lo suceden, mientras que los auxiliares no restringen a los infinitivos que van detrás de ellos. Pese a estos inconvenientes, solo se puede aplicar la última explicación a la pauta H, ya que las otras dos hipótesis cuentan con mayores incoherencias.

Tras analizar la propiedad poseída por el verbo *parecer* en la pauta H, nos resulta más fácil comprender las oraciones de la pauta I. No se perciben muchas diferencias entre los ejemplos (17) y (18). Los contrastes presentados entre la pauta H y I son parecidos a las diferencias entre las oraciones *parece buena persona* y *me parece buena persona*, o *parece bueno* y *me parece bueno*, o *parece de Granada* y *me parece de Granada*. Acerca de los contrastes entre los últimos tres pares de oraciones, ya que se han analizado anteriormente en este párrafo nos limitaremos a señalar que, al igual que en la pauta H, el verbo *parecer* de la pauta I funciona como verbo auxiliar de perífrasis verbal.

A continuación, veamos las oraciones de la pauta J:

(22) Me parece sentir eso en la resurrección de las viejas polémicas. (Henríquez Gratereaux, *Empollar huevos históricos*, 2001)

(23) A mí me parece adivinar que estamos frente a una alegoría. (Dolina, *El ángel gris*, 1993)

En estas oraciones, las construcciones infinitivas están en concordancia con el complemento indirecto, de manera que en el ejemplo (22), es el sujeto de primera persona del singular quien siente "eso" y en (23), es también el sujeto de primera del singular quien adivina que estamos frente a una alegoría. En ambas oraciones, las construcciones de infinitivo no se conmutan por *lo* sino por *eso*: *eso me parece* del ejemplo (22) y (23). Además, el verbo *parecer* concuerda con las construcciones infinitivas, que se mantienen en tercera persona singular. Todo esto indica que en estas oraciones, las construcciones infinitivas funcionan como sujeto y el verbo *parecer*, como verbo pleno.

6.6 Oraciones que siguen *parecer*

Las oraciones aparecen posverbales y corresponden a las siguientes pautas: K. *Parecer* + oración subordinada sustantiva; L. *Parecer* + complemento indirecto + subordinada sustantiva; M. Tópico inicial + *parecer* + oración subordinada sustantiva; N. Tópico inicial + *parecer* + complemento indirecto + oración subordinada sustantiva (RAE, 2009: 2827). Veámoslo en los siguientes ejemplos:

(24) Parece que solo ellos son los representantes del municipio, es una actitud nefasta. (*La Voz de Asturias*, 21/ 08/ 2004)

(25) Me parece que hay mucha gente joven y un buen espacio para hacer cosas. (*El Diario Vasco*, 13/ 03/ 2001)

(26) La decisión parece que estaba ya tomada y "solo faltaba encontrar el momento, situar el objetivo y definir quiénes lo ejecutarían". (*El País*, 22/ 12/ 2004)

(27) Este diario me parece que va anticipado, pero es que a uno le ocurren las cosas antes de ocurrirle. (El País, 01/ 04/ 1984)

Para analizar las oraciones correspondientes a la pauta K, constituye una buena opción tomar como referencia el análisis de las estructuras de *parecer* + infinitivo. En ambas pautas, no aparece el complemento indirecto ni un sujeto explícito, por lo que, en primer lugar, se ve necesitado el análisis de saber qué parte funciona como sujeto. Igual que las oraciones de la pauta *parecer* + infinitivo, una oración como el ejemplo (24) resulta muy forzada si se conmuta la subordinada sustantiva por el pronombre átono *lo* y, asimismo, se percibe mayor naturalidad en la conmutación por el demostrativo *eso*: *eso parece* (RAE, 2010: 716). Por lo tanto, la subordinada sustantiva desempeña la función del sujeto y el verbo *parecer* no desempeña funciones copulativas sino predicativas. Por otro lado, la pauta L es una variante de la pauta K, las oraciones correspondientes a esta tampoco son copulativas, siendo la diferencia entre la una y la otra que la L expresa opiniones.

Por su parte, en la pauta M de este apartado, tenemos la intervención de un tópico inicial que, por ejemplo, en la oración (26), sería *la decisión*. Como su nombre indica, el tópico aporta informaciones del tema. Debido a que en el ejemplo (26), el tópico concuerda con el verbo *parecer* en número, resulta difícil determinar qué parte funciona como sujeto. El análisis de la concordancia nos ayuda con dicha determinación, como veremos en los siguientes ejemplos:

(28) Y las estadísticas parece que tampoco son muy fiables. (*El País*, 16/ 02/ 2003)

(29) Pero sus problemas parece que han acabado. (*Diario de Navarra*, 11/ 01/ 2001)

En todas estas oraciones correspondientes a la pauta M, contamos con la presencia de un tópico inicial en plural, un verbo en tercera persona singular y una oración subordinada sustantiva. Los sintagmas nominales plurales, denominados tópicos, no mantienen concordancia con el verbo *parecer* y de aquí se saca la conclusión de que el tópico no se corresponde con el sujeto oracional. En este tipo de oraciones el verbo *parecer* siempre se presenta en tercera persona singular, ya que la subordinada sustantiva constituye el sujeto oracional. Igual que las oraciones de la pauta M, las oraciones de la pauta N también disponen de un tópico y el sujeto oracional es la oración subordinada sustantiva. Y tanto en la pauta M como en la pauta N, el verbo *parecer* no desempeña funciones atributivas sino predicativas, como se ejemplifica en las siguientes oraciones:

(30) Otras posiciones me parece que tienen más de utopía que de realismo. (*El País*, 05/ 05/ 1976)

(31) Esos poetas me parece que están todos en mi última antología. (*ABC Cultural*,

20/ 12/ 1996)

Mediante el análisis de los seis tipos de sintagmas, se sacan las siguientes conclusiones: en primer lugar, los sintagmas nominales, adjetivales, adverbiales y preposicionales pueden desempeñar funciones atributivas en las oraciones constituidas por el verbo *parecer*, cuando el verbo objeto de este capítulo funciona como cópula. En segundo lugar, los infinitivos no desempeñan funciones de atributo y, en las pautas *Parecer* + infinitivo, *Parecer* + complemento indirecto + infinitivo concordado con el sujeto, junto con el verbo *parecer*, se forman perífrasis verbales; por otro lado, en la pauta *Parecer* + complemento indirecto + infinitivo concordado con el complemento indirecto, las construcciones infinitivas desempeñan la función del sujeto; de este modo, el verbo *parecer*, en la primera situación, funciona como verbo auxiliar, mientras que en la segunda situación, es un verbo pleno. Por último, aclararemos que las oraciones subordinadas sustantivas desempeñan la función del sujeto, y el verbo *parecer* designa en estas construcciones propiedades predicativas y se mantiene en la tercera persona singular.

7 Construcciones copulativas del español en el manual *Español Moderno*

Gracias a los intercambios económicos y culturales entre China y los países hispanohablantes, existe cada vez un mayor número de estudiantes que se decantan por estudiar lengua española o Filología hispánica como carrera universitaria. En la actualidad, en el territorio chino, existen más de 70 universidades que ofrecen la oportunidad de estudiar este idioma, y además contamos con muchas academias y centros de idiomas que también imparten clases del español[1].Con todo, en este trabajo, nos limitaremos a investigar la metodología de enseñanza utilizada en las universidades chinas, las instituciones sin duda más influyentes del país en la pedagogía del español.

El manual *Español Moderno* se utiliza a nivel nacional en la enseñanza del español, y su programa está dividido en seis tomos, que se imparten a razón de dos por año académico. Como la mayoría de los estudiantes cuentan con la oportunidad de estudiar durante un curso en un país hispanohablante, estos seis tomos del manual *Español Moderno* encajan perfectamente con los tres años académicos durante los cuales se estudia en China. Sin embargo, dado que en el cuarto año universitario suelen disminuir las horas lectivas, en la mayoría de los casos solo los primeros cinco tomos acabarán por ser impartidos. Cada tomo de este manual tiene aproximadamente 16 lecciones, las que a su vez se dividen en cuatro partes: texto, vocabulario, fonética, gramática, ortografía, léxico, conocimiento sociocultural y ejercicios. Centrándonos en nuestro tema, a continuación veamos cómo se coordinan estas cuatro partes en cuanto a la enseñanza de los verbos copulativos.

---

[1] Acerca de la situación de la enseñanza del español en China, véase Chen Min (2009),Sánchez Griñán (2008) y Santos Rovira (2011).

7.1 Construcciones con *ser* y *estar*

(1) Lección 1 del volumen 1 del manual *Español Moderno*

El verbo copulativo *ser* aparece por primera vez en la lección 1 del tomo 1, en cuyo vocabulario se nos da una explicación acerca del significado del mismo. El cuadro izquierdo corresponde a la versión original, copiada del manual *Español Moderno* y en la parte derecha aparece la versión traducida❶.

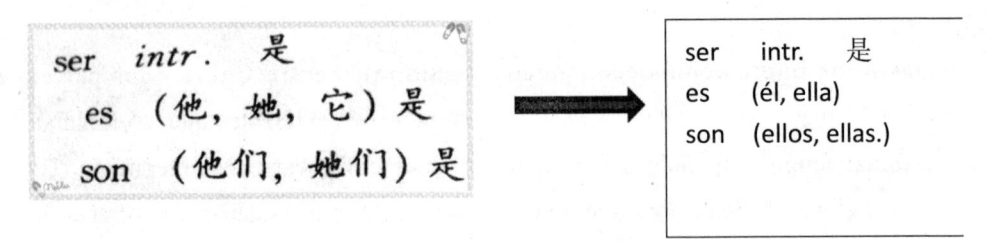

```
ser    intr.    是
es     (他, 她, 它) 是
son    (他们, 她们) 是
```

→

```
ser    intr.    是
es     (él, ella)
son    (ellos, ellas.)
```

Como se ve, en *Español Moderno* *ser* está mal definido, puesto que no es un verbo intransitivo sino copulativo. Además de aparecer en el vocabulario, también se encuentra con mucha frecuencia en los textos de la lección 1 (véase las capturas (1) de *Español Moderno*, que figuran en los apéndices) y, una vez terminada dicha lección, nos damos cuenta de que su objetivo consistía primordialmente en que los estudiantes se familiarizaran con los usos de su tercera persona. Hay que tener en cuenta que en chino los verbos no flexionan la persona, ni tampoco el tiempo ni el modo, y por eso, al comienzo, a los estudiantes chinos les resulta difícil comprender la conjugación verbal, y es mejor empezar por formas poco complicadas, como la tercera persona singular y plural.

En los textos anteriormente mencionados (en la lección 1 del primer tomo de *Español Moderno*), los atributos que aparecen se dividen en dos categorías: sustantivos y adjetivos, y más concretamente, nombres propios, sustantivos como *amigo*, *amiga* y adjetivos que indican la nacionalidad. A los textos en cuestión corresponden los ejercicios que se enuncian al final de cada lección de *Español Moderno* (véase las

---

❶ En el cuadro izquierdo, el pronombre chino "它" se utiliza para referirse a los animales, o a los objetos inanimados. Como en español no existe un pronombre equivalente o correspondiente, en el cuadro derecho se ha optado por no traducirlo.

7 Construcciones copulativas del español en el manual *Español Moderno*

capturas (1) de *Español Moderno* que figuran en los apéndices), cuyo objetivo es fortalecer el conocimiento sobre el verbo copulativo *ser* y practicar el lenguaje oral. En conclusión: la primera lección de *Español Moderno* pretende mostrar los usos de la tercera persona del verbo copulativo *ser* indicando la identidad personal.

(2). Lección 2 del volumen 1 del manual *Español Moderno*

En la lección 2 ya se procederán a introducir las demás formas conjugadas que en la lección 1 no habían figurado para simplificar. En cuanto a la conjugación del verbo copulativo *ser* en presente de indicativo, *Español Moderno* nos proporciona el siguiente contenido (ofrecemos la versión traducida. Para consultar el texto original, véase las capturas (2) de *Español Moderno*, en los apéndices):

"Gramática.

II. La conjugación del verbo copulativo *ser* en presente de indicativo:

Los cambios morfológicos de los verbos españoles declinados en modo, tiempo y persona, entre otros, son denominados conjugaciones. La conjugación del verbo copulativo *ser* en presente de indicativo se presenta a continuación:

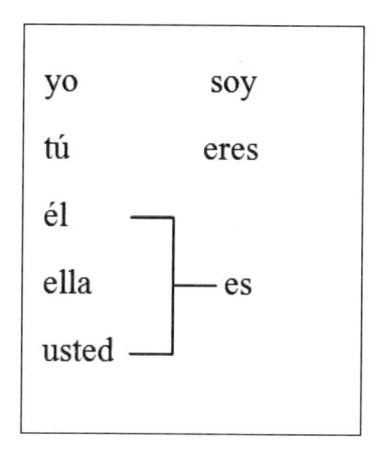

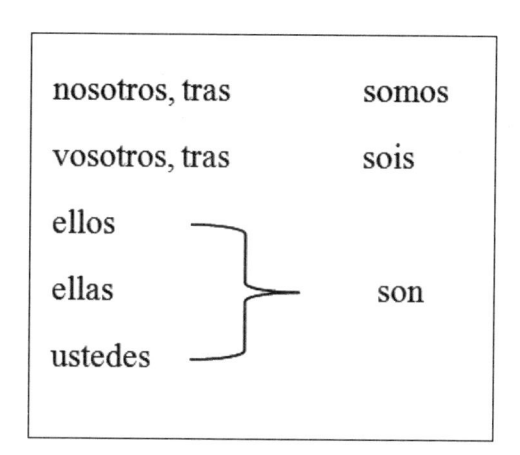

yo	soy	nosotros, tras	somos
tú	eres	vosotros, tras	sois
él		ellos	
ella	es	ellas	son
usted		ustedes	

Como la terminación de un verbo español conjugado puede indicar la persona correspondiente, en muchas ocasiones se omite el sujeto, principalmente cuando se trata de la primera y la segunda persona, por ejemplo:

Soy china. (No hace falta decir "Yo soy china").

¿Eres hermana de Lucía? (No hace falta decir "¿Eres tú hermana de Lucía?)

En los casos en que se indica con claridad, la tercera persona plural y singular también se puede omitir:

> Manolo es médico. Es padre de Pepe y Paco. (No hace falta decir "Él es padre de Pepe y Paco").
>
> Ema es enfermera. Es esposa de Manolo y madre de Pepe y Paco. (No hace falta decir "Ella es esposa de Manolo y madre de Pepe y Paco")".

En lo correspondiente a la gramática, las distintas formas conjugadas de *ser* también aparecen en los textos y en los ejercicios de la lección 2 y, de acuerdo con el análisis de estas partes (gramática, textos y ejercicios), se evidencia que los textos y los ejercicios están principalmente relacionados con las explicaciones gramaticales. Además, esta lección nos muestra las demás formas de flexiones morfológicas de persona del verbo copulativo *ser*, y también amplía la escala de los atributos, extendiéndose a los sustantivos de profesión, tales como *cantante, cocinero, médico* y a los roles familiares, como *esposa, padre, madre*, entre otros. No obstante, aún limita sus casos a los sustantivos y los adjetivos.

(3). Lección 3 del volumen 1 del manual *Español Moderno*

En la lección 3 se introduce por primera vez el verbo copulativo *estar*, del que importa conocer cómo se ha traducido aquí al chino. En la parte del vocabulario, encontramos que el equivalente chino de *estar* se considera la palabra "在", que no es un verbo sino una preposición. Además, el verbo *estar* está mal definido, puesto que no es un verbo intransitivo, sino un verbo copulativo. Todo ello se aprecia en la siguiente imagen escaneada:

词汇表 VOCABULARIO
estar   intr.   在

En la parte de la gramática se nos presenta la conjugación del verbo copulativo *estar* en presente de indicativo. Además, en los textos, se ejemplifica cómo se utiliza este verbo para indicar ubicación, cercanía y lejanía, con frases como las siguientes: *su oficina está en el centro de la ciudad; está cerca de mi casa*. Además, en los textos de la lección 3 aparece por primera vez la construcción *ser + de*, como en las oraciones siguientes, en la que se utiliza para indicar la pertenencia de los dormitorios:

7 Construcciones copulativas del español en el manual *Español Moderno*

"Este dormitorio es de mis hijos. En él hay dos camas. Aquél es de nosotros dos, mi esposa y yo".

(4) Lección 6 del volumen 1 del manual *Español Moderno*

Aquí se nos presentan las diferencias entre el verbo copulativo *ser* y el verbo copulativo *estar* cuando ambos se combinan con los adjetivos. En primer lugar, veamos cómo se los diferencia de la parte gramatical, en esta versión traducida del chino (en cuanto al texto original, véase las capturas (4) de *Español Moderno*, que figuran en los apéndices):

"Los verbos *Ser* y *Estar* + adjetivo:

En español existen dos verbos copulativos, *ser* y *estar*, y ambos admiten los atributos adjetivos. Generalmente la construcción "*ser* + adjetivo" denota las cualidades inherentes de los objetos; mientras "*estar* + adjetivo" indica el estado o el resultado de alguna alteración. Intenta comparar las siguientes oraciones:

I. Ema es simpática.

Hoy Ema está muy simpática.

II. Éste es mi armario. Es muy grande.

Éste es mi armario. Está limpio y ordenado".

Por su parte, en los textos, encontramos las siguientes oraciones compuestas con los verbos *ser* y *estar*: *Estamos en la habitación de mi hermana; La habitación está limpia y ordenada; Mi hermana es cantante; El hombre moreno es mi padre; Es taxista; Es alto, fuerte y alegre.*

En capítulos precedentes, hemos dedicado numerosas páginas a la distinción entre las propiedades expresadas por los verbos copulativos *ser* y *estar* y, en total, hemos analizado siete teorías sobre sus distinciones, correspondientes a los siguientes elementos: estado y cualidad, cualidades permanentes y cualidades transitorias, norma general/ norma individual, verbo perfectivo/ verbo imperfectivo, clasificar/ describir, [-NEXUS]/ [+NEXUS] y la que diferencia entre predicado de caracterización y predicado de estadio o episódico. También hemos señalado cómo la *Nueva gramática de la lengua española* aboga por la última distinción, indicando que las propiedades denotadas por *ser* no se adquieren por un cambio, sino que, al contrario, las propiedades expresadas por *estar* se obtienen mediante alguna alteración o están sujetas a un período o situación particular.

Desde este punto de vista, la explicación dada por la lección 6 del manual *Español Moderno* resulta en parte sensata y razonable, ya que los términos utilizados encajan parcialmente con los ofrecidos por la *Nueva gramática de la lengua española*, aunque es difícil definir el concepto de "cualidades inherentes". De acuerdo con el DRAE, la palabra inherente tiene los siguientes significados:

1. adj. Que por su naturaleza está de tal manera unido a algo, que no se puede separar de ello. Derechos inherentes A su cargo.

2. adj. Gram. Se dice de la propiedad perteneciente a una unidad gramatical con independencia de las relaciones que esta pueda establecer en la oración; p. ej., pared tiene como propiedad inherente el género femenino, y pensar, la característica de construirse con sujeto animado. (DRAE en línea)

Con estas definiciones, no es fácil dar una explicación a oraciones como *En ese momento Ana era una estudiante secundaria, pero ahora ya es mucho más madura, ya es una profesora universitaria*. En esta oración es imposible decir que "una estudiante secundaria" es una propiedad inherente que caracteriza al sujeto, porque con el transcurso del tiempo, esta propiedad se va a ver modificada. Sin embargo, por otra parte, los términos del manual *Español Moderno* se pueden utilizar para explicar una parte de las oraciones constituidas por *ser*, ya que "las cualidades inherentes" señalan que su adquisición no depende de cambio alguno y los términos "el estado y el resultado de alguna alteración" también indican adecuadamente las cualidades o propiedades del predicado del verbo copulativo de *estar*. Igualmente, el manual *Español Moderno* comenta que, a diferencia de otros idiomas, el español posee dos verbos copulativos, *ser* y *estar*, lo cual es discutible, puesto que además de estos, el verbo *parecer* también se considera copulativo y existen muchos otros verbos semicopulativos, tales como los de cambio (*devenir, hacerse, volverse, ponerse, quedar(se), caer, resultar, salir, acabar* y *terminar*), los de permanencia, persistencia o continuidad (*quedar(se), andar, seguir, permanecer, continuar, mantenerse* y *conservarse*) y los de presencia y manifestación (*verse, presentarse, aparecer, lucir, encontrarse, hallarse, ir* y *venir*).

(5). Lección 18 del volumen 1 del manual *Español Moderno*

La lección 18 profundiza en las explicaciones sobre el verbo copulativo *estar* y, en primer lugar, encontramos unas indicaciones en lo referente a sus usos que traducimos a continuación. (En cuanto al texto original, véase las capturas (5) de *Español Moderno*, incluidas en Apéndices).

"Estar

A. (Estar es un verbo de ubicación e indica la ubicación de una persona o un objeto)

1. ¿Dónde está María?

No sé. Debe estar en su casa.

2. Todas las sillas están junto a las ventanas.

B. (Estar es un verbo copulativo)

1. La niña está enferma.

2. Estos días estamos muy ocupados.

3. Aquella mesa junto a la ventana está libre".

En la lección 18 se diferencian los usos del verbo *estar* según indique ubicación o se trate de un copulativo, señalando que cuando *estar* indica la ubicación no es un verbo copulativo. No obstante, de acuerdo con la *Nueva gramática de la lengua española*, la construcción locativa puede funcionar como atributo y el verbo *estar* desempeña funciones copulativas, por lo que la clasificación dada por esta lección carece de fundamento.

(6). Lección 2 del volumen 2 del manual *Español Moderno*

En la lección 2 del tomo 2 del manual *Español Moderno* se vuelve a hablar de las divergencias entre los verbos copulativos *ser* y *estar*, como veremos en la versión traducida al chino que se presenta a continuación (en cuanto al texto original, véase las capturas (6) *Español Moderno*, como figuran en los apéndices):

"Diferencia entre los verbos copulativos *ser* y *estar*:

En comparación con los otros idiomas, lo que caracteriza al español consiste en que posee dos verbos copulativos. Se utilizan ambos verbos para formar el predicado nominal, pero presentan diferencias en la semántica, las cuáles se incluyen a continuación:

I. En las oraciones con predicado nominal constituido por *ser*, el atributo puede ser sustantivo y adjetivo. Mientras que el atributo de las oraciones copulativas constituidas por *estar* solo puede ser adjetivo. Por ejemplo:

Ellos son estudiantes.   ...

Ellos son inteligentes.   Ellos están libres.

II. El atributo adjetivo de *ser* denota las cualidades inherentes y permanentes de los objetos, mientras el atributo adjetivo de *estar* expresa el estado o el resultado de algún cambio. Por ejemplo:

Estas flores son bonitas y aquellas son feas.

Los árboles están verdes en el verano.

Los niños estaban acostados".

Como se ve, la mayor parte del contenido de esta lección coincide con la lección 6 del tomo 1. Además de los fenómenos gramaticales ya comentados anteriormente, se indica que los sustantivos solo pueden ser atributos del verbo copulativo *ser*, aunque en el lenguaje oral, en ocasiones, el verbo *estar* también se combina con los sustantivos para indicar las características que posee una persona. No obstante, en la mayoría de los casos, tal y como está indicado por el manual *Español Moderno*, los sustantivos solo seleccionan el verbo copulativo *ser*.

(7). Lección 4 del volumen 2 del manual *Español Moderno*

En esta lección encontramos de nuevo páginas dedicadas a la distinción entre los verbos copulativos *ser* y *estar*, cuya traducción del chino se muestra a continuación (en cuanto al texto original, véase las capturas (7) de *Español Moderno*, recogidas en los apéndices):

"Diferencias entre los verbos copulativos *ser* y *estar*:

Una gran cantidad de los adjetivos de cualidad pueden aparecer como atributo en las oraciones constituidas por ambos verbos. Sin embargo, existen diferencias obvias en la semántica. Los adjetivos combinados con *ser* denotan cualidades y los construidos con *estar* designan el resultado de algún cambio. Intenta comparar:

7 Construcciones copulativas del español en el manual *Español Moderno*

El muchacho es alto.   El muchacho está alto.

El jardín es muy bonito.   El jardín está muy bonito".

Respecto a la afirmación de que "los adjetivos combinados con *ser* denotan cualidades", resultaría menos polémico decir que denotan propiedades de caracterización o de individuo, porque la palabra cualidad es de difícil definición y, además, los adjetivos construidos con *estar* también pueden expresar cualidad como, por ejemplo, *A pesar de los años de Casablanca, sus cualidades como película están claras. / Pero la cualidad de la paciencia ya no está vigente hoy en día* (Aletá Alcubierre, 2008: 2). Por tanto, no es exacta la afirmación de *Español Moderno* que dicta que "los adjetivos combinados con *ser* denotan cualidades".

(8). Lección 12 del volumen 2 del manual *Español Moderno*

De esta lección solo hay que reseñar que en la parte de léxico se enseñan los usos de la locución *estar en condiciones*, que expresa el significado de 'ser capaz de hacer algo'. (En cuanto al texto original, véase las capturas (8) de *Español Moderno*, que figuran en los apéndices).

(9). Lección 13 del volumen 4 del manual *Español Moderno*

La gramática de esta lección nos enseña el uso del verbo copulativo *ser* en la coordinación disyuntiva. Su versión traducida del chino se presenta a continuación (en cuanto al texto original, véase las capturas (9) de *Español Moderno*, que figuran en los apéndices):

"Variante de la coordinación disyuntiva sea...o...:

Sabemos que en la coordinación disyuntiva, la conjunción que se utiliza con frecuencia es o (u), y en ocasiones puede intervenir el verbo copulativo *ser* en modo subjuntivo. Por ejemplo:

1) Basta con ver cualquier empresa, sea industrial, comercial o financiera.

La eliminación u omisión de sea no afectará al significado oracional, solamente se debilitará el tono:

2) Basta con ver cualquier empresa, industrial, comercial o financiera".

(10). Lección 3 del volumen 5 del manual *Español Moderno*

En esta lección, profundizamos en la diferencia entre los verbos copulativos *ser* y *estar*.

El manual *Español Moderno* intenta diferenciar los verbos mencionados en los casos en que se combinan con atributos adjetivos, señalando que algunos adjetivos se construyen con los dos verbos y denotan las mismas acepciones (*alto, gordo, normal, alegre, amargo*), mientras que otros adjetivos también admiten ambos verbos pero denotan distintas acepciones (*bueno, malo, vivo, fresco, listo*) y el resto presentan preferencias obvias en la selección del verbo (como en el caso de *cortés, mortal, inteligente, discreto, noble* con *ser*; *harto, lleno, satisfecho, contento, muerto* con *estar*). Además de esta profundización en la gramática, el quinto volumen del manual *Español Moderno* tiene la peculiaridad de que en todo el libro apenas aparecen caracteres chinos, salvo en las tareas de traducción de la sección de ejercicios, y también desaparece la parte de vocabulario, lo cual hace necesaria una capacidad comprensiva elevada y al mismo tiempo una mejora de la capacidad autodidáctica.

(11). Lección 12 del volumen 5 del manual *Español Moderno*

En la parte del léxico, se nos presenta una construcción formada por el verbo copulativo *estar: estar sujeto* (a).

 Estar sujeto (a)

 1. El cuadro no está bien sujeto.

 2. El precio de las mercancías está sujeto a la ley de la oferta y la demanda.

 3. La capacidad cognoscitiva del hombre está sujeta al nivel científico y tecnológico alcanzado en su época.

Las explicaciones dadas por el manual *Español Moderno* resultan bastante básicas si las comparamos con el análisis de la *Nueva gramática de la lengua española*. En primer lugar, nos transmiten los conocimientos morfológicos de ambos verbos, mostrando la conjugación en concordancia con las seis personas. En segundo lugar, se habla en cuatro ocasiones de las divergencias entre *ser* y *estar*, pero en las tres primeras explicaciones, las diferencias apenas son apreciables, ya que todas subrayan el hecho de que el verbo *ser* denota cualidad y *estar* expresa el resultado de un cambio. En tercer lugar, los verbos *ser* y *estar* están mal definidos, puesto que no son verbos intransitivos, sino copulativos. Por último, se reseñan brevemente los usos característicos de ambos verbos como, por ejemplo, las frases hechas *estar sujeto a* y *estar en condiciones de* o

7 Construcciones copulativas del español en el manual *Español Moderno*

la construcción disyuntiva *sea...o...*.

Al analizar cómo se enseñan *ser* y *estar* en *Español Moderno* es muy posible que nos preguntemos si las explicaciones precedentes serán capaces de aclarar las posibles dudas surgidas entre los estudiantes chinos, y orientarlos para que utilicen sin problemas las dos cópulas. La complejidad de la distinción *ser/ estar* y las pocas páginas que ocupan los verbos en el manual *Español Moderno* han dado lugar a fuertes contrastes que ponen en evidencia una conclusión central en este trabajo: para un mejor dominio de los dos verbos será necesario que acudamos a otros materiales.

7.2 Construcciones con *parecer*

En comparación con los verbos *ser* y *estar*, el verbo *parecer* aparece con mucha menor frecuencia en las partes de gramática y léxico del *Español Moderno*. A continuación veamos cómo nos muestran los usos de dicho verbo los cinco volúmenes de este manual de referencia en las aulas chinas.

(12). Lección 16 del volumen 1 del manual *Español Moderno*

La primera vez que el verbo en cuestión aparece será en el primer volumen de la serie, en la parte de vocabulario de la lección 16, cuando conocemos por primera vez el significado de *parecer*.

> parecer   intr .   像是；使觉得

(Parecer intr., tener determinada apariencia o dar la sensación de que...)

Hay que indicar que el verbo *parecer* ya se encuentra mal definido, puesto que no es un verbo intransitivo, sino que posee tanto usos copulativos como usos predicativos. Además de en la parte de vocabulario, el verbo *parecer* también se encuentra en los dos textos de esta lección, donde lo encontramos en las siguientes oraciones: *Pero no me parece de buena calidad; Me parece un poco corta para usted*. Como se observa, ambas muestran los usos del verbo para expresar opinión.

(13). Lección 20 del volumen 1 del manual *Español Moderno*

En la lección 20 de este libro, la sección de léxico nos señala los usos relacionados con el verbo *parecer*. A continuación, se ofrece su versión traducida al español (en cuanto al texto original, véase las capturas (13) de *Español Moderno*, que figuran en los apéndices):

"Parecer intr.

   A. (Combinado con los adjetivos) expresa el significado de 'sentir que' o 'dar a alguien la sensación de que' o simplemente 'creer'.

   1. Estos textos me parecen más interesantes que aquellos.

   2. ¿Qué te pareció la conferencia?

Me pareció muy interesante. Este tipo de conferencia es muy importante para nuestro estudio de español.

   B. (Combinado con las expresiones preposicionales) expresa el significado de 'tener determinada apariencia'.

   1. El abrigo parece de buena calidad. Me lo compro. ¿Dónde pago?

   2. Aquel muchacho parece de nuestra facultad.

   C. (Combinado con los adverbios) expresa el significado de 'opinar', 'creer'.

   1. Podemos ir al cine esta noche. ¿Qué les parece?

Nos parece bien.

   2. Ahora mismo hablo con ella. ¿Te parece bien?

Me parece muy mal".

Aparentemente, en esta lección se hace hincapié en la división de los atributos, presentándonos tres tipos de ellos: los adjetivos, los sintagmas preposicionales y los adverbios. No se diferencian, sin embargo, las normas de *parecer* + atributo y de complemento indirecto + *parecer* + atributo y se indica que las oraciones ejemplificadas en las normas A y B tienen el mismo significado de "觉得" que significa 'creer' o 'dar a alguien la sensación de que'. Sin embargo, los estudios expuestos en el capítulo 5 demuestran que es más correcta la traducción del verbo *parecer* en las oraciones B1 y B2 a "看起来", que significa 'tener la apariencia de que', puesto que, cuando no interviene el complemento indirecto, las oraciones de *parecer* no expresan opiniones personales y no se pueden traducir por "觉得" (equivalente a *creer*).

7 Construcciones copulativas del español en el manual *Español Moderno*

Por tanto, las pocas líneas dedicadas al verbo *parecer* evidencian el hecho de que el manual *Español Moderno* pone menor énfasis en dicho verbo, pese a lo cual, sin embargo, su importancia no se puede ignorar. *Parecer* aparecerá con más frecuencia en los textos que en las secciones de léxico y gramática como, por ejemplo, en la lección 2 del volumen 2, donde tenemos la siguiente oración en la que se utiliza la norma *parecer +* sustantivo: *Parecía una demostración del folklore hispánico y una escena muy bonita con diferentes indumentarias de colores.*

Parte II Nexos chinos y su enseñanza en España

8. Nexos Chinos

9. Diferencia entre nexos chinos y verbos copulativos españoles

10. Enseñanza de las palabras copulativas del chino en España

8 Nexos Chinos

China es un país en el que conviven 56 etnias y se hablan más de 80 lenguas y dialectos incomprensibles entre sí, estos sumados a aquellos comprensibles recíprocamente dan como resultado un número considerablemente alto de hablas. Dichas lenguas y dialectos se reparten entre cinco familias: la sinotibetana, la altaica, la austronesia, la austroasiática y la indoeuropea, perteneciendo a la familia sinotibetana el han (mejor conocido como Chino mandarín), el tibetano, el jingpo, el li, el miao y el zhuang, entre otros; a la altaica, el mongol, el uigur y el kazajo; a la austronesia, las lenguas formosenas; a la austroasiática, el wa y otros idiomas; y a la indoeuropea el ruso y el tayiko. Pese a la existencia de tan variada gama lingüística, en este trabajo solo nos centraremos en la lengua han, originalmente hablada por la etnia que le da nombre y la mayoría de las minorías étnicas. En la actualidad el han es conocido comúnmente como Chino mandarín, y se imparte no solo en los colegios de la etnia han, sino también en los de las minorías, por lo que el mandarín es hablado por casi toda la población China. Por todo ello, el presente trabajo se centrará en el análisis contrastivo de los verbos copulativos con sus equivalentes en esta lengua, de ahora en adelante denominada para mayor concisión "Chino".

El español y el chino pertenecen a sistemas lingüísticos distintos, ya que el primero se adscribe al sistema latino, y el segundo a la familia sinotibetana. Por tanto, mientras que la base lingüística del español se encuentra en el alfabeto latino, la del Chino tiene su origen en los trazos de sus caracteres, que forman los sinogramas. Todo ello contribuye a que la distancia existente entre estas dos lenguas sea enorme, y no deba medirse exclusivamente en función de la distancia geográfica, sino según las diferencias y distancia entre las dos lenguas y sus culturas. Tanto es así que Minkang Zhou denomina a su traducción recíproca 《distante》, ya que el español y el chino son dos idiomas tanto cultural como lingüísticamente distanciados (周敏康, 2011: 26). Mientras, Laureano Ramírez Bellerín (2004: 18) señala que el chino es un sistema que se rige por unos principios distintos a los del español y los equivalentes entre sus dispares sistemas léxicos siempre son aproximados e imperfectos. Asimismo, Lameng Shen (2006: 1), autor dedicado a los estudios comparativos entre el chino y el español, indica:

> En general podemos decir que el chino es un idioma más ambiguo y menos preciso que el español. Una de las causas de ello es que en español las palabras flexionan según género o número, los verbos declinan, la misma palabra cambia de forma según se trate de sustantivo, adjetivo o verbo (*claridad, claro, aclarar*) y muchas estructuras gramaticales tienen una forma más precisa. El chino tiene una forma más esquemática.

Por tanto, entre el chino y español existe una enorme distancia, pero esta puede reducirse si efectuamos un estudio adecuado, y si conocemos mejor y profundizamos en las características de ambas lenguas.

8.1 Copulativos del chino

Antes de profundizar en el estudio de las palabras copulativas del chino, es necesario hacer énfasis en unos conceptos pertinentes, ya que un enfoque profundo siempre se basa en claras definiciones de los términos relacionados, tales como palabras copulativas, predicado y oraciones copulativas. El chino tradicional presenta una escala más amplia de los copulativos, y a dichas palabras corresponden "是" (shì, que significa '*ser*'), "非" (fēi, la forma negativa de "是"), "即" (jí, una variante de "是" que también significa '*ser*'), "为" (wéi, una variante de "是" que también significa '*ser*'), "乃" (nǎi, una variante de "是" que también significa '*ser*'), "系" (xì, una variante de "是" que también significa '*ser*'), entre otros. No obstante, en el chino moderno se observa mucha menos diversificación de los copulativos, siendo el copulativo más utilizado el "是", y entre los semicopulativos, "像" (xiàng, que, en algún sentido, es parecido en su uso al verbo *parecer*) y "如" (rú, una variante de "象", equivalente a *parecer*) (Wang Li, 2011: 115).

En cuanto a estos copulativos chinos, Wang Li (2011: 115) nos ofrece definiciones pertinentes, indicando que "las copulativas son palabras que relacionan el sujeto con el atributo" ("所谓系词，就是担任连接主位和表位的一种词"). Igualmente, en este mismo libro también se indica que las oraciones constituidas por los copulativos se denominan oraciones determinativas. En este caso, el copulativo y el atributo forman una construcción determinativa destinada al sujeto, es decir, que se utilizan oraciones determinativas para asegurar o confirmar el hecho de que el sujeto y el predicado se refieren al mismo objeto, o bien que el sujeto y el predicado pertenecen a la misma categoría, o bien poseen las mismas cualidades. Gracias a esto, se demuestra que el predicado de las oraciones copulativas del chino también funciona como atributo. A continuación, vemos algunos ejemplos:

(1) 他是老师。(Él es profesor).
(2) 李冬雪是我的弟弟。(Dongxue Li es mi hermano).
(3) 这件衬衫是白色的。(Esta camisa es blanca).
(4) 企鹅是哺乳动物。(El pingüino es un mamífero).

La oración del ejemplo (1) está destinada a determinar la profesión del sujeto *él* y la construcción determinativa "是老师" funciona como predicado de la oración. En el ejemplo (2), la construcción "是我的弟弟" determina la relación que tiene *Dongxue Li* con el hablante y también se puede decir que esta construcción determinativa identifica al sujeto *Dongxue Li*. En el ejemplo (3), el predicado "是白色的" determina las cualidades del sujeto. Y en el ejemplo (4), el predicado "是哺乳动物" adscribe el sujeto a la categoría de los mamíferos. En realidad todas estas oraciones se pueden dividir en dos clases: las que poseen función de caracterizar al sujeto, como los ejemplos (1), (3) y (4), y las que sirven para identificar al sujeto, como el ejemplo (2). Acerca de esta misma noción, en el libro de *La gramática del chino* (《汉语语法论》) Gao Mingkai (2011: 433) nos ha ofrecido una definición parecida, señalando que "los copulativos son los que desempeñan funciones estructurales o sintácticas y no poseen carga léxica, y su función principal consiste en relacionar el sujeto con el predicado" ("系词是结构虚词，它的作用在于联系名句之中的主语和谓语"). De este modo, las oraciones constituidas con ellos están destinadas a contestar a la pregunta "*¿Qué* *es esto?"*. No obstante, dichas oraciones no solo contestan a ese interrogante, sino que ofrecen otras respuestas a preguntas como *¿Cómo es?* o *¿Quién es este?* Como ya se ha indicado anteriormente, se utilizan las oraciones copulativas para caracterizar o identificar al sujeto, por lo que éstas no se limitan a determinar qué es una cosa.

En resumen, en ambas gramáticas se pone de relieve la función desempeñada por los copulativos, que es vincular el sujeto con el atributo. Por último, aportemos la entrada del diccionario XINHUA al respecto, que define atributo ("表语") como la clase de sintagmas que siguen a la palabra copulativa "是" y normalmente corresponden al predicado nominal o adjetival❶. En el chino moderno, generalmente el atributo ocupa la posición poscopular y el sujeto la precopular.

8.2 El nexo chino "是" (equivalente a *ser*)

La equivalencia del término "verbo copulativo" en el chino es "系动词" (xìdòng cí). Sin embargo, en este idioma no existen los verbos propiamente copulativos, pues se trata de un concepto diseñado para las lenguas occidentales (Gao Mingkai, 2011: 434-436), que sirve igualmente para referirse a *verb to be* del inglés, como al *ser*, *estar* y *parecer* en el español. No obstante, la inexistencia de ellos no supone que el chino no posea un tipo de palabras que desempeñen funciones similares; estas existen, y las llamamos "系词" (xì cí), expresión en la que "系" tiene el significado de 'copulativo' y "词" significa 'palabra'. A diferencia de "系词", el equivalente del término verbos copulativos, "系动词" (xìdòng cí) subraya el hecho de que "系动词" es un tipo de verbos. Al estar influenciado por los estudios lingüísticos de los idiomas occidentales, muchos gramáticos chinos consideran que los copulativos chinos pertenecen a los verbos copulativos, e incluso creen que son verbos plenos. Sin embargo, hay que oponerse a esta creencia, pues los copulativos chinos no poseen las cualidades de un verbo. El hecho de no poder llamar a "系词" como "系

---

❶ Consultado en el Diccionario de Xinhua, versión online, <http://xh.5156edu.com/html5/161332.html>, 25 de noviembre de 2013.

动词"y no considerar "是" como un verbo, se debe principalmente a razones como las ofrecidas por Gao Mingkai (2011: 434-436), que ofrecemos a continuación.

En primer lugar, generalmente, los gramáticos chinos consideran que "是" es una 《palabra vacía》❶, esto es, que no posee contenido semántico, algo con lo que están de acuerdo incluso aquellos que consideran "是" como un verbo pleno o un verbo copulativo. Si "是" es una palabra vacía, resultaría imposible que fuera un verbo pleno o una palabra que desempeñara la función verbal, ya que en el chino los verbos plenos y las palabras que desempeñan funciones verbales son «palabras conceptuales»❷ y disponen de carga semántica. Tales palabras juegan un papel importante en el aspecto semántico, mientras que las vacías son imprescindibles o importantes en el aspecto sintáctico y, por tanto, se utilizan para completar la estructura de la oración.

En segundo lugar, si consideramos que "是" es un verbo pleno o una palabra que desempeña funciones verbales, tenemos que admitir que oraciones como "他是我的弟弟" (Él es mi hermano pequeño) conllevan un movimiento, una acción o una actividad. Sin embargo, "他是我的弟弟" se trata de una oración identificativa y no posee ninguna de las cualidades verbales, lo cual contradice a la hipótesis de que "是" es un verbo pleno o una palabra que cumple funciones verbales.

En tercer lugar, si consideramos que "是" es un verbo pleno o una palabra que desempeña funciones verbales, es posible que tomemos el sintagma nominal "我的弟弟" (mi hermano) de la oración "他是我的弟弟" (Él es mi hermano) como el objeto o complemento directo. Pero antes de nada, veamos una oración en que existe un objeto o un complemento directo evidente:

(5) 我吃了香蕉。(He comido un plátano).

---

❶ De acuerdo con el Diccionario de Xinhua, versión online, las palabras vacías son aquellas que están estrechamente relacionadas con la estructura gramatical de una frase u oración y que no tienen significado léxico ("一般不单独作短语或句子成分，而只同短语或句子的语法结构密切相关的不表示实在意义的词。"). Consultado en <http://xh.5156edu.com/html5/8050.html>, 11 de marzo de 2015.

❷ Las palabras conceptuales son aquellas palabras que pueden constituir un sintagma o elemento oracional y tienen significado léxico y designan persona, objeto, movimiento, cambio, cualidad y otros valores ("能单独作短语或句子的成分，能独立成句，表示人或事物及其动作、变化、性状等实在意义的词。"). Consultado en el Diccionario de Xinhua, versión online, <http://xh.5156edu.com/html5/128702.html>, 11 de marzo de 2015.

En el ejemplo (5), "香蕉" es el objeto de la oración y "我", el sujeto, que realiza las funciones de un agente que enuncia la acción de comer, mientras que el objeto es el paciente que recibe dicha acción. No obstante, en una oración como "他是我的弟弟" (Él es mi hermano) no existe tal clase de relación entre el sujeto "他" y el sintagma nominal "我的弟弟", y por lo tanto se deduce que "我的弟弟" no es el objeto oracional, ni tampoco es posible que "是" sea un verbo pleno o una palabra que desempeña las funciones de un verbo. Y hasta aquí hemos discutido las razones por las cuales, "是" no es un verbo pleno ni una palabra que funciona como verbo pleno. A continuación, analizaremos por qué "是" tampoco es un verbo copulativo, comenzando por señalar que "是" es una palabra vacía y en ocasiones se puede eliminar sin afectar a la estructura sintáctica ni al contenido semántico, hasta el punto de que muchas veces resulta obligatoria su omisión. Veamos los siguientes ejemplos:

(6) 明天是星期三。(Mañana es miércoles).

(6) a. 明天星期三。(Mañana es miércoles).

En el ejemplo (6a) se ha omitido la palabra vacía "是" y, sin embargo, no se percibe casi ninguna diferencia de sentido entre las oraciones (6) y (6a). Esta posibilidad de eliminar "是" apoya la teoría de que esta palabra no es un verbo pleno, ni una palabra que funciona como tal, por extensión tampoco un verbo copulativo, puesto que en casos similares los verbos plenos y los verbos copulativos no podrían omitirse, pues su supresión causaría que las oraciones quedaran incompletas. Por ejemplo, en español podemos enunciar una oración como *Ana ha leído este libro*, pero no podemos decir que **Ana este libro*; asimismo, también decimos que *Antonio es un profesor de tenis*, pero **Antonio, un profesor de tenis* no formaría una oración. Por tanto, sin el verbo pleno *leer* y sin el copulativo *ser*, los demás sintagmas solo constituyen entre ellos expresiones sueltas. Todo ello aporta argumentos para afirmar que "是" es una palabra vacía que conecta el sujeto con el predicado, y su uso sirve para demostrar la relación de un sintagma con otro sintagma. Pero incluso podemos utilizar otros métodos para mostrar con claridad este tipo de relación, por lo que resulta posible eliminar "是" sin cambiar la estructura sintáctica ni el contenido semántico. Como ya dijimos, esto marca una diferencia con los verbos plenos y los copulativos, puesto que los plenos son palabras conceptuales y poseen un significado léxico importante para la integridad semántica de una oración, y los copulativos tienen una carga sintáctica importante, y su presencia es imprescindible para las oraciones copulativas. Reiteramos pues nuestra conclusión: los copulativos chinos, como "是" no son verbos plenos ni son verbos copulativos.

Y por si estas pruebas no fueran pruebas suficientes, la etimología de la palabra "是" también desmiente que sea un verbo pleno o un verbo copulativo. En contraposición, volviendo al español, sabemos que el verbo copulativo *ser* proviene de una fusión de dos verbos latinos, *esse* y *sedere*❶, de modo que el verbo copulativo español tendría un origen verbal. Sin embargo, a diferencia de los copulativos del español o de otros idiomas occidentales, "是" proviene de un pronombre demostrativo "此" que en español significa 'este'. En los documentos de la dinastía Qin, disponemos de muchos casos en los que la palabra "是" se utiliza como pronombre demostrativo, y se sabe que dicho uso tradicional da lugar al uso moderno de "是", que funciona como un copulativo entre el sujeto y el predicado. Veamos una oración del chino tradicional en la que "是" se utiliza como un pronombre demostrativo y tiene el significado de '此' (equivalente a *este*).

《尔雅》：时，寔；是也。《广雅》：是，此也。(Gao Mingkai, 2011: 440)
En esta oración, las tres palabras "时", "寔" y "是" expresan el mismo significado, que es "此". El uso actual de "是" viene de la palabra "如此" ("como esto"), y, por lo tanto, el copulativo en cuestión no posee un origen verbal y sus usos son bastante diferentes de los verbos copulativos, lo que constituye una prueba más de que "是" no es un verbo pleno ni un verbo copulativo, sino lo que en chino se denomina "系词", que significa 'nexo'. Sumada a las otras cuatro razones dadas anteriormente, creemos haber demostrado que los copulativos chinos no poseen cualidades verbales y no son verbos plenos ni verbos copulativos. Esto significa que

---

❶ De acuerdo con Corominas y Pascual Rodríguez (1980-1991, vol. V: 213-214), las formas del verbo castellano *ser* provienen de una fusión de dos verbos latinos: *esse* y *sedere*. La mayor parte de las formas proviene de *esse* y las demás (el futuro, el condicional, los presentes de subjuntivo e imperativo y las formas impersonales) vienen de *sedere*. El verbo latino *sedere* tiene el significado de 'estar sentado', después se debilitó este sentido en castellano y portugués, y se convirtió en sinónimo de *estar* y posteriormente de *ser*.

si "是" no es un verbo copulativo, tampoco podemos llamar atributo al sintagma nominal que le sigue, ya que el atributo siempre es una construcción que aparece en la oración copulativa, cuyo predicado sintáctico es el verbo copulativo.

Y es que, pese a que en muchas ocasiones los usos actuales del copulativo "是" coinciden con el verbo copulativo español *ser*, entre ellos existen unas diferencias enormes. No obstante, en la traducción a menudo no se toman en cuenta dichas divergencias conceptuales de los verbos copulativos y "系词", y muchos profesionales del ámbito de traducción incluso llegan a indicar que el equivalente español de la palabra "是" es el verbo copulativo *ser* y que el equivalente chino del verbo copulativo *ser* es la palabra "是". Sin embargo, las cinco argumentaciones anteriores demuestran que entre "是" y *ser* no existe una relación de total equivalencia, aunque como sus usos coinciden en muchas ocasiones, en la traducción se ignoren frecuentemente las citadas diferencias.

Y ahora, a la luz de lo anteriormente analizado, y analicemos de nuevo las definiciones acerca de los copulativos chinos aportadas por los gramáticos Wang Li y Gao Mingkai. En la *Gramática del chino moderno* (《中国现代语法》) Wang Li (2011: 115) indica que "los copulativos son las palabras que relacionan el sujeto con el atributo" ("所谓系词，就是担任连接主位和表位的一种词。"). Gao Mingkai (2011: 433) nos ofrece una definición parecida, señalando que "los copulativos son los que desempeñan funciones estructurales o sintácticas y no poseen carga léxica, siendo su función principal la de relacionar el sujeto con el predicado" ("系词是结构虚词，它的作用在于联系各句之中的主语和谓语").

Pese a sus semejanzas, existe una divergencia principal entre las dos definiciones, ya que Wang Li indica que los nexos como "是" relacionan el sujeto con el atributo, mientras que Gao Mingkai indica que dichas palabras relacionan el sujeto con el predicado. Evidentemente, el hecho de considerar erróneamente los sintagmas posteriores al "是" como atributos se basa en la hipótesis de que "是" es un verbo copulativo, por lo que la definición de Wang Li no tiene fundamento. Actualmente la metodología de estudio de la gramática china está fuertemente influida por occidente y muchos gramáticos chinos intentan utilizar el mismo marco teórico de los idiomas indoeuropeos. No obstante, hace falta que nos percatemos de las características propias del chino y realicemos un estudio más original, riguroso y fundamentado. Pasemos a continuación al estudio del copulativo que se utiliza con más frecuencia en el chino moderno: "是", así como de los igualmente usados semicopulativos "象" (equivalente a *parecer*) y "如" (equivalente a *parecer*).

8.3 El copulativo "是" en oraciones

8.3.1 La omisión del copulativo "是"

Antes de profundizar en el estudio de los usos del nexo en cuestión, es necesario que nos refiramos a un fenómeno gramatical que caracteriza a "是", y es su posible omisión, ya que existen casos o fenómenos gramaticales en que es preferible la supresión de dicho copulativo. Veámoslo en las oraciones a continuación:

(7) 这座房子很漂亮。(Esta casa es muy bonita).

(8) 小明太调皮了。(Xiaoming es muy travieso).

En primer lugar, nos centraremos en la estructura sintáctica de estas oraciones. Por un lado, todas ellas son copulativas, pero no disponen de verbo ni de nexo; por otro lado, los predicados están constituidos por un adjetivo precedido por un adverbio, ya que "漂亮" (equivalente a *bonito*) se precede por "很" (equivalente a *muy*) y "调皮" (equivalente a *travieso*) por "太" (equivalente a *muy* o *demasiado*). En realidad, en estas oraciones los adjetivos adquieren cualidad verbal y desempeñan el papel de predicado oracional, y se denominarían verbos adjetivales o verbos de cualidad (Marco Martínez, 1988). Además de los adverbios anteriormente mencionados, los siguientes también pueden preceder al adjetivo y exigen la omisión del copulativo "是": "这么" (equivalente a *así*), "真" (equivalente a *realmente*), "忒" (equivalente a *demasiado*), "十分" (equivalente a *muy*), "特别" (equivalente a *especialmente*), "非常" (equivalente a *muy*), "相当" (equivalente a *bastante*), entre otros.

8.3.2　La palabra precedente del copulativo "是"

De acuerdo con la categoría del sujeto, las oraciones constituidas por el copulativo "是" se dividen en cuatro clases: oraciones con sujeto nominal, con sujeto de "verbo + 的" (equivalente a la construcción *lo que*...), con sujeto verbal u oracional y, por último, con sujeto omitido (Wang Li, 2011: 115-116). En primer lugar, señalaremos que los sustantivos, los pronombres y los nombres propios desempeñan funciones de sujeto, como se ve en el ejemplo (9), en el que este es el nombre propio "李学丰".

(9) 李学丰是我的爸爸。(Xuefeng Li es mi padre).

En segundo lugar, la construcción de "verbo + 的" ❶ funciona como sujeto, equivaliendo en chino la construcción "verbo + 的" al "*lo que*..." del español.

(10) 我说的是真的。(Lo que estoy hablando es verdad).

En tercero, los verbos y oraciones también pueden funcionar como sujeto.

(11) 环境污染得以控制，是中国人民共同努力的结果。(La contaminación del medio ambiente está controlada, lo cual ha sido el resultado feliz de los esfuerzos comunes de la población china. / El buen control de la contaminación del medio ambiente ha sido el resultado feliz de los esfuerzos comunes de la población china).

En cuarto, se omite el sujeto o el sujeto y el copulativo "是". Primero, veamos una oración cuyo sujeto no aparece:

(12) -小明被开除了。(Xiaoming está despedido).

-是他自找的。(Es lo que se ha buscado él mismo).

A continuación, veamos otro caso en el que se omite el sujeto y el copulativo "是":

(13) 我嘱咐你，别说（这是）我说的。(Te aconsejo que no digas que soy yo quien te ha dicho esto).

Cuando se puede omitir el sujeto o el sujeto y el copulativo "是", normalmente es que en el contexto precedente o anterior se ha mencionado el sujeto de la oración determinativa. De esta manera, en el ejemplo (12), el sujeto de la oración *Es lo que se ha buscado* sería el hecho narrado en la oración anterior, *Xiaoming está despedido*, que nos permitiría tal omisión.

---

❶ "的" es una partícula y cuando se combina con un verbo forma una construcción sustantiva.

8.3.3 Oraciones determinativas y su predicado

Como se ha señalado anteriormente en el apartado 7.1, las oraciones constituidas por los copulativos se denominan oraciones determinativas. El predicado de las oraciones determinativas se divide en cuatro categorías (Wang Li, 2011: 117-118). En primer lugar, dicho predicado puede ser un sustantivo, un pronombre y un nombre propio, o incluso un sintagma nominal, como en el ejemplo (14): "我刚买的新书桌".

(14) 这是我刚买的新书桌。(Este es el nuevo escritorio que acabo de comprar).

En segundo lugar, el predicado también puede ser un sintagma adjetival y normalmente, cuando es así, éste va seguido por la partícula "的". Veámoslo en la siguiente oración:

(15) 天空是蓝色的。(El cielo es azul).

(16) 我的大学是中国最好的。(Mi universidad es la mejor de China).

Las oraciones subordinadas también pueden ir seguidas por la partícula "的" y funcionan como predicado.

(17) 你看的这本书是爸爸送给我的。(El libro que estás leyendo es el que me regaló mi padre. / El libro que estás leyendo me lo regaló mi padre).

Los adjetivos posesivos y los sintagmas de la construcción "nombre propio + 的" también pueden funcionar como predicados, tal y como se ejemplifica en las siguientes oraciones:

(18) 你戴的帽子是我的。(El gorro que te llevas es el mío).

(19) 你看的书是小红的。(El libro que estás leyendo es de Xiaohong).

En tercer lugar, los predicados de las oraciones determinativas pueden ser verbos u oraciones, como se observa en ejemplo (20), cuyo predicado es verbal, y en el ejemplo (21), cuyo predicado es oracional.

(20) 她的兴趣爱好是读书。(Su afición es leer libros).

(21) 烦人的是小明下午一点才起床。(Lo molesto es que Xiaoming no se levante hasta la una de la tarde)❶.

---

❶ En el chino, el sujeto siempre se antepone al verbo y el predicado siempre va detrás del sujeto. Por tanto, la oración subordinada "小明下午一点才起床" (equivalente a que *Xiaoming no se levanta hasta la una de la tarde*) es el predicado y la expresión preverbal "烦人的" (equivalente a *lo molesto*) es el sujeto. Sin embargo, al traducir la oración al español,

En cuarto lugar, se puede omitir el predicado o el predicado y el copulativo "是", como queda patente en el ejemplo (22), en el que se elimina el predicado y en el (23), donde se eliminan el predicado y el copulativo "是".

(22) -我在找铅笔。(Estoy buscando un lápiz).

-你看，这不是吗？(Mira, ¿éste no lo es?)

(23) 您住址？ (¿Su domicilio?)

Hay que señalar que, en muchas ocasiones, las oraciones determinativas no resultan lógicas para los extranjeros, tal y como puede apreciarse en las siguientes oraciones:

(24) 我买衣服是自己的钱。(*La ropa que compré es mi propio dinero).

(25) 她是天堂，我们是地狱，她不会理解我们的。(*Ella es el cielo, nosotros somos el infierno, no nos comprenderá).

La omisión es un fenómeno frecuente en chino y si tradujéramos directamente o literalmente estas oraciones a otro idioma, el resultado carecería de lógica alguna. Sirvan como ejemplo de ello las oraciones traducidas literalmente de los ejemplos (24) y (25), que son agramaticales e incoherentes. Por lo tanto, al traducir esta clase de oraciones tenemos que añadir la parte que falta, para conseguir el siguiente resultado:

(24) a. 我买衣服花的钱是自己的钱。(El dinero que gasté para comprar ropa era mi propio dinero).

(25) a. 她的情况如同是在天堂，我们如同在地狱，她不会理解我们的。(Su situación es como estar en el cielo y la nuestra es como estar en el infierno, no nos comprenderá).

8.3.4 "是" en otras categorías de construcciones

Con la evolución del idioma chino, los usos del copulativo "是" son cada día más flexibles, y en la actualidad contamos con muchos usos no copulativos de esta palabra. Estas utilizaciones de "是" se dividen en las cuatro clases que expondremos a continuación, en las que "是" funciona como adverbio (Wang Li, 2011:119-121). Veamos, en primer lugar, cuando se utiliza la palabra "是" para asegurar o negar una

---

la estructura sintáctica se ve alterada, puesto que la oración subordinada que *Xiaoming no se levanta hasta la una de la tarde* se convierte en el sujeto y la expresión *lo molesto* se convierte en el atributo. Este fenómeno es un ejemplo de las diferencias entre el chino y el español.

realidad:

(26) 他辞职了，便是对政府失望了。(Él renunció el trabajo, lo cual significa que está decepcionado con el gobierno).

(27) 并不总是苦尽甘来。(Pero es que cuando acaba lo amargo, no siempre viene lo dulce).

En otras ocasiones, la palabra "是" desempeña funciones de énfasis, y puede omitirse, pero entonces el tono se debilita:

(28) 跟你们相比，我们的情况是好些。(En comparación con la vuestra, es verdad que nuestra situación es un poco mejor).

Cuando se utiliza un tono extremo para confirmar una cosa y luego se utilizan las palabras pero, sin embargo o no obstante para narrar otra realidad, se trata de uso no copulativo. Veamos la siguiente oración:

(29) 东西是没丢，但也不是毫发无损。(Es verdad que las cosas no se han perdido, pero tampoco quedan ilesas).

En segundo lugar, en las oraciones en que indican causa, la palabra "是" no desempeña funciones copulativas. Se ejemplifica la siguiente oración:

(30) 他之所以讨厌你，那是你的行为很诡异。(La razón por la cual él te odia es que tu comportamiento es muy raro).

Por otro lado, si en la oración que sigue a la palabra "是" el predicado es un verbo transitivo y no existe el complemento directo, entonces hará falta la adición de la partícula "的", que se coloca detrás del verbo transitivo.

(31) 她很伤心，是被你气的。(Ella está muy triste, es que está enfadado contigo).

En la oración interrogativa siguiente, la palabra "是" no es copulativa:

(32) 这是为什么？(¿Por qué?)

En tercer lugar, cuando "是" está seguida por algunos elementos, su supresión no afecta en gran medida a la estructura sintáctica y al contenido semántico, aunque su uso haga que las oraciones sean más naturales y coherentes. Dichos vocablos comprenden "只" (que expresa el significado de 'solamente'), "先" ('primero' o 'primeramente'), "已" ('ya'), "若" ('si' o 'en caso de'), "既" ('si' o 'en caso de'),

"就"（que puede expresar el significado de 'si' o 'en caso de', 'entonces', 'aunque' o 'pese a que' o funciona para enfatizar la verdad que narra la oración), "虽"（'aunque' o 'pese a que'), "自然"（'naturalmente'）y "横竖"（'en fin'), entre otros. Veámoslo en los ejemplos pertinentes.

(33) 你就是辞职，也无法补偿公司的损失。(Aunque renuncies al trabajo, no se pueden recompensar las pérdidas de la empresa).

En cuarto lugar, se utiliza la palabra vacía "是" para reemplazar a algunas palabras conceptuales. En la oración (34), esta reemplaza a los verbos *ver* o *llegar*, y en la (35), sustituye a *querer*. Veamos los siguientes ejemplos:

(34) 沿着长安街走，便是天安门广场。(Andamos a lo largo de la calle Chang'an, llegamos/ vemos la plaza de Tian'anmen).

(35) 领导让我买水果，苹果、香蕉，以及西瓜什么的。(El jefe me dice que compre frutas, manzana, plátano, y también quiere sandía).

En los cuatro casos anteriores, la palabra "是" no funciona como un copulativo. A continuación, veamos unas situaciones en que "是" funciona como adjetivo (Wang Li, 2011: 121-122). En nuestro primer caso, "是" tiene el significado de 'razonable':

(36) 她说的是，很有道理。(Lo que ella dice es razonable, tiene mucha razón).

En segundo lugar, cuando se utiliza la construcción "就是了", se expresa el significado de 'correcto' y la construcción "就是了" equivale a "就对了":

(37) 你照着我说的做就是了。(Si tú haces lo que te digo, será correcto. / Es correcto que tú hagas lo que te diga).

En tercer lugar, cuando una persona acepta las órdenes de otra, también se puede utilizar "是" para demostrar la obediencia:

(38) 主人说："你必须九点之前回来。"（El amo dice: "tienes que volver antes de las nueve."）

仆人答道："是。"（El criado responde: "de acuerdo."）❶

Los usos actuales de la palabra "是" provienen del pronombre demostrativo "此"

---

❶ En el ejemplo (38) "是" funciona como adjetivo, no obstante, en su traducción al español la equivalencia no puede ser adjetival. La mejor opción sería traducir "是" por el sintagma preposicional de acuerdo.

(cuyo significado igualaría al de *este/ esta/ esto*), y no solo puede funcionar como nexo entre el sujeto y el predicado, sino que también tiene funciones no copulativas. En algunas situaciones, los usos de "是" corresponden al verbo copulativo *ser*, pero de ahí no puede deducirse que sean dos palabras totalmente equivalentes. En el siguiente capítulo las compararemos de forma más detallada.

8.4 Los equivalentes de *parecer*

Los usos de estos tres copulativos se encuentran mucho más restringidos que la palabra "是", si bien entre ellos también existe una gradación, pues en el chino moderno se utiliza "像" con mayor frecuencia que los otros dos copulativos "如" y "似", que también expresan el significado del verbo 'parecer' o del adjetivo 'parecido'. Se debe subrayar que, al igual que la palabra "是", los tres copulativos de este apartado tampoco son verbos. El copulativo "像" se puede utilizar en las oraciones metafóricas o para expresar las similitudes entre dos personas o dos cosas, como se observa en el ejemplo (39) (una oración metafórica) y el (40), (una oración que expresa similitud). Veamos los siguientes ejemplos:

(39) 爸爸像一棵大树一样保护着我们。(El padre parece un árbol grande, protegiéndonos).

(40) 他的眼睛像妈妈。(Sus ojos se parecen a los de su madre).

Los copulativos "如" y "似" se utilizan con más frecuencia en el chino antiguo y sus variantes "如同" y "好似" se utilizan en las oraciones metafóricas del chino actual. Veámoslo en las oraciones siguientes, en las que los ejemplos (41) y (42) dan testimonio de usos antiguos y los ejemplos (43) y (44), de los actuales.

(41) 面如美玉，目似明星。(La cara parece un bonito jade, los ojos parecen unas brillantes estrellas).

(42) 面似桃花。(La cara parece una flor de durazno).

(43) 奶奶如同所有的老年人一样，在孤独中走过了生命的最后几年。(Igual que todos los ancianos, la abuela pasó los últimos años de su vida en soledad).

(44) 她的脸好似桃花，美丽极了。(Su cara parece una flor de durazno, muy

bella).

El copulativo "是" también puede utilizarse en las oraciones metafóricas y puede alternar con el copulativo "像", sin que se perciban muchas diferencias entre estas dos opciones. Veamos los siguientes ejemplos:

(45) 眼睛像心灵的窗户。(Los ojos parecen ventanas del corazón).

(46) 眼睛是心灵的窗户。(Los ojos son las ventanas del corazón).

Las formas negativas de los copulativos "像" y "如" no tienen el mismo significado, puesto que "不像" significa 'no parecer' o 'no parecerse' y "不如" denota las diferencias entre dos entidades o simplemente expresa que una cosa es mejor o peor que otra. Veamos los siguientes ejemplos:

(47) 她不像姐姐，姐姐很大方。(Ella no se parece a su hermana mayor, pues su hermana mayor es muy generosa).

(48) 你不如他，你无法完成这份工作。(No eres tan capaz como él, ya que no puedes terminar este trabajo).

9 Diferencia entre nexos chinos y verbos copulativos españoles

9.1 La traducción y equivalencia

El chino y el español son idiomas de distintos sistemas lingüísticos y entre ambos no existe una equivalencia perfecta. Generalmente, decimos que el correspondiente chino del verbo copulativo *ser* es "是", pero en casos particulares esta traducción convencional puede resultar extraña y agramatical. El estudio de las equivalencias pone en evidencia las similitudes y divergencias entre los dos idiomas y, en este caso concreto, entre los verbos copulativos del chino y del español. Por ello, antes de adentrarnos en el estudio específico de las correspondencias entre los verbos copulativos, es necesario aclarar ciertos fenómenos gramaticales de ambos idiomas, que pueden afectar a la traducción del español al chino.

Por un lado, en chino es bastante natural y frecuente que encontremos oraciones sin verbo ni "系词" (nexo), dando lugar a oraciones constituidas solamente por el sujeto y el predicado nominal o adjetival. Por ejemplo, la oración "你太好了" (*Eres demasiado bueno*) no dispone de verbo ni "系词", ya que "你" significa 'tú', "太" significa 'demasiado', "好", 'bueno' y "了" es una partícula sin contenido semántico que se añade al final de las oraciones. Por lo tanto, si aplicamos la traducción literal, conseguiríamos una construcción agramatical e incompleta: **Tú demasiado bueno*, y también por esta razón, cuando trasladamos una oración del español al chino, existe la posibilidad de que se omita la traducción del verbo. Por otro lado, los verbos copulativos del español se diferencian de los verbos plenos, y la falta del significado léxico o semántico hace que resulte más natural la omisión de la traducción de los verbos copulativos. No obstante, hay que tener en cuenta que el verbo que no se traduce en un caso, puede ser traducido en otro. Por último, hay que recordar que los verbos chinos no tienen morfemas de persona, número, tiempo ni modo, y por eso, cuando se traduce una oración del español al chino, hay que indicar con claridad el que realiza la acción y el tiempo en que se realiza.

9.1.1 Construcciones copulativas

9.1.1.1 El verbo *ser*

Para estudiar la equivalencia de los verbos copulativos españoles hace falta que acudamos a unos ejemplos concretos de traducción❶. De acuerdo con el manual *Español Moderno* que se utiliza para la enseñanza universitaria en China, el equivalente chino del verbo copulativo *ser* es "是". La parte de vocabulario de su primera lección nos da la siguiente explicación al respecto:

```
ser    intr.   是
  es   (他, 她, 它) 是
  son  (他们, 她们) 是
```

Tanto la palabra *ser* como "是" funcionan como vínculo entre el sujeto y el atributo/predicado; no obstante, entre ellas existen unas diferencias fundamentales, ya que *ser* es un verbo copulativo, mientras que "是" no se considera un verbo, pues su origen radica en el pronombre demostrativo "此" (equivalente a *este*). Pese a estas diferencias, en chino "是" es el equivalente más cercano del verbo copulativo ser y, sin embargo, cuando se traduce una oración del español al chino, el verbo copulativo *ser* no se traduce siempre por "是". Por un lado, es posible que *ser* no se traduzca y la oración volcada al chino sea una frase sin verbo ni "系词" (equivalente a *nexo*); por otro lado, puede que el equivalente "是" no aparezca en la oración traducida y

---

❶ La mayoría de los ejemplos se sacan de un diccionario en linea muy usual en China, el 西语助手 Este diccionario ha hecho una recopilación del *Nuevo diccionario de español – chino*.

9 Diferencia entre nexos chinos y verbos copulativos españoles

esta sea predicativa, puesto que, de acuerdo con la estructura sintáctica y semántica de la oración original, es posible que el atributo sustantivo o adjetivo se traduzca a un verbo chino y la oración traducida adquiera un carácter predicativo. Veamos las siguientes oraciones, en las que la (1) corresponde al primer caso y (2) corresponde al segundo.

(1) Es bajo y gordo. 他又矮又胖❶。

(2) El juego fue su perdición. 赌博使他堕落。

En la oración traducida del ejemplo (1) "他又矮又胖" no existe el equivalente chino del verbo copulativo *ser*, por lo que se trata de una oración que solo dispone del sujeto y el predicado adjetivo. Mientras, en el ejemplo (2) no se traduce *ser* a "是" y asimismo se traduce el sustantivo perdición a la construcción verbal "使……堕落" (equivalente a la construcción *suponer la perdición de alguien*).

9.1.1.2　El verbo *estar*

En cuanto al verbo copulativo *estar*, de acuerdo con el vocabulario de la lección 3 del volumen 1 del manual *Español moderno*, el equivalente chino del verbo copulativo *estar* es "在".

| estar | intr. | 在 |

Ya en el análisis del apartado anterior hemos demostrado que *ser* y "是" no son completamente equivalentes. No obstante, *estar* y "在" se encuentran aún más lejos de poder considerarse intercambiables, lo cual se debe principalmente a las siguientes razones: en primer lugar, mientras que *ser* y "是" relacionan el sujeto con el predicado y funcionan como nexo, "在" no es una palabra copulativa sino una preposición china, así que *estar* y "在" no desempeñan las mismas funciones lingüísticas. En segundo lugar, *ser* se traduce por "是" en la mayoría de las ocasiones, mientras que son mucho más escasos los casos en los que *estar* se traduce

---

❶　En el español, los verbos se conjugan en función de la persona, el número, el tiempo y el modo, por lo que muchas veces, se omite el sujeto sin afectar ni al significado ni a la estructura sintáctica de la oración; mientras, en el chino, los verbos no presentan estos morfemas y siempre hace falta la presencia del sujeto; por tanto, cuando se traduce una oración sin sujeto del español al chino, resulta necesaria la adición del sujeto. El ejemplo (1) es una buena demostración de este principio de traducción.

por "在". Por ambas razones, decimos que, en comparación con la relación entre *ser* y "是", la equivalencia entre *estar* y "在" es mucho menor. A continuación, veamos los casos en que *estar* sí se traduce a "在", comenzando por señalar cuando se usa 在 + verbo para reemplazar a la perífrasis verbal de *estar* + gerundio. Asimismo, en este caso "在" alterna con "正" (equivalente a *estar haciendo*...) o "正在" (equivalente a *estar haciendo*...). Veamos el ejemplo siguiente:

(3) Está escribiendo una carta. 他在/正在写信。

Por otro lado, 在 + locuciones adjetivas sustituye a *estar* + locuciones adjetivas constituidas por preposiciones, tal y como se muestra en los ejemplos siguientes:

(4) Estar de vacaciones. 正在度假。

(5) Estar de charla. 正在聊天。

Por último, cuando *estar* denota el significado de 'situarse' o la ubicación de una persona o un objeto, es posible que se traduzca por "在".

(6) Yo estoy aquí. 我在这里。

(7) La revista está sobre la silla. 杂志在椅子上。

Por lo demás, salvo en los tres casos anteriormente mencionados, es difícil encontrar situaciones en las que estar se traduzca por "在". Pero veamos a continuación los casos en que se omite la traducción de *estar* o se traduce por verbos predicativos chinos, fijándonos, en primer lugar, en cuando *estar* expresa el significado de 'llegar' o 'quedarse en algún lugar', y no se traduce por "在", sino por los verbos plenos chinos "到" o "待" que tienen la denotación de 'llegar' o 'quedarse'.

(8) Estaré en tu casa dentro de media hora. 过半小时我到你家。

(9) Estuve seis días en la capital. 我在首都逗留了六天。

En segundo lugar, cuando *estar* expresa el significado de 'hallarse en un determinado estado', se omite la traducción de dicho verbo copulativo español.

(10) La sopa está rica. 这汤美味可口。

(11) Está enfermo. 他病了。

Además de estas dos situaciones, existen muchas otras en que *estar* no se traduce por "在". Por ejemplo, cuando *estar* denota el significado de 'convenir' (*El gorro me está grande*) y el significado de 'apoyar la opinión de alguien' (*Estoy de acuerdo* con usted), este verbo se traduce por los verbos plenos "合适" (equivalente a *convenir*) y "同意" (equivalente a *estar de acuerdo*). Justamente por tantos ejemplos en que *estar* no se traduce por "在", decimos que la relación de equivalencia entre las dos palabras resulta mucho más débil.

9.1.1.3　El verbo *parecer*

De acuerdo con el vocabulario de la lección 16 del volumen 1 del manual *Español Moderno*, los equivalentes chinos del verbo copulativo *parecer* son "像是" y "使觉得", considerándose atributiva la primera palabra y predicativa la segunda. De hecho, además de estas dos opciones, *parecer* también se puede traducir por "像", "看起来", "认为", "显得", entre otros. Importa señalar que, pese a que este verbo desempeña funciones atributivas en español, es posible que se traduzca como un verbo pleno cuando se traslada al chino.

> parecer　intr．像是；使觉得

En los casos en que no aparece el complemento indirecto, normalmente se traduce por "像是", "像", "看起来" o "显得", funcionando "像是" y "像" como expresiones atributivas y "看起来" y "显得" como expresiones predicativas.

(12) Daba tales gritos que parecía una loca. 他那样大叫大嚷，像个疯子。

(13) Con el enlucido, la habitación parece más clara. 经过粉刷，屋子看起来/显得更明亮了。

Cuando interviene el complemento indirecto, se traduce por los verbos plenos que expresan opinión, tales como "认为" (equivalente a *considerar*) y "觉得" (equivalente a *parecer*).

(14) Me parece prudente tu consejo. 我认为/觉得你的建议是谨慎的。

(15) Nos parece mal que no estudies. 你不学习，我们认为/觉得这不好。

9.2　*La polisemia funcional de ser y estar en español y en chino*

En el libro de *La polisemia funcional de ser y estar en español y en chino* (Penas y

Zhang, 2013) se analizan unos casos concretos sobre la correspondencia en chino de los verbos copulativos españoles *ser* y *estar*. El estudio de cómo las dos autoras llevan a cabo dicho análisis nos puede aportar una nueva perspectiva que mejora y completa el estudio que estamos realizando. A continuación, veamos cómo Penas y Zhang estudian los verbos copulativos españoles y cuáles son las conclusiones que han sacado.

En primer lugar, se señala que, en chino, "是" es un verbo predicativo que designa juicio, porque el sintagma que sigue a "是" juzga al sujeto, explicando cómo es. No obstante, no consideramos adecuada esta conclusión, puesto que no resulta razonable definir "是" como verbo predicativo por el hecho de confirmar una cualidad del sujeto, ya que, por un lado, en el español existen innumerables oraciones que delatan qué es el sujeto o cómo es, como por ejemplo la oración *Ana es guapa* juzga que 'Ana es una persona guapa', pero no podemos por ello decir que en la oración anterior *ser* sea verbo predicativo de juicio. Igualmente, en el chino parece poco convincente definir "是" como verbo predicativo de juicio por la razón que proporciona el texto en cuestión. Por otro lado, en cuanto a la cualidad de "是", se ha explicado en el capítulo 7 que "是" no es un verbo predicativo ni copulativo, sino un "nexo".

En segundo lugar, Penas y Zhang (2013) utilizan ejemplos concretos con el objetivo de estudiar la correspondencia de *ser* y *estar* en chino y sacan conclusiones con las que concordamos. Primero, los autores ejemplifican una oración de cada acepción[1] que designan los verbos españoles *ser* y *estar*, estudian cómo se traducen al chino y observan en qué situaciones las dos cópulas se trasladan a "是". Segundo, estudian las correspondencias de *ser* y *estar* en chino cuando se construyen con distintos atributos, y analizan oraciones con atributos adjetivales[2], verbales, sustantivos, adverbiales, preposicionales y pronominales. Tercero, se centran en los usos sintácticos de *ser* y *estar*, es decir, en las oraciones en las que los dos verbos funcionan como

---

[1] Las dos autoras hacen referencia a las acepciones de identidad, localización, clasificación, clasificación funcional, atribución clasificativa, atribución situable, atribución locativa y situación temporal.

[2] Se incluyen los adjetivos 1) de nacionalidad, 2) de religión, 3) de partidos políticos, instituciones y escuelas literarias, filosóficas, artísticas, 4) de profesión, clase social y cultura, 5) de especie, orden, ciencia o tendencia, 6) de cualidades físicas y morales, 7) de forma física y color, 8) de sensaciones y afectos, 9) de estado, 10) de tiempo y espacio, 11) de medida, norma y precio, 12) de semejanza, 13) de carencia y abundancia y 14) de obligación.

verbo pleno, verbo copulativo, verbo de apoyo, verbo auxiliar de perífrasis y verbo auxiliar de pasiva perifrástica. Por último, se ejemplifican unas locuciones verbales de ambos verbos y se estudia la traducción al chino. En conclusión, el libro *La polisemia funcional de ser y estar en español y en chino* pone de manifiesto que:

1) tanto *ser* como *estar* pueden traducirse por 是;

En el ejemplo (16), la unión de la cópula y el adjetivo chino denota la nacionalidad y el verbo *ser* se traduce por "是", mientras que en el ejemplo (17), la construcción *estar* + *de* + profesión expresa una situación temporal, por lo que en la traducción se traslada a "现在是" para indicar la temporalidad de la correspondiente profesión.

(16) Soy china. 我是中国人。

(17) Ana está de profesora particular. 安娜现在是家庭教师。

2) la correspondencia de *ser* y *estar* en chino no se limita a "是";

En el ejemplo (18), se omite la traducción del verbo copulativo *ser* y, en el (19), la construcción *estar en* se traduce por "在".

(18) Ella es muy guapa. 她很漂亮。

(19) Está en la oficina. 他在办公室。

3) los adjetivos chinos puede ser traducidos por las construcciones *ser* + adjetivo o *estar* + adjetivo.

Tomado en cuenta el significado que intenta transmitir la oración de la lengua de partida, en la traducción se elige *ser* o *estar* para conservar el matiz original. En el ejemplo (20) se utiliza *ser* y en el ejemplo (21), *estar*, dado que en el último caso, la partícula "了" supone un cambio de estado o cualidad.

(20) 他很高。Él es muy alto.

(21) 他高了。Él está más alto.

9.3 Equivalentes chinos de las construcciones copulativas del español

A continuación, expondremos en cinco puntos las diferencias entre los verbos copulativos españoles y los nexos del chino que los apartados 7.1 y 7.2 han puesto en evidencia.

1) Las diferencias entre verbos copulativos y "系词".

Las primeras diferencias entre el español y el chino se han de buscar en la no coincidencia conceptual. En el idioma occidental, los verbos que vinculan el sujeto con el atributo o el predicado se denominan copulativos. En cuanto a esta categoría, lo fundamental es reparar en que solo se aplica a verbos, sin aludir a ningún otro tipo de palabra, como sustantivos, adjetivos, pronombres o adverbios. Sin embargo, "系词" son las palabras que relacionan el sujeto con el predicado, sin poner restricciones a qué tipo de palabras se refieren; de hecho, la palabra copulativa china más utilizada es "是" (equivalente a *ser*) que deriva del pronombre demostrativo "此" (equivalente a *este*), y, en principio, se toma como el equivalente chino del verbo copulativo, lo cual genera confusión con *ser*, "是", que también es un verbo copulativo. Por tanto, con el objeto de evitar malentendidos, es imprescindible dar explicaciones acerca de los conceptos fundamentales para que queden claras las principales divergencias entre los dos idiomas.

2) La gran cantidad de verbos copulativos del español y los pocos nexos del chino.

En español tenemos los verbos copulativos de *ser*, *estar* y *parecer*. Mientras tanto, en chino, las palabras que desempeñan funciones parecidas a los verbos copulativos españoles se denominan "系词". El chino tradicional presenta una escala más amplia de copulativos, englobando en esas categorías "是" (shì, significa '*ser*'), "非" (fēi, la forma negativa de "是"), "即" (jí, una variante de "是" que también significa '*ser*'), "为" (wéi, una variante de "是" que también significa '*ser*'), "乃" (nǎi, una variante de "是" que también significa '*ser*'), "系" (xì, una variante de "是" que también significa '*ser*'), entre otros. No obstante, en el chino moderno se observa mucha menos diversificación de los copulativos, siendo el más utilizado como copulativo "是".

Explicadas las ideas precedentes, queda claro el hecho de que existe una gran brecha entre la cantidad de los verbos copulativos españoles y las palabras atributivas chinas. Sin duda alguna, el sistema de los verbos copulativos españoles se presenta mucho más complicado.

3) Los equivalentes chinos de los verbos copulativos españoles no son obligatoriamente expresiones atributivas.

Anteriormente, se ha señalado la gran brecha cuantitativa entre los verbos copulativos españoles y las palabras copulativas chinas, por lo cual resulta natural que, en la traducción, una gran parte de los verbos copulativos españoles no compartan la relación de equivalencia con las palabras atributivas chinas. En apartados anteriores, hemos estudiado la situación de equivalencia mediante la traducción de unas oraciones concretas. De ahí se deduce que, normalmente, el verbo copulativo *ser* se traduce por la palabra copulativa china "是", y, en ocasiones, el copulativo *parecer* se traduce por las palabras semicopulativas "像" o "如". Asimismo, los demás verbos copulativos, se traducen por palabras no atributivas, como, por ejemplo, el copulativo *estar*, que puede convertirse en la preposición china "在" cuando expresa ubicación de persona u objeto (*Estoy en casa*./ 我在家). Mientras, el copulativo *parecer* se traduce por los verbos plenos de opinión "认为" o "觉得" cuando interviene el complemento indirecto para introducir la opinión o la percepción de la persona que observa lo que está pasando (*Me parece aburrida la película*./ 我觉得电影很无趣).

Existen muy pocos casos en que los verbos copulativos españoles cuenten con sus equivalentes chinos también atributivos, lo cual se debe a que hay una enorme distancia lingüística entre el idioma de partida y el idioma de llegada, y no es posible conseguir una equivalencia perfecta.

9.4 Equivalentes chinos de las construcciones con *ser* en el RST Spanish-Chinese Treebank

En este trabajo, se analizan los equivalentes chinos de las construcciones con *ser*. Para ello, se ha seleccionado el RST Spanish-Chinese Treebank (Cao, da Cunha e Iruskieta 2018), ya que es un corpus paralelo, lo cual facilita establecer dichos equivalentes, y en él se incluyen cien textos informativos, que abarca textos científicos, publicidad, noticias, donde se tratan temas sobre terminología, cultura, lengua, economía, educación, arte y asuntos internacionales. Es decir, es un corpus de gran volumen con el que se puede realizar una investigación objetiva.

Por lo general, el equivalente chino del verbo copulativo *ser* es 是. De hecho, en la práctica se deberían tener más en cuenta las diferencias entre las palabras españolas y chinas, y no solo traducir al pie de la letra. Estos idiomas proceden de sistemas lingüísticos diferentes y entre ambos no existe una equivalencia absoluta, salvo en casos particulares. Por ello, la traducción más usual puede resultar poco natural y no gramatical.

Ante estas circunstancias, con el objetivo de averiguar la equivalencia entre 是 y *ser*, en primer lugar, se busca en el mencionado corpus 是 y todas las formas conjugadas del verbo copulativo *ser*, incluyendo el infinitivo *ser* y el gerundio siendo. Así, se consigue la siguiente tabla en la que se presenta la frecuencia de aparición de 是, *ser* y sus formas conjugadas en la versión española.

Tabla 1. Frecuencia de 是 y *ser*.

Palabras	Frecuencia
是	100
Ser	166
frecuencia de las formas conjugadas de ser										
ser	siendo		sido	es	son	fue	fueron	era	será	sea	sería
12	5		13	85	33	2	2	1	7	5	1

De acuerdo con esta tabla, la frecuencia de *ser* es mucho más alta que la de 是, lo cual implica que el uso de ambos no coincide, aunque los textos en chino son traducidos directamente de los que están en español.

Por otro lado, para analizar los usos concretos de las construcciones con *ser* y 是, se estudian las categorías de atributo y sujeto del verbo *ser* y las categorías de palabras que vincula 是. En las versiones originales, pronombres, sustantivos, infinitivos y oraciones suelen ser el sujeto de *ser*, mientras que pronombres, sustantivos, infinitivos y adjetivos hacen de atributo. Por su parte, la palabra precedente de 是 puede ser un pronombre, un sustantivo, un infinitivo o una oración, al igual que la que se sitúa detrás de 是.

En la tabla que se presenta a continuación, se observa la frecuencia de las diferentes

9 Diferencia entre nexos chinos y verbos copulativos españoles

categorías de sujeto y atributo de *ser*, y las palabras preceden y siguen a 是.

Sujeto de ser	Frecuencia	Atributo de ser	Frecuencia
Sustantivo	137 (82,54 %)	Sustantivo	81 (48,80 %)
Pronombre	10 (6,02 %)	Pronombre	8 (4,82 %)
Infinitivo	10 (6,02 %)	Infinitivo	13 (7,82 %)
Oración	9 (5,42 %)	Adjetivo	36 (21,69 %)
		Participio pasivo	24 (14,46 %)
		Preposición	4 (2,41 %)
Total	166 (100 %)	Total	166 (100 %)
Palabra precedente de 是	Frecuencia	Palabra detrás de 是	Frecuencia
Sustantivo	66 (66 %)	Sustantivo	64 (64 %)
Adjetivo	13 (13 %)	Adjetivo	12 (12 %)
Pronombre	13 (13 %)		
Oración	5 (5 %)	Oración	14 (14 %)
Verbo	3 (3 %)	Verbo	10 (10 %)
Total	100 (100 %)	Total	100 (100 %)

Tabla 2. Sujeto y atributo de *ser* y palabras que preceden y siguen a 是.

Al comparar el sujeto de *ser* y la palabra precedente de 是, se observa que, en primer lugar, la mayoría de categorías o construcciones coinciden, aunque con 是 también se incluyen los adjetivos. Así, por ejemplo, en la oración 值得一提的是，针对安东尼奥·马查多的相关文献与汉学研究资料的收藏是我院图书馆的两大重要特色 (Nuestra Biblioteca, denominada "Antonio Machado", en honor al gran poeta sevillano se ha convertido en una pujante referencia para un público joven que demanda atención personalizada y un entorno informativo adecuado a sus necesidades e intereses sobre lo español y lo hispano) (Cao, da Cunha e Iruskieta 2018), la construcción «值得一提的» es adjetival. Pero dicho tipo de construcción no se puede dar como sujeto del verbo *ser*.

En segundo lugar, el porcentaje de sujetos con sustantivo con el verbo *ser* (82,54 %) es mucho más alto que el de la palabra precedente que es un sustantivo con 是 (66,00 %). A esto hay que añadir que el pronombre ocupa más porcentaje en chino (13 %) que en español (6,02%); la construcción verbal refleja un porcentaje menor en chino (3 %) que en español (6,02 %), y la oración ocupa, aproximadamente, el mismo porcentaje en ambos. Esto implica que, en cuanto a la combinación o selección de sujeto o palabra precedente, *ser* y 是 presentan diferentes tendencias.

Cabe destacar que cuando se compara el atributo de *ser* y la palabra que sigue a 是, se percibe que, por un lado, solo existen tres tipos de palabra que coinciden en los dos idiomas (sustantivo, adjetivo y verbo). El sustantivo representa en chino el 64 % y en español el 48 %, el adjetivo, el 12 % y el 21,69 %, respectivamente, y el verbo, el 10 % y el 7,82 %. De ello, se puede concluir que, en comparación con el verbo copulativo *ser*, el nexo 是 se combina con el sustantivo con más frecuencia y con el adjetivo menos. Por otro lado, el pronombre, el participio pasivo y la construcción preposicional pueden funcionar como atributo de *ser*; pero estas no aparecen después de 是, debido a que el pronombre solo aparece de forma precedente y porque en chino no existen participios pasivos ni preposiciones. Además, dicha construcción con 是 puede ser una oración, la cual no funciona como atributo de *ser*.

De acuerdo con estos análisis anteriores:

1. El verbo copulativo *ser* y el nexo 是 presentan diferentes preferencias en cuanto a la selección del sujeto y la palabra precedente y del atributo y la palabra que le sigue.

2. Las construcciones con sustantivos son la categoría con mayor porcentaje para el sujeto y el atributo de *ser*, como en la palabra precedente y la que sigue a 是.

3. El pronombre puede ser sujeto y atributo de *ser*, pero solo puede estar en la posición precedente con 是.

4. El adjetivo puede ser la palabra precedente y la que está detrás de 是, pero solo funciona como atributo con *ser*.

5. Las oraciones pueden estar antes y después de 是, pero solo pueden ser el sujeto de *ser*.

6. Hay construcciones que solo existen en español, como el participio pasivo y la preposición, que pueden ser atributo de *ser*.

A continuación, se analizan los equivalentes chinos de las oraciones constituidas con *ser* y su frecuencia.

9 Diferencia entre nexos chinos y verbos copulativos españoles

	Construcciones equivalentes en chino	Frecuencia	Construcciones equivalentes concretos
Equivalentes en chino de las construcciones copulativas con *ser* (149)	Oraciones con 是	41	
	Oraciones predicativas	66	Verbos relacionados con el atributo (31) o verbos deducidos según el contexto (35)
	Construcciones adjetivas	19	Oraciones en que se omite 是 (13) o adjetivos que modifican directamente el nombre (6)
	Construcciones preposicionales	21	为(7), 作为(5), 在于(3), 根据/据(3), 在(2), 通过(1)
	Construcciones nominales	2	
Equivalentes en chino de las oraciones en voz pasiva con *ser* (17)	Voz activa	8	Verbo relacionado con el participio pasivo (p.p.)
	Voz pasiva	9	用来(1)/ 通过(2)/ 由(2)/ 经过(1)/ 被(2) + verbo relacionado con el p.p.

Tabla 3. Equivalentes en chino de las construcciones con *ser*.

En el corpus de RST Treebank, los usos de *ser* se clasifican en dos categorías: verbo copulativo y verbo auxiliar. En la primera, *ser* y los atributos forman oraciones copulativas que ocupan la mayor parte de los casos. Como verbo auxiliar, se combina con los participios pasivos y forman la voz pasiva.

No hay que olvidar que las oraciones copulativas tienen su correspondencia en chino con oraciones con 是, oraciones predicativas y construcciones adjetivales, preposicionales y nominales. Cuando es una oración con 是, las oraciones en español pueden ser simples (ejemplo 41) y compuestas (ejemplo 42). Si se trata de una oración compuesta, lo normal es que *ser* funcione como predicado de la oración principal. Además, de las 41 oraciones que tienen correspondencia con 是, 18 son simples y 23 compuestas. De estas últimas, en 5 oraciones el verbo *ser* es el predicado en las oraciones subordinadas y en 18 es el predicado de las oraciones principales. Esto refleja que el lugar donde está el verbo *ser* es un posible factor que afecta al hecho de que se traduzca *ser* por 是.

Ejemplo 41:

El Aula Virtual de Español (AVE) es un entorno virtual diseñado por el Instituto

Cervantes para el aprendizaje y la enseñanza del español a través de internet.

西班牙语虚拟课堂（AVE）是塞万提斯学院专门为对外西班牙语教学和学习设计的，以互联网为媒介的虚拟环境。

(Cao, da Cunha e Iruskieta 2018)

Ejemplo 42:

Toda su obra es un compendio de elementos musicales que intensifica la acción teatral e ilustra las escenas dramáticas y los personajes, muchos de ellos músicos, incluido el mismo Don Quijote.

他的作品是一个影响戏剧表演的音乐元素集合，诠释着戏剧性的场景或人物，当中不乏有音乐家，当然也包括堂吉诃德。

(Cao, da Cunha e Iruskieta 2018)

Casi la mitad de las oraciones copulativas con *ser* se corresponden con oraciones predicativas en chino. A este respecto, los métodos de traducción se dividen en el uso de verbos relacionados con el atributo (ejemplo 43) y verbos elegidos según el contexto (ejemplo 44). En el ejemplo 10, el verbo 适合 significa 'convenir', que, evidentemente, está relacionado con el atributo de la oración en español («adecuado»). De esta manera, la estructura oracional cambia del todo, así como el significado de la oración original en español.

Por su parte, en el ejemplo 11 se usa el verbo 采用 porque es adecuado de acuerdo con las reglas expresivas del chino y el contexto en dicha lengua. No obstante, al traducirse, la estructura oracional varía pero no el significado. Para esta correspondencia, en 8 ejemplos se usa el verbo chino 成为 para reemplaza a *ser* porque tiene un significado muy parecido a este verbo español. Asimismo, es habitual en estos casos que el orden de las palabras y el significado sea el mismo.

Ejemplo 43:

Para aquellos estudiantes que no disponen de tiempo libre durante los días laborales, esta es la modalidad más adecuada.

该课程适合工作日无法上课的同学。

(Cao, da Cunha e Iruskieta 2018)

Ejemplo 44:

¿Cuál debería ser la estructura de una base de datos terminológicos?

术语数据库应采用哪种结构？

(Cao, da Cunha e Iruskieta 2018)

En las oraciones copulativas el predicado está formado por *ser* y el atributo. En 19 ejemplos, este predicado, que suele estar compuesto por el mencionado verbo y un atributo adjetival, tiene la correspondencia adjetival en chino. Estas construcciones van, por un lado, detrás del sujeto y junto con este forman unas oraciones sin verbo ni nexo (ejemplo 45). Por otro lado, van delante de los sustantivos y los modifican directamente (ejemplo 46).

En el chino, es bastante natural y frecuente las oraciones sin verbo ni 系词 (palabras vínculo), es decir, oraciones constituidas solo por sintagmas nominales o adjetivales. Además, los verbos copulativos en español no poseen contenido semántico, lo cual hace que resulte más natural la omisión en la traducción. Así, en el ejemplo 45, la correspondencia china «内容新颖» resulta correcta y natural. En el ejemplo 46, el predicado nominal «han sido suficientemente desarrollados» se corresponde con la construcción adjetival «足够完善的». Y el núcleo de este sintagma nominal es «词汇及专业术语资源», el cual funciona como sujeto de «帮助» que se corresponde con el sustantivo «apoyo». Con ello, la traducción modifica la estructura oracional.

Ejemplo 45:

El material de enseñanza procede de España, es moderno y está adaptado a las características de aprendizaje del estudiante chino.

我们的教材为西班牙原版教材，内容新颖，适用于中国学生学习。

(Cao, da Cunha e Iruskieta 2018)

Ejemplo 46:

En el caso de este tipo de lenguas minoritarias, los recursos en lengua escrita como bancos léxicos y terminológicos no han sido suficientemente desarrollados como apoyo para el estudiante.

对于上述小语种，并没有足够完善的词汇及专业术语资源来帮助学生进行学习。

(Cao, da Cunha e Iruskieta 2018)

Existen 21 casos en los que el predicado nominal en español se corresponde con construcciones preposicionales en chino. Así, en el ejemplo 47, aunque se usa la preposición china 在于 para reemplazar el verbo *ser*, la estructura oracional no cambia mucho. También existen casos en los que la estructura cambia por completo.

Ejemplo 47:

Así pues, durante estos últimos años el objetivo de nuestro trabajo ha sido lograr la confluencia en un mismo texto, por un lado, de las diferentes técnicas en el campo de la traducción

因此，近年来我们的工作目标在于将翻译过程中使用的各个方法。

(Cao, da Cunha e Iruskieta 2018)

También existen dos casos en los que la oración copulativa se transforma en sintagma nominal. En el siguiente ejemplo, en chino se juntan las palabras *Aritex* y 公司, con lo que la oración principal se convierte en un sintagma nominal y la subordinada, en la principal.

Ejemplo 48:

Aritex es una empresa que trabaja en el sector aeronáutico y de la automoción, en los que colabora con las empresas más destacadas.

Aritex公司在航空航天及汽车领域都有业务，并和重要的公司合作。

(Cao, da Cunha e Iruskieta 2018)

Además de las oraciones copulativas, también hay 17 oraciones pasivas en español. Al traducirse al chino, la mitad se convierte en voz activa (ejemplo 49) y la otra mitad sigue siendo pasiva (ejemplo 50).

Ejemplo 49:

Además, el ciclo ha contado con películas de renombrados directores como Alberto Rodríguez, quien este año ha sido galardonado con el Goya al mejor director.

开幕影《沼泽地》荣获了包括戈雅最佳影片奖和最佳导演奖在内的多个国际奖项。

(Cao, da Cunha e Iruskieta 2018)

Ejemplo 50:

La exposición ha sido comisariada y coproducida por la Fundación Gala-Salvador

9 Diferencia entre nexos chinos y verbos copulativos españoles

Dalí y la Fundación K11 (KAF) del magnate chino Adrian Cheng.

本次展览由卡拉—达利基金会和K11艺术基金会共同举办。

(Cao, da Cunha e Iruskieta 2018)

Los métodos para traducir al chino las oraciones copulativas con *ser* son variados. Esto implica que, en la práctica, el procedimiento se base, por lo menos, en la unidad oracional. Así, para expresar el significado original, hay que seleccionar palabras adecuadas que es posible que no aparezcan en el texto de partida y modificar de forma la estructura oracional para que la traducción sea correcta en cuanto a la gramática y las reglas expresivas.

A continuación, se analiza la correspondencia española de las oraciones con el nexo chino 是 con los equivalentes y su frecuencia.

Construcciones equivalentes en español	Frecuencia	Equivalentes concretos y frecuencia	
Oraciones con ser	41		
Construcciones predicativas	25	Oraciones predicativas constituidas por los verbos: convertir (-se) (2), materializarse (1), hacer (1), destacar (3), ofrecer (1), inaugurarse (1), dar (1), tener (2), canalizarse (1), tratarse de (2), corresponder (1), encuadrarse (1), tener lugar (1), suponer (1), equivaler (1), emplearse (2), girar (1), responder (1), ponerse (1), reconocer (1)	
Signos de puntuación	16	(10), : (3), «» (1), () (2)	
Construcciones preposicionales	7	en concreto (1), hacia (1), por una parte (1), por otra (1), en derivación (1), en este caso (1), por último (1)	
Subordinadas	3	Pronombre relativo que	
Construcciones nominales	2		
Conjunción	2	pero (1), sino (1)	
Adjetivo	2	no menos importante (1), denominado (1)	
Adverbio	1	normalmente (1)	
Verbo copulativo	1	estar (1)	

Tabla 4. Correspondencia española de las oraciones con 是.

De acuerdo con esta tabla, las construcciones copulativas del chino no necesariamente se corresponden con las mismas estructuras en español. Además, los métodos de traducción varían según el contexto.

Lo normal es que las oraciones con la estructura construcción nominal + 是 + construcción nominal se correspondan en español con una expresión parecida en la que se usa *ser* (ejemplo 51). En este tipo de oraciones, *ser* y 是 desempeñan las mismas funciones (relacionar construcciones nominales que aparecen antes y después de los nexos). No hay que perder de vista que, por lo general, las oraciones originales en chino son para definir o clasificar algo.

Además de la estructura anterior, existen otras que tienen correspondencia con oraciones copulativas en español (oración+ 是 + construcción nominal, pronombre + 是 + construcción nominal, construcción + 是 + oración, oración + 是 + construcción verbal y construcción nominal + 是 + construcción verbal, entre otras).

Ejemplo 51:

若您希望进行全面集中的语言学习或者您希望短时间内提高您的语言水平，紧凑课程是一个很好的选择。

Si optas por un aprendizaje lo más parecido posible a la inmersión, y necesitas mejorar tu nivel de español rápidamente, los cursos intensivos son una buena opción.

(Cao, da Cunha e Iruskieta 2018)

Cuando las construcciones constituidas por 是 se corresponden con oraciones predicativas en español, la típica estructura es construcción nominal + 是 + construcción adjetival (verbo + 的) (ejemplo 52). También existen otros casos en los que se utilizan verbos predicativos para reemplazar el nexo chino 是. Por ejemplo, cuando entre la palabra precedente y el nexo 是 hay otras frases o cuando se trata de estructuras como construcción nominal +是 + construcción verbal, construcción nominal + 是 + construcción nominal, construcción nominal +是 +以(...)为(...), construcción adjetival (verbo + 的) + 是 + construcción nominal, entre otras. Cuando la estructura oracional es construcción nominal + 是 + construcción nominal, el nexo se traduce por *tratarse de, corresponder, encuadrarse en, convertirse, suponer, equivaler*, es decir, verbos que expresan un significado parecido a *ser*.

9　Diferencia entre nexos chinos y verbos copulativos españoles

Ejemplo 52:

《潮流猎人？》是于2013年在西班牙首都马德里开幕的。

¿Cazadores de Tendencias? se inauguró en Madrid en 2013.

(Cao, da Cunha e Iruskieta 2018)

Los signos de puntuación también se utilizan para sustituir el nexo chino 是, en concreto, la coma, las comillas, los dos puntos y los paréntesis (ejemplo 53). Las oraciones en chino suelen ser compuestas. En casos parecidos, para traducir el nexo chino también se usa el pronombre relativo *que*, el cual introduce una oración subordinada predicativa.

Ejemplo 53:

基金会的理事会是其行政和管理机构、它由企业、大学、市政府、商学院，文化和体育机构等组成。

El propio patronato, órgano de gobierno de la fundación, refleja esta variedad de intereses al aglutinar empresas, universidades, ayuntamientos, escuelas de negocios, entidades culturales o deportivas.

Cuando la construcción precedente de 是 es un adjetivo o un adverbio, muchas veces, el conjunto del nexo chino 是 y el adjetivo o el adverbio corresponde a adjetivos, adverbios o construcciones preposicionales en español. En los siguientes ejemplos, la expresión de 不同的是 tiene su correspondencia con *pero*, 同样重要的是 con *no menos importante* y 一般是 con *normalmente*.

Ejemplo 54:

和常规课程一样，每周5小时课时，不同的是这5小时集中在同一天：周六或者周日。

Como los cursos regulares, son también de 5 horas semanales, pero concentradas en un solo día: sábados o domingos.

(Cao, da Cunha e Iruskieta 2018)

Ejemplo 55:

另外，同样重要的是，他们对学生耐心、亲和以及对教学的热情尤为突出。

Además, y no menos importante, destacan por su paciencia, simpatía y pasión por la enseñanza.

(Cao, da Cunha e Iruskieta 2018)

Ejemplo 56:

常规课程时长3个月，每周5小时课时分为2节课，每节课2.5小时，一般是周一、周三或者周二、周四各上一课。

Los cursos regulares comprenden un calendario de 5 horas semanales durante 3 meses, distribuidas en dos clases de dos horas y media, normalmente, los lunes y miércoles o los martes y jueves.

(Cao, da Cunha e Iruskieta 2018)

En resumen, las oraciones del nexo 是 se corresponden con oraciones copulativas, predicativas y frases o expresiones sin predicado en español. Y las oraciones con *ser* se traducen en chino por oraciones con 是, oraciones predicativas, construcciones adjetivales y preposicionales. Esto implica que el español y el chino son idiomas regidos por reglas gramaticales y expresivas muy diferentes.

Desde el punto de vista teórico, no existe una equivalencia total entre las definiciones de los verbos copulativos españoles y las palabras copulativas chinas. Pese a que en lo pragmático desempeñan funciones muy similares, se diferencian entre sí por tener distintas cualidades. Así, mientras que en español se trata de verbos, en chino no lo son necesariamente.

Por otro lado, desde el punto de vista práctico, las oraciones con *ser* no encuentran sus equivalentes absolutos en chino, es decir, la cuarta parte de las frases con *ser* pueden ser traducidas por 是, pero en el resto de casos, dichas construcciones solo tienen equivalentes aproximados en chino.

Otros aspectos que cabe destacar son el hecho de que el español es un idioma en el se da mayor importancia formal, mientras que en chino se presta más atención al significado. Asimismo, en español existen la conjugación verbal y la concordancia de género y número, las oraciones se dividen en predicativas y copulativas, y, en ellas, tanto el predicado verbal como la cópula se conjugan expresando persona, número, tiempo y modo. Además, dentro de una oración las palabras están vinculadas por partículas como preposiciones y artículos.

En cambio, en chino no hay reglas formales tan rígidas. Los verbos no se conjugan, las palabras no cambian de forma, aunque se trate de diferente número o género, y dentro de una oración cada elemento se ordena por lo que significa, con lo que muchas veces no están relacionados por partículas (incluso puede haber oraciones sin ningún verbo).

De modo que, para expresar el mismo significado, los dos idiomas tienen diferentes sistemas para formar oraciones y estas presentan distintas estructuras.

No hay que olvidar que el idioma es un reflejo de la forma de pensar y que la divergencia en el uso de *ser* y 是 muestra las diferencias entre el chino y el español, así como la discrepancia de lógica entre las dos culturas.

10 Enseñanza de las palabras copulativas del Chino en España

Anteriormente hemos visto cómo los profesores chinos enseñan los verbos copulativos españoles a los estudiantes; para que podamos contrastar, a continuación veremos cómo los profesores españoles enseñan los correspondientes equivalentes Chinos a sus alumnos, o dicho de otra manera, cómo los profesores orientan el aprendizaje del Chino. Ya sabemos que normalmente el verbo copulativo *ser* se traduce por "是", por lo que pondremos especial atención en cómo se enseña "是" a los estudiantes españoles. Como los demás verbos copulativos no disponen de un solo equivalente Chino, tomaremos *estar* como un ejemplo representativo y analizaremos qué palabras pueden traducirse por *este*.

10.1 *Esquemas de chino*

En primer lugar, encontramos el libro *Esquemas de chino* (Marco, 2007), que se centra en los esquemas más utilizados en el chino. El contenido relacionado con el presente estudio ocupa dos páginas, las 49 y 50.

Comenzaremos diciendo que el análisis de la construcción "是……的" evidencia las siguientes características del libro *Esquemas de chino*: primero, cuando se habla de los usos de la construcción, solo se aproxima a las funciones que desempeña el esquema en cuestión, que se definen como enfatizar y contrastar cualquier sintagma de la oración, sin aludir al significado ni a su equivalente español. Esto demuestra que se analiza el esquema desde un punto de vista mayoritariamente chino. A diferencia de *Esquemas de chino*, el manual *Español Moderno* siempre enfatiza cuál es la equivalencia China cuando da explicaciones sobre una palabra o expresión española. En este aspecto, ambos libros tienen sus ventajas. Por un lado, si nos explica qué significa una palabra o cuál es su equivalente en otro idioma cada vez que dicha palabra aparece en contextos diferentes facilitará su comprensión y, asimismo, reforzará nuestra conciencia de buscar siempre un equivalente en el idioma materno al observar una palabra o expresión nueva. No obstante, en numerosas ocasiones, encontramos palabras que son exclusivas de un idioma y no tienen un equivalente en otra lengua, por lo que nos vemos obligados a abandonar la estrategia anterior, para intentar ubicarnos en el ambiente del idioma extranjero e intentar pensar desde la perspectiva de los hablantes nativos. Esta es la estrategia de *Esquemas de chino*.

Segundo, ambos libros combinan las normas de la gramática con ejemplos concretos. La mayor divergencia consiste en que el *Español Moderno* ejemplifica oraciones después de indicar cada regla gramatical, dando explicaciones más detalladas que *Esquemas de chino*. Por ejemplo, al principio de la página 49, *Esquemas de chino* señala que el sintagma que se sitúa entre "是" (equivalente a ser) y "的" (es una partícula estructural)❶ puede desempeñar funciones sintácticas de sujeto, complemento directo, complemento indirecto y complemento circunstancial, pero se utiliza un solo ejemplo para dar explicaciones, en el que el sintagma es el complemento circunstancial. Seguramente, esto esté relacionado con que *Esquemas de chino* sea un libro de formato pequeño y, posiblemente, por la limitación de las páginas no haya podido dedicar más páginas centradas en la construcción "是……的".

Tercero, ambos libros prestan mayor atención a los usos concretos. En el *Español Moderno* se hace una mención señalando que *ser* y *estar* son verbos copulativos en español y se detiene ahí sin adentrarse más, mientras que en Esquemas de Chino no se indica que "是" es un "系词" (equivalente a nexo). Y en cuarto y último lugar, señalaremos que, al igual que *Español Moderno*, *Esquemas de chino* tiene alguna parte que no coincide con la gramática china. En el capítulo Requisitos, se dice que

---

A   La partícula "的" tiene las siguientes funciones: 1) marcar la cualidad adjetival de palabras o sintagmas: "美丽的" (*bonito*); 2) referir a personas o cosas: "唱歌的" (*la persona que canta*); 3) indicar pertenencia: "他的衣服" (*su ropa*); 4) indicar el tono afirmativo: "你说的是对的" (*lo que dices es correcto*); 5) modificar al predicado: "慢慢地走" (*caminar lento*). Consultado en Diccionario Xinhua, versión online <http://xh.5156edu.com/>.

"en las oraciones afirmativas 是 puede ser omitido, pero nunca en las negativas ni en las interrogativas". No es preciso afirmar que nunca se omite en las interrogativas. Tomemos como ejemplo la oración que utiliza el mismo libro:

> Ej.: 你 是 怎么 去 的?   我 是 坐 飞机 去 的
> Nǐ shì zěnme qù de?   Wǒ shì zuò fēijī qù de
> tú   cómo   ir   yo   en avión   ir sentarse
> ¿Cómo fuiste? Fui en avión [Y no en tren, en coche o en barco]

Adviértase que si omitimos el 是 de la interrogativa, obtendremos la oración: 你怎么去的? que también es gramatical y en la cual, comparada con la oración original, no se perciben grandes diferencias.

10.2 *Chino para españoles*

El libro de *Chino para españoles* (Marco, 2007) se centra principalmente en frases usuales del Chino, así como en los fenómenos gramaticales más característicos o más importantes de esta lengua. Por un lado, como *Chino para españoles* y *Esquemas de chino* son de la misma filóloga, Consuelo Marco Martínez, en la página 252, encontramos dos párrafos sobre la construcción "是……的", muy similares a la explicación dada en *Esquemas de chino*. Como esta ya ha sido tratada anteriormente, no volvemos a adentrarnos en el mismo contenido. (Véase las capturas del *Chino para españoles*, que figuran en los apéndices).

Por otro lado, en las páginas 222 y 223, encontramos dos párrafos muy interesantes sobre la palabra "是" (equivalente a *ser*), que la autora explica desde varias perspectivas. Primero, desde la teoría, señala que "是" es el único verbo copulativo "联系动词" (equivalente a la denominación *verbo copulativo*) en chino, que el atributo solo puede ser nominal y que "是" siempre es un verbo de cualidad; segundo, desde la perspectiva sintáctica, indica que "是" rechaza todos los marcadores aspectuales, que de los adverbios de negación solo admite "不" (equivalente a *no*) y que de entre los verbos auxiliares solo se construye con "应

该" (equivalente a *deber*); tercero, desde la perspectiva semántica, explica que con "是" se denotan tres valores fundamentales: unión, énfasis y presentación. (Véase las capturas del *Chino para españoles* que figuran en los apéndices).

El contenido de este texto evidencia que, en primer lugar, el análisis es completo si lo consideramos desde el punto de vista de los aspectos tomados en cuenta, es decir, los aspectos teóricos, sintácticos y semánticos. Asimismo no es muy detallado, porque acerca de los tres aspectos que se mencionan no se da una explicación concreta. En segundo lugar, anteriormente se ha demostrado que en el chino no existen verbos copulativos "联系动词" (equivalente a *verbo copulativo*) (en el capítulo 7) y que entre los verbos copulativos de los idiomas occidentales y las palabras de vínculo "系词" del chino se observan unas diferencias obvias. No obstante, en *Chino para españoles*, la autora indica que el único verbo copulativo en chino es "是" (equivalente a *ser*), lo cual sin duda alguna crea ciertas confusiones. En este caso, sería más recomendable que la autora o los profesores de Chino intenten analizar "是" dentro del margen del Chino sin esforzarse siempre en encontrar un sistema o una noción parecida en su lengua materna.

10.3 *La categoría de aspecto verbal y su manifestación en la lengua China*

10.3.1 **La comprensión de "是" (equivalente a *ser*)**

Según el libro La categoría de aspecto verbal y su manifestación en la lengua China, en los casos en que se expresan las verdades o informaciones de estados generales o la cualidad que el hablante contempla como característica propia o inherente del sujeto, normalmente se utiliza "是" (equivalente a *ser*), o se omite "是". Y al ser trasladado a la lengua española, el predicado nominal chino se traduce por la construcción "*ser* + predicado nominal". Como ya queda claro desde su título, este libro se centra principalmente en los aspectos verbales existentes en el chino y solo se limita a utilizar unos ejemplos para dar explicaciones de cada aspecto verbal.

Evidentemente, los lectores no saben en qué situaciones hace falta el uso de "是" y cuándo se omite. Sin embargo, se enfatiza que, en la traducción, el equivalente español de "是" es *ser* y que las oraciones de predicado nominal pueden traducirse a oraciones copulativas del español. Todo ello hace suponer que, si el lector desea conocer mejor los usos de "是", necesitará acudir a otros materiales. Además, la autora de este libro clasifica "是" en otra categoría verbal llamada verbo estativo, que establece contrastes con el concepto de verbo de acción. Sean cuales sean las propiedades designadas por "是", no pertenecen a un verbo. (Véase las capturas (1) de La categoría de aspecto verbal y su manifestación en la lengua china, que figuran en los apéndices).

10.3.2 Comprensión de los equivalentes Chinos de las construcciones con *estar*

De acuerdo con el texto La categoría de aspecto verbal y su manifestación en la lengua china, "在" (equivalente a veces a *estar* o *estar en*) pertenece a las partículas que indican el aspecto verbal. Este prefijo se construye con los verbos de acción para expresar una acción que está en proceso activo. Por lo tanto, en el chino la construcción 在 + verbo de acción desempeña la misma función que la estructura *estar* + gerundio. A diferencia del manual *Español Moderno*, que indica con claridad que el equivalente de *estar* es "在", aquí no se ha hecho una comparación parecida, lo cual puede ayudar a causar menos confusiones y ganar precisión.

Además de expresar el aspecto verbal progresivo, el prefijo "在-" también puede utilizarse para indicar la ubicación. En este caso "在", va seguido de sustantivos o adverbios de lugar y funciona como preposición. En la construcción de 在 + lugar + verbo, "在" juega un doble papel: la preposición locativa y el indicador de aspecto progresivo. De esta manera, la construcción de 在 + lugar equivale a la expresión española de *estar* + *en* + lugar. (Véase las capturas (2) de *La categoría de aspecto verbal y su manifestación en la lengua china*).

Además de "在", en chino existen otras partículas que se construyen con verbos, y que al ser traducidas al español se intercambian por las correspondientes estructuras de *estar*. Cuando el sufijo "-着" está precedido por un verbo de acción, expresa el resultado de una acción anterior, y en este caso la construcción de verbo de acción + 着 se traduce por *estar* + participio pasivo. Mientras, en los casos en que el sufijo "-着" va precedido por adjetivos, la traducción varía considerablemente dependiendo de qué tipo de adjetivos se trate. En el ejemplo (48) de este libro, "天还早着，太阳还斜着" aparecen dos adjetivos: 早 (*pronto, temprano*) y 斜 (*inclinado*). El primero se traduce por *ser pronto* y el segundo, por estar inclinado. Por tanto, la construcción adjetivo + 着 puede traducirse por *estar* + adjetivo o *ser* + adjetivo.

10.4 Gramática de la lengua China

Este material comparte similitudes con los libros anteriormente analizados, por lo que en este apartado solo reseñaremos las diferencias. De acuerdo con este libro, al traducir los verbos adjetivales o de cualidad del chino al español, en el idioma de llegada, es muy posible que se utilice la forma de *ser* + adjetivo o *estar* + adjetivo/ participio. Veamos algunos ejemplos utilizados en la *Gramática de la lengua china* (Marco, 1998: 209)

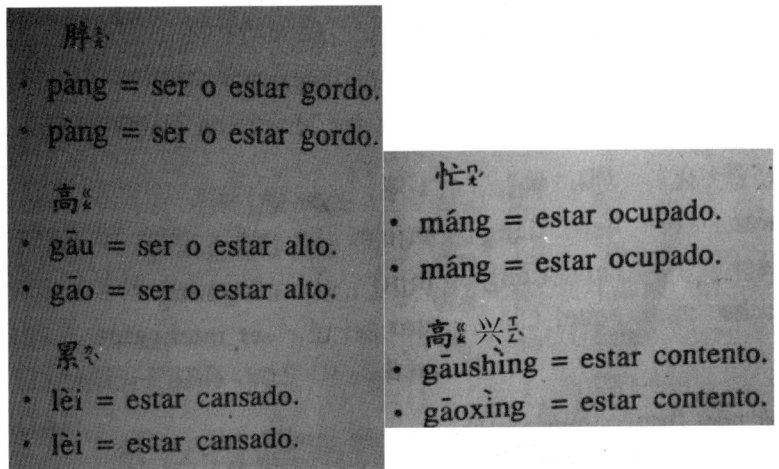

胖
- pàng = ser o estar gordo.
- pàng = ser o estar gordo.

高
- gāu = ser o estar alto.
- gāo = ser o estar alto.

累
- lèi = estar cansado.
- lèi = estar cansado.

忙
- máng = estar ocupado.
- máng = estar ocupado.

高兴
- gāushing = estar contento.
- gāoxing = estar contento.

Los ejemplos ponen de relieve que normalmente los verbos adjetivales o de cualidad no corresponden a la misma categoría verbal del español, sino a las construcciones constituidas por *ser* y *estar* más adjetivos. El uso de *ser* o *estar* depende de la cualidad del adjetivo español y del contexto, de modo que si el adjetivo español solo admite *ser* o *estar*, en el texto traducido se utiliza la expresión de *ser* + adjetivo o *estar* + adjetivo/ participio, mientras para los adjetivos que admiten ambos verbos copulativos sería imprescindible el contexto o el valor semántico que intenta transmitir la oración original.

Además del análisis dado a los verbos adjetivales o de cualidad del chino, este libro también se adentra en el copulativo "是". En primer lugar, se habla de la propiedad de "是", señalando que se trata de un verbo copulativo. En segundo lugar, se indican algunas características sintácticas de "是", mostrando con ejemplos que "是" "rechaza todos los marcadores aspectuales", que "admite solo la negación 不, y no 没有" y "que acepta únicamente verbos auxiliares que hacen alusión al concepto de deber, tanto en su sentido deóntico como epistemológico" (Marco, 1998: 216-218). Por último, se revela que "是" posee tres valores principales: de unión, enfático y presentativo, explicando que el "是" de unión "sirve para enlazar un SN-sujeto referencial con un SN-atributo no referencial", que el "是" enfático "se pronuncia con acento fuerte y sirve para enfatizar o resaltar información, normalmente aparecida con anterioridad" y que el "是" presentativo "es típico de la oraciones presentativas que incluyen lugar y tiempo" (Marco, 1998: 219-222). En conclusión, consideramos que la metodología que combina las reglas generales y los ejemplos concretos facilita la comprensión de la materia, y por ello es oportuna su utilización en *Español Moderno* y en los materiales relacionados con el chino.

10.5 Comparación de la comprensión de los chinos sobre *ser* y *estar* y la comprensión de los españoles sobre "是" (equivalente a *ser*) y "在" (equivalente a *estar* o *estar en*)

El manual del *Español Moderno* y los materiales de enseñanza del chino anteriormente mencionados presentan unos contrastes y similitudes representativos de la comprensión de los profesores y filólogos y de su metodología pedagógica. En primer lugar, comparemos cómo se explica *ser* y "是". De acuerdo con el manual *Español Moderno*, el equivalente chino del verbo copulativo español *ser* es "是" y, asimismo, los materiales de enseñanza del chino señalan que el equivalente español de "是" es ser. No obstante, entre las dos palabras no existe una relación de equivalencia absoluta, dado que *ser* es un verbo copulativo, y "是" es "系词" (equivalente a *nexo*). En el *Español Moderno* no se indica claramente a qué categoría de palabra pertenece "是", mientras que *Chino para españoles* y *la Gramática de la lengua china* aclaran que "是" es un verbo copulativo y *La categoría de aspecto verbal y su manifestación en la lengua china* confirma que "是" es un verbo estativo y un verbo de cualidad, lo cual constata que los filólogos de ambos países sostienen opiniones divergentes entre sí. Además, tanto los filólogos chinos como españoles admiten que en muchas ocasiones se omite "是" cuando se traslada una oración copulativa del español al chino y se añade *ser* en la oración traducida en el caso de que la oración original del chino no posea la presencia de "是". Por ejemplo, si traducimos directamente y literalmente la oración *Ella es muy guapa* al chino, obtendríamos "她是很漂亮", la cual resulta redundante, y en la que sería recomendable eliminar "是". Mientras que si trasladamos ai pie de la letra la oración "她很漂亮" al español, la oración de llegada sería *Ella muy guapa, la que evidentemente parece incompleta.

En segundo lugar, veamos cómo se comprende *estar* respecto a "在". Conforme al manual *Español Moderno*, el equivalente de *estar* es "在". Sin embargo, no se trata de una relación de equivalencia. Acerca de la relación entre *estar* y "在", el libro de *La categoría de aspecto verbal y su manifestación en la lengua china* posee una perspectiva de análisis mucho más precisa, afirmando que "el chino posee un aspecto imperfectivo continuo progresivo (prefijo zai-), mientras que en español, para expresar este mismo concepto, se acude a la perífrasis *estar* + gerundio (está corriendo)" (Marco, 1988: 117). En muchas ocasiones este libro enfatiza que "在" es una partícula de aspecto verbal que va delante del verbo y en conjunto se expresa el aspecto imperfectivo progresivo. Se pone en evidencia que *estar* no ha sido considerado como el equivalente español de la palabra china "在", sino que la construcción de 在 + verbo del chino desempeña la misma función de la construcción española de *estar* + gerundio. Además, dicho material también indica que, en ocasiones, la construcción de verbo + sufijo *-zhe* se traduce por *estar* + gerundio, lo cual demuestra que en el chino hay más de una construcción capaz de denotar el mismo aspecto verbal, y que entre dos lenguas distintas existe la posibilidad de que haya estructuras sintácticas de la misma función o parecida, así como que entre dos palabras como *estar* y "在" no se perciba una relación de equivalencia. Y es que no se pueden dar por equivalentes dos palabras solo por desempeñar las mismas funciones.

En tercer lugar, en comparación con la atención que se presta a "是" y "在" en los libros españoles de enseñanza del chino, el manual *Español Moderno* concede más importancia a los verbos copulativos españoles. Esto se debe principalmente a que los verbos copulativos españoles son los más utilizados en esta lengua, mientras "是" en muchas ocasiones se omite, y "在" se considera una partícula que normalmente no tiene una carga semántica tan importante como la de un verbo.

En cuarto lugar, la comparación entre el manual *Español Moderno* y los libros españoles de enseñanza de chino constata que la metodología de enseñanza utilizada en ambos materiales es parecida, ya que, con el objetivo de explicar un fenómeno gramatical, se centran principalmente en ejemplos concretos y proporcionan una explicación bastante general acerca de los aspectos teóricos, sintácticos y semánticos. Por eso, si un estudiante chino quiere conocer mejor los usos de los verbos copulativos españoles, es recomendable que acuda a la *Nueva gramática de la lengua española* o a la *Gramática descriptiva de la lengua española*. Igualmente los estudiantes españoles pueden consultar las correspondientes gramáticas de la lengua china[1] para conseguir

---

[1] En relación con la gramática de lengua china, los estudiantes españoles pueden leer el *Manual de la gramática de la lengua china moderna* (《现代汉语语法教程》) de Ding Chongming (2009), la *Gramática aplicada de la lengua china* (《实用汉语语法》) de Fang Yuqing (2008), *Teorías de la gramática china* (《汉语语法论》) de Gao Mingkai (2011), *La lengua china: historia, signo y contexto: Una aproximación sociocultural de Martínez* Robles (2002), *Una interpretación interesante de la gramática china* (《汉语语法趣说》) de Shao Jingmin (2011), la *Gramática china* (《汉语语法》) de Shi Yuzhi (2010), la *Gramática moderna de China* (《中国现代语法》) de Wang Li (2011) y la *Gramática de la lengua china moderna* (《现代汉语语法》) de Zeng Changhong (2009). Y para conocer mejor la

una mejor comprensión sobre "是", "在" y "着".

Finalmente, diremos que, como el chino y el español son idiomas muy diferentes, en ocasiones, hay que abandonar el camino de búsqueda de una relación de equivalencia e intentar comprender los fenómenos gramaticales en el ambiente de la lengua extranjera. En la tercera parte del trabajo, cuando diseñemos el material complementario, intentaremos reflejar este principio, creando un entorno comunicativo que tratará de acercarse lo máximo posible al de la vida real y haciendo que los alumnos se sitúen en el ambiente español y utilicen este idioma para pensar y resolver problemas, es decir, haciéndoles acostumbrarse a la mentalidad hispanohablante.

---

equivalencia entre el chino y el español, los estudiantes pueden consultar la *Interpretación entre chino y español* (《西班牙语口译》) de Chang Shiru (2010), *Del carácter al contexto: teoría y práctica de la traducción del chino moderno* de Ramírez Bellerín (1999), la *Traducción aplicada entre chino y español* (《应用中西翻译》) de Shen Lameng (2006), la *Enseñanza de la traducción entre chino y español* (《西汉翻译教程》) de Sheng Li (2011), la *Historia breve de traducción entre chino y español* (《中西翻译简史》) de Xie Tianzhen (2009), *Teorías de lingüística comparativa* (《对比语言学论》) de Xu Yulong (1992), *La Nueva enseñanza de traducción entre chino y español* (《新编汉西翻译教程》) de Zhao Shiyu (1999) y *la Traducción profesional superior entre chino y español* (《西中高级职业翻译》) de Zhou Minkang (2011).

Parte III. Propuesta para la enseñanza de las construcciones copulativas del español

11. Teorí as relacionadas con la enseñanza de una segunda lengua
12. Propuesta para la enseñanza de los verbos copulativos del español

11 Teorías relacionadas con la enseñanza de una segunda lengua

Con la profundización en el estudio del método de enseñanza de una lengua extranjera, la metodología recomendada varía según la época, presentándose en constante evolución. El método tradicional gira alrededor del libro de texto y de las clases en las que el profesor transmite casi toda la información que ofrece dicho libro y el alumno acepta el contenido de forma pasiva. Por tanto, entre el profesor y el alumno no existe interacción o esta se ve muy reducida, de manera que el profesor desempeña un mero papel de intermediario. Ese sistema evolucionó hacia el enfoque comunicativo y la metodología actual recomienda una enseñanza más dinámica, interactiva y continua. A continuación, estudiaremos la enseñanza del español desde dos perspectivas: el diseño de un curso para la enseñanza de una lengua extranjera y la enseñanza del español mediante tareas.

11.1 Encuestas preparadas para los alumnos de Filología Hispánica

De acuerdo con el autor García Santa-Cecilia (2000), los procesos del desarrollo de un curso se dividen en cinco fases: análisis de las necesidades, definición de los objetivos, selección y gradación de los contenidos, selección y gradación de las actividades y materiales de aprendizaje y determinación de los procedimientos de evaluación. En este apartado, nos centramos en analizar los cinco procesos y los pondremos en concordancia con el tema del presente trabajo, los verbos copulativos del español.
En el diseño de un curso de adquisición de una lengua extranjera, el análisis de

las necesidades funciona como la base de todos los procesos, pues mediante este determinamos los objetivos, los contenidos y la metodología adecuada. Las necesidades se dividen en objetivas y subjetivas, centrándose el análisis de las primeras en estudiar la actuación lingüística que se espera que el alumno sea capaz de desarrollar con el objetivo de obtener información factual. Mientras, en las necesidades subjetivas, se analizan principalmente las actitudes de los alumnos, la motivación, la reflexión, la personalidad, los deseos, las expectativas y los estilos de aprendizaje (García Santa-Cecilia, 2000).

Partiendo de los dos tipos de necesidades, se elabora un cuestionario cuyos destinatarios son los estudiantes de tercer y cuarto curso de la universidad y los que se hayan graduado de la carrera universitaria en Filología hispánica. Sus respuestas nos servirán para el diseño de un material complementario, cuyo uso está destinado a los estudiantes del segundo semestre del tercer y cuarto curso, es decir, a los estudiantes de nivel intermedio y superior. Por tanto, las respuestas de los destinatarios del cuestionario nos ayudarán a conocer el dominio de los verbos copulativos españoles de los estudiantes y nos servirán para analizar el funcionamiento del libro de texto *Español Moderno* y evaluar las expectativas de los estudiantes o graduados de las universidades. El link de la encuesta se ha enviado mediante correo electrónico y otros programas informáticos y, hasta el día 25 de octubre de 2019, se han conseguido 100 respuestas, que analizaremos a continuación.

PRIMERA PARTE: las definiciones fundamentales

Las primeras cuatro preguntas intentan aclarar el conocimiento que tienen los estudiantes chinos sobre las definiciones de los verbos copulativos. De acuerdo con la encuesta, 75 destinatarios admiten que conocen la definición de los verbos copulativos, entre los cuales 72 dan una respuesta afirmativa a la segunda pregunta, asegurando que saben algunos verbos copulativos, pero, en cuanto se les exige ejemplificar algunos de los verbos en cuestión, solo 25 de ellos señalan el contenido correspondiente: 5 estudiantes expresan que el verbo *ser* es copulativo, 18 estudiantes que los verbos *ser* y *estar* son copulativos y solo 2 estudiantes afirman que los verbos *ser*, *estar* y *parecer* son copulativos. La totalidad de los 25 estudiantes reconoce la propiedad copulativa del verbo *ser* y la mayoría de ellos creen que el verbo *estar* también es atributivo.

Mediante las cuatro primeras preguntas nos queda claro el hecho de que, aunque la mayoría conoce el concepto de verbo copulativo, no sabe indicar con exactitud cuáles son. La realidad manifestada por estas cuatro preguntas debe servir bien como testimonio de la necesidad de un mejor estudio de los conceptos fundamentales de los verbos copulativos entre los estudiantes chinos, evidenciándose por primera vez la necesidad de elaborar un material o un curso complementario.

SEGUNDA PARTE: el dominio de los verbos copulativos

Las preguntas 5-10 del cuestionario intentan aclarar el dominio de los usos concretos de los verbos copulativos, y las primeras cuatro preguntas demuestran que una parte de los destinatarios desconoce las definiciones básicas y lo relativo a los usos concretos. Entonces, ¿qué resultados obtendríamos? Como el manual *Español Moderno* ha dado explicaciones sobre los verbos copulativos, para conocer la necesidad de la elaboración de un material complementario hace falta conocer cómo aceptan los estudiantes el contenido ofrecido por dicho libro de texto y si los estudiantes están contentos con lo que este enseña.

De los 100 destinatarios, 87 reconocen haberse confundido en los usos de los verbos copulativos *ser* y *estar* y 67 opinan que *Español Moderno* no proporciona suficientes explicaciones sobre los usos de *ser* y *estar*.

Las preguntas 9 y 10 están destinadas a saber si los estudiantes diferencian las oraciones copulativas de las predicativas y si reconocen las perífrasis verbales, y, de acuerdo con la encuesta, queda claro que muchos las confunden. En lo concerniente a la oración "La boda es en la catedral", 37 estudiantes la consideran copulativa; "Su hermano es profesor de tenis", 70 la consideran así; en "Mi casa está en el centro de la ciudad", 40; en "Estás muy guapa con el vestido rojo", 82; en "Me parece prudente tu consejo", 67; y, por último, en "Me parece que a estas horas ya no reciben visitas", 18. En conclusión, estas 6 preguntas revelan por segunda vez la necesidad de elaborar un material complementario.

TERCERA PARTE: los verbos copulativos en el lenguaje oral y escrito

Las preguntas 11-21 tratan de evaluar el conocimiento que tienen los estudiantes chinos sobre la frecuencia con que utilizan los verbos copulativos en el lenguaje oral y escrito, así como la imagen que los estudiantes poseen en lo referente a su propio dominio de los verbos copulativos. De esta manera, la parte referente a la frecuencia refleja indirectamente la importancia que los estudiantes chinos conceden a los verbos objeto de esta investigación, y la parte de autoevaluación de sus propios conocimientos revela directamente y subjetivamente el nivel de dominio. Sobre los verbos copulativos *ser*, *estar* y *parecer*, 75 destinatarios indican que se utilizan con mucha frecuencia en el lenguaje escrito, 23 expresan que se utilizan con una frecuencia regular y solo hay 2 que seleccionan la respuesta de poca frecuencia; mientras 95 estudiantes señalan que se utilizan con mucha frecuencia en el lenguaje oral y 5 estudiantes se decantan por considerar su frecuencia regular. Las respuestas 11 y 12 confirman que la gran mayoría de los estudiantes chinos otorgan mucha importancia a los verbos referidos, especialmente a sus usos en el lenguaje oral.

CUARTA PARTE: metodología de enseñanza utilizada en el *Español Moderno*

Las preguntas 22-24 se centran en estudiar la opinión que tienen los estudiantes chinos acerca del manual *Español Moderno*. El libro de texto mencionado aplica un modelo de enseñanza tradicional que el modelo actual reconocido internacionalmente y, por otra parte, las clases de español en las universidades chinas carecen de intercambios entre profesor y alumno, de manera que el profesor desempeña el papel de simple y mecánico trasmisor de un material, *Español Moderno*, centrado principalmente en las normas gramaticales. A continuación, veamos las opiniones de los estudiantes chinos en lo relativo al modelo de enseñanza empleado en este manual.

La pregunta 22 intenta aclarar la eficacia del libro de texto en cuestión. Entre los 100 estudiantes chinos que han contestado al cuestionario, 67 comentan que existen lagunas entre lo que enseña el *Español Moderno* y lo que ellos dominan, es decir, que dos tercios de los estudiantes adoptan una actitud no favorable al marco metodológico de dicho manual. Asimismo las respuestas de la pregunta 23 ponen en evidencia el hecho de que el aprendizaje de un idioma extranjero no se limita solamente a la gramática, ya que 85 estudiantes admiten que encuentran dificultades al expresarse en la lengua extranjera pese a la gran acumulación de conocimientos gramaticales.

En cuanto a la pregunta 24, 90 destinatarios manifiestan que dominan mejor los verbos copulativos en el lenguaje escrito que en el lenguaje oral. No obstante, la mayoría de los destinatarios afirman que los verbos copulativos se utilizan con más frecuencia en el lenguaje oral que en el escrito. Expresado de otra forma más explícita y comprensible: se debería prestar más atención a los usos del lenguaje oral, ya que los estudiantes chinos los dominan peor que los del lenguaje escrito. Funcionando como simples receptores del conocimiento transmitido por el profesor, los estudiantes chinos dominan el idioma menos de lo que se espera, quedando claro que el modelo centrado en la gramática no contribuye al dominio de la expresión oral, y se ven necesitados de otros materiales complementarios que puedan rellenar el hueco dejado por el manual *Español Moderno*.

QUINTA PARTE: las expectativas de los estudiantes chinos

La pregunta 25 pone de manifiesto la importancia que conceden los estudiantes chinos al buen dominio de los verbos copulativos, ya que 97 estudiantes reconocen el papel imprescindible de dichos verbos en la expresión oral y escrita y, de acuerdo con las respuestas de la pregunta 26 y 95 tienen interés por conocer mejor sus usos. Por lo tanto, mediante el planteamiento de este cuestionario, sabemos que los estudiantes no dominan bien los verbos necesarios para expresarse sin problemas tanto oralmente como por escrito; y se evidencia la necesidad de la elaboración de un material o curso complementario que ayude a conseguir un dominio pleno.

Por todo ello, el análisis del cuestionario pone de relieve la necesidad de elaborar un curso o material complementario por varias razones. En primer lugar, los estudiantes chinos suelen encontrar problemas en los usos de los verbos copulativos. En segundo lugar, pese a que estos consideran que dominan perfectamente los verbos en cuestión y tienen una alta opinión sobre sus conocimientos, la realidad demuestra lo contrario. En tercer lugar, en lo referente a los verbos copulativos, el manual *Español Moderno* no cuenta con una enseñanza sistemática; en cuarto, los estudiantes chinos conceden mucha importancia a los usos pertinentes en el lenguaje oral, pero el manual *Español Moderno* no ofrece suficientes recursos para que los estudiantes practiquen. Y, por último, los estudiantes están interesados en profundizar en el estudio de los verbos copulativos. Teniendo en cuenta todo lo anterior, el objetivo general del curso complementario debe consistir en mejorar el dominio de los estudiantes chinos sobre los verbos copulativos. Este objetivo general queda subdividido en los siguientes objetivos más concretos:

— Mejorar el entendimiento sistemático, dando explicaciones de los conceptos básicos.

— Concretar los usos de los verbos copulativos que los estudiantes deben conocer.

— Equilibrar la importancia concedida al lenguaje oral y al lenguaje escrito, mejorando el dominio de los verbos copulativos en el lenguaje oral.

— Estrechar las distancias entre lo que se intenta enseñar y lo que dominan los estudiantes.

— Encontrar una metodología de enseñanza más eficaz que la utilizada en el manual *Español Moderno*.

— Elaborar un sistema de evaluación, para que el aprendizaje del alumno sea dinámico.

De este modo, queda claro el contenido del curso complementario y es importante recalcar, además, que la mayoría de los destinatarios de la encuesta atribuye una importancia apropiada a los verbos copulativos, creyendo que el buen dominio de dichos verbos les ayuda a mejorar la expresión oral y escrita. En cuanto a la gradación de los contenidos, analizaremos más detalladamente este aspecto en el capítulo 11, donde se presenta el contenido del curso.

11.2 Teorías relacionadas con la selección y gradación de la metodología

Zanón (1999: 22) afirma que "la enseñanza del español mediante tareas ya es una realidad" [1], y que "uno de los retos del modelo es generar propuestas más abiertas en las que el concepto de participación se plasme en materiales de calidad". Y es que

---

[1] Los autores Doughty (1991), Ellis (1993), Estaire y Zanón (1994), Garret (1993), Larsen-Freeman y Long (1991), Loschky y Bley-Vroman (1993) y Terrell (1991) abogan por la enseñanza de la gramática de la lengua extranjera organizada mediante tareas.

11   Teorías relacionadas con la enseñanza de una segunda lengua

la metodología de la enseñanza del español mediante tareas enfatiza la importancia de la participación activa del alumno, al contrario que el método tradicional empleado en algunos países occidentales y, también, en algunos otros países como China, donde los alumnos aceptan de forma pasiva todo lo que trasmite el profesor, acumulando una gran cantidad de conocimientos lingüísticos y gramaticales, pero con muchas dificultades para expresarse en una lengua extranjera. En contraste, la enseñanza mediante tareas aboga por la obtención de conocimientos de manera voluntaria y activa, mediante lo cual se consigue una absorción más eficaz.

Acerca del concepto de tarea[1], Zanón (1990: 22) indica que esta es:

1. Representativa de procesos de comunicación de la vida real.

2. Identificable como unidad de actividad en el aula.

3. Dirigida intencionalmente hacia el aprendizaje del lenguaje.

4. Diseñada con un objetivo, estructura y secuencia del trabajo.

De acuerdo con estas características, se puede decir que mediante la tarea, los alumnos desarrollan una comunicación social dentro del ámbito del aula, con el objetivo de aprender activamente el lenguaje. En cuanto a la enseñanza de la gramática, Gómez del Estal y Zanón (1999: 83-84) abogan por el uso de la concienciación gramatical, comentando que las características de dicha enseñanza abarcan los siguientes puntos:

1. El objetivo de las actividades de concienciación gramatical es hacer reflexionar a los alumnos sobre determinados fenómenos gramaticales.

---

[1] Martín Peris (1999: 31) indica que "el concepto de tarea es único: actividad dirigida a un aprendizaje significativo de la lengua mediante la práctica de la comunicación; es –o debe ser– a un mismo tiempo comunicativa, discente y didáctica". Por su parte, Estaire (1999: 56-57) entiende el concepto de tarea desde un punto de vista más concreto, defendiendo que en el aula los alumnos "desarrollan su competencia comunicativa en la lengua meta:

-dando o registrando información, expresando o registrando ideas, opiniones, sentimientos, de forma oral o escrita-,

-obteniendo información, interpretando significados a través de textos hablados o escritos (en muchas ocasiones los "textos" serán textos hablados o escritos producidos por los propios alumnos),

-reflexionado sobre el sistema lingüístico y su funcionamiento como instrumento de comunicación".

2.Éstas se dirigen a provocar el análisis y la comprensión de las propiedades formales y funcionales de esos fenómenos.

3.Las actividades de concienciación gramatical presentan los fenómenos gramaticales de manera que permitan a los alumnos construir, a través de un proceso de descubrimiento progresivo, una representación mental o regla X de los mismos[1].

4.La utilización precisa de la estructura en comprensión y producción debe ser esencial para la resolución de la actividad.

5.La actividad debe incorporar posibilidades del uso comunicativo de la lengua.

6.La tarea debe incorporar una fase de feedback con el alumno en relación con la utilización de la estructura a lo largo de actividad.

Además de indicar las correspondientes características de la enseñanza orientada a la concienciación gramatical, los dos autores (1999: 86) también señalan que "las tareas deben favorecer la toma de conciencia de los aspectos formales de la lengua, a fin de despertar o guiar los mecanismos de análisis lingüístico que ayudan al alumno a depurar sus producciones. Las tareas gramaticales deben, por tanto, responder a estas características:

El esquema debe ser alumno/ alumno. El profesor actúa como organizador y facilitador de la actividad.

Debe existir vacío e intercambio de información. Los alumnos se plantean objetivos de búsqueda y análisis de información con sus compañeros.

Debe existir negociación entre los alumnos a la hora de resolver la tarea gramatical.

El contenido no aparece directamente, sino que se va elaborando en el curso de la discusión.

La interacción debe ser esencial, es decir, que sin ella no se puede resolver la demanda de la tarea.

El diseño de las tareas debe encaminarse hacia el desarrollo de estrategias de aprendizaje y análisis, especialmente aquéllas que pueden servir al alumno en otros

---

[1] Las tres primeras características también aparecen recogidas en los materiales didácticos de Baststone (1993), Celce-Murcia y Hills (1993), Gómez del Estal y Zanón (1994 y 1996), Martín Peris (1993), Miquel y Sans (1994), Rea Dickins y Woods (1988), Ur (1988).

contextos.

La actividad a realizar debe ser motivante".

Basándonos en los principios anteriormente mencionados, se espera poder elaborar unas tareas que fomenten la participación activa del alumno, que llenen el vacío de conocimientos en el intercambio entre estudiantes, que les ayuden a completar las normas de gramática y que desarrollen su capacidad de aprendizaje.

11.3 Cómo se evalúa al alumno

En la enseñanza de una lengua extranjera se aprecia una metodología dinámica y motivadora. En realidad, los cinco procesos para el diseño de un curso, es decir, el análisis de las necesidades, la definición de los objetivos, la selección y gradación de los contenidos, la selección y gradación de las actividades y los materiales de aprendizaje y la determinación de los procedimientos de evaluación, forman un círculo en que la evaluación se convierte en el procedimiento que garantiza que la enseñanza sea dinámica y motivadora. Mediante la evaluación, tenemos posibilidades de saber cuáles son los problemas de las tareas y cuáles son las nuevas necesidades de los alumnos para luego elaborar las nuevas tareas apropiadas.

El autor García Santa–Cecilia (1999: 139) recomienda que el profesor facilite al alumno una hoja de autoevaluación después de cada clase. A continuación, veamos la hoja ofrecida por el autor:

HOJA DE AUTOEVALUACIÓN
Alumno:
Nivel:
Clase:
Fecha:
Hoy hemos trabajado el siguiente escenario:
Tema:
1)Palabras nuevas que he aprendido:
2)¿Qué he visto de nuevo en gramática? Algunos ejemplos para recordarlo mejor:
3)Nuevas expresiones: ¿Dónde las usaría?
4)¿Qué temas de los anteriores quiero repasar un poco más?
5)¿Cómo puedo hacerlo?: ¿Con qué material? ¿Dónde? ¿Con quién?

Es evidente que la hoja anterior no es adecuada para las tareas de gramática. De acuerdo con las características de los verbos copulativos, se elabora la siguiente ficha para la presente investigación (es posible que, para distintas tareas, la hoja de autoevaluación sea diferente; la siguiente hoja nos orienta en la elaboración de las hojas de autoevaluación para los verbos copulativos):

HOJA DE AUTOEVALUACIÓN
Alumno:
Nivel:
Clase:
Fecha:
Hoy hemos trabajado los siguientes verbos copulativos:
Tema:
    1)¿Cuáles son los usos característicos de los verbos estudiados?
    2)¿Los diferencias de sus usos predicativos?
    3)¿Puedes utilizar los verbos para crear un escenario comunicativo con tu compañero?
    4)¿Qué es lo que no has dominado?

12 Propuesta para la enseñanza de los verbos copulativos del español

12.1 Tareas relacionadas con los conceptos básicos

En la primera tarea presentamos 8 oraciones, 4 copulativas, 4 predicativas, y para realizar la tarea, el alumno necesita cooperar con su compañero. Se evidencian tres objetivos en este tipo de tareas: primero, concienciar al alumno con respecto a las características de las oraciones copulativas y predicativas; segundo, crear un ambiente comunicativo en el aula que facilite oportunidades de intercambio entre alumno y alumno; tercero, llenar el vacío que tiene el alumno, que se produce en el intercambio, cuando su compañero expresa o transmite información o conocimientos que antes desconocía. Para que la toma de conciencia del alumno tenga lugar, hace falta que él mismo descubra las normas gramaticales y las utilice en conversaciones comunicativas. Para ello, en la tarea 1 se preparan dos fichas que no son totalmente iguales con el objetivo de fortalecer la comunicación entre compañeros, ya que, sin la participación del otro alumno, es imposible terminar la tarea. Hay que indicar que, en todas las tareas propuestas en este capítulo, se concede mucha importancia al uso del español y se considera necesario que en el proceso comunicativo los alumnos utilicen este idioma para discutir las dudas que tienen y compartir los conocimientos que poseen.

TAREA 1—FICHA A.

TAREA 1: ORACIONES COPULATIVAS Y ORACIONES PREDICATIVAS. FICHA A

OBJETIVO: Comparar las oraciones copulativas y las predicativas y descubrir sus diferencias.

Debajo tienes cuatro oraciones copulativas y tu compañero tiene otras cuatro que son predicativas. Compara con tu compañero las ocho oraciones y discutid cómo se contestan las preguntas expuestas más abajo.

ORACIONES COPULATIVAS:

1. Soy profesora de español.
2. Soy feliz.
3. Estoy enfermo.
4. La fruta parece dulce.

PREGUNTAS:

1. ¿Qué diferencias hay entre los atributos de las oraciones copulativas "profesora de español", "feliz", "enfermo" y "dulce", y los complementos directos de las oraciones predicativas "una manzana", "la ventana", "los platos" y "un nuevo libro"?

2. ¿Qué diferencias notáis entre las funciones desempeñadas por los verbos copulativos *ser, estar, parecer* y los verbos plenos *comer, abrir, secar* y *publicar*?

3. Identificad el predicado de las ocho oraciones.

4. ¿Notáis alguna diferencia entre el predicado de las oraciones copulativas y el predicado de las oraciones predicativas?

CONCLUSIÓN:

Escribid las características principales de las oraciones copulativas y de las oraciones predicativas.

ORACIONES COPULATIVAS:

ORACIONES PREDICATIVAS:

TAREA 1 – FICHA B.

TAREA 1: ORACIONES COPULATIVAS Y ORACIONES PREDICATIVAS. FICHA B

OBJETIVO: Comparar las oraciones copulativas y las predicativas y descubrir sus diferencias.

Debajo tienes cuatro oraciones predicativas y tu compañero tiene otras cuatro que son copulativas. Compara con tu compañero las ocho oraciones y discutid cómo se contestan las preguntas expuestas más abajo.

ORACIONES PREDICATIVAS:

1. Comió una manzana.
2. Abrió la ventana.
3. Secó los platos.
4. Publicó un nuevo libro.

PREGUNTAS:

1. ¿Qué diferencias hay entre los atributos de las oraciones copulativas "profesora de español", "feliz", "enfermo" y "dulce", y los complementos directos de las oraciones predicativas "una manzana", "la ventana", "los platos" y "un nuevo libro"?

2. ¿Qué diferencias notáis entre las funciones desempeñadas por los verbos copulativos *ser, estar, parecer* y los verbos plenos *comer, abrir, secar* y *publicar*?

3. Identificad el predicado de las ocho oraciones.

4. ¿Notáis alguna diferencia entre el predicado de las oraciones copulativas y el predicado de las oraciones predicativas?

CONCLUSIÓN:

Escribid las características principales de las oraciones copulativas y de las oraciones predicativas.

ORACIONES COPULATIVAS:

ORACIONES PREDICATIVAS:

Así, tras conocer las diferencias entre las oraciones copulativas y predicativas, se prepara la segunda tarea para comprobar si el alumno las distingue y se plantea, además, otro reto: crear un diálogo con el otro alumno utilizando los verbos copulativos.

TAREA 2.

TAREA 2: CREA UN DIÁLOGO CON TU COMPAÑERO.

OBJETIVO: Identificar las oraciones copulativas y crear un diálogo con un compañero utilizando los verbos copulativos *ser*, *estar*, *parecer*.
Debajo tienes ocho oraciones. Identifica con tu compañero las oraciones copulativas utilizando lo aprendido en la tarea 1 y cread un diálogo sobre cualquier tema usando los verbos copulativos.
ORACIONES:
    1.   Está muy preocupado por el trabajo.
    2.   Hace mucho sol.
    3.   Es evidente que la culpa es tuya.
    4.   El aire parece puro y fresco.
    5.   Me gusta el color rosa.
    6.   La gata está muerta.
    7.   Lloró mucho tiempo.
    8.   Mi hermano es gerente de departamento.
SELECCIONAD LAS ORACIONES COPULATIVAS:
CREA UN DIÁLOGO CON TU COMPAÑERO.

12.2 Tareas relacionadas con los verbos copulativos españoles

12.2.1 Tareas relacionadas con *ser* y *estar*

Las tareas que van desde la 3 hasta la 9 tratan de las diferencias que caracterizan a los verbos *ser* y *estar*. La tarea 3 intenta ofrecer una visión panorámica sobre la distinción entre los dos verbos, introduciendo los conceptos de propiedades de caracterización y propiedades de estadio o episódicas. Mientras que las tareas de la 4 a la 9 intentan dar una explicación a los fenómenos gramaticales que resultan difíciles de comprender, mediante la distinción entre el predicado de caracterización y el predicado de estadio. Además, la tarea 4 está destinada a que el alumno sepa la razón por la cual son correctas las oraciones *El presidente fue amable conmigo esta mañana* y *El presidente estuvo amable conmigo esta mañana*, mientras que la tarea 5 trata de los adjetivos que se construyen únicamente con *ser* o con *estar*. Por su parte, la tarea 6 pone énfasis en los adjetivos que cambian el significado según con qué verbo se combinen, la tarea 7 se centra en los adjetivos que pueden denotar posición espacial, la tarea 8, en los adjetivos modales, y la tarea 9, por último, en las expresiones locativas.

TAREA 3 – FICHA A.

TAREA 3: DISTINCIÓN ENTRE PROPIEDADES DE CARACTERIZACIÓN Y PROPIEDADES DE ESTADIO. FICHA A
OBJETIVO: Comparar las oraciones constituidas por *ser* y *estar* y descubrir las diferencias entre las propiedades denotadas por el atributo de *ser* y el de *estar*.
Aquí tienes cuatro oraciones copulativas constituidas por el verbo *ser* y tu compañero tiene otras cuatro constituidas por *estar*. Comparad las ocho oraciones y discutid cómo se contestan las preguntas expuestas abajo.

ORACIONES COPULATIVAS CONSTITUIDAS POR *SER*:
    1. Soy profesora de español.
    2. Ana es francesa.
    3. Sus ojos son verdes.
    4. La mesa es redonda.

PREGUNTAS:
    1. Comparad las ocho oraciones y seleccionad aquellas que denotan propiedades episódicas.
    2. Comparad las ocho oraciones y seleccionad aquellas que denotan resultado de un cambio.
    3. Intentad explicar las diferencias entre las oraciones 1 y 5, las diferencias entre las 2 y 6, así como las diferencias entre las 3 y 7, y las diferencias entre las 4 y 8.

CONCLUSIÓN:
    1. Escribid las principales diferencias entre las propiedades denotadas por *ser* y *estar*.
    2. En las construcciones con *ser* y con *estar*, ¿cuál corresponde a las propiedades de caracterización o individuo y cuál corresponde a las propiedades de estadio o episódicas?

TAREA 3 – FICHA B.

TAREA 3: DISTINCIÓN ENTRE PROPIEDADES DE CARACTERIZACIÓN Y PROPIEDADES DE ESTADIO. FICHA B

OBJETIVO: Comparar las oraciones constituidas por *ser* y *estar* y descubrir las diferencias entre las propiedades denotadas por el atributo de *ser* y el de *estar*.

Aquí tienes cuatro oraciones copulativas constituidas por el verbo *estar* y tu compañero tiene otras cuatro constituidas por *ser*. Comparad las ocho oraciones y discutid cómo se contestan las preguntas expuestas abajo.

ORACIONES COPULATIVAS CONSTITUIDAS POR *ESTAR*:

1. Ana está de profesora de español.
2. Estás muy francés. (Navas Ruiz, 1977: 70)
3. En verano, el río está verde.
4. La masa está redonda.

PREGUNTAS:

1. Comparad las ocho oraciones y seleccionad aquellas que denotan propiedades episódicas.
2. Comparad las ocho oraciones y seleccionad aquellas que denotan resultado de un cambio.
3. Intentad explicar las diferencias entre las oraciones 1 y 5, las diferencias entre las 2 y 6, así como las diferencias entre las 3 y 7, y las diferencias entre las 4 y 8.

CONCLUSIÓN:

1. Escribid las principales diferencias entre las propiedades denotadas por *ser* y *estar*.

2. En las construcciones con *ser* y con *estar*, ¿cuál corresponde a las propiedades de caracterización o individuo y cuál corresponde a las propiedades de estadio o episódicas?

TAREA 4 – FICHA A.

TAREA 4: *EL PRESIDENTE FUE AMABLE CONMIGO ESTA MAÑANA Y EL PRESIDENTE ESTUVO AMABLE CONMIGO ESTA MAÑANA.* FICHA A

OBJETIVO: Comparar las oraciones constituidas por *ser* y *estar* y descubrir las características de las oraciones en las que el verbo *ser* alterna con *estar* sin causar demasiada variación semántica.

Aquí tienes cuatro oraciones copulativas constituidas por el verbo *ser* y tu compañero tiene otras cuatro constituidas por *estar*. Comparad las ocho oraciones y discutid cómo se contestan las preguntas expuestas abajo.

ORACIONES COPULATIVAS CONSTITUIDAS POR *SER*:

1. El presidente fue amable conmigo esta mañana.
2. Víctor fue generoso en aquella entrevista.
3. Ana fue fría conmigo en la fiesta.
4. Antonio fue cariñoso la primera vez que nos vimos.

PREGUNTAS:

1. ¿Cuáles de las ocho oraciones denotan propiedades episódicas o propiedades que suceden en determinadas situaciones?

2. Cuando el predicado designa propiedades episódicas o vinculadas con determinadas situaciones, ¿normalmente se usa *ser* o *estar*?

3. Observa los cuatro adjetivos y determina sus características comunes.

CONCLUSIÓN:

Para que el verbo *ser* alterne con *estar* sin provocar una gran diferencia de significado, las oraciones tienen que cumplir dos requisitos. Pero, ¿qué requisitos deben cumplir los atributos? ¿Y qué requisitos debe cumplir el contexto del suceso?

TAREA 4 – FICHA B.

TAREA 4: *EL PRESIDENTE FUE AMABLE CONMIGO ESTA MAÑANA Y EL PRESIDENTE ESTUVO AMABLE CONMIGO ESTA MAÑANA*. FICHA B

OBJETIVO: Comparar las oraciones constituidas por *ser* y *estar* y descubrir las características de las oraciones en las que el verbo *ser* alterna con *estar* sin causar demasiada variación semántica.

Aquí tienes cuatro oraciones copulativas constituidas por el verbo *estar* y tu compañero tiene otras cuatro constituidas por *ser*. Comparad las ocho oraciones y discutid cómo se contestan las preguntas expuestas abajo.

ORACIONES COPULATIVAS CONSTITUIDAS POR *ESTAR*:

1. El presidente estuvo amable conmigo esta mañana.
2. Víctor estuvo generoso en aquella entrevista.
3. Ana estuvo fría conmigo en la fiesta.
4. Antonio estuvo cariñoso la primera vez que nos vimos.

PREGUNTAS:

1. ¿Cuáles de las ocho oraciones denotan propiedades episódicas o propiedades que suceden en determinadas situaciones?

2. Cuando el predicado designa propiedades episódicas o vinculadas con determinadas situaciones, ¿normalmente se usa *ser* o *estar*?

3. Observa los cuatro adjetivos y determina sus características comunes.

CONCLUSIÓN:

Para que el verbo *ser* alterne con *estar* sin provocar una gran diferencia de significado, las oraciones tienen que cumplir dos requisitos. Pero, ¿qué requisitos deben cumplir los atributos? ¿Y qué requisitos debe cumplir el contexto del suceso?

TAREA 5 – FICHA A.

TAREA 5: ADJETIVOS ÚNICAMENTE COMPATIBLES CON *SER* Y ADJETIVOS ÚNICAMENTE COMPATIBLES CON *ESTAR*. FICHA A

OBJETIVO: Comparar las oraciones constituidas por *ser* y *estar* e intentar determinar qué tipos de atributos adjetivales prefieren *ser* y qué tipos de atributos adjetivales prefieren *estar*.

Aquí tienes unas oraciones con atributos que suelen combinarse con *ser* y tu compañero tiene otras diferentes, cuyos atributos se construyen únicamente con *estar*. Comparad las oraciones y discutid cómo se contestan las preguntas expuestas abajo.

ORACIONES DE FICHA A:

1. Mi padre es italiano y mi madre malagueña.
2. María es protestante.
3. Mi hermano es comunista.
4. Fernando es noble y tiene muchos títulos.
5. El chico es universitario y estudia Psicología en Oviedo.

PREGUNTAS:

1. Analizad las oraciones de 1 a 5 y seleccionad la oración que denota nacionalidad o lugar de nacimiento, la que indica creencia religiosa, la que designa ideas políticas, la que señala clase social y la que expresa pertenencia a una institución o escuela.

2. Además de los atributos adjetivales que aparecen en los ejemplos de esta tarea, ¿conocéis más adjetivos que denotan nacionalidad o lugar de nacimiento, creencia religiosa, ideas políticas, clase social y pertenencia a una institución o escuela? En caso afirmativo, ejemplificad algunos de ellos.

3. Analizad las oraciones de 6 a 10 y contestad por qué estos adjetivos solo se combinan con *estar*.

4. ¿Conocéis más adjetivos de este tipo que solo se construyen con *estar*?

CONCLUSIÓN:

¿Qué tipos de adjetivos prefieren construirse con *ser*?

¿Qué tipos de adjetivos solo se combinan con *estar*?

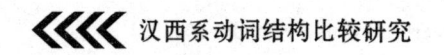

TAREA 5 – FICHA B.

TAREA 5: ADJETIVOS ÚNICAMENTE COMPATIBLES CON *SER* Y ADJETIVOS ÚNICAMENTE COMPATIBLES CON *ESTAR*. FICHA B

OBJETIVO: Comparar las oraciones constituidas por *ser* y *estar* e intentar determinar qué tipos de atributos adjetivales prefieren *ser* y qué tipos de atributos adjetivales prefieren estar.

Aquí tienes unas oraciones con atributos que se construyen únicamente con *estar* y tu compañero tiene otras diferentes, cuyos atributos suelen combinarse con *ser*. Comparad las oraciones y discutid cómo se contestan las preguntas expuestas abajo.

ORACIONES DE FICHA B:

1. La casa está vacía.
2. Ana está enferma.
3. El niño está desnudo.
4. La niña está asustada.
5. Al verme, Marina está contenta.

PREGUNTAS:

1. Analizad las oraciones de 1 a 5 y seleccionad la oración que denota nacionalidad o lugar de nacimiento, la que indica creencia religiosa, la que designa ideas políticas, la que señala clase social y la que expresa pertenencia a una institución o escuela.

2. Además de los atributos adjetivales que aparecen en los ejemplos de esta tarea, ¿conocéis más adjetivos que denotan nacionalidad o lugar de nacimiento, creencia religiosa, ideas políticas, clase social y pertenencia a una institución o escuela? En caso afirmativo, ejemplificad algunos de ellos.

3. Analizad las oraciones de 6 a 10 y contestad por qué estos adjetivos solo se combinan con *estar*.

4. ¿Conocéis más adjetivos de este tipo que solo se construyen con *estar*?

CONCLUSIÓN:

¿Qué tipos de adjetivos prefieren construirse con *ser*?

¿Qué tipos de adjetivos solo se combinan con *estar*?

TAREA 6 – FICHA A.

TAREA 6: EL SIGNIFICADO DEL ADJETIVO VARÍA SEGÚN EL VERBO COMBINADO.
FICHA A

OBJETIVO: Comparar las oraciones constituidas por *ser* y *estar* e intentar determinar cómo varía el significado del adjetivo.

Aquí tienes cuatro oraciones copulativas constituidas por el verbo *ser* y tu compañero tiene otras cuatro constituidas por *estar*. Comparad las ocho oraciones y discutid cómo se contestan las preguntas expuestas abajo.

ORACIONES COPULATIVAS CONSTITUIDAS POR *SER*:

1. Antonio es listo.
2. Ana es despierta.
3. Fernanda es católica.
4. Ese amigo es negro.

PREGUNTAS:

1. Comparad las oraciones 1 y 5, y determinad el significado del adjetivo listo en ambas oraciones.

2. Comparad las oraciones 2 y 6, y determinad el significado del adjetivo despierto en ambas oraciones.

3. Comparad las oraciones 3 y 7, y determinad el significado del adjetivo católico en ambas oraciones.

4. Comparad las oraciones 4 y 8, y determinad el significado del adjetivo negro en ambas oraciones.

CONCLUSIÓN:

¿Conocéis más adjetivos que cambian su significado al construirse con *ser* y *estar*? En caso afirmativo, primero comparte lo que sepas con tu compañero y luego escribid juntos los adjetivos y unas oraciones representativas de su uso.

TAREA 6 – FICHA B.

TAREA 6: EL SIGNIFICADO DEL ADJETIVO VARÍA SEGÚN EL VERBO COMBINADO. FICHA B

OBJETIVO: Comparar las oraciones constituidas por *ser* y *estar* e intentar determinar cómo varía el significado del adjetivo.

Aquí tienes cuatro oraciones copulativas constituidas por el verbo *estar* y tu compañero tiene otras cuatro constituidas por *ser*. Comparad las ocho oraciones y discutid cómo se contestan las preguntas expuestas abajo.

ORACIONES COPULATIVAS CONSTITUIDAS POR *ESTAR*:

1. Antonio está listo.
2. Ana está despierta.
3. Fernanda está católica.
4. Ese amigo está negro de tanto trabajo.

PREGUNTAS:

1. Comparad las oraciones 1 y 5, y determinad el significado del adjetivo listo en ambas oraciones.

2. Comparad las oraciones 2 y 6, y determinad el significado del adjetivo despierto en ambas oraciones.

3. Comparad las oraciones 3 y 7, y determinad el significado del adjetivo católico en ambas oraciones.

4. Comparad las oraciones 4 y 8, y determinad el significado del adjetivo negro en ambas oraciones.

CONCLUSIÓN:

¿Conocéis más adjetivos que cambian su significado al construirse con *ser* y *estar*? En caso afirmativo, primero comparte lo que sepas con tu compañero y luego escribid juntos los adjetivos y unas oraciones representativas de su uso.

TAREA 7 – FICHA A.

TAREA 7: LOS ADJETIVOS QUE PUEDEN DENOTAR POSICIÓN ESPACIAL. FICHA A

OBJETIVO: Descubrir diferencias de significado cuando los adjetivos *alto, bajo, hondo, horizontal, vertical* y *profundo* se combinan con los verbos copulativos *ser* y *estar*.

A los adjetivos que pueden denotar posición espacial pertenecen *alto, bajo, hondo, horizontal, vertical* y *profundo*, entre otros. No obstante, estos adjetivos también pueden expresar características o cualidades de personas u objetos. Aquí tienes cuatro oraciones (tres correctas, una incorrecta) y tu compañero tiene otras cuatro. Comparad las ocho oraciones y discutid cómo se contestan las preguntas expuestas abajo.

ORACIONES:

1. Su novio es alto y fuerte.
2. Su hermano está alto.
3. El sol está alto en el cielo.
4. *El sol es alto en el cielo. (oración incorrecta)

PREGUNTAS:

1. Comparad las oraciones 1 y 2; 3 y 4; 5 y 6; 7 y 8. ¿Los adjetivos *alto* y *profundo* denotan el mismo significado en diferentes oraciones?
2. Seleccionad las oraciones que denotan cualidad del sujeto.
3. Seleccionad las oraciones que denotan situación del sujeto.
4. Seleccionad las oraciones que denotan la posición espacial del sujeto.
5. La oración 2 tiene dos interpretaciones; discutid y contestad qué significados puede expresar.

CONCLUSIÓN:

¿Cuáles son las normas que rigen la selección de los verbos *ser* y *estar* cuando los adjetivos *alto, bajo, hondo, horizontal, vertical* y *profundo* denotan propiedades del sujeto?

¿Cuáles son las normas que rigen la selección de los verbos *ser* y *estar* cuando los adjetivos *alto, bajo, hondo, horizontal, vertical* y *profundo* expresan la posición espacial o situación del sujeto?

TAREA 7 – FICHA B.

TAREA 7: LOS ADJETIVOS QUE PUEDEN DENOTAR POSICIÓN ESPACIAL. FICHA B

OBJETIVO: Descubrir diferencias de significado cuando los adjetivos *alto*, *bajo*, *hondo*, *horizontal*, *vertical* y *profundo* se combinan con los verbos copulativos *ser* y *estar*.

A los adjetivos que pueden denotar posición espacial pertenecen *alto, bajo, hondo, horizontal, vertical* y *profundo*, entre otros. No obstante, estos adjetivos también pueden expresar características o cualidades de personas u objetos. Aquí tienes cuatro oraciones (tres correctas, una incorrecta), y tu compañero tiene otras cuatro. Comparad las ocho oraciones y discutid cómo se contestan las preguntas expuestas abajo.

ORACIONES:

1. El río es muy profundo.
2. Este año el río está profundo.
3. Una roca grande está profunda en el cauce del río.
4. *Una roca grande es profunda en el río. (oración incorrecta)

PREGUNTAS:

1. Comparad las oraciones 1 y 2; 3 y 4; 5 y 6; 7 y 8. ¿Los adjetivos *alto* y *profundo* denotan el mismo significado en diferentes oraciones?
2. Seleccionad las oraciones que denotan cualidad del sujeto.
3. Seleccionad las oraciones que denotan situación del sujeto.
4. Seleccionad las oraciones que denotan la posición espacial del sujeto.
5. La oración 2 tiene dos interpretaciones; discutid y contestad qué significados puede expresar.

CONCLUSIÓN:

¿Cuáles son las normas que rigen la selección de los verbos *ser* y *estar* cuando los adjetivos *alto, bajo, hondo, horizontal, vertical* y *profundo* denotan propiedades del sujeto?

¿Cuáles son las normas que rigen la selección de los verbos *ser* y *estar* cuando los adjetivos *alto, bajo, hondo, horizontal, vertical* y *profundo* expresan la posición espacial o situación del sujeto?

TAREA 8 – FICHA A.

TAREA 8: LOS ADJETIVOS MODALES. FICHA A

OBJETIVO: Descubrir las normas de uso de los adjetivos modales.

Los adjetivos modales abarcan voces como *indudable, falso, evidente, posible, preciso, necesario, seguro, cierto, dudoso, imposible* o *claro*, es decir, aquellos que expresan la actitud del hablante acerca de la verdad o falsedad, la posibilidad o la obligatoriedad del contenido de la oración a la que se refieren.

Aquí tienes tres oraciones y tu compañero tiene otras tres. Compara con él las seis oraciones y concretad respuestas para las preguntas expuestas abajo.

ORACIONES:

1. Es seguro que mañana lloverá.
2. Las pruebas cutáneas con alérgenos ambientales son seguras.
3. Estoy segura de que me han robado una pluma.

PREGUNTAS:

1. Determinad el sujeto de las seis oraciones y observad qué verbo copulativo se utiliza en cada oración.
2. ¿Cuáles de las seis oraciones tienen sujeto oracional?
3. ¿Cuáles de las seis oraciones tienen sujeto animado?
4. ¿Cuáles de las seis oraciones no tienen sujeto ni oracional ni animado?

CONCLUSIÓN:

¿Qué preferencia presentan los adjetivos modales en la selección del verbo copulativo cuando el sujeto es oracional?

¿Qué preferencia presentan los adjetivos modales en la selección del verbo copulativo cuando el sujeto es personal y animado?

¿Qué preferencia presentan los adjetivos modales en la selección del verbo copulativo cuando el sujeto no es oracional ni personal ni animado?

TAREA 8 – FICHA B.

TAREA 8: LOS ADJETIVOS MODALES. FICHA B

OBJETIVO: Descubrir las normas de uso de los adjetivos modales.

Los adjetivos modales abarcan voces como *indudable, falso, evidente, posible, preciso, necesario, seguro, cierto, dudoso, imposible* o *claro*, es decir, aquellos que expresan la actitud del hablante acerca de la verdad o falsedad, la posibilidad o la obligatoriedad del contenido de la oración a la que se refieren.

Aquí tienes tres oraciones y tu compañero tiene otras tres. Compara con él las seis oraciones y concretad respuestas para las preguntas expuestas abajo.

ORACIONES:

1. Es cierto que le admitieron en la mejor universidad de China.
2. Lo que dice es cierto.
3. Estoy cierto de lo que digo.

PREGUNTAS:

1. Determinad el sujeto de las seis oraciones y observad qué verbo copulativo se utiliza en cada oración.
2. ¿Cuáles de las seis oraciones tienen sujeto oracional?
3. ¿Cuáles de las seis oraciones tienen sujeto animado?
4. ¿Cuáles de las seis oraciones no tienen sujeto ni oracional ni animado?

CONCLUSIÓN:

¿Qué preferencia presentan los adjetivos modales en la selección del verbo copulativo cuando el sujeto es oracional?

¿Qué preferencia presentan los adjetivos modales en la selección del verbo copulativo cuando el sujeto es personal y animado?

¿Qué preferencia presentan los adjetivos modales en la selección del verbo copulativo cuando el sujeto no es oracional ni personal mi animado?

TAREA 9 – FICHA A.

TAREA 9: LAS EXPRESIONES LOCATIVAS. FICHA A

OBJETIVO: Comparar las oraciones constituidas por los verbos *ser* y *estar* y descubrir las condiciones en que las expresiones locativas se combinan con *ser* y las condiciones en que las expresiones locativas se combinan con *estar*.

Aquí se presentan tres oraciones y tu compañero tiene otras tres. Comparad juntos las seis oraciones y discutid cómo se contestan las preguntas de más abajo.

ORACIONES:

1. La boda es en la catedral de Madrid.
2. La conferencia es en la tercera planta.
3. El accidente es en la autopista.

PREGUNTAS:

1. Comparad las oraciones 1 y 4. ¿Qué diferencias notáis en el sujeto de las dos oraciones?
2. Comparad las oraciones 2 y 5. ¿Qué diferencias notáis en el sujeto de las dos oraciones?
3. Comparad las oraciones 3 y 6. ¿Qué diferencias notáis en el sujeto de las dos oraciones?
4. ¿Qué similitudes notáis en los sujetos de las oraciones 1, 2 y 3?
5. ¿Qué similitudes notáis en los sujetos de las oraciones 4, 5 y 6?

CONCLUSIÓN:

Discutid y concluid cuáles son las normas que rigen la selección de los verbos *ser* y *estar* cuando se intenta indicar la localización.

TAREA 9 – FICHA B.

TAREA 9: LAS EXPRESIONES LOCATIVAS. FICHA B

OBJETIVO: Comparar las oraciones constituidas por los verbos *ser* y *estar* y descubrir las condiciones en que las expresiones locativas se combinan con *ser* y las condiciones en que las expresiones locativas se combinan con *estar*.

Aquí se presentan tres oraciones y tu compañero tiene otras tres. Comparad juntos las seis oraciones y discutid cómo se contestan las preguntas de más abajo.

ORACIONES:

1. Los novios están en la catedral de Madrid.
2. El conferenciante está en la tercera planta.
3. Los conductores están en la autopista.

PREGUNTAS:

1. Comparad las oraciones 1 y 4. ¿Qué diferencias notáis en el sujeto de las dos oraciones?
2. Comparad las oraciones 2 y 5. ¿Qué diferencias notáis en el sujeto de las dos oraciones?
3. Comparad las oraciones 3 y 6. ¿Qué diferencias notáis en el sujeto de las dos oraciones?
4. ¿Qué similitudes notáis en los sujetos de las oraciones 1, 2 y 3?
5. ¿Qué similitudes notáis en los sujetos de las oraciones 4, 5 y 6?

CONCLUSIÓN:

Discutid y concluid cuáles son las normas que rigen la selección de los verbos *ser* y *estar* cuando se intenta indicar la localización.

TAREA 10.

TAREA 10: CREAR UN DIÁLOGO CON TU COMPAÑERO.

OBJETIVO: Crear un diálogo con tu compañero utilizando los verbos copulativos *ser, estar*.

Los alumnos forman grupo de dos. Primero, repasad juntos los usos característicos de los verbos *ser* y *estar*; segundo, intentad utilizar los diferentes usos de los dos verbos para crear un diálogo que revele una escena de la vida real.

12.2.2 Tareas relacionadas con *parecer*

TAREA 11 – FICHA A.

TAREA 11: LOS SINTAGMAS NOMINALES QUE SIGUEN AL VERBO *PARECER*. FICHA A

OBJETIVO: Comparar las oraciones presentadas, analizar las diferencias entre las oraciones de la pauta *parecer* + grupo nominal y las oraciones de la pauta *parecer* + complemento indirecto + grupo nominal, e intentar determinar el sujeto y el atributo de las oraciones.

Aquí se presentan tres oraciones y tu compañero tiene otras tres. Comparad juntos las seis oraciones y discutid cómo se contestan las preguntas de más abajo.

ORACIONES DE LA PAUTA *PARECER* + SINTAGMA NOMINAL:

1. Lo que dice parece mentira.
2. La huelga parece una estupidez.
3. Ella parece una reina.

PREGUNTAS:

1. Comparad las seis oraciones y discutid qué matices transmiten; por ejemplo, ¿las oraciones de qué pauta transmiten más objetivamente la apariencia de algo o alguien? y ¿qué pauta introduce la opinión o actitud personal del interlocutor?

2. Determina con tu compañero el sujeto y el atributo de las seis oraciones.

      Sujeto   Atributo

Oración 1:

Oración 2:

Oración 3:

Oración 4:

Oración 5:

Oración 6:

3 Si el atributo se conmuta con el pronombre neutro *lo*, ¿qué oraciones obtendríais? Intentad analizar si estas oraciones nuevas son gramaticales y coherentes.

CONCLUSIÓN:

Intentad analizar el carácter copulativo de las dos pautas.

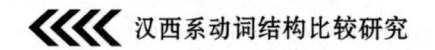

TAREA 11 – FICHA B

TAREA 11: LOS SINTAGMAS NOMINALES QUE SIGUEN AL VERBO *PARECER*. FICHA B

OBJETIVO: Comparar las oraciones presentadas, analizar las diferencias entre las oraciones de la pauta *parecer* + grupo nominal y las oraciones de la pauta *parecer* + complemento indirecto + grupo nominal, e intentar determinar el sujeto y el atributo de las oraciones.

Aquí se presentan tres oraciones y tu compañero tiene otras tres. Comparad juntos las seis oraciones y discutid cómo se contestan las preguntas de más abajo.

ORACIONES DE LA PAUTA *PARECER* + COMPLEMENTO INDIRECTO + SINTAGMA NOMINAL:

1. Lo que dice me parece mentira.
2. La huelga me parece una estupidez.
3. Ella me parece una reina.

PREGUNTAS:

1. Comparad las seis oraciones y discutid qué matices transmiten; por ejemplo, ¿las oraciones de qué pauta transmiten más objetivamente la apariencia de algo o alguien? y ¿qué pauta introduce la opinión o actitud personal del interlocutor?

2. Determina con tu compañero el sujeto y el atributo de las seis oraciones.

       Sujeto   Atributo

Oración 1:

Oración 2:

Oración 3:

Oración 4:

Oración 5:

Oración 6:

3 Si el atributo se conmuta con el pronombre neutro *lo*, ¿qué oraciones obtendríais? Intentad analizar si estas oraciones nuevas son gramaticales y coherentes.

CONCLUSIÓN:

Intentad analizar el carácter copulativo de las dos pautas.

TAREA 12 – FICHA A.

TAREA 12: LOS SINTAGMAS ADJETIVALES QUE SIGUEN AL VERBO *PARECER*. FICHA A

OBJETIVO: Comparar las oraciones presentadas y observar qué tipo de adjetivos pueden combinarse con el verbo copulativo *parecer*.

Aquí se presentan tres oraciones y tu compañero tiene otras tres. Comparad juntos las seis oraciones y discutid cómo se contestan las preguntas de más abajo.

ORACIONES:

1. El producto parece asiático.
2. Ese hombre me parece italiano.
3. La toalla parece nueva.

PREGUNTAS:

1. Si los sintagmas adjetivos se conmutan por el pronombre neutro *lo*, ¿se obtendrían unas oraciones gramaticales?

2. Analizad los seis atributos adjetivos que aparecen en las oraciones anteriores y observad qué preferencias muestran estos al combinarse con los verbos *ser* y *estar*.

3. ¿El predicado del verbo *parecer* denota propiedades parecidas al verbo *ser* o *estar*?

CONCLUSIÓN:

¿Qué preferencias muestra el verbo *parecer* al seleccionar un atributo adjetivo?

TAREA 12 – FICHA B.

TAREA 12: LOS SINTAGMAS ADJETIVALES QUE SIGUEN AL VERBO *PARECER*. FICHA B

OBJETIVO: Comparar las oraciones presentadas y observar qué tipo de adjetivos pueden combinarse con el verbo copulativo *parecer*.

Aquí se presentan tres oraciones y tu compañero tiene otras tres. Comparad juntos las seis oraciones y discutid cómo se contestan las preguntas de más abajo.

ORACIONES:

1. El lago parece lleno de agua sucia.
2. La mujer parece desnuda, pero no lo está.
3. El piso parece muy viejo.

PREGUNTAS:

1. Si los sintagmas adjetivos se conmutan por el pronombre neutro *lo*, ¿se obtendrían unas oraciones gramaticales?

2. Analizad los seis atributos adjetivos que aparecen en las oraciones anteriores y observad qué preferencias muestran estos al combinarse con los verbos *ser* y *estar*.

3. ¿El predicado del verbo *parecer* denota propiedades parecidas al verbo *ser* o *estar*?

CONCLUSIÓN:

¿Qué preferencias muestra el verbo *parecer* al seleccionar un atributo adjetivo?

TAREA 13 – FICHA A.

TAREA 13: LOS SINTAGMAS PREPOSICIONALES QUE SIGUEN AL VERBO *PARECER*.
FICHA A

OBJETIVO: Comparar las oraciones presentadas y observar qué tipo de sintagmas preposicionales no pueden combinarse con el verbo copulativo *parecer*.

En los sintagmas preposicionales que se combinan con el verbo copulativo *parecer*, la preposición *de* aparece con mayor frecuencia, tal y como se ejemplifica en las siguientes oraciones:

1. Los zapatos parecen de buena calidad.
2. Los turistas parecen de Estados Unidos.

No obstante, el verbo copulativo *parecer* no puede combinarse con todo tipo de sintagmas preposicionales. Abajo se presentan tres oraciones incorrectas y tu compañero tiene otras tres. Compara con él las seis oraciones y determinad qué tipo de sintagmas preposicionales no pueden construirse con *parecer*.

ORACIONES INCORRECTAS:

1. *El abuelo de Xiaoming parece en casa.
2. *La reunión parece por la tarde.
3. *La biblioteca parece en la esquina.

PREGUNTAS:

1. ¿Qué características observáis en los sintagmas *en casa, por la tarde, en la esquina, en tres días, en el cielo, por la noche*?
2. Corregid las oraciones incorrectas, utilizando el verbo *parecer*.

   1. .
   2. .
   3. .
   4. .
   5. .
   6. .

CONCLUSIÓN:

¿Qué tipo de sintagmas preposicionales tienen dificultades para construirse con el verbo *parecer*?

TAREA 13 – FICHA B.

TAREA 13: LOS SINTAGMAS PREPOSICIONALES QUE SIGUEN AL VERBO *PARECER*.
FICHA B

OBJETIVO: Comparar las oraciones presentadas y observar qué tipo de sintagmas preposicionales no pueden combinarse con el verbo copulativo *parecer*.

En los sintagmas preposicionales que se combinan con el verbo copulativo *parecer*, la preposición *de* aparece con mayor frecuencia, tal y como se ejemplifica en las siguientes oraciones:

1. Los zapatos parecen de buena calidad.
2. Los turistas parecen de Estados Unidos.

No obstante, el verbo copulativo *parecer* no puede combinarse con todo tipo de sintagmas preposicionales. Abajo se presentan tres oraciones incorrectas y tu compañero tiene otras tres. Compara con él las seis oraciones y determinad qué tipo de sintagmas preposicionales no pueden construirse con *parecer*.

ORACIONES INCORRECTAS:

4. *La boda parece en tres días.
5. *El pájaro parece en el cielo.
6. *La fiesta parece por la noche.

PREGUNTAS:

1. ¿Qué características observáis en los sintagmas *en casa, por la tarde, en la esquina, en tres días, en el cielo, por la noche*?

2. Corregid las oraciones incorrectas, utilizando el verbo *parecer*.

1.
2.
3.
4.
5.
6.

CONCLUSIÓN:

¿Qué tipo de sintagmas preposicionales tienen dificultades para construirse con el verbo *parecer*?

TAREA 14 – FICHA A.

TAREA 14: LOS ADVERBIOS QUE SIGUEN AL VERBO *PARECER*. FICHA A

OBJETIVO: Comparar las oraciones presentadas y observar qué tipo de adverbios no pueden combinarse con el verbo copulativo *parecer* y qué preferencias se observan acerca del complemento indirecto.

Abajo se presentan cuatro oraciones y tu compañero tiene otras cuatro. Compara con él las ocho oraciones e intentad contestar juntos las preguntas expuestas abajo.

ORACIONES:

1. Me parece bien comer pollo frito. (oración correcta)
2. *Parece bien comer pollo frito. (oración incoherente)
3. *El restaurante chino parece allí mismo. (oración incoherente)
4. *La llave parece aquí debajo de la mesa. (oración incoherente)

PREGUNTAS:

1. Comparad las oraciones 1 y 2, 5 y 6; ¿qué observáis?
2. Comparad las oraciones 3 y 4; ¿qué propiedades denotan las palabras "allí" y "aquí"?
3. Comparad las oraciones 7 y 8; ¿qué propiedades denotan las palabras "mañana" y "ayer"?

CONCLUSIÓN:

1. ¿Qué tipo de adverbios tiene dificultades normalmente para construirse con el verbo *parecer*?
2. Cuando los adverbios denotan propiedades valorativas, ¿qué preferencias observáis?

TAREA 14 – FICHA B.

TAREA 14: LOS ADVERBIOS QUE SIGUEN AL VERBO *PARECER*. FICHA B

OBJETIVO: Comparar las oraciones presentadas y observar qué tipo de adverbios no pueden combinarse con el verbo copulativo *parecer* y qué preferencias se observan acerca del complemento indirecto.

Abajo se presentan cuatro oraciones y tu compañero tiene otras cuatro. Compara con él las ocho oraciones e intentad contestar juntos las preguntas expuestas abajo.

ORACIONES:

1. Me parece divinamente pasear por el centro de la ciudad. (oración correcta)
2. *Parece divinamente pasear por el centro de la ciudad. (oración incoherente)
3. *La boda parece mañana. (oración incoherente)
4. *El accidente parece ayer. (oración incoherente)

PREGUNTAS:

1. Comparad las oraciones 1 y 2, 5 y 6; ¿qué observáis?
2. Comparad las oraciones 3 y 4; ¿qué propiedades denotan las palabras "allí" y "aquí"?
3. Comparad las oraciones 7 y 8; ¿qué propiedades denotan las palabras "mañana" y "ayer"?

CONCLUSIÓN:

1. ¿Qué tipo de adverbios tiene dificultades normalmente para construirse con el verbo *parecer*?
2. Cuando los adverbios denotan propiedades valorativas, ¿qué preferencias observáis?

TAREA 15 – FICHA A.

TAREA 15: LOS INFINITIVOS QUE APARECEN POSVERBALES. FICHA A

OBJETIVO: Cuando los infinitivos aparecen posverbales, existen tres pautas que rigen las oraciones. Intentad descubrir cuáles son.

Abajo se presentan tres oraciones de la pauta A y tus compañeros tienen otras seis de las pautas B y C respectivamente. Compara con ellos las nueve oraciones y juntos intentad contestar las preguntas expuestas abajo.

ORACIONES DE LA PAUTA A:

1. La primavera parece haber llegado.
2. La actriz parece salir por la puerta de atrás.
3. La lluvia parece perjudicar a los cultivos.

PREGUNTAS:

1. ¿Cuáles son los elementos comunes existentes en los tres tipos de oraciones? (los elementos pueden ser el verbo *parecer*, el sujeto, las construcciones infinitivas posverbales y el complemento indirecto)
2. Determinad el sujeto de las oraciones de las pautas A y B.
3. ¿Cuáles son las principales diferencias entre las pautas A y B?
4. Comparad las oraciones de las pautas B y C, y contestad con qué elemento de las oraciones están concordados los infinitivos.
5. Analizad cuál es el sujeto de las oraciones de la pauta C.

CONCLUSIÓN:

¿Cuáles son las pautas que rigen las oraciones de *parecer* cuando el sintagma posverbal es infinitivo?

Pauta A:

Pauta B:

Pauta C:

TAREA 15 – FICHA B.

TAREA 15: LOS INFINITIVOS QUE APARECEN POSVERBALES. FICHA B

OBJETIVO: Cuando los infinitivos aparecen posverbales, existen tres pautas que rigen las oraciones. Intentad descubrir cuáles son.

Abajo se presentan tres oraciones de la pauta B y tus compañeros tienen otras seis de las pautas A y C respectivamente. Compara con ellos las nueve oraciones y juntos intentad contestar las preguntas expuestas abajo.

ORACIONES DE LA PAUTA B:

1. Jorge me parece ser un buen escritor.
2. Le parece tener ventaja si se expresa en voz alta.
3. Todas las muñecas le parecen estar vivas.

PREGUNTAS:

1. ¿Cuáles son los elementos comunes existentes en los tres tipos de oraciones? (los elementos pueden ser el verbo *parecer*, el sujeto, las construcciones infinitivas posverbales y el complemento indirecto)
2. Determinad el sujeto de las oraciones de las pautas A y B.
3. ¿Cuáles son las principales diferencias entre las pautas A y B?
4. Comparad las oraciones de las pautas B y C, y contestad con qué elemento de las oraciones están concordados los infinitivos.
5. Analizad cuál es el sujeto de las oraciones de la pauta C.

CONCLUSIÓN:

¿Cuáles son las pautas que rigen las oraciones de *parecer* cuando el sintagma posverbal es infinitivo?

Pauta A:

Pauta B:

Pauta C:

TAREA 15 – FICHA C.

TAREA 15: LOS INFINITIVOS QUE APARECEN POSVERBALES. FICHA C

OBJETIVO: Cuando los infinitivos aparecen posverbales, existen tres pautas que rigen las oraciones. Intentad descubrir cuáles son.

Abajo se presentan tres oraciones de la pauta C y tus compañeros tienen otras seis de las pautas A y B respectivamente. Compara con ellos las nueve oraciones y juntos intentad contestar las preguntas expuestas abajo.

ORACIONES DE LA PAUTA C:

1. En esta película, nos parece ver un sentimiento oscuro.
2. Me parece sentir la tristeza del gato.
3. Le parece escuchar los gritos de un niño.

PREGUNTAS:

1. ¿Cuáles son los elementos comunes existentes en los tres tipos de oraciones? (los elementos pueden ser el verbo *parecer*, el sujeto, las construcciones infinitivas posverbales y el complemento indirecto)
2. Determinad el sujeto de las oraciones de las pautas A y B.
3. ¿Cuáles son las principales diferencias entre las pautas A y B?
4. Comparad las oraciones de las pautas B y C, y contestad con qué elemento de las oraciones están concordados los infinitivos.
5. Analizad cuál es el sujeto de las oraciones de la pauta C.

CONCLUSIÓN:

¿Cuáles son las pautas que rigen las oraciones de *parecer* cuando el sintagma posverbal es infinitivo?

Pauta A:

Pauta B:

Pauta C:

TAREA 16 – FICHA A.

TAREA 16: LAS ORACIONES QUE APARECEN POSVERBALES. FICHA A

OBJETIVO: Determinar las pautas que rigen las oraciones cuando los sintagmas posverbales son las oraciones subordinadas sustantivas.

Abajo se presentan cuatro oraciones, dos de la pauta A y dos de la pauta B, mientras tu compañero tiene otras cuatro de las pautas C y D respectivamente. Comparad las ocho oraciones e intentad contestar las preguntas expuestas abajo, que os ayudarán a determinar las cuatro pautas.

ORACIONES DE LA PAUTA A:

1. Parece que va a llover.
2. Parece que le gusta la comida.

ORACIONES DE LA PAUTA B:

3. Me parece que va a llover.
4. Me parece que le gusta la comida.

PREGUNTAS:

1. Discute con tu compañero y determinad el sujeto de las oraciones de las pautas A y B.
2. ¿Cuáles son las principales diferencias entre las pautas A y B?
3. Comparad las oraciones de las pautas A, B y C, D, ¿notáis las diferencias?
4. Comparad las oraciones 5 y 6 y las 7 y 8 e intentad analizar qué elemento funciona como el sujeto en las oraciones de las pautas C y D.

CONCLUSIÓN:

¿Cuáles son las pautas que rigen las oraciones de *parecer* cuando el sintagma posverbal es una oración subordinada sustantiva?

Pauta A:

Pauta B:

Pauta C:

Pauta D:

TAREA 16 – FICHA B.

TAREA 16: LAS ORACIONES QUE APARECEN POSVERBALES. FICHA B

OBJETIVO: Determinar las pautas que rigen las oraciones cuando los sintagmas posverbales son las oraciones subordinadas sustantivas.

Abajo se presentan cuatro oraciones, dos de la pauta C y dos de la pauta D, mientras tu compañero tiene otras cuatro de las pautas A y B respectivamente. Comparad las ocho oraciones e intentad contestar las preguntas expuestas abajo, que os ayudarán a determinar las cuatro pautas.

ORACIONES DE LA PAUTA C:

1. La decisión parece que ya está tomada.
2. Las estadísticas parece que no son fiables.

ORACIONES DE LA PAUTA D:

3. La decisión me parece que ya está tomada.
4. Las estadísticas le parece que no son fiables.

PREGUNTAS:

1. Discute con tu compañero y determinad el sujeto de las oraciones de las pautas A y B.
2. ¿Cuáles son las principales diferencias entre las pautas A y B?
3. Comparad las oraciones de las pautas A, B y C, D, ¿notáis las diferencias?
4. Comparad las oraciones 5 y 6 y las 7 y 8 e intentad analizar qué elemento funciona como el sujeto en las oraciones de las pautas C y D.

CONCLUSIÓN:

¿Cuáles son las pautas que rigen las oraciones de *parecer* cuando el sintagma posverbal es una oración subordinada sustantiva?

Pauta A:

Pauta B:

Pauta C:

Pauta D:

TAREA 17 – FICHA A.

TAREA 17: DIFERENCIAS ENTRE LA PAUTA SIN COMPLEMENTO INDIRECTO Y LA PAUTA CON COMPLEMENTO INDIRECTO EN RELACIÓN CON EL TIEMPO PERFECTIVO. FICHA A

OBJETIVO: Comparar las siguientes oraciones y observar qué preferencias presenta la pauta sin complemento indirecto y la pauta con complemento indirecto en lo referente al tiempo en que aparece el verbo copulativo *parecer*.

Aquí se presentan cuatro oraciones, dos gramaticales y dos incoherentes, mientras que tu compañero tiene otras cuatro. Compara con él las ocho oraciones e intentad contestar las preguntas expuestas abajo, que os ayudarán a entender las diferencias entre las dos pautas.

ORACIONES DE LA PAUTA *PARECER* + SINTAGMA NOMINAL:

1. Parecía una buena profesora. (gramatical)
2. *Pareció una buena profesora. (antinatural)
3. El río parecía limpio. (gramatical)
4. *El río pareció limpio. (antinatural)

PREGUNTAS:

1. ¿Qué tendencias observáis cuando se utiliza la pauta sin complemento indirecto?
2. ¿Qué tendencias observáis cuando se utiliza la pauta con complemento indirecto?

TAREA 17 – FICHA B.

TAREA 17: DIFERENCIAS ENTRE LA PAUTA SIN COMPLEMENTO INDIRECTO Y LA PAUTA CON COMPLEMENTO INDIRECTO EN RELACIÓN CON EL TIEMPO PERFECTIVO. FICHA B

OBJETIVO: Comparar las siguientes oraciones y observar qué preferencias presenta la pauta sin complemento indirecto y la pauta con complemento indirecto en lo referente al tiempo en que aparece el verbo copulativo *parecer*.

Aquí se presentan cuatro oraciones gramaticales, mientras que tu compañero tiene otras cuatro. Compara con él las ocho oraciones e intentad contestar las preguntas expuestas abajo, que os ayudarán a entender las diferencias entre las dos pautas.

ORACIONES DE LA PAUTA *PARECER* + COMPLEMENTO INDIRECTO + SINTAGMA NOMINAL:

1. Me parecía una buena profesora. (gramatical)
2. Me pareció una buena profesora. (gramatical)
3. El río me parecía limpio. (gramatical)
4. El río me pareció limpio. (gramatical)

PREGUNTAS:

1. ¿Qué tendencias observáis cuando se utiliza la pauta sin complemento indirecto?
2. ¿Qué tendencias observáis cuando se utiliza la pauta con complemento indirecto?

TAREA 18.

TAREA 18: CREAR UN DIÁLOGO CON TU COMPAÑERO.

OBJETIVO: Crear un diálogo con tu compañero utilizando el verbo copulativo *parecer*.

Los alumnos forman grupo de dos. Primero, repasad juntos los usos característicos del verbo *parecer*; segundo, intentad utilizar los diferentes usos de este verbo para crear un diálogo que revele una escena de la vida real.

Conclusiones

Esta investigación se divide en cuatro secciones: los verbos copulativos del español; los copulativos del chino y la comparación entre ellos y los verbos copulativos del español; la metodología de enseñanza de los copulativos del español en el manual *Español Moderno*, el texto más utilizado para la enseñanza de español a estudiantes chinos, y, por último, el diseño de un curso complementario para la enseñanza de estos dos tipos de verbos españoles, destinado a los estudiantes de lengua china. A continuación se exponen las conclusiones a las que se ha llegado tras la investigación llevada a cabo en cada sección.

Los verbos copulativos del español

A. Los verbos copulativos se utilizan con frecuencia tanto en el lenguaje oral como escrito del español, y su existencia caracteriza a este idioma y lo diferencia de otras lenguas. Semánticamente, los verbos copulativos han experimentado un proceso de desemantización, llegando a perder plena o parcialmente su significado léxico original, mientras que sintácticamente, estos verbos funcionan como el nexo que vincula el sujeto con el predicado nominal –el atributo– y sirven como portadores de los morfemas temporales, modales, aspectuales, numerales y personales. Además, los verbos copulativos no imponen restricciones al sujeto, y la parte que funciona como el instrumento de selección será el atributo.

B. Las oraciones copulativas se caracterizan por desempeñar una función atributiva. En estas, el predicado sintáctico y el semántico no coinciden, puesto que el primero corresponde al verbo copulativo, y el segundo al atributo. De hecho los verbos copulativos, junto con el atributo, forman el predicado de la oración y el centro del predicado es precisamente el atributo. En las oraciones copulativas, el atributo es imprescindible, puesto que su eliminación podría cambiar completamente el significado.

C. Las oraciones copulativas constituidas por la cópula *ser* se dividen en dos categorías oracionales: las oraciones denominadas adscriptivas o de caracterización, y las copulativas identificativas o especificativas. En las oraciones copulativas caracterizadoras se expresan características de las personas o de las cosas, mientras que en las oraciones copulativas identificativas se identifican personas o cosas.

D. *Ser* y *estar* son los verbos copulativos más característicos. La distinción entre ellos ha sido uno de los temas más discutidos en la gramática, cuyos teóricos han acudido a un gran número de métodos diferenciadores para dar explicaciones de los comportamientos de los dos verbos, tales como la distinción propiedades accidentales/ propiedades sustantivas, la distinción cualidad/ estado, la distinción norma general/ norma individual, la distinción verbo imperfectivo/ verbo perfectivo, la distinción [-NEXUS]/ [+NEXUS], la distinción clasificar/ describir y la distinción predicado de caracterización/ predicado de estadio.

a. La distinción propiedades accidentales/ propiedades sustantivas indica que el verbo *ser* se construye con atributos que expresan características permanentes, mientras que *estar* selecciona aquellos que designan propiedades transitorias. Por simplicidad e inmediatez, esta distinción es muy utilizada en la didáctica; no obstante, no es seguro que los atributos de propiedades permanentes solo se combinen con *ser*, ni que los atributos de propiedades transitorias solo admitan *estar*. Como se observa, los contrastes señalados por las oraciones de *Ana es joven* y *La anciana está muerta* demuestran indudablemente que es un criterio no muy acertado.

b. La distinción imperfectivo/ perfectivo se basa en si las propiedades denotadas provienen de un cambio previo o bien tienen la posibilidad de experimentar alguna modificación. En caso de que las propiedades denotadas por el atributo sean resultado de un cambio precedente o tengan el potencial de modificarse, se seleccionaría el verbo copulativo *estar*, mientras que, en caso contrario, se utilizaría *ser*. Sin embargo, *ser* puede construirse con atributos que designan un cambio dado o potencial, mientras que *estar* puede admitir predicados que no denotan cambio ni poseen la posibilidad de modificación. Los contrastes demostrados en las oraciones *Ana es soltera, pero no lo será toda la vida* y *Ana está soltera y va a estar así toda la vida* ponen de relieve los inconvenientes de la distinción. En realidad, la perfectividad no es una característica inherente de *estar*, sino que este verbo es sensible al aspecto, mientras que *ser* es indiferente al aspecto.

c. La distinción norma general/ norma individual parte de la perspectiva del hablante. Cuando el hablante intenta clasificar al sujeto y realizar una comparación entre este y otros de su misma clase, se utiliza la norma general y se selecciona el verbo *ser*, mientras que, cuando el hablante pretende realizar una comparación entre el estado actual y el estado habitual del sujeto e intenta indicar la desviación de los comportamientos del mismo, se acude a la norma individual y se elige el verbo *estar*. No obstante, es muy posible que el hablante desatienda la comparación y desviación cuando enuncia una oración como *Ana está guapa con el vestido*, dado que esta oración no implica que Ana no es guapa.

d. De hecho la distinción [-NEXUS]/ [+NEXUS] está en relación con la distinción norma general/ norma individual. Esta combinación puede dar una explicación a la mayoría de los comportamientos de *ser* y de *estar* cuando se construyen con atributos adjetivos y, a través de ella, se indica que el verbo *estar* es definido como verbo [+NEXUS] y *ser* como verbo [-NEXUS], porque el uso del verbo copulativo *estar* implica un nexo o una conexión con una situación que suele ser anterior, mientras que el verbo *ser* carece de dicha conexión. Los atributos adjetivales se dividen así en dos tipos: atributos [-RESULTATIVO] y atributos [+RESULTATIVO], admitiendo los primeros el verbo ser, y los segundos, *estar*.

e. La distinción clasificación/ descripción se basa en la intención del hablante. Con el verbo *ser*, se intenta clasificar al sujeto y con el verbo *estar* se intenta describir al sujeto, pero existe la posibilidad de que el hablante no tenga en cuenta su intención de clasificar o describir cuando enuncie oraciones como *El pelo es rojo* o *El pelo está rojo*.

f. Basándose en la oposición de la filosofía clásica entre "esencia" y "accidentes", los gramáticos tradicionales formulan la distinción cualidad/ estado. A partir de ella, se determina que los atributos que se combinan con *ser* denotan cualidad y los atributos combinados con *estar* expresan estado. No obstante, los atributos que se construyen con ser también pueden denotar estado, mientras que los construidos con *estar* también expresar cualidad.

g. La distinción predicado de individuo/ predicado de estadio parte del aspecto léxico-semántico y es la diferenciación que posee mayor grado de aceptación. Los predicados caracterizadores o de individuo son los atributos que no están sujetos a una situación particular ni son el resultado de un cambio, mientras que los predicados de estadio o episódicos limitan sus propiedades a una situación particular o surgen como efecto de una alteración. Expresado de otra manera, las propiedades de los predicados de individuo se predican del sujeto en sentido absoluto sin estar asociadas con una situación particular o con algún episodio concreto, mientras que las propiedades de los predicados de estadio se asocian con situaciones concretas y suponen una limitación espacio-temporal.

h. Estos métodos diferenciadores tienen sus ventajas e inconvenientes, y en la didáctica podemos acudir a todos ellos para comprender mejor con qué tipo de atributos estamos tratando. Por ejemplo, la distinción norma general/ norma individual sería adecuada para dar explicaciones a los comportamientos de ser y estar en las oraciones con los mismos atributos, tales como El presidente fue amable esta mañana y El presidente estuvo amable esta mañana.

E. En las oraciones constituidas por el verbo parecer, los sintagmas que pueden aparecer en la posición posverbal son los grupos nominales, adjetivales, preposicionales, oracionales, adverbiales e infinitivos.

a. Los sintagmas nominales, adjetivales, adverbiales y preposicionales pueden desempeñar funciones atributivas en las oraciones constituidas por el verbo parecer, mientras el verbo funciona como una cópula.

b. Los infinitivos no desempeñan funciones de atributo, de manera que en las pautas parecer + infinitivo y parecer + complemento indirecto + infinitivo en concordancia con el sujeto, los infinitivos y el verbo parecer forman perífrasis verbales. Asimismo, en la pauta parecer + complemento indirecto + infinitivo concordado con el complemento indirecto, las construcciones infinitivas desempeñan la función del sujeto. De este modo, el verbo parecer, en la primera situación funcionaría como un verbo auxiliar, y en la segunda situación estaríamos ante un verbo pleno.

c. Las oraciones subordinadas sustantivas desempeñan la función del sujeto, y el verbo parecer designa propiedades predicativas y se mantiene en la tercera persona singular.

Copulativos del chino y su comparación con los verbos copulativos del español

A. El español y el chino pertenecen a sistemas lingüísticos distintos, adscribiéndose el primero al sistema latino y el segundo a la familia sinotibetana. La base lingüística del español está en el alfabeto latino, mientras que la del chino se encuentra en los trazos de sus caracteres, que forman los sinogramas. La distancia existente entre estas dos lenguas es enorme y viene determinada no solo por diferencias entre los dos sistemas lingüísticos, sino también por diferencias culturales.

B. En el chino moderno, el nexo (系词) más utilizado es el "是" (equivalente a ser). Los conceptos de los verbos copulativos españoles y de los nexos chinos comparten muchos puntos comunes. En primer lugar, en el español, el verbo copulativo funciona para vincular el sujeto con el atributo, y en el chino el nexo desempeña la misma función. En segundo lugar, ambos idiomas reconocen que ni el verbo copulativo español ni el nexo chino es el núcleo del predicado.

C. Pese a las similitudes, existen diferencias que resultan imposibles de ignorar. La equivalencia del término "verbo copulativo" en el chino es "系动词" (xì dòng cí). Sin embargo, en el chino, no existen verbos copulativos, pues son nociones que solo tienen sentido para las lenguas occidentales. A diferencia de "系词" (equivalente a nexo), el equivalente del término verbos copulativos, "系动词" (xìdòng cí), subraya el hecho de que "系动词" es un tipo de verbo. Sin embargo, los copulativos chinos no poseen las cualidades propias de un verbo, y esta traslación da lugar a equívocos.

D. Desde el punto de vista teórico, no existe una equivalencia absoluta o total entre las definiciones de los verbos copulativos españoles y las palabras copulativas chinas, ya que, pese a que en lo pragmático desempeñan funciones muy similares, poseen distintas cualidades. Los verbos copulativos españoles son verbos, mientras que las palabras copulativas chinas no son necesariamente verbales. Desde el punto de vista práctico, los verbos copulativos no encuentran sus equivalentes absolutos en el chino y, aunque en la mayoría de los casos *ser* puede ser traducido por "是", en otros existen mejores posibilidades. Lo mismo les pasa a los verbos copulativos *estar, parecer*, puesto que *estar* no se puede siempre traducir por "在" (a veces, equivalente a *estar*), y *parecer* tiene varias equivalencias en el chino. Por tanto, los verbos copulativos españoles no tienen equivalentes chinos perfectos, sino que siempre son aproximados.

La metodología de enseñanza de los copulativos del español en el manual *Español Moderno*

A. Con el objetivo de conocer cómo se enseñan los verbos copulativos en las universidades chinas, nos hemos centrado en el análisis del manual *Español Moderno*, que se caracteriza por los siguientes puntos:

a. Utiliza un método explicativo adecuado: la combinación de una teoría orientativa y de unos ejemplos que se coordinan con la teoría y revelan de forma aplicada los usos de cada verbo.

b. Desde el principio hasta el final, no ofrece ninguna definición o explicación en lo tocante a los verbos copulativos o a las oraciones copulativas, pese a que esta noción aparece con frecuencia en el material.

c. Solo los verbos *ser* y *estar* aparecen en la sección de gramática, mientras los demás verbos se encuentran en el apartado de léxico, lo cual pone de relieve que el manual se inclina por utilizar un gran número de ejemplos concretos.

d. Con el manual, los estudiantes no pueden aprender todos los verbos copulativos, al igual que tampoco pueden aprender todos los usos importantes de los verbos que aparecen en él.

e. El manual no distingue entre usos copulativos, predicativos y auxiliares de perífrasis verbal.

f. Pese a que en el texto, en la gramática y en el léxico no se ofrecen explicaciones ni ejemplos en lo concerniente a los usos copulativos de los verbos en cuestión, en los ejercicios los estudiantes tienen que llevar a cabo las tareas sobre los usos copulativos.

g. Las explicaciones dadas por el *Español Moderno* no coinciden con la *Nueva gramática de la lengua española*.

B. Los materiales *Esquemas de chino, Chino para españoles, La categoría de aspecto verbal y su manifestación en la lengua china* y *Gramática de la lengua china* tratan de la enseñanza del chino a los españoles. La comparación de *Español Moderno* y los materiales de enseñanza del chino presentan unos contrastes y similitudes representativos que sirven para orientar el diseño del material complementario y demuestran que, en la enseñanza del español, en ocasiones, hay que abandonar la búsqueda de una relación de equivalencia, intentar comprender los fenómenos gramaticales en el ambiente de la lengua extranjera y crear un entorno comunicativo en el aula, haciendo que los alumnos se sitúen en el ambiente español y utilicen este idioma para pensar y resolver problemas, es decir, empujándoles a acostumbrarse a la mentalidad del hispanohablante. Estos materiales demuestran que:

a. *Chino para españoles* y *Gramática de la lengua china* aclaran que "是" (equivalente a *ser*) es un verbo copulativo y *La categoría de aspecto verbal y su manifestación en la lengua china* confirma que "是" es un verbo estativo y un verbo de cualidad; no obstante, "是" no es un verbo pleno, ni un verbo copulativo, sino "系词" (nexo), lo cual constata que los filólogos de los dos países sostienen opiniones contrarias entre sí.

b. Acerca de la relación entre *estar* y 在 (a veces, equivalente a *estar*), el libro de *La categoría de aspecto verbal y su manifestación en la lengua china* posee una perspectiva de análisis precisa, afirmando que en muchas ocasiones "在" es una partícula de aspecto verbal que va delante del verbo y, en conjunto, se expresa el aspecto imperfectivo progresivo. Esto pone en evidencia que *estar* no ha sido considerado como el equivalente español de la palabra china "在", sino la construcción de 在 + verbo, que desempeña la misma función de la construcción española *estar* + gerundio. Además, dicho material también indica que, en ocasiones, la construcción verbo + sufijo -zhe se traduce por *estar* + gerundio, lo cual demuestra que en el chino hay más de una construcción capaz de denotar el mismo aspecto verbal, y que entre dos lenguas distintas existe la posibilidad de poseer estructuras sintácticas con la misma función o con una función parecida, y que entre dos palabras como *estar* y "在" no se percibe una relación de equivalencia. En conclusión, no se pueden considerar equivalentes dos palabras por desempeñar las mismas funciones.

El diseño de un curso complementario para la enseñanza de los verbos copulativos del español

A. En el diseño de un curso para lengua extranjera, el análisis de necesidades funciona como la base de todos los procesos. Mediante dicho análisis determinamos los objetivos, los contenidos y la metodología adecuada.

a. El análisis de necesidades objetivas se centra en estudiar la actuación lingüística que se espera que el alumno sea capaz de desarrollar con el objetivo de obtener información factual.

· En las respuestas al cuestionario elaborado para conocer las dificultades de los estudiantes chinos en el aprendizaje de los verbos copulativos españoles, hemos constatado que una cuarta parte de los destinatarios del cuestionario conoce el concepto de verbos copulativos, pero no saben indicar con exactitud cuáles son.

·La mayor parte de los destinatarios reconocen haberse confundido en los usos de los verbos copulativos *ser* y *estar* y opinan que *Español Moderno* no proporciona suficientes explicaciones sobre los usos de *ser* y *estar*. Además, los estudiantes no diferencian las oraciones copulativas de las predicativas.

·La mayoría de los destinatarios indican que los verbos copulativos se utilizan con frecuencia en el lenguaje oral y escrito y que no dominan bien el uso de estos verbos. En cuanto al nivel de dominio, una parte de ellos posee un conocimiento elevado.

·Muchos estudiantes admiten que encuentran dificultades al expresarse en la lengua española pese a la gran acumulación de conocimientos gramaticales que tienen. Además, los estudiantes manifiestan que dominan mejor los verbos copulativos en el lenguaje escrito que en el oral. No obstante, afirman, asimismo, que los verbos copulativos se utilizan con más frecuencia en el lenguaje oral que en el lenguaje escrito.

b. En las necesidades subjetivas, se analizan principalmente las actitudes de los alumnos, la motivación, la reflexión, la personalidad, los deseos, las expectativas y los estilos de aprendizaje.

·Existen lagunas entre lo que enseña *Español Moderno* y lo que los estudiantes dominan.

Prueba de ello es que dos tercios de los estudiantes manifiestan una actitud no favorable al marco metodológico de dicho manual.

·Casi todos los estudiantes conceden mucha importancia al buen dominio de los verbos copulativos y reconocen su papel imprescindible en la expresión oral y escrita. Asimismo, señalan que tienen interés por conocer mejor los usos de los verbos en cuestión.

B. El objetivo general del curso complementario consiste en mejorar el dominio de los estudiantes chinos sobre los verbos copulativos, mientras que los objetivos secundarios se definirían así:

a. Mejorar el entendimiento sistemático, dando explicaciones de los conceptos básicos.

b. Concretar los usos de los verbos copulativos que los estudiantes deben conocer.

c. Equilibrar la importancia concedida al lenguaje oral y al lenguaje escrito, mejorando el dominio de los verbos copulativos en el lenguaje oral.

d. Reducir la distancia entre lo que se intenta enseñar y lo que dominan los estudiantes.

e. Encontrar una metodología de enseñanza más eficaz que la utilizada en el manual *Español Moderno*.

f. Elaborar un sistema de evaluación para que el aprendizaje del alumno sea dinámico.

C. La enseñanza del español mediante tareas es una metodología que enfatiza la importancia de la participación activa del alumno y aboga por la obtención de conocimientos voluntaria y activa, mediante la cual se consigue una absorción más eficaz. Mediante la tarea, los alumnos desarrollan una comunicación social dentro del ámbito del aula, con el objetivo de mejorar el lenguaje oral.

D. La evaluación es el procedimiento que garantiza que la enseñanza sea dinámica y motivante. Mediante la evaluación, tenemos la capacidad de saber cuáles son los problemas de las tareas realizadas y cuáles las nuevas necesidades de los alumnos, para elaborar posteriormente unas tareas nuevas, hechas a medida de sus necesidades.

BIBLIOGRAFÍA

[1] Alarcos Llorach, Emilio (1951): "Las diátesis en español". En: *Revista de Filología Española*, XXXV, pp. 124-127.

[2] Alarcos Llorach, Emilio (1966): "Pasividad y atribución en español". En: *Homenaje al profesor Alarcos García*, II. Valladolid: Universidad de Valladolid, pp. 15-21.

[3] Alarcos Llorach, Emilio (1970): *Estudios de gramática funcional*. Madrid: Gredos.

[4] Alarcos Llorach, Emilio (1994): *Gramática de la lengua española*. Madrid: Espasa Calpe.

[5] Alcina Franch, Juan y Blecua, José Manuel (1975): *Gramática española*. Barcelona: Ariel.

[6] Aletá Alcubierre, Enrique (2008): "Ser y estar con adjetivos. ¿Cualidades y estados?". En: *Revista Nebrija de Lingüística Aplicada a la Enseñanza de Lenguas*, volumen 2, nº 3. [Disponibilidad en: http://www.nebrija.com/revista-linguistica/]

[7] Alonso, Amado y Henríquez Ureña, Pedro (1938): *Gramática Castellana*. Buenos Aires: Losada.

[8] Andrade, Manuel J. (1919): "The distinction between Ser and Estar". En: *Hispania*, II, pp. 19-23.

[9] Baralo, Marta (1998): "Ser y estar en los procesos de adquisición de lengua materna y de lengua extranjera". En: *Actas del IXº Congreso Internacional ASELE Español lengua extranjera: enfoque comunicativo y gramática*. Santiago de Compostela: Universidad de Santiago de Compostela, pp. 291-301.

[10] Baststone, Rob (1993): *Grammar. Cambridge*: Cambridge University Press.

[11] Bello, Andrés (1847): *Gramática de la lengua castellana destinada al uso de los americanos*. Santiago de Chile.

[12] Bello, Andrés (1951): *Gramática de la lengua castellana*. Buenos Aires: Anaconda.

[13] Bello, Andrés (1988): *Gramática de la lengua castellana*. Madrid: Arco Libros.

[14] Bolinger, Dwight L. (1947): "Still More on Ser and Estar". En: *Hispania*, XXX, pp. 361-367.

[15] Bosque, Ignacio (1989): *Las categorías gramaticales*. Madrid: Síntesis.

[16] Bosque, Ignacio (1990): "Sobre el aspecto en los adjetivos y en los participios". En: Bosque, I. (comp.): *Tiempo y aspecto en español*. Madrid: Cátedra, pp. 177-211.

[17] Bosque, Ignacio (1996): "Por qué determinados sustantivos no son sustantivos determinados". En: Bosque, I. (comp.): *El sustantivo sin determinación. Presencia y ausencia de determinante en la lengua española*. Madrid: Visor, pp. 13-119.

[18] Bull, William (1950): "Quedar and quedarse: a study of contrastive ranges". En: *Language*, 26, pp. 467-480.

[19] Camacho, José (1993): *Aspectual licensing of prediction in Spanish, manuscrito inédito*, Universidad de California.

[20] Cano Aguilar, Rafael (1999): "Los complementos de régimen verbal". En: Bosque, I. /Demonte, V. (dirs.): *Gramática descriptiva de la lengua española*. Madrid: Espasa Calpe, pp. 1807-1854.

[21] Carlson, G. N. (1977): *Reference to kinds in English. Tesis doctoral*. University of Massachussets.

[22] Carrasco, Félix (1972): "El pronombre neutro lo como proforma del predicado nominal". En: *Thesaurus. Boletín del Instituto Caro y Cuervo*, XXVII: 2, pp. 324-333.

[23] Carrasco, Félix (1973): «Nota adicional a "El pronombre neutro lo como proforma del predicado nominal"». En: *Thesaurus. Boletín del Instituto Caro y Cuervo*, XXVIII: 1, pp. 108-111.

[24] Carrasco, Félix (1974): "Ser/ vs. / estar y sus repercusiones en el sistema". En: *Thesaurus. Boletín del Instituto Caro y Cuervo*, XXIX, pp. 316-349.

[25] Cárdenas, Daniel N. (1963): "Ser and estar vs. to be". En: *Filología Moderna*, IV, pp. 61-78.

[26] Celce-Murcia, Marianne y Hills, Sharon (1993): *Techniques and resources in*

teaching grammar. Oxford: Oxford University Press.

[27]Chen Min (2009): *Relaciones sobre los métodos de enseñanza del español en China y propuesta de mejora*. Alcalá de Henares: Universidad de Alcalá.

[28]Cirot, Georges (1931): "Ser and estar again" . En: *Hispania*, XIV, pp. 279-288.

[29]Clements, Joseph Clancy (1988): "The Semantics and Pragmatics of the Spanish <COPULA + ADJETIVE> construction" . En: *Linguistics*, 26, pp. 779-882.

[30]Corominas, Joan y Pascual Rodríguez, José Antonio (1980 - 1991): *Diccionario crítico etimológico castellano e hispánico*. Madrid: Editorial Gredos, 6 vols.

[31]Declerck, Rennat (1988): *Studies on Copula Sentences, Clefts and Pseudo-clefts*. Lovaina: Universidad de Lovaina.

[32]Demonte, Violeta (1979): "Sintaxis y semántica de las construcciones con ser y estar" . En: *Revista Española de Lingüística*, 9, pp.133-171.

[33]Demonte, Violeta (1999): "El adjetivo: clases y usos. La posición del adjetivo en el sintagma nominal" . En: Bosque, I. /Demonte, V. (dirs.): *Gramática descriptiva de la lengua española*. Madrid: Espasa Calpe, pp. 129-213.

[34]Demonte, Violeta y Masullo, Pascual José (1999): "La predicación: los complementos predicativos" . En: Bosque, I. /Demonte, V. (dirs.): *Gramática descriptiva de la lengua española*. Madrid: Espasa Calpe, pp. 2461-2524.

[35]Devitt, Daniel (1990): "The diachronic development of semantics in copulas" . En: *Berkeley Linguistic Society*, 16, pp. 103-115.

[36]Dietrich, Wolf (1983): *El aspecto verbal perifrástico en las lenguas románicas. Estudios sobre el actual sistema verbal de las lenguas románicas sobre el problema del origen del aspecto verbal perifrástico*. Madrid: Gredos.

[37]Doughty, Catherine (1991): "Second language instruction does make a difference: evidence from an empirical study of SL relativization" . En: *Studies in Second Language Acquisition*, 13 (4), pp. 431-437.

[38]Ellis, Rod (1993): "The structural syllabus and second language acquisition" . En: *TESOL Quarterly*, 27, n° 1, pp. 91-113.

[39]Estaire, Sheila (1999): "Tareas para el desarrollo de un aprendizaje autónomo y participativo" . En: Zanón, Javier (coord.): *La enseñanza del español mediante*

tareas. Madrid: Editorial Edinumen, pp. 53-72.

[40] Estaire, Sheila y Zanón, Javier (1994): *Planning classwork: a task-based approach*. Oxford: Heinemann.

[41] Falk, Johan (1979a): *Ser y estar con atributos adjetivales. Anotaciones sobre el empleo de la cópula en catalán y castellano*. Uppsala: Acta Universitatis Upsaliensis.

[42] Falk, Johan (1979b): "Visión de norma general vs. visión de norma individual. Ensayo de explicación de la oposición ser/ estar en unión con adjetivos que denotan belleza y corpulencia". En: *Studia Neophilologia*, 51, pp. 275-293.

[43] Fente Gómez, Rafael; Fernández Álvarez, Jesús y Feijóo, Lope G. (1972): *Perífrasis verbales*. Madrid: SGEL.

[44] Fernández de Castro, Félix (1990): *Las perífrasis verbales en español*. Oviedo: Universidad de Oviedo.

[45] Fernández Lagunilla, Marina (1999): "Las construcciones de gerundio". En: Bosque, I. /Demonte, V. (dirs.): *Gramática descriptiva de la lengua española*. Madrid: Espasa Calpe, pp. 3443-3503.

[46] Fernández Leborans, María Jesús (1992): "La oración del tipo: es que···". En: *Verba*, 19, pp. 223-239.

[47] Fernández Leborans, María Jesús (1995): "Las construcciones con el verbo ESTAR: aspectos sintácticos y semánticos". En: *Verba*, 22, pp. 255-284.

[48] Fernández Leborans, María Jesús (1999): "La predicación: los complementos copulativos". En: Bosque, I. /Demonte, V. (dirs.): *Gramática descriptiva de la lengua española*. Madrid: Espasa Calpe, pp. 2357-2460.

[49] Fernández Leborans, María Jesús y Díaz Bautista, Mª Carmen (1990): "Sobre la sintaxis del verbo español parecer". En: *Boletín de la Real Academia Española*, LXX, cuaderno CCL (mayo-agosto), pp. 353-420.

[50] Fernández Ramírez, Salvador (1951): *Gramática española 4: El verbo y la oración. Volumen completado y ordenado por I. Bosque*. Madrid: Arco Libros.

[51] Fogsgaard, Lene (2000): *Esquemas copulativos de ser y estar: ensayo de semiolingüística*. Bern: Peter Lang.

[52] Franco, Fabiola (1979): *Ser y estar in the light of modern linguistic.* Tesis doctoral. Universidad de Minnesota.

[53] Franco, Fabiola (1984): "Ser y estar + locativos en español" . En: *Hispania*, 67:1, pp. 74-80.

[54] Franco, Fabiola y Steinmetz, Donald (1983): "Ser y estar más adjetivo calificativo en español" . En: *Hispania*, 66, pp. 176-184.

[55] Franco, Fabiola y Steinmetz, Donald (1986): "Taming Ser and Estar with Predicate Adjectives" . En: *Hispania*, 69, pp. 377-386

[56] Garcés Gómez, María Pilar (1997): *Las formas verbales en español. Valores y usos.* Madrid: Verbum.

[57] García Santa-Cecilia, Álvaro (2000): *Cómo se diseña un curso de lengua extranjera.* Madrid: Arco Libros.

[58] Garret, N. (1993): "Theoretical and pedagogical problems of separating grammar from communication" . En: Freed, B. (ed.): *Foreign Language Acquisition Research and the Classroom.* Lexington: Ma, D. C. Health and Company.

[59] Gili Gaya, Samuel (1943): *Curso superior de sintaxis española.* Barcelona: Bibliograf.

[60] González Muela, Joaquín (1961): "Ser y estar: enfoque de la cuestión" . En: *Bulletin of Hispanic Studies*, 38, pp. 3-12.

[61] Gómez del Estal, Mario y Zanón, Javier (1994): "La enseñanza de la gramática mediante tareas" . En: *Actas del V Congreso Internacional de ASELE.* Santander, pp. 89-100.

[62] Gómez del Estal, Mario y Zanón, Javier (1996): *G de gramática.* Barcelona: Difusión.

[63] Gómez del Estal, Mario y Zanón, Javier (1999): "Tareas formales para la enseñanza de la gramática en clase de español" . En: Zanón, Javier (coord.): *La enseñanza del español mediante tareas.* Madrid: Editorial Edinumen, pp. 73-99.

[64] Gómez Torrego, Leonardo (1998): *Gramática didáctica del español.* Madrid: Ediciones SM.

[65] Gómez Torrego, Leonardo (1999): "Los verbos auxiliares. Las perífrasis verbales

de infinitivo". En: Bosque, I. /Demonte, V. (dirs.): *Gramática descriptiva de la lengua española*. Madrid: Espasa Calpe, pp. 3323-3390.

[66] Gumiel Molina, Silvia (2005): *Los complementos predicativos*. Madrid: Arco Libros.

[67] Gutiérrez Araus, María Luz (1995): *Formas temporales del pasado en indicativo*. Madrid: Arco Libros.

[68] Gutiérrez Ordóñez, Salvador (1986): *Variaciones sobre la atribución*. León: Universidad de León.

[69] Gutiérrez Ordóñez, Salvador (1995): "Nuevas variaciones sobre la atribución". En: Serra Alegre, Enrique N. y otros (comps.): *Panorama de la investigació lingüística a l'Estat espanyol*. Valencia: Universitat de Valencia, vol. I, pp. 31-54.

[70] Hengeveld, Kees (1986): "Copular verbs in the functional grammar of Spanish". En: *Linguistics*, 24, pp. 393-420.

[71] Hengeveld, Kees (1992): *Non-verbal Predication: Theory, Typology, Diachrony*. Berlín: Mouton de Gruyter.

[72] Hernández Alonso, César (1971): "Atribución y predicación". En: *Boletín de la Real Academia Española*, LIX, pp. 327-240.

[73] Hernández, Guillermo (2004): *Análisis gramatical*. Madrid: Sociedad General Española de Librería, S.A.

[74] Hernanz, M. Lluïsa (1988): "En torno a la sintaxis y la semántica de los complementos predicativos en español". En: *Estudi General*, 8, pp. 7-29.

[75] Hernanz, M. Lluïsa y Brucart, José M. (1987): *La Sintaxis, I. Principios generales. La oración simple*. Barcelona: Crítica.

[76] Iglesias Bango, Manuel (1988): "Sobre perífrasis verbales". En: *Contextos*, VI: 12, pp. 75-112.

[77] Jonge, Robert (1993): "Pragmatismo y gramaticalización en el cambio lingüístico: ser y estar en expresiones de edad". En: *Nueva Revista de Filología Hispánica*, XLI, pp. 99-126.

[78] Kleiber, Georges (1981): *Problèmes de référence: descriptions défínies et noms propres*. París: Klincksieck.

[79] Kratzer, Angelika (1988): "Stage-Level and Individual-Level Predicates". En: [1]Krifka, M. (coord.): *Genericity in Natural Language*. Tubinga: Universidad de Tubinga, pp. 247-284.

[80] Larsen-Freeman, Diane y Long, Michael H. (1991): *An Introduction to second Language Acquisition Research*. London: Longman.

[81] Lema, José (1992): "Tiempo y aspecto, correlatos sintácticos y semánticos: los [1]auxiliares ser y estar". En: Pascual, J. A. (comp.): *Estudios Lingüísticos de México y España. Salamanca*: Universidad de Salamanca.

[82] Lenz, Rodolfo (1920): *La oración y sus partes. Estudios de gramática general y castellana*. Madrid: Publicaciones de la Revista de Filología Española.

[83] Leonetti Jungl, Manuel (1994): "Ser y estar: estado de la cuestión". En: *Pliegos de la ínsula Barataria: revista de creación literaria y de filología*, n° 1, pp. 182-205.

[84] Leonetti Jungl, Manuel (1999): "El artículo". En: Bosque, I. /Demonte, V. (dirs.): *Gramática descriptiva de la lengua española*. Madrid: Espasa Calpe, pp. 787-890.

[85] Loschky, Lester y Bley-Vroman, Robert (1993): "Grammar and Task-Based Methodology". En: Crookes, G. y Gass, S. M. (eds.): *Tasks in a pedagogical context: Integrating theory and practice*. Clevendon: Multilingual Matters, pp. 123-167.

[86] López de Richards, Adriana (1980-81): "Construcciones con ser y estar en el habla culta de Santiago de Chile". En: *Boletín de Filología de la Universidad de Chile*, XXI, pp. 817-850.

[87] López García, Ángel (1983): *Estudios de lingüística española*. Barcelona: Anagrama.

[88] López García, Ángel (1996): "La copulatividad". En: *Gramática del español II. La oración simple*. Madrid: Arco Libros, pp. 283-358.

[89] Luján, Marta (1980): *Sintaxis y semántica del adjetivo*. Madrid: Cátedra.

[90] Luján, Marta (1981): "The Spanish copulas as aspectual indicators". En: *Lingua*, 54, pp. 165-210.

[91] Lyons, John (1977): *Semantics*. Cambridge: Cambridge University Press. [Trad.

Esp.: Semántica. Barcelona: Teide, 1980.]

[92] Malaver, Irania (2009): *Variación dialectal sociolingüística de ser y estar con adjetivos de edad*. Tesis doctoral. Universidad de Alcalá.

[93] Marco Martínez, Consuelo (1988): *La categoría de aspecto verbal y su manifestación en la lengua china*. Madrid: Editorial de la Universidad Complutense de Madrid.

[94] Marco Martínez, Consuelo (1998): *Gramática de la lengua china*.

[95] Marco Martínez, Consuelo (2004): *Esquemas de chino: gramática y usos lingüísticos (3ª ed.)*. Madrid: Plaza Edición.

[96] Marco Martínez, Consuelo (2007): *Chino para españoles*. Madrid: Centro Lingüística Aplicada ATENEA.

[97] Marín Gálvez, Rafael (2000): *El componente aspectual de la predicación*. Tesis Doctoral Inédita. Universidad Autónoma de Barcelona.

[98] Marín Gálvez, Rafael (2004): *Entre ser y estar*. Madrid: Arco Libros.

[99] Martín Peris, Ernesto (1993): "La enseñanza mediante tareas". En: Miguel Martínez, E. (ed.): *Relatorio del taller 10. Aprendizaje y enseñanza del español-lengua extranjera en la enseñanza secundaria y la educación de adultos*. Estrasburgo: Consejo de Cooperación Cultural del Consejo de Europa, pp. 17-71.

[100] Martín Peris, Ernesto (1999): "Libros de texto y tareas". En: Zanón, Javier (coord.): *La enseñanza del español mediante tareas*. Madrid: Editorial Edinumen, pp. 25-52.

[101] Martínez Robles, David (2002): *La lengua china: historia, signo y contexto: Una aproximación sociocultural*. Barcelona: Editorial Uoc.

[102] Meyer-Lübke, Wilhelm (1900): *Grammaire des langues romanes*. Paris: E. Welter.

[103] Mikkelsen, Line (2005): *Copular clauses: specification, predication and equation*. Ámsterdam: Benjamins.

[104] Milsark, Gary L. (1974): *Existential Sentences in English*. MIT. Tesis doctoral.

[105] Minkang, Zhou (1995): *Estudios comparativos del chino y el castellano. Aspectos lingüísticos y culturales*. Tesis doctoral. Universitat Autònoma de Barcelona.

[106] Miquel, Lourdes y Sans, Neus (1994): *Rápido*. Madrid: Difusión.

[107]Molina Redondo, José Andrés (2011): *Gramática avanzada para la enseñanza del español*. Granada: Editorial Universidad de Granada

[108]Molina Redondo, José Andrés y Ortega Olivares, Jenaro (1987): *Usos de ser y estar.* [1]Madrid: Sociedad General Española de Librería.

[109]Monge, Félix (1959-61): "Ser y estar con participios y adjetivos" . En: *Boletín de Filología*, XVIII, pp. 213-227.

[110]Moreno Cabrera, Juan Carlos (1987): "Aspectos lógico-sintácticos de los cuantificadores en español" . En: Demonte, V. y Fernández Lagunilla, M. (eds.): *Sintaxis de las lenguas románicas*. Madrid: El Arquero, pp. 408-417.

[111]Moreno Cabrera, Juan Carlos (2010): *Spanish is different: introducción al español como lengua extranjera*. Madrid: Castalia.

[112]Moreno García, Concha (2011): *Materiales, estrategias y recursos en la enseñanza del español como 2/L*. Madrid: Arco Libros.

[113]Morimoto, Yuko (2006): "Análisis comparativo de encontrarse y sentirse: entre la predicación y la atribución" . En: Villayandre Llamanzares, Milka (ed.): *Actas del XXXV Simposio Internacional de la Sociedad Española de Lingüística*. León: Universidad de León, pp. 1331-1342..

[114]Morimoto, Yuko y Pavón Lucero, María Victoria (2004): "Aproximación semántica a la gramática de ponerse y quedarse" . En: *Studia Romanica Posnaniensia*, 31, pp. 385-392.

[115]Morimoto, Yuko y Pavón Lucero, María Victoria (2005): "Estructura semántica y estructura sintáctica de las construcciones atributivas con ponerse y quedar(se)" . En: Wotjak, Gerd y Cuartero Otal, Juan (eds.): *Entre semántica léxica, teoría del léxico y sintaxis*. Frankfurt am Main: Peter Lang, pp. 285-294.

[116]Morimoto, Yuko y Pavón Lucero, María Victoria (2006): "Los verbos pseudo-copulativos modales del español" . En: *Actas del VII Congreso de Lingüística General*. Barcelona: Universitat de Barcelona. [Disponibilidad en: http://hdl.handle.net/10016/13865].

[117]Morimoto, Yuko y Pavón Lucero, María Victoria (2007a): *Los verbos pseudo-copulativos del español*. Madrid: Arco Libros.

BIBLIOGRAFÍA

[118] Morimoto, Yuko y Pavón Lucero, María Victoria (2007b): "Los verbos pseudo-copulativos de cambio en los diccionarios didácticos del español" . En: *Campos Souto, Mar y otros (eds.): Reflexiones sobre el diccionario*. A Coruña: Universidade da Coruña, pp. 273-286. [Disponibilidad en: http://hdl.handle.net/10016/12282]

[119] Morimoto, Yuko y Pavón Lucero, María Victoria (2007c): "Los verbos pseudo-copulativos estativos del español: propiedades aspectuales y sintácticas" . En: Cano López, Pablo; Fernández López, Isabel; González Pereira, Miguel; Prego Vázquez, Gabriela y Souto Gómez, Montserrat (eds.): *Actas del VI Congreso de Lingüística General*. Madrid: Arco Libros, vol. 2, t. 1, pp. 1785-1796

[120] Morimoto, Yuko y Pavón Lucero, María Victoria (2014): "Gramática y diccionario: propuesta de fichas lexicográficas para verbos pseudocopulativos" . En: Bargalló Escrivá, Maria; Garcés Gómez, María Pilar y Garriga Escribano, Cecilio (eds.): «LLANEZA». *Estudios dedicados al profesor Juan Gutiérrez Cuadrado*. A Coruña: Universidade da Coruña, pp. 319-334

[121] Navas Ruiz, Ricardo (1977): *SER Y ESTAR. El sistema atributivo del español*. Salamanca: Ediciones Almar.

[122] Navas Ruiz, Ricardo y Moreno, Concha (1984): *Ser y estar: la voz pasiva*. Salamanca: Publicaciones del Colegio de España.

[123] Navas Ruiz, Ricardo y Jaén Andrés, Victoria (1989): *Ser y estar: la voz pasiva*. Salamanca: Publicaciones del Colegio de España.

[124] Navas Ruiz, Ricardo y Llorente, Covadonga (2002): *Ser y estar, verbos atributivos, la voz pasiva*. Salamanca: Ediciones Colegio de España.

[125] Pavón Lucero, María Victoria (2013): "El dativo con los verbos pseudocopulativos no aspectuales" . En: *Verba*, 40, pp. 7-40.

[126] Penadés Martínez, Inmaculada (1989): *Perspectivas de análisis para el estudio del adjetivo calificativo en español*. Cádiz: Universidad de Cádiz.

[127] Penas Ibáñez, María Azucena y Zhang, Xiaohan (2012): *Polisemia funcional de ser y estar en español y en chino. Las locuciones verbales del diccionario DCLEA. Una contribución al estudio del español como lengua 2 (ELE).*

Saarbrücken: Editorial Académica Española.

[128] Porroche Ballesteros, Margarita (1988): *Ser, estar y verbos de cambio*. Madrid: Arco Libros.

[129] Porroche Ballesteros, Margarita (1990): *Aspectos de la atribución en español*. Zaragoza: Libros Pórtico.

[130] Portolés, José (1993): "Atributos con un enfático". En: *Revue Romane*, 28:2, pp. 218-236.

[131] Ramírez Bellerín, Laureano (1999): *Del carácter al contexto: teoría y práctica de la traducción del chino moderno*. Barcelona: Servei de Publicacions de la Universitat Autònoma de Barcelona.

[132] Ramírez Bellerín, Laureano (2004): *Manual de traducción*. Barcelona: Editorial Gedisa.

[133] Rea Dickins, Pauline M. y Woods, Edward G. (1988): "Some criteria for the development of communicative grammar tasks". En: *TESOL Quarterly* 22, 4, pp. 623-646.

[134] Real Academia Española (1931): *Gramática de la lengua española*. Madrid: Espasa Calpe.

[135] Real Academia Española (1973): *Esbozo de una nueva gramática de la lengua española*. Madrid: Espasa Calpe.

[136] Real Academia Española (2009): *Nueva gramática de la lengua española*. Madrid: Espasa Calpe.

[137] Real Academia Española (2010): *Nueva gramática de la lengua española. Manual*. Madrid: Espasa Calpe.

[138] Rebollo Torío, Miguel A. (2000): "Ser y estar en las frases hechas". En: *Anuario de Estudios Filológicos*, XXIII, pp. 433- 441.

[139] Roca Pons, José (1958): *Estudios sobre perífrasis verbales del español*. Madrid: C.S.I.C.

[140] Roca Pons, José (1960): *Introducción a la gramática*. Barcelona: Teide.

[141] Rojo, Guillermo (1974): *Perífrasis verbales en el gallego actual*. Santiago de Compostela: Universidad de Santiago de Compostela. Anejo 2 revista Verba.

[142] Salvá, Vicente (1830 [1988]): *Gramática de la lengua castellana: según ahora se habla*, ed. de Margarita Lliteras. Madrid: Arco Libros.

[143] Santos Rovira, José María (2011): *La enseñanza del español en China: historia, desarrollo y situación actual*. Lugo: Axac.

[144] Sánchez Griñán, Alberto José (2008): *Enseñanza y aprendizaje de español como lengua extranjera en China. Retos y posibilidades del enfoque comunicativo*. Tesis doctoral. Universidad de Murcia.

[145] Schmitt, Christian (1992): "Ser and estar: a matter of aspect". En: *North East Linguistic Society*, 22, pp. 411-426.

[146] Seco, Manuel (1972): *Gramática esencial del español: introducción al estudio de la lengua*. Madrid: Espasa Calpe.

[147] Seco, Rafael (1954): *Manual de gramática española*. Madrid: Aguilar.

[148] Silvagni, Federico (2013): *¿Ser o estar? Un modelo didáctico*. Madrid: Arco Libros.

[149] Sobejano, Gonzalo (1956): *El epíteto en la lírica española*. Madrid: Gredos.

[150] Stowell, Tim (1991): "Determiners in NP and DP". En: Leffel, K. y Bouchard, D. (comp.): *Views on phrase structure*. Dordrecht: Kluwer, pp. 37-56.

[151] Terrell, Tracy David (1991): "The role of grammar instruction in a communicative approach". En: *Modern Language Journal*, 75, pp. 52-63.

[152] Ur, Penny. (1988): *Grammar practice activities*. Cambridge: Cambridge University Press.

[153] Vaño-Cerdá, Antonio (1982): *SER y ESTAR más adjetivos*. Tubinga: Günter Narr.

[154] Yllera, Alicia (1999): "Las perífrasis verbales de gerundio y participio". En: Bosque, I. /Demonte, V. (dirs.): *Gramática descriptiva de la lengua española*. Madrid: Espasa Calpe, pp. 3391-3442.

[155] Zamorano Mansilla, Juan Rafael (2008): "Las oraciones copulativas de sintagma nominal y la caracterización". En: *Linred: lingüística en la Red*, n° 6. [Disponibilidad en: http://www.linred.es/]

[156] Zanón, Javier (1990): "Los enfoques por tareas para la enseñanza de las lenguas extranjeras". En: *Revista de didáctica del español como lengua extranjera*, 5,

pp. 19-27.

[157]Zanón, Javier (1999): "La enseñanza del español mediante tareas". En: Zanón, Javier (coord.): *La enseñanza del español mediante tareas*. Madrid: Editorial Edinumen, pp. 13-23.

[158]Zanón, Javier (coord.) (1999): *La enseñanza del español mediante tareas*. Madrid: Editorial Edinumen.

[1]常世儒.《西班牙语口译》[M].北京：外语教学与研究出版社,2010.

[2]丁崇明.（2009）《现代汉语语法教程》.北京：北京大学出版社.

[3]董燕生；刘健.（2006）《现代西班牙语》第一册.北京：外国语教学与研究出版社.

[4]董燕生；刘健.（2006）《现代西班牙语》第二册.北京：外国语教学与研究出版社.

[5]董燕生；刘健.（2006）《现代西班牙语》第三册.北京：外国语教学与研究出版社.

[6]董燕生.（2008）《现代西班牙语》第四册.北京：外国语教学与研究出版社.

[7]董燕生.（2008）《现代西班牙语》第五册.北京：外国语教学与研究出版社.

[8]董燕生；刘健.（2014）新版《现代西班牙语》第一册.北京：外国语教学与研究出版社.

[9]房玉清.（2008）《实用汉语语法》.北京：北京语言大学出版社.

[10]高名凯.(2011)《汉语语法论》.北京：商务印书馆.

[11]绍静敏.（2011）《汉语语法趣说》.广州暨南大学出版社.

[12]沈拉蒙（Ramón Santacana Feliu）.(2006)《应用中西翻译》.敦煌书局股份有限公司.

[13]盛利.(2011)《西汉翻译教程》.北京：外语教学与研究出版社.

[14]石毓智.（2010）《汉语语法》.北京:商务印书馆.

[15]王力.（2011）《中国现代语法》.北京：商务印书馆出版.

[16]谢天振.(2009)《中西翻译简史》.北京：外语教学与研究出版社.

[17]虚余龙（1992）《对比语言学论》.上海：上海外语教育出版社.

[18]曾常红.(2009)《现代汉语语法》.长沙：湖南师范大学出版社.

[19]赵士钰.(1999)《新编汉西翻译教程》.北京：外语教学与研究出版社.

[20]周敏康. (2011). 《西中高级职业翻译》. 巴塞罗那自治大学国际关系与跨文化研究学院巴塞罗那自治大学翻译系.

目 录
CONTENTS

第一章 引言 ·· 001
一、选题缘由 ··· 002
二、概念界定 ··· 008
三、文献综述 ··· 014
四、研究评述及研究问题 ·· 023

第二章 研究设计 ·· 027
一、研究的理论框架 ··· 028
二、研究对象 ··· 029
三、研究方法 ··· 031

第三章 初中数学教师学科教学知识的发展现状 ······························· 043
一、初中数学教师学科教学知识的整体水平及趋势 ··························· 044
二、教学1~3年初中数学教师学科教学知识的发展特征 ····················· 052
三、教学4~6年初中数学教师学科教学知识的发展特征 ····················· 054
四、教学7~12年初中数学教师学科教学知识的发展特征 ··················· 056
五、教学13~20年初中数学教师学科教学知识的发展特征 ·················· 059

第四章 不同职业生涯阶段初中数学教师学科教学知识的差异及其影响因素 ··· 063
一、不同职业生涯阶段初中数学教师学科教学知识发展的差异 ············· 064
二、不同职业生涯阶段初中数学教师学科教学知识差异的影响因素 ········ 067

第五章 同一职业生涯阶段初中数学教师学科教学知识的差异及其影响因素 …085

一、教学1~3年初中数学教师学科教学知识的差异及其影响因素……………087

二、教学4~6年初中数学教师学科教学知识的差异及其影响因素…………… 114

三、教学7~12年初中数学教师学科教学知识的差异及其影响因素……………141

四、教学13~20年初中数学教师学科教学知识的差异及其影响因素……………166

第六章 研究结论、启示、局限及展望 195

一、研究结论……………………………………………………………………196

二、研究启示……………………………………………………………………205

三、研究局限……………………………………………………………………226

四、研究展望……………………………………………………………………226

参考文献……………………………………………………………………227

附录1 初中数学教师学科教学知识情境测评试题………………………………244

附录2 初中数学教师学科教学知识情境测评试题的赋分标准、
    赋分及参考答案……………………………………………………………247

附录3 初中数学教师学科教学知识的影响因素问卷……………………………251

附录4 关于同一职业生涯阶段初中数学教师
    学科教学知识影响因素的访谈提纲………………………………………252

第一章

引言

一、选题缘由

（一）学科教学知识是教师专业发展的重要组成部分

教师专业发展主要包括专业理念与精神、专业知识以及专业技能的发展。其中，专业知识为教师专业发展的其他两个方面奠定了知识基础，并促进其专业可持续发展。教育部印发的《中学教师专业标准（试行）》指出，学科教学知识是专业知识的组成部分之一。其他国家制定的教师专业标准也较为重视教师专业知识中的学科教学知识。美国各类教师专业标准都将教师专业知识列于首位；而且，教师专业知识中最重要的是教师的学科教学知识。学科教学知识是教师进行有效教学及因材施教的前提与基础。从英国职前教师与中小学在职教师标准中也能看出对教师专业知识中学科教学知识的重视。英国2012年版《教师标准》（Teacher's Standards）规定：教师应具有坚实的学科基础，掌握最新的知识和技能，在学科知识和课程知识方面呈现出良好状态。"杰出教师"的优秀之处首先体现在专业知识方面。英国教育和科学部2012年发布的《杰出教师标准》（The Master Teacher Standard）规定，杰出教师对他们所教授的学科有深厚且广博的知识，且远远超过他们所教课程的内容；在教授不同能力和资质的学生时，了解最有效、最有吸引力的知识教授方式。英国在文件中明确指出合格教师与杰出教师都应具备学科教学知识。与合格教师相比，英国对杰出教师在学科教学知识方面的要求更多且要求的水平更高。

斯坦福大学的舒尔曼（Shulman）教授及其同事们在探究教师专业性的过程中，基于实证调研发现，如果教师要像医生、律师那样专业，他们就必须具备区别于学科领域专家的专业知识。在教育教学实践中，教师的学科知识与教育学知识之间经常会出现脱节及彼此分离的情况，为弥合这二者并使教师区别于学科领域专家，舒尔曼提出了一个新概念——学科教学知识。舒尔曼等人强调，教师之

第一章 引言

所以称为教师，不能仅停留在对某一学科领域知识的熟练掌握上，还应基于学生已有经验、水平及思维，将抽象且客观的学科知识转化为学生易于理解及掌握的知识形式，并在课堂教学实践中通过有效的方式呈现出来。杜威（Dewey）也认为，教师要进行有效教学，必须将学科知识"心理化"。所谓学科知识心理化，是指教师对学科知识的组织与加工以遵循学生的学习特点与需要为依据。教师为了将客观的学科知识转化成"心理化"的学科知识，自身必须首先具备较高水平的学科知识，包括对教学内容的个人理解，也包括了解如何表达这种理解的方法类知识以促进学生对学科知识的理解与掌握（Wilson et al., 1987）。美国教育学会下属的教师教育委员会（Committee on Teacher Education，简称CTE）于2005年出版了《为变革的世界培养教师——教师应该学会的和能够做到的》（*Preparing teachers for a changing world: what teachers should learn and be able to do*）一书。该书提到教师应该具有的教学知识包括三个部分，即教谁、教什么及怎么教。教谁涉及教师要了解教育对象的学习特点与规律，即有关学习者的知识；教什么涉及具体的教学内容，即与学科知识相关的知识；怎么教则涉及教师综合考虑学科知识的重难点与逻辑关系，针对不同学生多样化的学习需要与特点采取适当的教学方法、策略与表征方式，以及教学组织形式等。这里所指的有关"怎么教"的知识与学科教学知识有颇多相似之处。

《国家中长期教育改革和发展规划纲要（2010-2020年）》第十七章"加强教师队伍建设"部分指出要建设高素质教师队伍，提高教师业务水平。2011年，我国教育部在《关于大力推进教师教育课程改革的意见》中提到，以"深化教师教育改革，全面提高教师培养质量"为目的，推进教师教育课程改革和实施《教师教育课程标准（试行）》。该文件在"教育知识与能力"部分强调，教师应具有理解与教育学生的知识与能力。这是学科教学知识的组成部分之一，即教师关于学生学习某一学科主题知识的典型错误与困难方面的知识是相契合的。在重视教师专业性的国际浪潮影响之下，我国还对幼儿园、小学和中学合格教师的专业素质提出了基本要求。教育部2012年发布的《中学教师专业标准（试行）》要求，中学教师在专业知识方面须掌握教育知识、学科知识、学科教学知识和通识性知识。对中学教师的学科教学知识要求如下：掌握所教学科课程标准；掌握所教学科课程资源开发与校本课程开发的主要方法与策略；了解中学生在学习具体学科内容时的认知特点；掌握针对具体学科内容进行教学和研究性学习的方法与策略。中学教师的学科教学知识是学科知识与教育知识的有机融合，是连接教师的理论知识和实践知识的桥梁与纽带。2014年，教育部启动卓越教师培养计划，发布《教育部关于实施卓越教师培养计划的意见》。该文件强调，"大力提高教师培养质量成为我国教师教育改革发展最核心最紧迫的任务"；为推动教师教育综合改革，应"建立高校与地方政府、中小学'三位一体'协同培养新机制"。在各级各类卓越教师的培养中，专业知识的培养也是重要的一个环节。学科教学知识也是教师教育必备的重要素养之一，应将之囊括到卓越教师培养计划之中。在"一带一路"建设理念的倡导之下，2016年国务院办公厅提出了"关于加快中西部教育发展的指导意见"。该意见指出，"中西部经济社会发展相对滞后，教育基础差，保障能力弱，特别是农村、边远、贫困、民族地区优秀教师少，优质资源少，教育质量总体不高，难以满足中西部地区人民群众接受良好教育的需求，难以适应经济社会发展对各类人才的需要"。对于新疆地区来说，要使教育快速发展，教师专业素质的提升至关重要。教师的专业知识是教师专业发展的重要组成部分，而教师的学科教学知识又是教师专业知识的核心。

（二）数学教师教育及在职教师培训中学科教学知识的缺失

教师的数学教学知识水平决定数学教学能力的高低；只有不断丰富及完善数学教学知识才能真正提高数学教学质量（童莉，2008）。学科教学知识是职前数学教师数学教学能力提升的必备知识基础，也是职前数学教师胜任未来数学教学工作的必要知识储备。顾非石与顾泠沅（2016）认为，数学教师知识的公共框架分为三类：数学知识、教育知识和数学教学实践知识；且数学知识与教育知识的结合主要在教学实践中完成。职前数学教师的培养一般都在大学进行，比较偏重学科知识的学习以及教育学理论知识的学习。但是，在职前数学教师教育中如何将学科知识与教育学理论知识有机整合并运用于教学实践中仍然有待探究。教育实习是职前数学教师学科教学知识不断积累的重要时期；职前教师有机会通过观察及模仿学习学科教学知识。学科教学知识具有缄默性、隐蔽性、情境性与建构性等特点，且中小学数学教师对自身怎样整合学科教学知识中的各个组成部分并在教育教学实践中恰当运用处于只可意会不可言传的状态。因此，这种学习仅停留在职前数学教师个人层面，处于零散且碎片化的试误水平，缺乏与中学数学教师、大学教师及同伴间深度交流之下形成的系统化学科教学知识等级评价体系以及持续追踪与改进体系。

经济发展水平不同地区的中学数学教师专业培训及其专业学习氛围的不同可能会影响中学数学教师学科教学知识的发展水平。经济较发达地区的中学数学教师参加的专业性活动较多，有较多专业发展、外出学习与交流的机会，其学科教学知识水平的提升相对较快。而经济相对欠发达地区的中学数学教师自主提升专业性的意识与能力较弱，且缺乏外部的有力支持，其学科教学知识水平提升得相对较慢。经济相对欠发达地区的数学教师们参加的在职培训与继续教育的内容并不一定适用于所教授学生的实际情况。在职专业培训的时间较短且未触及数学教学观念的深层转变，故而他们的学科知识与教育知识仍然处于割裂的状态。大学组织的中学数学教师在职专业培训较少兼顾不同地区与不同职业生涯阶段教师的专业发展需求，且并未追踪关注教师在教育教学实践中的转化与实施的情况。部分中学数学教师也参加校本或地区教科研活动与集体备课等专业培训活动，但这些活动比较偏重对中学数学学科知识重难点与考点的关注与剖析，关于新的教学方法、策略或教学模式的运用停留在介绍层面，缺乏将之与不同学生数学的已有水平及学习需求结合起来，也缺乏将之与不同类型的数学主题知识结合起来。这无疑对在职中学数学教师专业知识相关培训方案的合理设置、组织与实施，以及有效性评价等都带来了极大的困难与挑战。

（三）关于初中数学普通教师与优秀教师数学教学能力差异的思考

从家长的视角来看，普通数学教师与优秀数学教师的差异在于他们毕业的学校是否是师范类名校、教师学历的高低及教师的教龄等。但是，这体现出某种程度的认知与观念层面的迷思与误解。例如，毕业于普通非师范院校的教师的数学教学能力可能比毕业于优秀师范院校的教师更高。还有些家长对普通数学教师与优秀数学教师的数学教学能力存在偏见。例如，他们认为教龄越长的数学教师的教学质量越高且教学效果越好，这属于简单的直线式推理。通过教学实践观察及对教师们进行访谈，容易发现事实并非总是如此。

从教师的视角来看，普通数学教师与优秀数学教师在数学教学能力方面产生差异的原因如下。同样是教授初中数学的"全等三角形判定"，不同数学教师教授方法不同，教学效果也不同。某普通数学教师与某优秀数学教师的教龄一样，但是他们的教学水平及教学效果大相径庭。

普通数学教师的教学流程如下。①教师采用直接讲授法介绍两个三角形全等的四个判定定理：SSS（边边边）、SAS（边角边）、ASA（角边角）和AAS（角角边）。②给出许多例题以演示如何使用这几个判定定理验证三角形全等。③出一些数学习题让学生们巩固全等三角形判定定理。这种教法的教学效果一般，学生学习数学的积极性不高，对数学知识的掌握主要通过死记硬背的方式，迁移能力不强。

优秀数学教师教授"全等三角形判定"的流程如下。①教师引入一个生活情境，将纸对折剪出漂亮的窗花，引发学生对全等图形特点的直观感知。②让学生自己动手做一个三角形，然后绘制一个全等三角形并总结出定理。③老师引发学生思考如何判断两个三角形全等，并鼓励他们尝试动手操作（包括剪一剪、拼一拼、量一量等），必要时提醒他们运用平移、翻折、旋转等方法变换图形。④学生总结并分享他们的结果，由教师用规范的数学语言概括总结。⑤教师设计难度系数不同的例题让学生练习。这堂课的教学效果较好，学生学习积极性更高，不同难度层次的例题满足了学生多样化的学习需求。

从表面上看，两位教师的数学教学能力差距表现在他们采用的数学教学方法及组织形式不同。从深层次来看，他们数学教学能力方面的差异主要体现在学科教学知识方面。数学教学能力较强的教师能恰当地将数学学科知识、关于学生学习数学的知识，以及数学教学方法与策略方面的知识有机整合，并根据具体教学情境恰当使用学生易于理解的表征形式与教学方法等。

从数学教研员的视角来看，造成普通数学教师与优秀数学教师数学教学能

第一章 引言

应注重其在教学实践中的应用。1999年，盖斯-纽莎姆（Gess-Newsome）在对格罗斯曼（Grossman）、科克伦等人所提出的学科教学知识模型进行研究和反思之后，发现了分别以"转化"与"融合"为核心的两种不同的学科教学知识发展模式。无论是转化与融合，还是综合与整合，都不是某几种类型知识的简单叠加，而更倾向于教师在复杂多变的教学情境中对学科知识的灵活处理。优秀教师与普通教师相比，在教育教学过程中的教育机智并不局限于他们掌握的学科教学知识中知识的种类及数量，还涉及在特定的教育情境中因地制宜地有机整合学科教学知识中的各类知识以达到良好教学效果的能力。

另一些研究者认为，学科教学知识的本质是一种观念。哈斯韦赫（Hashweh）（2005）认为，教学建构（pedagogical constructions）组成部分中教师有关学习者的知识和信念，以及教学法知识和信念都涉及教师对学生及教学法的价值性的个人理解与判断。另外，李（Eunmi Lee）与卢夫特（Luft）（2008）也认为，学科教学知识不仅是教师通过课堂经验获得的知识和技能，它还是教师在教学情境中得以发展的知识、观念、信念和价值的整合。洛夫兰（Loughran）等人（2012）认为，学科教学知识是一个理论建构，代表了一个有趣（intriguing）的观念。这种观念根植于以下观点，即有效教学的要求远超过为学生提供学科知识，而学生的学习远超过对所学知识的掌握与反馈。梁永平（2011）认为，学科教学知识具有观念性特征。从知识构成的角度来说，学科教学知识包含观念性成分；从知识的形成过程来说，学科教学知识的产生受到教师观念的影响；从知识的功能来说，学科教学知识具有观念的特征。李伟胜（2012）认为，学科教学知识核心内涵的超越是关注并开发知识的育人价值。

上述是关于学科教学知识内涵的相关研究。以下主要是关于学科教学知识外延的研究，即学科教学知识包括哪些组成部分。自舒尔曼提出学科教学知识概念后，不同研究者从不同视角剖析了学科教学知识的组成部分。舒尔曼和赛克斯（Sykes）（1986）认为，教师的学科教学知识包括以下组成部分，即了解某一学科知识体系，能对每一个学科主题知识提出"什么是学生需要掌握的主要概念？哪些学科主题知识是学生较难理解和掌握的？什么是学生最大的内在学习动机或兴趣？对于具有特定原有概念或知识背景的学生，教师如何使用模拟、譬喻、举例、明喻、示范、仿真、操作等表征形式从而有效地促使学生形成关于某学科主题知识的正确观念或态度？学生在学习的过程中会有哪些原有概念及观念？"等。格罗斯曼（1990）在舒尔曼等人的基础上提出学科教学知识包括四个组成部分。①特定主题教学策略和表征的知识，即采取哪些教学策略使知识能够让学生理解与掌握。②有关学生学习困难及解决策略的知识，预测学生对学习某一特定学科主题知识的理解和误解及如何应对的知识。③教学目的的知识，即学科性质的知识，知道哪些内容是重要的且是学生必须学习的知识。④课程材料的知识，对于可用于教学的教材和其他教学媒体与材料的知识。格迪斯（Geddis）（1993）认为学科教学知识包括：造成对某一学科内容理解容易或理解困难的原因；能够有效地帮助学生加深对学科知识的理解，减少错误理解的教学方法与策略；有效表征学科知识的方法，如模拟、说明、举例、解释和示范。上述对学科教学知识外延的研究没有划分学科。也有研究者聚焦于某一学科教师的学科教学知识组成部分进行研究。比较有代表性的是爱波尔（Abell）和马格努森（Magnusson）等人的研究。爱波尔提出了科学教师学科教学知识由学科知识、教育学知识、教学情境知识组成。巴奈特（Barnett）与霍德森（Hodson）（2001）也提出了一种科学教师学科教学知识的修正模型。他们强调，优秀的科学教师所知道的、做的和感觉到的，很大程度上都表现在日常课堂教学情境之中。马格努森等人（1999）提出，科学教师的学科教学知识包括五个相互作用的部分。一是科学教学定位，即有关教学目标内容及其教学信念。二是科学课程的知识，包括课程的目标和实施方案。三是关于学生对科学理解的知识，包括对学生学习需要与学习困难的知识。四是科学素养评估的知识，包括对学生学习及自身教学的评估。五是教学方法与策略的知识，包括特定学科的教学方法与策略，特定主题知识的教学方法与策略等。

德里尔（van Driel）等人（1998）总结了已有研究者公认的构成学科教学知识的两个重要组成成分。第一个组成成分涉及学科领域中特殊的知识与学生学习困难的知识；第二个组成成分涉及特定学科领域中有代表性的教学方法与策略知识。在此基础之上，大多数研究者认同学科教学知识的这两个组成部分：

①教师在教授特定学科知识使用的易于学生理解的教学策略及表征方面的知识。②教师有关学生学习特定学科知识的已有知识与观念、兴趣与动机、典型错误与困难的知识。学科教学知识中的各个组成部分相互影响，共同构成一个统一的整体。科克伦等人（1991）认为，学科教学知识的组成部分不能被视为独立的知识库，因为这些组成部分是整合且相互关联的。费尔南德斯-巴尔博亚与斯蒂尔（Stiehl）（1995）认为，学科教学知识的各个组成部分不是单独存在的，而是相互交叉和合理整合的。

（二）数学教师学科教学知识

舒尔曼提出学科教学知识的组成部分是所有学科领域教师学科教学知识共同的组成部分。但是，不同学科教师学科教学知识的组成部分既有共同之处，也有不同之处。研究数学教师学科教学知识比较有代表性的是鲍尔（Ball）与克劳斯（Krauss）等人。鲍尔与昆特在研究中都比较赞同舒尔曼对学科教学知识的定义。他们（2013）认为，数学教师的学科教学知识包括三个组成部分：其一是将知识表征成学生易于接受和理解形式的知识；其二是有关学生典型错误与困难的知识；其三是对于数学任务多种参考答案的知识。前两者与舒尔曼及其他研究者公认的学科教学知识的两个组成部分相符。教师对于数学任务的多种参考答案知识是与其数学学科知识最相关的学科教学知识的一个组成部分。将知识转化成为学生易于接受的知识，这是指数学教师能够向学生解释某一数学主题知识，选择及使用合适的表征方式使数学知识易于学生理解与接受。各种表征方式的使用都是基于教师对数学知识的剖析与解读，以及教师对学生学习数学知识的了解与分析，将学术性数学知识转变成为具有教学属性的数学知识。有关学生典型错误与困难的知识，是指教师要了解和把握学生学习某一数学知识经常犯的错误，以及在学习过程中存在的困难与其背后反映的学生内隐观念与理解偏差。关于数学任务多种解决方案知识，是指数学教师必须能够就一个数学任务思考出多种可能的参考答案，并且能够意识到不同参考答案在数学教学实践中的适用条件及适用学生群体。昆特等人认为，数学教师针对同一数学任务能够提出多种参考答案并对这些参考答案进行辨识是重要的。

安淑华等人（2004）认为，数学教师的学科教学知识包括数学学科知识、课程知识和教学知识三个子维度，其中教学知识是核心，这些知识在教学实践中相互作用，以促进学生的数学学习。鲍尔等人（2008）认为，数学教师教学知识主要包括学科知识和学科教学知识两大部分。其中，数学教师的学科教学知识包括学生与学科的知识（Knowledge of Content and Students，简称KCS）、教学与学科的知识（Knowledge of Content and Teaching，简称KCT）、课程与学科的知识（Knowledge of Content and Curriculum，简称KCC）。

本研究中的初中数学教师学科教学知识，指初中数学教师将学科知识经过统整后转化为学生容易理解、掌握及接受的一种独特知识。关于初中数学教师学科教学知识的组成部分，本研究借鉴的是德国学者昆特等人在研究项目中提出的学科教学知识的组成部分。昆特等人认为，中学数学教师学科教学知识包括：将数学知识转化为学生易于接受形式的知识，有关学生典型错误与困难的知识，对于数学任务多种参考答案的知识。借鉴昆特等人关于中学数学教师学科教学知识组成部分的原因如下。①昆特等人提到学科教学知识的三个组成部分能够体现学科教学知识的融合性特征。②中学数学教师学科教学知识的三个组成部分都围绕学生的数学学习这一条主线。数学教师学科教学知识组成部分中有关学生的典型错误与困难的知识直接与学生的数学学习相关。数学教师在教学设计、组织与实施中具体使用哪些表征方式和教学方法，以及怎么使用表征方式与教学方法等都基于教师对学生已有数学概念、相关经验、错误想法的了解与把握。数学教师关于数学任务多种解决方案知识的初衷与归属最终都指向满足数学教学实践中学生多样化的学习需求。③昆特等人对中学数学教师学科教学知识构成的划分借鉴了舒尔曼及其他研究者公认的学科教学知识的两个组成部分，同时增加了能够彰显数学学科的组成部分，即"关于数学任务多种解决方案的知识"。舒尔曼（1986）强调，学科教学知识有两个重要组成部分，即关于学科知识的教学方法、策略与表征的知识，以及关于学生学习的已有观念、困难及错误的知识。格罗斯曼（1990）后来把第一个方面称作"教学策略知识"；第二方面称为"学生理解的知识"。舒尔曼对学科教学知识组成部分的构建应该具有普适性；但是，学科教学知识与特定学科知识是紧密相关的。例如，鲍尔等人（2005）认为学科知识是学科教学知识发展的必要条件。因此有必要找到数学教师学科教学知识中有别于其他学科的组成部分。昆特等人认为数学任务是数学学科区别于其他学科的重要组成部分。在COACTIV项目中，研究者测评了数学教师关于任务的教学知识，并将之作为数学教师学科教学知识的第三个组成部分，即"关于数学任务多种解决方案的知识"。

（三）教师职业生涯

教师职业生涯是指教师在教学育人过程中形成的与教师这一职业相关的知识、技能、态度与价值观等连续的发展过程。随着教师职业生涯阶段的不断推进，教师专业发展逐渐由低水平向高水平发展。

福勒（Fuller）（1969）按照教师关注的内容为主线将教师由师范生到专业教师的成长过程划分为教学前阶段、早期教学阶段、关注自我阶段、教学后期的关注阶段与关注学生阶段。纽曼（Newman）等人（1980）也按照教师关注的内容提出了教师职业生涯发展的三阶段理论，即求生存阶段、调整阶段和成熟阶段。按照同样的划分标准，克里斯坦森（Christensen）等人（1983）将教师职业生涯阶段大致分为早期阶段（教学3年以下）、中间阶段（教学4~20年）和晚期阶段（教学20~30年）。2005年，休伯曼（Huberman）通过对教师职业生命周期的研究，把教师职业生涯过程归纳为五个时期。①入职期，时间在教学第1~3年，可将这一时期概括为"求生存时期"。他们对教育及教学表现出积极热情的同时，也深感复杂的课堂教学难以驾驭。②稳定期，时间在教学的第4~6年。教师逐渐掌握了基本教学技能，同时不断学习新的教学技能。③试验和重估期，大约在教学的第7~25年。一些教师渴望通过在职培训与继续学习进修；可能会出现教师职业生涯的"危机"。④平静与保守期，在教学第26~33年。教师已在其所教学科领域成为资深教师，同时其专业发展动力与热情下降，对教育教学的改革趋于保守。⑤退出教师职业阶段，在教学后的第34~40年前后，教师职业生涯渐走向终结。吴卫东与骆伯巍（2001）从教龄视角对教师的职业生涯进行了划分：新手教师是指职业年龄在5年以下的教师；适应型教师是教龄在5~10年教师群体中的大部分；成熟型教师是指职业年龄在10~20年教师群体的一部分；专家型教师是指职业年龄在20年以上的教师群体中的小部分教师。在访谈过程中，初中数学教师表示其学科教学知识的发展水平与其教学时间之间是相关的，教学一轮（从教七年级数学至教九年级数学，共三年）为一个时间节点。

通过访谈处于不同职业生涯阶段的初中数学教师得知，大多数初中数学教师认为，其学科教学知识的发展水平以三年为一个时间周期得以提升。结合国内外学者对教师职业生涯阶段的研究以及访谈结果，在本研究中将初中数学教师的职业生涯划分为以下四个阶段。第一个职业生涯阶段为教学1~3年；第二个职业生涯阶段为教学4~6年；第三个职业生涯阶段为教学7~12年；第四个职业生涯阶段为教学13~20年[†]。

三、文献综述

（一）国外中小学数学教师学科教学知识的相关研究

利用Cite Space可视化软件对2006~2019年来自"Web of Science核心合集"的235篇文献，选择文献共被引选项并绘制知识网络图谱。基于此，解释及分析国外数学教师学科教学知识相关领域的主要研究热点及研究趋势。基于文献共被引对国外数学教师学科教学知识研究热点进行分析，具体内容如下。

1. 数学教师整合技术的数学学科教学知识研究

根据聚类标签并结合施引文献与被引文献，该聚类主要是关于整合技术的数学学科教学知识框架结构与测评等实证研究。该领域研究的进程如下。早在2000年，美国国家数学教师理事会（National Council of Teachers of Mathematics，简称NCTM）就在"学校数学原则与标准"中提到"技术在数学教与学中是不可或缺的"。尼艾森（Niess）（2005）意识到整合技术的学科教学知识（Technological Pedagogical Content Knowledge，简称TPACK）对于职前数学及科

---

† 抽样学校中教学20年以上的初中数学教师人数较少，且接受访谈的教学20年以上初中数学教师表示其PCK发展较为缓慢。

学教师的重要性。2006~2015年的研究聚焦于TPACK测评工具的开发及运用。米什拉（Mishra）（2006）的研究专注于TPACK，并认为它是学科知识、教育学知识与技术知识的相互影响与作用。施密特蒂（Schmidt）等人（2009）则聚焦于探究针对职前教师评估工具的开发与验证。还有些研究者将测评工具进行了本土化，以更好地适应不同文化背景的国家及地区。迪克卡廷（Dikkartin）等人（2013）通过实证研究最终生成了一种有效且可靠的土耳其版TPACK测量工具。尤舒弗（Yusuf）等人（2015）用结构方程模型研究土耳其文化中TPACK模型的建构。2015年及之后的研究一方面聚焦于职前数学教师TPACK的发展。例如，阿格耶（Agyei）与伏欧特（Voogt）（2015）的研究表明，职前数学教师参与技术整合于数学课程学习后，其整合电子表格教授数学主题知识方面的能力得以提高。阿卡亚（Akkaya）（2016）通过培训课程培养职前数学教师将技术运用于数学教学的能力并取得了良好效果。另一方面，研究还聚焦于验证数学教师使用TPACK有助于其数学教学水平提升。例如，斯托伊列斯库（Stoilescu）（2015）运用案例研究描述了同一所中学的三位有经验数学教师的TPACK；虽然他们的TPACK是不同的，但其TPACK都有助于他们加深对学生学习的理解与认知。帕塔胡丁（Patahuddin）等人（2016）也使用案例研究探究印度尼西亚的中学数学教师在课堂中运用网络资源以支持学生对分数的理解。

2. 数学教师学科教学知识对学生数学学业影响的研究

根据聚类标签并结合施引文献与被引文献，该聚类的主要内容是数学教师的学科教学知识影响学生数学学业成绩。自舒尔曼提出学科教学知识之后，教师的学科教学知识已成为影响学生学习效果的重要因素之一。鲍默特（Baumert）等人（2010）运用分层线性模型探究数学教师的学科教学知识和学科知识对教师的教学质量及学生学习的影响。结果表明，尽管教师的学科知识与学科教学知识的相关性较高，但教师的学科知识对学生学业成绩进步的预测能力较低；教师的学科教学知识对学生数学学习进步具有较高的解释力。坎贝尔（Campbell）等人（2014）的研究调查表明，教师的学科知识和学科教学知识对学生学习成绩有贡献，且学科教学知识对学生学习成绩的贡献比学科知识更大。昆特等人（2013）以德国有代表性的194个中学数学班级为研究对象，调查发现数学教师的学科教学知识、教学热情和自我管理能力对数学教学质量产生了积极的影响，进而促进了学生的数学学业成绩。卡灵厄姆（Callingham）等人（2016）的研究结果表明，教师的学科教学知识对学生的学业成绩产生了积极影响。上述研究都检验了教师知识（主要是学科知识与学科教学知识）对学生学业成绩的线性影响。阿加桑耶卢（Agathangelou）等人（2016）把学科知识与学科教学知识作为一个统一的知识体系，通过实证研究探析数学教师的知识体系对学生学业成绩的非线性影响，结果呈现出公认的微弱曲线效应。

已有研究验证了数学教师学科教学知识对学生数学学业成绩的提高具有一定贡献。但是，数学教师的学科教学知识是如何影响学生的学业成绩，这种影响是直接的还是通过中介变量产生的，此类问题还有待继续探究。

3. 数学教师学科教学知识与其数学学科知识的关系研究

根据聚类标签并结合该聚类的施引文献与被引文献，该聚类主要是关于数学教师学科教学知识与学科知识的关系。论及教师学科教学知识与其学科知识之间的关系，舒尔曼认为，教师的学科知识是其对学科知识的深刻理解（不仅包括知道是什么，还包括知道为什么要这样）；学科教学知识则涉及对学科知识的转化，即教师的学科知识是其学科教学知识的前提和基础。克劳斯等人（2008）也认为，在数学学科中学科知识与学科教学知识是相关的，但它们是独立的知识类型。他们使用COACTIV项目中的数学教师学科教学知识及学科知识测评工具进行研究，结果表明，接受过系统数学教育训练的数学教师与其他数学教师相比，这两类知识得分较高且这两类知识间也表现出高水平的正相关。克劳斯等人（2008）将教师的学科知识界定为教师对中学数学课程内容的深刻理解。克莱克曼（Kleickmann）等人（2013）也使用了COACTIV项目中的学科教学知识与学科知识测评工具，并对比了德国数学教师教育（从职前第一年到在职期间）对其学科教学知识及学科知识的影响。其中，教师学科教学知识中的"对于数学任务多种参考答案的知识"是与数学学科知识密切相关的一个组成部分。

虽然数学教师的学科知识与其学科教学知识相关，但数学学科知识与学科教学知识中的学科知识是不同的。鲍尔（2008）在舒尔曼提出的学科教学知识基础上分析了数学教学中出现的各种数学问题，并通过数学教学实践研究找出数学教学中独特的数学知识并探讨其本质。研究表明，学科教学知识至少有两个子领域，即学科与学生的知识，以及学科与教学的知识。后者能体现出教师教学工作的独特性。专业的学科知识（specialized content knowledge），这与教师和非教师都需要的共同学科知识（common content knowledge）相区别（Ball, et al., 2008）。希尔（Hill）等人（2008）界定并测评了学科教学知识中的一个重要组成部分，即数学教师的学科与学生方面知识（Knowledge of Content and Student，简称KCS），并将之定义为学科知识与学生如何思考、了解或学习这些特定知识等交织在一起的知识。教师的KCS既要关注具体学科内容，又要关注学习者特殊的教学任务。可见，数学教师学科教学知识中的数学学科知识是以综合形态呈现的，如学科与学生的知识，这也引证了学科教学知识的融合特征。而数学学科知识只涉及学科本身，不涉及与教学相关的其他类型知识的整合。已有的横向研究都表明，数学教师学科教学知识与学科知识有紧密关系。但是，从纵向研究来看，学科知识对处于不同职业生涯阶段的数学教师的学科教学知识发展是否有不同程度的影响或作用还值得探究。

4. 数学教师学科教学知识现状的相关研究

马克思（Marks）（1990）对8名五年级数学教师（6名经验型教师和2名新手型教师）进行了关于分数等值教学的访谈，并从四个方面分析了学科教学知识的现状。克劳斯等人（2008）通过使用COACTIV研究项目中的学科教学知识情境测评试题对职前数学教师、职前生物教师、职前化学教师，以及13年级高中生的学科教学知识及学科知识水平进行调研。研究发现，参加高等数学课程的13年级高中生及职前生物、化学教师的学科知识和学科教学知识成绩不佳。职前数学教师的学科知识和学科教学知识测评成绩比13年级高中生的测评成绩更好；职前数学教师在学科知识与学科教学知识项目上的成绩都不错。布科瓦-居泽尔（Bukova-Güzel）（2010）使用案例研究的范式，以某一具体单元的教学为载体，使用半结构化访谈收集课程教学计划和教学视频实录等质性数据并进行定性分析以探讨三位职前中学数学教师学科教学知识的状况。研究发现，职前教师的数学学科知识较为扎实，也能考虑到将数学学科知识的讲授与学生先验知识关联，并使用不同的数学教学表征方式。但是，职前数学教师不重视学生关于所学内容的误解及认知困难，也不考虑使用多种评估方法判断学生的学习情况。克莱克曼等人（2015）调查了中国台湾和德国的在职数学教师学科知识和学科教学知识的状况并进行了对比，结果发现中国台湾在职教师的学科知识与学科教学知识水平都比较高。阿克多安（Akdoğan）等人（2015）对职前数学教师的学科教学知识的状况进行了研究；结果发现职前数学教师掌握了一些教学策略知识，但其有关学生数学思维的知识是有限的。

国外数学教师学科教学知识研究的趋势如下。国外数学教师学科教学知识研究的渐强趋势主要表现在数学教师学科教学知识中的学生数学思维知识方面。有关学生学习的知识被认为是数学老师制订和实施有效教学的一个重要的知识库。教师有关学生思维的知识作为其有关学生学习知识的核心组成部分，有助于数学教师教学信念的转变及其学科教学知识发展水平的提升。1991年，NCTM出台了数学教学的专业标准，将分析学生的学习、数学任务和环境，以及做出教学决策作为数学教学的核心任务。在这份报告中，学生的数学思维被视为一种可以帮助教师在课堂上做出明智决定并提高他们教学实践的资源。瓦卡（Vacc）和布莱特（Bright）（1999）的研究发现，小学职前教师在数学方法课程中的数学教学信念和认知发生了很大变化；其中，职前教师的经验和对儿童思维的关注可能是帮助教师改变信念及认知的关键因素。提罗什（Tirosh）（2000）在教师教育项目中尝试让职前数学教师理解学生在学习分数过程中常见错误的认知过程有助于其教学效果提升。菲利普（Philipp）等人（2002）通过探究发现，职前小学数学教师有关儿童数学思维方面的经验可以提高他们的数学教学能力。菲利普等人（2007）通过实验研究发现，研究儿童数学思维有助于职前数学教师形成有关数学学习和理解等方面的信念，他们对数学学科知识的认识也比没有研究儿童数学思维的职前数学教师更深刻。

一些研究者专注于探究数学教师有关学生学习方面知识的组成部分。希尔等人（2008）指出了数学教师学科教学知识中的一个重要组成部分，即关于学科内容和学生的知识，并将其定义为教师如何将学科知识与教师有关学生如何思考、认识或学习特定学科知识等交织在一起的知识。在数学学科领域中，教师关于学生学习方面知识的核心是有关学生数学思维知识。雅各布斯

（Jacobs）等人（2010）提出教师关注儿童数学思维的技能主要包括：关注儿童的策略，理解儿童的解释，并决定如何根据孩子的理解做出反应。詹金斯（Jenkins）（2010）认为，教师有关学生数学思维的知识既包括陈述型知识，如有关学生数学思维本质的知识（即教师通过关注学生所知道的和能做的理解学生的数学推理方法）；也包括程序性知识，如理解学生的思维并将其应用于教学决策的知识。

在一定条件下，职前教师有关学生思维方面的知识可获得发展。纵向研究和案例研究的结果表明，基于认知导向教学的教师发展计划能加深教师对学生如何思考数学的认识，进而促进其数学教学质量提升及学生数学学业成绩提高。芬尼玛（Fennema）等人（1996）、斯坦伯格（Steinberg）等人（2004）和麦克多诺（McDonough）等人（2002）则通过让职前数学教师对小学生进行一对一的数学评估及访谈的方式促进他们关于学生在数学学习中教学方法与策略的了解；访谈和讨论都能够促使职前教师采取适合于小学生数学学习特点及需求的教学方法与策略。在雅各布斯和菲利普（2004）的研究中，教师教育者使用了一系列干预措施以促进教师建构有关学生数学思维方面的知识，并帮助教师将该类知识运用于数学教学决策中。这些干预措施包括让教师了解学生数学学习中存在的问题与困难，鼓励教师深入探索学生有关数学学习的想法，帮助教师扩展有助于提升学生数学思维的教学活动。詹金斯（2010）的研究表明，未来的数学教师在数学方法类课程中通过结构式访谈的训练有助于其建构学科教学知识，特别是增强其关于学生学习数学的认识，同时也丰富了教师关于学生如何学习数学方面的知识。斯利普（Sleep）等人（2012）探讨在本科生数学方法类课程中，以整数和小数为重点的有关学生数学思维访谈任务中，教师教育者如何提供脚手架式支持帮助职前数学教师完成该项任务，进而帮助职前数学教师建构及丰富关于学生数学思维方面的知识。

（二）国内中小学数学教师学科教学知识的相关研究

1. 中小学数学教师学科教学知识状况的相关研究

国内中小学数学教师学科教学知识状况的相关研究主要聚焦于以下两个部

分。第一部分主要探究中小学数学教师学科教学知识的构成、特征以及人口学维度方面的差异；第二部分是关于中小学数学教师TPACK的构成、特征以及在人口学维度上的差异。具体内容如下：

大多数国内学者对数学教师学科教学知识的界定都与舒尔曼的界定保持一致。大多数国内学者借鉴了舒尔曼提出的学科教学知识结构框架，也有学者采用鲍尔等研究者基于实证调查提出的数学教师学科教学知识的结构框架。樊靖（2013）采用定性研究的范式对职前数学教师学科教学知识的状况进行研究。她从学科知识、一般教育学知识、课程知识、学生知识这几方面调查职前数学教师学科教学知识的状况。调查结果表明，职前数学教师学科教学知识中的四类知识的发展水平不高。邹慧（2014）在其博士论文中以函数为例对比了美国和中国中学数学教师的学科教学知识水平。在函数这一数学主题知识中，美国和中国中学数学教师学科教学知识在教学决策、理解学生的错误和课程知识上有许多共同之处，但是也存在差异。有的研究者从中小学数学教师视角探究其学科教学知识的组成部分，也有研究者从学生视角探究教师学科教学知识的组成部分。徐彦辉（2014）主要从中学生的视角探究其所感知的教授他们数学的教师的学科教学知识的组成部分。其调查结果发现，中学生认为数学教师学科教学知识主要包括三个组成部分：教学表征、鼓励学生参与、了解学生与课程。可见，学生所感知的数学教师学科教学知识的组成部分与研究者基于数学教师视角探究的学科教学知识组成部分有相同之处，即教学方法、策略与表征的知识，以及其关于学生对学科知识理解的知识，这与国外研究者公认的教师学科教学知识中的两个组成部分是相契合的。段志贵与陈宇（2017）从筛选合格初中数学教师的国考出发，认为数学教师学科教学知识可分为与数学教学有关的学科知识、数学教学的课程知识、数学教学的方法知识三类，并建议今后的初中数学教师资格国考"学科知识与教学能力"考试，更重视学科教学基础性知识。

大多数研究者采用实证调查方法探究中小学数学教师学科教学知识在人口学及其他维度上的差异并分析导致其学科教学知识差异的多种可能原因。李琼等人（2006）采用问卷调查法对比了小学专家与非专家数学教师学科教学知识的水平。结果表明,两类教师在学生学习知识及教学策略知识等方面表现出显著差异。徐芳芳(2011)通过实证调查发现,不同年龄及不同职称的高中数学教师学科教学知识存在差异。实践中经常阅读专业书籍并反思教学也是高中数学教师学科教学知识产生差异的原因之一。柳笛(2011)运用实证方法(主要是案例法)探究了高中数学的新手教师与有经验教师学科教学知识的差异,主要体现在以下几个方面:数学教师是否能够把数学知识讲得清楚、明白;数学教师能否知晓并且把握学生学习数学知识过程中的易解点与误解点;数学教师能否根据不同学生的数学学习需要设计有针对性的教学。解书(2013)基于帕克的研究框架及研究方法,通过对处于不同教师专业发展阶段的4名小学教师的17节课堂进行非参与式观察和访谈,分析学科教学知识的结构特征以及教师的学科教学知识状况。解书认为,小学数学教师学科教学知识有四种类型:自主整合型学科教学知识、机械整合型学科教学知识、零散缺失型学科教学知识及低效缺失型学科教学知识。潘月娟等人(2015)对不同职业发展阶段幼儿园教师数学学科教学知识状况的调查发现,5年以上教龄教师的学科教学知识表现显著优于5年以下教龄教师。

随着科技进步,信息技术在教学中扮演着越来越重要的角色,OECD等国际组织调研了全球教师的信息技术素养(Information and Communication Technology,简称ICT),结果发现教师在此项上的得分普遍偏低。教师的信息技术素养亟待提升。近年来,国外研究者热衷于探究各个学科教师基于技术整合的学科教学知识。国内的研究者受到国际研究导向的影响,也纷纷探究了数学教师TPACK的状况。段元美等人(2015)通过探究,发现初中数学教师的TPACK包括整合技术教授数学的统领性观念、学生理解知识、课程和课程资源知识、教学评价知识、教学策略知识五个因子。段元美等人(2015)又进一步探究烟台市初中数学教师TPACK的状况,结果发现其TPACK处于中等偏上水平;其TPACK中各维度水平从高到低分别是理念维度、课程维度、学生维度、教学维度和评价维度。鲍银霞(2016)采用问卷调查和个别访谈法对广东省小学数学教师学科教学知识状况进行调查与分析,发现小学数学教师学科教学知识的内容维度最为薄弱;城乡结合部和农村小学数学教师水平较低;且不同年龄、不同学历和不同任教年级经历的小学数学教师学科教学知识的显著差异。严必友等人（2018）通过实证方法对比了城乡初中数学教师的TPACK水平。其研究结果发现，城市初中数学教师的TPACK水平显著高于农村初中数学教师；城乡初中数学教师在技术知识上的水平较低；教龄及职称都对城乡初中数学教师的TPACK水平产生了影响；学历对城市初中数学教师的TPACK也产生了影响。

2. 中小学数学教师学科教学知识发展的影响因素、途径及干预研究

关于中小学数学教师学科教学知识状况的研究属于横断研究。那么，中小学数学教师学科教学知识发展的影响因素、策略及途径的相关研究则属于纵向追踪研究。

很多研究者比较关注中小学数学教师学科教学知识发展的影响因素，且大多数此类研究使用的是范良火教授关于中学数学教师学科教学知识来源的结构框架，即作为学习者的经验、职前经验和在职经验。王九红（2016）通过实证调研发现，小学数学教师自身的教学实践及反思是其学科教学知识发展的最重要途径。处于教师职业生涯初期的数学教师比较关注教学实践中的经验积累，随着教师职业生涯的推进，教师更为重视与其数学教学实践密切相关的理论知识。尹瑶芳和孔企平（2016）通过调研发现，自身的教学经验和反思、与同行交流是数学教师学科教学知识的最重要来源。其中，高中数学教师学科教学知识发展的主要来源是教育科研课题的研究、自我的教学总结与反思、同事之间的切磋和交流、专业书刊的研读；次要来源是中小学生时代的经验、职后的教师继续教育、有组织的教研活动和职前教师教育。尹瑶芳（2017）又选取上海市浦东新区的小学数学教师建构了数学教师学科教学知识影响因素模型，聚类出八个影响因素：个人动机、自我效能感、学习准备度、专业培训、学校组织、人为影响、政策制度和职业发展。

有的研究聚焦于探究促进数学教师学科教学知识发展的途径。如肖春梅（2015）与陈蓓（2016）都探究了如何使用课例研究提高数学教师学科教学知识的发展。肖春梅（2015）侧重于通过课例研究（即研究主题、合作设计、上课与观课，以及评课与反思）促进数学教师学科教学知识整体的发展。陈蓓（2016）

更强调通过课题—设计—研课—反馈这一课例研究循环不断推进数学教师学科教学知识中各类知识（数学学科知识、教育学知识和数学学习知识）的增长与发展。王智明（2016）认为，"三位一体"（由高校、地方政府、中小学校组成）的培养联盟是促进小学教育专业师范生学科教学知识发展的途径。这些促进数学教师学科教学知识发展的途径都是以共同体的形式，通过数学教师的教学实践不断推进，循环往复地发挥作用。

也有研究侧重探究在数学教学实践中小学数学教师如何促进学科教学知识发展。景敏（2006）基于对中学数学教师学科教学知识及其特征的了解与分析，提出了促进学科教学知识发展的一种非常重要策略，即行动学习。景敏通过行动研究范式，对4位初中数学教师进行了干预，结果发现其学科教学知识得到改善。袁智强（2012）利用行动研究探究如何促进数学师范生的TPACK发展。具体行动方案为，研究者与数学师范生作为学习共同体进行两次模拟数学课堂教学，之后优秀师范生再与学校的数学教师进行一次真实的数学课堂教学。陈薇（2018）也通过行动研究范式探究了小学数学教师TPACK的发展。她先分析了专家教师的教学策略，再将专家教师使用过的有效教学方法及策略应用于新手教师专业成长的培养中，接着将新手教师专业发展的研究结果应用于职前教师的专业成长实践中。

四、研究评述及研究问题

（一）研究评述

综上所述，本研究认为教师的学科教学知识是教师基于对学生学习过程中可能遇到的困难和出现错误的理解，构思如何以最佳方式呈现特定的学科知识，使之转化成为易于学生理解、接受与理解形式的一种独特知识。已有关于学科教学知识的研究比较多，早期的研究主要集中于学科教学知识的内涵及其组成部分，之后的研究逐渐深入到对学科教学知识发展阶段及影响因素的研究，以通过各种干预措施提高学科教学知识发展的研究居多。但是，已有研究也有不足之处。例如，有关各学科教师学科教学知识状况的研究，尤其是国内相关研究主要探究学科教学知识中各类知识（如学科课程知识，有关学习者的知识，教学方法、策略及表征的知识）的状况。已有相关研究没有从整体与系统的视角探究学科教学知识的发展状况及特征。学科教学知识是学科教学知识中的各类知识在教学实践中不断融合形成的。因此，仅使用定量的研究范式探究学科教学知识中各类知识的水平以代替学科教学知识的整体水平是不适切的，是些局限性的。有些研究使用定性研究范式探究学科教学知识的状况，但他们选取的样本量较少，且未能考虑到典型性与代表性等问题；还有的研究主要聚焦于对比各学科新手教师和有经验教师学科教学知识的状况。已有研究较少探究各个职业生涯阶段教师的学科教学知识发展状况。且已有关于各学科教师学科教学知识的调查主要从学科教学论的视角进行探究，而较少从教师教育的视角探究学科教学知识在各个职业生涯阶段的发展趋势及发展特征。

已有相关研究中影响学科教学知识发展的主要因素包括：教师的实践经验与反思、教师的已有知识与观念、教师效能、教师合作、内容表征及教学与专业经验库等。除了上述所列影响学科教学知识发展的因素，在实践中可能还存在其他影响因素，如指导教师的指导，学校组织的各类教研活动等。数学教师学科教学知识水平的提升是多种因素共同作用的复杂过程。不同职业生涯阶段教师、不同个性风格教师及不同学校教师的学科教学知识发展水平都可能存在差异。造成不同职业生涯阶段初中数学教师学科教学知识差异的因素除教学经验之外，还有哪些？这些影响因素会一直影响初中数学教师学科教学知识的发展水平吗？或是这些影响因素对其学科教学知识的影响有一定时间阈限吗？造成处于同一职业生涯阶段的初中数学教师学科教学知识存在差异的影响因素又包括哪些？影响各个职业生涯阶段内部初中数学教师学科教学知识差异的影响因素有哪些相似之处？这些影响因素又有哪些不同呢？这些影响因素以何种方式共同作用于教师的学科教学知识及影响其学科教学知识的发展？这些问题仍然需要进一步探究。本研究基于已有研究，主要探究不同职业生涯阶段以及同一职业生涯阶段的初中数学教师的学科教学知识是否存在差异，以及造成这一差异的主要因素有哪些。

第二章
研究设计

一、研究的理论框架

（一）初中数学教师学科教学知识组成部分的理论框架

本研究探究初中数学教师学科教学知识现状的理论框架，采用的是德国COACTIV项目中昆特等研究者提出的中学数学教师学科教学知识的维度（Kunter et al., 2013）。昆特等人认为，中学数学教师学科教学知识包括以下三个部分：

1.将知识表征成学生易于接受的形式的知识

学生的知识建构往往依赖于有效的教学支持和指导。数学教师必须具备向学生解释数学学科知识的能力，并提供适当的表征以使学生易于理解学科知识。由于教师对数学学科知识的表征有深入的了解，因此能够获得大量的有关数学知识的解释及表征方法与策略，并将重点放在教师对数学知识的阐释。

2.有关学生典型困难和错误的知识

为了在数学教学中做到因材施教，教师必须了解学生对某一学科主题知识的学习情况，尤其是学生学习某一数学主题知识常犯的错误或存在的认知困难，这些错误或困难隐藏着学生内隐的观念与想法。一个数学教师必须能够判断、识别、分析及应对学生的错误与认知困难。

3.关于数学任务多种解决方案的知识

在数学课堂教学中，教学任务往往与教师的数学学科知识体系相关。一些研究者认为，在数学课堂教学中对比多种解决问题方法的优势和劣势，这是培养教师数学理解能力的一种特别有效的方法。数学教师必须能够识别出一个数学问题潜在可能的多种参考答案，并意识到不同参考答案各自的优缺点及差异。其中，前两者与舒尔曼及其他研究者公认的所有学科教师学科教学知识都应该包含的两个组成部分一致。

教一级的42人，中教二级的98人，中教三级的21人，无职称的104人。教学21年及以上的初中数学教师未纳入本研究的范围之内。

最后，研究对象数量的抽取还与研究问题及研究方法相关。抽取上述的313位初中数学教师，主要是为了使用量性研究范式解决研究问题，即初中数学教师学科教学知识的发展特征。为解决不同职业生涯阶段初中数学教师学科教学知识差异的影响因素这一问题，从处于不同职业生涯阶段的初中数学教师中各抽取6人，共计24人作为访谈对象。为解决同一职业生涯阶段初中数学教师学科教学知识差异的影响因素这一研究问题，从处于不同职业生涯阶段的初中数学教师中分别抽取学科教学知识高分组（学科教学知识总分前27%，学科教学知识总分≥13分）和低分组（学科教学知识总分后27%，学科教学知识总分≤6分）各3人，共计24人。

三、研究方法

研究方法的选择与使用是以研究问题的回应与解决为参照的。探究初中数学教师学科教学知识的发展现状，不同职业生涯阶段及同一职业生涯阶段初中数学教师学科教学知识的差异等问题主要使用情境测评法，并辅之以相关的文本资料（主要是教师的教案及教学反思日志等资料）。使用访谈法是为了探究不同职业生涯及同一职业生涯阶段初中数学教师学科教学知识差异的主要影响因素。

（一）情境测评法

1.为什么要借鉴昆特等人的学科教学知识情境测评工具

教师的学科教学知识本身是很复杂的并且被许多研究者证实是难以测评的（Phelps et al., 2004; Hill et al., 2007）。但是，研究者们仍然尝试使用各种方法测评教师的学科教学知识，具体包括问卷、访谈、课堂观察、概念图、情境测评法及文本法等（van Driel et al., 1998; Krauss et al., 2008; Bindernagel et al., 2009）。菲尔普斯（Phelps）与斯查林（Schilling）（2004）认为，封闭式问卷更适合测评教师的学科知识，而不适宜测评随着教学情境变化的学科教学知识。希尔等人（2008）认为封闭式问题很容易计分；但是，已有选项很难排除潜在的答案并且忽视了教师个人的教学经验。回答形式以封闭式题项为主可能会造成这样的误解，即回答者知道的比他们能够表达的更多。概念图已经被广泛地用于测评学科教学知识，尤其侧重于测评学科教学知识中与学科知识相关的组成部分。概念图适用于测评学科教学知识中与学科知识相关的知识。但是，概念图无法测评学科教学知识中的其他组成部分，如学生对某一学科主题知识常犯的错误或存在认知困难等方面的知识。概念图常被用于学科知识水平相关的测评，也常被用于调查教法课程实施前后教师学科知识的变化与发展。观察法的使用为了解真实的教学情境中教师的学科教学知识提供了一个视角。其要求有经验的观察者有目的、有计划地对教师在教学实践中关于学科教学知识的理解及运用进行观察。观察之后还需要与授课教师进行讨论，为了展开有效的对话，讨论要求有经验的教师或研究者参与。观察与讨论有利于进一步印证教师的学科教学知识整体水平，提升判断及评估的准确性与可靠性。运用观察法测评教师学科教学知识需要充足的时间及有经验的观察者参与其中，故而可能耗费更多资金与时间（Hill et al., 2007；Shanahan et al., 2014）。访谈法通常配合观察法和问卷法共同使用，以更全面且准确地反映教师的学科教学知识水平。在访谈过程中会出现这种情况：在教学实践中教师的学科教学知识水平较高，但在访谈中他们无法用语言清晰准确地表达出来，表示只可意会不可言传。使用访谈法测评教师的学科教学知识会耗费大量的时间与精力，且对访谈者的访谈技巧要求较高，这是该方法的局限之处。20世纪90年代初期，情境测评法就被用于教师学科教学知识的测评，较早尝试使用这种方法测评学科教学知识的是卡尔森（Carlson）（1990）以及克洛姆里（Kromrey）等人（1991）。卡尔森（1990）在康涅狄格州基础教育认证考试测验中开发并使用了相关测试项目以测评中小学教师的学科教学知识水平。在康涅狄格州初等教育认证考试中主要使用的是纸笔测验及多项选择题，然后根据考试者的答题情况进行计分，并根据得分高低评定教师的学科教学知识等级或水平。克洛姆里与伦弗罗（1991）使用多项选择题测评教师的学科教学知识水平（Content-Specific

第二章 研究设计

Pedagogical Knowledge，简称C-P）。C-P项目包括四个方面：错误识别、与学生的交流、教学组织及学习者特征。根据参与者的回答按照事先的等级评分标准对这四个方面分别计分，相加之后得到总分，并以总分判定教师的学科教学知识水平。德里尔等人（2002）调查职前化学教师学科教学知识的发展，主要使用了开放式问卷，问卷中的情境涉及职前教师对学生学习困难知识的改变及学科知识的改变。使用情境测评法测评学科教学知识能够在一定程度上考虑学科教学知识的情境性、实践性、融合性等特点。但是，情境测评法无法兼顾教师学科教学知识建构的个性化，即忽视了不同教师学科教学知识建构的独特性。虽然情境测评中研究者所提供的特定问题情境来自真实的教育教学情境但是也难免会有局限。巴克斯特（Baxter）和莱德曼（Lederman）（1999）认为，学科教学知识还涉及在课堂中"某个教师做了什么"及这些行为的原因。这种事先设置好特定教学情境的测评方式会忽视教师们在真实的教育教学活动中面临的复杂情境，忽视教师教学风格的独特性及多样性等。这使得研究者们陷入了工具思维的局限，与教师真实的教育教学生活是割裂、分离的。在标准测验中使用情境测试法，其题目与选项都是由研究者确定的。这类方法更多关注学科教学知识静态的描述，即关注学科教学知识"是什么"及"具有什么特征"等，适宜对人数较多的教师进行测评。故而，情境测评法作为一种测评教师学科教学知识的方法，适宜对人数较多的某一学科的教师同时进行测评，较为省时省力且经济，也具有可操作性。

COACTIV研究项目是德国柏林的马克斯·普朗克人类发展研究所（Max Planck Institute for Human Development）与几所德国大学合作开发的，目前正与德国法兰克福大学合作。COACTIV项目研究了教师专业能力的结构、发展和意义。迄今为止，这个研究项目中三个主要的相关研究已经完成：第一个纵向研究是嵌入2003/2004国际经合组织的国际学生评估项目中关于数学教师专业知识的研究，由德国研究基金会资助并作为学校质量优先项目的一部分。第二个是多群纵向研究（COACTIV-R），探究教师候选人在教师教育实践阶段专业能力的发展并对他们的专业能力进行了考核。第三项研究是有关"教师候选人的一般教育学知识和专业能力的发展"，属于纵向研究设计。COACTIV项目中的第一个纵向研究是关于教师专业知识的测评，其重点是关于教师学科教学知识的测评。昆特等人在COACTIV研究项目中开发了针对中学数学教师学科教学知识的测评工具。中学数学教师学科教学知识测评工具的开发过程既有理论者关于学科教学知识的理论界定及建构，也有初中数学教师教学实践智慧的贡献。

在COACTIV项目中，昆特等人关于学科教学知识的界定与舒尔曼关于学科教学知识的界定保持一致。数学教师学科教学知识的测评关注数学教师在"课堂教学三角"（内容、学生、教法）中的学科教学知识。在COACTIV项目中，昆特等研究者（2013）认为，中学数学教师学科教学知识包括以下三个部分：①将学科知识进行解释和表征使学生易于理解的知识；②关于学生典型困难和错误的知识；③有关数学任务多种参考答案的知识。围绕中学数学教师学科教学知识中的三个重要组成部分，昆特等研究者使用了情境测评法测评数学教师的学科教学知识，即围绕具体的数学教学情境和问题情境，提出与学科教学知识有关的问题，然后要求教师按照要求做出回答。

2.初中数学教师学科教学知识情境测评工具的改编过程

（1）初中数学教师学科教学知识情境测评试题的改编依据及流程

COACTIV项目中的学科教学知识情境测评问卷由三个子情境测评问卷组成，共计23个题项。其中，关于将学科知识转化成易于学生理解的知识的有12个题项，关于学生典型困难和错误的知识有7个题项，关于数学任务多种参考答案的知识有4个题项。本研究借鉴了COACTIV项目中昆特等研究者提出的中学数学教师学科教学知识的结构框架。但是，COACTIV项目中关于中学数学教师学科教学知识的测评试题主要涉及"数与代数"和"图形与几何"这两个部分。我国《义务教育数学课程标准（2022年版）》中初中数学主要由四大模块构成：数与代数、图形与几何、统计与概率、综合与实践。其中，"综合与实践"属于各类知识在日常生活和问题解决中的综合运用。因此，本研究中的初中数学教师学科教学知识情境测评试题主要涉及"数与代数""图形与几何""统计与概率"这三个板块。本研究结合我国初中阶段数学课程标准，增加了"统计与概率"部分的测评试题，并对"数与代数"及"图形与几何"部分的试题进行了调整与增删等处理。学科教学知识的每个维度中的测评试题都

第二章 研究设计

涉及"数与代数""图形与几何""统计与概率",且各包括2道题。例如,"将学科知识转化成为学生易于接受形式的知识"的测评试题涉及"数与代数""图形与几何""统计与概率"三方面,每个方面有2道题,共计6道题。初中数学教师学科教学知识情境测评试题共计18道题,测评试题内容的范围覆盖七年级至九年级。但是,针对实际测评中教师可能出现的畏难情绪以及答题时间不宜过长等方面的综合考虑,将初中数学教师学科教学知识测评试题缩减为12道题。

"将学科知识转化成学生易于接受形式的知识"的测评试题比较侧重考察初中数学教师针对特定数学知识教学方法及策略的阐述与解释。例如,呈现某一具体的初中数学知识点,然后让初中数学教师用学生易于理解的方法推演出整个过程,并阐述他们所使用的是哪一种教学方法、教学策略或表征形式,以及使用的原因。"关于学生的典型困难和错误的知识"测评试题的编制重点在于考察初中数学教师能否识别及分析学生在数学学习过程中的错误与困难并对其进行适当的回应。例如,提供一个学生在学习某一数学知识的过程中经常犯的错误或存在的认知方面的困难,然后请初中数学教师解释或阐述学生错在哪儿(或是存在哪些理解的困难)并分析其背后的主要原因。"关于数学任务多种解决方案的知识"的测评试题则比较侧重于考察初中数学教师是否能够识别出一个数学任务潜在的多种参考答案,并分辨不同参考答案之间的差异及其适用条件。

初中数学教师学科教学知识测评试题改编的具体过程如下。试题改编小组成员中有一位中学数学教研员,三位初中数学骨干教师及研究者。首先,澄清测评试题改编的目的,即通过改编初中数学教师学科教学知识情境测评试题以反映初中数学教师学科教学知识的发展水平。研究者阐述并解释初中数学教师学科教学知识及其三个子维度的内涵。其次,在第一轮的改编过程中,研究者先把自己初步设计的初中数学教师学科教学知识测评问卷单独发给改编小组的成员。这一轮要求他们充分考虑学科教学知识测评试题是否能够覆盖初中数学的内容领域("数与代数""图形与几何""统计与概率")以及年级范围(七年级至九年级)。他们根据要求对每一道题进行五级计分,收回测评问卷后记录对每道题的一致和不一致的意见并计算每个项目的均值。在第二轮的改编过程中，根据改编组成员的反馈及修改意见，改编组成员再一次调整测评项目的各项试题，然后将测评试题单独再发给各位改编组成员，改编组成员再次进行五级计分。第三轮，主要就教师学科教学知识的测评试题达成一致意见。将其他改编组成员对每道题的平均分与他们的计分表都发给每一位团队成员，然后通过交流与研讨等方式最终就学科教学知识测评试题中的各个题项达成一致，保留他们打分均值达到3分的题，并形成学科教学知识情境测评试卷。

在设计初中数学教师学科教学知识情境测评试题的过程中，研究者主要借鉴了卡尔森（1990）在康涅狄格州基础教育认证考试测验中对中小学教师的学科教学知识测评试题。卡尔森在开发针对中小学教师的学科教学知识水平测评题时，考虑题项如何将学科知识与教育学知识融合，而不是单独测评准教师的学科知识和教育学知识。就是说，卡尔森并不单独对学科知识与教育学知识进行测验，而是尝试将教育学知识运用于具体学科知识的教与学的情境中。以数学教师学科教学知识中的一个子维度，即"将数学知识转化成学生易于接受形式的知识"中的一道题为例进行说明。"平方差公式，即$(a+b)(a-b)=a^2-b^2$是如何得来的，请您用学生易于理解的方法推演出整个过程，并阐述您使用了哪些教学方法和策略，以及您为什么使用这些教学方法及策略。"这道试题涉及七年级中"数与代数"部分的内容，主要考察基于学生对数学知识的理解这一目的，初中数学教师应该如何对"平方差公式"进行解释及表征。这并非单纯考察初中数学教师的学科知识，或是单独考察教育学知识，而是要求教师在具体的问题情境中将学科知识与教育学知识整合起来解决问题。

测评学科教学知识的常见题型包括封闭式问题和开放式问题。封闭式问题很容易计分，却很难保证所提供的选项能够囊括所有可能的答案，容易忽略个人的教学经验。希尔等人（2008）认为，使用封闭式问题测评学科教学知识是基于这样的假设，即测评对象对其学科教学知识知道的比他们实际所掌握的更多，这实际上是一种误解。相对来说，开放式问题能够增加测评对象回答问题的弹性，有利于研究者收集到更多更详尽的资料。故而，对初中数学教师学科教学知识的测评采用的是开放式问题的形式。

（2）学科教学知识情境测评试题的评分标准

在COACTIV项目中的评分是针对每一道题的答题情况单独评分，每一道题的评分标准都不一样。本研究参考了美国密歇根州立大学教师教育学院基于学习进阶的学科教学知识测评工具中的"学科教学知识等级评分准则"，分别对初中数学教师学科教学知识的三个组成部分制定了统一的评分准则及赋分。

该测评试题采取四级计分的形式，这样易于进行量化统计。赋分的流程是将教师的回答与提供的参考答案进行对照，根据具体情况进行赋分。当初中数学教师的回答出现以下情况都赋分为0。这些情况包括：没有回答、答非所问、回答不正确，或对问题理解错误答偏了等。当初中数学教师的回答部分正确赋分为1。回答部分正确是指评分者将教师的回答与所提供的参考答案进行对比，他们只回答了一部分且这一部分是正确的，而另一部分没有回答或是回答错误。当初中数学教师的回答大部分是正确的则赋分为2。即将教师的回答与所给参考答案对比，两者基本一致。当初中数学教师的回答与所提供的参考答案对比完全正确，并且他们能够给出详细且比较合理的解释则赋分为3。

3.使用情境测评法进行实施的流程

初中数学教师学科教学知识的测评流程具体如下。首先，在新疆南北疆地区的两个城市各选两所学校（1所普通和1所重点学校），并从四所学校共选取了64名初中数学教师作为初测对象。利用其集中学习时间进行测评，要求初中数学教师在1小时左右完成12道初中数学教师学科教学知识测评试题。测试完成之后，由研究者与一名骨干初中数学教师分别按照提供的参考答案与赋分规则独立进行评分。使用SPSS软件计算出情境测评问卷的内部一致性信度，并利用SPSS软件对初中数学教师学科教学知识测评工具进行验证性因素分析。其次，初测结束后再征求参与学科教学知识测评的初中数学教师的意见，并根据他们的意见对初中数学教师学科教学知识的测评题目进行适当删减、增加及调整，直至达到良好的信度及效度为止。最后，正式在新疆地区选取352位初中数学教师，因研究阻抗等问题删除无效问卷后，最终分析的是313位初中数学教师的学科教学知识情境测评问卷。

4.初中数学教师学科教学知识情境测评的评分准则及计分

评分主要由研究者与一名优秀的初中数学教师根据评分准则并对照参考答案，分别独立进行计分。初中数学教师学科教学知识的总分由三个子测评得分组成；每个学科教学知识子测评的得分是4道试题得分的总和；每道题的得分是按照初中数学教师的实际回答情况与参考答案进行对照，按照其回答的完整及正确程度进行等级评分。评分主要包括四个等级，具体的得分依据见"测评试题的评分标准的改编"部分。两位评分者独自计分之后，计算其评分者信度，对于评分不一致的地方进行讨论，直至达成一致意见。

5.初中数学教师学科教学知识情境测评工具的信度与效度

信度是测评初中数学教师学科教学知识所得到结果的一致性程度。在某种程度上，初中数学教师学科教学知识测评试题具有较高的专家评价信度。初中数学教师学科教学知识情境测评问卷是以昆特等人编制的测评德国中学数学教师学科教学知识情境测评工具为蓝本的。基于此，研究者与某市中学数学教研员C老师以及三位优秀的初中数学教师围绕三个子维度并结合该地区初中数学教师的实际情况改编试题，综合考虑了各类试题对初中数学七年级至九年级的数与代数、图形与几何、统计与概率的覆盖情况以及各个试题的难易程度及其分布情况。中学数学教研员C老师从事中学数学教学工作已有十多年，并且该教师多次获得与数学教学相关的各类奖项，目前也已经获得了中学高级职称。该教师主要负责某地区初中及高中数学教科研活动，在某市具有一定的学术影响力与号召力。本研究中主要使用内部一致性信度检验该测评试题的信度。结果发现，初中数学教师学科教学知识测评问卷的内部一致性信度为0.758，处于0.7~0.799之间，处于好的水平（吴明隆，2010）[249]。初中数学教师学科教学知识情境测评中的各个题项与学科教学知识总分的皮尔逊积差相关见表2-1，这九个题项与其学科教学知识总分的皮尔逊积差相关系数的值都在0.4以上，p值均小于0.001，表示各个题项与学科教学知识的总分呈中度以上程度的相关，故而保留了这九道测评试题。

第二章 研究设计

表2-1 各个题项与学科教学知识总分的皮尔逊积差相关（N=313）

题项	a1	a2	a3	a4	a5	a6	a7	a8	a9
Pearson 相关性	0.634	0.668	0.566	0.623	0.574	0.663	0.525	0.540	0.433
p（双侧）	0.000	0.000	0.000	0.000	0.000	0.000	0.000	0.000	0.000

效度是指能够测到研究者想要测评的心理或行为的程度。本研究采用SPSS19.0软件中的因素分析中的主成分方法测评其效度。测评结果如下，其KMO值为0.822，在0.8以上，处于良好水平（吴明隆，2010）[217]，且其Bartlett's球形检验的近似卡方值为494.797（自由度为36），$p<0.001$。这表明，变量之间具有共同因素存在，变量适合进行因素分析。通过旋转成分矩阵可以看出，共提取出三个共同因素，且其累积解释率达到58.289%。初中数学教师学科教学知识可以划分为三个子维度。第一个维度是将数学知识表征成为学生易于接受形式的知识，包括a1、a2、a3；第二个维度是有关学生的典型错误与困难的知识，包括a4、a5、a6；第三个子维度是关于数学任务多种解决方案的知识，包括a7、a7、a9，见表2-2。

表2-2 旋转成分矩阵

题项		a1	a2	a3	a5	a6	a4	a9	a7	a8
成分	1	0.777	0.756	0.683	0.166	0.200	0.285	0.048	0.256	-0.057
	2	0.313	0.189	0.197	0.760	0.695	0.660	0.064	0.055	0.477
	3	0.090	0.144	0.048	0.019	0.249	0.057	0.791	0.710	0.573

注：提取方法为主成分分析法。旋转法为具有 Kaiser 标准化的正交旋转法；旋转在 5 次迭代后收敛。

如表2-3所示，初中数学教师学科教学知识情境测评问卷中的九道题的提取值都接近0.5，处于可以接受的水平。各个题项的负荷量具体如表2-3所示，每道测评试题与初中数学教师学科教学知识总分的相关程度都接近0.5，且都达到了0.05的显著性水平，因而这九道试题都可保留。

表2-3 公因子方差

题项	a1	a2	a3	a4	a5	a6	a7	a8	a9
初始	1.000	1.000	1.000	1.000	1.000	1.000	1.000	1.000	1.000
提取	0.635	0.628	0.508	0.508	0.606	0.585	0.573	0.559	0.633

（二）深度访谈法

访谈是基于面对面的言语及情感的交流，因此当访谈者与受访对象之间出现误会的时候可以及时交流与沟通便于澄清和解释。访谈法是探究教育现象背后隐藏的原因所常使用的一种研究方法。约翰逊（Johnson）（2002）认为，深入访谈要突出"深度"二字。他认为所谓"深度"有不同层面的含义。首先，深入访谈要求访谈者与访谈对象有可以沟通的共同话语体系，即具有相同层次的认知水平与知识储备。其次，深度访谈要超越对访谈对象言语表层浅显的理解，深度挖掘表层观点下蕴含的深层意义及本质。

本研究使用深度访谈的目的是了解造成处于不同职业生涯阶段以及处于同一职业生涯阶段的不同初中数学教师的学科教学知识差异的主要因素。为探究不同职业生涯阶段初中数学教师学科教学知识差异的影响因素，先抽取处于四个职业生涯阶段的初中数学教师各6位作为访谈对象，共计24人。访谈提纲借鉴了范良火关于中学数学教师学科教学知识影响因素的维度划分，即作为学习者的经验、职前经验与在职经验。在访谈前，抽取处于不同职业生涯阶段的初中数学教师共计134人，依据三类影响因素对其学科教学知识影响程度的大小进行排序，并统计不同职业生涯阶段教师排序为第一的影响因素的频次。针对大多数教师认同的影响其学科教学知识的最重要因素进行开放式访谈，总结出具体的影响因素，再统计教师认为的对其学科教学知识影响较大的几类影响因素的频次。之后，就每一个具体影响因素进行追问，如"您认为某因素如何影响您的学科教学知识以及影响因素发挥作用的时间"。访谈的主要问题是："在初中数学教师学科教学知识方面（需要先解释），您认为您与教学时间短的教师（或教学时间长的教师）的学科教学知识是否存在差异？有哪些因素导致这些差异的产生？请举例说明。"

本研究主要使用半结构式访谈形式，即访谈者依据访谈提纲进行提问，并根据受访对象的回答进行适时适当的追问。研究者要求初中数学教师谈一谈他们与处于其他职业生涯阶段的初中数学教师相比，学科教学知识是否有差异，以及造成差异的主要因素有哪些。研究者还要求初中数学教师谈一谈他们与处于同一职业生涯阶段的初中数学教师相比，学科教学知识是否有差异，以及造成这种差异的主要因素有哪些。研究者主要围绕这一研究问题对初中数学教师进行追问，凝练造成初中数学教师学科教学知识差异的主要因素以及这些主要影响因素是如何发挥作用的。然而，访谈法也有其局限性，由于它主要靠人与人之间的交流互动，因此受访者与访谈者之间的合作显得尤为关键。在实际访谈过程中，可能会出现受访者不愿接受访谈，不愿意或无法回答研究者所提出的问题，或是他们对研究问题根本不感兴趣等情况。这些都是使用访谈法可能出现的各种阻抗。在进行正式访谈之前，研究者会对每一位接受访谈的初中数学教师阐述及解释教师学科教学知识的内涵与外延，对于不明白的地方会结合实例进行说明。在访谈前先征求初中数学教师的意见，他们都是自愿接受访谈的，与受访者约定在相对空闲的时间进行访谈，整个访谈过程研究者都充分尊重他们的要求，如在整个访谈过程中他们不希望录音。尽量减少因合作不愉快或沟通不畅带来的研究阻抗。

为探究同一职业生涯阶段初中数学教师学科教学知识差异的影响因素，访谈提纲也借鉴了范良火（2003）关于中学数学教师学科教学知识影响因素的维度。学习者经验包括正式教育环境与非正式教育环境中获得的经验；职前经验包括一般教育类课程，数学教育类课程与教育实习；在职经验包括在职培训、正式的专业活动、非正式的专业活动及教师自身因素。访谈前要对影响初中数学教师学科教学知识的这三类因素按照其对学科教学知识的影响程度进行排序。抽取不同职业生涯阶段初中数学教师共计134人参与了调查。其中教学1~3年的教师36人，教学4~6年的教师32人，教学7~12年的教师28人，教学13~20年的教师38人。根据初中数学教师们的排序情况进行统计，重点关注排序为第一的影响因素。排序完之后，再要求初中数学教师做排序为第一的影响因素的一道相关的多选题。教师如果勾选了在职经验，那么就要求教师完成这一道多选题，如"请您勾选出在职经验中对您学科教学知识影响较大的几项活动"。可从每个职业生涯阶段抽取来自学科教学知识高分组的3位初中数学教师与来自学科教学知识低分组的3位初中数学教师，共计24人，并就各影响因素对教师学科教学知识影响程度的排序情况进行有针对性的访谈。访谈的主要问题如下："同与您教学时间相当的初中数学教师相比，您觉得您与他们的学科教学知识是否存在差异？您觉得造成你们学科教学知识差异的主要影响因素有哪些？请举例说明。"

对访谈资料的编码见表2-4。

表2-4 访谈资料的三级编码

一级编码	二级编码	三级编码
01我自己上初中的时候，初中数学老师把知识点讲得很透彻、很深入，我打好了数学基础才能教好数学。我现在也在这样做	01向自己的初中数学老师学习	X中学生时期的间接经验
02我们在教育实习的时候，发现自己给初中生上数学课有种茶壶里的饺子倒不出的感觉。我们认为容易理解的地方学生理解起来很困难，这对我现在教数学的感触比较大	02教育实习的收获	Y职前教学实践中获得的经验
03我认为，指导教师对我教好数学帮助特别大。我经常听他的数学课从中学习如何教，然后自己尝试着教。遇到不懂的地方及时请教	03有经验的数学教师的传帮带	Z在职经验之指导教师的指导

（三）文本法

使用文本法的目的之一是从文本的视角探究不同职业生涯阶段以及同一职业生涯阶段初中数学教师学科教学知识差异的影响因素。其目的之二是，辅助判断初中数学教师学科教学知识水平的高低。该研究中的文本资料主要包括初中数学教师的教案、集体备课记录、听课记录及反思笔记等。

第三章

初中数学教师学科教学知识的发展现状

一、初中数学教师学科教学知识的整体水平及趋势

（一）初中数学教师学科教学知识的整体水平

新疆地区313位初中数学教师学科教学知识的整体状况如表3-1所示。每道题的最低分为0分，最高分为3分，均值为1.5分；与均值进行比对，初中数学教师学科教学知识的均值为1.079，低于平均水平。初中数学教师学科教学知识中三个子维度的得分都低于平均水平，即教师将知识表征成学生易于接受形式知识的均值为1.039；教师有关学生典型错误与困难知识的均值为0.938；教师关于数学任务多种解决方案知识的均值为1.258。对比初中数学教师学科教学知识中三个子维度的得分情况，教师关于数学任务多种解决方案知识的均值略高于其将知识表征成学生易于接受形式知识的均值，教师有关学生典型错误与困难知识的均值最低。其原因如下：教师关于数学任务多种解决方案的知识被昆特等研究者认为是初中数学教师区别于其他学科教师学科教学知识的组成部分。而且，该维度也与初中数学教师数学学科知识的掌握水平紧密相关。初中数学教师大多数毕业于师范院校的数学教育专业，经过严格的数学学科知识的学习和训练。而且，招聘初中数学教师非常重要的一关是测评其数学学科知识水平，故而教师在该维度的得分较高。初中数学教师学科教学知识三个子维度中均值相对较低的是知识表征成学生易于接受形式的知识与其有关学生的典型错误与困难的知识。这两个维度都与初中数学教师的数学教学紧密相关。初中数学教师数学学科知识水平高是一回事，其能够在教学中将初中数学学科知识内容讲得让学生明白且易于理解是另一回事。他们将知识表征成学生易于接受形式知识得分较低的原因为：要将抽象概括的数学知识具体化及形象化需进行由内化到外显过程的转换，这需要耗费教师更多的心理及智力资源。他们有关学生典型错误与困难知识得分较低的原因如下：教师站在学生的立场思考如何教数

学，且学生因素的复杂性与动态性都为教师的教带来了巨大的挑战。初中数学教师的将学科知识转化成学生易于接受形式知识的均值略高于其有关学生典型错误与困难的知识，其原因如下：首先，初中数学教师可以通过学习及观摩借鉴有经验教师的教法以学习某类数学知识的表征。比如，教师讲授几何知识以及统计与概率等相关知识时常使用的表征方式是图形结合；教师教授代数则通常列举实数进行演算。其次，初中数学教师有关学生典型错误与困难的知识掌握起来相对较难。初中数学教师普遍反映班额较大，即一个班的学生人数较多且学生数学学习的个体差异较大；这些都可能导致学生的数学基础、学习需求、学习方法及习惯等差异较大。初中数学教师需要花费较多心理与智力资源，并通过多种途径长时间地观察与探索才能了解学生的学习特点。且学生处于动态发展中，这也要求教师用动态发展的视角看待学生的数学学习。

表3-1 初中数学教师学科教学知识及各维度的描述性统计（N=313）

初中数学教师学科教学知识及各维度	均值	标准差
将知识表征成学生易于接受形式的知识	1.039	0.82
有关学生的典型错误与困难的知识	0.938	0.72
关于数学任务多种解决方案的知识	1.258	0.615
初中数学教师学科教学知识	1.079	0.557

对初中数学教师学科教学知识中三个子维度进行成对样本t检验，如表3-2所示。整体来看，初中数学教师将学科知识转化成学生易于接受形式的知识与其有关学生典型错误与困难知识的差值为0.102，$t=2.254$，$p=0.025$，达到了0.05显著性水平。这表明，教师将知识转化成为学生易于接受形式知识的均值显著高于其有关学生典型错误与困难知识的均值。同理可知，初中数学教师关于数学任务多种解决方案知识的均值显著高于其有关学生典型错误与困难知识的均值；他们关于数学任务多种解决方案知识的均值显著高于其将知识转化成为学生易于接受形式知识的均值。

表3-2 初中数学教师学科教学知识的三个子维度知识差异的配对比较

对比项目	均值差	标准差	t	p（双侧）
1—2	0.102	0.794	2.254*	0.025
3—2	0.32	0.731	7.738***	0
1—3	−0.218	0.867	−4.455***	0

注："对比项目"中，1表示"将学科知识转化成为学生易于接受形式的知识"；2表示"有关学生的典型错误与困难的知识"，3表示"关于数学任务多种解决方案的知识"，全书同；*$p<0.05$，***$p<0.001$。

本研究关于初中数学教师学科教学知识的描述统计结果与克劳斯的研究结果一致。昆特等人（2008）对德国10年级数学教师学科教学知识描述性统计的结果表明，数学教师关于数学任务多种解决方案知识的得分最高；其次，其将知识转化成为学生易于接受形式知识的得分较高；得分最低的是教师有关学生典型错误与困难的知识。

（二）初中数学教师学科教学知识的发展现状

1.初中数学教师学科教学知识的发展趋势

第一，初中数学教师学科教学知识的发展水平呈现出先快后慢而后趋于稳定的趋势。如图3-1所示，从整体来看，随着教师职业生涯阶段的发展，初中数学教师学科教学知识呈现出由低水平向高水平不断发展的趋势。具体来看，从第一个职业生涯阶段（教学1~3年）到第二个职业生涯阶段（教学4~6年），初中数学教师学科教学知识发展的坡度较陡。这表明，初中数学教师在教学前6年其学科教学知识水平提升得较快。从第二个职业生涯阶段到第三个职业生涯阶段（教学7~12年），初中数学教师学科教学知识的发展呈现出平缓上升的趋势。这表明，在此期间教师学科教学知识的增长幅度不大，呈现出小幅度增长的趋势。从第三个职业生涯阶段到第四个职业生涯阶段（教学13~20年），初中数学教师学科教学知识发展水平的坡度较为陡峭。这表明，此期间初中数学教师学科教学知识的增长幅度较小，而且略有小幅度下降的趋势。这说明，教师的教学经验影响了不同职业生涯阶段初中数学教师学科教学知识的水平，即随着教师教学时间的延长，他们积累了更多有关数学教学的经验，其学科教学知识水平也逐渐提升。但是，不同职业生涯阶段初中数学教师学科教学知识的增长程度不同。从图3-1也可以看出，初中数学教师学科教学知识快速发展的时期是教学前6年，教学6年之后初中数学教师的学科教学知识就进入平稳且缓慢的发展时期。这说明，教师的教学经验对其学科教学知识的影响及作用的关键时期是教学前6年。教学6年以上教师的教学经验对其学科教学知识仍然发挥作用，但作用相对较小，这说明还有其他因素影响教学6年以上教师学科教学知识的发展。

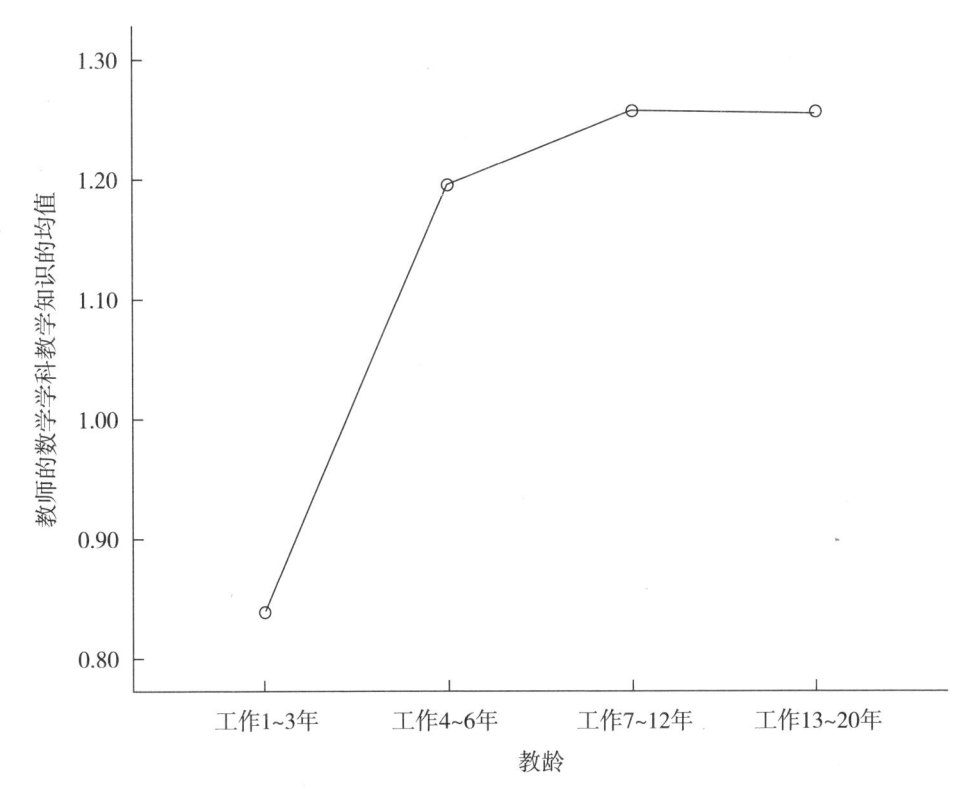

图3-1 初中数学教师学科教学知识的发展趋势

第二，初中数学教师将知识转化成为学生易于接受形式的知识整体呈现出先快后慢的发展趋势。图3-2所呈现的是不同职业生涯阶段初中数学教师将知识转化成为学生易于接受形式知识的发展趋势。从整体来看，初中数学教师将知识转化成为学生易于接受形式的知识随着教师职业生涯阶段的不断发展呈现

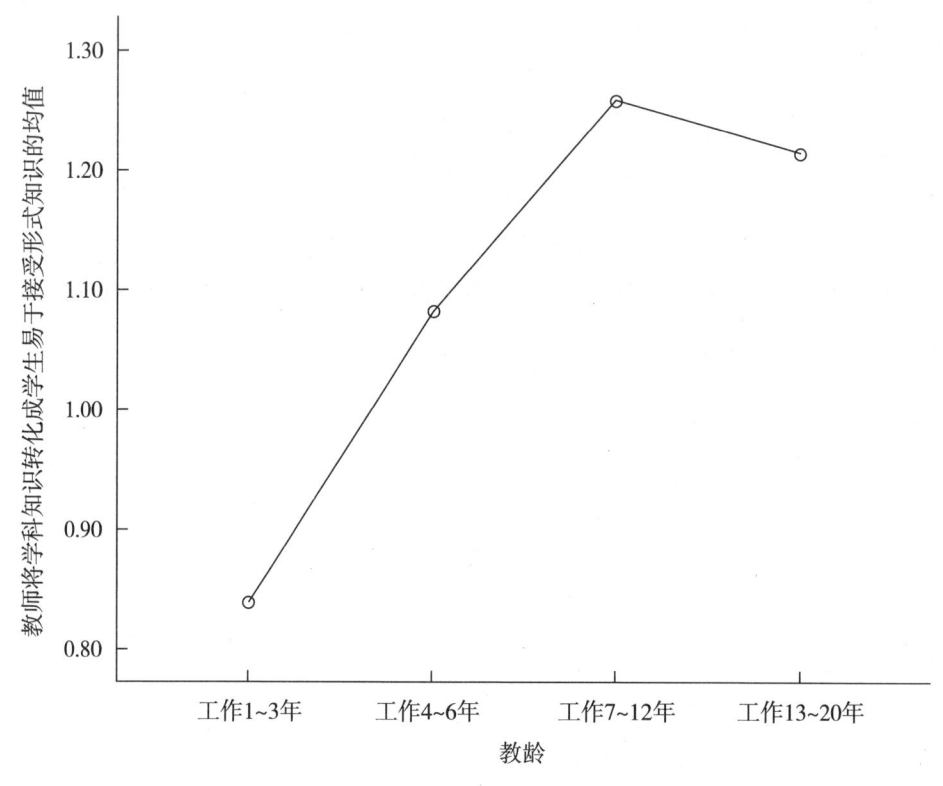

图3-2 初中数学教师将学科知识转化成学生易于接受形式知识的发展趋势

出快速上升而后再缓慢下降的趋势。具体来看，从第一个职业生涯阶段到第二个职业生涯阶段，以及从第二个职业生涯阶段到第三个职业生涯阶段，初中数学教师将知识转化成为学生易于接受形式知识的发展坡度较为陡峭。这表明，初中数学教师在此维度的增长幅度较大，其学科教学知识水平提升得较快。从第三个职业生涯阶段到第四个职业生涯阶段，初中数学教师将知识转化成为学生易于接受形式知识的发展水平呈现下降趋势，且下降的坡度较为缓慢。这表明，初中数学教师学科教学知识的发展水平在此期间呈现出略微下降的趋势。初中数学教师的将知识转化成为学生易于接受形式的知识与教师的教育学知识及其数学教学的运用有关。这也可以看出，在教学12年之前，初中数学教师在数学教学实践中不断运用其所学到的教育学知识，并不断在教学实践中积累经验，生成实践教学智慧，其学科教学知识也随之发展。教学12年之后，教师的将知识转化成为学生易于接受形式的知识在原有水平上创新与突破则比较困

第三章 初中数学教师学科教学知识的发展现状

难。有的教师满足于已取得的成绩,缺失继续学习的动机,或因重大事件的介入无法继续学习,种种原因都可能导致教师的学科教学知识出现小幅下降。

第三,初中数学教师有关学生典型错误与困难的知识整体呈现出先快速增长而后缓慢增长的发展趋势。图3-3中所呈现的是不同职业生涯阶段初中数学教师有关学生典型错误与困难知识的发展趋势。从整体来看,随着教师职业生涯阶段的不断推进,初中数学教师有关学生典型错误与困难的知识呈现出急剧上升的发展趋势。具体来看,从第一个职业生涯阶段到第二个职业生涯阶段,初中数学教师有关学生典型错误与困难知识发展坡度较为陡峭。这表明,教师在此期间有关学生典型错误与困难的知识的增长幅度最大,其提升速度最快。从第二个职业生涯阶段到第三个职业生涯阶段,以及从第三个职业生涯阶段到第四个职业生涯阶段,初中数学教师有关学生典型错误与困难的知识发展坡度较为陡峭。这表明,在上述两个时间段期间教师的学生典型错误与困难的知识的

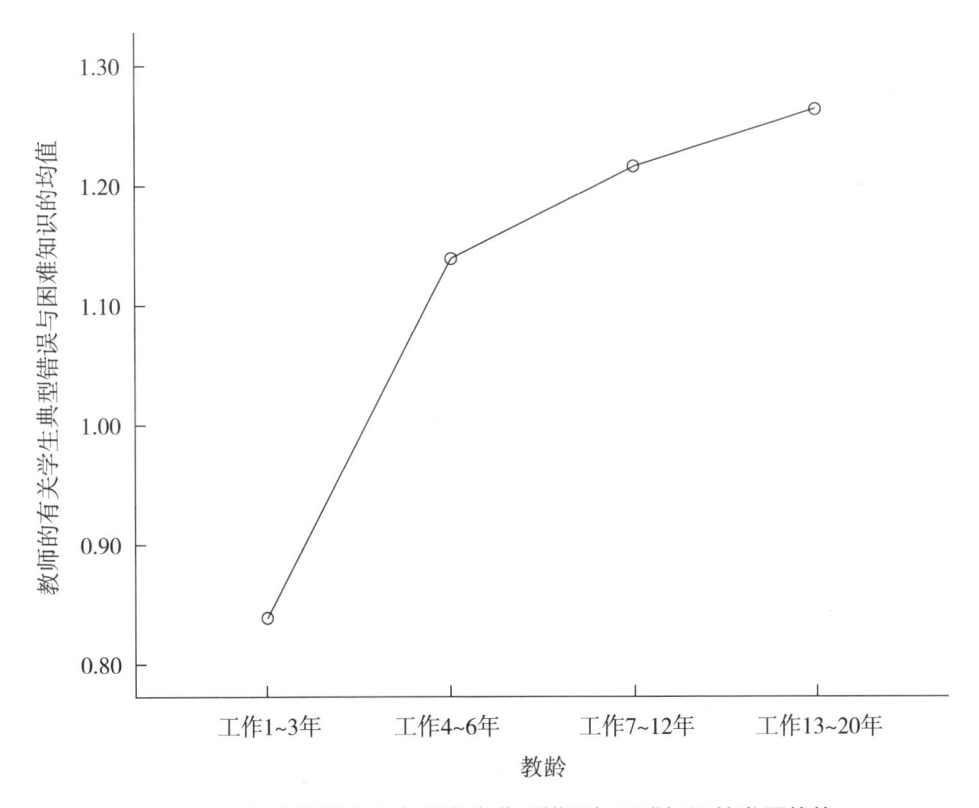

图3-3 初中数学教师有关学生典型错误与困难知识的发展趋势

增长幅度较大，其提升速度较快。初中数学教师有关学生典型错误与困难的知识的转变及快速发展，需要教师从其数学教学观念体系中意识到学生的数学学习对有效教学的重要作用，以及教师意识到关于学生方面知识习得的重要性。教师要在数学教学实践中关注学生，并对自身的教学方法与模式进行调整与改变。数学教师学科教学知识中其他两个子维度的发展水平在第三个职业生涯阶段之后呈现出下降或平稳的趋势，只有教师有关学生典型错误与困难的知识呈现小幅度上升趋势。可以据此推测，影响初中数学教师有关学生典型错误与困难知识的因素，即教师的数学教学观对其学科教学知识影响的时间范围应为教学7~12年，具体时间还需结合后续访谈确定。

第四，初中数学教师关于数学任务多种解决方案的知识整体呈现出先快速增长而后迅速下降再缓慢上升的发展趋势。图3-4中所呈现的是不同职业生涯阶段初中数学教师关于数学任务多种解决方案知识的发展趋势。从整体来看，随着教师职业生涯阶段的发展，初中数学教师关于数学任务多种解决方案的知识水平呈现出先快速上升而后快速下降再小幅度上升的趋势。具体来看，从第一个职业生涯阶段到第二个职业生涯阶段，初中数学教师关于数学任务多种解决方案的知识水平上升的坡度较为陡峭。这表明，教师在此期间关于数学任务多种解决方案的知识的增长幅度较大且增长速度较快。从第二个职业生涯阶段到第三个职业生涯阶段，初中数学教师关于数学任务多种解决方案的知识呈现出快速下降的发展趋势。从第三个职业生涯阶段到第四个职业生涯阶段，初中数学教师关于数学任务多种解决方案的知识呈现出小幅度缓慢上升的发展趋势。从图3-4中可见，初中数学教师关于数学任务多种解决方案的知识快速上升的时期是教学前6年。

2.初中数学教师学科教学知识的整体发展特征

从图3-5可看出，教学4~6年、教学7~12年，以及教学13~20年初中数学教师学科教学知识的发展水平相当，且都高于教学1~3年初中数学教师。初中数学教师学科教学知识整体呈现出持续增长的特征。具体来看，教学1~3年初中数学教师学科教学知识的发展水平较低，而教学4~6年初中数学教师学科教学知识的发展水平得以提升，教学6年之后初中数学教师学科教学知识的发展水平则保持小幅增长的发展趋势。

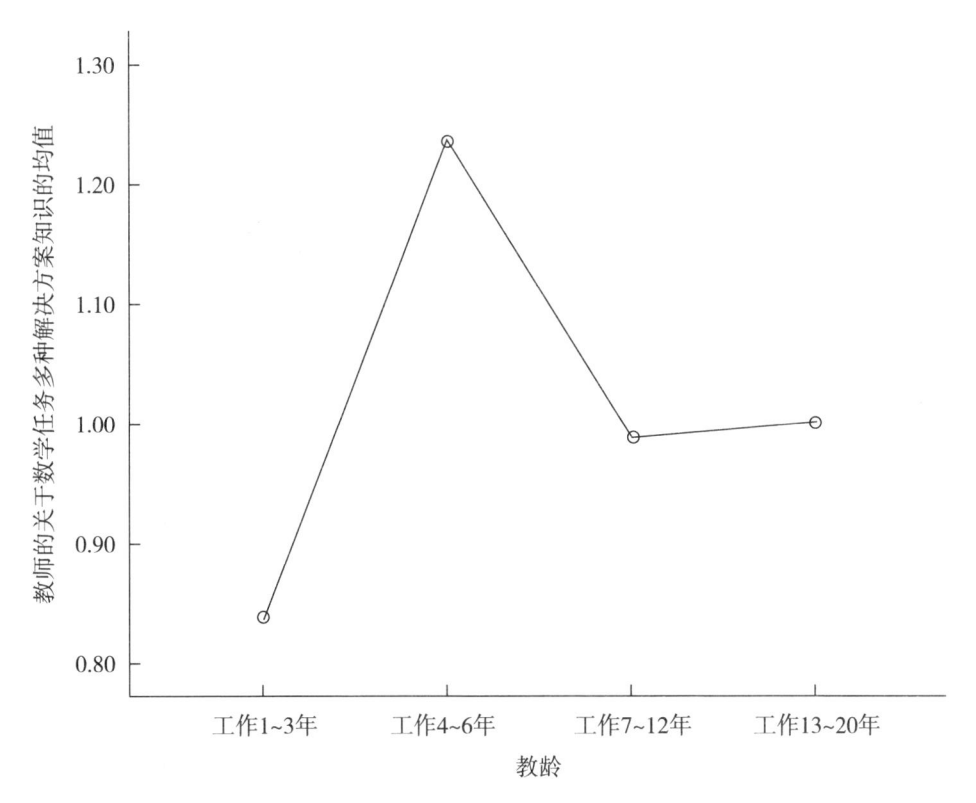

图3-4 初中数学教师关于数学任务多种解决方案知识的发展趋势

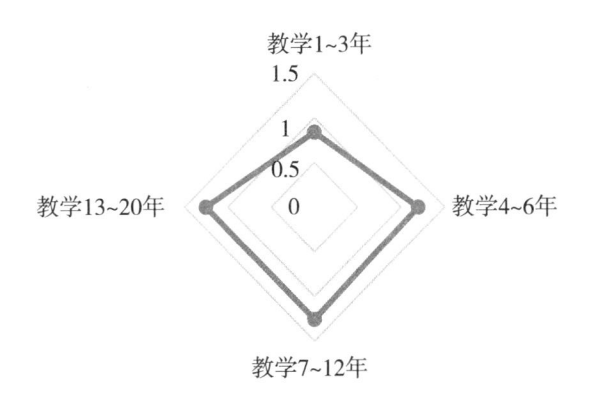

图3-5 不同职业生涯阶段初中数学教师学科教学知识的发展特征

从图3-6中可看出，不同职业生涯阶段初中数学教师学科教学知识中三个子维度的发展水平整体呈现出均衡且稳定的发展特征。在关于数学任务多种解决方案知识方面，教学4~6年初中数学教师在此项的发展水平最高，其他三个职业生涯阶段初中数学教师在此项的发展水平相对较低。初中数学教师关于学生典型错误与困难的知识，以及将知识表征成为学生易于接受形式知识的发展特征类似。教学7~12年的初中数学教师在这两项的发展水平最高；教学13~20初中数学教师在这两项的发展水平较高；教学4~6年初中数学教师在这两项的发展水平较低；教学1~3年初中数学教师在这两项的发展水平最低。不同的是，在各个职业生涯阶段初中数学教师将知识转化成为学生易于接受形式知识的发展水平都高于他们有关学生典型错误与困难知识的发展水平，尤其是在教学的7~12年，二者的差距最大。

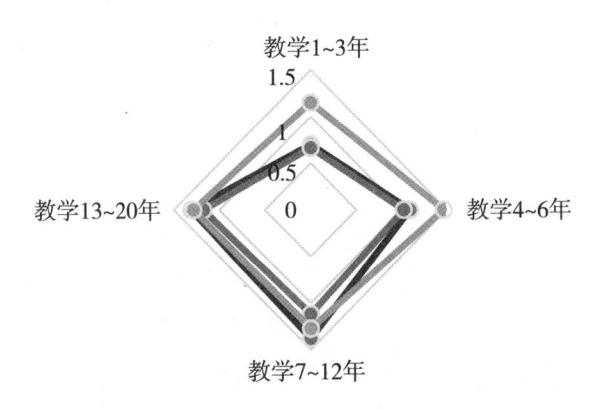

图3-6 不同职业生涯阶段初中数学教师学科教学知识中三个子维度的发展特征

二、教学1~3年初中数学教师学科教学知识的发展特征

整体来看，教学1~3年初中数学教师学科教学知识及其三个子维度的发展水平都处于相对较低的水平，即其学科教学知识及三个子维度均值都远低于中值1.5分。其中，教学1~3年初中数学教师关于数学任务多种解决方案知识的得分相对较高。其次，其将知识转化成为学生易于接受形式知识得分最低的是其有关学生典型错误与困难的知识，如表3-3所示。

表3-3 教学1~3年初中数学教师学科教学知识的描述性统计

初中数学教师学科教学知识	人数	均值	标准差
1	126	0.698	0.714
2	126	0.664	0.544
3	126	1.151	0.554
4	126	0.838	0.427

注："初中数学教师学科教学知识"中，1代表将学科知识转化成为学生易于接受形式的知识，2代表有关学生的典型错误与困难的知识，3代表关于数学任务多种解决方案的知识，4代表教师学科教学知识，全书同。

教学1~3年初中数学教师学科教学知识的三个子维度进行成对样本t检验，如表3-4所示。整体来看，教学1~3年初中数学教师将学科知识转化成学生易于接受形式的知识与其关于学生典型错误与困难知识的差值为0.034，$t=2.254$，$p=0.618$，未达到0.05显著性水平。教学1~3年初中数学教师在关于数学任务多种解决方案的知识与有关学生典型错误与困难知识的差值为0.487，$t=8.514$，$p<0.001$，达到0.001显著性水平。这说明，教学1~3年初中数学教师关于数学任务多种解决方案知识的均值显著高于其有关学生的典型错误与困难知识的均值。同理可知，教学1~3年初中数学教师关于数学任务多种解决方案知识的均值显著高于其将知识转化成为学生易于接受形式知识的均值。

表3-4 教学1~3年初中数学教师学科教学知识的三个子维度差异的配对比较

对比项目	均值差	标准差	t	p（双侧）
1—2	0.034	0	0.5	0.618
3—2	0.487	0.642	8.514***	0
1—3	−0.452	0.828	−6.134***	0

注：*$p<0.05$，***$p<0.001$。

如图3-7所示，教学1~3年的初中数学教师学科教学知识呈现出较低水平，其学科教学知识中三个子维度发展不均衡。其中，教师关于数学任务多种解决方案知识的发展水平最高，教师将知识表征成学生易于接受形式的知识的发展水平次之，教师关于学生典型错误与困难知识的发展水平最低。

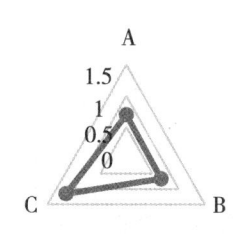

A：将知识表征成为学生易于接受形式的知识

B：有关学生的典型错误与困难的知识

C：关于数学任务多种解决方案的知识

图3-7　教学1~3年初中数学教师学科教学知识的发展特征

教学1~3年的初中数学教师学科教学知识水平较低的原因之一是，职前教师教育阶段的培养没有为初中数学教师适应复杂的数学课堂教学提供足够的知识储备。原因之二是，入职阶段的教育及培训效果欠佳，即教育与培训活动未能聚焦于教师学科教学知识水平的提升。原因之三是，初中数学教师学科教学知识的复杂性、情境性与个性化等特征，决定了其学科教学知识习得的长期性。教学1~3年的初中数学教师关于数学任务多种解决方案的知识占优势的可能原因是，该维度与教师对数学学科知识的理解和掌握以及数学学科知识体系的构建有关。处于此职业生涯阶段的初中数学教师在大学期间所学的数学专业知识为其系统地掌握初中数学学科知识奠定了基础。教学前三年教师处于求生存阶段，他们比较关注数学教学实践中的胜任感。他们面对各种要素相互作用且复杂多变的数学课堂，比较容易把握的是数学学科知识，且扎实与系统的数学学科知识也是教师开展有效教学的基础与前提。处于此职业生涯阶段的初中数学教师学科教学知识中其他两个子维度的发展需要教师积累更多的教学经验并从中学习与反思。而且，教师学科教学知识中的这两个子维度都需要基于教师对学生共性及个性特征的了解与掌握，将之与初中数学知识体系及其个人优势相整合。

三、教学4~6年初中数学教师学科教学知识的发展特征

整体来看，教学4~6年初中数学教师学科教学知识及其两个子维度（将学科知识转化成为学生易于接受形式的知识、有关学生典型错误与困难的知识）的

水平都处于接近中等的水平，即其学科教学知识及三个子维度均值都在1.2分左右，略低于中值1.5分。其中，教学7~12年初中数学教师将知识转化成学生易于接受形式知识的得分相对较高，其次是其关于数学任务多种解决方案知识的得分，得分最低的是其有关学生典型错误与困难的知识，如表3-7所示。

表3-7　教学7~12年初中数学教师学科教学知识的描述性统计

初中数学教师学科教学知识	人数	均值	标准差
1	45	1.378	0.84
2	45	1.119	0.739
3	45	1.274	0.652
4	45	1.257	0.582

对教学7~12年初中数学教师学科教学知识的三个子维度进行成对样本t检验。如表3-8所示，教学7~12年初中数学教师将学科知识转化成为学生易于接受形式的知识与其有关学生典型错误与困难的知识的差值为0.259，$t=2.264$，$p=0.029$，达到了0.05显著性水平。这表明，教师将学科知识转化成学生易于接受形式知识的均值显著高于其有关学生典型错误与困难的知识的均值。教学7~12年初中数学教师关于数学任务多种解决方案知识与其有关学生典型错误与困难的知识的差值为0.156，$t=1.45$，$p=0.154$，未达到0.05显著性水平。同理可知，教学7~12年的初中数学教师关于数学任务多种解决方案知识的均值与将知识转化成学生易于接受形式知识均值的差值都未达到0.05显著性水平。

表3-8　教学7~12年初中数学教师学科教学知识中三个子维度差异的配对比较

对比项目	均值差	标准差	t	p（双侧）
1—2	0.259	0.768	2.264*	0.029
3—2	0.156	0.720	1.450	0.154
1—3	0.104	0.934	0.745	0.460

注：*$p<0.05$。

职业生涯视角下初中数学教师学科教学知识发展现状及影响因素研究

教学7~12年初中数学教师学科教学知识整体呈现出更高的发展水平，且其学科教学知识各子维度的发展呈现出均衡特征。如图3-9所示，教学7~12年初中数学教师关于数学任务多种解决方案知识的发展水平，其将知识表征成学生易于接受形式知识的发展水平，以及有关学生典型错误与困难知识的发展水平相当。教学7~12年初中数学教师学科教学知识的发展特征与教学1~3年及教学4~6年初中数学教师学科教学知识的发展特征既有相同之处，也有不同之处。相同之处是这三个职业生涯阶段初中数学教师有关学生典型错误与困难知识的发展水平都最低。不同之处在于，教学7~12年的初中数学教师将学科知识表征成学生易于接受形式知识的发展水平略高于其关于数学任务多种解决方案知识的发展水平。而其他两个职业生涯阶段初中数学教师学科教学知识中这两个子维度的发展水平与教学7~12年初中数学教师正好相反。

该职业生涯阶段教师学科教学知识呈现出这种特征的原因如下：经过两轮的数学教学实践，大部分教学7~12年的初中数学教师已经熟练掌握初中数学学科知识及常用的教学方法与策略。他们可以通过参加教师工作坊、培训，参与教研活动等方式学习新的教学方法、策略及模式提升其教学效能。这与其将学科知识表征成学生易于接受形式知识的发展水平的提高在一定程度上是有关联的。大部分教学7~12年的初中数学教师依然在数学教学实践中聚焦于初中数学学科知识的重难点，建构及完善其初中数学知识体系。但是，处于此职业生涯阶段初中数学教师关于数学任务多种解决方案知识的提升幅度较小，依然保持着前两个职业生涯阶段类似的发展水平。大部分处于此职业生涯阶段的初中数学教师从观念上重视学生作为学习主体的重要性，从实践层面了解并探索学生的数学基础、数学学习的多样化需求、数学学习的易错点与困难等，并努力将之作为改进其学科教学知识的参照与指标。影响此职业生涯阶段初中数学教师学科教学知识发展的另一个因素是其担任职前教师指导教师的经历。担任指导教师能够帮助教师从一个新的视角重新审视其学科教学知识的优势与不足，在教学相长过程中提升其学科教学知识发展水平。经济合作与发展组织（OECD）的相关研究表明，担任新手教师与职前教师的指导教师的初中数学教师的学科教学知识水平高于未担任指导教师的教师。

图3-9　教学7~12年初中数学教师学科教学知识的发展特征

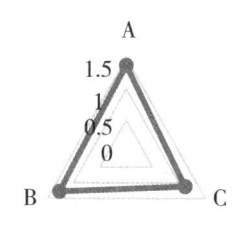

A：将知识表征成为学生易于接受形式的知识
B：有关学生的典型错误与困难的知识
C：关于数学任务多种解决方案的知识

五、教学13~20年初中数学教师学科教学知识的发展特征

整体来看，教学13~20年初中数学教师学科教学知识及其三个子维度的发展水平都接近中等水平，即其学科教学知识及三个子维度均值都在1.2分左右，略低于中值1.5分。其中，教学13~20年初中数学教师将知识转化成学生易于接受形式知识的得分最高，其关于数学任务多种解决方案知识的得分较高，得分最低的是其有关学生典型错误与困难的知识，如表3-9所示。

表3-9　教学13~20年初中数学教师学科教学知识的描述性统计

初中数学教师学科教学知识	人数	均值	标准差
1	93	1.308	0.806
2	93	1.176	0.822
3	93	1.283	0.674
4	93	1.256	0.606

对教学13~20年初中数学教师学科教学知识三个子维度进行成对样本t检验，如表3-10所示。整体来看，教学13~20年初中数学教师将知识转化成学生易于接受形式的知识与其有关学生典型错误与困难的知识的差值为0.133，$t=1.52$，$p=0.132$，未达到0.05显著性水平。同理可知，教学13~20年初中数学教师关于数学任务多种解决方案的知识与其有关学生典型错误与困难的知识的差值未达到0.05显著性水平。教学13~20年初中数学教师关于数学任务多种解决方案的知识与其将的知识转化成为学生易于接受形式知识的差值未达到0.05显

著性水平。

表3-10 教学13~20年初中数学教师学科教学知识的三个子维度知识的差异的配对比较

对比项目	均值差	标准差	t	p（双侧）
1—2	0.133	0.841	1.520	0.132
3—2	0.108	0.774	1.339	0.184
1—3	0.025	0.854	0.283	0.778

如图3-10所示，教学13~20年的初中数学教师学科教学知识呈现出高水平，其学科教学知识中三个子维度的发展呈现出不均衡特征。教学13~20年初中数学教师学科教学知识中三个子维度的发展水平高于教学1~3年与教学4~6年的初中数学教师，但略低于教学7~12年的初中数学教师。教学13~20年的初中数学教师学科教学知识中将的知识转化成为学生易于接受形式知识的发展水平略高于其关于数学任务多种解决方案知识的发展水平，且它们都远高于关于其学生典型错误与困难的知识的发展水平。

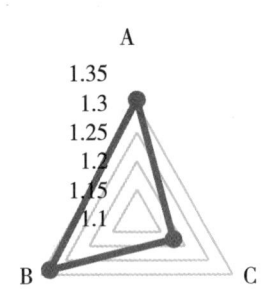

A：将知识表征成为学生易于接受形式的知识
B：有关学生的典型错误与困难的知识
C：关于数学任务多种解决方案的知识

图3-10 教学13~20年初中数学教师学科教学知识的发展特征

处于此职业生涯阶段初中数学教师学科教学知识的持续发展不仅得益于其数学教学经验的积累与反思、同伴教师的频繁互动、数学教研活动的持续性支持，还得益于其担任新手教师与职前教师的指导教师的经历。指导教师在指导新手教师及职前教师学习如何教数学的过程中，围绕其学科教学知识的生成与发展以及有效数学教学展开对话与互动。这一方面能够激发他们将其隐性且缄默的实践性知识显性化，另一方面能够在指导他们的过程中获得反思其教学模式与教育理念的机会与灵感。指导教师也能够向新手教师或职前教师学习新的教学理念与技术，并在教新手教师的过程中有意识地反思其自身的学科教学知识的优势与不足。教学13~20年及以上的初中数学教师学科教学知识的发展水平出现略微下滑的原因可能是此职业生涯阶段初中数学教师处于专业发展的高原期。处于专业发展高原期的初中数学教师学科教学知识水平已经达到一定水平；来自学校的支持力度不足，以及其自身发展的内部动机不足等原因也使得其学科教学知识水平的提升空间较小。

第四章

不同职业生涯阶段初中数学教师学科教学知识的差异及其影响因素

一、不同职业生涯阶段初中数学教师学科教学知识发展的差异

（一）不同职业生涯阶段初中数学教师学科教学知识的差异显著

使用单因素方差分析探究不同职业生涯阶段的初中数学教师学科教学知识及其三个子维度的差异。首先，进行方差齐性检验，具体如表4-1所示。不同职业生涯阶段初中数学教师将知识转化成为学生易于接受形式知识的Levene统计量为2.107，$p=0.099$。教师关于数学任务多种解决方案知识均值的Levene统计量为1.661，$p=0.175$。二者的p值都大于0.05，表明其方差齐性，后面在进行多重事后比较时采用LSD进行检验。教师有关学生典型错误与困难知识均值的Levene统计量为12.704，$p<0.001$；初中数学教师学科教学知识均值的Levene统计量为12.704，$p<0.001$。二者的p值都小于0.05，表明其方差不齐性，后面在进行多重事后比较时采用Tamhane进行检验。

表4-1 方差齐性检验

教师学科教学知识维度	Levene统计量	自由度 组间	自由度 组内	p
将知识转化成为学生易于接受形式知识	2.107	3	309	0.099
有关学生的典型错误与困难的知识	12.704	3	309	0
关于数学任务多种解决方案的知识	1.661	3	309	0.175
初中数学教师学科教学知识	6.564	3	309	0

不同职业生涯阶段初中数学教师在学科教学知识及其三个子维度发展的差异是否达到显著性水平还需要进行单因素方差分析，如表4-2所示。不同职业生涯阶段初中数学教师学科教学知识的$F=15.081$，$p<0.001$，表明其在组间达到了极其显著的水平。不同职业生涯阶段初中数学教师将知识表征成学生易于接受

形式知识的$F=15.019$，$p<0.001$，这表明其在组间达到了极其显著的水平。不同职业生涯阶段初中数学教师有关学生典型错误与困难知识的$F=11.757$，$p<0.001$，表明其在组间达到了极其显著的水平。不同职业生涯阶段初中数学教师的关于数学任务多种解决方案的知识的$F=3.345$，$p=0.02$，这表明其在组间达到了显著性水平。

表4-2　不同职业生涯阶段初中数学教师学科教学知识及其
三个子维度差异比较的单因素方差分析

教师学科教学知识维度	组内/组间	平方和	自由度	均方	F	p
将学科知识转化成为学生易于接受形式的知识	组间	26.677	3	8.892	15.019***	0
	组内	182.948	309	0.592		
有关学生的典型错误与困难的知识	组间	16.566	3	5.522	11.757***	0
	组内	145.129	309	0.47		
关于数学任务多种解决方案的知识	组间	3.708	3	1.236	3.345*	0.02
	组内	114.169	309	0.369		
初中数学教师学科教学知识	组间	12.345	3	4.115	15.081***	0
	组内	84.309	309	0.273		

注：*$p<0.05$，***$p<0.001$。

对不同职业生涯阶段的初中数学教师学科教学知识进行事后比较，以探索哪几个职业生涯阶段存在显著性差异。从表4-3可以看出，初中数学教师学科教学知识方面，教学13~20年教师与教学1~3年教师的均值差为0.418，$p<0.001$；教学7~12年教师与教学1~3年教师的均值差为0.419，$p<0.001$；教学4~6年的初中数学教师与教学1~3年教师的均值差为0.36，$p<0.001$，其差异都达到了0.001显著性水平。在将知识转化为学生易于接受形式知识方面，教学13~20年教师与教学1~3年教师的均值差为0.61，$p<0.001$；教学7~12年教师与教学1~3年教师的均值差为0.679，$p<0.001$，二者的差异达到0.05显著性水平；教学4~6年教师与教学1~3年教师的均值差为0.397，$p=0.002$，其差异也达到了0.05显著性水平。在有关学生的典型错误与困难知识方面，教学13~20年教师与教学1~3年教

师的均值差为0.512，$p<0.001$，差异达到了0.05显著性水平；教学7~12年教师与教学1~3年教师的均值差为0.4545，$p=0.002$；教学4~6年教师与教学1~3年教师的均值差为0.363，$p=0.007$，其差异都达到了0.05显著性水平。在关于数学任务多种解决方案的知识方面，教学4~6年教师与教学1~3年教师的均值差为0.319，$p=0.002$，其差异也达到了0.05显著性水平。

表4-3 不同职业生涯阶段初中数学教师学科教学知识及其三个子维度差异的事后比较

教师学科教学知识维度	检验方法	教龄（I）	教龄（J）	均值差（I-J）	标准误	p
将学科知识转化成为学生易于接受形式的知识	LSD	教学1~3年	教学4~6年	−0.397*	0.13	0.002
			教学7~12年	−0.679***	0.134	0
			教学13~20年	−0.61***	0.105	0
学生的典型错误与困难的知识	Tamhane	教学1~3年	教学4~6年	−0.363*	0.108	0.007
			教学7~12年	−0.455*	0.12	0.002
			教学13~20年	−0.512***	0.098	0
关于数学任务多种解决方案的知识	LSD	教学1~3年	教学4~6年	−0.319*	0.102	0.002
			教学7~12年	−0.123	0.106	0.244
			教学13~20年	−0.132	0.083	0.112
初中数学教师学科教学知识	Tamhane	教学1~3年	教学4~6年	−0.36***	0.083	0
			教学7~12年	−0.419***	0.094	0
			教学13~20年	−0.418***	0.073	0

注：*$p<0.05$，***$p<0.001$。

（二）职业生涯阶段与各因素交互作用下初中数学教师学科教学知识的差异

如表4-4所示，仅有"职前经验"与职业生涯阶段交互作用下，初中数学教师学科教学知识差异显著。经过成对比较后发现，数学教育类课程中，教学4~6年与教学1~3年教师学科教学知识的均值差为0.448，$p=0.012$，达到0.05显著性水平。在教育实习中，教学4~6年与教学1~3年教师学科教学知识的均值差为0.399，$p=0.036$。在教育实习中，教学7~12年与教学1~3年教师学科教学知识的均值差为0.674，$p<0.001$。在教育实习中，教学13~20年与教学1~3年教师学科教学知识的均值差为0.509，$p<0.001$。上述的p值都小于0.05，达到0.05显著性水平。这表明，职前经验对不同职业生涯阶段初中数学教师学科教学知识产生了一定影响。

表4-4 职业生涯阶段与各因素交互作用下初中数学教师学科教学知识的差异

因素	自由度 组间	自由度 组内	F	p
性别	3	305	0.78	0.506
学校类型	3	305	1.204	0.308
职称	3	305	1.059	0.387
大学专业	3	305	0.754	0.607
担任指导教师情况	3	305	1.958	0.061
学习者经验对教师学科教学知识的影响程度	3	305	0.386	0.928
职前经验	3	305	2.139	0.026*
在职经验	3	305	1.161	0.302

注：*$p<0.05$。

二、不同职业生涯阶段初中数学教师学科教学知识差异的影响因素

访谈影响不同职业生涯阶段初中数学教师学科教学知识的因素主要借鉴范良火提出的中学数学教师学科教学知识来源的结构框架，即在职经验、职前经验以及作为学习者的经验。访谈之前要求初中数学教师对影响他们学科教学知识的三类因素按照其对学科教学知识影响程度的大小进行排序。抽取不同职业生涯阶段初中数学教师共计134人参与调查。其中教学1~3年的教师36人，教学

4~6年的教师32人，教学7~12年的教师28人，教学13~20年的教师38人。根据教师们的排序情况进行统计，重点关注排序为第一的影响因素。之后，要求初中数学教师做与排序为第一的影响因素相关的一道多选题。教师如果勾选在职经验，那么就要求教师完成这一道多选题，如"请您勾选出在职经验中对您学科教学知识影响较大的几项活动"。然后，在四个职业生涯阶段中各抽取6位初中数学教师，共计24人；并结合各因素对教师学科教学知识影响的排序情况进行有针对性的追问。从总体的情况来看，134位不同职业生涯阶段初中数学教师中有93人将在职经验作为影响其学科教学知识的最重要因素，有33人将职前经验作为影响其学科教学知识的最重要因素，有8人将作为学习者的经验作为影响其学科教学知识的最重要因素。

（一）从量的方面探究不同职业生涯阶段初中数学教师学科教学知识差异的影响因素

频次统计显示，134位不同职业生涯阶段初中数学教师中有93人将在职经验作为影响其学科教学知识的最重要因素，有33人将职前经验作为影响其学科教学知识的最重要因素，有8人将作为学习者经验视为影响其学科教学知识的最重要因素。可见，不同职业生涯阶段初中数学教师都将在职经验作为影响教师学科教学知识的最重要因素。但是，各个职业生涯阶段初中数学教师勾选的次数是不同的。其中，教学13~20年的初中数学教师将在职经验作为影响其学科教学知识的最重要因素的次数是32次，占84%；教学7~12年初中数学教师将在职经验作为影响其学科教学知识的最重要因素的次数是19次，占68%；教学4~6年初中数学教师将在职经验作为影响其学科教学知识的最重要因素的次数是22次，占69%；教学1~3年初中数学教师将在职经验作为影响其学科教学知识的最重要因素的次数是20次，占56%。不同职业生涯阶段初中数学教师都认为，在职经验是影响其学科教学知识的最重要因素，在职经验被提及的次数随着教师职业生涯阶段不断推进呈现递增趋势。

1. 教学1~3年的初中数学教师关于影响其学科教学知识因素的认识

统计36位处于此职业生涯阶段的初中数学教师对其学科教学知识影响较大

第四章 不同职业生涯阶段初中数学教师学科教学知识的差异及其影响因素

因素的观点，其结果如下。在职经验作为影响学科教学知识的最重要因素被提及20次；职前经验作为影响学科教学知识的最重要因素被提及11次；作为学习者的经验作为影响学科教学知识的最重要因素被提及的次数最少，只有5次。教学1~3年初中数学教师将在职经验作为影响其学科教学知识的最重要因素的勾选情况如下。教学1~3年初中数学教师的在职培训被提及10次，有组织的专业活动被提及15次；非组织的专业活动被提及11次；教师自身因素被提及19次。教学1~3年初中数学教师的在职培训主要涉及省级或校级的新手教师岗前培训。通过岗前培训，教师习得作为一名数学教师应具备的素质，即教师不仅要精通数学学科知识，还要教学生掌握这些数学学科知识，并且在教学实践中不断尝试学会教学。教师有组织的专业活动主要涉及学校的教研活动，如在数学教学方面指导教师给予新手教师的指导；以年级数学组为单位开展的听课、观课与评课活动；参加校级、市级及省级的公开课比赛等。非组织的专业活动主要包括与其他教师非正式地自发交流与讨论，以及从网络或其他途径自发学习专业知识。教师自身的因素涉及教师教学经验的积累、数学教学观的习得等。教师将职前经验作为影响其学科教学知识的最重要因素的勾选情况如下。职前经验中教育实习被提及的次数最多，有11次；其次是数学教育类课程，被提及9次；最后是一般教育学类课程，被提及5次。教育实习涉及职前教师与中小学指导教师的互动与交流，教师在观摩与亲身经历过程中逐渐理解及掌握初中数学的教学设计、教学实施与教学评价等。数学教育类课程则涉及职前教师在大学期间数学课程教学论、数学教学法等课程的学习。一般教育学类课程主要指的是职前教师在大学期间上的师范类必选课，如教育学、心理学及教育心理学等。教师将作为学习者的经验当作影响其学科教学知识的最重要因素的勾选情况如下。在正式教育环境中的学习者经验被教师提及的次数较多，有4次；在非正式教育环境中的学习者经验被教师提及1次。正式教育环境中的经验指，初中数学教师是中学生的时候其所接受的学校教育及相关经验。非正式教育环境中的经验则指，初中数学教师是中学生的时候，其家庭成员及其他人对其数学教学产生的影响。

2. 教学4~6年的初中数学教师对影响其学科教学知识因素的认识

职业生涯视角下初中数学教师学科教学知识发展现状及影响因素研究

统计32位教学4~6年的初中数学教师对影响其学科教学知识因素的观点，其结果如下。在职经验作为影响学科教学知识的最重要因素被提及22次；职前经验作为影响学科教学知识的最重要因素被提及8次；作为学习者的经验是影响学科教学知识的最重要因素被提及2次。教师将在职经验作为影响其学科教学知识的最重要因素的勾选情况如下。教师在职经验中的在职培训被提及11次，有组织的专业活动被提及16次；非组织的专业活动被提及8次；教师自身因素被提及5次。教学4~6年的初中数学教师认为，在职培训中的非学历教育能让他们学习到其他优秀教师的数学教学方法与策略。初中数学教师认为，有组织的专业活动中以初中数学年级组为单位的集体备课，参加学校或市级的公开课及优质观摩课等都会影响其学科教学知识水平。在非组织的专业活动中，处于此职业生涯阶段的初中数学教师认为，与处于相同年级组有经验数学教师的交流及听课对其学科教学知识的提升帮助较大。在教师自身因素中，教师可以通过看书及学习网络资源等方式积累数学教学方面的经验，教师的教学能动性等也会对教师学科教学知识产生影响。教师将职前经验作为影响其学科教学知识的最重要因素的勾选情况如下。教师的职前经验中教育实习对其现在数学教学的影响仍然存在，其被提及的次数为5次。他们在数学教学过程中，回忆教育实习中的成功与失败的经验，并在此过程中取其精华弃其糟粕。数学教育类课程被提及2次，其中与初中数学相关的数学教育类课程中的内容对初中数学教师的学科教学知识产生了直接影响。一般教育学类课程被提及1次；其中，教师的教学方法与策略、课堂管理、师生关系等相关内容对初中数学教师的学科教学知识起到辅助作用。作为学习者的经验被提及的次数相对较少，被提及2次，主要涉及他们在正式教育环境中当中学生时期从其中学数学教师那获得的间接教学经验。

3. 教学7~12年的初中数学教师对影响其学科教学知识因素的认识

统计教学7~12年的28位初中数学教师对影响其学科教学知识因素的观点。在职经验作为影响学科教学知识的最重要因素被提及19次；职前经验作为影响学科教学知识的最重要因素被提及9次，作为学习者的经验是影响学科教学知识的最重要因素却未被提及。教师的在职经验中有组织的专业活动仍然占主导，被勾选13次。处于此职业生涯阶段的初中数学教师除了参加校级教研活动、市

第四章　不同职业生涯阶段初中数学教师学科教学知识的差异及其影响因素

级教研活动与各类讲课比赛，还不同程度地参与数学教学相关微课题及行动研究。教师的非组织专业活动被勾选9次，主要是同辈初中数学教师之间的相互观摩与学习，以及与有经验教师的交流与讨论，这些对其学科教学知识产生了一定的影响。教师的在职培训被勾选8次。在职培训中通过学历教育获得的与数学教学相关的理论知识为其从理论高度思考数学实践中的问题提供框架，这也对其学科教学知识产生了一定影响。他们基于数学教学实践的需要，通过在职培训中的学历教育与非学历教育学习相关数学教育理论知识，并尝试在数学教育实践中运用。这实现了教师从只注重以初中数学的学科逻辑教学逐渐向关注学生学习数学的视角进行教学过渡与转变。教师自身因素被勾选10次，处于此职业生涯阶段的教师已经能够应对并解决数学教学中的各种常规问题。他们在数学教学过程中不断学习、反思、实践，再学习、再反思、再实践，不断提高教师的教学质量与教学效能感。教师将职前经验作为影响其学科教学知识最重要因素的勾选情况如下。职前经验中教师的教育实习被勾选9次，数学教育类课程被勾选6次，一般教育学类课程被勾选4次。处于此职业生涯阶段的初中数学教师认为，职前经验中的数学教育类课程与教育实习的整合与其学科教学知识的发展相关。一方面，初中数学教师是从其自身数学教学实践的需求与困惑出发，通过回顾及学习数学教育类课程中相关理论知识获得有关数学教学难题的合理解释并寻求参考答案。另一方面，大多教学7~12年的初中数学教师都担任新手教师或是职前教师的指导教师。故而，他们还会从教师教育者的视角看待数学教育类课程与教育实习对于职前教师学科教学知识发展的重要性，并以此反观及审视其自身学科教学知识的发展。

4. 教学13~20年初中数学教师对影响其学科教学知识因素的认识

教学13~20年的38位初中数学教师对影响其学科教学知识因素的观点如下。在职经验作为最重要的影响因素被提及32次。职前经验作为最重要的影响因素被提及5次。作为学习者经验被提及1次。教师将在职经验作为影响其学科教学知识的最重要因素的勾选情况如下。在职经验中教师自身因素被提及的次数相对较多，有26次。处于此职业生涯阶段教师的教学经验是复合的、结构化的、系统化的、灵活性的教学经验。这类教学经验有助于教师应对复杂多变的数学教学课堂。且处于此职业生涯阶段教师的数学教学观也对教师学科教学知识水平的提升起到导向与引领的作用。处于此职业生涯阶段教师的学科教学知识的提升仍然离不开有组织的专业活动与教师自身素质。它们被教师提及的次数为21次。教师是否对职业有长期的规划和愿景也与其数学教学的持续改进相关。教师的非组织专业活动被提及的次数是23次。教师与处于相同学科或不同学科教师的交流有助于增加及丰富他们对初中数学特定情境下问题的识别、分析及解决的经验，也有助于教师分享数学教育中普遍性问题的分析及解决方面的经验。教师有组织专业活动被提及12次。其中，一部分初中数学教师认为，学校的常规教研活动及市级教研活动与比赛等有组织的专业活动为他们重新思考其学科教学知识提供了机会。处于此职业生涯阶段的初中数学教师大多担任新手教师或职前教师的指导教师，他们可以与新手教师及职前教师围绕教学实践共同构建教学实践共同体。作为教师教育者、教研组长以及任课教师的多重角色为教学13~20年的教师从多重视角全面审视及提升教师学科教学知识的发展水平提供了机会与视野。教师的在职培训被提及次数是8次，初中数学教师从学历教育及非学历教育中学习到的理论知识与数学教学观为其反思数学教学经验提供了契机。教师将职前经验作为影响其学科教学知识的最重要因素的勾选情况如下。教师的职前经验中的教育实习与数学教育类课程都被提及5次，他们主要从担任新手教师及职前教师指导教师的角色出发重新审视教育实习与数学教育类课程。

（二）从质的方面探究不同职业生涯阶段初中数学教师学科教学知识差异的影响因素

访谈中，不同职业生涯阶段初中数学教师认为，他们与其他职业生涯阶段教师的学科教学知识差异主要表现在在职经验方面。尤其是在职经验中的教学经验、数学学科知识与数学教学观，具体内容如下。

1. 教学经验是初中数学教师学科教学知识发展的重要影响因素之一

在访谈中，24位初中数学教师将教学经验作为影响其学科教学知识的最重要因素的次数最多，共17次。教学1~3年教师勾选6次，教学4~6年教师勾选

第四章 不同职业生涯阶段初中数学教师学科教学知识的差异及其影响因素

5次,教学7~12年教师勾选4次,教学13~20年教师勾选2次。

访谈中教学1~3年及教学4~6年的初中数学教师将其在学科教学知识测评中得分较低归咎于它们缺乏数学教学经验;而教学7~12年与教学13~20年初中数学教师则将其在学科教学知识测评中得分较高归因于他们具有丰富的数学教学经验。格罗斯曼(Grossman)与马格努森(Magnusson)都认为,学科教学知识是教师通过课堂教学不断积累教学经验得以发展的。有研究者也认为,教学经验是教师学科教学知识发展的一个必要且重要的因素(Han,2014)。这也是导致新手教师与职前教师学科教学知识缺失的原因之一。教学经验对初中数学教师的专业成长与发展来说确实很重要,只有当教师积累关于某一学科领域的大量教学经验之后,其学科教学知识才能发展。由此可见,教师的教学经验是它们学科教学知识发展的必要条件之一。甄别专家教师的标准之一是教学经验,一般要求专家教师具有至少五年的教龄(徐碧美,2003)。初中数学教师要达到高水平的学科教学知识还需要更长的教学时间积累相关的教学经验。储备了大量且丰富教学经验的专家教师在应对复杂多变的数学课堂教学时,就会有更多应对的方法和策略可供选择与使用,尤其是在处理一些常规性的教学问题与任务的时候更为适用。

(1)从教学经验中学习与反思是关键

虽然,不同职业生涯阶段的教师都肯定了教学经验对其学科教学知识的重要影响;但是,他们所指的教学经验的内涵与外延是不同的。访谈中,教学1~3年与教学4~6年的初中数学教师认为,他们拥有的有关数学教育教学理论方面的知识相对较多,而经过实践检验的数学教学经验则相对较少。因此,他们遇到问题的时候更倾向于采取简单粗暴的方式(如命令、强制要求等)进行解决,或无意识地模仿及使用自己当年的初中老师教授数学知识时使用的教学方法与策略。而且,他们积累的已有教学经验比较杂乱,这导致了他们在需要使用相关教学经验的时候无法快速且准确地提取有效信息。他们在应对多变的课堂教学情境中所使用的教学方法与策略的随机性较大,针对性较弱;可能有些方法是有效的,也可能只是暂时有效,还有可能一些方法是无效的。访谈中,教学7~12年与教学13~20年的初中数学教师表示,他们在数学教学过程中遇到过各种复杂的数学教学情境，在困惑、迷茫与认知冲突的驱使下，他们在特定教学情境中与学生及同行教师互动交流、不断学习、不断反思，积累了多种解决办法与应对策略；再遇到类似问题情境时，就能够准确判断与灵活处理。教学7~12年与教学13~20年的初中数学教师能够快速且准确地识别出数学课堂教学中的问题，回忆相似的教学情境，对之进行合理的诠释并采取有效的应对措施。这反映出他们积累的教学经验是经过自己内化的，有组织、有分类的教学经验；而且他们能够从教学经验中学习，从而辨认出某一教学情境的关键特征与重要问题并寻找适宜的解决对策及方案，这与教学1~3年的初中数学教师看待数学教学中问题的视角是不同的。

是否可以简单地推断教学时间越长，积累的教学经验越多的初中数学教师的学科教学知识发展水平就越高呢？显然，事实证明并非如此。不学习，没有理论，无法对自己的行为做出正确的判断及总结，不是真正的"经验"（王红艳，2012）。对于什么样的教学经验才能够影响数学教师的学科教学知识。尼尔森（Nilsson）（2008）认为，职前小学教师参与课堂教学活动并进行教学实践反思能够促进其学科教学知识发展。兰宁（Lannin）等人（2013）的观点是，教师拥有大量教学经验这一因素并不足以直接影响其学科教学知识的发展；职前科学教师在反思学生的科学观念之后，其学科教学知识取得了较大的进步。徐芳芳（2011）的研究表明，经常阅读专业书籍并反思教学的教师与教学经验少或没有反思的教师对比，前者的学科教学知识水平存在显著差异。从教学经验中学习就意味着教师要在不同的数学教学情境中有效地甄别、选择、组织并使用有利于其学科教学知识水平提高的信息与资源，并将之适当且有效地运用于数学教学实践之中。真正的教学经验应该与教师的实践及学习紧密相关，初中数学教师只有从教学经验中学习，才能够促进其学科教学知识水平的提高。教师从教学经验中学习，不仅可以扩展其学科教学知识掌握的广度，即丰富教师学科教学知识中的各类知识库；还可以加深教师对学科教学知识理解的深度，即学科教学知识中各类知识间的联系及相互作用。教师的教学经验既有积极的一面也有消极的一面，教师只有加以辨别，取其精华弃其糟粕，最终整合到其学科教学知识中并运用于实践教学中才会起作用。

第四章　不同职业生涯阶段初中数学教师学科教学知识的差异及其影响因素

教师不仅可以从直接教学经验中学习，还可以从间接教学经验中学习。教师不仅应该学习"为了教学而获得的知识"（knowledge for teaching），还需从自身教学经验中学习"从教学中获得的知识"（knowledge of teaching）（科克伦-史密斯等，2013）。无论是教师的"直接经验"还是"间接经验"，它们都具有个性化、多元化、复杂化等特征。并非所有的教学经验都具有教育意义。"杜威把经验的连续性和经验的交互作用比喻为'经'和'纬'，二者相互制约、相互联合、密不可分，它们也是衡量经验的教育意义和价值的标准。"（李冲锋，2006）符合了这两条原则，教师的教学经验才具有教育意义（王红艳，2012）。大部分教学1~6年的初中数学教师往往被淹没在多种直接和间接教学经验之中，但毫无原则地大量接收各类教学经验，可能会造成信息冗余，甚至超出了教师所能够承受的认知负荷，而且这对学科教学知识发展的影响不大。可见，大部分处于第一职业生涯及第二职业生涯阶段的初中数学教师更为看重的是教学经验量的积累，而忽视从教学经验中学习，即对教学经验的甄别、选择、组织与使用。大部分处于第三职业生涯阶段与第四职业生涯阶段的初中数学教师能够从大量的教学经验中甄别并抽取出普适性的运用于数学教学的有效问题及解决策略。教学经验本身并不会自发地对初中数学教师的学科教学知识产生积极的影响与作用。对于大部分处于第三职业生涯阶段及第四职业生涯阶段的初中数学教师来说，简单的、大量且无效的、没有分类的教学经验对其学科教学知识也不会产生积极的影响。从教学经验中学习就意味着教师在不同教学情境中能够有效地甄别、选择、组织并使用有利于其学科教学知识发展的信息与资源，并将之适当且有效地运用于数学教学实践之中。

（2）教学6年是初中数学教师教学经验影响其学科教学知识的时间阈限

初中数学教师的教学经验是影响其学科教学知识的重要因素之一，但是，也有研究者认为，教师的教学经验对学科教学知识的影响或作用并不大。施耐德（Schneider）与普拉斯曼（Plasman）（2011）的研究结果表明，虽然教师一直在进行非正规学习，如与其他教师合作与相互指导，但教师的学科教学知识可能会随教学时间的延长呈现出下降趋势。原因之一是，教学经验对数学教师学科教学知识的影响是有时间阈限的，不能简单地推断教师教数学的时间越长，积累的教学经验越多，其学科教学知识水平就越高。

那么，教师至少要积累多长时间的教学经验对其学科教学知识的影响较大，即影响学科教学知识的教学经验的最低阈限是教学几年呢？结合与初中数学教师的访谈得知，影响学科教学知识的教学经验阈限应该是6年。经对各个职业生涯阶段初中数学教师的访谈了解到，大多数处于第四职业生涯阶段的初中数学教师认为，教学经验不再是影响其学科教学知识的重要因素；而处于第一、第二及第三职业生涯阶段的初中数学教师却认为教学经验仍然是影响其学科教学知识的重要因素。处于第二及第三职业生涯阶段的初中数学教师表示，教师教学前6年，教学经验对其学科教学知识的影响或作用比较大。处于第一职业生涯阶段的初中数学教师则表示，教学前3年教学经验对其学科教学知识的影响比较大。教学前3年的初中数学教师关注站在教师的视角在规定的时间之内教授完规定的初中数学知识。教学的第二轮即教学第4~6年，初中数学教师对其所教授的数学学科知识已经非常熟悉，可以节约出一部分脑力资源与心理资源用于尝试和探究使用其他教学策略和方法教授同一数学学科知识，逐渐由只关注教师的教授转向关注学生的数学学习。相比而言，教学1~3年的初中数学教师认为，其自身掌握的初中数学学科知识已经达到了一定水平不需要改进，需要改进的是教学策略与方法方面。故而，他们认为达到会教的水平需要的时间并不长。通过上述的讨论可知，影响初中数学教师学科教学知识水平的教学经验的最低阈限应该是6年。

2.数学学科知识是初中数学教师学科教学知识发展的重要影响因素之一

在访谈中，24位教师将数学学科知识作为影响其学科教学知识的重要因素的勾选次数共14次。其中，教学1~3年教师勾选3次，教学4~6年教师勾选5次，教学7~12年教师勾选4次，教学13~20年教师勾选2次。

教师的数学学科知识是学科教学知识存在的基础和前提，数学学科知识会极大地影响学科教学知识的发展水平。舒尔曼认为，学科教学知识涉及对学科知识的转化，即学科知识是学科教学知识的前提和基础。盖斯-纽莎姆等人（2002）认为，学科教学知识中的每个知识库都影响教师学科教学知识的发展，学科知识更是影响学科教学知识的重要因素。克劳斯等人（2008）也验证了数学教师的学科知识与学科教学知识间存在较高的正相关。教师的数学学科知识是其学科教学知识存在的基础和前提。无论一个教师教授某一学科的教学能力有多强，当他们教授不熟悉的学科主题知识的时候，其学科教学知识都会受到挑战与限制（Loughran et al., 2012）。调查发现，大学专业为数学教育专业的初中数学教师的学科教学知识得分普遍高于其他师范类专业与非师范类专业出身的初中数学教师。这也证实了数学学科知识是影响教师学科教学知识发展的基础因素。

（1）学科知识的链接与整合是核心

访谈结果发现，一方面，不同职业生涯阶段的初中数学教师关于数学学科知识对其学科教学知识影响的重要程度的看法是不同的。按照数学学科知识对其学科教学知识的影响程度来看，大部分处于第四职业生涯阶段的初中数学教师将数学学科知识排在前列，而大部分处于第一职业生涯阶段的初中数学教师则将其排在后面。另一方面，不同职业生涯初中数学教师所感知到的影响其学科教学知识的数学学科知识的内涵是不同的。教学1~3年的初中数学教师认为，数学学科知识是教材中所涉及的内容，即包括数与代数、图形与几何、统计与概率，以及综合与实践，他们把数学学科知识理解为课本所呈现的各个数学知识点，而不考虑教材之外与之相关的知识，如与概率相关的小学和高中的相关知识。可见，他们认为数学学科知识是数学教科书中呈现的静态学科知识。教学4~6年的初中数学教师开始关注教学中所需要的数学学科知识，而不仅限于数学课本中的学科知识。教学7~12年与教学13~20年的初中数学教师认为，数学学科知识不仅是数学教科书中的数学知识，他们更注重数学知识之间的内部联系，即数学学科知识是有内部联系的知识网或知识链。教学13~20年的初中数学教师注重初中数学的数与代数、图形与几何、统计与概率，以及综合与实践之间的横向联系，以及初中数学知识与小学及高中相关数学知识的纵向衔接，注重初中数学知识与学生学习的整合，可见其将数学学科知识认为是带有实践意味的动态生成的学科知识。

不同职业生涯阶段教师对学科教学知识的运用也存在差异，主要体现在教学设计中对数学学科知识的考虑。大部分教学1~3年的初中数学教师的教案中，教学目标与教学重难点这两栏的内容写得比较笼统，没有将数学知识点进行剖析与分解。例如，教学两年的S老师在教案的教学目标中写的是了解二元一次方程组及其有关概念；教学重点写的是二元一次方程组及其解的涵义。S教师教案正文的左边一栏写的是教学各个环节所讲的数学知识与各类练习题；右边一栏写的是对学生的要求，如要求学生回答并纠正学生的错误，学生独自尝试完成，并以小组的形式交流解题思路等。结合教案的分析，他们就某个数学知识讲数学知识，对数学知识未能充分吃透且对数学知识的教与学方面的要求尚不清楚，没能将某个数学知识放在整个初中数学知识网络体系中进行考虑。对数学知识的掌握，他们也只是简单地对学生提出笼统的要求，忽视了根据学生的不同学情对初中数学学科知识进行适当的调整和补充。在教学13~20年的初中数学教师教案中，他们陈述的教学目标具体且明确，教学重难点也比较突出，透露出其对初中数学学科知识广度与深度的理解与掌握。例如，一位教学19年的X教师在"常量与变量"教案中的教学目标是这样表述的：（学生）能够理解并掌握常量与变量的概念，（学生）体验在一个过程中常量与变量是相对存在的，（学生）会在较复杂的问题情境中辨别出常量与变量。教学重点包括常量和变量的概念，会用式子表示常量和变量间的关系。教学难点包括在复杂问题情境中能够识别出常量与变量，并能用含有一个常量的式子表示另一个变量。X教师教案的左边一栏写的是在数学教学的各个环节要讲的数学学科知识及其学生的练习题。但是，与教学1~3年的初中数学教师不同的是，他们设计在课堂中的数学知识及练习题都呈现出由易到难的特征，从某数学知识的概念介绍与讲解，到某数学知识的简单辨析与运用，再到结合生活事件的问题对数学知识的综合运用。他们教案右边一栏主要写的是教师与学生围绕学科知识的互动，如X教师在"变量与常量"教案的右边一栏中写到，教师引导学生体会变量与常量之间的关系，并总结出二者的关系；小组合作交流，体会在同一问题情境中变化的量与不变的量。对教师教案的分析，他们更关注真实教学情境中数学知识的教学性维度，大多数教学13~20年的初中数学教师能够在教学中根据学生的情况链接相关的数学知识，也能根据数学知识本身的重难点及学生的易错点将某一数学知识分几个小节来讲。

从与不同职业生涯阶段初中数学教师的访谈中得知，大部分教学1~3年的初中数学教师在数学教学中往往把数学问题变得复杂化，其数学语言也具有啰唆、重复、不准确等特点。这反映出教师数学学科知识的功底不够扎实，他们未能抓住数学学科知识的本质及其特征，未能将每个数学知识点串联起来形成数学知识网络体系。大部分教学13~20年的初中数学教师在数学教学中彰显简约风格，即他们一般会把繁杂的数学问题或数学任务转化成简单易懂的形式，且他们的数学教学语言也更为精练、简洁、准确。这反映出，他们的数学学科知识远远超越数学教科书中所呈现的内容，更为贴近数学课堂教学实践中学生学习的需要，更易于学生理解和接受。

处于不同职业生涯阶段的初中教师在数学学科知识中都有其擅长的部分也有其不擅长的部分。对于学科知识中优势或擅长的部分，不同职业生涯阶段的初中数学教师都能够尽自己所能在课堂教学中发挥出来。但是，对于劣势或不足的部分，不同职业生涯阶段的初中数学教师的态度及处理方式是存在差异的。访谈中，教学1~3年的初中数学教师通常会采取回避策略，即尽量避免讲授其数学学科知识体系中薄弱的部分；教学13~20年的初中数学教师则会一方面加强其数学学科知识体系中薄弱领域的学习，另一方面转变教学方法及策略，从教师讲授为主的方式向与学生合作探究的方式转变。

（2）教学6年是教师数学学科知识影响其学科教学知识的时间阈限

教师的学科知识与其学科教学知识的关系也并非一直都呈正相关。李（Lee）等人（2007）的研究表明，高中科学教师虽然有高水平学科知识，但是这不一定与他们高水平的学科教学知识相关。克劳斯等人（2008）通过研究发现，教师具有较为扎实的数学学科知识确实可以促进教师学科教学知识的发展。还有另一条途径也有助于教师学科教学知识的发展；在COACTIV研究项目中，生物或化学教师的数学学科教学知识的得分较高，但他们的数学学科知识的得分却比较低（Krauss et al., 2008）。克莱克曼等人（2015）也假设超过一定的阈值水平，额外的学科知识可能不再有利于数学教师学科教学知识的发展，但是这需要进一步调查予以验证。通过访谈了解到不同职业生涯阶段教师对这个问题的看法。大部分教学1~3年及教学4~6年的初中数学教师表示，至少教学3年之后他们才能掌握初中数学知识。大部分教学7~12年与教学13~20年的初中数学教师表示，至少教学6年他们才能做到对初中数学知识的熟练掌握。也有少部分初中数学教师表示，教学9年以上他们才能达到对初中数学知识融会贯通的水平。据此推断，教师学科知识对其学科教学知识影响的饱和期在教学6年左右，这还需大量实证研究验证。

总之，教学1~3年的初中数学教师所感知的数学学科知识大多局限于数学教科书，其范围相对狭窄。大部分教学13~20年的初中数学教师既关注初中数学教科书中的数学知识，又能够超越教科书中的数学知识。其次，在数学教学过程中，教学1~3年的初中数学教师常常将数学问题或任务变得复杂化且其数学语言也较为啰唆、重复、不准确。教学13~20年的初中数学教师常常将数学问题或数学任务变得简单易懂，且他们的数学教学语言也更为精练、简洁、准确。最后，不同职业生涯阶段的初中数学教师对其数学学科知识掌握得不太好的部分的态度与处理方式也是不同的。

3. 数学教学观是初中数学教师学科教学知识发展的重要影响因素之一

在访谈中，24位教师将数学教学观作为影响其学科教学知识的重要因素的勾选次数为13次。其中，教学1~3年教师勾选2次，教学4~6年教师勾选2次，教学7~12年教师勾选4次，教学13~20年教师勾选5次。数学教学观是在数学教学中，数学教师如何看待教师的教与学生的学，以及二者之间关系等的观念和想法。数学是一个多元复合体，其中既包含"数学的知识成分"（命题、方法、问题、语言等），又包括"数学的观念成分"（郑毓信，2001）。哈什维和（Hashweh）（2005）认为学科教学知识是教师教学建构的基础单元集合，教师的教学建构是在不同类型的知识和信念相互作用的过程中产生的；它与教师的知识和信念相关。洛克伦等人（2012）认为，教师学科教学知识中应有这样的观念，即教学中不仅是传递学科知识，还应该进行相关价值与观念的渗透。李与卢福特（Luft）（2008）也认为，学科教学知识是教师在教学情境中知识、观念、信念和价值的整合。可见，教师的观念尤其是数学教学观是其学科教学知识必不可少的组成部分，教师学科教学知识的生成、发展与提升也必然伴随着数学教学观的构建与提升。

（1）教与学的视角转换与统整是重点

虽然，不同职业生涯阶段的初中数学教师们都赞同其学科教学知识受到数

第四章　不同职业生涯阶段初中数学教师学科教学知识的差异及其影响因素

学教学观的影响，但是，他们对数学教学观的认识与理解是存在差异的，这种差异影响了他们的学科教学知识。彼得森（Peterson）（1989）的研究发现，教师的教学信念与学科教学知识似乎是相关联的。基于认知视角的教师与其他教师相比，他们对学生是否学会某一数学知识的重视程度较低，而对学生关于问题的理解及解决的重视程度相对较高；此外，基于认知视角的教师认为教师的教和学生的学是相互影响的（Peterson，1989）。

通过访谈了解到，大部分教学1~3年及教学4~6年的初中数学教师认为，教师的教学方法与策略对其学科教学知识的影响更大，而数学教学观的影响较小。原因之一是他们认为，数学教学观具有抽象、静态、理论性较强且实用性较差等特点。大部分教学7~12年及教学13~20年的初中数学教师在影响其学科教学知识的因素中，提及数学教学观的次数多于提及具体教与学策略的次数。原因之二是他们认为，数学教学观是与数学教学实践紧密结合的，是其教学实践智慧生成的催化剂。不同职业生涯阶段教师关于数学及初中数学本质特征的看法趋于一致，即都能认清数学具有抽象性、严谨与逻辑性等本质特征，并从《义务教育数学课程标准（2022年版）》出发解读初中数学的本质特征。不同职业生涯阶段教师在数学教学中，对教师教数学、学生学数学及二者间关系的看法不同。大部分教学1~3年初中数学教师的传统的数学教学观，是以数学知识的教授为主，以数学学科体系为中心，以教师的教学为中心，强调教学就是教师实施教的行为等。通过与教学1~3年初中数学教师的开放式访谈了解到，他们的数学教学经常出现满堂灌与一言堂的情况，他们在提问后总会迫不及待地自问自答。他们大多数按照既定的教学进度计划开展数学教学。他们认为，学生间的互动及合作探究浪费有限的课堂教学时间，且其中不可控因素较多，容易造成课堂混乱使得老师无法应对。他们还认为，采取以教师教授为主、学生听课为辅的教学模式他们更容易把控和操作，且不会影响他们既定的教学计划与教学进度。这反映出教学1~3年初中数学教师的数学教学观是以"教师为中心"的教学观，即一切从教师易于教授知识出发进行教学设计及教学的组织与实施。这种以"教师为中心"的数学教学观剥夺了学生主动探究的权利，替代了学生学习知识的生成和发现过程，同时也忽视了教师与学生围绕数学教学内容的动态互动过程。

通过访谈了解到，大部分教学13~20年初中数学教师的数学教学观更偏向于现代教学观。现代教学观指，后工业社会即信息社会知识经济条件下的有关教学内涵、教学模式、教学方式的观点与看法。和传统教学观相比，它的主要特点是以综合课程知识及学生能力的培养为重点，以学生为主体、教师为主导，强调教学是"教"与"学"的双向互动过程。一些教学1~3年的初中数学教师会存在这样的困惑，即教科书中的数学知识非常简单，但考试出的数学题非常难。他们认为，可以通过给学生加餐的方式解决这个问题，即教师准备大量中考常见的各类题型及其解法，让学生多次重复练习以加深印象，当学生遇到类似的数学题型就会套用已有的解题思路及方法。当学生遇到相似数学题型时这种方法是有效的，但是，当学生面临新的数学问题情境或是具有挑战性的数学难题时，这种方法就是无效的。面对同样的困惑，大部分教学13~20年的初中数学教师认为，教学1~3年的初中数学教师让学生机械模仿和重复练习的做法是一种误解与迷思。他们认为，授之以鱼不如授之以渔，更重要的是引导学生了解及学习解题思路与程序，即数学教学中要培养学生理解与审视题目，思考及分析问题，结合已有的数学知识拟定参考答案并执行方案，最后回顾并验证解题思路与方案的效果。同样，当学生问初中数学教师一道题如何做的时候，大多教学1~3年的初中数学教师可能会直接展现自己高超的解题技能让学生模仿学习。而大部分教学13~20年的初中数学教师可能会先让学生自己回答应该怎么做以了解其解题思路中的困惑或问题，再对症下药引导他们解题。

由此可见，在数学教学观中教与学视角的转换与统整对教师学科教学知识产生了积极的影响。大部分教学1~3年与教学4~6年教师的数学教学观是单向的、固化的、绝对的。他们认为，教师的教学是基于数学学科内在的逻辑，是科学的，是权威的，学生的学应该适应教师的教。但是，持有这种数学教学观的初中数学教师的学科教学知识水平普遍偏低。大部分教学13~20年的初中数学教师的数学教学观则是辩证取向的，即学生怎样学影响教师怎样教，教师怎样教也会影响学生怎样学。持有这种数学教学观的初中数学教师的学科教学知识水平较高。

第四章 不同职业生涯阶段初中数学教师学科教学知识的差异及其影响因素

（2）教学9年是教师数学教学观影响其学科教学知识的时间阈限

初中数学教师在数学教学过程中，针对特定的内容教授不同的学生使用不同的教学方法与表征方式，这个过程中有教师对学生学习数学方面的考虑，并将之融入数学教学观之中。初中数学教师教学前3年的数学教学观是单向地从教师视角去教。从教学第4年开始，初中数学教师从教学经验的反思中意识到教师教数学受到学生学数学的影响。教学第6年之后，教师开始在数学教学实践中尝试运用学生学数学的方法调整教师教数学的方式。数学教学观的转变也逐渐引发了学科教学知识的改变，即教师将学生学习数学的知识纳入其学科教学知识之中，并在数学教学实践中实现学科教学知识中各类知识间的整合与融合，以此促进其学科教学知识水平的提升。

教学1~3年与教学4~6年的初中数学教师都反映，教学前3年他们主要聚焦于从教师教的视角思考学习如何教数学，并逐渐从学生角色向教师角色转变。虽然，有的初中数学教师已经意识到数学教学中存在的很多问题，但是，他们认为抽象的数学教育理论知识与数学教学实践之间有不可逾越的鸿沟，他们更需要一些行之有效的解决数学教学问题的具体方法。从第二轮（即教学第4年）开始，大部分初中数学教师已经实现了从学生角色向教师角色的转化。他们已经建立了数学教学常规并熟练掌握初中数学学科知识的重难点。他们从教学经验中意识到教学是教师教与学生学的双向互动过程，开始意识到学生数学学习的重要性，但尝试将学生数学学习知识与数学学科知识及教育学知识进行整合并付诸实践的教师较少。教学第三轮（即教学9年）之后大多数优秀的初中数学教师不仅从观念上意识到学生学习数学知识及它与其他各类知识整合的重要性，还尝试在数学教学实践中将学生学习的特点与需求、错误及困难等作为教师数学教学设计的出发点，作为数学教学效果的反馈与调整的依据。

第五章

同一职业生涯阶段初中数学教师学科教学知识的差异及其影响因素

职业生涯视角下初中数学教师学科教学知识发展现状及影响因素研究

从不同职业生涯阶段初中数学教师学科教学知识的调查结果来看，随着教师职业生涯不断发展，初中数学教师的教学经验在不断积累与丰富，学科教学知识的发展水平也随之逐渐提升。同一职业生涯阶段初中数学教师学科教学知识的发展存在差异，即既有学科教学知识水平较低的，也有学科教学知识水平较高的。本章的内容主要从量性方面探究同一职业生涯阶段初中数学教师学科教学知识发展的差异，并从质性方面探究学科教学知识高分组与低分组学科教学知识发展差异的主要影响因素。从每个职业生涯阶段选取三位学科教学知识总分较高（即学科教学知识总分≥13分）的初中数学教师和三位学科教学知识总分较低（即学科教学知识总分≤6分）[†]的初中数学教师进行访谈，并结合其教案与反思等文本材料，尝试探究导致同一职业生涯阶段内部初中数学教师学科教学知识差异的主要影响因素。该研究主要通过初中数学教师的访谈资料和他们所撰写的与学科教学知识相关的文本材料（如教案、反思笔记等）提取出他们经常提及的影响其学科教学知识的因素并进行整理与分析。

大学、中学以及专门的教师培训机构不仅希望了解不同和同一职业生涯阶段初中数学教师学科教学知识的差异及其影响因素，还希望了解哪些影响因素在多大程度上能够解释及预测处于同一职业生涯阶段的初中数学教师的学科教学知识，以提高教师的数学教学质量及学生的数学学业成绩。多种因素共同作用影响初中数学教师的学科教学知识。作为自变量的这些影响因素都属于名义变量和次序变量，不是连续变量，需要将其转换为虚拟变量，因此研究主要采用"多因子虚拟回归"（factorial dummy regression）（邱皓政，2013）。使用SPSS19.0统计软件探究不同影响因素（性别、学校类型、教龄、职称、大学专

[†] 取其PCK总分前27%为教师PCK的高分组，取其PCK总分后27%为教师PCK的低分组。

业、担任指导教师情况、学习者经验对学科教学知识的影响程度、职前经验对学科教学知识影响的认知、在职经验对学科教学知识影响的认知）对同一职业生涯阶段初中数学教师学科教学知识的解释。

一、教学1~3年初中数学教师学科教学知识的差异及其影响因素

（一）教学1~3年初中数学教师学科教学知识的差异及各影响因素对其学科教学知识的解释

1. 不同性别教学1~3年初中数学教师学科教学知识的差异不显著

从表5-1可看出，男性初中数学教师与女性初中数学教师的学科教学知识及其三个子维度知识的均值都低于中值1.5分，且其学科教学知识发展水平处于中等偏下水平。男性教师与女性教师在关于数学任务多种解决方案知识的均值最高，其次是其将知识转化为学生易于接受形式知识的均值，均值最低的是教师有关学生典型困难与错误的知识。教学1~3年男性初中数学教师学科教学知识及其三个子维度的均值都小于教学1~3年的女性初中数学教师学科教学知识及其三个子维度的均值。对教学1~3年的不同性别初中数学教师学科教学知识及三个子维度进行独立样本t检验。其结果如表5-1所示：首先，独立样本t检验可知，教师的学科教学知识及三个子维度的p值都大于0.05，这表示教学1~3年的不同性别的初中数学教师在学科教学知识及三个子维度的差异不显著。究其原因，无论男性教师还是女性教师都处于职业生涯初期且他们的数学教学经验都比较匮乏，其学科教学知识不会有太大的差距。

运用方差单变量分析探究性别与教师学科教学知识高低分组交互作用下教师学科教学知识的差异。结果显示，$F=0.171$，$p=0.681$。结果表明，性别与教师学科教学知识高低分组相互作用下初中数学教师学科教学知识的差异不显著。

表5-1 不同性别教学1~3年初中数学教师学科教学知识的描述性统计与差异检验表

教师学科教学知识维度	性别	均值	标准差	独立样本 t 检验 t	p
将学科知识转化成为学生易于接受形式的知识	女	0.703	0.72	0.108	0.914
	男	0.687	0.707		
有关学生的典型错误与困难的知识	女	0.681	0.505	0.587	0.558
	男	0.616	0.646		
关于数学任务多种解决方案的知识	女	1.19	0.568	1.337	0.184
	男	1.04	0.505		
初中数学教师学科教学知识	女	0.858	0.426	0.885	0.378
	男	0.781	0.433		

2. 不同学校类型的教学1~3年初中数学教师学科教学知识的差异不显著

重点学校的教学1~3年初中数学教师在学科教学知识、关于数学任务多种解决方案的知识，以及将学科知识转化成为学生易于接受形式知识的均值都高于一般学校教师在这些维度的均值。一般学校的教师关于学生典型错误与困难的知识的均值高于重点学校教师在此维度的均值。探究不同学校类型教学1~3年初中数学教师学科教学知识及三个子维度知识的均值是否有显著性差异，并对其进行独立样本t检验，教学1~3年初中数学教师的学科教学知识及三个子维度的p值都大于0.05。这表示，不同学校类型的教学1~3年初中数学教师的学科教学知识及三个子维度知识的差异不显著。

运用方差单变量分析学校类型与学科教学知识高低分组的交互作用下初中数学教师学科教学知识的差异。结果显示，$F=1.934$，$p=0.169$，大于0.05。结果表明，学校类型与学科教学知识高低分组交互作用下初中数学教师学科教学知识的差异未达到显著性水平，如表5-2所示。

第五章　同一职业生涯阶段初中数学教师学科教学知识的差异及其影响因素

表5-2　不同学校类型的教学1~3年初中数学教师
学科教学知识的描述性统计与差异检验表

教师学科教学知识维度	不同学校类型	均值	标准差	独立样本 t 检验 t	p
将学科知识转化成为学生易于接受形式的知识	一般	0.684	0.691	−0.729	0.468
	重点	0.849	0.947		
有关学生的典型错误与困难的知识	一般	0.675	0.559	0.755	0.452
	重点	0.546	0.342		
关于数学任务多种解决方案的知识	一般	1.15	0.574	−0.008	0.994
	重点	1.152	0.273		
初中数学教师学科教学知识	一般	0.837	0.437	−0.087	0.931
	重点	0.849	0.319		

3. 不同职称的教学1~3年初中数学教师学科教学知识的差异不显著

总体看来，职称为中学二级的教学1~3年的初中数学教师的学科教学知识及三个子维度的发展水平较高，且都高于职称为中学三级及职称为无的初中数学教师。这说明，职称评定的标准与要求在某种程度上能够反映了初中数学教师学科教学知识的发展水平。中学二级的职称评定要求教师在中学三级的基础之上任教两年以上，且能够独立按照教育规律进行教学。其次，职称为无的教学1~3年初中数学教师的学科教学知识及三个子维度的均值都小于职称为中学三级教师的学科教学知识及三个子维度。究其原因，一方面与所抽取的教师人数有关。抽样中职称为中学三级的初中数学教师人数较少，只有9人；这可能是导致初中数学教师学科教学知识个体差异较大的原因之一。而职称为无的初中数学教师人数为99人，人数相对较多，这可能是导致教学1~3年初中数学教师学科教学知识水平的个体差异较小的原因之一。另一方面，可能与中学教师职称评定的要求有关。在教育教学岗位见习满一年且考核合格就可以评中学三级职称。在一年内新手初中数学教师的学科教学知识改变效果不明显。加之生活中重要事件的介入，如结婚及生育，教师在教学中投入的精力与时间相对较少，导致教师学科教学知识水平出现下降趋势。运用ANOVA检验探究不同职称教学1~3

年的初中数学教师学科教学知识及其三个子维度的差异。从方差齐性检验结果看，其p值都大于0.05，这说明其方差齐性。从ANOVA检验的结果可知，其p值都大于0.05，这说明不同职称的教学1~3年初中数学教师在学科教学知识及其三个子维度的差异未达到显著性水平。

运用方差单变量分析职称与教师学科教学知识高低分组的交互作用下初中数学教师学科教学知识的差异。结果如表5-3所示，$F=0.142$，$p=0.142$。结果表明，职称与学科教学知识高低分组交互作用下初中数学教师学科教学知识的差异不显著。

表5-3 不同职称的教学1~3年初中数学教师
学科教学知识的描述性统计与差异检验表

教师学科教学知识维度	不同职称	均值	标准差	方差方程的Levene检验 F	方差方程的Levene检验 p	均值方程的t检验 t	均值方程的t检验 p
将学科知识转化为学生易于接受形式的知识	1	0.87	0.697	0.097	0.908	0.606	0.547
	2	0.667	0.85				
	3	0.67	0.707				
有关学生的典型错误与困难的知识	1	0.704	0.675	0.926	0.399	0.565	0.57
	2	0.482	0.377				
	3	0.673	0.532				
关于数学任务多种解决方案的知识	1	1.333	0.548	0.089	0.915	2.343	0.1
	2	0.852	0.556				
	3	1.145	0.547				
初中数学教师学科教学知识	1	0.969	0.407	1.057	0.351	1.608	0.205
	2	0.667	0.329				
	3	0.829	0.435				

注："不同职称"中，1代表中学二级，2代表中学三级，3代表职称为无。

4.不同大学专业的教学1~3年初中数学教师的学科教学知识差异显著

采用单因素方差分析检验不同大学专业的教学1~3年初中数学教师学科教学知识的差异。其结果如表5-4所示，数学教育专业的教学1~3年初中数学教师在学科教学知识及其关于学生典型错误与困难知识的均值小于非师范类专业教师在这两个维度的均值。这表明，教师在职前教育阶段学习的数学教育专业知识及系统的数学专业训练在某种程度上对初中数学教师学科教学知识产生了一定影响。

表5-4 不同大学专业的教学1~3年初中数学教师学科教学知识的单因素方差分析及事后比较

教师学科教学知识维度	大学专业	方差齐性检验 Levene统计量	p	ANOVA F	p	事后比较
将学科知识转化成为学生易于接受形式的知识	1	1.832	0.164	1.254	0.289	—
	2					
	3					
有关学生的典型错误与困难的知识	1	1.381	0.255	5.047*	0.008	1>3
	2					
	3					
关于数学任务多种解决方案的知识	1	1.484	0.231	1.214	0.3	—
	2					
	3					
初中数学教师学科教学知识	1	2.03	0.136	3.508*	0.033	1>3
	2					
	3					

注："大学专业"中，1代表数学教育专业，2代表其他师范类专业，3代表非师范类专业；*$p<0.05$。

5. 不同担任指导教师情况的教学1~3年初中数学教师的学科教学知识差异不显著

采用单因素方差分析检验不同担任指导教师情况的教学1~3年初中数学教师学科教学知识的差异。其结果如表5-5所示，其p值都大于0.05。这表明，教学1~3年的不同担任指导教师情况的初中数学教师在学科教学知识及其他三个子维度的差异未达到显著性水平。

运用单变量方差分析探究担任指导教师情况与学科教学知识高低分组交互作用下初中数学教师学科教学知识的差异。结果显示，其自由度为0，F值与p值未显示。这表明，担任指导教师情况与学科教学知识高低分组交互作用下初中数学教师学科教学知识的差异未达到显著性水平。

表5-5　不同担任指导教师情况的教学1~3年初中数学教师
学科教学知识的单因素方差分析

教师学科教学知识维度	担任指导教师情况	方差齐性检验 Levene统计量	p	ANOVA F	p
将学科知识转化成为学生易于接受形式的知识	1	0.744	0.809	1.6	0.207
	2				
	3				
	4				
有关学生的典型错误与困难的知识	1	0.118	0.39	1.6	0.135
	2				
	3				
	4				
关于数学任务多种解决方案的知识	1	2.606	0.732	0.775	0.38
	2				
	3				
	4				
初中数学教师学科教学知识	1	0.059	0.109	0.018	0.892
	2				
	3				
	4				

注："担任指导教师情况"中，1代表担任新手教师指导教师，2代表担任职前教师指导教师，3代表不担任指导教师，4代表担任新手教师与职前教师的指导教师。

6. 对学习者经验有不同认知的教学1~3年初中数学教师学科教学知识的差异不显著

采用单因素方差分析检验对学习者经验有不同认知的教学1~3年初中数学教

师学科教学知识的差异。其结果如表5-6所示，其p值都大于0.05。这表明，对学习者经验有不同认知的教学1~3年初中数学教师在学科教学知识及其他三个子维度知识上的差异未达到显著性水平。

运用单变量方差分析探究对学习者经验有不同认知与学科教学知识高低分组交互作用下初中数学教师学科教学知识的差异是否达到显著性水平。结果表明，$F=0.503$，$p=0.682$。这表示，对学习者经验有不同认知与学科教学知识高低分组的交互作用下初中数学教师学科教学知识的差异未达到显著性水平。

表5-6 对学习者经验有不同认知的教学1~3年初中数学教师学科教学知识的单因素方差分析

教师学科教学知识维度	对学习者经验的不同认知	方差齐性检验 Levene统计量	p	ANOVA F	p
将学科知识转化成为学生易于接受形式的知识	1	1.58	0.198	0.658	0.579
	2				
	3				
	4				
有关学生的典型错误与困难的知识	1	3.031	0.032	1.387	0.25
	2				
	3				
	4				
关于数学任务多种解决方案的知识	1	1.083	0.359	0.771	0.513
	2				
	3				
	4				
初中数学教师学科教学知识	1	0.108	0.955	0.827	0.482
	2				
	3				
	4				

注："对学习者经验的不同认知"中，1代表学习者经验对其学科教学知识根本没有影响，2代表学习者经验对其学科教学知识只有一点影响，3代表学习者经验对其学科教学知识影响较大，4代表学习者经验对其学科教学知识影响最大。

7. 对职前经验有不同认知的教学1~3年初中数学教师学科教学知识的差异显著

采用单因素方差分析检验对职前经验有不同认知的教学1~3年初中数学教师学科教学知识的差异。除了关于数学任务多种解决方案的知识，教师学科教学知识及其他两个子维度的p值都小于0.05。事后比较发现，勾选数学教育类课程与教育实习的教学1~3年初中数学教师的学科教学知识、将知识转化成学生易于接受形式知识，以及有关学生典型错误与困难知识的均值都显著高于勾选职前经验中的其他三项（即一般教育学类课程、数学教育类课程、教育实习）的初中数学教师在这几项的均值。勾选数学教育类课程的教学1~3年初中数学教师关于学生典型错误与困难知识的均值显著高于勾选教育实习教师在此项的均值。

运用单变量方差分析对职前经验有不同认知与学科教学知识高低分组交互作用下初中数学教师学科教学知识的差异。结果如表5-7所示，$F=1.093$，$p=0.342$。这表明，对职前经验有不同认知与学科教学知识高低分组的交互作用下初中数学教师学科教学知识的差异未达到显著性水平。

表5-7 对职前经验有不同认知的教学1~3年初中数学教师学科教学知识的单因素方差分析

教师学科教学知识维度	对职前经验影响教师学科教学知识的不同认知	方差齐性检验 Levene 统计量	p	ANOVA F	p	事后比较
将学科知识转化成为学生易于接受形式的知识	1	5.4	0.002	4.505*	0.005	4>1 4>2 4>3
	2					
	3					
	4					
有关学生典型错误与困难的知识	1	1.624	0.187	8.967***	0.000	4>1 4>2 4>3 2>3
	2					
	3					
	4					

第五章 同一职业生涯阶段初中数学教师学科教学知识的差异及其影响因素

续表

教师学科教学知识维度	对职前经验影响教师学科教学知识的不同认知	方差齐性检验 Levene 统计量	p	ANOVA F	p	事后比较
关于数学任务多种解决方案的知识	1	4.447	0.005	1.256	0.293	—
	2					
	3					
	4					
初中数学教师学科教学知识	1	2.436	0.068	6.527***	0.000	4>1
	2					4>2
	3					4>3
	4					

注:"对职前经验影响教师学科教学知识的不同认知"中,1代表一般教育学类课程,2代表数学教育类课程,3代表教育实习,4代表数学教育类课程与教育实习;*$p<0.05$,***$p<0.001$。

8. 对在职经验有不同认知的教学1~3年初中数学教师学科教学知识的差异显著

采用单因素方差分析检验对在职经验有不同认知的教学1~3年初中数学教师学科教学知识的差异。其结果表明,关于在职经验影响教师学科教学知识有不同认知的教学1~3年初中数学教师在学科教学知识及将学科知识转化成学生易于接受形式的知识,与有关学生典型错误与困难的知识的差异达到了0.05显著性水平。事后比较发现,勾选有组织的专业活动与教师自身因素的教学1~3年初中数学教师的学科教学知识均值显著高于勾选在职培训与非组织的专业活动初中数学教师学科教学知识的均值。勾选有组织的专业活动与教师自身因素的教学1~3年初中数学教师在将学科知识转化成学生易于接受形式的知识均值显著高于勾选有组织专业活动与非组织专业活动的初中数学教师在此维度的均值。

运用单变量方差分析对在职经验有不同认知与学科教学知识高低分组交互作用下初中数学教师学科教学知识的差异。结果如表5-8所示,$F=0.006$,$p=0.994$。这表明,对在职经验有不同认知与学科教学知识高低分组交互作用下初中数学教师学科教学知识的差异不显著。

表5-8 对在职经验有不同认知的教学1~3年初中数学教师学科教学知识的单因素方差分析与事后比较

教师学科教学知识维度	对在职经验影响教师学科教学知识的不同认知	方差齐性检验 Levene统计量	p	ANOVA F	p	事后比较
将学科知识转化成为学生易于接受形式的知识	1	3.758	0.003	3.018	0.013*	5>4
	2					
	3					
	4					
	5					
	6					
有关学生的典型错误与困难的知识	1	2.243	0.054	2.347	0.045*	—
	2					
	3					
	4					
	5					
	6					
关于数学任务多种解决方案的知识	1	1.498	0.195	0.774	0.57	—
	2					
	3					
	4					
	5					
	6					
初中数学教师学科教学知识	1	0.92	0.471	3.424	0.006*	5>2
	2					
	3					
	4					
	5					
	6					

注："对在职经验影响教师学科教学知识的不同认知"中，1代表在职培训与有组织的专业活动，2代表在职培训与非组织的专业活动，3代表在职培训与教师自身因素，4代表有组织的专业活动与非组织的专业活动，5代表有组织的专业活动与教师自身因素，6代表非组织的专业活动与教师自身因素；*$p<0.05$。

9. 各影响因素对教学1~3年初中数学教师学科教学知识的解释

首先，对教学1~3年初中数学教师学科教学知识进行正态分布检验，如图5-1所示。这表明，教学1~3年初中数学教师学科教学知识呈正态分布，适合采用线性回归模型。

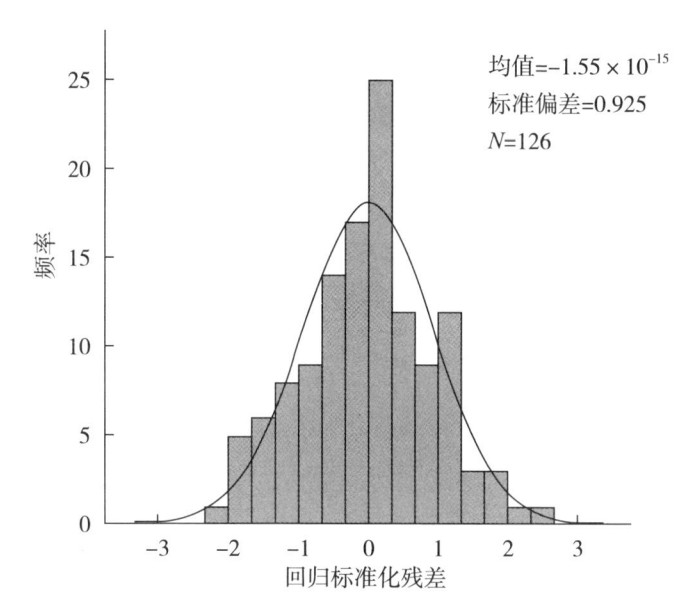

图5-1 教学1~3年初中数学教师学科教学知识平均分正态分布图

使用逐步多元回归分析探究各个影响因素对教学1~3年初中数学教师学科教学知识的解释。结果发现，回归分析模型的容忍度值都介于0与1之间，VIF值也都小于评鉴指标10。这表示，进入回归方程式的虚拟预测量之间没有多元共线性问题。如表5-9所示，三个虚拟预测变量与教学1~3年教师学科教学知识因变量的多元相关系数为0.443，决定系数R^2为0.196，回归模型整体检验的F值为9.916（$p<0.001$），因而这三个虚拟预测变量共同有效解释教学1~3年初中数学教师学科教学知识19.6%的变异量。从每个虚拟预测变量解释程度高低来看，首先，对教学1~3年教师学科教学知识最具解释力的是数学教育类课程与教育实习，其解释变异量为11.9%；其次，是有组织专业活动与教师自身因素，其解释变异量为4.6%；最后，是数学教育专业，其解释变异量为3.1%。标准化回归方程如下：教学1~3年初中数学教师的学科教学知识=0.288×数学教育类课程与

教育实习+0.205×有组织的专业活动与教师自身因素+0.179×数学教育专业。从逐步多元标准化回归方程可看出，第一个进入回归方程的是教师的数学教育类课程与教育实习，第三个进入回归方程的是数学教育专业。可见，教师的职前教育，尤其是此阶段积累的系统的数学学科教学知识对于教学1~3年初中数学教师学科教学知识的影响较大。可见，职前经验也对教学前3年初中数学教师的学科教学知识产生了一定影响。第二个进入回归方程的是有组织的专业活动与教师自身因素。这说明，在职经验对教学1~3年初中数学教师学科教学知识也产生了一定影响。

表5-9 各虚拟预测变量对教学1~3年初中数学教师学科教学知识的逐步多元回归分析摘要表

投入顺序	多元相关系数R	决定系数R^2	增加量（ΔR^2）	F	净F（ΔF）	B	Beta（β系数）
截距	—	—	—	—	—	0.67	—
数学教育类课程与教育实习	0.345	0.119	0.119	16.761***	16.761***	0.804	0.288
有组织的专业活动与教师自身因素	0.406	0.165	0.046	12.118***	6.705*	0.215	0.205
数学教育专业	0.443	0.196	0.031	9.916***	4.769*	0.16	0.179

注：*$p<0.05$，***$p<0.001$。

（二）教学1~3年初中数学教师学科教学知识水平的影响因素

从上述结果可知，性别、学校类型、职称、担任指导教师的情况、学习者经验对教师学科教学知识影响不同认知等对教学1~3年初中数学教师学科教学知识的影响不显著。以下因素的影响则较为显著。①大学专业。数学教育专业出身的教师的学科教学知识水平及其有关学生典型错误与困难知识的均值显著高于非师范类专业出身的教师。学科教学知识高分组教师更多来自数学教育专业，而低分组更多来自非师范类专业。但是，其他师范专业出身的教师的学科教学知识水平与数学教育专业出身的教师没有显著差异。由此可见，对于教学

第五章　同一职业生涯阶段初中数学教师学科教学知识的差异及其影响因素

1~3年的初中数学教师来说，学科教学知识高分组的优势主要来自数学教育专业相关的系统学习与训练。这也表明，数学学科知识对于教学1~3年初中数学教师学科教学知识水平的提升很重要。且职前经验中的数学教育专业、数学教育类课程与教育实习都先后被纳入教学1~3年初中数学教师学科教学知识的回归方程中。②对职前经验的不同认知。勾选数学教育类课程与教育实习的教学1~3年初中数学教师的学科教学知识，其将学科知识转化成为学生易于接受形式的知识，以及其有关学生典型错误与困难知识的均值都显著高于勾选一般教育学类课程、勾选数学教育类课程，以及勾选教育实习的教师。且学科教学知识高分组教师更多来自勾选数学教育类课程与教育实习的教师群体，而低分组更多来自勾选教育实习的教师群体。由此可见，数学教育类课程与教育实习是影响教学1~3年初中数学教师学科教学知识的重要因素之一。③对在职经验的不同认知。具体来看，选择有组织的专业活动与教师自身因素的教师的学科教学知识水平显著高于选择在职培训与非组织的专业活动的教师。选择有组织的专业活动与教师自身因素的教师在将知识转化成为学生易于接受形式知识上的均值显著高于勾选有组织的专业活动与非组织的专业活动的教师。且学科教学知识高分组教师更多来自勾选有组织的专业活动与教师自身因素的教师群体。由此可见，有组织的专业活动与教师自身因素也是影响教师学科教学知识的主要因素之一。

在数学教学方面，处于第一职业生涯初中的数学教师面临来自学生、家长、其他数学教师、教研员及学校领导提出的期望、发展机会与挑战。面临类似的机遇与挑战，有的初中数学教师能够砥砺前行，而有的初中数学教师则并非如此。我们与教学1~3年的学科教学知识高分组三位初中数学教师（P教师、Z教师与L教师）与三位低分组教师（H教师、W教师与F教师）以其学科教学知识主要影响因素为主题进行访谈，并收集、整理及分析相关文本资料。访谈的结果显示，他们对影响其学科教学知识因素的观点及看法有的一致，有的也存在差异。例如，他们认为数学教学经验不足、课堂管理经验不足、还不能完全吃透初中数学知识，以及对学生学习数学知识的忽视或缺失等都是导致其学科教学知识水平较低的原因。通过访谈发现，教学1~3年的高分组与低分组初中数学教师在这些方面的认知存在差异。这些差异主要表现在对学习者经验的运用、数学教育类课程（职前经验）、教育实习（职前经验）、指导教师的指导（有组织的专业活动）等方面。

1. 对学习者经验的运用：理念学习对方法复演

通过访谈得知，教学1~3年的学科教学知识高低分组初中数学教师关于学习者经验的认识及其在数学教学中运用的认知存在差异。这种差异主要体现在，高分组教师倾向于从学习者经验中学习曾经的初中数学教师的教学观念，而低分组教师则倾向于对曾经的初中数学教师的教学方法与策略进行复演，即简单地重复与模仿。

洛蒂（Lortie）（1975）最早提出"学徒式观察"（apprenticeship of observation）的概念。对于新手数学教师来说，他们在数学课堂教学中，往往采取学徒式观察以习得教学方法及表征方式，即以前教过他们的初中数学教师的教学言行都是其无意识模仿和学习的对象。格罗斯曼指出，教师对自己当学生时的记忆常常会唤起他们对学生的期望和对学生如何学习的感知与认识；他们时常会将现在的学生与自己当时做学生的情况进行对比，并预期学生可能的行为表现。在访谈中，六位教师都经常提到"学徒式观察"及其对学科教学知识的影响，具体内容如下。

研究者：请您谈一谈你现在的数学教学是受到正式教育环境（比如学校曾经教过你的初中数学教师），还是受到非正式教育环境（比如家长或朋友等）的影响？这些经验对您的学科教学知识产生了怎样的影响？

教学三年的P教师回答：还记得，我的初中数学老师L老师是我们那个地区最好的老师。当我还是初中生的时候就非常喜欢上她的数学课，她总是能把枯燥抽象的数学讲得很生动、很明白。她特别强调数学的语言和书写的规范，她上数学课的时候总是一副严谨认真和一丝不苟的态度。她也很爱学生，我们不会做或是做错数学题了，她不但不嫌我们笨，反而会利用课余时间给我们补课。我想这就是一个德才兼备的初中数学老师应该具备的素质。这也是我选择当初中数学老师的原因之一。当我成为一名初中数学老师时，也想把L老师给我们的宝贵财富继续传承下去，并尝试像她教我们一样教我的学生。

第五章　同一职业生涯阶段初中数学教师学科教学知识的差异及其影响因素

教学三年的Z教师：我当年的初中数学老师上数学课的时候总有种让人意犹未尽和流连忘返的感觉。其实，初中数学老师要把数学课上到这种程度还是很困难的，因为好多初中数学老师都把数学课上成一潭死水，毫无生机可言。我上课的时候也会尽量尝试各种教学方法和策略，努力使自己以及我的学生觉得上数学课有滋有味，学生也能达到意犹未尽和欲罢不能的境界。

教学两年的L教师：我还记得曾经的初中数学教师教数学很有一套。他不搞题海战术，而是精讲一套数学考卷，把每一道题可能涉及的数学知识点及解题思路与程序等都讲得很透彻。这对我的启发很大，就是以某一道数学题的解决为切入点，将各个数学知识点串联起来。现在，我也在自己的数学教学中努力尝试这样做。

教学三年的W教师：初中数学我学的还是比较好的，但在自己教数学的时候却遇到了一些困难。其他数学教师听我的数学课给我提了很多意见。例如，我一次讲的数学知识太多，没有给学生时间理解。我没有关注到学生注意力不集中、不感兴趣等情况。刚开始，我的确不知道该怎么教，似乎我在不自觉地模仿我当年的初中数学老师那样教。回想起当时上数学课的情景，老师对我们的期望和要求都很高，上课没有一句多余的废话，一堂数学课中的知识量大而且节奏很快，一不留神就可能跟不上。课后教师还布置了大量的练习题。我觉得她是位认真负责的老师，工作后我也以她为榜样学习。

教学两年的H教师：刚开始教学的时候，我不自觉地就开始模仿我以前的初中数学教师教数学课的样子。我们的初中数学老师上数学课的时候边讲边在黑板上演算，还要求学生做大量的数学练习题，教师批改后再进行讲解。

教学一年的F教师：我每次上课都会努力回忆我当时学这个数学知识的时候老师是怎么教的，我会模仿着教。例如，我在教三角形内角和等于180度时，当时数学教师让我们画出各种各样的三角形（锐角三角形、钝角三角形和直角三角形），然后测量，我教这一内容的时候也是这样做的，感觉效果还不错。

六位学科教学知识水平不同的教学1~3年的初中数学教师都认为自己学生时代的初中数学教师对其学科教学知识产生了一定影响。他们都选择了在学生时代教过他们的初中数学教师作为学习榜样。只是六位老师模仿及学习他们学生时代初中数学教师的侧重点是不同的，P教师、Z教师与L教师学习的是他们学生时代初中数学教师对待教学认真负责，尊重、理解及热爱学生的职业精神，并探究其初中数学教师有效教学背后的教学机理。而H教师、W教师与F教师则是直接将其初中数学教师的教学方法照搬照抄，其并未意识到中学生的已有数学基础知识及接受能力，也未意识到随着时代变迁教师的数学教学要求的变化。通过继续追问得知，六位初中数学教师能够从他们自己的中学教育中回忆起具体且生动的事例，包括积极的和消极的。对于学生时代初中数学教师数学教学的不足之处，P教师、Z教师与L教师能够意识到并在他们自己的数学教学中尽量避免其重演。比如，他们深知大量重复的机械数学题的讲解与练习对学生数学学习的弊端。他们尝试改变那些曾经在他们自己的教育中缺失而又较为重要的部分，比如要求学生解释某一数学问题的推理过程，询问学生是否还有其他参考答案，并让学生对比各种参考答案的优劣。H教师、W教师与F教师也能意识到并努力在自己的数学教学实践中尽量避免学生时代初中数学教师常犯的错误，但他们并未努力尝试弥补或改进它们。

正如洛蒂（1975）所指出的，由于学生参与了学徒阶段的观察，从中获得了大量的直观教学经验，他们虽然没有刻意学习他们的老师，但是，在教学实践中他们会无意识地模仿曾经教过他们的老师的数学教学模式。虽然，学生可以看到教师的"台前"行为，如监测、纠正错误和讲课等，但是，他们没有机会看到教师的"幕后"行为，这是教师教学的内隐部分也是非常关键的部分。学生不了解教师课堂教学设计、组织与实施的目的，也很少参与教学目标的设计、教学活动的准备，以及教学活动之后的反思等环节；他们也没有被要求将教师的行为置于教学导向的框架中进行考虑。故而可能出现，新手教师们对其学生时代教师的教学方法进行直接模仿式学习，而不是基于批判与反思地学习。他们只是从学生的视角观察初中数学老师在课堂教学中的言行；他们不能对复杂多变的数学课堂教学情境进行反思和分析，因为学生不了解教师"幕后"行为的原因，而且，他们也没有必要这样做。

可见，教学1~3年学科教学知识水平不同的初中数学教师所谈及的其对学习者经验的运用是不同的。教学1~3年学科教学知识高分组初中数学教师看重的是学生时代初中数学教师的职业精神与教学观念，而非对学生时代初中数学教师的教学方法及策略的直接学习与模仿。教学1~3年学科教学知识低分组的初中数学教师则更看重曾经教授其初中数学的教师所使用的具体教学方法、策略及其使用。

2. 数学教育类课程的教授方式：理论知识与间接经验的整合对二者的分离

通过访谈得知，教学1~3年的学科教学知识高低分组初中数学教师关于大学期间教师教授数学教育类课程的认知存在差异。这种差异主要体现在，学科教学知识高分组初中数学教师反映其通过数学教育类课程的学习将理论知识与间接经验结合起来。而学科教学知识低分组初中数学教师反映通过数学教育类课程的学习他们无法将理论知识与间接经验结合起来。

教育实践是职前教师培养的重要环节。2016年3月我国教育部出台的《教育部关于加强师范生教育实践的意见》指出，我国教师教育改革持续推进，师范生的教育实践应不断加强。但是，师范生教育实践依然是教师培养的薄弱环节，师范毕业生的教育教学能力尚不能完全适应中小学（含幼儿园、中等职业学校、特殊教育学校）的需要。职前教师的教育实践有多种形式，包括观摩见习、模拟教学、专项技能训练与教育实习。俗话说，纸上得来终觉浅，绝知此事要躬行；其中，教育实习是职前教师在真实的课堂中尝试将理论知识与教学实践融合的初步尝试。

从访谈中了解到，教学1~3年的初中数学教师都认为大学期间的数学教育类课程与教育实习对教师学科教学知识的贡献比较大。已有研究也证实了教师的学科教学知识水平与其职前教育之间的关系。公立高中数学教师的学科教学知识与他们的专业教育之间存在着显著的中度正相关关系（Herreraa et al., 2014）。对于教师教育者来说，教师学科教学知识的发展可能在课程教法类课程的学习中实现从工具性学科教学知识向关联性学科教学知识的转变（Kinach, 2002）。汤姆森（Thomson）等人（2017）通过对美国职前教师的数学和科学学科教学知识信念进行访谈发现，备课计划中的数学（或科学）方法课程和教学现场经验是对他们的学科教学知识发展贡献最大的两个主要因素。中学数学教育类课程作为数学教育专业学生的必修课程之一，其关注职前中学数学教师数学知识的体系化，数学教学能力的提升以及在数学教学中对数学思想与精神的挖掘与渗透。在大学期间开设中学数学教育类课程有助于中学数学教师从教师教的层面与学生学的视角重新学习及整理中学数学知识，使之结构化与体系化，从理论上学习如何有效地教数学。通过与六位学科教学知识水平高低不同的、教学1~3年的初中数学老师的半结构式访谈了解到，F教师大学读的是非师范类专业，其余五位教师大学读的都是数学教育专业。

研究者：您在大学上过中学数学教育类课程吗？如果上过，请你谈一谈这门课是怎样上的，对你的学科教学知识产生了怎样的影响。请举例说明。

P教师：对于中学数学教育类课程，我觉得对我现在的数学教学影响最大的应该是数学教学思想与理念层面。大学老师在上中学数学教育类课程的时候告诉我们以后不仅要把数学知识讲清楚、讲透彻，还要培养学生运用数学解决问题的能力，更重要的是帮助学生形成并运用数学思维。数学教育类课程的授课教师在上课的时候，经常会列举很多中学数学教学的案例，并结合理论知识进行讲解。比如，在介绍直观教学法中的言语直观法的内涵及其在初中数学教学的运用时，老师列举了这样一个例子：教师在七年级讲"正数与负数"数学概念的时候，很多学生在小学接触的都是正数，还是不太理解负数。老师就列举出日常生活中具有相反意义的量，比如室内气温是零上18摄氏度，室外气温是零下11摄氏度，水位上升9厘米与下降2厘米，支出30元与收入100元等。教师通过这些生活中的实例引导学生分析其共同之处，然后将其中带正号的量放入一个表中，带负号的量放入另一个表中。

Z教师：给我们上数学教育类课程的老师是一位经验丰富的具有中学高级职称的中学数学老师，我们都非常喜欢上她的课，感觉收获很多。我们的数学教育类课程是按照初中数学的几大板块组织设计，即"数与代数""图形与几何""统计与概率"和"综合与实践"。她给我们上课的时候经常会列举自己在教授初中数学时出现的各种各样的问题情境，还组织我们分成小组共同发现问题、讨论问题产生的原因并想出解决办法。例如，她曾谈到她在批改有关"一元二次方程"作业的时候，中学生经常会出现各种各样的错误，虽然她已经强调了好多遍，效果却不太好。她下次再讲"一元二次方程"的时候就想了

第五章　同一职业生涯阶段初中数学教师学科教学知识的差异及其影响因素

个办法，先讲概念然后把学生做错的习题放到数学课堂中让同学们分组讨论错误的原因及如何避免这些错误。出乎她的意料，学生分析的原因及想出的办法比老师还多。比如，有的同学错在漏掉了二次项的系数，有的同学忘记方程有实根存在的前提是 $\Delta \geq 0$ 等。这提醒教师，学生学数学是积极主动的建构过程，在课堂中应该避免满堂灌的情况。

L教师：大学教师上这门课的时候，不仅讲关于数学概念、命题与推理的教学，介绍常用的数学教学方法、策略及模式，他们还从中学数学课堂教学的几大环节（包括教学导入，组织过程中的数学语言的运用、板书的书写及课堂提问，数学课堂的结束环节及课后的反馈与强化等）介绍如何上好一堂数学课。老师还结合与中学数学教学相关的视频材料讲解如何在数学教学准备环节中备教材、备学生及备教法。在教育实习之前，老师还组织我们每个人通过上微课的形式锻炼我们的讲课能力以及运用信息化技术授课的教学能力。

H教师：关于中学数学教育类课程对我数学教学的影响，我的看法是这门课程相当重要。我们在大学学习更多的是数学分析、高等代数、解析几何、概率论与数理统计；还有拓扑学、实变函数与泛函分析等，都比较高深且很抽象。我们希望能够在中学数学教育类课程中学到一些与中学数学教学相关的内容。但是，给我们上这门课的老师比较喜欢讲授数学教育理论知识；他们很少给我们举例子，总是告诉我们先记住这些理论以后我们在数学教学过程中慢慢就明白了。但是，我现在仍然不太明白。

W教师：我认为中学数学教育类课程对于教好数学是很重要，我在教学中遇到的一些数学知识讲授方面的问题能够在中学数学教育类课程中找到比较详细又可行的解决办法。我们在大学上的中学数学教育类课程是按照中学数学"数与代数""图形与几何""统计与概率"和"综合与实践"等几大板块组织的。我从中获得的经验是能够直接拿来就用，如函数的讲授技巧及经典例题与习题的呈现和分析。比如对于什么是一次函数，我们会结合方程以及生活实例（如话费缴费问题、银行存款问题等）来讲；这些都来自我大学上中学数学教育类课程中老师列举的实例。

F教师：我在大学期间上的是非师范专业，没有上过中学数学教育类课程，也没有参加过教育实习。但是，我的初中数学知识掌握得不错。我在教数学第一年还是遇到了很多困难，比如我认为初中的函数很简单，但学生依然会出现各种错误和问题，这让我感到费解。有时候，一堂数学课我上得满满的但是效果却不好。我想这可能和我没上过中学数学教育类课程，也和我没有参加过教育实习有关。

有关数学教育类课程对教师学科教学知识的影响，六位初中数学教师的观点如下。学科教学知识高分组的P教师、Z教师与L教师都比较关注从数学教育类课程中学习教育教学观念，这对其学科教学知识的发展产生了一定影响。该研究结果与布赫霍尔茨（Buchholtz）（2017）的发现一致。高水平学科教学知识的职前教师表示，只能对数学知识进行肤浅且缺乏深度处理的课程对他们学科教学知识的作用不大；低水平学科教学知识职前教师则相对片面地关注这门课程对其教学实践的影响，如希望从数学内容的处理上受益。学科教学知识高分组教师认为，数学教育类课程中折射的教育教学观念对其学科教学知识产生一定影响与作用。学科教学知识高分组教师认为，该课程的贡献在于让未来的中学数学教师明白，数学教学目的不仅是学生数学知识的累积，还有其数学能力的提升以及其数学思想与精神的丰富与升华。五位教师都认为，该课程的贡献在于使其在理论层面从自己学数学向教数学转变。美国职前数学教师意识到教育方法类课程的学习对其教学观念及思想的影响，即通过该课程的学习有助于他们解开关于数学教学方法及策略及学生学习数学的误解与迷思（Thomson et al., 2017）。学科教学知识低分组的W教师、H教师与F教师都比较看重数学教育类课程中与中学数学教学实践相关的内容。例如，某一类数学知识的讲授过程与技巧，以及相关数学经典例题及习题的呈现与分析。F教师由于没有上过数学教育类课程，不擅长有效地表征与组织初中数学知识。F教师缺乏从学生视角及初中数学学科逻辑的视角教数学的能力。

从教学1~3年的学科教学知识高分组初中数学教师的经验可看出，他们认为，在大学期间基于案例的数学教育类课程与其高水平的学科教学知识有关。职前数学教师通过基于案例的数学教育类课程的学习能够从认知层面将抽象的理论知识与替代性间接经验进行整合与链接。教学1~3年学科教学知识低分组初中数学教师的数学教育类课程只能为其提供有关数学教学的抽象且概括性强的理论知识，即获得更多的是教师学科教学知识观念层面应然状态的知识。他们比较缺乏的是来自中学数学教师在真实的教学情境中面临的问题与困惑，以及这些间接数学教学经验与数学教育类课程中相关理论知识的链接与整合。

3.教育实习的模式：理论知识与直接经验的整合对二者的分离

通过访谈得知，教学1~3年的学科教学知识高分组与低分组初中数学教师在教育实习的模式方面存在差异。这种差异体现在，高分组教师在教育实习经历中关注理论知识与直接教学经验的整合，而低分组教师在教育实习经历中相对忽视其理论知识与直接教学经验的整合。

教育实习为职前数学教师提供了第一次接触现实教育场域的机会，使他们的数学教学扎根于教学实践之中。职前数学（或科学）教师也描述他们学科教学知识发展的一个重要因素，即进入教学现场的经验（Thomson et al., 2017）。教育实习中要学习的东西很多，包括学习设计课程和单元计划，对不同学生的指导策略，课堂纪律问题以及评估，记录并交流学生的进步等（佩尔蒂埃，2002）。职前教师的教育实习中的成功与失败的经验都会对新手初中数学教师学科教学知识产生一定影响。

研究者：请你谈一谈你在教育实习中获得了哪些经验。这些经验对你的学科教学知识产生了怎样的影响？请举例说明。

P教师：我还清晰地记得当年教育实习的情境，对我现在的数学教学的影响仍然较大。教育实习的时候，我遇到最紧迫的问题不是如何教数学知识，而是学生比较难管。他们的数学老师是班主任，我看过他们老师给他们上课，教师的一个眼神就能让学生自觉遵守纪律并认真听课。但是，轮到我上课的时候学生就不那么守纪律了，讲话的、做小动作的、传纸条的；我很生气地呵斥他们，刚开始管用，可是过一会儿就不行了。我跟那位带我的数学老师关系很好，我就向她请教，她告诉我她刚开始带这个班就建立了一套课堂教学常规并一直延用至今。我使用了这个常规，果然效果好多了。我参加工作之后，上的第一堂数学课就是与同学们共同建立数学课应遵守的纪律和规范；如上课不迟到、不早退，课堂上不讨论与数学无关的问题，同学之间可以就与数学相关的问题小声交流但是不要影响其他人等。这为我有效地讲授数学知识奠定了良好的基础。

Z教师：上大学的第二年，学校就组织我们参加了教育见习，我们去中学学习数学教师怎样写教案，观察他们在课堂中是怎么教数学的。但是，我们始终感觉自己只是旁观者或配角，因为自己没能亲身参与其中。而教育实习就不同了，教育实习让我们有机会自己设计教学方案，在课堂中实施教学计划并与中学生进行真实的课堂互动，体验并感受自己作为中学数学教师的成就感。在教育实习中我们也会遇到各种各样的问题，比如平时我觉得很简单的数学题，给学生讲的时候他们居然听不懂；我发现学生提出的一些问题是我意想不到的，有些学生犯的错误也是出乎我的意料之外的。这些都使我感觉沮丧、不解、烦恼和困惑。带着这些困惑与不解我与学生交流，请教其他数学教师，并在这个过程中学习如何教数学。这为我入职后教数学奠定了良好的基础。

L教师：在教育实习之前我虽然也进行过微格教学的相关训练；但是，我们更关注的是自己的数学知识是否讲明白了、讲对了。直至参加了教育实习，我才接触到真实的课堂教学情境。教育实习最大的感受就是老师要教好数学除了自己要吃透初中数学学科知识之外，更重要的是老师要关注学生的数学学习基础与学习困难。第一次上数学课虽然我自己感觉准备得很充分但还是失败了。我的指导教师帮我分析了原因，其一是我准备的数学课内容太多、太难学生接受不了，消化不了；其二是我只顾自己赶课唱独角戏，没有关注学生是否学会了、学懂了。我发现问题后及时调整，参加工作之后我也有意识地尽量避免这种问题并不断改进。

H教师：我们上大学的时候也参加了教育实习；但是，上班后我感觉教育实习对我的数学教学影响不太大。我们参加教育实习的时候，老师要求我们写很多教学计划方案，而且都是详案。中学指派的负责指导我们的数学教师要求我们写非常详细的教案，就是要把上课老师说的每一句话都要写下来。这让我感觉有些困难而且不理解，因为，我看过其他数学教师写的数学教案，他们的教案是很简略的，没有像我们这么详细。而且，我也听过他们上的数学课，他们的数学课也和教案中的教学方案是不一样的。我感觉，中学数学教师写教案更多的是为了应付学校的检查，而不是为了上课用的。

W教师：我大学是师范类数学教育专业，但是教育实习的时候，我被分派到不缺数学老师的学校去了，他们缺的是小学英语老师，我就被派去当小学英语老师了。我觉得这段经历可能是我入职初期数学教学感到困难的原因之一。首先，教育实习时我教的是小学生，而我工作后面对的是初中生，小学生比较崇拜老师，听老师的话；而初中生比较有主见，也有些学生比较叛逆。其次，在教育实习的时候我教的是英语，而教学后我教的是初中数学，两门课程标准及要求都不同；英语注重学生的听说读写能力的培养，而初中数学则侧重于学生的严谨与抽象的数学思维的培养。

F教师：上大学的时候我学的专业是理工科类的，我没有参加过教育实习。所以，刚开始教初中数学的时候，总有一种茶壶里的饺子倒不出来的感觉。初中数学考题我都会做，也能讲出我的解题方法与思路。但是，当我给学生讲的时候他们却听不太懂，他们学起来也比较费劲。一个很简单的数学概念都要重复讲好几遍学生才能记住。我参加工作之前没有遇到过这种问题，参加工作之后这种问题就比较明显。

在访谈中，六位初中数学教师提到教育实习的一些特征与其学科教学知识是有一定关联的，具体总结如下。①P教师在其教育实习中意识到管理学生对于教师教好数学的影响，并意识到课堂教学常规的建立对于一堂高质量数学课的重要性。这得益于该教师带着问题解决的意识进行教育实习。P教师与中小学合作教师建立了良好的指导关系，向其指导教师请教并讨论怎样进行课堂管理。②从Z教师的经验中得知，Z教师在教育实习中发现其对不同学生数学学习的基础与方法的知识及习惯了解得较少。在认知冲突的驱使下，该教师在教育实习中努力丰富及完善此类知识。③L教师从教育实习中，深刻体会到教师有效的数学教学是基于对学生知识的理解与掌握。④从H教师的教育实习经历中看出该教师低估了教学设计对良好数学课堂教学的重要性。好的教学计划和准备要求教师知道什么材料和资源是可以得到的，以及如何使用它们为所有学生创造良好的学习氛围（佩尔蒂埃，2002）。⑤从W老师的经验可知，即职前数学教师在教育实习中所教授的年级以及科目是否与其今后教学教授的年级及科目的匹配程度，对其学科教学知识是很重要的。⑥从F教师的访谈中可看出，F教师作为非师范专业毕业的，其初中数学学科知识掌握得不错；但是，在数学教学中仍然有很多困难不知如何应对，这与其未参与教育实习有关。

可见，学科教学知识高分组初中数学教师在教学中遇到的问题与困难各不同；但是，他们在教育实习中教授的都是数学，与其大学所学专业一致。他们有机会与可能将数学教育相关的理论知识与亲身经历的教学经验进行统整。职前教师将数学教育教学相关的理论知识与亲身经历的教学经验进行统整的内部条件是在教育实习中他们都具有问题意识且遇到困难有学习和改变的意愿与动机。二者统整的外部条件是他们与中小学指导教师建立了良好的指导关系，指导教师在数学教学方面给予他们帮助。例如，他们在指导教师的帮助之下积累了丰富的有关数学教学的常见问题情境与应对策略。这有助于他们在教学实践中积累将数学学科知识与教育学知识整合的经验。而学科教学知识低分组中有的初中数学教师在教育实习中教授的学科与其大学所学专业不一致。他们缺少将数学学科知识与教育学知识以及关于学生学习的知识在教育实习的过程中统整的机会与可能。同时，他们也缺乏将学科教学知识中各类知识在教学实践中进行统整的外部条件，如他们与中小学指导教师关系不佳，或其指导教师对其在数学教学方面的指导帮助甚微。他们更多地将教育实习的失败归因于外部原因，通过个人努力改变的动机不强。

4.新手教师与指导教师的关系：互利共生对偏利共生

通过访谈得知，教学1~3年的学科教学知识高分组与学科教学知识低分组初中数学教师关于新手教师与指导教师的关系的认知存在差异。这种差异主要体现在，学科教学知识高分组初中数学教师认为，他们与指导教师是一种互利共生的关系；而学科教学知识低分组初中数学教师则认为，他们与指导教师是一种偏利共生的关系。

担任新手教师的指导教师作为新手教师的重要他人，能够帮助新手教师丰富及完善其学科教学知识中的各类知识库，以促进其学科教学知识向更高水平发展（Bruton，2013）。古有名言："以铜为镜可以正衣冠，以人为镜可以知得失。"我国中小学校一直就有师傅带徒弟的优良传统。指导教师一般都是学

第五章　同一职业生涯阶段初中数学教师学科教学知识的差异及其影响因素

校某一学科领域经验丰富且教学能力较强，又得到领导与同事们认可的优秀教师。他们对于新手教师的专业发展起到模范与榜样的作用，其有效且适宜的指导能够引领新手教师学会如何教学。在师徒制的传承下，各个省市的中小学校都开启了"青蓝工程"。所谓"青蓝工程"就是为了促进青年教师的教学业务水平及其能力的提升，使他们尽快成为学校的教学骨干，中小学校内部指派教学经验丰富的教师担任青年教师（一般是教学三年以下教师）的指导老师。主要通过指导老师的传、帮、带等方式促进青年教师提高课堂教学技能和教学的艺术。"青蓝工程"的系列活动涉及教学的各个方面，如备课、上课及课后反思等方面，其指导的时间一般是1~3年。

与六位学科教学知识水平高低不同的教学1~3年初中数学老师进行半结构式访谈。学科教学知识高分组与低分组教师关于指导教师对其学科教学知识影响的认识存在差异。他们都认为，教学后学校指派的指导教师对其学科教学知识产生了一定影响。学科教学知识高分组中有三人，学科教学知识低分组中有一人表示，指导教师的指导对其学科教学知识产生了积极影响。学科教学知识低分组中有两人则认为，指导教师的指导对其学科教学知识的改进帮助不太大。具体内容如下所述。

研究者：您的指导教师是如何指导您的数学教学的？这种指导对您学科教学知识的影响如何？

P教师：在我教学前三年，我特别感谢我的指导教师L教师对我的帮助和支持。L教师是一位非常优秀的数学教师，她上课的风格是一气呵成、严丝合缝的，没有半句废话，我们都非常钦佩她。她对我们新手教师也比较严格，比如要求我们按照她的要求备课并定期检查；规定我们一学期必须听15节优质初中数学课；我们上完数学课还要写1000字以上的反思笔记，这是其他指导教师没有要求的。开始我们感觉任务重，比较辛苦，难免对L教师多有抱怨。但是，随着我们数学教学水平的提高，我们对她也充满了感激之情。

Z教师：我刚上班学校就给我们几位新教师指派了一位有经验的"Y师傅"。Y数学老师的特长是讲课思路清晰，把一堂数学课的重难点以及知识的脉络讲得有条有理的，还写得一手好板书。我们教学的第一年，她指导我们进行教学基本功的训练。比如，教师如何准确且规范地使用数学语言；写板书要清晰明了，有层次且分重难点；课堂提问设计与应变能力；作业的布置与批改等。我们教学第二年的时候，她会定期评估我们的数学教学基本功是否扎实，并给予有针对性的意见。在教学第三年的时候，我们有什么问题可以与她讨论，她对我们的教学不再像以前那样手把手地教了，而是给我们更多的自主权去探索、去尝试。我感觉她这种指导方式对我提高数学教学能力帮助很大。

L教师：指导教师和我们几个新老师一起备课，写教案，写教学反思。我们新老师遇到困难了就及时和指导教师沟通和交流，大家共同解决问题，共同出谋划策，相互帮助和支持。指导教师经常帮助我们解决数学教学中的问题。比如，有一次，我出了些应用题让学生用一元一次方程列算式解题，一部分初一的学生仍然使用小学的旧办法计算。我与指导教师沟通，他建议我去问一问学生。我照做了，学生回答他们觉得用以前的办法也可以解决。指导教师就与我讨论，可能是我在上课的时候没有对比两种方法的异同，或是学生没有真正掌握一元一次方程。在指导过程中，指导教师感觉他也深受启发。我的指导教师曾说过指导我们的同时她也学到了很多新知识与新理念。比如，他向我们学习如何利用Flash动画技术向初中生展示图像的位移、立体几何练习题的讲解等。

H教师：我的指导教师是市级骨干教师，取得了中学高级职称。她的数学教学知识非常扎实，数学教学能力也很强；但是，她认为自己还有很多方面做得不够好。指导我们的过程中，她总是强调他们那个年代没有老师带他们，他们都是自己在教学的过程中慢慢琢磨和刻苦钻研的。她对我们的要求基本都是学校指派的任务，她希望我们能够自己摸索和钻研，如果有不懂的地方可以随时请教她。虽然我们感觉比较轻松，但是我们似乎学到的东西并不太多。

W教师：我的指导教师是学校直接指定的，她为人很好而且她的数学教学能力也得到其他教师和同学们的认可。但是，我觉得她的指导对我学科教学知识的提升影响不太大。可能是由于我的指导教师和我在性格、观念或想法方面的差异比较大。比如，我的指导教师是一个平时寡言少语、治学严谨且严肃认真的老师；而我是那种比较活泼开朗的性格。她有时候会要求我上课不要讲多余的与课堂无关的废话，但是，我有不同的想法，我觉得跟学生间的默契需要教师的一些废话，这样才能更好地教好数学，学生也可能会因为喜欢这个数学老师而喜欢学习数学。

F教师：我感觉我的指导教师更重视完成她自己的教学任务，不太重视对我们新教师的教学指导。比如，我请教她有关概率方面的内容怎么教，她会直接告诉我该怎么教，也允许我听她上课。但是，我照做后教学效果却不太好，我与她讨论的时候，她也说不清楚，总是让我自己去琢磨。和指导教师的相处过程中，我觉得指导教师认为，指导新教师对她教学质量提升的帮助不大，所以她不愿意付出太多的心血。

首先，指导教师必须是一位在数学教学方面经验丰富且表现优秀的数学教师。担任新手教师的指导教师，不仅要擅长根据初中生的数学学习特点及初中数学知识的逻辑体系合理地表征知识，既能够将抽象的数学知识转化成具体的知识形式，又能够从具体化的数学知识中抽象概括出共同的数学理念与思想，还应具备丰富经验与因材施教的指导能力，要指导新手教师"会教"，还要指导新手教师引导学生"会学"。

P教师的指导教师注重教师通过备课及课后总结等方式进行教学经验的积累及反思，指导计划清晰且目标明确。Q教师的指导教师不仅是一位优秀的数学教师，还是一位胜任感较强的指导教师。该指导教师根据不同时期初中数学教师在数学教学方面的不同需求提供不同程度及形式的指导，在新手教师教学初期给予更多脚手架式的支持，后来逐渐减少支持与帮助，给予新手教师更多的教学自主权。L教师的指导教师认为，指导新手教师的过程是一个教学相长的过程，指导教师指导新手教师的过程也是他们向新手教师学习的过程。H教师的指导教师是一位优秀的初中数学教师，但是，指导新手教师的经验相对不足，采取的是一种消极被动的指导方式。这让H教师感到指导教师对其学习如何教数学帮助不太大。W教师的指导教师也是优秀的初中数学教师，在指导新手教师方面有一定经验。但是，可能该指导教师所持的数学教学观念与W教师所信奉的数学教学观念差异比较大，这影响了他们良好指导关系的建立，也进而影响了W教师学科教学知识水平的提升。F教师认为，其指导教师对新手教师的指导很敷衍，其原因可能是其指导教师认为指导是他们将自己多年积累的教学精髓免费输送给新手教师的过程，而新手教师对指导教师的帮助或是回报却是微乎其微的。显然，该指导教师认为指导是一种不对等的关系。由此可见，对于教学1~3年的新手教师来说，良好的指导关系以及指导教师丰富的指导经验及能力与其高水平学科教学知识是有关的。但是，指导教师的指导未必就有助于初中数学教师学科教学知识的提升，这还取决于指导关系的好坏，指导方法、质量及效率等方面。

六位教师都反映他们的指导教师有着丰富的数学教学经验，且在数学教学方面曾经获得过各种奖项，其差别主要表现在指导经验、指导技巧及与新手教师的指导关系方面。学科教学知识高分组初中数学教师表示，指导教师与他们是一种共生关系（陈秋玲，2007），即指导教师与新手教师基于协商共同制订计划、实施并研讨，双方共同贡献，共同受益。新手教师学科教学知识水平不仅能够达到指导教师的学科教学知识水平，甚至还可能超越他们的学科教学知识水平。学科教学知识低分组初中数学教师表示，其指导教师与他们的关系是一种学徒关系，即指导教师提供课堂教学材料、数学教学方法及组织策略，新手教师通过模仿进行学习；教师学科教学知识水平最多只能达到其指导教师的水平。学科教学知识低分组教师将指导教师与新教师的关系界定为偏利共生的关系，即对接受指导的教师是有益的，而对指导教师没有影响。

二、教学4~6年初中数学教师学科教学知识的差异及其影响因素

（一）教学4~6年的初中数学教师学科教学知识的差异及各影响因素对其学科教学知识水平的解释

1. 不同性别教学4~6年初中数学教师学科教学知识的差异不显著

从描述性统计结果来看，教学4~6年的男性初中数学教师关于学生典型错误与困难知识的均值高于女性教师；而教学4~6年女性初中数学教师在其学科教学知识及其他两个维度上的均值大于男性教师。运用独立样本t检验探究不同性别教学4~6年初中数学教师的学科教学知识及其三个子维度的差异。其独立样

第五章 同一职业生涯阶段初中数学教师学科教学知识的差异及其影响因素

本t检验的结果中所有维度p>0.05，这说明，不同性别教学4~6年初中数学教师的学科教学知识及其三个子维度的差异未达到显著性水平。具体数值如表5-10所示。

运用单变量方差分析探究不同性别与学科教学知识高低分组交互作用上初中数学教师学科教学知识的差异。$F=0.246$，$p=0.642$。结果表明，不同性别与学科教学知识高低分组交互作用下初中数学教师学科教学知识的差异不显著。

表5-10 不同性别的教学4~6年初中数学教师
学科教学知识的描述性统计与差异检验表

教师学科教学知识维度	性别	均值	标准差	独立样本 t 检验	
				t	p
将学科知识转化成学生易于接受形式的知识	女	1.131	0.7262	0.467	0.642
	男	1.021	0.873		
有关学生典型错误与困难的知识	女	0.909	0.6307	−1.796	0.079
	男	1.271	0.722		
关于数学任务多种解决方案的知识	女	1.465	0.601	−0.084	0.934
	男	1.479	0.501		
初中数学教师学科教学知识	女	1.168	0.49	−0.558	0.579
	男	1.257	0.582		

2. 不同学校类型的教学4~6年初中数学教师学科教学知识的差异不显著

一般中学教学4~6年初中数学教师的关于数学任务多种解决方案知识均值略低于重点中学教师，重点中学教师在学科教学知识及其他两个子维度的均值都高于一般中学教师。进行独立样本t检验，所有维度$p>0.05$。这说明，不同学校类型的教学4~6年初中数学教师学科教学知识及其三个子维度的差异不显著。具体数值如表5-11所示。

运用单变量方差分析探究不同学校类型与学科教学知识高低分组交互作用上初中数学教师学科教学知识的差异。$F=2.25$，$p=0.125$。结果表明，不同学校类型与学科教学知识高低分组交互作用下初中数学教师学科教学知识的差异不显著。

表5-11 不同学校类型的教学4~6年初中数学教师
学科教学知识的描述性统计与差异检验表

教师学科教学知识维度	不同学校类型	均值	标准差	独立样本 t 检验 t	独立样本 t 检验 p
将学科知识转化成为学生易于接受形式的知识	一般	1.09	0.826	−0.081	0.936
	重点	1.111	0.592		
有关学生的典型错误与困难的知识	一般	0.982	0.702	−0.819	0.417
	重点	1.167	0.595		
关于数学任务多种解决方案的知识	一般	1.478	0.601	0.174	0.862
	重点	1.444	0.457		
初中数学教师学科教学知识	一般	1.183	0.554	−0.332	0.742
	重点	1.24	0.399		

3. 不同职称教学4~6年初中数学教师学科教学知识的差异不显著

运用ANOVA检验探究教学4~6年不同职称的初中数学教师在学科教学知识及其三个子维度上的差异。从方差的齐性检验来看，所有维度$p>0.05$，这说明其方差齐性。从ANOVA检验的结果可知，所有维度$p>0.05$，说明教学4~6年的不同职称初中数学教师在学科教学知识及其三个子维度上的差异不显著。具体数值如表5-12所示。

运用单变量方差分析探究不同职称与学科教学知识高低分组交互作用下初中数学教师学科教学知识的差异。$F=1.779$，$p=0.176$。结果表明，不同职称与学科教学知识高低分组交互作用下初中数学教师学科教学知识的差异不显著。

表5-12 不同职称的教学4~6年初中数学教师
学科教学知识的单因素方差分析

教师学科教学知识维度	不同职称	方差齐性检验 Levene统计量	方差齐性检验 p	ANOVA F	ANOVA p
将学科知识转化成为学生易于接受形式的知识	1	1.529	0.228	0.211	0.888
	2				
	3				
	4				

续表

教师学科教学知识维度	不同职称	方差齐性检验		ANOVA	
		Levene统计量	p	F	p
有关学生的典型错误与困难的知识	1	0.05	0.951	1.11	0.355
	2				
	3				
	4				
关于数学任务多种解决方案的知识	1	1.185	0.315	0.359	0.783
	2				
	3				
	4				
初中数学教师学科教学知识	1	2.074	0.137	0.489	0.691
	2				
	3				
	4				

注："不同职称"中，1代表中学一级，2代表中学二级，3代表中学三级，4代表职称为无。

4. 不同大学专业的教学4~6年初中数学教师的学科教学知识差异显著

采用单因素方差分析检验不同大学专业教学4~6年初中数学教师学科教学知识的差异。其结果表明，其他师范类专业的教师将知识转化成为学生易于接受形式知识的均值显著大于大学专业为数学教育及非师范类专业的教师。不同大学专业初中数学教师的学科教学知识及其他两个子维度均值的差异不显著。这表明，其他师范类专业的初中数学教师在职前教育阶段接受的有关教学方面的理论知识与实践教学活动影响了其教学4~6年后的学科教学知识发展水平，尤其是其将知识转化为学生易于接受形式知识的发展水平。具体数值如表5-13所示。

运用单变量方差分析检验不同大学专业与学科教学知识高低分组交互作用下初中数学教师的学科教学知识的差异。$F=0.134$，$p=0.717$。结果表明，不同大学专业与学科教学知识高低分组相互作用下初中数学教师学科教学知识的差异不显著。

表5-13　不同大学专业的教学4~6年初中数学教师
学科教学知识单因素方差分析及事后比较

教师学科教学知识维度	大学专业	方差齐性检验 Levene统计量	p	ANOVA F	p	事后比较
将学科知识转化成为学生易于接受形式的知识	1	1.061	0.354	4.146*	0.022	2>1 2>3
	2					
	3					
有关学生的典型错误与困难的知识	1	1.289	0.285	0.624	0.54	—
	2					
	3					
关于数学任务多种解决方案的知识	1	3.707	0.032	0.982	0.382	—
	2					
	3					
初中数学教师学科教学知识	1	0.367	0.695	1.310	0.28	—
	2					
	3					

注："大学专业"中，1代表数学教育专业，2代表其他师范类专业，3代表非师范类专业；*p＜0.05。

5. 不同担任指导教师情况的教学4~6年初中数学教师的学科教学知识差异不显著

采用单因素方差分析检验不同担任指导教师情况的教学4~6年初中数学教师学科教学知识的差异，所有维度p＞0.05，未达到0.05显著性水平。这表明，不同担任指导教师情况的教学4~6年初中数学教师在学科教学知识及其他三个子维度知识的差异不显著。具体数值如表5-14所示。

运用单变量方差分析检验不同担任指导教师情况与学科教学知识高低分组交互作用上初中数学教师学科教学知识的差异。$F=0.263$，$p=0.771$。结果表明，不同担任指导教师情况与学科教学知识高低分组交互作用上初中数学教师学科教学知识的差异不显著。

第五章 同一职业生涯阶段初中数学教师学科教学知识的差异及其影响因素

表5-14 不同担任指导教师情况的教学4~6年初中数学教师学科教学知识的单因素方差分析

教师学科教学知识维度	担任指导教师情况	方差齐性检验 Levene统计量	p	ANOVA F	p
将学科知识转化成为学生易于接受形式的知识	1	4.652	0.006	0.122	0.947
	2				
	3				
	4				
有关学生的典型错误与困难的知识	1	0.73	0.54	0.45	0.719
	2				
	3				
	4				
关于数学任务多种解决方案的知识	1	0.028	0.994	0.996	0.403
	2				
	3				
	4				
初中数学教师学科教学知识	1	0.943	0.428	0.086	0.967
	2				
	3				
	4				

注："担任指导教师情况"中，1代表担任新手教师指导教师，2代表担任职前教师指导教师，3代表不担任指导教师，4代表担任新手教师与职前教师的指导教师。

6. 对学习者经验有不同认知的教学4~6年初中数学教师学科教学知识的差异不显著

采用单因素方差分析检验对学习者经验有不同认知的教学4~6年初中数学教师学科教学知识的差异。如表5-15所示，所有维度$p>0.05$，未达到0.05显著性水平。这表明，对学习者经验有不同认知的教学4~6年初中数学教师在学科教学知识及其他三个子维度的差异不显著。运用单变量方差分析检验对学习者经验的不同认知与学科教学知识高低分组交互作用上初中数学教师学科教学知识的差异。$F=0.051$，$p=0.995$。结果表明，对学习者经验的不同认知与学科教学知识高低分组相互作用下初中数学教师学科教学知识的差异不显著。

表5-15 对学习者经验有不同认知的教学4~6年初中数学教师学科教学知识的单因素方差分析

教师学科教学知识维度	对学习者经验的不同认知	方差齐性检验 Levene统计量	p	ANOVA F	p
将学科知识转化成为学生易于接受形式的知识	1 2 3 4	1.428	0.25	0.049	0.952
有关学生的典型错误与困难的知识	1 2 3 4	0.632	0.536	1.047	0.359
关于数学任务多种解决方案的知识	1 2 3 4	1.098	0.342	1.579	0.217
初中数学教师学科教学知识	1 2 3 4	0.355	0.703	0.607	0.549

注："对学习者经验的不同认知"中，1代表学习者经验对其学科教学知识根本没有影响，2代表学习者经验对其学科教学知识只有一点影响，3代表学习者经验对其学科教学知识影响较大，4代表学习者经验对其学科教学知识最大。

7. 对职前经验有不同认知的教学4~6年初中数学教师学科教学知识的差异不显著

采用单因素方差分析检验对职前经验有不同认知的教学4~6年初中数学教师学科教学知识的差异。如表5-16所示，所有维度$p>0.05$，未达到0.05显著性水平。运用单变量方差分析检验对职前经验有不同认知与学科教学知识高低分组交互作用上初中数学教师学科教学知识的差异。$F=0.375$，$p=0.772$。结果表明，对职前经验有不同认知与学科教学知识高低分组交互作用下初中数学教师学科教学知识的差异未达到显著性水平。

表5-16 对职前经验有不同认知的教学4~6年初中数学教师学科教学知识的单因素方差分析

教师学科教学知识维度	对职前经验影响教师学科教学知识的不同认知	方差齐性检验 Levene统计量	p	ANOVA F	p
将学科知识转化成为学生易于接受形式的知识	1	0.575	0.635	2.395	0.081
	2				
	3				
	4				
有关学生典型错误与困难的知识	1	0.554	0.648	2.148	0.107
	2				
	3				
	4				
关于数学任务多种解决方案的知识	1	1.565	0.211	0.869	0.464
	2				
	3				
	4				
初中数学教师学科教学知识	1	0.309	0.819	1.233	0.309
	2				
	3				
	4				

注："对职前经验影响教师学科教学知识的不同认知"中，1代表一般教育学类课程，2代表数学教育类课程，3代表教育实习，4代表数学教育类课程与教育实习。

8. 对在职经验有不同认知的教学4~6年初中数学教师学科教学知识的差异显著

采用单因素方差分析检验对在职经验有不同认知的教学4~6年初中数学教师学科教学知识的差异。其结果表明，关于在职经验影响教师学科教学知识具有不同认知的教学4~6年初中数学教师在学科教学知识及将学科知识转化成学生易于接受形式的知识，关于数学任务多种解决方案的知识的差异都达到了0.05显著性水平。事后比较发现，勾选有组织的专业活动与教师自身因素的教学4~6年初中数学教师学科教学知识均值显著高于勾选在职培训与非组织的专业活动的教师，以及勾选有组织的专业活动与非组织的专业活动的教师。勾选有组织的专业活动与教师自身因素的教学4~6年教师的将知识转化成为学生易于接受形式知识的均值显著高于勾选在职培训与非组织专业活动的教师。具体数值如表5-17所示。

运用单变量方差分析检验对在职经验有不同认知与学科教学知识高低分组相互作用下初中数学教师学科教学知识的差异。$F=26.074$，$p<0.001$。结果表明，对在职经验有不同认知与学科教学知识高低分组相互作用下初中数学教师学科教学知识的差异显著。事后比较发现，勾选在职培训与教师自身因素，或有组织的专业活动与教师自身因素的学科教学知识高分组初中数学教师学科教学知识均值高于勾选这两项学科教学知识低分组的教师。

表5-17 对在职经验有不同认知的教学4~6年初中数学教师
学科教学知识的单因素方差分析与事后比较

教师学科教学知识维度	对在职经验影响教师学科教学知识的不同认知	方差齐性检验 Levene统计量	p	ANOVA F	p	事后比较
将学科知识转化成为学生易于接受形式的知识	1	0.965	0.45	4.164*	0.004	5>1
	2					
	3					
	4					
	5					
	6					

第五章　同一职业生涯阶段初中数学教师学科教学知识的差异及其影响因素

续表

教师学科教学知识维度	对在职经验影响教师学科教学知识的不同认知	方差齐性检验 Levene统计量	p	ANOVA F	p	事后比较
有关学生的典型错误与困难的知识	1	1.299	0.282	2.4	0.053	—
	2					
	3					
	4					
	5					
	6					
关于数学任务多种解决方案的知识	1	1.04	0.407	3.86*	0.006	—
	2					
	3					
	4					
	5					
	6					
初中数学教师学科教学知识	1	1.231	0.311	6.753***	0	5>1 5>4
	2					
	3					
	4					
	5					
	6					

注："对在职经验影响教师学科教学知识的不同认知"中，1代表在职培训与有组织的专业活动，2代表在职培训与非组织的专业活动，3代表在职培训与教师自身因素，4代表有组织的专业活动与非组织的专业活动，5代表有组织的专业活动与教师自身因素，6代表非组织的专业活动与教师自身因素；$*p<0.05$，$***p<0.001$。

9. 各影响因素对教学4~6年初中数学教师学科教学知识的解释

首先，对教学4~6年初中数学教师学科教学知识进行正态分布检验。如图5-2所示，教学4~6年初中数学教师学科教学知识呈现正态分布，适合采用线性回归模型。

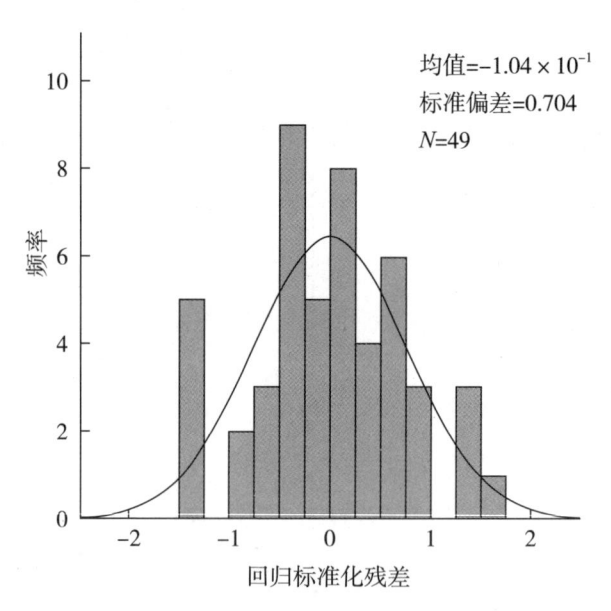

图5-2 教学4~6年初中数学教师学科教学知识平均分正态分布图

使用逐步多元回归分析探究各影响因素对教学4~6年初中数学教师学科教学知识的解释。结果发现，回归分析模型的容忍度值都介于0至1之间，VIF值也都小于评鉴指标10，这表示进入回归方程式的自变量之间没有多元共线性问题。如表5-18所示，两个虚拟预测变量与教学4~6年教师学科教学知识因变量的多元相关系数为0.558，决定系数R^2=0.311，回归模型整体检验的F=10.398（$p<0.001$）。这说明，两个虚拟预测变量共同可以有效解释教学4~6年初中数学教师学科教学知识31.1%的变异量。从每个虚拟预测变量的解释程度高低来看，对教学4~6年教师学科教学知识最具有解释力的是在职培训与有组织的专业活动，其解释变异量为20.7%；其次是有组织的专业活动与教师自身因素，其解释变异量为10.5%。标准化回归方程如下：教学4~6年初中数学教师学科教学知识=−0.368×在职培训与有组织的专业活动+0.335×有组织的专业活动与教师自身因素。从该回归方程中可看出，教学4~6年初中数学教师学科教学知识与教师在职经验中的有组织专业活动以及教师自身因素有紧密关联，尤其是教师的自身因素。

表5-18　各虚拟预测变量对教学4~6年初中数学教师
学科教学知识的逐步多元回归分析摘要表

投入顺序	多元相关系数 R	决定系数 R^2	增加量 (ΔR^2)	F	净F (ΔF)	B	Beta (β系数)
截距	—	—	—	—	—	1.284	—
在职培训与有组织的专业活动	0.455	0.207	0.207	12.247*	12.247*	−0.574	−0.368
有组织的专业活动与教师自身因素	0.558	0.311	0.105	10.398***	6.988*	0.366	0.335

注：$*p<0.05$，$***p<0.001$。

（二）教学4~6年初中数学教师学科教学知识差异的影响因素

从统计学的结果来看，教学4~6年的初中数学教师在不同性别、不同学校类型、不同职称、不同担任指导教师情况、对学习者经验的不同认知，及对职前经验的不同认知方面，教师学科教学知识的差异不显著。但是，教师在职经验中的有组织专业活动与教师自身因素是教学4~6年教师学科教学知识高低分组学科教学知识差异的主要影响因素。在职经验中有组织的专业活动与教师自身因素也被纳入到教学4~6年初中数学教师学科教学知识的多元回归方程中。且勾选有组织的专业活动与教师自身因素的初中数学教师在学科教学知识及将知识转化成为学生易于接受形式知识的均值都显著高于勾选在职培训与有组织的专业活动的教师。教师学科教学知识高分组更多来自勾选有组织的专业活动与教师自身因素的教师群体。通过与三位教学4~6年学科教学知识高分组初中数学教师及三位学科教学知识低分组初中数学教师围绕影响其学科教学知识的因素进行访谈。结果发现，他们都认为，在职经验是影响其学科教学知识的主要因素。通过半结构式访谈继续追问，其差异表现在以下几方面：有组织专业活动中的上初中数学公开课的经历以及教师集体备课，非组织专业活动中的观摩有经验教师的优质数学课，教师自身因素中的教师效能。

1.对数学公开课的认知：提升学科教学知识的契机对必须完成的任务

通过访谈得知，教学4~6年的学科教学知识高分组与低分组初中数学教师关于亲历公开课的认知存在差异。这种差异主要体现在，高分组教师认为，亲历公开课是提升其学科教学知识的契机。而低分组教师认为，亲历公开课是学校要求教师必须完成的一项任务。

公开课是相对于"常规课"来说的，与日常教学相比，它是一个教学的"特例"，是一种有开课目的、有研讨过程的"观摩"活动，是教师间有目的地互相听课的活动（优才教育研究院，2013）。公开课对于促进各个职业生涯阶段初中数学教师的专业发展都起到推动作用。张燕勤与于晓静（2010）认为，公开课能促进教师自我反思，从专家点拨和同伴互助中受益，是推动其专业发展的客观动力。与3位教学4~6年的学科教学知识高分组的S教师、Z教师与C教师，以及处于同一职业生涯阶段学科教学知识水平较低的L教师、X教师与P教师围绕他们的"公开课经历"及其对教师学科教学知识的影响进行访谈。

研究者：请谈一谈您上公开课的经历。这些经历对您学科教学知识的影响如何？请举例说明。

教学6年的S教师：我从自己上公开课的磨课过程中学习的经验对我数学教学水平提升得很大，我感觉上一次数学公开课就使我蜕变一次。我们学校规定每学期每位教师都要上一节公开课。还要进行公开课比赛，先从年级组选出上公开课上得好的教师，再从各个年级组中挑选出学校代表参加全市青年教师公开课比赛。公开课的磨课过程让我在真实的课堂教学中发现各种问题，通过与其他教师的讨论让我意识到自己的优势与不足。还记得我被选到市里参加青年教师公开课比赛，讲的是"二元一次方程组"。我先写教案，然后与有经验的数学教师一起交流切磋。当时，我的教学重点是学生掌握二元一次方程的概念及二元一次方程组的解法，难点聚焦于二元一次方程组的解法。我在一个班上了一遍之后问题就凸显出来了，听课的教师们提了很多宝贵的意见。比如，我一堂课要完成的任务太多，这堂新课应该与前面讲过的一元一次方程及不等式进行衔接。还有我让学生判断"$2x+xy=0$"是否是二元一次方程时，学生的回答不够准确，我忽视对学生的引导就直接替学生回答。听了其他教师的意见之

第五章　同一职业生涯阶段初中数学教师学科教学知识的差异及其影响因素

后,我又重新设计了教学方案,思考教学重难点应该通过哪种方式更易于学生理解,学生在学习二元一次方程时可能出现的问题等。经过几次磨课我在公开课比赛中取得了很好的成绩。我在平时讲课的时候也严格要求自己,争取自己上的每一堂课都达到公开课的水准。

教学5年的Z教师:每一次上公开课的准备过程及正式上公开课的过程都让我收获满满。比如,我学到了更多教学方法与策略,也能了解学生在学习某一数学知识的各种错误与问题。公开课我选择讲"抽样调查"。在备课的时候,很多教师帮我把关。比如,整个过程要体现学生的主体地位,教学导入部分要新颖、贴近生活,教学中间环节要遵循由易到难的规律,教学结尾部分要体现出抽样调查在学生日常生活中的运用。上这堂公开课的过程我至今历历在目。

青年教师讲课比赛优质课——抽样调查

(1)生活事件导入:我先讲了一个生活中的实例。老爸让某某买一盒火柴,叮嘱某某说一定要保证买的火柴能划着。某某去商店买了一盒火柴,然后某某想怎么才能保证划得着。某某就一根一根地把火柴都划了,全部都划着了。回家,某某高兴地跟老爸说保证每根都能划着,爸爸问某某:"为什么呢?"某某说,因为他一根一根地都划完了呀。

然后我问学生,刚才的故事与数学中曾经学过的什么内容有关。学生回答是学过的整体调查。教师由整体调查引出了"抽样调查"。

(2)学生自学"抽样调查"的定义。

(3)老师举实例让学生判断是否适合进行"抽样判断"。

比如,检查灯泡的寿命,原子弹爆炸试验,检查飞机零件的耗损,全国人民健康水平调查,全国人民人口普查等。

(4)学生总结出抽样"抽样调查"的适用条件与范围。

(5)在学生都掌握的情况下,介绍简单随机抽样的使用方法,并建议同学们使用。

我对这堂公开课的反思如下:如果我不把某些重复的例题放进去,而是增加简单随机抽样使用方法的讲述及学生练习的时间,可能更贴近因材施教的要求。

教学5年的C教师：最近，我上的一堂市级的初中数学公开课比较失败，这让我印象深刻。我上的是平行线的性质，即如果两条平行线被第三条直线所截，那么同位角相等，内错角相等且同旁内角互补。我按照事先精心打磨好的教学设计上这节公开课。首先，我引入了生活中的平行线，然后通过提问"平行线有什么性质？"直接过渡到让学生动手探索平行线性质的相关活动中。突然，一个学生举手提了个让我尴尬的问题，他问："老师，我们为什么要学平行线的性质？"我突然愣住了，因为我备课的时候根本没有料到学生会问这个问题。我脸一红，就说下课后我们再单独交流。公开课结束后，评课的老师也批评了我在备课的时候没有考虑这方面。自此以后，我在平时上课的时候都会思考这个问题，有时候我还会跟学生交流关于某一数学知识点他们为什么学及想学什么。

教学6年的L教师：公开课对于我们教学只有几年的数学老师来说很重要。但是公开课也比较难上，我上的年级组和校级的公开课多一些，市级的公开课涉及争名次拿奖项，所以压力比较大，我几乎没上过。数学公开课难上就难在学生方面的因素是不可控的。一般，准备公开课都是在自己教的班上进行磨课。但是，数学教师要参加市级以上的数学公开课比赛，所选学校不一定是自己学校；即使是自己学校也未必是自己教的班。上公开课前教师对学生已有的数学基础、易错点与理解困难一无所知。这会导致上课过程中出现很多意想不到的突发情况，让教师措手不及，导致一堂精心准备的数学公开课泡汤。

教学4年的X教师与教学5年的P教师都认为上公开课多少会有一些作秀的成分在里面。好多数学老师上公开课花样很多，但是，他们平时却不是这样上数学课。我们上公开课的时候有好多教师共同帮你把关，而且数学教师在自己班上也已经演练过好几遍了。如果教师平时上数学课都像上公开课，那是不现实的。比如，教师平时上数学课大量使用学生合作探究或是小组讨论等教学方法，老师肯定会很累，而且要在规定的时间内完成教学进度计划那几乎是不可能的。

有的初中数学教师在上公开课及观摩公开课的过程中其学科教学知识中各类知识库都得以丰富与完善，其将学科教学知识运用于实践教学的能力也提升

第五章 同一职业生涯阶段初中数学教师学科教学知识的差异及其影响因素

得较快。但是，有的初中数学教师并不认为公开课有助于其学科教学知识水平的提升。S教师主要在自己上公开课经历中体验不断磨课的过程，意识到自身在数学教学方面的薄弱之处并不断练习，积累了相关的数学教学经验，从而提高其学科教学知识水平。Z教师表示，公开课对其学科教学知识的提升有特殊的意义与价值。Z教师认为，她主要借助学校或市级组织的公开课这一契机，从教与学方面认真思考教学目标、教学准备、教学设计、组织与实施；汇集众位优秀初中数学教师的集体智慧经过多次研讨、打磨与尝试不断提升其学科教学知识水平。并将其在公开课过程中学到的经验与教训用于平时的数学教学中。C教师将其在公开课中的经验与教训作为提高其学科教学知识的契机。C教师从中意识到学生在有效数学教学中的重要地位，并在备课的时候也将学习某一数学知识的意义与价值考虑进去。L教师、X教师与P教师则将公开课视为学校规定教师必须完成的一项工作与任务。他们对公开课普遍持一种负面态度与抵触情绪。而且，他们更习惯于用一套自己已经掌握的常规数学教学方法及流程进行教学，而关于公开课对他们在教学方面的挑战则带有抵触与不满的情绪和态度。

2.集体备课中关注的重点：理论的嵌入对经验的分享

通过访谈得知，教学4~6年的学科教学知识高分组与低分组初中数学教师关于集体备课中重点的认知存在差异。这种差异主要体现在，学科教学知识高分组初中数学教师表示，其在集体备课中重视运用数学教育相关理论指导他们的集体备课。而学科教学知识低分组初中数学教师表示，其在集体备课中重视教师教学经验的分享，而相对忽视数学教学理论在其中的运用。

凡德沃克（van der Valk）（1999）的研究表明，教师参与集体备课不仅有助于教师了解其自身学科教学知识的发展状况，也能较好地促进教师学科教学知识的发展。为全面贯彻中学数学课程改革对教师们提出高质量教学的要求，同时避免教师在教学中独自备课可能出现的闭门造车和固步自封等现象，教师们需以学习共同体的形式进行集体备课。教师的学习共同体是一种以共同的目标及愿景结合的有组织、有纪律的学习型组织。教师学习共同体能够使教师通过共同探索、研讨和参与合作性的实践来生成自己的教学知识和实践智慧，从而实现自身的专业发展（袁利平 等，2009）。与独立进行备课相比，以教师学习共同体进行集体教学有助于摒弃个人过于偏激及陈旧的教育教学观念，为多视角全面分析数学教学问题提供机会与可能。初中数学教师们以年级组为单位结成一个学习型共同体，集体备课形式则为教师积累及分享丰富的教学经验及教学实践智慧提供了平台和机会，以便于更好地服务于教师的教和学生的学。与3位教学4~6年的学科教学知识水平较高的S教师、Z教师与C教师及处于同一职业生涯阶段学科教学知识水平较低的L教师、X教师与P教师围绕集体备课如何影响教师学科教学知识进行访谈。具体内容如下：

研究者：请谈一谈你们是怎样进行集体备课的。集体备课对你学科教学知识的影响如何？请举例说明。

S教师：我觉得集体备课是我们在备课及上课方面向他人学习的机会，定期组织的集体备课可以解决大家的共同困惑，也比较高效，这对我学会如何教好数学的帮助比较大。我们学校的集体备课是这样开展的。一般，我们每一个年级组的初中数学教师组成一个备课小组，选择一个小组长督促我们按要求、按时间完成规定的备课任务，在每一学期将数学备课任务平均分配给每位数学教师。每位数学教师都要轮流担任主备教师，主备教师不仅要围绕某一数学知识备教材、备学生及备教法，还要说清楚为什么这样做。比如，主备教师把应用题中的已知条件和问题都通过图、线段或是坐标等方式表示出来。这主要是基于对初中生思维特点的考虑。大家共享主备教师关于某一数学知识重难点的解读。借鉴主备教师的数学教学方法与策略，还要根据自己班学生的具体情况选择合适的教法与练习题。

Z教师：我认为教师集体备课，一方面是初中数学教师们共同讨论、分析及解决数学教学中大家都会遇到的一些共同的问题和困惑。比如教师在讲三角形相似的时候，应该讲什么相关的知识作为教学铺垫，以及出哪些习题以满足数学能力不同学生的学习需要。如果是我独自备课，这些问题可能会很难；但是，在集体备课中我们就能把这些问题抛出来大家一起解决。另一方面，即使是教授同一数学知识，不同主备教师在备课的时候也有不同的考虑。比如，备课内容都是"三角形相似的判定"。不同的主备教师在备课教案中对该定理的

第五章　同一职业生涯阶段初中数学教师学科教学知识的差异及其影响因素

教学设计有不同的考虑。H教师认为这节课的内容比较多，学生容易混淆，就会分成两节课来讲。Q教师则认为可以在一节课讲完，先从判定三角形全等的方法讲到三角形相似的判定更易于学生理解，再通过做习题的方式让学生总结它们的异同。

C教师：我们集体备课不仅讨论教师如何教，为什么这样教；还要讨论小学生如何学，为何这样学。从学生数学学习为出发点讨论教师怎样教。比如，在集体备课的时候，我们就讨论了学生上数学课不听讲的多种可能原因。有的教师反映有的学生数学基础差听不懂，还有的学生注意力不集中上课开小差。为解决这些问题，我们还查阅了有关学生数学学习、中学数学教学论等相关书籍，在集体备课的时候分享了各种应对办法。

L教师：教师的集体备课就是大家先各自写出教授相同数学内容的教案，之后再相互交流与讨论，经过大家商量和讨论后最终敲定一个得到大多数教师认可的教案作为蓝本。大家再按照这个教案的预设进行授课，有时候也会根据自己所教班级的情况进行适当地调整。在整个备课过程中，我能够学习到别人的一些好点子和新内容，我也会格外认真地写详细的教案以获得其他数学教师的认可和赞赏。

X教师：教师的集体备课主要包括备教材、备教法以及备学生。备课的主要流程是按照教学的各个环节逐步推进的。比如教授相同年级组的初中数学教师在一起先讨论教学的导入环节。例如，"平方根"这一课应该如何导入能吸引中学生的兴趣，教师们集思广益然后达成共识。教师们再讨论教学的中间环节，即通过什么教学方法及策略一步步降低学生理解的难度，出哪些练习题帮助学生掌握并巩固该数学知识点。接着，教师们就如何结束这堂数学课交换意见。如果每节数学课都这样备课，花费的时间长，教师们的看法和意见也都会不同，可能效率也比较低。

P教师：我们集体备课是由年级组长组织的。我们集体备课的主题有的来自上级的要求。比如围绕数学校本课程的开发进行的集体备课。一般的集体备课主要围绕初中数学课本开展。比如，关于一次函数大家都是怎么教的，相互学习并用于自己的教学。还会讨论数学题的一题多解，比如证明三角形相似有几种方法，通过集体备课讨论出了反证法、代数法、面积法等。

　　六位初中数学教师所在学校的备课方式都是以处于相同年级组初中数学教师为备课小组。他们关于集体备课对其学科教学知识影响持有不同的观点。S教师比较认同以一位初中数学教师为主，其他初中数学教师为辅，以及主备教师轮流的方式。这种备课方式既有助于自己数学教学方案设计的研习，又有助于学习他人的数学教学方案设计方面的经验。Z教师所在学校的备课方式与S教师的备课方式类似，两位数学教师也都赞赏这种备课方式，认为集体备课既是求同也是求异。所谓求同是指，通过各位初中数学教师的集体智慧共同分享解决数学教学的问题和困惑的经验。所谓求异是指，教师可以以某一主备教师的教案为蓝本，根据自己所教班级的实际情况进行适当调整与改变。S教师更强调在备课过程中，围绕数学教学内容、学生的学法及教师的教学方法等方面教师进行对话与交流，还要阐明这样备课的理由，深度解剖教学样态背后的教学机理有利于教师学科教学知识水平提升。C教师谈到其集体备课关注教师的教与学生的学，并以学生的学为基点讨论教师如何教。L教师、X教师与P教师都比较关注数学课堂教学中各个环节如何组织及实施；但是，在备课过程中教师对于为何要采取某种教学方法与策略的原因却探究得较少。L教师所在的学校是另一种备课方式，即教师独自备课，而后在集体中大家一起备课，最后教师们再进行有个性化的备课。但是，该教师将备课局限于写教案，未能充分利用备课过程中教师对学科教学知识中各类知识的整合。

　　六位初中数学教师所在学校的备课方式比较类似，即以处于相同年级组的初中数学教师为备课小组，围绕备教材、备学生及备教法进行集体备课。但是，他们在集体备课中都关注到了备课中"实"的部分，他们在关注集体备课中"虚"以及"虚与实"的结合方面还存在差异。备课要虚实结合，所谓虚是指对备课新理念的构建，备课指导思想的确立，教学过程的理性解读等；实是指教学内容的本身（方贤忠，2018）。学科教学知识高分组初中数学教师强调在集体备课过程中，基于数学教育的相关理论阐明为何要如此进行教学设计，且更为侧重从学生学习的已有数学知识与经验、数学能力及水平、学生可能出现的错误与困难等方面阐述教师的教案设计。学科教学知识低分组初中数学教师主要基于经验层面进行集体备课，他们比较看重数学课堂教学中各个教学环节中应该使用哪些教法，以及如何组织与实施，且更为偏向以教师的教为中心进行集体备课。

3.优质数学课观察学习的类型：抽象的、创造性的观察学习对简单直接的观察学习

通过访谈得知，教学4~6年的学科教学知识高分组与低分组初中数学教师在优质数学课的观察学习类型上存在差异。这种差异主要体现在，学科教学知识高分组初中数学教师的优质数学课观察学习类型是抽象的、创造性的，而低分组教师的优质数学课观察学习类型是简单直接的。

初中数学教师一方面在自己的数学教学过程中获得有关教师学科教学知识中各类知识及其整合的直接经验；另一方面，他们也通过观察其他教师的数学教学过程习得有关学科教学知识中各类知识及其整合的间接经验。初中数学教师的第二种学习方式就是通过观摩有经验教师的优质数学课习得间接的教学经验。这涉及班杜拉提出社会学习理论中的观察学习。美国心理学家班杜拉（1965）将观察学习界定为，"一个人通过观察他人的行为及其强化结果而习得某些新的反应，或使他已经具有的某种行为反应得到矫正。"在观察学习的过程中，观察的主体被称为观察者，观察的对象是示范者。观察者通过观察示范者的言行及其结果，决定采取与观察者类似的言行，这个过程被称为榜样示范。班杜拉（1986）指出，"示范作用的主要功能之一就是向观察者传递如何将各种行为技能综合成新的行为反应模式的信息。这种信息的传递既可以通过现实个体的行为演示，也可以通过形象表现或语言描述而实现。"所有这些由形象表现或语言描述所引起的示范作用，均可称为符号性示范作用（高中春，2000）。与六位教学4~6年的学科教学知识高分组及低分组初中数学教师围绕观摩优质数学课的看法及其对教师学科教学知识的影响进行访谈。

研究者：请谈一谈您对观摩优质数学课的经验及看法。这些经验对您学科教学知识的影响如何？请举例说明。

S教师：我教了6年书，已经熟悉了数学教学的基本流程。但是，在学校组织的课程改革中仍然要向有经验的骨干数学教师学习。有的骨干数学教师是名

师工作室的教师，他们对于数学课堂改革比较熟悉和了解。我不会完全照搬照抄，主要学习他们上课的各个环节和流程如何体现"三一零"这一理念，以及为什么要这样做。还记得听一位优秀的初中数学教师上八年级的"平行四边形判定"。她上课严谨而不枯燥，既不是满堂灌，也不是只注重课堂形式而忽略数学教学的重难点。她上课的第一步是复习导入，教师要求学生说出平行四边形的定义，即两组对边分别平行的四边形叫作平行四边形。然后，教师通过平行四边形的定义引出平行四边形的判定法定理，即平行四边形对边相等；平行四边形对角相等；平行四边形的对角线互相平分。第二步是教师出了一道平行四边形定义逆命题的题（已知：在四边形$ABCD$中，$AB=CD$，$AD=BC$；求证：四边形$ABCD$是平行四边形），学生以小组的方式进行合作探究。先由学生通过平行四边形的定义进行猜想；然后，请几位学生上黑板做，教师在下面看其他学生的练习情况；最后通过文字语言和符号语言归纳出平行四边形的判定定理。第三步是教师精讲教科书上的例题。第四步是学生辨一辨一些四边形是否是平行四边形并给出理由。学生通过做练习题加强对该判定定理的应用。练习题的难度有梯度，还涉及一题多解，这有助于开阔学生的解题思路。我在上平行四边形的时候也借鉴了教学过程的第二步和第四步，对导入部分进行了修改，上下来效果还不错。

Z教师：老师之间相互听课已经成为我的一种教学习惯。我喜欢听不同的有经验数学教师上相同内容的数学课。比如，我不仅听我们学校教学多年的优秀初中数学教师上菱形的判定，而且会从网上下载一些数学名师有关菱形判定的教学视频进行学习。综合他们的优质课并进行对比，我再设计一个关于菱形判定的教学方案然后在教学中实施。我感觉这个过程对我学科教学知识提升的帮助很大。另外，我不仅听有经验的数学老师上课，有时间我也会听一些新手数学教师的课。新手教师的数学课充满活力且利用了现代多媒体技术，在导入部分很吸引学生，我会学习并思考他们是怎样激发学生学习数学的兴趣及如何调动课堂氛围的。新手教师在数学教学过程中出现的问题我也能够意识到并记下来以避免自己犯此类错误。

C教师：二次函数作为中考的重难点，也是比较难上的一节内容。我去听

第五章　同一职业生涯阶段初中数学教师学科教学知识的差异及其影响因素

一位有经验的教师上"二次函数"这堂数学课。她并没有使用多媒体，也没有使用什么新颖的教学方法或是组织形式。但是，她上的这堂课有两个特点。一是紧扣二次函数的重难点，图像与性质。二是以学生预习中出现的各种问题为主线。围绕学生预习中出现的各种问题以讨论的方式组织这堂数学课。我从中悟出了这样一个道理，就是只有了解了数学知识的重难点及学生学习数学知识的情况，教师的教学才是有效的。

L教师：我主要听我们学校有经验的数学老师上数学课，听课的过程中我比较关注数学教师板书的书写时间、内容及格式等，还会比较留心老师的数学语言。我觉得这两样能够反映出一位初中数学老师的功底，这也是我的欠缺之处，我也一直在进行这两方面基本功的练习与巩固。一般，我学习的都是这两种基本功比较扎实的初中数学教师，特意记下他们上课时的板书与数学语言，这尤其适用于数学概念的讲授。

X教师与P教师都比较喜欢听有经验的数学老师上课时讲的知识、用的教学方法及一些技巧。两位老师都认为自己能在讲相同数学知识的时候使用这些内容。有一次，X教师听了一位优秀的数学教师上"立方根"这堂课。首先，教师引导学生通过做练习题的方式复习平方根的性质，这部分主要是学生完成。其次，教师引出立方根的概念及性质，这部分以教师讲授为主。最后，学生通过与平方根与立方根相关的综合题的解决总结出两者的异同。听了那位老师的讲课，X教师感触很大，X教师在讲立方根的时候也使用了同样的教学方法，一些好的练习题X教师也记下来并在课堂中使用。P教师在听有经验教师上课的时候，发现该老师使用了一种新的方法，就是在复习上节课讲过的数学知识的时候，让学生轮流当小老师提问。P教师觉得很好，也在自己的数学课中使用。

六位初中数学教师在访谈中提到的观察学习都有一个共性，即他们学习的榜样大多是有丰富教学经验的初中数学教师；但是，他们提及的对有经验教师优质数学课的观察学习存在差异。S教师观摩其他初中数学教师的优质数学课的初衷是学习和贯彻以"三一零"为理念的学校数学课程改革，其学习的主要是如何在数学课堂中充分发挥学生学习的主动性与积极性，而不是具体的教学方法。S教师的观察学习应该是班杜拉所提到的抽象的观察学习，即观察者在观察对象示范的某一具体行为的过程中，不是学习表面的具体行为，而是通过观察、比对及分析获得某一复杂行为的抽象的规则及其原理，并能够在实践中运用这一规则和原理，从而习得复杂的行为（高申春，2000）。C教师学习的也不是有经验教师的某一具体数学教学方法，而是其背后的教学机理。C教师的观摩学习也应该属于抽象的观察学习。Z教师认为这种观察学习的方式对其学科教学知识的提升帮助比较大。这种观察学习的方式是围绕处于相同数学教学内容，通过观摩这种间接的学习方式，以多位优秀的初中数学教师为观察对象，综合他们课堂教学的共性，并基于此对教学方案进行优化设计并付诸教学实践，同时还向新手教师学习。Z教师所提到的这种观察学习与班杜拉所提的创造性观察学习相契合。创造性观察学习指教师从不同榜样的示范行为中概括总结出不同的行为特点，并进行整合与加工，形成了一种新的行为方式。班杜拉（1986）认为，"创造也可以产生于示范作用过程。"L教师、X教师与P教师都更为关注教学经验丰富的初中数学教师在数学教学中的具体教学言行，并模仿学习这些具体教学言行，运用到相同数学内容的教授中，这属于简单且直接的观察学习。由此可见，简单且直接的观察学习与初中数学教师低水平的学科教学知识有关，而抽象的观察学习及创造性观察学习与高水平的学科教学知识有关。

4.教师感知的教师效能水平：高水平对低水平

通过访谈得知，教学4~6年的学科教学知识高分组与低分组初中数学教师关于教师效能的认知存在差异。这种差异主要体现在，高分组教师所感知的教师效能水平普遍较高，而低分组教师所感知的教师效能水平普遍偏低。

教师效能是教师教育认知信念中的重要组成部分，对其教学产生重要的影响。1976年，阿莫尔（Armor）在研究中提出了教师效能这一概念。伯曼（Berman）等人（1977）认为教师效能是"教师相信自己有能力影响学生表现的程度"。古斯克（Guskey）与帕萨罗（Passaro）（1994）认为，教师效能属于教师的信念，教师效能可以影响学生的学习，也可以影响存在学习困难或没有学习动力的学生的学习。阿莫尔认为，教师效能包括一般教学效能与个人教学效能。一般教学效能是教师关于教育对学生学习与发展影响的信念。个人教

第五章　同一职业生涯阶段初中数学教师学科教学知识的差异及其影响因素

学效能是教师关于自己的教育对学生学习与发展影响的信念。国外探究教师效能及其对教师教学与学生学业成绩影响的研究较多（Gibson et al., 1984；Guskey et al., 1994；Goddard et al., 2000；Hoy et al., 2005）。已有研究也证明，教师效能与其学科教学知识的确存在一定关联。帕克（Park）（2007）认为，教师效能是教师学科教学知识的"情感关联"，这表明了教师与知识增长之间的联系。汉（Han）（2014）也通过实证研究探究了有经验科学教师的教师效能在教师认知信念结构中发挥着关键作用，进而促进其学科教学知识的发展。同时，高水平的教师效能促进教师学科教学知识的发展，而低水平教师效能则阻碍其学科教学知识的发展；教师效能还是丰富教师有关学生理解方面知识的催化剂（Han, 2014）。所谓催化剂，即教师作为学生所获得的教师效能能够成功地回答和解决问题，增加了教师对其有关理解学生学习知识的探究欲望。因此，这种反馈循环影响教师有关学生理解方面知识的增长，这是促进教师学科教学知识发展的一个重要方面。汤姆森等人（2017）的研究表明，美国职前数学或科学教师的学科知识、学科教学知识和数学教学信念紧密联系；他们的学科知识总分预测了其教学效能与教学信念。这表明，职前数学或科学教师学科教学知识与教师的教学效能是相互影响的。国内围绕教师的教学效能感的研究，教师教学及学生学业成绩关系的研究占主导，如俞国良和罗晓路（2000）的研究。教师效能是教师的信念或观念，即他们认为教师可以影响学生的学习。它包括两个方面，即一般教育效能感和个人教学效能感（Guskey et al., 1994）。教师教学效能感是教师在教学活动中对其能有效地完成教学，实现教学目标的一种能力的知觉与信念（俞国良 等，2000）。俞国良（1999）通过实证研究发现，专家型和新手型教师的个人教学效能感对教学行为具有较强的预测作用。专家教师和新手教师的个人教学效能感的高低都对教师教学监控能力具有直接的决定作用（罗晓路，2000）。

以学科教学知识水平较高的三位初中数学教师（S教师、Z教师与C教师）及学科教学知识水平较低的三位初中数学教师（L教师、X教师与P教师）为访谈对象，围绕他们对教师效能的认识及其对教师学科教学知识影响的看法进行访谈。

职业生涯视角下初中数学教师学科教学知识发展现状及影响因素研究

研究者：您认为学校教育及教师对学生学习和发展的影响大吗？（一般教育效能感）这对您学科教学知识有何影响？请举例说明。

S教师：学校教育对学生学习和发展的影响比较大，尤其是教师。如果教师都对学生学习不寄予期望了，没有信心了，那么可能会造成恶性循环，不爱学习数学的学生可能更不爱学了，甚至会放弃。反之，如果教师能够对学生负责，关心他们并影响他们，（那么就会）想办法让他们喜欢学数学，比如通过将数学生活化、趣味化的方式感染他们。我想正是我对学生尽职尽责的态度一直激励着我不断探究和尝试各种新的数学教学方法，我的学生也越来越喜欢学数学了。

Z教师：我觉得学校教育对学生学习和发展的影响还是很大的，就好比树苗一样，没有园丁辛勤地修剪和耐心地灌溉是不可能长成参天大树，成为可用之材的。我们的教育也是一样，老师好比园丁，学生好比树苗。当然，我们要努力使自己成为好园丁。看到学生茁壮成长，作为教师的我们还是很有成就感的。

C教师：我以前教过一个调皮的中学生，他经常不交作业而且还经常逃课。但是，我没有放弃他。我和他的班主任还有家长一起商量，对这个学生进行思想教育。在我们共同的努力下，他开始上数学课了，一有小进步我就及时鼓励他、表扬他。慢慢地他也被我感动了，也开始学习了。这个学生初中毕业以后还来看我，感激我当年没有放弃他。

L教师、X教师及P教师都认为，学校教育对学生的学习和发展产生了一定影响，但是，这种影响是有限的。因为，学生的学习与发展经常会受到家庭、他们的好朋友或是媒体等其他外界因素的影响。这些影响有的是消极的，不利于学生发展的，例如厌学与逃学、抽烟酗酒等。如果教师已经尽心尽力地教了、劝了，但是他们仍然听不进去，依然我行我素的话，那就不能怪老师没有尽职尽责了。

研究者：您认为，数学课对中学生的数学学习影响大吗？（个人教学效能感）如果您教的学生中有的学生出现不想学数学或是学不好数学的情况，你会怎么办？这对您的学科教学知识有何影响？请举例说明。

第五章 同一职业生涯阶段初中数学教师学科教学知识的差异及其影响因素

  S教师与Z教师都认为,学生不可能天生就能学好数学,还是需要教师教的。他们都认为学生不想学和学不好数学这种情况的出现,老师和学生都有责任。对于这些数学的学困生的转化与改变是教师应该做的,他们也是教师帮扶的重点对象。对于不想学数学的学生,我会了解他们为什么不想学,也会想办法让数学教学变得有趣以吸引他们。比如,在函数这节数学课的导入部分我会列举生活中的例子,比如双十一天猫商城里商家做活动,有的是买一送一,有的是打九折,哪个更实惠?这就涉及函数在生活中的运用。对于学不好数学的学生,我会侧重于在数学学习方法方面给予他们帮助。比如,我们避免让学生死记硬背各种数学概念、公式和定理。教师在讲数学题解题思路的时候做到基于学生的理解,举一反三与触类旁通。

  C教师:我刚工作的时候对自己的教学能力很有信心。但是,在教的过程中学生上课走神,做小动作,显然他们不愿意听我讲课,这让我很受打击。这也使我开始思考为什么会出现这种情况。我就开始与学生们交流,发现他们本来觉得数学就很难,加之,老师只顾自己,不管学生是否听得懂;而且,老师讲的内容又多又难而且语速很快,他们就更没有学习数学的兴趣了。我以前总觉得老师在课堂中讲的内容越多,与中考的考点越相关,学生就会更愿意学。但是,事实上,我高估了学生们的数学水平与能力。他们连基础数学知识的理解和掌握都很困难,解答中考拔高题对于他们来说就更困难了。于是,我做出调整和改变,尽量做到把数学知识讲得浅显易懂,而且在课堂中还让学生参与其中。比如,让学生参与数学定理的辩论,让学生动手量一量、比一比等。

  L教师:班上总会有一部分学生不爱学习,这应该是很正常的。因为,初中数学知识本来就比较抽象也比较难,再加上有的学生本来就对数学不感兴趣。学生学不学数学更多地在于他们自己,我们平时也没有少劝,但有的学生仍然听不进去。虽然,有时候我们老师也会感到很头疼,但这也是没办法的。

  X教师:有时候,我会感觉自己作为教师的付出与收获(即学生的学习成绩)不成正比例,比较受打击。尤其是在教学过程中我的成就感不高,我教的学生大多是国家通用语言掌握得不太好的,而且初中生本来就比较叛逆调皮,尤其是男生,为了维持纪律,我辛辛苦苦备好的课可能都没办法讲完。

P教师：我们学校的生源不如其他学校好，学生的数学底子薄、基础差，家长对孩子的学习也不够重视，光靠教师教数学是很难取得成效的。对于那些数学基础好又爱学数学的学生，老师不用费力教他们，他们都能学好数学。不爱学数学的学生你想尽办法教，他们还是学不好。

由此可见，初中数学教师高水平的教师效能有助于其学科教学知识的发展；初中数学教师低水平的教师效能可能会阻碍其学科教学知识的发展。这与汉的研究结果一致。汉（2014）运用定性研究方法探究教师效能如何影响三位有经验科学教师的学科教学知识。其结果显示，教师效能与教师的教学信念有关，它也成为教师学科教学知识生成与发展的必要条件。即教师效能水平越高，教师的教学信念体系能够得以优化；教师效能水平越低，他们会重新评价并审视其教学信念，为教师的教学信念的改进提供机会。教师效能不仅强化了教师关于以学生的学为中心的教学信念，还有助于教师关于学生理解方面知识的积累与丰富，进而推动其学科教学知识的发展。

就教师的一般教育效能感而言，S教师、Z教师与C教师所感知的一般教育效能感较高。他们都认为，教师对学生数学学习的影响及作用比较大，并认为教师对学生的期待及信心能促进学生的数学学习。L教师、X教师与P教师的一般教育效能感相对较低。L教师认为，教师对学生学习的影响没有家庭及朋友对其学习的影响大。X教师从个人教学屡次失败的教学经验中产生了教育对学生影响有限的观点。P教师认为学生是否想学数学与学生自身有关。就教师的个人教学效能感而言，S教师与Z教师的个人教学效能感也相对较高，他们会将转化不爱学数学及学不好数学的学生视为一种教师的责任与使命。C教师刚工作的时候自我感知的个人教学效能较高。但是，C教师在数学教学过程中其教学效果不太好，这使她思考其教学信念体系中有关学生的观念，纠正了其对学生数学学习的观念。C教师在教学行动中做出了改变，即从关注教师灌输的教学方式转向学生参与的教学方式。而L教师与X教师的个人教学效能感相对较低，他们认为学生不想学数学及学不好数学是很正常的现象，在努力尝试失败后会放弃对这些学生的转化和教育。P教师的个人教学效能感较高，但是实际上其数学教学效果一般。她将这种情况完全归结于学生方面的问题，没有对其教学信念体系中有关学生的观念进行思考与调整。

三、教学7~12年初中数学教师学科教学知识的差异及其影响因素

（一）教学7~12年初中数学教师学科教学知识的差异

1. 不同性别教学7~12年初中数学教师学科教学知识的差异不显著

教学7~12年的女性初中数学教师在学科教学知识及其三个子维度的均值都高于男性初中数学教师。运用独立样本t检验对不同性别教学7~12年初中数学教师学科教学知识的差异进行检验。从方差齐性检验结果来看，所有维度$p>0.05$，说明其方差齐性。再进行独立样本t检验，所有维度$p>0.05$。这说明，不同性别的教学7~12年初中数学教师在学科教学知识及三个子维度均值的差异不显著。具体数值如表5-19所示。

运用单变量方差分析检验不同性别与学科教学知识高低分组相互作用下初中数学教师学科教学知识的差异。$F=0.145$，$p=0.707$。结果表明，不同性别与学科教学知识高低分组交互作用下初中数学教师学科教学知识的差异不显著。

表5-19 不同性别的教学7~12年初中数学教师
学科教学知识的描述性统计与差异检验表

教师学科教学知识维度	性别	均值	标准差	方差方程的Levene检验 F	方差方程的Levene检验 p	均值方程的t检验 t	均值方程的t检验 p（双侧）
将学科知识转化成为学生易于接受形式的知识	女	1.441	0.823	0.134	0.716	0.746	0.46
	男	1.238	0.891				
有关学生的典型错误与困难的知识	女	1.172	0.76	0.593	0.446	0.719	0.476
	男	1	0.704				
关于数学任务多种解决方案的知识	女	1.355	0.694	1.882	0.177	1.243	0.221
	男	1.095	0.53				

续表

教师学科教学知识维度	性别	均值	标准差	方差方程的Levene检验		均值方程的t检验	
				F	p	t	p（双侧）
初中数学教师学科教学知识	女	1.323	0.627	2.062	0.158	1.132	0.264
	男	1.111	0.455				

2. 不同学校类型的教学7~12年初中数学教师学科教学知识的差异显著

重点中学的教学7~12初中数学教师在学科教学知识及其三个子维度的均值都高于一般中学的教师。运用独立样本t检验探究不同学校类型的教学7~12年初中数学教师学科教学知识的差异。从方差齐性检验结果来看，所有维度$p>0.05$，说明方差齐性。独立样本t检验的结果表明，初中数学教师的学科教学知识及有关学生典型错误与困难维度中的$p<0.05$。这说明，重点学校教学7~12年教师的学科教学知识及有关学生典型错误与困难知识的均值显著大于一般学校教师。不同学校类型的教学7~12年教师在将知识转化成为学生易于接受形式知识，及其关于数学任务多种解决方案的知识维度中的$p>0.05$。这说明，不同学校类型的教学7~12年初中数学教师在学科教学知识及三个子维度的差异不显著。具体数值如表5-20所示。

运用单变量方差分析检验不同学校类型与学科教学知识高低分组交互作用下初中数学教师学科教学知识的差异。$F=0.706$，$p=0.503$。结果表明不同学校类型与学科教学知识高低分组交互作用下初中数学教师学科教学知识的差异不显著。

表5-20 不同学校类型的教学7~12年初中数学教师学科教学知识的描述性统计与差异检验表

教师学科教学知识维度	不同学校类型	均值	标准差	方差方程的Levene检验		均值方程的t检验	
				F	p	t	p（双侧）
将学科知识转化成为学生易于接受形式的知识	一般	1.322	0.842	0.029	0.865	−0.623	0.536
	重点	1.489	0.853				
有关学生的典型错误与困难的知识	一般	0.889	0.621	1.346	0.252	−3.253*	0.002
	重点	1.578	0.761				

第五章 同一职业生涯阶段初中数学教师学科教学知识的差异及其影响因素

续表

教师学科教学知识维度	不同学校类型	均值	标准差	方差方程的Levene检验 F	方差方程的Levene检验 p	均值方程的t检验 t	均值方程的t检验 p（双侧）
关于数学任务多种解决方案的知识	一般	1.144	0.635	0.046	0.831	−1.943	0.059
	重点	1.533	0.627				
初中数学教师学科教学知识	一般	1.119	0.531	0.246	0.623	−2.369*	0.022
	重点	1.533	0.599				

注：*$p<0.05$。

3. 不同职称教学7~12年初中数学教师学科教学知识的差异显著

总体看来，职称为中学一级的教学7~12年初中数学教师在学科教学知识及三个子维度的均值较高，且都高于职称为中学二级与中学三级的教师。《新疆维吾尔自治区中小学教师专业技术职务任职资格评审条件（试行）》中有关一级教师任职资格评审条件中有关教育教学能力方面的要求如下：教师应对所教学科具有较扎实的基础理论和专业知识；有较好的专业知识技能；具有一定的组织和开展教育教学研究的能力，并承担一定的教学研究任务。这说明，新疆维吾尔自治区在教师评定中学一级职称的时候，对中学教师的专业知识有较高的要求。从描述性统计（表5-21）也可看出，职称为中学一级、中学二级及中学三级的教学7~12年初中数学教师在其学科教学知识及三个子维度均值差距不太大。运用ANOVA检验不同职称教学7~12年的初中数学教师在学科教学知识及其三个子维度上的差异。从方差的齐性检验来看，所有维度$p>0.05$，这说明其方差齐性。从ANOVA的结果可知，初中数学教师在学科教学知识、将学科知识转化成为学生易于接受形式的知识，以及有关学生典型错误与困难知识维度上$p<0.05$。这说明，不同职称的教学7~12年初中数学教师在学科教学知识及这两个子维度上的差异显著。初中数学教师在关于数学任务多种解决方案的知识维度上$p>0.05$。这说明，教学7~12年不同职称初中数学教师在该维度的差异不显著。

运用单变量方差分析检验不同职称与学科教学知识高低分组的交互作用下初中数学教师学科教学知识的差异。结果显示，$F=0.272$，$p=0.607$，未达到0.05显著性水平。

表5-21 不同职称教学7~12年初中数学教师
学科教学知识的单因素方差分析与事后比较

教师学科教学知识维度	不同职称	方差齐性检验 Levene统计量	p	ANOVA F	p	事后比较
将学科知识转化成为学生易于接受形式的知识	1	1.355	0.269	5.796	0.006*	3>2
	2					
	3					
有关学生的典型错误与困难的知识	1	0.062	0.940	4.029	0.025*	3>2
	2					
	3					
关于数学任务多种解决方案的知识	1	1.457	0.244	0.561	0.575	—
	2					
	3					
初中数学教师学科教学知识	1	1.505	0.234	5.391	0.008*	3>2
	2					
	3					

注:"不同职称"中,1代表中学一级,2代表中学二级,3代表中学三级;*$p<0.05$。

4. 不同大学专业的教学7~12年初中数学教师学科教学知识的差异不显著

采用单因素方差分析检验不同大学专业的教学7~12年初中数学教师学科教学知识的差异。其结果表明,数学教育专业的教学7~12年初中数学教师的学科教学知识及有关学生典型错误与困难知识的均值小于非师范类专业教师在这两项的均值。这表明,教师在职前教育阶段接受的数学教育专业知识及数学系统的专业训练可能会影响教师学科教学知识的水平。具体数值如表5-22所示。

运用单变量方差分析探究不同大学专业与学科教学知识高低分组相互作用下初中数学教师学科教学知识的差异。$F=0.212$,$p=0.65$,表明不同大学专业与学科教学知识高低分组交互作用下初中数学教师学科教学知识的差异不显著。

表5-22 不同大学专业的教学7~12年初中数学教师学科教学知识的单因素方差分析

教师学科教学知识维度	大学专业	方差齐性检验 Levene统计量	p	ANOVA F	p
将学科知识转化成为学生易于接受形式的知识	1	3.252	0.409	1.254	0.296
	2				
	3				
有关学生的典型错误与困难的知识	1	0.244	0.785	0.054	0.947
	2				
	3				
关于数学任务多种解决方案的知识	1	1.625	0.209	0.513	0.603
	2				
	3				
初中数学教师学科教学知识	1	0.688	0.508	0.371	0.692
	2				
	3				

注:"大学专业"中,1代表数学教育专业,2代表其他师范类专业,3代表非师范类专业。

5. 不同担任指导教师情况的教学7~12年初中数学教师学科教学知识的差异显著

采用单因素方差分析检验不同担任指导教师情况的教学7~12年初中数学教师学科教学知识的差异(表5-23)。ANOVA结果表明,初中数学教师的关于数学任务多种解决方案知识维度上$p>0.05$,教师在学科教学知识及其他两个子维度上$p<0.05$。这表明,初中数学教师关于数学任务多种解决方案知识的差异没有达到显著性水平。他们在学科教学知识及其他两个子维度上的差异达到0.05显著性水平。事后比较发现,担任新手教师与职前教师指导教师的初中数学教师学科教学知识的均值显著高于不担任指导教师,以及担任职前教师指导教师的初中数学教师。担任新手教师与职前教师指导教师的初中数学教师将知识转化成为学生易于接受形式知识的均值显著高于担任职前教师指导教师

的初中数学教师。担任新手教师指导教师的初中数学教师的将知识转化成为学生易于接受形式知识的均值显著高于担任职前教师指导教师的初中数学教师。

运用单变量方差分析探究不同担任指导教师情况与学科教学知识高低分组交互作用下初中数学教师学科教学知识的差异。结果表明，$F=1.339$，$p=0.285$，表明不同担任指导教师情况与学科教学知识高低分组相互作用下初中数学教师学科教学知识的差异不显著。

表5-23 不同担任指导教师情况的教学7~12年初中数学教师学科教学知识的单因素方差分析

教师学科教学知识维度	担任指导教师情况	方差齐性检验 Levene 统计量	p	ANOVA F	p	事后比较
将学科知识转化成为学生易于接受形式的知识	1	4.341	0.1	6.506*	0.001	1>2 4>2
	2					
	3					
	4					
有关学生的典型错误与困难的知识	1	1.478	0.235	2.93*	0.045	—
	2					
	3					
	4					
关于数学任务多种解决方案的知识	1	0.498	0.686	2.052	0.122	—
	2					
	3					
	4					
初中数学教师学科教学知识	1	3.347	0.087	5.344*	0.003	4>3 4>2
	2					
	3					
	4					

注："担任指导教师情况"中，1代表担任新手教师指导教师，2代表担任职前教师指导教师，3代表不担任指导教师，4代表担任新手教师与职前教师的指导教师；*$p<0.05$。

6. 对学习者经验有不同认知的教学7~12年初中数学教师学科教学知识的差异显著

使用单因素方差分析探究对学习者经验有不同认知的教学7~12年初中数学教师学科教学知识的差异（表5-24）。结果发现，ANOVA中初中数学教师关于数学任务多种解决方案知识的$F=3.921$，$p=0.015$，达到0.05显著性水平。事后比较发现，勾选代表学习者经验对其学科教学知识影响较大的初中数学教师关于数学任务多种解决方案知识的均值显著高于勾选学习者经验对其学科教学知识只有一点影响的初中数学教师。初中数学教师学科教学知识及其他两个子维度上$p>0.05$，未达到0.05显著性水平。这表明，对学习者经验有不同认知的教学7~12年初中数学教师在学科教学知识及其他三个子维度上的差异不显著。

运用单变量方差分析探究对学习者经验有不同认知与学科教学知识高低分组交互作用下初中数学教师学科教学知识的差异。结果显示，$F=0.375$，$p=0.692$，表明对学习者经验有不同认知与学科教学知识高低分组交互作用下初中数学教师学科教学知识的差异未达到0.05显著性水平。

表5-24 对学习者经验有不同认知的教学7~12年初中数学教师学科教学知识的单因素方差分析

教师学科教学知识维度	对学习者经验的不同认知	方差齐性检验 Levene统计量	p	ANOVA F	p	事后比较
将学科知识转化成为学生易于接受形式的知识	1 2 3 4	0.078	0.971	0.372	0.774	—
有关学生的典型错误与困难的知识	1 2 3 4	1.952	0.136	0.394	0.758	—

续表

教师学科教学知识维度	对学习者经验的不同认知	方差齐性检验 Levene 统计量	p	ANOVA F	p	事后比较
关于数学任务多种解决方案的知识	1 2 3 4	1.725	0.177	3.921*	0.015	3>2
初中数学教师学科教学知识	1 2 3 4	1.045	0.383	0.465	0.708	—

注:"对学习者经验的不同认知"中,1代表学习者经验对其学科教学知识根本没有影响,2代表学习者经验对其学科教学知识只有一点影响,3代表学习者经验对其学科教学知识影响较大,4代表学习者经验对其学科教学知识影响最大;*$p<0.05$。

7. 对职前经验有不同认知的教学7~12年初中数学教师学科教学知识的差异显著

采用单因素方差分析检验对职前经验有不同认知的教学7~12年初中数学教师学科教学知识的差异(表5-25)。结果发现,ANOVA中教学7~12年初中数学教师学科教学知识的$F=3.084$,$p=0.038$,达到0.05显著性水平。事后比较发现,勾选数学教育类课程与教育实习的教学7~12年的初中数学教师学科教学知识的均值显著高于勾选一般教育学类课程教师学科教学知识的均值。勾选教育实习的教学7~12年教师学科教学知识均值显著高于勾选一般教育学类课程的教师。

运用单变量方差分析探究对职前经验有不同认知与学科教学知识高低分组交互作用下初中数学教师学科教学知识的差异。结果显示,$F=1.991$,$p=0.16$,表明对职前经验的不同认知与学科教学知识高低分组交互作用下初中数学教师学科教学知识的差异未达到显著水平。

第五章 同一职业生涯阶段初中数学教师学科教学知识的差异及其影响因素

表5-25 对职前经验有不同认知的教学7~12年初中数学教师
学科教学知识的单因素方差分析

教师学科教学知识维度	对职前经验影响教师学科教学知识的不同认知	方差齐性检验 Levene统计量	p	ANOVA F	p	事后比较
将学科知识转化成为学生易于接受形式的知识	1 2 3 4	1.300	0.287	2.264	0.095	—
有关学生的典型错误与困难的知识	1 2 3 4	1.339	0.275	2.235	0.099	—
关于数学任务多种解决方案的知识	1 2 3 4	1.352	0.271	2.205	0.102	—
初中数学教师学科教学知识	1 2 3 4	1.433	0.247	3.084*	0.038	3>1 4>1

注:"对职前经验影响教师学科教学知识的不同认知"中,1代表一般教育学类课程,2代表数学教育类课程,3代表教育实习,4代表数学教育类课程与教育实习;*$p<0.05$。

8. 对在职经验有不同认知的教学7~12年初中数学教师学科教学知识的差异显著

采用单因素方差分析检验对在职经验有不同认知的教学7~12年初中数学教师学科教学知识的差异。其结果表明,关于在职经验影响教师学科教学知识有不同认知的教学7~12年初中数学教师学科教学知识的$F=2.636$,$p=0.038$,达到0.05显著性水平。事后比较发现,勾选非组织专业活动与教师自身因素的初中数学教师的学科教学知识均值显著高于勾选在职培训与有组织的专业活动，或是勾选有组织的专业活动与非组织的专业活动的初中数学教师。教学7~12年初中数学教师学科教学知识的三个子维度上$p>0.05$，未达到0.05显著性水平。具体数值如表5-26所示。

运用单变量方差分析检验对在职经验有不同认知与学科教学知识高低分组相互作用下初中数学教师学科教学知识的差异。结果发现，$F=3.084$，$p=0.052$，说明对在职经验的不同认知与学科教学知识高低分组相互作用下初中数学教师学科教学知识的差异不显著。

表5-26 对在职经验有不同认知的教学7~12年初中数学教师学科教学知识的单因素方差分析与事后比较

教师学科教学知识维度	对在职经验影响教师学科教学知识的不同认知	方差齐性检验 Levene统计量	p	ANOVA F	p	事后比较
将学科知识转化成为学生易于接受形式的知识	1	3.606	0.009	2.079	0.089	—
	2					
	3					
	4					
	5					
	6					
有关学生的典型错误与困难的知识	1	1.646	0.171	1.658	0.168	—
	2					
	3					
	4					
	5					
	6					
关于数学任务多种解决方案的知识	1	0.727	0.607	1.584	0.187	—
	2					
	3					
	4					
	5					
	6					

第五章 同一职业生涯阶段初中数学教师学科教学知识的差异及其影响因素

续表

教师学科教学知识维度	对在职经验影响教师学科教学知识的不同认知	方差齐性检验 Levene统计量	p	ANOVA F	p	事后比较
初中数学教师学科教学知识	1	2.011	0.098	2.636*	0.038	6>1 6>4
	2					
	3					
	4					
	5					
	6					

注:"对在职经验影响教师学科教学知识的不同认知"中,1代表在职培训与有组织的专业活动,2代表在职培训与非组织的专业活动,3代表在职培训与教师自身因素,4代表有组织的专业活动与非组织的专业活动,5代表有组织的专业活动与教师自身因素,6代表非组织的专业活动与教师自身因素;*$p<0.05$。

9. 各影响因素对教学7~12年初中数学教师学科教学知识的解释

首先,对教学7~12年初中数学教师学科教学知识进行正态分布检验。如图5-3所示,教学7~12年初中数学教师学科教学知识呈现正态分布,适合采用线性回归模型。

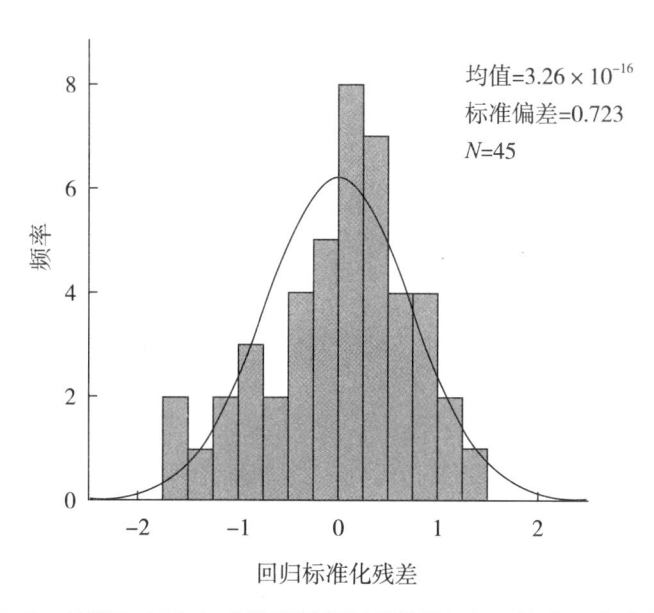

均值=3.26×10^{-16}
标准偏差=0.723
$N=45$

图5-3 教学7~12年初中数学教师学科教学知识平均分正态分布图

使用逐步多元回归分析探究各影响因素对教学7~12年初中数学教师学科教学知识的解释。结果发现，回归分析模型的容忍度值都介于0至1之间，VIF值也都小于评鉴指标10，表示进入回归方程式的自变量之间没有多元共线性问题。如表5-27所示，两个虚拟预测变量与教学7~12年教师学科教学知识因变量的多元相关系数为0.727，决定系数R^2为0.529，回归模型整体检验的F=11.211（$p<0.001$）。这说明，四个虚拟预测变量共同有效解释教学7~12年初中数学教师学科教学知识52.9%的变异量。从每个虚拟预测变量解释程度的高低来看，对教学7~12年教师学科教学知识最具有解释力的是担任新手教师与职前教师指导教师，其解释变异量为18.5%。对其学科教学知识解释程度由高到低的因素依次是中教一级、重点学校、担任新手教师的指导教师，其解释变异量依次为16.5%、12.6%、5.1%。标准化回归方程如下：教学7~12年教师学科教学知识=0.325×中教一级+0.509×担任新手教师与职前教师指导教师+0.378×重点学校+0.248×担任新手教师的指导教师。由此可见，中教一级、担任新手教师与职前教师指导教师、重点学校以及担任新手教师指导教师对教学7~12年的初中数学教师学科教学知识的影响较大。这些因素都属于在职经验层面的，且它们是彼此联系的。重点学校对教学7~12年的骨干数学教师学科教学知识的要求水平较一般学校更高。教师评定中教一级职称不仅要求其自身具备较高的学科教学知识水平，还要求其在指导教师方面发挥作用并取得一定成效。

表5-27 各虚拟预测变量对教学7~12年初中数学教师学科教学知识的逐步多元回归分析摘要表

投入顺序	多元相关系数R	决定系数R^2	增加量（ΔR^2）	F	净F（ΔF）	B	Beta（β系数）
截距	—	—	—	—	—	0.804	—
中教一级	0.407	0.165	0.165	8.514*	8.514*	0.412	0.325
担任新手教师与职前教师指导教师	0.593	0.351	0.186	11.365***	12.032*	0.932	0.509
重点学校	0.691	0.477	0.126	12.479***	9.894*	0.461	0.378

续表

投入顺序	多元相关系数R	决定系数R^2	增加量(ΔR^2)	F	净F(ΔF)	B	Beta(β系数)
担任新手教师的指导教师	0.727	0.529	0.051	11.211***	4.349*	0.344	0.248

注：$*p<0.05$，$***p<0.001$。

（二）教学7~12年初中数学教师学科教学知识差异的影响因素

从统计上来看，不同性别，不同大学专业的教学7~12年初中数学教师学科教学知识的差异不显著。且担任新手教师与职前教师指导教师，担任新手教师的指导教师等都与教师的在职经验相关，它们都被纳入到教学7~12年初中数学教师学科教学知识的回归方程中。勾选非组织的专业活动与教师自身因素的初中数学教师学科教学知识均值显著高于勾选在职培训与有组织的专业活动，以及有组织的专业活动与非组织的专业活动的初中数学教师。大部分学科教学知识高分组教师属于勾选有组织的专业活动与教师自身因素的教师群体。这说明，影响教师学科教学知识差异的在职经验中的主要因素是有组织的专业活动、非组织的专业活动及教师自身因素。重点学校初中数学教师的学科教学知识均值显著高于一般学校初中数学教师。中教一级初中数学教师的学科教学知识均值也显著高于中教二级初中数学教师。担任新手教师与职前教师的指导教师的初中数学教师的学科教学知识均值也显著高于不担任指导教师及职前教师指导教师的初中数学教师。勾选学习者经验对其学科教学知识影响较大的初中数学教师关于数学任务多种解决方案知识的均值显著高于勾选学习者经验对其学科教学知识只有一点影响的初中数学教师。勾选教育实习，或同时勾选数学教育类课程与教育实习的初中数学教师的学科教学知识均值显著高于只勾选一般教育学类课程的初中数学教师。

通过与六位教学7~12年的初中数学教师，就影响其学科教学知识的认知为主题进行半结构式访谈，收集并整理相关的文本资料（如教案本与教学反思笔记），了解到他们对影响其学科教学知识的认识趋于一致，他们都一致认为在职经验对其学科教学知识的影响较大，职前经验对其学科教学知识的影响次之，学习者经验对其学科教学知识的影响几乎没有。访谈中六位初中数学教师都提到，在职经验中有组织的专业活动中对学习与运用相关理论知识的认知，非组织的专业活动中的初中数学教师同伴互助，教师自身因素中站在学生立场上教的观念对其学科教学知识的影响与作用。在访谈中，部分教师提到他们担任新手教师或职前教师指导教师的经历及其对教师学科教学知识水平的影响。三位学科教学知识高分组的初中数学教师谈到了数学教育类课程与教育实习对于其学科教学知识发展的重要性。重点学校与较高的职称与教师的在职经验也有一定关联。综合统计学以及访谈的内容，影响教学7~12年的初中数学教师学科教学知识差异的因素主要包括：在职经验中的有组织专业活动中对学习与运用相关理论知识的认知，非组织专业活动中的教师同伴互助，以及教师自身因素中的站在学生立场上教的观念。

1.学习及运用理论知识的认知倾向：实用主义对形式主义

通过访谈得知，教学7~12年的学科教学知识高分组与低分组初中数学教师关于学习与运用相关理论知识的认知存在差异。这种差异主要体现在，学科教学知识高分组初中数学教师反映其学习与运用相关理论知识表现出一种实用主义倾向，而低分组教师反映其学习与运用相关理论知识表现出一种形式主义倾向。

在访谈中，教学7~12年初中数学教师比较强调在职经验中在职培训对其学科教学知识产生的影响与作用。教学7~12年初中数学老师已经熟悉了初中数学教学基本程序及各项教学活动，对于有强烈信念不断改进其数学教学的初中数学老师来说，他们不满足于已取得的数学成绩，渴望做得更好，他们希望从日常数学教学中发现问题、分析问题及解决问题。所谓问题意识，就是在人的认知中经常会遇到一些不明白的问题或现象而产生疑问及探求的一种心理状态。在教育教学改革中，专家们经常提倡要培养学生的问题意识。但是，首先教师应在数学教学过程中具备问题意识才有可能培养学生的问题意识及提高解决问题的能力。爱因斯坦也认为，发现一个有价值的好问题比解决一个问题更有挑战性，也更有价值和意义。然而，有些初中数学教师在数学教学实践中能发现

第五章　同一职业生涯阶段初中数学教师学科教学知识的差异及其影响因素

问题，而有些初中数学教师则不能。这可能由于善于发现问题的教师的理论水平相对较高（方斐卿，2005）。因为，发现问题的过程也是一个将理论运用于实践的过程。教师解决教学问题的过程不仅需要教学实践检验，还需要教师积累及运用教与学相关的理论知识。

教师的学科教学知识离不开教与学相关理论的支持，更离不开教师作为学习者的不断学习、尝试及探究。教师从实践经验的学习与理论的学习并非对立，而是相互作用的关系。教师只注重实践经验的学习虽然可以检验其教学方法或策略在特定教学情境是否有效，但其背后的教学机理却无法探究，这可能会造成教师无法迁移此类教学经验。教师只学习理论知识却不将之运用于教学实践则会造成教师的认知及观念层面与教学实践层面形成巨大的反差。以教学7~12年学科教学知识高分组的H教师、Q教师与Y教师，以及学科教学知识低分组的F教师、X教师与J教师为访谈对象，以有关"理论知识的学习及运用"的理解及其对教师学科教学知识的影响为主题进行访谈，其具体内容如下。

研究者：请您谈一谈有关数学教育相关理论的学习与运用，以及这些理论知识如何影响您的学科教学知识。请举例说明。

教学10年的H教师：虽然我已经教学十年了；但是，我依然不断学习，不断尝试。外出参加培训的学习过程中，我也学过一些有关数学教育的理论知识。比如，我们去某地学习了"导学案""小组合作模式"等教学模式及如何在中学数学教学中运用。我在自己的数学课堂中使用后觉得效果不错，我也有一些自己的想法。小组合作模式不太适合教师讲授数学基本概念及定理，反而在解决综合类数学题的时候能够凸现出小组合作的优势。虽然，一些数学教育理论知识我可能说不太清楚；但是，我在初中数学教学的过程中还是会经常使用。比如，在学习扇形角度的导入部分，我抛出了一个问题，即让学生思考如何将一个蛋糕平均切成三块或四块，然后引入扇形角度的学习。我刚好搬家，碰巧找到相关理论的书籍，翻开后发现自己使用的是教学原则中的具体形象原则。这让我感觉理论知识的重要性，而且也有种书到用时方恨少的感觉，于是我平时一有空就进行数学教育相关理论知识的学习。

教学8年的Q教师：我们中学教师评中学高级职称的时候对数学教学课题与

论文有一些要求，我们学校也鼓励老师申报与教学相关的课题，别人嫌麻烦，我还是很积极的。在做课题的过程中，我逐渐发现我们习惯和熟悉的数学教学中存在很多问题。如何从理论的高度解释及解决这些问题一直困扰着我。我还在学校的资料室、数学教育教学网络及省里的在线公共平台上获取各种相关的理论知识进行学习。在这些理论知识的熏陶下，慢慢地我逐渐意识到好的数学教学不应该只表现在学生会做题上，还要关注学生的数学思维及会运用数学解决问题的能力等。数学教师经常使用的题海战术剥夺了学生进行数学探究的机会与可能。老师一直使用单一且枯燥的教学方法教数学，这样只会让初中生对数学产生厌恶和畏难的情绪。对于新课标背景所倡导的"合作学习"与"探究学习"等，我认为教师也不应该盲目跟风，只让学生自己分小组探究，而放弃了老师的讲授，这样也是有问题的。

教学9年的Y教师：我平时上数学课的时候经常会提问，并不觉得有什么玄机。但是我通过进修学习，听了数学教育教授的讲座之后发现这里面还是大有学问的。比如，我经常会问学生某个数学公式或定理的定义。我经常会在数学课上问"对不对"及"是什么"等问题。这会导致学生的数学思维变得狭窄且僵化。数学教育教授认为，数学教师要进行有效提问，可以问有关"为什么"与"怎么样"之类的问题以了解学生的想法和思路。专家也提倡在课题中多采取学生向老师提问、学生之间相互提问等多种形式。

教学11年的F教师：数学教育相关的理论知识我们在五年一轮训的继续教育中或多或少都会学习一些。而且，我们学校也会定期安排集体备课，听公开课或是进行教学研讨。还有全市教研活动都会介绍一些新的教学理念、教学模式或教学方法之类的。但是，我个人认为写教学反思、教学随笔或一些教学论文可能在评职称的时候会用得上。我们平时的数学教学改进更多来自自己的教学经验，还有与同一个办公室同事的交流。搞理论研究是专家该干的活儿，我们主要的任务是上好数学课，教好学生，让学生在中考的时候考出好成绩才是硬道理。

教学7年的X教师与教学7年的J教师都认为，数学教育理论知识的学习对教师教学的改进的确很重要。教师寒暑假参加的继续教育开设的课程都是以理论

第五章 同一职业生涯阶段初中数学教师学科教学知识的差异及其影响因素

课为主,大学老师们讲的都是教育理论方面的知识。两位教师都认为参加继续教育上的这些理论课所学到的数学教育理论知识挺有用的。但是,两位教师表示教师们一上完课、考完试,拿到结业证书,这些理论知识就被抛诸脑后,不经常使用慢慢地就淡忘了。在数学教学中,教师们还是使用自己认为有用的那一套教学方法及策略。

从教学相关理论知识的学习方面来看,三位学科教学知识高分组初中数学教师都对数学教育相关理论知识学习与运用的认识呈现出一种实用主义取向。他们能够根据提高其数学教学质量的需要,积极主动地进行相关理论知识的学习。他们根据自己教学实践的需要,并基于教学相关课题研究的需要,通过多种途径和渠道学习相关的理论知识。三位学科教学知识低分组初中数学教师对数学教育相关理论的学习与运用的认识呈现出一种形式主义取向。他们认为,学习相关理论知识是为了装点门面,或是为了完成学校规定的任务,或是为了评职称增加胜算。他们认为,在数学教学实践中理论知识并不起实质性的作用,其对理论知识的学习服从学校的安排,相对被动。从数学教育理论知识的运用方面来看,三位学科教学知识高分组初中数学教师能够意识到自己在教学过程中相关理论知识的运用,并通过学习认识到理论知识的运用及其对数学教学实践产生的影响,并以相关理论知识为依据思考数学教学中的问题。三位学科教学知识低分组初中数学教师并未意识到数学教学实践中的问题与相关理论知识的契合之处,也不擅长于在数学教学中使用理论知识。

杜威(2007)认为,实用主义是一种态度,这种态度避开了所看到的第一件事、原则、范畴、假定的必要性;而倾向于看最后面的事物、成果、结论和事实。实用主义者往往秉持这样的观点,即人们的经验是非常重要的,对某个事物或理念价值的判断依据主要是看其是否实用,比如某个事物或是理念能够带来看得见的效果或行动方面的显著变化等。学科教学知识高分组初中数学教师学习哪些数学教育理论知识,以及是否会在数学教学中经常使用都取决于他们在数学教学中对这些知识的实用性与实效性的思考。学科教学知识低分组初中数学教师对学习与运用相关理论知识则表现出一种形式主义取向。即他们未能将相关理论知识的学习与运用与数学教学实践需求结合起来。他们关于学习与运用相关理论知识带有一定程度的功利取向，即认为这是他们评职称的必选项或是完成学校规定的培训任务。

2.教师同伴互助的类型：技术性与挑战性指导的整合对技术性指导

通过访谈得知，教学7~12年的学科教学知识高分组与低分组初中数学教师在数学教学中教师同伴互助的类型上存在差异。这种差异主要体现在，高分组教师反映其教师同伴互助倾向于技术性指导与挑战性指导的结合，而低分组教师反映其教师同伴互助倾向于技术性指导。

面对复杂多变的教学情境，教师个体以"孤军奋战"的形式进行数学教学探索是比较困难的。教授相同学科或同一办公室教师基于自主自愿、平等对话、互惠互利结成的教师学习与实践共同体在应对复杂多变的数学教学情境时更能够彰显其价值。教师学习与实践共同体会就同一年级数学知识的教与学展开头脑风暴式的分享与讨论以形成对有效数学教学的多重解读，通过"合作学习"的方式养成并提升教师的实践智慧。基础教育改革对初中数学已有的数学知识体系及理念都提出了挑战，教师们迫切需要及时更新其学科教学知识中各类知识库，以应对中学生多样化的学习需求与学习风格，这对教师的数学教学提出了巨大的挑战。应对这一挑战，不仅需要教师自身的努力，更需要来自外界的支持，基于良好的同事关系之上的教师间互助有助于教师应对数学教学变革中的各种挑战。

初中数学教师在面对初中数学教学的一些共性问题时，都需要教师同伴的互助与指导。这些共性问题包括，某一章节数学知识的重难点与易考点，学生在学习某一数学知识点中的易错点与理解困难之处，还有解决某一数学题的多种方法及其背后蕴含的数学思想及数学文化等都与教师学科教学知识有关。教师同伴互助（peer coaching）的概念是由乔伊斯（Joyce）与肖尔（Shower）（1982）引入的，他们的调查表明，教师间的同伴互助能够帮助教师发展与教学相关的专业知识及其在教学中的有效使用。同伴教师间互助相关的培训比其他所有类型的培训（如信息、理论、示范、实践和反馈）对教师教学的影响及作用都大。同伴教师有很多相似之处，比如所教学生群体是相同的，所教的学科领域是相同的，他们在数学教学中遇到的很多问题与困惑也都有相似之处，他们通过讨论与交流得出的意见与建议也更具有可借鉴性与可迁移性。同伴教师的互助是关于某一特定的数学知识及数学教学情境的及时反馈，他们所提出的建议更具有针对性、可操作性与时效性。同伴教师的互助不仅能够给予初中数学教师以精神层面的鼓励，如坚定其从教信念，还能让教师共享优质的教学资源以提高其数学教学水平。而且，有的研究也表明，教师的同伴有助于职前教师学科教学知识的发展（Jenkins et al., 2002）。以教师同伴互助及其对教师学科教学知识的影响为访谈的主题，访谈学科教学知识高分组的三位初中数学教师与学科教学知识低分组的三位初中数学教师，回答情况如下。

研究者：请您谈一谈您与一个办公室的其他教龄相当的初中数学教师就数学教学的互帮互助情况，并谈一谈这些经验对您的学科教学知识产生了怎样的影响。请举例说明。

H教师：我经常与一个办公室的老师们，尤其是年龄相当、教学水平相当的数学老师相互交流在教学过程中遇到的问题及解决办法。这种方式对教师提升数学教学质量比较有用。我在讲解数学概念或定理的时候，经常会重复问一个问题。如"函数的概念，同学们都听懂了吗"，大多数学生都回答听懂了。但是，我批改学生作业的时候发现他们并没有理解和掌握。改作业的时候我谈到这件事，M老师就跟我分享了她的办法。她一般不会问学生是否听懂了，而是出几道相关的数学题让学生做一做，以此检验他们是否听懂了。我使用了这一招觉得挺管用的。当她在教学中遇到困难的时候，我也会尽我所能帮助她。有一次，她跟我聊天谈到上有关"统计与概率"示范课的时候，她无法把控教师讲课和学生分组探索的时间分配。我给她的建议是要视学生的能力而定，如果学生探究能力强，老师引导学生自己发现规律；如果学生探究能力弱，教师讲解的部分可以多一些。

Q教师：数学教师之间的相互学习是可以取长补短的。在教学中遇到困难的时候，我觉得同一办公室的数学老师们时常会施以援手，而且对解决我在数学教学中遇到的问题特别有用。同一办公室的，都教相同年级的数学教师们在下课或是没课的时候就会经常交流教学中出现的各种问题，如某些学生上课听不懂、学生学习的积极性不高或是学生在写作业的时候出现的各种错误和状况等情况。我们相互交流讨论，一起分析原因并相互分享各自的解决办法。比如，H老师已经在某班教过了平行四边形的性质，学生却仍然用以前学过的三角形全等来证明，即使这样的证明非常烦琐但是用的学生仍然很多。对这个问题，处于相同办公室的初中数学教师们相互交流，有的教师认为，这可能是教师没有讲明白，学生没听懂；有的老师在改作业会画叉要求学生使用新学的方法重做；有的老师上课时给学生们打了个比喻（即你们明明都已经长大了，能用筷子吃饭了，但是现在还用奶瓶喝奶），说明学生学习了新的方法就要尝试着使用。

Y教师：我们都是教同一年级的数学教师，或是教同一个班不同学科的老师，都会经常在一块交流有关教师教学和学生学习方面的问题。我们能随时随地进行交流与学习。有一次，教同一个班的英语老师F教师与我讨论了有关学生学习的情况。她反映，老师教过的内容学生才会而老师没教过的内容学生就不会，他所教的某班学生的迁移能力比较弱。比如，F教师教了"she wants to go shopping."这一句型后给出动词及词组（如dance, sing songs, play basketball）要求学生仿写。但是，学生仍然不会仿写或出现各种错误。我也发现现在的学生普遍不会举一反三，比如在化简方程解题的时候时常会使用换元法，但是式子变长了有些学生就不会使用换元法了。

F教师：在同一办公室的且教同一年级的初中数学教师的教学进度差不多，我们在一起交流、讨论及切磋的机会比较多。当我们要上相同内容的数学课的时候，我们就向已经上过该课的数学老师请教。我们会与他们交流其教学的流程，如他是怎么上的，课堂中出现了什么情况，他又是如何解决的，效果怎样等。我们在教相同数学内容的时候就可以借鉴他们好的教学方法，避免他们在课堂中已经出现的困难和问题。例如，对于勾股定理我围绕命题的论证部分重点讲解，先是让学生反证勾股定理，即直角三角形的两条边的平方和不等于第三边的平方和，再引导学生学习勾股定理。K老师（他和我是同一个办公室的数学教师）则使用比较直观的方法进行，让学生动手做各种类型的三角形，然后让学生计算什么样的三角形的两边平方和等于第三边平方和。我和K教师上完勾股定理这堂课后，同一办公室的其他数学老师就开始讨论我们的数学课。

第五章　同一职业生涯阶段初中数学教师学科教学知识的差异及其影响因素

讨论的结果是，我的教学方法比较适合教那些数学逻辑思维比较强的学生；K老师的教学方法更为直观，即使是数学逻辑思维不强的学生也比较容易理解。

X教师：自己独自教学好比闭门造车，可是与别人交流后就会顿时有种豁然开朗的感觉。与其他教师交流之后，你会发现教相同的数学知识有多种可供选择的教学方法和策略。有一次，我教一元一次方程的时候出了一道有关火车过隧道的应用题。已知路程与火车的速度，要求火车离开隧道所需要的时间。但是，学生对火车过隧道的实际路程存在错误的认识。虽然，我已经教了8年也想了不少办法，比如我用笔当火车演示火车如何过隧道，但是学生仍然不太明白（火车进隧道出隧道，学生弄不清，火车本身是有长度的，隧道也有长度。学生认为的路程如图5-4所示火车过隧道图）。于是，我把我的困惑与其他初中数学教师进行交流与讨论。其中一位初中数学教师建议我进行一次现场的模拟演示；即制作一个火车和山洞的模型，并且在火车头上绑上一面旗子，然后演示火车过山洞。火车经过山洞的路程从旗子进入山洞开始算起，再到整节车厢出山洞才结束，这就是火车实际过山洞所经历的路程。这让我的教学思路豁然开朗。

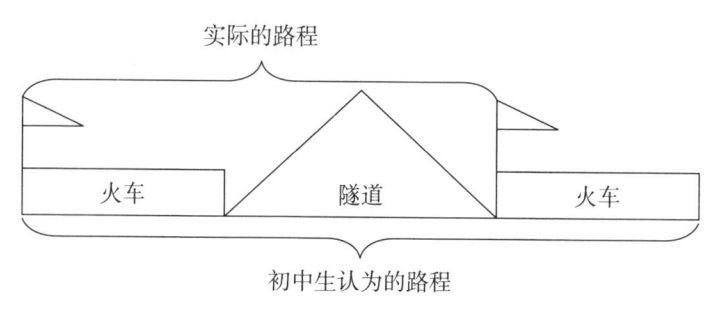

图5-4　火车过隧道图

J教师：我与H教师是好朋友，我们都是初中数学教师。我们经常在一起备课，相互听课，给对方提意见。有一次，我在上三角形内角平分线性质的内容（即三角形中的一个角的平分线对边所得的两条线段与这个角的两边对应成比例）。从学生学习的角度我需证明这个定理是怎么得来的。我参考了一些书决定使用这种方法，即在一个三角形外通过添加辅助线的方式画出一个更大的三角形，然后证明。我与H教师讨论后，她认为这种方法虽然是可行的，但是，像这样添加辅助线学生可能不容易想到，她建议我在三角形的内部添加辅助线。我教两个平行班这个定理的时候分别使用了这两种方法。后来，发现H教师的方法更容易被学生接受和理解。

初中数学教师们通过共同体的形式相互观摩学习并共享有关管理课堂秩序、营造良好的教学及学习氛围的方法，交流好的教学方法与策略等教学经验。H教师认为，教师间的同伴互助应该是互惠互利的。H教师同伴互助的内容主要围绕数学教学中的某一具体问题，从学生学习的角度阐述教师教学的适切性。Y教师与Q教师不仅关注与同伴数学教师的交流，还与其他学科教师相互沟通，关注各科教学中普遍存在的问题。F教师、X教师及J教师与同伴数学教师讨论的问题主要是数学课堂教学中发生的具体问题。从教师同伴互助及指导的目的来看，六位初中数学教师的同伴互助与指导都有明确目的，都聚焦于数学教学过程中相关问题的解决。而且，六位初中数学教师所提及的同伴互助都是互惠指导，涉及教师们互相观察和指导，以便改进教学（Ackland，1990）；即以平等的角色介入，以对话互动的方式开展和进行，具有互惠互利的特点。加姆斯顿（Garmston）于1987年提出了三种类型的教师互助模式，即技术型指导（technical coaching）、合作型指导（collegial coaching）与挑战型指导（challenge coaching）。技术型指导帮助教师将培训转移到课堂实践中，加深团队合作与增加专业对话；主要用于学习新的教学技能及其在教学实践中如何恰当地运用。合作型指导的主要目标是细化教学实践、深化合作及增加专业对话；通常由两两教师组成，教师们相互帮助彼此分析及判定他们的决定如何影响学生的学习。挑战型指导需要教师构建一个由多人组成的合作团队以解决教学设计或教学过程中存在的问题。从教师同伴互助的类型来看，来自学科教学知识高分组的三位教师所提及的教师同伴指导关注的是技术性指导（即围绕数学课堂教学方面出现的具体问题的同伴指导，例如如何表征火车过隧道的实际路程）和挑战性指导（即在学校教育中存在的一些共识的难题，例如学生缺乏学习兴趣等）。来自学科教学知识低分组的F教师、X教师与J教师所提到的教师同伴指导则更侧重于数学教学直接相关的技术性指导。

3.站在学生立场上教的观念：实践中的生成强化对忽视摒弃

通过访谈得知，教学7~12年的学科教学知识高分组与低分组初中数学教师关于站在学生立场上教的观念存在差异。这种差异主要体现在，学科教学知识高分组初中数学教师表示，他们比较重视站在学生立场上教的观念，并在教学实践中不断生成与强化该观念。而学科教学知识低分组初中数学教师则表现出对站在学生立场上教的观念的忽视与摒弃。

舒尔曼及其他的研究者都认同教师学科教学知识的一个核心要素是教师有关学生学习的相关知识，即教师有关学生的已有知识、学生的思维方式、学生的典型错误及认知困难等方面的知识。认知心理学理论流派的研究者们表明，学习实际上是新旧知识相互作用的过程。教师贮存于记忆系统中的原有知识和技能是学习活动产生的重要内部条件。美国著名的心理学家奥苏贝尔（Ausubel）从意义学习的角度重视学生原有知识在新学习中的作用及地位。站在学生的立场，就要求初中数学教师基于对学生数学学习特点及分类的把握，在教的过程中时刻注重学生的学；在探究数学的过程中亲自体验，学生自己提出有意义的问题，掌握思考问题的策略，设计并选择合理的参考答案。一名合格的教师不仅要关注在课堂上讲了什么内容，更要关注学生在课堂中实际学到了什么，学生知晓其所学的内容会对他们现在及将来的长远发展产生怎样的影响（Clarridge et al., 1991）。一般情况下，教学7~12年的初中数学教师都能够在观念层面意识到其有关学生的知识对其学科教学知识产生的影响。但是，在数学教学过程中能够将站在学生立场上教的观念运用于教学实践中的初中数学教师并不多。下面以三位学科教学知识高分组的初中数学教师与三位学科教学知识低分组初中数学教师为访谈对象，围绕站在学生的立场上教的观念及其对教师学科教学知识的影响为主题进行访谈。

研究者：请您谈一谈您对站在学生立场上教的观念的看法，以及这一观念对您的学科教学知识产生了怎样的影响。请举例说明。

H教师：教学的前三年我在村里教数学，没有师傅带我，学校里就我一个初中数学老师，我只能自己摸索着教。我教的是混龄班，就是学生的年龄不一样，大部分都是少数民族学生，他们的数学基础较差，我只要把数学基本知识讲明白就可以了。我主要通过看教材学习并钻研数学知识，教的过程中主要看学生的反应，如果学生理解了，我认为这样教就是好的，下次还会继续这样教。如果学生作业错得很多，我就判断他们可能没听懂，会想办法换一种方法再试一试，直到他们在作业或测试中正确率提高。因为教得好，后来我被调到市里当初中数学老师。我发现现在的学生和以前教的学生不一样，现在学生的数学基础更好，自主学习能力也强。我不仅要调整自己的教学方法，也要重新了解和认识我教的学生们，还要向其他教师请教。

Y教师：我很长一段时间都是按照初中数学知识的内在逻辑来教，但是后来我发现光这样教还是不行，还是得考虑初中生的学习情况，以学法定教法，以学促教。比如，我讲完"方差"这一数学公式后，学生还是有很多地方不太明白，尽管我努力地解释，但是学生却觉得难以理解。下课后，我就与学生聊天，问他们哪个地方不明白或是理解困难。后来，我指导大部分学生对方差公式的理解主要存在三个方面的困难。一是为什么要用每个数减去平均数；二是为什么要对差值进行平方而不用绝对值；三是为什么要把各个差值的平方相加后再除以总数。我在备课的时候围绕这三个学生理解比较困难的问题，有针对性地设计并组织教学，果然取得了很好的教学效果。后来，我在课前以及课后都会与学生就某一具体的数学知识点进行交流，了解他们已有的数学经验与知识、对数学知识理解的困难与常犯的错误。

Q教师：要教好数学，老师们在各类初中数学知识点的理解与掌握方面的差别不大。但是，他们在对待学生学习数学方面的差别较大。我个人认为，很多数学公式与定理都是数学家从生活中发现的有趣数学问题，然后提出假设，接着对假设进行验证，最后通过一系列的推理与演算得出结论。数学家通过探索得出的结论，为什么我们老师上课的时候要掠夺学生探索数学公式和定理的精彩部分，而一味地追求最终的结果呢？如果课堂时间充足，学生的数学基础知识掌握得够扎实，我更愿意引导他们探究数学世界的奇幻与奥秘。我觉得这样教看似费时费力，但从长远来看是值得的。我教的不仅是某个具体的数学知识或是某个中考数学题的解法，而是培养学生的数学能力与数学精神。

F教师：我觉得现在的学生没有以前的学生那么踏实认真了，现在的学生

第五章　同一职业生涯阶段初中数学教师学科教学知识的差异及其影响因素

喜欢攀比，做事马马虎虎，吊儿郎当的，也不刻苦努力了。你的数学教得再好也不可能让班上的所有学生都听懂，都学好。只要大部分愿意学的学生能听懂我的数学课就行了。有的学生很努力，而有的学生比较懒惰；有些学生你不用管他们都会认真学而且还学得很好，而有的学生你再怎么努力管他们还是老样子。学生学得怎么样不是完全由老师决定的，学生自己、学生的家长对他们学习的影响也很重要。我既然选择当一名教师，就必须尽职尽责做好自己的分内之事。只要教学上不出什么大的问题就行了，为何把自己搞得那么累？我现在比较关心的是我孩子马上要中考了，我得在这个关键时期多花费时间和精力。

X教师：我们初三数学老师面临着学生中考升学的巨大压力。让初中生以小组的方式合作及探究感觉挺好的。但是，实施起来却比较困难而且还比较浪费时间，还不如让学生多见识几种数学中考题型呢。学生想要学好数学，在课堂上光靠老师讲是远远不够的，还需要学生自己在课下多做类似的数学练习题并自己总结出解题思路与方法。

J教师：我认为，数学的学习没有捷径可走，学生想学好数学只能踏踏实实，刻苦学习。有句名言说得好："宝剑锋从磨砺出，梅花香自苦寒来。"再说，教师只有一个，学生有很多，让数学教师在数学课上关注每个学生的数学学习情况进行教学，这是不可能的，也是不现实的。老师尽量根据大部分学生的数学基础进行教学就可以了。课下，学生还要自己努力去复习和练习。

教师学科教学知识中的重要组成部分是教师关于学生学习方面的知识，教师在教学的准备、组织及反思中都要关注学生的学习。通过上述材料可知，H教师认为学生是可教的，只是老师首先要全面了解学生。H教师探究如何教学及教学效果的主要根据是学生的学习情况，并依据学生上课听讲的情况，作业或测试的表现不断更换或调整教师的教学方法及策略。H教师关注到学生学习数学的复杂性、动态性及个体差异性。她出于对教育的一片赤诚之心，愿意平等地与学生交流，主动站在学生的立场思考数学教学中的难题，并从中寻找教育的契机。Y教师从数学教学实践中意识到站在学生立场教的重要性，并在课前与课后与学生就其数学学习的相关经验与困惑进行对话。Q教师认为，在数学教学中更为重要的是培养学生的数学能力与数学精神，而不仅限于数学知识的理解与掌握。Q教师能够站在学生长远发展的立场上考虑数学教学的目的。F教师对学生学习数学的感知更多的是笼统的、负面的。F教师是基于这样的学生观，即学生的个体差异较大，老师不可能完全掌握，因此教师需要做的是上好数学课。F教师也曾经尝试了解有关学生数学学习方面的知识，但是，他发现影响学生的因素错综复杂且处于动态变化中，因此它难以把控；加之其将更多的时间用于家庭。X教师认为，教师教数学以及学生学数学的目的都指向数学中考，趋于一种功利取向。J老师认为，学生应该适应教师的教学方法与风格，而不是教师满足不同学生的个性化学习需求。

三位学科教学知识高分组的初中数学教师都认为，学生学习数学是基于其已有知识与经验积极主动构建的过程。学科教学知识高分组初中数学教师还认为，数学教学应在遵循数学学科逻辑基础上，从学生学习数学的需求与困难出发，根据多种反馈情况（如学生上课听讲的情况、作业或测试的表现）不断更换或调整其教学方法与策略。学科教学知识低分组的初中数学教师认为，数学是纯理科的，数学学习本是枯燥且乏味的，需要学生付出巨大的努力多做不同类型的数学题才能学好数学。学科教学知识低分组初中数学教师还认为，数学教学更应该遵循数学学科的逻辑体系。他们认为学生的个体差异较大，影响学生的因素错综复杂且处于动态变化中而且难以把控；故而学生的数学学习应该适应教师教的节奏。

四、教学13~20年初中数学教师学科教学知识的差异及其影响因素

（一）教学13~20年初中数学教师学科教学知识的差异及各影响因素对其学科教学知识的解释

1. 不同性别的教学13~20年初中数学教师学科教学知识的差异不显著

教学13~20年的男性初中数学教师的学科教学知识及三个子维度的均值都高于教学13~20年的女性初中数学教师。运用独立样本t检验对不同性别教学13~20

年初中数学教师学科教学知识的差异进行检验。从方差齐性检验结果来看，所有维度$p>0.05$，说明其方差齐性。再进行独立样本t检验，所有维度$p>0.05$。这说明，不同性别教学13~20年初中数学教师的学科教学知识及三个子维度的差异不显著。具体数值如表5-28所示。

运用单变量方差分析检验不同性别与学科教学知识高低分组交互作用下初中数学教师学科教学知识的差异。$F=0.051$，$p=0.822$，表明不同性别与学科教学知识高低分组交互作用下初中数学教师学科教学知识的差异不显著。

表5-28 不同性别教学13~20年初中数学教师
学科教学知识的描述性统计与差异检验表

教师学科教学知识维度	性别	均值	标准差	方差方程的Levene检验 F	方差方程的Levene检验 p	均值方程的t检验 t	均值方程的t检验 p
将学科知识转化成为学生易于接受形式的知识	女	1.276	0.786	0.575	0.45	−0.437	0.663
	男	1.35	0.84				
有关学生的典型错误与困难的知识	女	1.167	0.804	0.214	0.644	−0.118	0.906
	男	1.187	0.853				
关于数学任务多种解决方案的知识	女	1.269	0.66	0.248	0.62	−0.223	0.824
	男	1.301	0.698				
初中数学教师学科教学知识	女	1.237	0.570	0.768	0.383	−0.33	0.742
	男	1.276	0.786				

2.不同学校类型的教学13~20年的初中数学教师学科教学知识的差异不显著

教学13~20年的重点中学初中数学教师的学科教学知识及其三个子维度的均值都高于教学13~20年的一般中学初中数学教师。运用独立样本t检验对不同学校类型的教学13~20年初中数学教师学科教学知识的差异进行检验。从方差齐性检验结果来看，所有维度$p>0.05$，说明其方差齐性。再进行独立样本t检验，所有维度$p>0.05$。这说明，不同学校类型的教学13~20年初中数学教师在学科教学知识及三个子维度的差异不显著。具体数值如表5-29所示。

运用单变量方差分析检验不同学校类型与学科教学知识高低分组相互作用

下初中数学教师学科教学知识的差异。$F=0.416$，$p=0.521$，表明不同学校类型与学科教学知识高低分组相互作用下初中数学教师学科教学知识的差异不显著。

表5-29 不同学校类型的教学13~20年初中数学教师
学科教学知识的描述性统计与差异检验表

教师学科教学知识维度	不同学校类型	均值	标准差	方差方程的Levene检验		均值方程的t检验	
				F	p	t	p（双侧）
将学科知识转化成为学生易于接受形式的知识	一般	1.266	0.766	3.057	0.084	−1.003	0.319
	重点	1.474	0.951				
有关学生的典型错误与困难的知识	一般	1.110	0.811	0.022	0.882	−1.468	0.145
	重点	1.421	0.838				
关于数学任务多种解决方案的知识	一般	1.266	0.700	1.923	0.169	−0.489	0.626
	重点	1.351	0.572				
初中数学教师学科教学知识	一般	1.215	0.584	0.514	0.475	−1.292	0.2
	重点	1.415	0.676				

3. 不同职称教学13~20年的初中数学教师学科教学知识的差异不显著

职称为中教高级的教学13~20年的初中数学教师的学科教学知识及三个子维度的均值都高于职称为中学一级、中学二级、中学三级的初中数学教师的学科教学知识及三个子维度的均值。此外，职称为中学一级、中学二级及中学三级的教学7~12年初中数学教师在学科教学知识及三个子维度的均值都差不多。运用ANOVA探究教学13~20年不同职称的初中数学教师在学科教学知识及其三个子维度上的差异。从方差齐性的检验结果来看，所有维度$p>0.05$，这说明其方差齐性。从ANOVA检验的结果可知，所有维度$p>0.05$。这说明，教学13~20年的不同职称初中数学教师的学科教学知识及三个子维度的差异不显著。具体数值如表5-30所示。

运用单变量方差分析检验不同职称与学科教学知识高低分组交互作用下初中数学教师学科教学知识的差异。$F=1.173$，$p=0.842$，表明不同职称与学科教学知识高低分组交互作用下初中数学教师学科教学知识的差异不显著。

第五章 同一职业生涯阶段初中数学教师学科教学知识的差异及其影响因素

表5-30 不同职称教学13~20年初中数学教师学科教学知识的单因素方差分析

教师学科教学知识维度	不同职称	方差齐性检验		ANOVA	
		Levene 统计量	p	F	p
将学科知识转化成为学生易于接受形式的知识	1	0.182	0.834	0.441	0.645
	2				
	3				
有关学生的典型错误与困难的知识	1	0.577	0.564	1.596	0.208
	2				
	3				
关于数学任务多种解决方案的知识	1	0.496	0.611	0.014	0.986
	2				
	3				
初中数学教师学科教学知识	1	0.085	0.918	0.774	0.464
	2				
	3				

注："不同职称"中，1代表中教二级，2代表中教一级，3代表中教高级。

4. 不同大学专业的教学13~20年初中数学教师的学科教学知识差异不显著

采用单因素方差分析检验不同大学专业的教学13~20年初中数学教师学科教学知识的差异。ANOVA的结果中，教学13~20年初中数学教师的学科教学知识及三个子维度$p>0.05$。这说明，不同大学专业的教学13~20年初中数学教师学科教学知识的差异不显著。具体数值如表5-31所示。

运用单变量方差分析检验不同大学专业与学科教学知识高低分组交互作用下初中数学教师学科教学知识的差异。$F=0.673$，$p=0.514$，表明不同大学专业与学科教学知识高低分组交互作用下初中数学教师学科教学知识的差异不显著。

表5-31　不同大学专业的教学13~20年初中数学教师
学科教学知识的单因素方差分析

教师学科教学知识维度	大学专业	方差齐性检验 Levene 统计量	p	ANOVA F	p
将学科知识转化成为学生易于接受形式的知识	1	0.489	0.615	0.252	0.778
	2				
	3				
有关学生的典型错误与困难的知识	1	2.389	0.098	0.216	0.806
	2				
	3				
关于数学任务多种解决方案的知识	1	0.656	0.521	0.958	0.387
	2				
	3				
初中数学教师学科教学知识	1	0.105	0.901	0.433	0.65
	2				
	3				

注："大学专业"中，1代表数学教育专业，2代表其他师范类专业，3代表非师范类专业；*$p<0.05$。

5. 不同担任指导教师情况的教学13~20年初中数学教师的学科教学知识显著

采用单因素方差分析检验不同担任指导教师情况的教学13~20年初中数学教师学科教学知识的差异。ANOVA的结果显示，教师的学科教学知识及三个子维度上$p<0.05$，达到0.05显著性水平。事后比较发现，担任新手教师与职前教师的指导教师，以及担任新手教师指导教师的初中数学教师在学科教学知识、有关学生典型错误与困难的知识及关于数学任务多种解决方案知识上的均值都显著高于不担任指导教师的初中数学教师。担任新手教师指导教师的初中数学教师的将学科知识转化成为学生易于接受形式的知识的均值显著高于不担任指导教师的初中数学教师。具体数值如表5-32所示。

运用单变量方差分析检验不同担任指导教师情况与学科教学知识高低分组

交互作用下初中数学教师学科教学知识的差异。$F=0.277$，$p=0.842$，表明不同担任指导教师情况与学科教学知识高低分组交互作用下初中数学教师学科教学知识的差异不显著。

表5-32 不同担任指导教师情况的教学13~20年初中数学教师学科教学知识的单因素方差分析及事后比较

教师学科教学知识维度	担任指导教师情况	方差齐性检验 Levene统计量	p	ANOVA F	p	事后比较
将学科知识转化成为学生易于接受形式的知识	1	0.899	0.445	3.495*	0.019	4>3
	2					
	3					
	4					
有关学生的典型错误与困难的知识	1	3.378	0.022	9.455***	0	4>3 1>3
	2					
	3					
	4					
关于数学任务多种解决方案的知识	1	3.13	0.03	6.545***	0	4>3 1>3
	2					
	3					
	4					
初中数学教师学科教学知识	1	1.111	0.349	10.929***	0	4>3 1>3
	2					
	3					
	4					

注："担任指导教师情况"中，1代表担任新手教师指导教师，2代表担任职前教师指导教师，3代表不担任指导教师，4代表担任新手教师与职前教师的指导教师；*$p<0.05$，***$p<0.001$。

6. 对学习者经验有不同认知的教学13~20年初中数学教师学科教学知识的差异不显著

采用单因素方差分析检验对学习者经验有不同认知的教学13~20年初中数学教师学科教学知识的差异。ANOVA的结果显示，初中数学教师学科教学知识及三个子维度上$p>0.05$，未达到0.05显著性水平。这表明，对学习者经验有不同认知的教学13~20年初中数学教师的学科教学知识及其他三个子维度的差异不显著。具体数值如表5-33所示。

运用单变量方差分析检验对学习者经验的不同认知与学科教学知识高低分组交互作用下初中数学教师学科教学知识的差异。$F=0.491$，$p=0.69$，表明对学习者经验的不同认知与学科教学知识高低分组交互作用下初中数学教师学科教学知识的差异不显著。

表5-33 对学习者经验有不同认知的教学13~20年初中数学教师学科教学知识单因素方差分析

教师学科教学知识维度	对学习者经验的不同认知	方差齐性检验 Levene统计量	p	ANOVA F	p
将学科知识转化成为学生易于接受形式的知识	1	1.397	0.249	0.157	0.925
	2				
	3				
	4				
有关学生的典型错误与困难的知识	1	2.776	0.046	1.731	0.166
	2				
	3				
	4				
关于数学任务多种解决方案的知识	1	1.947	0.128	0.306	0.821
	2				
	3				
	4				

第五章　同一职业生涯阶段初中数学教师学科教学知识的差异及其影响因素

续表

教师学科教学知识维度	对学习者经验的不同认知	方差齐性检验 Levene 统计量	p	ANOVA F	p
初中数学教师学科教学知识	1 2 3 4	1.720	0.169	0.401	0.753

注："对学习者经验的不同认识"中，1代表学习者经验对其学科教学知识根本没有影响，2代表学习者经验对其学科教学知识只有一点影响，3代表学习者经验对其学科教学知识影响较大，4代表学习者经验对其学科教学知识最大。

7. 对职前经验有不同认知的教学13~20年初中数学教师学科教学知识的差异显著

采用单因素方差分析检验对职前经验有不同认知的教学13~20年初中数学教师学科教学知识的差异。如表5-34所示，教师有关学生典型错误与困难知识的维度上$p=0.006$，达到0.05显著性水平。教师学科教学知识及其他两个子维度上$p>0.05$。事后比较发现，勾选一般教育类课程的教学13~20年初中数学教师的关于学生典型错误与困难知识的均值显著高于勾选数学教育类课程的教师；勾选一般教育类课程的教学13~20年初中数学教师的关于学生典型错误与困难知识的均值显著高于勾选教育实习的教师；勾选数学教育类课程与教育实习的教学13~20年初中数学教师的关于学生典型错误与困难知识的均值显著高于勾选数学教育类课程的教师；勾选数学教育类课程与教育实习的教学13~20年初中数学教师的关于学生典型错误与困难知识的均值显著高于勾选教育实习的教师。

运用单变量方差分析检验对学习者经验有不同认知与学科教学知识高低分组交互作用下初中数学教师学科教学知识的差异。结果发现，$F=91.387$，$p<0.001$，表明对学习者经验的不同认知与学科教学知识高低分组交互作用下初中数学教师学科教学知识的差异显著。事后比较发现，勾选一般教育学类课程的初中数学教师在有关学生典型错误与困难知识维度上的均值显著高于勾选数学教育类课程或勾选教育实习的初中数学教师。勾选数学教育类课程与教育

实习的初中数学教师的有关学生典型错误与困难知识的均值显著高于勾选数学教育类课程或勾选教育实习的初中数学教师。

表5-34 对职前经验有不同认知的教学13~20年初中数学教师学科教学知识单因素方差分析及事后比较

教师学科教学知识维度	对职前经验影响教师学科教学知识的不同认知	方差齐性检验 Levene统计量	p	ANOVA F	p	事后比较
将学科知识转化成为学生易于接受形式的知识	1	2.939	0.038	0.642	0.59	—
	2					
	3					
	4					
有关学生的典型错误与困难的知识	1	2.104	0.105	4.459**	0.006	1>2 1>3 4>2 4>3
	2					
	3					
	4					
关于数学任务多种解决方案的知识	1	2.496	0.065	1.22	0.307	—
	2					
	3					
	4					
初中数学教师学科教学知识	1	1.522	0.214	2.177	0.096	—
	2					
	3					
	4					

注："对职前经验影响教师学科教学知识的不同认识"中，1代表一般教育学类课程，2代表数学教育类课程，3代表教育实习，4代表数学教育类课程与教育实习；**$p<0.01$。

8. 对在职经验有不同认知的教学13~20年初中数学教师学科教学知识的差异显著

采用单因素方差分析检验对在职经验有不同认知的教学13~20年初中数学教师学科教学知识的差异（表5-35）。ANOVA的结果表明，关于在职经验影响教师学科教学知识有不同认知的教学13~20年初中数学教师的学科教学知识及三个子维度的差异未达到0.05显著水平。事后比较发现，勾选有组织专业活动与教师自身因素的教学13~20年初中数学教师的有关学生典型错误与困难知识的均值显著高于勾选有组织专业活动与非组织专业活动的初中数学教师；勾选非组织的专业活动与教师自身因素的初中数学教师的有关学生典型错误与困难知识的均值显著高于勾选在职培训与非组织的专业活动的教师，也高于勾选在职培训与教师自身因素及勾选有组织的专业活动与非组织的专业活动的初中数学教师。勾选非组织的专业活动与教师自身因素的初中数学教师的关于数学任务多种解决方案的知识的均值显著高于勾选有组织的专业活动与非组织的专业活动的初中数学教师。勾选有组织的专业活动与教师自身因素的初中数学教师学科教学知识的均值显著高于勾选有组织的专业活动与非组织的专业活动的初中数学教师。勾选非组织的专业活动与教师自身因素的初中数学教师学科教学知识的均值显著高于勾选在职培训与教师自身因素的教师，也高于勾选有组织的专业活动与非组织的专业活动的初中数学教师。

运用单变量方差分析检验对在职经验有不同认知与学科教学知识高低分组交互作用下初中数学教师学科教学知识的差异。结果显示，$F=0.176$，$p=0.839$，表明对在职经验有不同认知与学科教学知识高低分组交互作用下初中数学教师学科教学知识的差异不显著。

表5-35 对在职经验有不同认知的教学13~20年初中数学教师学科教学知识单因素方差分析与事后比较

教师学科教学知识维度	对在职经验影响教师学科教学知识的不同认知	方差齐性检验 Levene统计量	p	ANOVA F	p	事后比较
将学科知识转化成为学生易于接受形式的知识	1	1.128	0.351	3.256*	0.01	—
	2					
	3					
	4					
	5					
	6					

续表

教师学科教学知识维度	对在职经验影响教师学科教学知识的不同认知	方差齐性检验 Levene统计量	p	ANOVA F	p	事后比较
有关学生的典型错误与困难的知识	1 2 3 4 5 6	2.28	0.054	4.847**	0.001	5>4 6>2 6>3 6>4
关于数学任务多种解决方案的知识	1 2 3 4 5 6	0.897	0.487	4.217**	0.002	6>4
初中数学教师学科教学知识	1 2 3 4 5 6	2.031	0.082	6.426***	0	5>4 6>3 6>4

注："对在职经验影响教师学科教学知识的不同认知"中，1代表在职培训与有组织的专业活动，2代表在职培训与非组织的专业活动，3代表在职培训与教师自身因素，4代表有组织的专业活动与非组织的专业活动，5代表有组织的专业活动与教师自身因素，6代表非组织的专业活动与教师自身因素；*$p<0.05$，**$p<0.01$，***$p<0.001$。

9. 各影响因素对教学13~20年初中数学教师学科教学知识的解释

首先，对教学13~20年初中数学教师学科教学知识进行正态分布检验。如图5-5所示，教学13~20年初中数学教师学科教学知识呈现正态分布，适合采用线性回归模型。

第五章 同一职业生涯阶段初中数学教师学科教学知识的差异及其影响因素

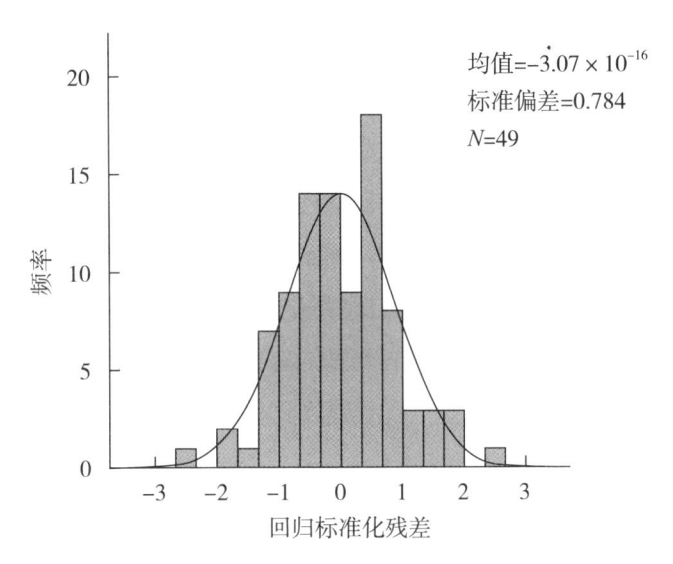

均值=-3.07×10^{-16}
标准偏差=0.784
$N=49$

图5-5 教学13~20年初中数学教师学科教学知识平均分正态分布图

对教学13~20年教师学科教学知识有较高解释力的三个虚拟预测变量进行逐步多元回归分析。三个回归分析模型的容忍度值都介于0至1之间，VIF值也都小于评鉴指标10，表示进入回归方程式的自变量之间没有多元共线性问题。结果如表5-36所示，三个虚拟预测变量与教学13~20年教师学科教学知识因变量的多元相关系数为0.688，决定系数R^2为0.473，回归模型整体检验的$F=15.613$（$p<0.001$）。这说明，五个虚拟预测变量共同有效解释教学13~20年初中数学教师学科教学知识47.3%的变异量。从每个虚拟预测变量解释程度的高低来看，对教学13~20年教师学科教学知识最具有预测力的是担任新手教师与职前教师的指导教师，其解释变异量为13.7%。其次，其解释力由高到低分别是非组织的专业活动与教师自身因素、有组织的专业活动与教师自身因素、担任新手教师的指导教师、数学教育类课程与教育实习；其解释变异量依次为11.9%、15%、3.9%、2.8%。标准化回归方程如下：教学13~20年初中数学教师学科教学知识=0.513×担任新手教师与职前教师的指导教师+0.475×非组织的专业活动与教师自身因素+0.368×有组织的专业活动与教师自身因素+0.221×担任新手教师的指导教师+0.291×数学教育类课程与教育实习。担任新手教师与职前教师的指导教师作为第一个被放入回归方程的虚拟预测变量，其对教学13~20年初中数

学教师学科教学知识的解释力最大。这给予了这些教师重新审视其学科教学知识的机会与可能，且在指导过程中他们在实践中的交流与互动都会引发其对熟悉的数学教学问题情境进行重新分析、判断及思考。教学13~20年的初中数学教师大多处于专业发展高原期、瓶颈期或倦怠期，他们学科教学知识水平的提升更需要依赖外部有组织的专业活动和非组织的专业活动。同时，也需要教师自身因素的配合，如挖掘并提升自身的优势并将之升华为教育教学智慧，以及继续寻找其学科教学知识提升的突破口与切入点的热情与动力。

表5-36　各虚拟预测变量对教学13~20年初中数学教师学科教学知识的逐步多元回归分析摘要表

投入顺序	多元相关系数 R	决定系数 R^2	增加量 (ΔR^2)	F值	净F值 (ΔF)	B	Beta (β系数)
截距	—	—	—	—	—	0.605	—
担任新手教师与职前教师的指导教师	0.37	0.137	0.137	14.431***	14.431***	0.674	0.513
非组织的专业活动与教师自身因素	0.506	0.256	0.119	15.452***	14.356***	0.8	0.475
有组织的专业活动与教师自身因素	0.637	0.406	0.15	20.27***	22.516***	0.446	0.368
担任新手教师的指导教师	0.667	0.445	0.039	17.65***	6.222*	0.288	0.221
数学教育类课程与教育实习	0.688	0.473	0.028	15.613***	4.589*	0.291	0.167

注：*$p<0.05$，***$p<0.001$。

（二）教学13~20年初中数学教师学科教学知识差异的影响因素

从统计上来看，在不同性别、不同学校类型、不同职称、不同大学专业、对学习者经验影响教师学科教学知识程度的不同认知等方面，教学13~20年初中数学教师学科教学知识的差异不显著。担任新手教师与职前教师的指导教师、非组织的专业活动与教师自身因素、有组织的专业活动与教师自身因素、担任

第五章　同一职业生涯阶段初中数学教师学科教学知识的差异及其影响因素

新手教师的指导教师等都属于教师的在职经验，这些因素都被纳入教学13~20年初中数学教师学科教学知识的多元回归方程中。初中数学教师在不同在职经验、担任指导教师情况以及职前经验方面的学科教学知识差异都达到显著性水平。教师的在职经验中勾选非组织的专业活动与教师自身因素，以及有组织的专业活动与教师自身因素的教师学科教学知识均值较高。综上所述，教师在职经验中有组织的专业活动与教师自身因素，以及非组织的专业活动与教师自身因素是教学13~20年初中数学教师学科教学知识的主要影响因素。且大部分教学13~20年的初中数学教师学科教学知识高分组属于担任新手教师与职前教师指导教师的教师群体。

处于职业生涯后期的初中数学教师面临时代赋予教师的新身份与新要求，即不能仅做知识传递的教书匠，还要做知识的发现者与创生者。对此，有的初中数学教师跳出了"为教而教"以及"为学生的数学考试成绩而教"的桎梏，尝试在教学中开展行动研究并通过行动研究促进教学改革，向专家型教师的方向发展。有的初中数学教师已经达到其专业发展的高原期，或是因职业倦怠而将注意力从数学教学转移到其他地方。与三位教学13~20年的学科教学知识高分组初中数学教师（L教师、C教师与X教师），以及三位学科教学知识低分组初中数学教师（W教师、H教师与S教师），围绕有关学科教学知识的影响因素这一主题进行半结构式访谈。从访谈中了解到，他们对一些影响其学科教学知识因素的意见有一致之处，即他们都认为在职经验是其学科教学知识的主要影响因素，而作为学习者的经验以及职前经验对其学科教学知识的影响程度较小。在职经验中，在职培训与有组织的专业活动对其学科教学知识产生了一定影响；而教师自身因素对他们学科教学知识的影响相对较大。以下主要从这几方面，即有组织的专业活动中教师担任指导教师与指导对象的互动；在职培训中的教师专业发展规划，以及教师自身因素中的数学教学观讨论教学13~20年初中数学教师学科教学知识差异的影响因素。

1.指导教师与新手教师或职前教师的互动：双向互动对单向传输

通过访谈得知，教学13~20年的学科教学知识高分组与低分组初中数学教师关于指导教师与新手教师或职前教师的互动方面存在差异。这种差异主要体现在，高分组教师反映，他们作为指导教师与新手教师或职前教师之间是双向互动的关系，而低分组教师反映，他们作为指导教师与新手教师或职前教师之间是单向传输的关系。

西方学者普遍认为，教师教育者既包括教育中负责培养未来中小学教师的教师，又包括指导职前教师实习的中小学合作教师，同时还包括指导初任教师顺利入职的指导教师，以及为在职教师提供继续教育的大学教师（李玲 等，2010）。对于新手初中数学教师以及参与见习与实习的职前教师来说，指导教师对他们的良好指导有助于其适应学校新环境及熟悉学校各项教学，亲历教育教学的现场并努力尝试在备课、上课以及课后等环节思考如何将自己的数学学科知识与数学教育方面的知识联系起来，达到有机整合的状态。大多教学13~20年的初中数学教师不仅承担着教学育人的任务，也承担着指导新手教师以及担任职前教师见习或实习的指导教师的任务。对于指导教师来说，指导职前教师或新手教师的过程也是对数学教学进行自我反思及重新认识与评估的过程。但是，即使处于同一职业生涯阶段的初中数学教师，其对指导教师经历的认知，及其对教师学科教学知识影响的认知也存在差异。

研究者：您担任过新手教师的指导教师吗？您担任过职前教师见习和实习的指导教师吗？您如何看待您担任指导教师的经历及其对您学科教学知识的影响？请举例说明。

教学20年的L教师：我既担任过新手教师的指导教师，也担任过职前教师见习和实习的指导教师。我认为，担任指导教师的过程对我学科教学知识的影响还是比较大的。指导过程实际上是一个教学相长的过程，就是说我教他们的同时，他们也教会了我许多。和其他指导老师一样，我让他们听我上课，我也会听他们上课并且给他们提建议，解答他们提出的问题与疑惑。刚开始我会要求他们照葫芦画瓢地学习怎样上好一堂数学课，但是我也会主动与他们交流，听取他们的想法并与他们商量怎么把数学课上得更好。例如，在讲到"平移"的时候，新手教师认为利用Flash动画呈现有助于学生理解何为平移，为此我深受启发。我们通常习惯用一种方法解一道数学题，新手教师能想出好几种方法，这也令我对他们刮目相看。

第五章 同一职业生涯阶段初中数学教师学科教学知识的差异及其影响因素

教学18年的C教师：我担任指导教师多年，与以前的指导工作相比，现在的指导工作更为细致、更为具体了。过去我们都没有带过新手教师，也没带过职前教师，那时候我们都是凭着自己的经验进行教学。现在，这方面的指导工作更规范了。比如，我们学校要求教学10年以上的优秀教师才能带新手教师，教学5年以上的教师可以带职前教师见习和实习，还允许指导教师对指导工作提意见。学校还规定了具体的指导活动：新手教师（或见习的职前教师）一周观摩指导教师上课至少4节；指导教师与新手教师，见习或实习的职前教师围绕数学教学定期讨论并提交指导记录表等。我认为，指导别人的同时对我们来说也是一次重新学习的机会。你在指导的过程中要从新手教师、见习或实习的职前教师角度出发考虑应该教什么、不教什么，还有如何教才能帮助他们学会教等问题。这也启发我在自己的数学教学过程中思考我的教学方法与策略的适切性；我在教学中要经常听取初中生关于数学教学的意见以调整我的教学方法与策略。我早年带的几位新老师已经都出师了，在教学中都能独当一面了。

教学15年的X教师：我认为，作为指导教师首先要与新手教师或见习与实习的职前教师建立起相互尊重与相互信任的关系。只有这种关系建立了，后续的指导工作才会顺利，指导活动才会有效。我的经验就是指导教师对待新手教师或职前教师应该动之以情，晓之以理。首先，指导教师要在态度与情感方面感动新手教师与职前教师。记得有一次，我指导的新手教师吴老师向我诉说她上的一堂"失败"的数学课。我表示对她的理解，也跟她一样难过和着急。我安慰了她，之后我们共同讨论和分析，我表扬了她数学逻辑思维清晰，也提醒她要注意课堂中数学语言的精练及关注学生的数学学习情况。还记得我指导的职前教师徐某来我们学校实习。她向我反映她遇到的最大困难是她在上面讲课，学生根本不听，她束手无策。虽然我没有遇到过这个问题，但是我也对他的处境表示理解，并给他提供了一些建议。

教学17年的W教师：我们学校也有青蓝工程，作为老教师的我也一直担任新手老师的指导教师。我们学校规定指导教师完成的工作量我都会积极配合完成。我也当过职前教师见习和实习的指导教师。因为我也是老教师了，学校会分配给我带几个职前教师，我一般会带着他们熟悉一下我们的日常教学，比如备课与教案的编写、上课、作业的批改等。我对指导工作有一些看法，新手教师应该自己多尝试，多实践；我们刚上班的时候也没有指导教师，全凭自己下功夫吃透教材，不断尝试，慢慢地就会教了。指导教师教得再好，新手教师或职前教师不去尝试着做也是不行的。另外，我认为，职前教师的见习与实习应该主要由大学老师指导，毕竟我们与职前教师的接触不多，不清楚他们需要什么，而且我们也一直教的是初中生。因为我平时教学也比较忙，所以我希望职前教师能够自己主动问我问题，如果在我能力范围之内我会尽量给予他们帮助。

教学19年的H教师：我担任过职前教师见习和实习的指导教师。我感觉，当指导教师的经历对我学科教学知识的影响不太大。当指导教师需要我从有限的时间里抽出宝贵的时间指导职前教师。在见习或实习过程中，他们要理解我的要求，采纳我的建议，并通过不断观察和实践掌握给他们布置的教学任务。比如，我教他们如何写符合数学课程标准要求的详细教案；预设好数学课堂中可能出现的各种状况以及应对策略；在上数学课的时候板书怎么写，应该选择哪些数学练习题，还会要求他们注意数学课堂语言使用的科学性与规范性。

教学24年的S教师：指导新手教师与职前教师主要是帮助他们在数学教学中运用各种数学教学方法与策略以使他们教得更好。我们把自己教学中好的经验同他们分享，帮助他们分析并解决数学教学中的困惑与难题。从这个方面来说，我认为老师的学科教学知识主要是在自己教数学的过程中不断积累的；而指导活动对新手教师和职前教师学科教学知识的作用更大一些。

L教师不仅在备课、上课以及课后思考等数学教学环节通过自己上优质示范课的形式，向新手教师或是见习、实习的职前教师诠释在初中数学中应该"教什么"及"怎样教"等教学经验。而且L教师还通过与新手教师或是见习、实习的职前教师进行平等对话、交流、分享等方式引导他们处理学科教学知识中各类知识的关系，以解决他们在数学教学中的困惑与难题。随着学校对指导教师教学规范的推进，C教师对其作为指导教师的身份与角色产生了较为清晰的认识，她也逐渐从被动的参与者与执行者向积极主动的策划者与谏言者的角色转变。C教师从指导新教师，以及见习或实习职前教师的过程中受到启发，即尊重他们的想法和满足他们的需要，进而将之迁移到自己的数学教学课堂中。C教师在指导的过程中还群策群力，鼓励新手教师及职前教师之间相互学习，并积极主动地向他人学习。X教师作为指导教师在指导过程中与新手教师及职前教师产生情感共鸣，基于相互尊重与理解建立了良好的指导关系，进而提高了指导活动的有效性。W教师的指导行为相对来说较为懈怠，W教师仅仅完成了学校规定指导教师应该完成的基本任务。H教师认为，担任指导教师的过程更多的是自己单向付出的过程，没有获得来自新手教师及职前教师对其数学教学方面的反哺或启发。S教师也认为，指导教师的指导对其自身的学科教学知识影响不大。但是，指导过程却对新手教师与职前教师学科教学知识的影响较大。总之，教学13~20年学科教学知识高分组的三位初中数学教师更加认可其担任指导教师的经历对教师学科教学知识产生了积极的影响。而教学13~20年学科教学知识高分组初中数学教师则视指导工作为学校分配的必须完成的任务，认为指导活动对其自身学科教学知识的作用与影响不太大。

2.对待教师专业发展规划的态度：积极回应对消极懈怠

通过访谈得知，教学13~20年的学科教学知识高分组与低分组的初中数学教师对待教师专业发展规划的态度存在差异。这种差异主要体现在，高分组教师反映，其对待教师专业发展规划的态度是积极热情的，而低分组教师反映，其对待教师专业发展规划的态度是消极懈怠的。

教学13~20年初中数学教师大多处于教师职业生涯的中后期。处于这一职业生涯阶段初中数学教师的学科教学知识有可能出现两种情况。其一，他们的学科教学知识已经达到了一定高度，可提升的空间不太大；加之来自生活与工作的挫折与压力，教师的学科教学知识可能会停留在相对较高的水平甚至出现略微的下滑。这可能是教师专业发展高原期或是瓶颈期的一种表现。其二，坚守教育信念及专业发展目标明确的初中，数学教师不断学习各种教育教学思想与理念，并将之运用于数学教学实践中，形成了个性化的教学风格与教学模式。这些初中数学教师的学科教学知识呈现出跨越式的快速发展。教师职业生涯后期的专业发展规划作为一种外部推动力有助于初中数学教师丰富及更新其学科教学知识中的各类知识库，以及重新审视其学科教学知识中各类知识的融合。

职业生涯视角下初中数学教师学科教学知识发展现状及影响因素研究

所谓教师专业发展规划是指，教师为自己持续的专业发展所设计的蓝图。教师专业发展规划的内容具体包括：自我分析，全面且充分地认识自己；环境分析，把握专业发展的方向；目标确立，形成愿景（王少非，2006）。在教师职业生涯发展的中后期，其共同点是教师要克服教师职业的倦怠感，继续寻找其专业发展的生长点与突破口。以下主要围绕教师的专业发展规划及其对教师学科教学知识的影响这一主题进行访谈，以探究三位学科教学知识高分组初中数学教师与三位学科教学知识低分组初中数学教师的认识与看法。

研究者：您未来五年的专业发展规划是怎样的？您要如何实现它？您认为专业发展规划对您学科教学知识的影响是怎样的？请举例说明。

L教师：我在进修学习的时候，老师讲过有关教师职业生涯规划的内容。其中，我对一些理念比较认可和喜欢。比如，专家曾讲过教师应该用心去教，教师要享受你的课堂，热爱你的学生，让学生感受到你的教学魅力。教师的教应该达到一种享受的和陶醉的境界。虽然我的数学教学水平已经比较高了，但是，还未达到让自己和学生们都享受与陶醉的境界。还记得我进修学习的时候，一次作业布置的是让我们写自己未来五年的专业发展规划。在专业发展规划中，我的目标是用五年时间评上中学高级教师职称，申报关于数学教学的课题一项，在数学教学中形成自己独特的教学风格。专业发展规划的具体措施如下。第一，一年至少参加一次有关数学教学的校外培训，积极参与学校、市及省里组织的数学教研活动。第二，我会认真备课并上好每一节数学课，力争做到课课有亮点，形成自己独特的教学风格。第三，多听优质数学课，多上示范课，及时进行课后反思并听取同事们的建议，不断改进教学质量。第四，计划每天抽出一小时学习最新的数学教育相关理论，并阅读相关的杂志与书籍。第五，努力在数学教育教学实践中发现问题，并以此为题材申报研究课题，通过课题研究促进数学教学质量的提高。

在访谈中得知，该教师已经成功评上了中学高级职称，并且她已经是该校初二年级组的数学教研组长。她在数学教学方面不断要求自己做到更好，为年轻教师带头示范，还经常组织数学教师共同学习与讨论。

C教师：教师专业发展规划是我参加省级骨干教师培训的时候接触到的。

第五章 同一职业生涯阶段初中数学教师学科教学知识的差异及其影响因素

教师的专业发展规划包括以下内容：首先，要对其自身的教育教学现状进行自我剖析。如我认为我的优势是有丰富的数学教学经验，熟悉数学中考的考点，且对教育教学有责任心和进取心。我在数学教学中的不足是教学方法比较单一，在引导学生的数学学习产生兴趣及提高其积极性方面还有待加强。其次，基于自我剖析确定目标，即多途径学习及运用多种新的教学方法与策略；通过学习相关理论知识了解学生数学学习的特点与规律。最后，确定具体措施，即在备课、上课与课后讨论方面下功夫。如在备课方面，聚焦于初中数学教材的内容并结合课标分析，厘清初中数学知识的重难点，收集并分析学生的数学基础知识及易错点，再思考使用什么教学方法进行组织实施。我会把它放到我的办公桌上经常看看，激励我不断在教学中做得更好。

X教师：我很欣赏和赞同这句名言，即不想当将军的士兵不是好士兵。我认为，不想成为优秀数学教师的教师也不是好教师。成为一名优秀的数学教师首先要有想法，有目标，有追求。国家五年就会进行一次中长期发展规划，学校每隔几年也会有一次发展规划，立志成为优秀初中数学教师的我也会对自己的专业发展好好规划一番。我对自己未来五年发展规划的目标主要聚焦于，将数学课程改革中提倡的既发挥教师的指导作用又激励学生主动探究的理念运用于日常数学教学中。我自己在教两个平行班相同数学知识的时候会尝试采取不同的教学方法，或是使用同一种方法教两个平行班同一数学知识。我会尝试不同的教法，然后看看教学效果如何，对比之后再进行经验总结。

W教师：学校要求我们每一学期及每年都要写个人计划，结束后还要求我们写总结。学期总结中，也涉及专业发展部分的内容。比如，我今年的个人教学计划的目标是在教科研中完成学校规定的任务，尽职尽责地教好书、育好人。我在数学教学中的具体实施措施如下，即通过培训或自学的方式学习使用现代多媒体课件制作以提高学生对数学学习的兴趣和积极性。在数学教学研究方面，积极参加并配合数学年级组的相关课题研究。我已经教了20年书，获得了数学教学方面的各种荣誉，如讲课比赛的荣誉证书，骨干数学教师称号等，也已经评上了中学高级的职称。而且，长江后浪推前浪，现在的新教师们在教学上都表现得非常出色，我们老教师也是时候让贤了，我们应该把更多的公开课比赛、论文评奖以及外出培训和进修的机会都留给他们。

H教师：我只是听过教师专业发展规划，但是没有写过。我们写得比较多的是学期或学年教育教学计划与总结。这些都是学校规定教师必须完成的事务性工作，主要用于存档。对教师的教学工作也会产生一些影响。我们每年都会写，写得都很好但是真正实施起来却比较难。比如，教师在数学教学过程中要做到因材施教就很困难。因为，一个班的学生人数太多，学生的数学基础不同，差异太大了。而且，教师还要在备课的时候利用更多时间去找材料分析各类试题，无形中增加了教师的工作量，这可能还会导致教学进度无法按时完成等情况。

S教师：我们一般都会参考其他教师写的专业发展规划，自己再写，慢慢地就会越写越好，越写越符合数学教育改革的理念。写教师专业发展规划是一回事；但是，在教学中是不是按照这样去做是另一回事。如果完全按照教师专业发展规划中的计划做，那么老师可能要冒很大风险。比如，在尝试新的教学模式的时候教师可能会多次失败，还可能会直接影响教学进度，进而影响学生的数学成绩，这显然是一件吃力不讨好的事情。现在社会和学校还是比较看重学生的期末成绩和中考成绩，并以此判断一位数学教师的工作业绩。

教师专业发展规划就是让教师认清自己前进的方向和目标，更好地激励自己超越自我，在教育教学中不断创新。从专业发展规划的目标来看，L教师能够正确地认识教师专业发展规划对推动其数学教学理念及方法突破与创新的价值与意义。L教师的专业发展规划目标设计得比较长远，其制订的专业发展目标更具挑战性也更能体现新课标的理念，措施也具体且易于操作。C教师也写过教师专业发展规划，从自我剖析到目标的确定再到落实措施，并把它作为激励其学科教学知识提升的阶梯。X教师不仅能够认识到教师专业发展规划的价值与意义，还努力将专业发展规划中的目标付诸数学教学实践。W教师并未写过教师专业发展规划。W教师比较满足于已经取得的数学教学业绩，不喜欢接受有挑战性的教学，更多的是完成学校对教师的规定和要求。从实现其专业发展规划的具体措施来看，L教师的专业发展举措更为全面、具体、可操作。W教师的专业发展举措相对来说就比较简略粗糙。H教师也没有写过教师专业发展规划。且H教师视学期计划和总结为必须完成的教学任务之一，未将其与学科教学知识的提升联系起来。S教师认为，教师专业发展规划与其数学教学实践的改革是相脱离的。可见，教学13~20年的学科教学知识高分组中的三位初中数学教师都亲自撰写过教师专业发展规划。他们都认为，撰写教师专业发展规划的过程也是教师学科教学知识提升的过程，并在数学教学实践中努力践行并积极创新。教学13~20年的三位学科教学知识低分组初中数学教师有的没有接触过教师专业发展规划，即使有的教师接触过也认为其对学科教学知识的影响不大。

3.数学教学观的取向：建构主义对传递主义

通过访谈得知，教学13~20年的学科教学知识高分组与学科教学知识低分组初中数学教师数学教学观存在差异。这种差异主要体现在，学科教学知识高分组初中数学教师倾向于建构主义的数学教学观；而学科教学知识低分组初中数学教师则倾向于传递主义的数学教学观。

数学不仅是一门工具学科，还是研究人类存在形式和思维方式的科学（孙维刚，1993）。教学是一项非常复杂的活动，它是教师和学生围绕教材进行的对话，既包括教师与教材的对话、学生与教材的对话，也包括教师与学生之间的对话、学生与学生之间的对话等。数学教学包括教师基于数学概念、定理及公式的内部认知加工与心理表征寻找合适的教学策略及组织形式进行教学设计、实施及反思。数学教学也涉及学生自身及在教师引导下对数学概念、定理及公式与已有知识体系进行有意义的积极建构与心理表征。数学教学观属于观念层面，既包括教师对数学本质及特征的认识，也包括其对教师的数学教学以及学生数学学习的认识，并体现在教师的日常教育教学过程之中。教师的数学教学观蕴含有关教师学科教学知识的观念。持有建构主义信念的教师认为，数学的本质是一个导致新发现的过程，或支持独立而有见地的学习。相反，持有传递主义信念的教师认为，数学的本质只是一个工具，且数学的学习是一种接受学习。例如，教师认为学生可以通过认真听数学课学好数学。

不同职业生涯阶段的初中数学教师都有自己的数学教学观。随着职业生涯不断发展，数学教学观由理论取向逐渐向理论与实践融合取向发展。即使处于同一职业生涯阶段，即教学13~20年的学科教学知识水平不同的初中数学教师，其在数学教学观方面也存在一定的差异。围绕教师的数学教学观及其对教师学科教学知识的影响，与教学13~20年三位学科教学知识高分组初中数学教师及三位学科教学知识低分组初中数学教师进行访谈。

研究者：您是如何看待数学这门学科的？您的这种看法对您学科教学知识的影响如何？请举例说明。

L教师：我个人认为，数学应该是其他学科学习的基础和工具，是对人们社会生活非常有帮助的一门学科。初中数学应该是引导学生掌握各类数学基础知识，发展学生的数学逻辑推理、抽象概括能力，以及培养学生的数感、空间意识及统计意识的一门学科。

C教师：我认为数学是能够训练学生思维的一门学科。我认为，初中数学这门学科主要包括代数和几何这两大块。当然，现在新课改后，人教版的初中数学还增加了概率与统计及综合与实践部分；但是，主要考点集中在几何与代数这两个部分。

X教师：数学是一门科学，也是一门艺术。说它是一门科学，因为它是用代数与图形等方式揭示客观世界的本质与规律的一门学科。说它是一门艺术，因为数学中蕴含着各种美，比如对称之美、简洁之美和严谨之美等。初中数学是能训练学生逻辑思维能力的一门科学。

W教师：数学是一门逻辑性很强的科学，数学也是比较抽象的、难学的一门学科。初中数学是学生中考的三大主科之一，在中考中也是最容易让学生拉大分差的一门学科。

H教师：我记得《义务教育数学课程标准（2022年版）》中提到数学是研究现实世界的数量关系和空间形式的一门科学，我也比较赞同这种观点。初中数学与其他学科，尤其语文和英语相比其严密性与逻辑性更突出。数学的每个定理或是公式都是可以重复验证的，经得起推敲的，比较严谨的。

S教师：数学是以研究抽象的代数、几何、函数、微积分等为内容的一门科学。初中数学是兼有代数、几何、函数等内容的一门学科。

研究者：你认为，初中数学教学是教师教数学知识吗？还是培养学生的数学能力（数学运算能力、逻辑思维能力及空间想象能力）？还是培养学生的数

第五章 同一职业生涯阶段初中数学教师学科教学知识的差异及其影响因素

学思想和精神？在初中数学教学中，对于教师来说，您认为最重要的是什么？您的这种看法对您学科教学知识的影响如何？请举例说明。

L教师：初中数学教师应将数学作为一种解决问题的工具，作为一种语言、思想及方法。教师更应视其为一种文化，将数学教学作为实现数学真正的实用价值及人文价值的一种途径。学生学习数学就是要解决日常生活中的问题，只有极少数人未来才可能去攻关高深的数学难题。教师不能为了培养未来的数学家而忽略或牺牲大多数学生的利益。当我们遇到可能与数学有关的具体问题时，就能自然地、有意识地与数学联系起来，或者试图使用数学的观点和方法进行处理与解决，即会"数学地"思考。数学教师应该引导学生将数学融入并指导学生的生活，从生活中发现数学，使数学成为其生活中不可或缺的一部分。因此，初中数学教师不仅应注重学生数学知识的掌握与应用，更应该关注学生数感、符号感、空间观念、统计观念及逻辑推理能力等方面的培养。

C教师：我感觉这些都很重要。数学知识学生学了以后可能会忘记，而数学能力和数学思想可能学生以后还会用到，所以这两个更重要。但是，学生的数学能力还有他们的数学思想都是在解决一个个数学问题的过程中培养起来的，学生要解决数学问题肯定要理解并掌握一些比较基础的数学概念、定理与公式才行。比如，某人积蓄了10万元，打算到银行存三年；银行工作人员提供了三种方案，定期储蓄的年利率不一样；请同学们帮他计算一下：哪一种方案所得的本息最多？有什么规律？你有其他更好的参考答案吗？储蓄的利息可以化归为一个数学问题，它的探究是代数初步知识的拓展，可为后面的方程、函数、数学实践课题的探究奠定基础。

X教师：最重要的应该是教师引导学生在数学思想及精神方面的进步。但是，学生的数学思想或精神是在教师引导及教师与学生共同讨论数学题的过程中逐渐培养起来的。学生数学能力培养的基础是数学知识的学习与积累。这给我的启示是在数学教学中既要从数学知识入手，又不能仅限于数学知识的教授。还包括对学生数学能力、数学思想及精神的培养。

W教师：教师的数学教学不仅要注重数学概念、公式及定理，还要关注这些数学知识是怎么得来的，这也是数学课程标准中所强调的。《义务教育数学课程标准（2022年版）》中规定了"数学是人们生活、劳动和学习必不可少的工具，能够帮助人们处理数据，进行计算、推理和证明；数学在提高人的推理能力、抽象能力、想象力和创造力等方面有着独特的作用；数学是人类的一种文化，它的内容、思想、方法和语言是现代文明的重要组成部分。"在数学教学中，我们也做过尝试和探索，比如，在某些数学课程的导入环节会列举一些生活的例子，比如在讲图形全等的时候我们会列举出生活中常见的对称图形进行导入。但是，如果每节数学课都让学生探究这是不可能的。

H教师：我感觉在数学教学中教数学知识，培养学生的数学能力、数学思想和精神这些都很重要。最重要的还是教给学生数学知识以及培养学生的数学解题能力。我们学校的学生上小学时数学就没有学好，数学底子薄、基础差，再加上初中数学难度较大。老师能把初中数学最基础的部分教好，让学生能听懂就不错了，对于数学的拔高题还有拓展题一般我们都不要求的。如果把学生学数学的过程比作建楼房的话，那么掌握初中数学的基础知识就像是在积累砖块一样，老师教数学就好比教学生如何用砖块砌成楼房。

S教师：数学课程标准，还有很多书中都提到数学教师要将数学思想与精神运用于数学课堂教学中。我也认为学生的数学思想与精神很重要。但是，现在的实际情况是数学双基教学任务都完成不了，更不用提培养学生的数学思想与数学精神了。

研究者：您如何看待教师教数学、学生学数学，以及教师的教与学生的学之间的关系？您的这种看法对您学科教学知识的影响如何？请举例说明。

L教师：我曾经看过孙维刚老师的书，深受启发。孙老师很反对教师让学生死记硬背各种数学定理和公式，也反对教师使用题海战术。他比较赞成让学生在学习数学的过程中自己经历一个完整的探究过程，而不是老师在课堂中把数学知识给学生重复演示几遍。还有孙老师是运用哲学的观点在教数学，而不是照抄照搬教科书或是直接使用教学参考书中的方法。比如，他在教数学的过程中就运用了对称的思想，他写了一个公式，即$(a+b)^3=a^3+3a^2b-3ab^2+b^3$，然后他问学生正确与否。如果掌握对称的思想就知道这个公式是错误的，因为该公式左边的a与b是平等的、对称的，右边也应该如此；但是该公式右边不是

第五章　同一职业生涯阶段初中数学教师学科教学知识的差异及其影响因素

平等的、对称的。孙老师讲到,其中就蕴含了对称的哲学思想。我也感觉老师不应该为了教而教,而是要站在数学思想的高度引导学生主动学数学。数学概念、公式及定理也应该是学生亲自演算过、证明过、尝试过之后学生才能够真正理解和掌握,而不是一味地只听老师讲。我也努力在我的数学课中鼓励学生动手参与数学问题的解决。

C教师:孔子曰,"知之者不如好之者,好之者不如乐之者。"真正的数学教学不是仅仅为了应付数学考试,应该是能够在师生群体中诱发出那股活泼的生气,以及营造出一种数学学习及探究的文化气息与氛围,让学生对数学产生探究的兴趣。在日常生活中,我的家人和朋友们都认为我是一个"数学味"十足的人,比如同时做饭、烧水、洗衣服,我会思考怎样做更能够节约时间。我缴话费的时候都喜欢计算哪种话费套餐最划算;就连我平时说话,比如跟学生讲道理都是简洁明了、直奔主题,蕴藏着数学的逻辑和风格等。在数学教学中,我用自己浓厚的数学味感染着我们班上的每位学生,让学生经历质疑与猜测、预设与探究、交流后再探究,并从中体验数学世界的奥妙。在学生的日常生活中,他们也经常会和各种各样的数学知识打交道。比如,我会引导学生探索和研究银行存款利率等经济问题,有时候也会给学生出一些抽象的数学思维逻辑训练题。比如提供一些已知条件和求解,然后鼓励学生运用多种方法探索,并写明使用了什么定理和公式及其解题思路。

X教师:学生的学与教师的教之间是相互影响的。比如,学生的学习基础与需求是数学教师进行教学设计的基础,数学教师教得好也会帮助学生更好地学。比如,教师在讲任何数(除了0)的零次幂都等于1,其数学表达式是$a^0=1$($a\neq 0$)。如果老师没有预先想到学生在理解这一命题的时候会存在哪些困难,可能就会介绍一下这个定理是这样得来的,即$a^0=a^{n-n}=a^n\div a^n=1$,其中$a\neq 0$;然后通过做练习题的方式让学生记住。但是,教学多年且用心教的数学教师除此以外,还会关注学生对于0的固化认识,即0表示什么也没有,但是在$a^0=1$中的0是有意义的,是零次幂。他们还会消除学生关于a^0代表0个a相乘的错误想法。

W教师:我学会教数学基本是靠我自己摸索的。我们那会上完中专就直接教书了，有种学生教学生的感觉。那时候也没有老师教我们，都是我在数学教学过程中一边学习初中数学知识，一边学习怎么教数学及认识学生怎么学数学的。我将自己教数学的经验总结如下。在导入部分，做好课堂中数学概念、公式或定理的铺垫是重要的，即让学生意识到学这个数学知识在哪些方面是有价值的、有意义的。在中间部分，教师要运用各种方法把复杂的数学问题简单化；整个教学过程要有重难点、有层次；数学语言连贯、有逻辑且符合规范。在结束部分，怎样拔高所学知识并让学生灵活地运用各种解题策略显得非常重要。我也很关注数学学得好的学生使用的学习方法与策略。总结如下：他们每学完一章数学知识都会进行总结，用树状图的方式梳理重难点知识及各知识点之间的联系。有的学生还有一本纠错本，就是把以前自己做错的题进行整理与分析，然后单独写在一个本子上，考试的时候再拿出来看看。我认为，教师教的方法与学生学习的方法不是固定的，而是随着不同初中数学知识类型的不同而不同。比如，初中代数知识的教与学方面，老师的集体讲授是次要的，学生的自我学习与练习比较重要，再辅之以教师个别指导。初中几何的教与学方面，教师引导对数形结合的把握就显得比较重要。

H教师：数学教学要取得成效光靠教师教是不行的，还需要学生认真学。作为老师，我们会尽职尽责地备好课、上好课，至于学生学不学、学得如何教师把握起来就比较难。我觉得现在的学生没有以前的初中生那么踏实认真了，现在的初中生都喜欢攀比吃穿，做事马马虎虎，吊儿郎当的，学习也不刻苦努力了。教现在的初中生，首先要解决他们不爱学习的问题，而后再思考如何教数学知识。但是，既然选择当一名教师，就必须教下去，即使这个过程有些折磨人。

S教师：教师教得再好，学生不想学、不愿学，教学的效果也会大打折扣。学习自觉努力，且数学底子好的学生，老师教起来更轻松，也更容易出成绩。数学底子差，学习自觉性不强又不努力的学生，无论谁教他们都很吃力、很费劲，数学教学的效果也不会太好。我们外出学习也会接受一些比较新的教学理念和教学方法，但是，很多数学课程改革提倡的理念和教学模式我们都用不成。因为，我们学校的学生生源和内地学校的学生生源有很大差距。比如我们

第五章　同一职业生涯阶段初中数学教师学科教学知识的差异及其影响因素

学校与某省某中学是对口支援关系，我们学校的老师每学期会选几个人到某省的某些城里的好中学去进修学习，但是可借鉴的价值不太大。可能到他们的农村学校去学习对我们的启发更大一些。

第一，从对数学学科本质的认识上来看，六位教学13~20年的初中数学教师都能够理解并把握数学的本质特征，即抽象性、严谨与逻辑性等。L教师、C教师与W教师更多是从与学生相关的视角解读初中数学的本质特征。而H教师、X教师与S教师则主要从课标出发解读初中数学的本质特征。他们对数学与初中数学的本质特征的认识基本趋于一致。第二，从数学教学目标来看，六位初中数学教师都认为数学教学的目标是促进学生数学知识的学习、数学能力的提高以及数学思想与精神的培养。但不同的是，L教师、C教师与X教师不仅在观念上认同这种观点，也能够努力地在数学教学实践中尝试和践行这种观点；而W教师、H教师与S教师虽在观念上赞同，却在数学教学中由于各种限制和困难没有继续践行其赞同的理念。他们在实践层面更关注学生对数学知识的理解与掌握，相对忽视学生数学能力的提高与数学思想与精神的培养。日本数学教育家米山国藏在其所著的《数学精神、思想和方法》（1986）一书的序言中写道："学生在初中、高中接受的数学知识，出校门不到一两年，很快就忘掉了；然而，不管他们从事什么业务，唯有深深铭刻于头脑中的数学精神，数学的思维方法、研究方法和推理方法，既包括对数学科学的看法，对数学本质与规律的认识，也包括学习数学知识、处理数学问题的意识与取向（季素月，2005）。事实上，数学思想随时随地发挥作用，使他们（学生）终身受益。"数学思想与方法归根到底是辩证唯物主义思想和方法在数学中的具体体现（郜舒竹，2004）。第三，从数学教学中，教师教数学、学生学数学及二者间关系来看，学科教学知识高分组与低分组初中数学教师的看法也是不同的。L教师深受孙维刚老师建构主义数学教学观的影响。L教师认为，数学教师应该站在哲学的高度及视野教数学，更侧重于培养学生的数学思想；学生学数学应该是自己亲历地、主动地积极建构他们关于数学概念、定理及公式的心理表征过程。C教师持一种实用主义的理念，认为教师教数学以及学生学数学都应该围绕日常生活，即认为数学的教与学都来源于生活，高于生活，又最终回归于生活。X教师认为，数学教师的教和学生的学是相互关联且相互影响的。教师与学生互动的过程中不断丰富与完善自身的学科教学知识，在与学生互动的基础之上指导并引领学生学习并逐渐形成自己的数学教学观。W教师则从教学的三个环节，即导入、中间及结束环节来考察教师教数学的策略，从具体的技巧方面（如纠错本）谈学生学习数学的方法，并未阐述教师教的策略与学生学的策略之间的关联。H教师重点阐述了教师的数学教学策略及效果不仅取决于教师教的水平，还与学生学习数学的基础、兴趣与能力等有关。S教师也认为，生源是影响教师数学教学效果的因素。他秉持这样的数学教学观，即教师基于大部分学生的数学学习设计教学，大部分学生应该适应教师的教学方法及教学风格。S教师认为，数学教学的理想状态应该是教师认真讲结合学生认真听。教学13~20年的优秀初中数学教师认为数学教学不仅是一种计算工具的教授与传递，他们将数学教学看作从数学的视角教师引导学生主动探究和发现世界运行规律的过程。

总之，教学13~20年初中数学教师在数学观方面的表现如下。他们对数学及初中数学本质特征的看法趋于一致。在初中数学教学目标认知方面，学科教学知识高分组初中数学教师力图在观念层面与教学实践层面都贯彻集数学知识、数学能力及数学思想一体的目标，而低分组教师则主要在观念层面上赞同集数学知识、数学能力及数学思想为一体的目标，在数学教学实践层面做得相对不足。在数学教学中，教师对教数学、学生学数学及二者间关系的认知方面，学科教学知识高分组初中数学教师更为关注从理念的视角与高度看待数学教师的教与学生的学，而低分组教师更关注教师教数学与学生学数学的细节问题。

第六章

研究结论、启示、局限及展望

一、研究结论

（一）关于初中数学教师学科教学知识发展现状的结论

第三章主要围绕第一个研究问题，运用情境测评法探究了初中数学教师学科教学知识的发展现状。并研究了随着教师职业生涯阶段的发展，初中数学教师学科教学知识发展的整体趋势及各个职业生涯阶段初中数学教师学科教学知识的发展特征。通过调查研究，主要的结论如下：

1. 初中数学教师学科教学知识的发展与教师各职业生涯阶段是相关的

从整体来看，随着教师职业生涯阶段的不断发展，初中数学教师学科教学知识呈现出由低水平向高水平逐步提升的趋势。在教学前六年，初中数学教师的学科教学知识水平提升得最快。教学7~12年初中数学教师的学科教学知识水平也在提升；但是，其学科教学知识水平提升的速度相对较缓慢。教学13~20年的初中数学教师学科教学知识的水平逐渐趋于平稳且略有下降趋势。斯黛菲等人（2012）根据文献研究与实证调研，将教师职业生涯周期划分为六个发展期，即实习期、学徒期、专业期、专家期、杰出期及荣誉退休期。教师学科教学知识快速发展时期（即教学6年以下）的教师特征与教师职业生涯发展期中的学徒期与专业期的教师特征有相同之处。学徒期的教师对待教学既兴奋又矛盾，教师从自身视角意识到其学科教学知识中各个组成部分的缺失与不足，并通过自身学习与指导教师的指导及其与教师的互助互导不断提高其数学教学质量。专业期教师则能够从教学中获得较高的教师效能，提升其教学自信。同时，也在不断学习的过程中实现从教师视角的教学范式向学生视角的教学范式转换。自此，教师学科教学知识中有关学生典型错误与困难的知识得以丰富、完善及发展。教师学科教学知识缓慢提升时期的教师特征与专家期的教师特征有相通之处。专家型教师的一个特点是他们具有对各种学习者敏锐的识别能力，这可以转化为具有前瞻性和预期性的教学（斯黛菲 等，2012）。但是，专家型教师由于缺乏合适的专业发展机会也会存在退缩的危机。此时，教师学科教学知识水平已经达到了一定高度，但仍有继续提升与发展的空间，尤其是教师关于学生典型错误与困难的知识仍然有待丰富与完善。教师学科教学知识处于平稳期的特征则与杰出期及荣誉退休期的教师特征相似。对教师职业有激情的具有影响力的杰出教师仍然在理论学习与教学实践中不断提升其学科教学知识发展水平。但是，随着其退休期的临近，加之教师的个人家庭与健康的危机，社会与学校对教师职业的重视程度不够等情况的出现，其学科教学知识提升动机逐渐降低，随之教师学科教学知识水平呈现出趋于稳定或是略微下降的趋势。

2. 随着职业生涯阶段的发展，初中数学教师学科教学知识不断发展，但其学科教学知识中三个子维度的发展特征不同

教学13~20年初中数学教师学科教学知识中三个子维度的发展水平高于教学1~3年与教学4~6年初中数学教师学科教学知识中三个子维度的发展水平；与教学7~12年初中数学教师学科教学知识的整体发展水平相当。这说明，随着教师职业生涯的发展，初中数学教师学科教学知识的整体发展水平先由低水平向高水平发展，而后趋于稳定水平。在教学前6年初中数学教师学科教学知识的发展水平快速增长。教学7~12年初中数学教师学科教学知识的发展水平与教学13~20年初中数学教师学科教学知识的发展水平相当。从初中数学教师学科教学知识中的三个子维度的发展水平来看，教学13~20年初中数学教师在将学科知识转化成为学生易于接受形式知识的发展水平略低于教学7~12年的初中数学教师。教学13~20年初中数学教师在有关学生典型错误与困难的知识与关于数学任务多种解决方案知识上的发展水平都高于教学7~12年的初中数学教师。

从教师职业生涯发展阶段来看，教学1~3年与教学4~6年初中数学教师的学科教学知识都处于较低水平，且其学科教学知识中三个子维度发展呈现出不均衡特征。即处于这两个职业生涯阶段的初中数学教师关于数学任务多种解决方案知识的发展水平最高，初中数学教师将知识表征成学生易于接受形式知识的发展水平次之，初中数学教师关于学生典型错误与困难的知识的发展水平最

低。教学7~12年初中数学教师学科教学知识整体呈现出更高水平，且其学科教学知识各子维度的发展呈现出均衡的特征。处于此职业生涯阶段的初中数学教师关于数学任务多种解决方案知识的发展水平，其将知识表征成学生易于接受形式知识的发展水平，及其有关学生典型错误与困难知识的发展水平相当。教学13~20年的初中数学教师学科教学知识呈现出高水平；但是，其学科教学知识中三个子维度的发展呈现出不均衡的特征。教学13~20年初中数学教师学科教学知识中将知识转化成为学生易于接受形式知识的发展水平略高于其关于数学任务多种解决方案知识的发展水平，且它们都远高于其关于学生典型错误与困难知识的发展水平。

（二）关于不同职业生涯阶段初中数学教师学科教学知识发展的差异及其影响因素的结论

第四章主要围绕第二个研究问题，运用情境测评法探究了不同职业生涯阶段初中数学教师学科教学知识发展的差异。基于不同职业生涯阶段初中数学教师学科教学知识的差异，并从各个职业生涯阶段抽取学科教学知识高分组与低分组教师各三人围绕影响其学科教学知识的因素进行访谈，以探究其学科教学知识的影响因素。通过调查得出的主要结论如下：

1. 数学学科知识是影响不同职业生涯阶段初中数学教师学科教学知识的重要因素之一

教师的学科知识是其学科教学知识的基础，教师数学学科知识的水平影响其学科教学知识的水平。舒尔曼认为，教师的学科知识是其学科教学知识的前提和基础。

（1）学科知识的关联与链接是核心

处于不同职业生涯阶段的初中数学教师关于数学学科知识的认知存在差异。教学1~3年及教学4~6年的初中数学教师将数学学科知识局限于教科书中的内容，主要从教师教的视角看待数学学科知识。大部分教学7~12年及教学13~20年的初中数学教师则从系统的视角看待数学学科知识。他们注重某一主题的数学知识与初中数学中其他知识之间的横向联系，以及其与小学数学及高中

第六章 研究结论、启示、局限及展望

数学相关知识的纵向衔接。他们还注重初中数学的教与学生数学学习的整合。可见，数学学科知识的链接与整合与教师学科教学知识水平相关联。

（2）教学6年是教师数学学科知识对其学科教学知识影响的时间范围

数学教师的学科知识与其学科教学知识也并非一直成正相关。教学1~3年与教学4~6年的初中数学教师表示，至少教学三年之后教师才能够掌握初中数学知识。大部分教学7~12年与教学13~20年的初中数学教师表示，至少要教学六年之后才能做到对初中数学知识重难点及易错点全面系统的理解与把握，并构建初中数学知识网络体系。据此推断，教师的数学学科知识对其学科教学知识产生影响的时间是教学六年。

2.教学经验是影响不同职业生涯初中数学教师学科教学知识的重要因素之一

教学1~3年及教学4~6年教师将其在学科教学知识测评中得分低归咎于缺乏教学经验；教学7~12年与教学13~20年教师则将其在学科教学知识测评中得分较高归因于有丰富的教学经验。教学经验量与质方面的差异是导致不同职业生涯阶段初中数学教师学科教学知识差异的原因之一。随着教学经验的积累，教师不断积累并丰富学科教学知识中的各个知识库，并且在数学教学实践中对学科教学知识进行重新阐释与有机统整。

（1）教师对教学经验的学习与反思是关键

访谈中，教学1~3年与教学4~6年的教师表示，他们的教学经验比较杂乱，在应对多变的课堂教学情境时对教学经验的使用随机性大且针对性弱。教学7~12年与教学13~20年的教师能够快速且准确地识别出数学教学实践中的问题情境，与其认知中相似的教学情境及有效的解决策略相匹配。这反映出他们的教学经验是经过内化且有组织的。而且，他们善于从教学经验中进行反思，从中总结出数学问题情境的特征、原因及应对策略。

这说明，简单的、大量的、没有组织的教学经验对教师学科教学知识不会产生积极影响，从教学经验中反思其学科教学知识能够产生积极影响。尼尔森（2008）认为，职前小学教师参与课堂教学活动并进行教学实践反思能够促进其学科教学知识发展。兰宁等人（2013）的观点是，教师只拥有大量的教学经验其学科教学知识的进步程度是不同的，但是在反思学生的科学观念后，职前科学教师学科教学知识取得了较大进步。徐芳芳（2011）的研究也表明，经常阅读专业书籍并反思教学的教师的学科教学知识水平显著高于教学经验少或没有反思的教师。

（2）教学六年是数学教师的教学经验对其学科教学知识产生影响的时间阈限

教学经验对初中数学教师学科教学知识发展确实很重要，但是，也有研究者关于教学经验对数学教师学科教学知识的影响持反对意见。施耐德（Schneider）与普拉斯曼（Plasman）（2011）的研究表明，虽然教师一直进行非正规学习，如在职教师的合作与指导，但是教师学科教学知识可能会随时间的推移呈现下降趋势。原因是，教师的教学经验对其学科教学知识的影响是有阈限的，不能简单地推理为教师教学的时间越长，积累的教学经验越多，其学科教学知识水平就越高。

结合量化统计与访谈得知，教师的教学经验作用于其学科教学知识的阈限是教学六年。教学13~20年的教师认为，教学经验不是影响其学科教学知识的重要因素；而其他三个职业生涯阶段的教师认为教学经验是影响其学科教学知识的重要因素。教学1~3年与教学4~6年的初中数学教师认为，他们还需要通过数学教学经验的积累构建初中数学知识体系，习得多种数学教学方法与表征策略。教学7~12年与教学13~20年的初中数学教师都表示，至少要教完两轮之后，即教学六年之后，教学经验对其学科教学知识的影响才逐渐减弱。其理由是，教学前三年教师聚焦于熟悉初一至初三的数学学科知识及学习如何教数学。教学4~6年的初中数学教师已经熟悉了初中数学学科知识，积累了应对数学教学中常见问题的方法与策略，能够节省出部分智力资源思考学科教学知识中各类知识的整合。

3. 数学教学观是影响不同职业生涯阶段初中数学教师学科教学知识的重要因素之一

数学教学观是在数学教学中，教师如何看待数学及初中数学的本质与特征，及对教师的教、学生的学及二者关系的看法与观念。相关研究者也赞成数学教学观对其学科教学知识的影响。

第六章 研究结论、启示、局限及展望

（1）教与学视角的转换与统整是教师数学教学观对其学科教学知识影响的导向

访谈中，不同职业生涯阶段初中数学教师都赞同其学科教学知识受到数学教学观影响。大部分教学1~3年与教学4~6年教师认为，数学教学方法与策略比数学教学观更重要。他们认为，数学教学方法与策略具体可操作，且实践性较强；数学教学观则比较抽象，理论性较强且难操作。大部分教学7~12年初中数学教师及教学13~20年初中数学教师则认为，数学教学观影响他们数学教学方法及策略选择的适切性及其使用的有效性。

不同职业生涯阶段教师关于初中数学本质特征的看法趋于一致。但是，他们对教师教数学、学生学数学及二者关系的看法不同。教学1~3年初中数学教师的教学观是单向的、固化的、绝对的。他们认为，数学教学是从教师教的视角把知识讲给学生听，且他们将教学的失败更多归因于学生数学基础差、学习不认真等外部因素。教学4~6年与教学7~12年的初中数学教师的数学教学观逐渐从关注教师的教转向关注学生的学。他们开始意识到数学教学是以学生的数学学习为中心，他们将教学的失败更多归因于自身知识匮乏等内部因素。教学13~20年的初中数学教师则持一种辩证取向的数学教学观，即学生如何学影响教师怎样教，教师怎样教也会影响学生如何学。

（2）教学9年是教学观影响学科教学知识的时间节点

教学1~3年与教学4~6年的初中数学教师都反映，教学前6年教师主要从教的视角学习如何教数学。有的数学教师虽然意识到教学中的问题，但是，他们认为抽象的数学教育理论与教学实践之间有不可逾越的鸿沟。从第二轮开始，他们已经熟悉了初中数学学科知识并建立了数学教学常规，意识到教学是教师教与学生学双向互动的过程。但是，尝试将学科教学知识中各类知识整合并付诸实践的教师较少。教学第三轮之后，大多数优秀的初中数学教师更关注学生学习数学方面的知识。而且，他们还尝试在数学教学实践中将学科教学知识中各类知识进行有机统整。

（三）关于同一职业生涯阶段初中数学教师学科教学知识发展的差异及其影响因素的结论

第四章主要围绕第二个研究问题，探究同一职业生涯阶段学科教学知识高分组与低分组初中数学教师学科教学知识的重要影响因素。通过调查得出的主要结论如下：

1. 有组织的专业活动是同一职业生涯阶段初中数学教师学科教学知识的共同影响因素

初中数学教师学科教学知识的发展是一个错综复杂，高度情境化与个性化的过程。这意味着，持续的、有组织的专业活动有助于初中数学教师学科教学知识的发展。已有研究也表明，以具体主题为重点的长期职业发展活动有可能提高教师的学科教学知识发展水平（Roth et al., 2011）。

教学1~3年的初中数学教师学科教学知识水平的提高与"师徒制"中指导教师围绕有效教学进行的指导紧密相关。在指导过程中，指导教师不仅要围绕数学教学方法与策略，更要渗透数学思想、数学思维和数学精神。而且，他们还要结合理论对其亲历的教学经验进行批判性反思及学习。亲历公开课、集体备课及对优质数学课的观察学习等专业活动有助于教学4~6年初中数学教师学科教学知识水平的提升。管理者应强化公开课促进教师专业发展的功能，弱化其评比功能。在集体备课中，教师应该将教学理念融入教学方案的设计之中。教师的观察学习应避免照搬照抄的机械式学习，要从教育哲学、教学思维及教学信念方面学习优秀初中数学教师的教学经验。教学7~12年初中数学教师学科教学知识水平的提升得益于教研活动或课题研究中同伴教师之间的互助互导。在同伴教师互助互导的过程中，初中数学教师应在关注技术性指导的同时重视挑战性指导。在进行教师专业发展规划及担任指导教师的过程中，教学13~20年的初中数学教师重新审视其学科教学知识的优势与不足，寻找契机促进其学科教学知识的发展。

2. 数学教育类课程与教育实习是教学1~3年初中数学教师学科教学知识的重要影响因素

职前教师教育阶段的数学教育类课程与教育实习对教师学科教学知识的影

响一直延续到教师任教初期。教师在数学教育类课程授课中关注理论知识与间接经验的有机整合有助于初中数学教师学科教学知识水平的提升。授课教师应在案例教学中实现理论性知识与实践性知识的整合。首先，数学教育类课程的授课教师要从鲜活的数学教育实践中选出值得探究的内容并形成教育性案例。舒尔曼（2014）认为，教育性案例是一种把意图和可能性置于生动的和反思性的经验中的交流形式。教育性案例最少具有四个特征或功能：意图、机会、判断与反思（舒尔曼，2014）。其次，数学教育类课程的授课教师还要寻找预设的教育性案例与数学教育理论知识的连接点。最后，数学教育类课程的授课教师要创设并鼓励职前数学教师以学习共同体的方式进行讨论与交流，积极参与教育性案例研讨的全过程。在教育实习过程中，职前数学教师将数学教育理论知识与亲历的教学经验的整合与高水平学科教学知识相关。这需要职前数学教师具有一定数学教学敏感性，即教师有意识地捕捉数学教学情境中的问题，并基于已有数学教学认知结构对其进行同化或顺应以形成教学智慧。职前数学教师在教育实习中学习教学的过程也是他们与指导教师及其他实习教师共同合作学习的过程。

3. 有组织的专业活动及教师效能水平是教学4~6年初中数学教师学科教学知识的主要影响因素

通过访谈得知，教学4~6年初中数学教师在有组织的专业活动中对数学公开课的认知、集体备课中关注的重点、优质数学课观察学习的类型等方面的差异是导致处于此职业生涯阶段初中数学教师学科教学知识差异的重要因素。其中，将数学公开课视为提升学科教学知识的契机的初中数学教师的学科教学知识水平更高。在集体备课中嵌入理论知识的初中数学教师的学科教学知识水平更高。采取抽象的、创造性的优质数学课观察学习类型的初中数学教师的学科教学知识水平更高。初中数学教师感知的高水平教师效能与教师高水平的学科教学知识也相关。

4. 数学教学观是教学7~12年与教学13~20年初中数学教师学科教学知识的重要影响因素

对于教学7~12年初中数学教师来说，站在学生立场上教的观念为其学科教学知识的提升指引方向。教师要实现数学知识由"学术形态"向"教育形态"转变（郑毓信，2011），需要形成站在学生立场上教的观念并将此观念付诸于教学实践。初中数学教师要形成"站在学生立场上教"的观念。首先，他们可以尝试在平行班中的一个班将"站在学生立场上教"的观念运用于数学教学实践，另一个班作为对照班。然后，教师通过对比二者的教学效果及学生的反馈以彰显出该观念的重要性。其次，教师在教学实践中逐渐理解"站在学生立场上教"的涵义，即为了每个学生更好地学而教。最后，初中数学教师应将"站在学生立场上教"的观念运用于数学教学实践。在数学教学内容方面，教师应该提供适合不同学生需要的现实生活中的数学内容。在数学教学形式方面，教师应该引导学生将现实生活中的问题数学化，学会用数学的思想与方法解决生活中的问题。

对于教学13~20年的初中数学教师来说，建构主义的数学教学观从观念层面影响教师学科教学知识的优化与改进。教师数学教学观的形成或转变需要考虑以下三点。其一，教师将教育视为一项事业，感悟教师职业的魅力并持有终身学习的理念。其二，教师要离开教学舒适区，不断改进已有的教学观念。其三，教师的数学教学观是在数学教育共同体中逐渐形成的。郑毓信（2011）认为，数学教师的专业化主要指，个体如何能够成为"数学教育共同体"的合格成员，即逐步形成"数学教育传统"体现的各种观念和信念。

5. 是否担任指导教师是教学13~20年初中数学教师学科教学知识的重要影响因素

教学13~20年且担任指导教师的初中数学教师的学科教学知识水平比不担任指导教师的初中数学教师的学科教学知识水平高。一方面，担任指导教师的初中数学教师通常站在教师教育者视角审视及反思其自身与其他教师学科教学知识的发展；发挥他们在教学信念、知识及技能方面的引领与指导作用。另一方面，担任指导教师的初中数学教师也有机会向新手教师或职前教师学习新的教育教学理念与相关技术，以此丰富及充实其学科教学知识。当然，并非所有指导都能够促进教师学科教学知识的发展，成功的指导及良好的指导关系与教师学科教学知识的发展密切相关。科赞（Kochan）（2002）认为，成功的指导具有三个子维度,即指导是关系的、反思的和互惠的。在关系维度上,教师和指导教师彼此应有较高的承诺;在指导过程中,他们相互尊重、相互信任且双方能够有效沟通。在反思维度上,教师和指导教师就指导的目的达成共识,随着教师专业发展需要的转变,指导教师及时调整指导关系与指导策略,并及时反思其指导目的的实现程度。在互惠维度上,教师和指导教师需要具备相似的指导价值观,他们应该相互学习、互惠互利。他们还需要借助外力,如指导教师共同体以及其他教师专业发展共同体(如教研组、备课组、名师工作坊等)以促进其学科教学知识的优化与提升。

二、研究启示

(一)对职前数学教师教育的启示

从研究结果来看,初中数学教师尤其是处于第一职业生涯阶段的教师将数学教法类课程与教育实习作为影响其学科教学知识的重要影响要素。大学专业为数学教育专业的教学1~3年初中数学教师的学科教学知识均值显著高于大学专业为非师范类专业的教师。大多数教学1~3年的学科教学知识高分组初中数学教师来自大学专业为数学教育专业的教师群体。勾选数学教育类课程与教育实习的教学1~3年初中数学教师的学科教学知识均值高于勾选其他三项的教学1~3年的初中数学教师。大部分教学1~3年的学科教学知识高分组初中数学教师来自勾选数学教育类课程与教育实习的教师群体。勾选数学教育类课程与教育实习的教学7~12年教师学科教学知识的均值都显著高于勾选一般教育学类课程的教学7~12年初中数学教师。对初中数学教师学科教学知识具有较大解释力的一个虚拟变量是数学教育类课程与教育实习。数学教育类课程与教育实习也被作为解释初中数学教师学科教学知识的一个虚拟变量纳入处于此职业生涯阶段初中数学教师学科教学知识逐步标准化回归方程中。对教学1~3年初中数学教师学科教学知识具有较大解释力的一个虚拟变量是数学教育类课程与教育实习,且该虚拟变量第一个被纳入教学1~3年初中数学教师学科教学知识的逐步标准化回归方程中。对教学7~12年初中数学教师学科教学知识具有较大解释力的一个虚拟变量是数学教育类课程与教育实习。数学教育类课程与教育实习也被纳入教学13~20年初中数学教师学科教学知识的逐步标准化回归方程中。研究结果也表明，受过正规教师教育的教师学科教学知识得分较高，而未受过培训的教师在开始教学时对学科教学知识评分为零的比例为2.8%。特哈达（Tejada）等人（2007）的研究表明，一些教学第一年的教师比教学经验丰富的教师在教学方面更有效率，这些教学一年的教师将之归功于他们接受的教师教育计划。可见，教师在职前教师教育阶段进行的数学教育类课程学习与接受的教育实习训练的效果一直延续到教师任教初期，甚至还对作为指导教师的指导产生了一定的影响与作用。

从访谈中可知，在数学教育类课程授课中将理论知识与间接经验融合有助于初中数学教师学科教学知识水平的提升。这对数学教育类课程的授课教师提出了要求，即他们要将数学教育理论知识与数学实践教学的间接经验进行有机融合。掌握及擅长理论性知识的大学教师作为该课程的授课者，应该在发挥自身理论性知识优势的基础之上努力丰富其自身的实践性知识，并借助案例教学法将理论知识与来自数学教学实践中的间接经验进行有机整合。掌握及擅长实践性知识的中学数学教师作为该课程的授课者，应充分发挥其在数学实践性知识方面的优势，不断学习数学理论知识以补足其短板，并在教学实践与反思的过程中寻求二者有效整合的途径与策略。初中数学教师应该将情境化及个性化的实践性知识通过案例教学的方式显性化，在案例教学的过程中实现实践性知识与理论性知识的整合与对接。基于案例的教学可以被看作是实现教师在教学实践中学科教学知识中各类知识有机整合及融合的一种媒介或手段。首先，数学教育类课程的授课教师要从鲜活的数学教学实践中选出值得思考的部分并形成教育性案例。舒尔曼认为，教育性案例是一种把意图和可能性置于生动的和反思性经验中的交流形式。教育性案例最少具有四个特征或功能：意图（intention）、可能性（chance）、判断（judgment）与反思（reflection）（舒尔曼，2014）。一般来说，教育性案例是围绕初中数学教师教学情境中出现的失败或意外情况，并结合其教学目标与达成情况，对教师的教学理念进行整理及

第六章　研究结论、启示、局限及展望

分析以回应各种问题与矛盾。其次，数学教育类课程的授课教师还要寻找预设的教育性案例与教育理论知识的契合之处或连接点。即使用教育理论知识对案例中的问题与矛盾进行分析及解释。最后，数学教育类课程的授课教师要创设及鼓励职前数学教师以学习共同体的方式自主自发地通过讨论与交流的方式，积极参与案例中的问题与矛盾的分析、解释及解决的全过程。

教师在教育实习中的经历不仅对初中数学教师学科教学知识的提升有帮助，还能够促进作为指导教师的初中数学教师指导技能的提高。舍恩提出，教师的专业知识不能与其专业经验分离。实际情境中所面临的问题往往是非常复杂的，而学理知识则往往是单纯的、概括的、简化的，且这两者无法直接一一对应。研究发现，在教育实习中教师做到以下几方面有助于其学科教学知识水平提升。第一，为职前数学教师的教育实习做好制度方面的保障。首先，要确保职前教师在教育实习的学科与职前教师的学科是一致的，即数学教育专业的职前教师在教育实习时教数学。其次，大学与中小学校要确保教育实习中的指导教师具备一定的指导知识与能力，并能够与参加教育实习的职前教师建立良好的指导关系。第二，在教育实习过程中，参与教育见习与教育实习的职前教师需要基于自身亲历的教育见习及实习经验进行学习及反思。他们在学习教学的过程中不断积累教学经验，不仅要模仿和学习指导教师在教学中的具体教学方法、策略及表征方式；还需要对其教学经验进行批判性反思，即深度挖掘、体悟并总结出其所观摩与学习的初中数学教师的教学思维与教学理念。第三，职前初中数学教师在教育实习过程中学习教学也是他们与指导教师及其他实习教师共同合作学习的过程。他们应该通过主动与重要他人的对话生成其自身的教学智慧并构建其自身的学科教学知识。职前数学教师通过师徒合作与同伴指导整理并整合自己亲历教育实习所获得的直接经验，向其他有经验数学教师学习有效的教学方法与策略、教学思维及教学信念等。

职前数学教师的数学教育类课程与教育实习应该交替安排。教师教育中的理论知识学习与教育实习是一种相互融合，交替往复，动态发展，互相修正的关系（杨秀玉，2017）[51]。

在"共时态"的结构中，与大学教师教育机构的相关课程有机地结合在一

起，从而实现实践与理论相融合。像英国教育实习的课程安排那样，对于处于相同教育主题的探讨，同时在理论学习与教育实习中交替进行，互为印证，互相修正与检验，如此才能使实习教师对某个教育教学问题形成个人化的理解和体验（杨秀玉，2017）[256]。在此方面可以借鉴英国的经验，英国的职前教师教育在21世纪逐渐以实践导向的教师教育为特色。例如，英国伯明翰大学的1年制本科后教育证书课程课时安排中，秋季学期（第14周）以大学为基地的教学活动6周，在大学A实习5周，参加大学教学活动2周；春季学期（第12周）全部在中学B实习（其中有两天回到大学）；夏季学期（第10周）是以大学为基地安排教学活动5周，回到中学A实习4周，以大学为基地的教学活动1周（王艳玲 等，2007）。从英国各个学期的职前教师的实习安排来看，英国非常重视职前教师理论知识的学习与实践教学能力的培养，要求职前教师交替参加大学的活动与中学的教育见习与实习活动。还要做好两个重点的突出：教师教育机构应该把重点放在"与实践有关的命题知识"，而在实习学校，应该把重点放在"命题解释的实践性知识"（Thiessen，2000）。

（二）对在职初中数学教师教育教学培训的启示

1. 关注各影响因素作用于初中数学教师学科教学知识的重要时间段

学生某种能力的发展有关键期或敏感期，即在某个时期学生某种能力的发展更为容易，如果此时外界给予学生适当的环境、氛围以及支持条件，那么学生的学习及发展更为容易，其效果也更佳。同理，教师学科教学知识水平的提升也应该有关键期或敏感期。学校领导或教师教育者应抓住教师学科教学知识提升的关键期或敏感期，在其间给予教师适当的外部支持，并激发教师的内在潜力。从研究的结果来看，初中数学教师学科教学知识快速发展的时期为教学前六年；教学六年之后其学科教学知识的发展相对缓慢。其中，教学前十二年的初中数学教师将知识转化为学生易于接受形式的知识处于相对快速发展的时期；教学十二年之后，其在此维度的发展较为缓慢。教学前六年，初中数学教师有关学生典型错误与困难的知识处于快速发展时期；教学六年之后教师在该维度的发展呈现持续递增的趋势。教学前六年初中数学教师关于数学任务多种

第六章　研究结论、启示、局限及展望

解决方案的知识处于快速发展时期；教学六年之后教师关于数学任务多种解决方案知识的发展呈下降趋势。根据初中数学教师学科教学知识发展的关键期，以及在关键期的一些重要影响因素，我们提出了促进初中数学教师学科教学知识发展的策略。具体包括，促进教学前六年的初中数学教师对教学经验的反思与学习；加强教学前六年的初中数学教师数学学科知识的网络化与系统化；注重教学九年之后初中数学教师数学教学观的转化。

（1）促进教学前六年初中数学教师对教学经验的学习与反思

首先，锁定有关数学教学经验积累与提升的教师群体，即教学前六年的初中数学教师。其次，教师从教学经验中学习与反思的目的聚焦于教师学科教学知识的提升。最后，教师可使用内容表征工具及教学与专业经验库作为其教学反思的工具以促进其学科教学知识水平的提升。2004年洛克伦等人研究教师学科教学知识时建构了表征教师学科教学知识的两种方法：内容表征工具（Content Representation，简称CoRe）及教学与专业经验库（Pedagogical and Professional experience Repertoires，简称PaP-eRs）。这两种方法的共同使用不仅可以用于表征教师的学科教学知识，还可以促进教师学科教学知识的发展。如休谟（Hume）和拜瑞（Berry）（2011），伯特伦（Bertram）与洛克伦已经通过实证研究验证了内容表征工具及教学与专业经验库能够促进教师学科教学知识水平的提升。

洛克伦认为，教师对学科的理解，他们在某一情境中有关教与学的特殊观点及他们在实践教学中对学生学习需求的巧妙回应等都能够反映他们的学科教学知识；教师的学科教学知识不是固定的，而是随教学情境的变化而变化。洛克伦认为，表征教师学科教学知识的主要内容应包括：真实的课堂（真实的教学情境是复杂性的，包括学生的各种反应）；教师的思维（关于教学内容及学生回答的想法）；学生的思维（教师对于学生学习行为及其原因的想法）；教授与学习某一学科的情况及其原因（Loughran et al., 2001）。使用CoRe与PaP-eRs能够基于教师教学的实际情境，它们不仅能够反映初中数学教师对学科教学知识的理解与掌握，还能够作为工具促进教师学科教学知识发展的反思与学习。CoRe的构建及讨论与探究教师对学科教学知识的理解与观念有关，即理解

教师如何组织他们的教学以促进学生对核心概念的学习，这有利于探究教学的本质。使用CoRe表征教师学科教学知识的目的是了解教师对学科知识的理解及他们教授这些知识的想法及观念，并以一种常见的方式使复杂的教师学科教学知识能够显性化及结构化。CoRe包括题项与重要的概念或思想。CoRe工具的题项主要内容是表征教师学科教学知识的八个问题；重要的概念或思想这一列表示在特定学科领域中与某一主题知识相关的几个核心概念；空白部分需要教师围绕每个核心概念回答与学科教学知识相关的八个问题。内容表征工具中的八个问题具体如下：关于这个概念，你希望学生学习什么内容？为什么学习这个概念对学生来说是重要的？你还知道关于这个概念的哪些内容（你不打算让学生知道的）？教授这个概念有哪些困难或局限？你的哪些学生知识影响你教授这些概念？影响你教授这些概念的其他因素有哪些？你在教学过程中使用某种方法的原因是什么？确定学生对某一概念的理解及感到困惑的方法是什么？教师的学科教学知识是复杂的，仅表征观念层面的学科教学知识是有限的，还需要考虑行动层面的学科教学知识，即教师在教学中及教学后对学科知识及教育学知识是怎样整合的。洛克伦等人认为，PaP-eRs是通过叙事的方式表征教师在实际课堂教学中怎样整合学科教学知识中各种知识进行有效教学的。PaP-eRs是教师之间通过交流与讨论共同构建的，他们交流的内容主要围绕教师的教学决策与行为及背后的原因，这些都与教师在教学过程中的教学推理与思维有关。且PaP-eRs是关于教师在真实的课堂情境中教授某一教学内容的思考与推理。因此，PaP-eRs有助于表征及促进教师行动层面的学科教学知识。使用PaP-eRs时需注意，PaP-eRs并不是孤立地表征教师学科教学知识的，而是与CoRe配合使用共同表征复杂的学科教学知识。多个PaP-eRs有助于揭示学科教学知识的不同方面；PaP-eRs有各种形式，如观察记录，课堂中学生的行为，带注释的文本等。

  利用CoRe与PaP-eRs促进初中数学教师学科教学知识水平的提升与发展包括三个步骤。第一，教师教育者或其他重要他人可帮助初中数学教师创建并分析CoRe。教师教育者向教师们阐述并解释CoRe中八个题项的内涵以确保他们能够理解。然后，教师们自由选择初中某一年级的数学主题知识，并围绕该主题

第六章　研究结论、启示、局限及展望

知识分析出五至八个核心概念。一般是从初中数学教材或中学数学学科课程标准中寻找与某数学主题知识相关的核心概念；也可以在教师与学生共同讨论中确定其数学主题知识的核心概念。接着，请初中数学教师根据自己的理解填写与CoRe相关的表格。之后，研究者们根据教师所填写CoRe表格中的内容，使用总结性的语言概括他们的主要观点。第二，教师教育者或其他重要他人帮助初中数学教师创建并分析PaP-eRs。首先，确定PaP-eRs的个数。教学实践中多种因素相互作用较为复杂，多个PaP-eRs能够有助于全面表征教师在数学课堂教学中对学科教学知识的运用。PaP-eRs数量可以根据隶属于某一数学主题知识的核心概念的个数决定，甚至可以根据实际情况略多于核心概念的数量。其次，引导数学教师使用多种形式收集与PaP-eRs相关的资料，如访谈、观察、教师教案及学生作业等。资料的收集可以基于对教学过程的观察、课前的教学设计、课程实施过程及课程结束后的评估等；有时也可以聚焦于教师对某一教学情境中遇到的困惑及问题。第三，教师教育者或相关研究人员帮助初中数学教师寻找CoRe与PaP-eRs之间的联系并基于此评估其学科教学知识的优势与不足，并进一步提出改进意见。首先，要确定某个PaP-eRs与CoRe中核心概念的关联。其次，根据某个PaP-eRs中的主要观点，并将之与CoRe中八个问题所表述的观点相对应，然后用线段标注其相关。依次这样做，直到所有PaP-eRs都与CoRe中的内容相关联。最后，综合CoRe与PaP-eRs及两者相关联情况，评估初中数学教师学科教学知识的状况及其学科教学知识的优势与不足；为进一步完善与改进其学科教学知识提出建议。

（2）加强教学前六年初中数学教师数学学科知识的网络化与系统化

初中生的抽象逻辑思维正在逐渐发展，他们在学习新的抽象性及概括性比较强的初中数学知识时仍需要具体形象或表象的参与，以提高其对数学知识认知的心理表征。教师对初中数学学科知识的深刻理解以及运用多种方式表征数学知识的训练有助于教师灵活应对初中生学习数学的各种复杂教学情境。初中数学教师应该从整体的、全面的、系统的视角对初中数学学科知识进行深度学习。舒尔曼和格罗斯曼（1988）将学科知识进一步分析了实质性知识和条件性知识。喻平（2002）认为，数学知识包括陈述性知识、程序性知识和过程性知识。强化教学前六年的初中数学教师对数学学科知识进行深度学习，可在教师的在职培训或校本研修中，增加有关初中数学陈述性知识、数学程序性知识和数学过程性知识的学习内容。

教师的数学陈述性知识是指，教师有关初中数学知识是什么及有什么特征的知识群集及相关的知识网络结构，主要包括数与代数、图形与几何、统计与概率等几大板块中的概念与命题以及它们之间的关系。初中数学教师不仅要精通各个初中数学知识的内涵与外延，还要关注这些数学知识之间的联系，并基于此构建完整且系统的初中数学学科知识网络，以便于教师在适宜的教学情境中提取、迁移及使用。教师可以使用概念图的方法构建并完善初中数学的陈述性知识网络结构。概念图是一种图像化的表征方法，围绕某一个核心概念或节点，通过链接与文字标注的方式呈现出各个知识之间的关系、知识的层次及重难点。一些研究者，如罗尼克（Rollnick）等人（2013），姆塔特瓦-库内内（Mthethwa-Kunene）等人（2015）都赞同使用概念图作为探究其教师学科知识及学科教学知识发展的工具。罗尼克等人（2013）通过概念图调查七位物理教师在其学习教授半导体这一主题时学科知识的发展情况；研究发现了从低到高不同层次四种概念图，即没有明确意义的概念图、聚焦学科知识的概念图、聚焦学科教学知识情境的概念图，以及聚焦学科教学知识策略的概念图。概念图的使用流程如下：首先，要求教师确定一个数学核心概念或命题，列出与数学核心概念或命题相关的概念或命题；然后用箭头标注等形式将各个概念或命题链接起来，注意要突出初中数学概念或命题的重难点与逻辑次序；最后，以一个网状结构的图表表示出数学核心概念或命题之间的联系，各个连接线段上使用各种连接词进行标注以表明核心概念或命题间的关系。

初中数学程序性知识是，教师怎样使用初中数学知识的程序性的知识群集以及相关知识网络结构。美国心理学家加涅认为，程序性知识包括心智技能（包括简单操作性技能与复杂操作性机能）和认知策略（包括策略性知识与元认知）。在初中数学中四大板块之一的"综合与实践"中就需要教师具备程序性知识。对初中数学学科知识的深度学习不仅要知道某个数学概念或命题，还要知道这些数学知识的使用条件与范围，并在多次使用的过程中逐渐在教师头

第六章 研究结论、启示、局限及展望

脑中形成双向产生式系统。所谓双向产生式系统是一种具有双重功能的指令，它既能指令在具备什么样的条件下会有什么动作，又能指令在不同的情境中选用不同的产生式（喻平，2002）。这对教师继续教育及培训的启示如下。首先，教师在习得初中数学陈述性知识的基础上，要有意识地使用"条件—动作"的形式，通俗地说是"如果……那么……"以表征各个知识之间的逻辑关系。其次，教师遇到新的数学问题情境时，要能够辨识出新的数学问题情境与已构建的数学问题情境及解决图式之间是否有重叠或相通之处，以此判断已有的数学问题解决图式是否可以迁移到新的数学任务的解决过程中，这是一个同化的过程。如果教师判断新的数学问题情境与已构建的数学问题情境及参考答案的图式无法匹配，即不具可迁移性，那么就需要教师针对新的数学问题情境建构一个新的解决图式，这是一个顺应的过程。在教师自己的教学过程中以及与他人交流互动的过程中不断巩固有效的数学问题解决图式，生成新的数学问题解决图式。

数学过程性知识是教师应具备的一种内隐的、动态的知识。教师的数学过程性知识通常蕴藏在教师的数学教学观里，无法直接看出来。但是，通过教师数学教学中教师的言行能够反映出其是否具备过程性知识，因此教师的数学过程性知识是内隐的。教师的数学过程性知识不是静态不变的，而是伴随着知识的发生和发展不断变化的，需要教师在数学教学过程中体验，故而呈现出动态性特点。初中数学教师的数学过程性知识是伴随数学活动过程的体验性知识。教师的体验性知识的习得包括四个阶段：对知识产生的体验，对知识发展的体验，对知识结果的体验及对知识应用的体验（喻平，2004）。教师也需要具备这些体验性知识，不仅要知道某一数学知识的现在，还要追根溯源，了解其起源的整个过程，包括谁在什么时候运用了什么方法怎样探究得出了这个结论，其他人是否验证过等。教师还可以跟进某一数学知识随着时间推移的演变及发展情况。教师的数学过程性知识还聚焦于探究与解答"某一数学概念或命题为什么是这样的"。有些初中数学教师教得费劲、学生学得辛苦的原因之一是教师与学生获得更多的是间接经验，而不是他们亲身参与及探究所获得的直接经验。所以，在教师培训中应鼓励教师们不仅要展示数学家发现数学知识的过程，还要呈现教师及学生对某一数学知识的推演与运用过程，教师也要引发学生对某一数学知识产生过程的好奇并鼓励他们亲自动手参与数学知识的推演与运用过程。

（3）注重教学九年以上初中数学教师数学教学观的转化

教师的数学教学观属于其数学教育观中的一个重要组成部分。教师的数学教学观并不会随着教师职业生涯的发展顺其自然地向符合《义务教育数学课程标准（2022年版）》中所倡导的教育教学理念。初中数学教师数学教学观的转化是外因通过内因起作用的过程，既需要外部条件的支持与氛围的营造，又需要激发教师数学教学观转化的内在动力。此外，为实现成功转化教师还需要付诸努力。外部条件的支持与氛围的营造主要涉及教育部门、教育局及学校层面等负责人出台并改革相关政策，如教师考核与职称评定政策，学校教育教学管理制度等；支持初中数学教师在数学教学中转化及践行数学教学观。初中数学教师数学教学观的转化还需要激发教师的内部动机。通过各种实践活动激发教师从过去只关注以"初中数学知识"为中心的数学教学观逐渐向关注以"学生学习数学"为中心的数学教学观转变。从过去在数学教学中只关注教师与教材的互动，向关注教师、教材及每个学生之间的多边交互作用与影响的方向转变。不同职业生涯阶段初中数学教师都有数学教学观转化的需要，基于上述的分析，教学九年以上的初中数学教师已经基本熟悉初中数学教学的知识及教学常规，并开始努力尝试改变其数学教学质量。

丁国忠（2006）认为，在数学教学观念的转变过程中可能会出现三种情况：一是"陈述性观念"与课程标准倡导的观念不一致；二是"陈述性观念"基本符合课程标准倡导的观念，但"程序性观念"与之不一致；三是"陈述性观念"与"程序性观念"基本一致且都符合课程标准倡导的观念。基于上述内容，也将初中数学教师数学教学观的转化划分为三种情况：

第一种情况是一些初中数学教师尚未意识到、无法深刻领悟或正确解读数学课程标准中所倡导的理念以及这些理念与教师学科教学知识之间的联系。出现这种情况可能的外部原因主要是各类教研或培训活动中缺乏对数学课程标准理念的摄入、剖析与解读；内部原因可能是，在观念层面教师缺乏学习数学教育相关理念的主动性与能动性。针对上述原因，其一，可以在数学教师校本培训与教研活动中增加数学课程标准中的教学理念的相关内容，如数学教学是学生为主体、教师为主导的双向互动过程。其二，教师要自发地研读数学课程标准中所倡导的教育理念，并将之与数学教学实践结合起来理解其深刻内涵。

第二种情况是，有些初中数学教师已经意识到应该从学生的视角来教但尚未在数学教学实践中实施。究其原因，初中数学教师只是出于对权威的崇拜而对所倡导的数学教学观表面认同，而其数学教学观并未真正改变。其可能的外部因素涉及学校关于教师考评的管理制度与奖惩制度仍是以教师的教学业绩为标准。针对上述原因，应该从学校层面营造"以学促教"的氛围，如配套出台鼓励教师在日常数学教学中践行数学课程标准中所倡导的理念，为其由陈述性理念向程序性理念的转化创造条件。还应替代自上而下的灌输方式，采取自下而上的培训方式，在校本教研与培训活动中从初中数学教学的真实情境与案例出发，深度剖析问题背后蕴藏的教师已有的数学教学观，并设计基于所倡导数学教学观的教学方案，如采用同课异构的形式使教师意识到倡导的数学教学观在其数学教学实践中的作用。还可以向初中数学老师提供运用数学教学观指导其数学教学的可供效仿的典型范例。转变数学教学中师生角色方面可以采用变"我教你学"为"你学我导"，变"先教后学"为"先学后教"（唐俊涛，2017）。

第三种情况是，有的初中数学教师既能够从观念层面正确且深刻地理解数学课程改革所倡导的教育理念，也能够在数学实践层面运用数学课程标准倡导的理念设计、组织及实施数学教学活动。针对此类教师可鼓励其不断学习新的数学教学理念，并尝试在数学教学中运用；经常进行反思并分享经验，以升华成数学教学智慧。担任指导教师将自己数学教学观转化和运用的过程及经验与其他初中数学教师分享。

2. 初中数学教师有组织的专业活动应该围绕学科教学知识开展

已有研究及大量案例都表明，教师的"校本研修"是促进每一位教师专业成长的有效路径（佐藤，2016）。本研究结果也说明，初中数学教师有组织的专业活动是影响各个职业生涯阶段初中数学教师学科教学知识的重要影响因素之一。

虽然，各种不同类型的有组织专业活动都在进行中，也对不同职业生涯阶段初中数学教师学科教学知识产生了不同程度的影响。但不同职业生涯阶段初中数学教师学科教学知识的影响因素中分为主要影响因素与次要影响因素。对于教学1~3年的初中数学教师来说，他们学科教学知识水平的提高与"师徒制合作"中指导教师与他们围绕如何有效教学进行的指导紧密相关。新手教师在与其指导教师就学科教学知识建构的互动过程中，不仅要学习具体的可直接用于数学课堂中的教学方法与策略，还要体悟蕴含于其中的深层次的教学信念与教学思维。而且，他们还要结合自己亲历的数学教学经验进行批判性反思与有选择地接受指导教师的指导。

对于教学4~6年的初中数学教师来说，亲历公开课、参与数学教师集体备课，以及对优质数学课观摩学习这些专业活动对促进其学科教学知识水平提升帮助较大。教学4~6年初中数学教师所述的公开课一般属于达标型公开课（达标课）与竞赛型公开课。达标课是教师应该在数学教学中达到的最低标准与底线。可以将中学数学教师学科教学知识的最低标准作为其达标公开课的底线。即教师基本能够把数学知识转化成为学生易于接受的形式；教师知道大多数中学生在学习某个数学知识点中经常犯的错误；教师能够运用常见的几种方案以解决数学问题或任务。竞赛型公开课是多位教龄相当的教师参加，按照一定规则进行的赛课，其要求要高于达标公开课，趋向于优质数学课的标准。同样，教学4~6年初中数学教师仍以学科教学知识的较高标准作为其参与竞赛型公开课的指标。即教师能够从初中数学知识整体体系把握各个数学知识的位置及重要性，教师对学术型的数学知识进行解读，并基于由易到难的逻辑顺序及中学生的数学思维特点，使之转化成为学生能够理解的教育性的数学知识。集体备课首先要基于初中数学教师对学生、教材及教法的个性化的解读（相当于观念层面预设的学科教学知识）。而后，教师再汇聚集体智慧讨论如何在数学课堂中将学生、教材及教法进行有机整合（相当于实践操作层面的学科教学知识）。最后，教师将集体备课中的数学教学智慧与教师自身素养及其所教班级学生的特点等进行重构与整合。其中个体备课与集体备课都要关注以下几点。首先，从关注学生的需求开始备课；其次，把研读教材作为备课的核心环节；最后，把教法看成教学的灵魂（方贤忠，2018）。集体备课还需要教研组长在集体备课过程中充分发挥组织力、领导力去感染与召唤其他初中数学教师围绕有效数学教学的知识基础进行教学设计，在梳理各个数学知识点的脉络的过程中，充分挖掘其中蕴藏的数学思想与精神。集体备课，不仅要结合教师曾经的教学经验对数学课堂可能出现的问题情境及学生理解困难进行预设并探究其应对策略，教师更应关注为何要如此备课，将教师的教学理念贯穿于整个集体备课的过程中，实现教师的数学教育理论知识与数学教学活动实践的双向互动。教学4~6年的初中数学教师也可以通过优质数学课观摩学习，获得有关学科教学知识的间接或替代性经验，将之与自身的教学经验进行整合，并在此过程中不断丰富与完善他们的学科教学知识。一般来说，优质数学课包括有经验数学教师的常态数学课、示范型或展示型数学公开课。初中数学教师的观摩学习忌讳照搬照抄式的机械学习，教师应该透过有经验教师的优质数学课中的具体言行，领悟并学习隐藏于其后的教育哲学、教学思维及教学信念，以及这些数学教学实践智慧生成的条件、途径与策略。观摩学习的过程应该是教师基于自身经验进行反思性学习与批判性学习的过程。

  教师必须是"工匠性"与"专业性"兼备的专家。作为匠人，教师的世界是由"熟练的技能""经验""直觉或秘诀"构成的；而作为专家，教师的世界则是由"科学的专业知识""技术""反思与创造性探究"构成的（佐藤学，2016）。各个职业生涯阶段的初中数学教师都需要不断学习，才能逐渐实现教师学科教学知识中各类知识由低水平整合向高水平整合发展。教学前六年的初中数学教师更侧重于匠人经验的修炼，而教学六年以上的初中数学教师则侧重于教师专业性方面的修炼。教学7~12年的初中数学教师在教师专业性方面的修炼离不开教师基于其自身的教学需要和经验，并结合理论知识进行的反思性及批判性学习与研究性学习。反思性及批判性学习是指，初中数学教师不是对理论知识或其教学经验全盘接受或否定，而是有选择性地，基于其自身与教材的对话，他们与其他学习共同体成员的对话将其所学的数学教育教学相关理论知识与其教学需要及经验进行统整，从而创生出扎根于数学教学实践的教学智慧。研究性学习，是指学生在教师指导下，以类似科学研究的方式去获取知识和应用知识的学习方式（张肇丰，2000）。研究性学习的概念也适用于教师学习，即数学教师在教研共同体中，以参与各类课题研究与讨论的方式进行学习。例如，教师可以围绕怎样丰富及优化学科教学知识中各类知识库及如何实现学科教学知识中各类知识进行富有情境化的统整，以提高其数学教学质量。伙伴协作背景下的教师发展中，当教师面临严峻的挑战时获得来自伙伴群体或教师专业发展共同体的高支持，那么教师的专业发展就会迅速进步，有杰出的表现（操太圣 等，2007）。伙伴协作中，教师间的同伴互助互导就是其中的一股力量。初中数学教师与其他数学教师之间的基于数学教学问题解决的同伴互助有助于初中数学教师学科教学知识水平的提升。初中数学教师与其他学科教师都可以围绕普适性的教学问题进行互助与合作，同时扩展教师同伴合作的范围，如不限于课堂教学，还可以包括激发学生的学习兴趣，在课题研究中合作等。

对于教学13~20年的初中数学教师来说，他们观念层面与行动层面的学科教学知识都已经达到一定水平，他们能够熟练且灵活地应对数学教学中的各类常见问题。但是，处于此职业生涯阶段的初中数学教师也容易对职业产生倦怠感，或进入教师专业发展的瓶颈期。初中数学教师要在已有的学科教学知识水平上突破与超越，他们就要树立终身学习的理念，借助外力的支持与帮助。教师专业发展规划能够作为提高教学13~20年初中数学教师学科教学知识水平的一个途径。一般来说，教师专业发展中长期规划包括以下几个组成部分，即教师对其自身优势与特点的分析，对所教班级学生的情况等进行全面了解与分析；基于此设定总的教学及育人目标；最后，再确定达成目标的具体措施与方法。初中数学教师制定中长期教师专业发展规划的过程也是他们不断审视并反思其自身学科教学知识及提高其学科教学知识水平的过程。他们能够围绕其自身学科教学知识的优势、特点及需要进行剖析，制定与提升其学科教学知识相关的目标，然后设计出具体可操作的教学措施。教师将教师专业发展中长期规划落实于他们教育教学活动的过程也是他们观念层面学科教学知识转向行动层面学科教学知识的过程。教学13~20年的初中数学教师作为指导教师的指导活动也能够促进其审视并提升其学科教学知识水平。指导教师可以从其自身的视角、新手教师的视角以及见习或实习的职前教师视角审视同一类数学教学问题,获得对该问题更全面的剖析与解读。担任指导教师的初中数学教师还可以以新手教师及职前教师为镜,以此反观其观念层面及行动层面学科教学知识的优势及不足。再次,指导过程也是一个教学相长的过程,担任指导教师的初中数学教师也可以学习新手教师或职前教师学科教学知识的优势及长处。正所谓擅长者也非样样精通,拙劣者也有可取之处(佐藤学,2016)。当然,上述指导发挥作用的前提是指导教师要将指导工作视为互惠互利的、教学相长的活动,还要擅长同新手教师及职前教师沟通互动,以及具备一定的指导技能。

3. 注重初中数学教师自身素养并将之作为促进其学科教学知识提升的内驱力

教师自身素养作为内部影响因素,其自身素养的提升也是教师学科教学知识水平提升的关键。从各个影响因素对初中数学教师学科教学知识的解释来看,对初中数学教师学科教学知识解释力较高的三个要素是有组织的专业活动与教师自身因素、非组织的专业活动与教师自身因素、在职培训与教师自身因素。这三个影响因素都属于教师的在职经验,且它们都有一个共同的特点,就是都包含教师的自身因素。可见,教师的自身因素是影响教师学科教学知识水平提升的重要影响因素之一。从各个教师职业生涯阶段来看,教师的自身因素也是影响其学科教学知识产生差异的重要影响因素之一。大部分教学1~3年的学科教学知识高分组初中数学来自勾选有组织的专业活动与教师自身因素的教师群体。大部分教学4~6年的学科教学知识高分组初中数学教师来自勾选有组织的专业活动与教师自身因素的教师群体。大部分教学7~12年的学科教学知识高分组初中数学教师属于勾选有组织的专业活动与教师自身因素的教师群体。大部分教学13~20年的学科教学知识高分组初中数学教师属于勾选有组织的专业活动与教师自身因素的教师群体。由上述可知,各个职业生涯阶段学科教学知识高分组初中数学教师都来自勾选教师自身因素的教师群体。且从各个影响因素对不同职业生涯阶段初中数学教师学科教学知识的解释力来看,教师自身因素也是解释力比较高的虚拟变量之一。对教学1~3年初中数学教师学科教学知识解释力较高的虚拟变量是有组织的专业活动与教师自身因素。对教学4~6年初中数学教师学科教学知识有较高的解释力的虚拟变量是有组织的专业活动与教师自身因素。对教学13~20年初中数学教师学科教学知识有较高的解释力的虚拟变量是有组织的专业活动与教师自身因素，以及非组织的专业活动与教师自身因素。

教师自身因素涉及教师的观念层面与行动层面。例如，教师效能、教师的数学教学观等都属于教师自身观念层面。教师的教学经验、教师的自主学习等都属于教师行动层面。赵明仁（2009）指出，教师专业发展要超越的不是知识和技能，而是教师所持有的价值观，如课程观、教学观和学习观等。教师自身因素中观念层面的因素影响和制约着教师在教学实践中的言语及行动。由前面的研究结果可知，影响教学4~6年初中数学教师学科教学知识的教师自身因素是教师效能。影响教学7~12年初中数学教师学科教学知识的教师自身因素是站在学生立场上教的观念。影响教学13~20年初中数学教师学科教学知识的教师自身因素是其数学教学观。由此可见，教师自身因素中的观念对初中数学教师学科教学知识的影响比较重要。

对于教学4~6年的初中数学教师来说，较高的教师效能对丰富及完善其学科教学知识是必不可少的重要因素。霍伊（Hoy）与沃福尔克（Woolfolk）（1993）的研究发现，具有更多教学经验和更高教育水平的教师，其个人教学效能和一般教学效能水平都更高。教师自身以及关注教师专业发展的培训者应避免初中数学教师在数学教学实践中形成"习得性无助感"的同时，挖掘教师在教学中的闪光点，即他们在数学教学实践中获得成功，以此增强其教学自信获得较高的教师效能，并形成良好的教学循环系统。提勘恩-莫尔（Tschannen-Moran）（2001）认为，言语劝说、替代经验、情绪唤醒、完成任务的经验、学校环境与氛围等是通过直接影响教师的教学任务分析以及对个人教学能力的评价，从而间接对教师效能产生影响。教学任务的分析涉及任务困难的估计；学生学习能力、动机、管理等的分析；教学方法与策略的思考；教学条件、学校文化氛围等方面的考虑。教师的一般教学效能会受到教学任务分析的影响，教师的个人教学效能则主要基于他们对自身教学能力的评价（Tschannen-Moran et al., 2001）。可见，要提高初中数学教师的教学效能，首先他们要在数学教学中获得成功的体验与感受。教学4~6年的教师已经经历了作为新手教师的挣扎期，

第六章 研究结论、启示、局限及展望

处于此职业生涯阶段的教师应该从自身亲历的教学经验中不断反思，在数学教学过程中挖掘其数学教学的闪光点并建立教学自信。其次，教学4~6年教师还可以通过观摩优秀数学教师的数学教学示范课，以及他们所表现出来的较高的教师效能，从中获得替代性经验与强化。最后，教研组长或学校领导等重要他人对教师进行言语劝说，营造较高教师效能的文化氛围。通过重要他人对教师通过言语劝说对其教学中的成败进行恰当且合理的归因，使其对自身的数学教学业绩产生积极的情绪体验。

对于教学7~12年初中数学教师来说，站在学生立场上教的观念对其学科教学知识的深化与升华指引方向。如何实现数学知识由"学术形态"向"教育形态"的转变（郑毓信，2011）对初中数学教师学科教学知识水平的提升是非常重要的。站在学生立场上教的观念有助于初中数学教师实现由数学知识的学术形态向教育形态的转变。初中数学教师要形成"站在学生立场上教"的观念。首先，教师要从实践中认识并体悟到为什么要站在学生立场上教，领悟站在学生立场上教的涵义，还要知道在数学教学中如何做才能够体现站在学生立场上教的观念。初中数学教师可以在两个平行班分别采取不同的教学方法及策略教授，并以此开展教育实验。教师在一个班基于数学知识逻辑与学生已有的知识与观念图式进行教学；在另一个班则主要基于数学知识的逻辑进行教学。而后，教师再对比学生的学习效果与教学效果。站在学生的立场上教的含义不能被曲解为教师在教学设计、组织实施的过程中仅关注学生数学学习相关的知识。而是要让教师在教学设计、组织及实施的过程中基于其对自身优势的觉知，他们对学生学习数学知识的了解，以及对某一数学主题知识的解读与深度剖析，并结合已有经验及其系统的视角对它们进行统整与融合。初中数学教师要将"站在学生立场上教"的观念运用于数学教学实践中，就要认清并处理好以下几对关系。初中数学教师要处理好数学教育的"教学方面"与"教育方面"的关系（郑毓信，2001）；要处理好数学学科知识体系、教师数学教学与学生数学学习的关系。

教师总是（自觉或不自觉地）在数学教育观念和教育思想（包括对于教育目标的认识、教育思想等）的指导下从事自己的教学活动，而后者又正是在一定社会环境中自觉或不自觉地得以养成的（郑毓信，2001）。对于教学13~20年初中数学教师来说，建构主义的数学教学观从观念层面对教师学科教学知识优化与改进产生影响，进而为其学科教学知识向高水平发展提供了理论支撑。斯肯普（Skemp）提出了教师不同的教学观念可能会导致教师与学生对知识的不同理解。斯肯普将工具性理解与关系性理解进行了对比。斯肯普认为，在工具性理解中由于学习者不清楚连续的程序与最后目标之间的整体关系，所以在每个程序中他们只是依赖于外在的指导；关系性理解即建立一个概念结构，学习者利用该结构可以从任何一个起点到达任何一个终点（黑恩 等，2009）。斯肯普提出的工具性理解与教师的传递主义数学教学观相关，关系性理解与教师的建构主义数学教学观息息相关。教学13~20年的初中数学教师在多年积累的教学经验中已经形成了自身的数学教学观，想要转变其已有的数学教学观比较困难，但也不是不可能。其一，需要处于此职业生涯阶段的初中数学教师将教育教学作为一项事业，持有终身学习的理念，以及不断学习不断超越自我的开放学习态度。其二，从传递主义数学教学观向建构主义数学教学观的转变还需要初中数学教师离开舒适区，通过数学教育共同体不断学习不断超越教师的已有学科教学知识水平。郑毓信认为，教师的数学教学观是在数学教育共同体中逐渐形成的。他还提出，数学教师的专业化主要是指个体如何能够成为相应的社会共同体——"数学教育共同体"——的合格成员，即逐步形成"数学教育传统"所体现的各种观念和信念（郑毓信，2011）。数学教育共同体中除了数学教师之外，还包括数学教育的理论研究者、教育政策的制定者、教育的行政管理者、考核的设计人员等（郑毓信，2001）。教师不仅要进行数学教学实践活动，还要将其数学教学活动作为元认知的对象，通过与数学教育共同体中的教师围绕其理念层面与行动层面的学科教学知识进行思维的碰撞与智慧的交融，从各个维度与视角更加全面地解构表层的数学教学中的问题及解答，并触及教师深层数学教学观的转变。

4. 关注初中数学教师担任指导教师过程中其自身学科教学知识的优化与提升

指导是一种促进教师专业发展活动的措施。指导教师在指导新手教师及参加教育见习实习职前教师进行教育教学实践的过程中，围绕其学科教学知识的

第六章 研究结论、启示、局限及展望

生成与发展以及有效的数学教学展开对话与互动，能够激发他们将自己隐性且缄默的实践性知识显性化。指导教师也能够在指导他们的过程中获得反思其自身教学模式与教育理念的机会与灵感。担任新手教师与职前教师的指导教师的初中数学教师学科教学知识均值显著高于不担任指导教师的初中数学教师，以及担任职前教师指导教师的初中数学教师。担任新手教师与职前教师的指导教师是教学13~20年初中数学教师学科教学知识的第二个主要影响因素。而且，大部分教学13~20年的学科教学知识高分组初中数学教师属于担任新手教师与职前教师的指导教师的教师群体。担任新手教师与职前教师的指导教师，以及担任新手教师的指导教师这两个虚拟变量也进入了教学7~12年，以及教学13~20年的初中数学教师学科教学知识逐步回归的标准化回归方程中。由此可见，担任指导教师，尤其是既担任新手教师的指导教师又担任职前教师的指导教师的初中数学教师对其学科教学知识的影响及作用更大。上述研究结果表明，担任指导教师的初中数学教师与其高水平的学科教学知识紧密相关。这与国外的相关研究结果是一致的。李明西（Lee Ming See）（2014）通过量化研究发现，指导教师的指导与新手教师的学科教学知识之间有紧密的关联。巴尼特（Barnett）等人（2015）采用质性研究范式探究了一位中学生物指导教师支持职前科学教师学科教学知识发展的策略；其结果表明，特定学科的教育指导可以帮助职前教师学科教学知识水平得以提升。

作为"学徒"的新手教师更多地是从作为数学教育实践共同体中的边缘参与者的视野与角度看待其某学科教学知识的。而作为新手教师或见习实习的职前教师的"师傅"或指导教师的初中数学教师则是数学教育实践共同体中的核心成员，是组织者，并以此视角审视及反思其学科教学知识。上述二者对学科教学知识的看法及其学科教学知识水平的提升都是不同的。当教师必须去教别人，他们自己必须发挥老手作用的时候，他们进入了一个学习的新层次，开始拓展他们对于自己作为其组成部分的共同体的思考（乔纳森，2002）。一方面，担任指导教师的初中数学教师良好的指导能够充分发挥他们在知识、技能、情意、观念及智慧方面的指导作用，引导及促进新手教师或见习实习的职前教师学科教学知识水平的提升。另一方面，指导教师也能够从新手教师或职前教师那学到新的教学理念与技术，并在教他人的过程中反思其自身学科教学知识的改进及提升。艾伦（Allen）等（2008）分析了师傅从师徒关系中获得益处，如建立一个支持性网络、自我满意及与工作相关的自我关注等。马伦（Mullen）与诺伊（Noe）（1999）的研究发现，师傅可以从徒弟那里获得及接受新技术、工作绩效和反馈信息；徒弟的一些想法与观点也可能会启发师傅，或是协助师傅完成任务。

但是，并非所有指导教师的指导都能够促进新手教师与职前教师，及指导教师学科教学知识的发展。这还涉及指导教师的自身素养，指导教师指导能力的提升，以及学校对指导教师相关的制度规定，环境及与文化氛围的创设。指导教师应该具备怎样的素质才有助于其指导能力的提升？这是一个重要的因素。《英格兰校本导师国家标准》中针对指导教师的素质及其保障条件提出了四个方面的标准（刘桂宏 等，2018）。标准1：人格品质是指导教师进行有效指导应具备的先决条件。标准2：教学中阐述了指导教师应具备的支持教师教学实践能力发展的能力。标准3：专业性方面聚焦于指导教师对教师专业性方面的指导与支持。标准4：自我发展和团队合作主要是通过结成学习共同体的形式交流合作，并通过参与研究的方式为其专业可持续发展提供持续的智力及动力支持。指导教师具有奉献精神、助人为乐、移情能力等人格品质才有助于良好的指导关系的构建。指导教师要具备支持与指导新手教师或职前教师的能力。首先，他们应储备丰富的知识与教学信念，还要积累一定年限（一般是10年左右）的教学经验，并在数学教学实践中实现理论与实践的整合。朱连云与彭尔佳（2016）认为，教师发展指导者的知识与信念的共同之处是围绕"为促进有效学习而改善教与学"这一中心，他们都应具备课堂教学及临床指导的内容性知识（包括学科的内容知识、教学的理论知识、教学实践知识）；二者的差距主要体现在课堂教学及临床指导过程性知识上，即对教师教学的诊断性知识和处方性知识。与其指导的教师相比，指导教师的内容性知识还要从广度与深度方面超越他们。指导教师所储备的知识是其指导能力形成及发展的基础与前提。指导教师应具备的能力包括以下五个方面：自我意识和行为意识、业务或专业悟性、沟通和概念的模型、致力于自己的学习及乐于帮助他人学习、关系管理和目标明确（Clutterbuck et al., 2004）。但是，指导教师的知识不会顺其自然地随着时间的发展转化成为其指导能力。其一，指导教师在指导前应进行职前培训。指导教师岗前培训的内容包括，辅导新手教师、信任关系建立的能力、人际关系、班级经营、时间规划与管理、问题解决技巧、成人及教师发展的知识、专门训练（如行动研究）（李子建 等，2009）。其二，教师还需要在其指导新手教师或职前教师的指导过程中不断积累教学经验，并对指导经验进行归纳总结，筛选与分类，深度剖析与解读，去其糟粕取其精华，从指导实践中摸索出指导的规律并最终生成指导的实践智慧。

中小学指导教师怎样进行指导才有助于提升新手教师或职前教师的学科教学知识水平。已有研究者提出了具体且实用的教学方法与策略。例如，巴尼特（2015）的研究描述了一位中学生物指导教师使用的支持职前科学教师学科教学知识发展的策略。该教师使用了以下策略促进职前教师学科教学知识的发展，即通过比较以教师或教材为中心及以学生为中心的教学模式，并要求学生评估他的教学是否符合其教学理念，指导教师引导新手教师或职前教师逐渐构建"以学生为中心"的教学模式。还运用了其他指导策略，如对教学策略的批判性反思，对学生错误观念的启发，对评价结果的修正和对课程排序以探究教师特定主题的学科教学知识。也有学者认为，一对一或一对多的师徒关系对新手教师或职前教师的专业发展是有局限性的。王建军（2004）认为，这种局限性，一是新手教师能否从指导教师的指导中受益，多大程度上受益等都受到指导教师个人因素的影响。二是正规的师徒关系存在考核性竞争，潜在地增加了对新手教师的威胁，导致他们难以将"师傅"作为首选，而更乐意求助于与自己距离更近的教师。为此，建立一个基于"师徒制"，多个师傅共同指导，同时邀请理论研究者（科研员和高校教师）介入的研修合作团队，以确保教师有可能从不同视角进行深入合作、专业交流，这就显得十分必要了（朱连云 等，2016）。指导教师怎样才能够从自己的指导实践与指导经验中提炼并升华出有助于其自身学科教学知识改进、深化及优化的经验。初中数学教师不仅需要在指导过程中将新手教师及职前教师的要求与标准作为参照以此反观及评价自身学科教学知识的发展困境与瓶颈；还可以通过新手教师或职前教师对指导教师的疑问与反馈，将自身学科教学知识作为反思的对象进行思考与分析。除此之外，教师还需要借助外力，如指导教师共同体以及其他教师专业共同体（如教研组、备课组、名师工作坊等）对其学科教学知识进行优化与提升。

三、研究局限

本研究局限之一是在于选取对象方面没有涉及教学20年以上的初中数学教师。这主要受限于人力及精力，研究者在进行实地调研中发现教学20年以上的初中数学教师的人数较少，不足30人。按照量化统计的要求，至少要选取30人才具有一定统计学上的意义。综合考虑，最终没有将教学20年以上的初中数学教师纳入调研之中。

本研究的局限之二是，没有进一步探究及分析同一个影响因素对不同职业生涯阶段初中数学教师学科教学知识的影响程度、方式及机制，也没有总结并对比各因素对不同职业生涯阶段初中数学教师学科教学知识影响的规律。各种影响因素都可能会对不同职业生涯阶段的初中数学教师学科教学知识产生影响。

四、研究展望

第一，研究整个职业生涯阶段初中数学教师学科教学知识的发展特征、差异及其影响因素。探究教师整个职业生涯阶段，初中数学教师学科教学知识的发展现状。探究不同职业生涯阶段及同一职业生涯阶段初中数学教师的学科教学知识在人口学变量等维度上的差异。

第二，探究不同职业生涯阶段初中数学教师学科教学知识发展影响因素的异同。未来研究还可以进一步探究哪些因素是哪个职业生涯阶段初中数学教师学科教学知识发展的主要影响因素，以及这些影响因素对各个职业生涯阶段初中数学教师学科教学知识的影响方式及作用机制是怎样的。

参考文献

[1] 鲍银霞.广东省小学数学教师MPCK的调查与分析[D].上海：华东师范大学，2016.

[2] 操太圣，卢乃桂.伙伴协作与教师赋权：教师专业发展新视角[M].北京：育科学出版社，2007.

[3] 陈蓓.课例研究与教师数学学科教学知识（MPCK）的发展[J].数学教育学报，2016（4）：74-78.

[4] 陈秋玲.基于共生关系的开发区发展路径依赖研究[M].北京：经济管理出版社，2007.

[5] 陈薇.TPACK视角下小学数学教师专业发展的研究[D].南京：南京师范大学，2018.

[6] 丁国忠.数学课程改革中教师数学教学观念的转变[J].课程·教材·教法，2006（5）：35-37.

[7] 杜威，等.实用主义[M].杨玉成，崔人元，译.北京:世界知识出版社，2007.

[8] 段元美，闫志明，张克俊，等.初中数学教师TPACK现状的调查与分析——以烟台市为例[J].现代教育技术，2015（4）：52-58.

[9] 段元美，闫志明，张克俊.初中数学教师TPACK构成研究[J].电化教育研究，2015（4）：114-120.

[10] 段志贵，陈宇.合格初中数学教师学科教学知识研究[J].数学教育学报，2017（2）：35-40.

[11] 樊靖.高师院校数学师范生学科教学知识现状调查及研究[D].西安：陕西师范大学，2013.

[12] 范良火.教师教学知识发展研究[M].2版.上海：华东师范大学出版社，2013.

[13]范良火.教师教学知识发展研究[M].上海：华东师范大学出版社，2003.

[14]方斐卿.为什么小学语文教学总患"多动症""浮肿症"[J].教学月刊：小学版，2005（6）：54-56.

[15]方贤忠.备课——基于教师的专业成长[M].上海：华东师范大学出版社，2018.

[16]高申春.人性辉煌之路：班杜拉的社会学习理论[M].武汉：湖北教育出版社，2000.

[17]郜舒竹.数学的观念、思想和方法[M].北京：首都师范大学出版社，2004.

[18]顾非石，顾泠沅.数学教师专门化的上海范例[J].现代教学，2016，33（2）：13-15.

[19]黑恩，杰塞尔，格里菲思.学会教学：教师专业发展导引[M].丰继平，译.上海：华东师范大学出版社，2009.

[20]皇甫倩.基于学习进阶的教师PCK测评工具的开发研究[J].外国教育研究，2015，42（4）：96-105.

[21]季素月.给数学教师的101条建议[M].南京：南京师范大学出版社，2005.

[22]解书.小学数学教师学科教学知识的结构及特征分析[D].长春：东北师范大学，2013.

[23]景敏.基于学校的数学教师数学教学内容知识发展策略研究[D].上海：华东师范大学，2006.

[24]科克伦-史密斯，费曼-尼姆赛尔，麦金太尔.教师教育研究手册：变革世界中的永恒问题（第3版）[M].范国睿，等译.上海：华东师范大学出版社，2017.

[25]李冲锋.杜威论经验与教育[J].宁波大学学报：教育科学版，2006，28（2）：7-11.

[26]李玲，邓晓君.荷兰教师教育教学者专业标准研究[J].西南大学学报：社会科学版，2010（1）：67-70.

[27]李琼，倪玉菁，萧宁波.小学数学教师的学科教学知识：表现特点及其关系的研究[J].教育学报，2006（4）：58-64.

[28]李伟胜.学科教学知识PCK的核心内涵辨析[J].西南大学学报：社会科学版，

2012（1）：26-31.

[29] 李子建，张善培.优化课堂教学：教师发展、伙伴协作与专业学习共同体[M].北京：人民教育出版社，2009.

[30] 梁永平.PCK：教师教学观念与教学行为发展的桥梁性知识[J].教育科学，2011（5）：54-59.

[31] 刘桂宏，饶从满.校本指导教师需要什么样的素质?——英格兰《校本教师培养指导教师国家标准》的解读[J].外国中小学教育，2018（1）：41-49.

[32] 柳笛.高中数学教师学科教学知识的案例研究[D].上海：华东师范大学，2011.

[33] 罗晓路.专家—新手型教师教学效能感和教学监控能力研究[J].心理科学，2000，23（6）：741-742.

[34] 米山国藏.数学精神、思想和方法[M].毛正中，吴素华，译.成都：四川教育出版社，1986.

[35] 潘月娟，王艳云，汪苑.不同发展阶段的幼儿园教师数学学科教学知识的比较研究[J].教师教育研究，2015（3）：56-62.

[36] 佩尔蒂埃.成功教学的策略：有效的教学实习指南[M].李庆，孙麒，译.北京：中国轻工业出版社，2002.

[37] 乔纳森，兰德.学习环境的理论基础[M].郑太年，等译.上海：华东师范大学出版社，2002.

[38] 邱皓政.量化研究与统计分析：SPSS（PASW）数据分析范例解析[M].5版.重庆：重庆大学出版社，2013.

[39] 饶见维.教师专业发展：理论与实务[M].台北：中国台北五南图书出版公司，1996.

[40] 舒尔曼.实践智慧：论教学、学习与学会教学[M].王艳玲，王凯，毛齐明，等译.上海：华东师范大学出版社，2014.

[41] 斯黛菲，沃尔夫，帕.教师的职业生涯周期[M].杨秀玉，赵明玉，译.北京：人民教育出版社，2012.

[42] 孙维刚.初中数学[M].北京：教育科学出版社，1996.

[43] 唐俊涛.谈数学教师教学观念的转变[J].高中数学教与学，2017（16）：1-4.

[44] 童莉.初中数学教师数学教学知识的发展研究[D].重庆：西南大学，2008.

[45] 王红艳.新手教师如何从"经验"中学习[J].教育发展研究，2012（4）：53-56.

[46] 王建军.课程变革与教师专业发展[M].成都：四川教育出版社，2004.

[47] 王九红.关于小学数学教师学科教学知识（PCK）的调查研究[J].上海教育科研，2016（5）：50-53.

[48] 王少非.教师专业发展规划：意义内容策略[J].中国教育学刊，2006（2）：59-62.

[49] 王艳玲，苟顺明.试析英国教师职前教育课程与教学的特征[J].教育科学，2007（2）：78-82.

[50] 王智明.小学教育专业师范生MPCK发展途径探索[J].教育探索，2016（9）：132-135.

[51] 吴明隆.问卷统计分析实务：SPSS操作与应用[M].重庆：重庆大学出版社，2010.

[52] 吴卫东，骆伯巍.教师的反思能力结构及其培养研究[J].教育评论，2001（1）：33-35.

[53] 肖春梅.课例研究：数学教师学科教学知识发展的有效途径[J].教学与管理，2015（6）：100-103.

[54] 徐碧美.追求卓越：教师专业发展案例研究[M].陈静，李忠如，译.北京：人民教育出版社，2003.

[55] 徐芳芳.高中数学教师的学科知识与学科教学知识研究——以导数知识为例[J].数学教育学报，2011，20（3）：71-75.

[56] 徐彦辉.中学生感知的数学教师学科教学知识的结构与特点[J].数学教育学报，2014（3）：57-63.

[57] 严必友，惠群，宁连华.城乡初中数学教师TPACK水平的比较研究[J].上海教育科研，2018（6）：51-56.

[58] 杨秀玉.教育实习：理论研究与对英国实践的反思[M].北京：中国社会科学出版社，2017.

[59] 尹瑶芳，孔企平.国内中小学教师MPCK来源研究的定性元分析[J].数学教育学报，2016（5）：22-27.

[60] 尹瑶芳.小学数学教师MPCK影响因素的模型建构研究[D].上海：华东师范大学，2017.

[61] 优才教育研究院.教师如何上好公开课[M].成都：四川大学出版社，2013.

[62] 俞国良，罗晓路.教师教学效能感及其相关因素研究[J].北京师范大学学报：社会科学版，2000（1）：72-79.

[63] 俞国良.专家—新手型教师教学效能感和教学行为的研究[J].心理学探新，1999（2）：32-39.

[64] 喻平.数学教育心理学[M].南宁：广西教育出版社，2004.

[65] 喻平.知识表征与数学学习[J].上海师范大学学报：哲学社会科学.教育版，2002（1）：49-52.

[66] 袁利平，戴妍.基于学习共同体的教师专业发展[J].中国教育学刊，2009（6）：87-89.

[67] 袁智强.数学师范生整合技术的学科教学知识（TPACK）发展研究[D].上海：华东师范大学，2012.

[68] 张燕勤，于晓静.公开课在数学教师专业发展中作用的个案研究[J].数学教育学报，2010，19（4）：19-22.

[69] 张肇丰.试论研究性学习[J].课程·教材·教法，2000（6）：43-45.

[70] 赵明仁.教学反思与教师专业发展[M].北京：北京师范大学出版社，2009.

[71] 郑毓信.数学教育新论：走向专业成长[M].北京：人民教育出版社，2011.

[72] 郑毓信.数学教育哲学[M].成都：四川教育出版社，2001.

[73] 中华人民共和国教育部.义务教育数学课程标准：2011年版[M].北京：北京师范大学出版社，2012.

[74] 中华人民共和国教育部.义务教育数学课程标准：2022年版[M].北京：北京师范大学出版社，2022.

[75] 朱连云，彭尔佳.教师发展指导者课堂教学临床指导研究[M].上海：上海教育出版社，2016.

[76] 佐藤学.教师花传书：专家型教师的成长[M].陈静静，译.上海：华东师范大学出版社，2016.

[77] ACKLAND R. A review of the peer coaching literature[J]. Journal of Staff Development, 1990(12): 22–27.

[78] AGATHANGELOU S A, CHARALAMBOUS C Y, KOUTSELINI M. Reconsidering the contribution of teacher knowledge to student learning: Linear or curvilinear effects? [J]. Teaching & Teacher Education, 2016(57): 125–138.

[79] AGYEI D D, VOOGT J M. Pre-service teachers' TPACK competencies for spreadsheet integration: Insights from a mathematics-specific instructional technology course[J]. TECHNOLOGY PEDAGOGY AND EDUCATION, 2015, 24(5): 605–625.

[80] AKDOĞAN E E, SAĞ G Y. An investigation of prospective mathematics teachers' pedagogical content knowledge in the beginning of their profession[J]. European Conference on Educational Research, 2015(53): 221–230.

[81] AKKAYA R. Research on the development of middle school mathematics pre-service teachers' perceptions regarding the use of technology in teaching mathematics[J]. Eurasia Journal of Mathematics Science & Technology Education, 2016, 12(4): 861–879.

[82] ALLEN T D, EBY L T, O'BRIEN K E, et al. The state of mentoring research: A qualitative review of current research methods and future research implications[J]. Journal of Vocational Behavior, 2008(73): 343–357.

[83] ALONZO A C, KOBARG M, SEIDEL T. Pedagogical content knowledge as reflected in teacher-student interactions: Analysis of two video cases[J]. Journal of Research in Science Teaching, 2012, 49(10): 1211–1239.

[84] AN Shuhua, KULM G, WU Zhonghe. The pedagogical content knowledge of middle school, mathematics teachers in China and the U.S. [J]. Journal of Mathematics Teacher Education, 2004(7): 145–172.

[85] AY Y, KARADAĞ E, ACAT M B. The technological pedagogical content

knowledge-practical (TPACK-Practical) model: Examination of its validity in the Turkish culture via structural equation modeling[J]. Computers & Education, Computers & Education, 2015(88): 97-108.

[86] BALL D L, HILL H C, BASS H. Knowing mathematics for teaching[J]. American Educator, 2005(4): 14-46.

[87] BALL D L, THAMES M H, PHELPS G. Content knowledge for teaching: What makes it special? [J]. Journal of Teacher Education, 2008, 59(5): 389-407.

[88] BARNETT E, FRIEDRICHSEN P J. Educative mentoring: How a mentor supported a preservice biology teacher's pedagogical content knowledge development[J]. Journal of Science Teacher Education, 2015, 26(7): 647-668.

[89] BARNETT J, HODSON D. Pedagogical context knowledge: Toward a fuller understanding of what good science teachers know[J]. Science Education, 2001, 85(4): 426-453.

[90] BAUMERT J, KUNTER M, BLUM W, et al. Teachers' mathematical knowledge, cognitive activation in the classroom, and student progress[J]. American Educational Research Journal, 2010, 47(1): 133-180.

[91] BAUMERT J, KUNTER M, BLUM W, et al. Teachers' mathematical knowledge, cognitive activation in the classroom, and student progress[J]. American Educational Research Journal, 2010, 47(1): 133-180.

[92] BAXTER J A, LEDERMAN N G. Assessment and Measurement of Pedagogical Content Knowledge[M]//GESS-NEWSOME J, LEDERMAN N G. PCK and Science Education. Netherlands: Kluwer Academic Publishers, 1999: 147-161.

[93] BERTRAM A, LOUGHRAN J. Science teachers' views on CoRes and PaP-eRs as a framework for articulating and developing pedagogical content knowledge[J]. Research in Science Education, 2012, 42(6): 1027-1047.

[94] BINDERNAGEL J A, EILKS I. Evaluating roadmaps to portray and develop chemistry teachers' PCK about curricular structures concerning sub-microscopic models[J]. Chemistry Education Research and Practice, 2009, 10(2): 77-85.

[95] BRANSFORD J, DARLING-HAMMOND L, LEPAGE P. Preparing teachers for a changing world: What teachers should learn and be able to do[M]. San Francisco, CA: Jossey-Bass, 2005.

[96] BUCHHOLTZ N F. The acquisition of mathematics pedagogical content knowledge in university mathematics education courses: Results of a mixed methods study on the effectiveness of teacher education in Germany[J]. ZDM Mathematics Education, 2017(49): 249-264.

[97] CALLINGHAM R, CARMICHAEL C, WATSON J M. Explaining student achievement: The influence of teachers' pedagogical content knowledge in statistics[J]. International Journal of Science and Mathematics Education, 2016, 14(7): 1339-1357.

[98] CAMPBELL P F, NISHIO M, SMITH T M, et al. The relationship between teachers' mathematical content and pedagogical knowledge, teachers' perceptions, and student achievement[J]. Journal for Research in Mathematics Education, 2014, 5(4): 419-459.

[99] CARLSON R E. Assessing teachers' pedagogical content knowledge: Item development issues[J]. Journal of Personnel Evaluation in Education, 1990(4): 157-173.

[100] CHRISTENSEN J, BURKE P, FESSLER R, et al. Stages of teachers careers implications for professional development[EB/OL]. (1983-02-01)[2017-11-10]. http://files.eric.ed.gov/fulltext/ED227054.pdf.

[101] CLARRIDGE P, BERLINER D. Perceptions of student behavior as a function of expertise[J]. Journal of Classroom Interaction, 1991, 26(1): 1-8.

[102] COCHRAN K F, DERUITER J A, KING R A. Pedagogical content knowing: An integrative model for teacher preparation[J]. Journal of Teacher Education, 1993(4): 263-272.

[103] COCHRAN K F, KING R A, DERUITE J A. Pedagogical content knowledge: A tentative model for teacher preparation［EB/OL］. (1991-04-01)［2018-04-

12]. https://files.eric.ed.gov/fulltext/ED340683.pdf.

[104] DARLING-HAMMOND L. Powerful teacher education: Lessons from exemplary programs[J]. Estudios sobre Educacion, 2007(12): 167-169.

[105] DRIEL J H V, DEJONG O, VERLOOP N. The development of preservice chemistry teachers' pedagogical content knowledge[J]. Science Educaiton, 2002, 86(4): 572-590.

[106] FENNEMA E, CARPENTER T P, FRANKE M L, et al. A longitudinal study of learning to use children's thinking in mathematics instruction[J]. Journal for Research in Mathematics Education, 1996(27): 403-434.

[107] FERNÁNDEZ-BALBOA J M, STIEHL J. The generic nature of pedagogical content knowledge among college professors[J]. Teaching and Teacher Education, 1995, 11(3): 293-306.

[108] FERRINI-MUNDY J. Principles and standards for school mathematics[J]. NOTICES OF THE AMS, 2000, 47(8): 868-876.

[109] FULLER F. Concerns of Teachers: a Developmental Conceptualization[J]. American Educational Research Journal, 1969, 6(2): 207-226.

[110] GARMSTON R J. How administrators support peer coaching[J]. Education Leadership, 1987, 44(5): 18-26.

[111] GEDDIS A N. Transforming subject matter knowledge: The role of pedagogical content knowledge in learning to reflect on teaching[J]. International Journal of Science Education, 1993, 15(6): 673-683.

[112] GESS-NEWSOME J, LEDERMAN N G. Examining pedagogical content knowledge: The construct and its implications for science education[M]. London: Kluwer Academic Publishers, 2002.

[113] GESS-NEWSOME J. Pedagogical content knowledge: An introduction and orientation[M]// GESS-NEWSOME J, LEDERMAN N G. Examining pedagogical content knowledge: The construct and its implications for science education. Dordrecht: Kluwer Academic Publishers, 1999: 3-17.

[114] GIBSON S, DEMBO M H. Teacher efficacy: A construct validation[J]. Journal of Educational Psychology, 1984, 76(4): 569-582.

[115] GODDARD R D, HOY W K, HOY A W. Collective teacher efficacy: Its meaning, measure, and impact on student achievement[J]. American Educational Research Journal, 2000, 37(2): 479-507.

[116] GROSSMAN P L. The making of a teacher: Teacher knowledge and teacher education[M]. New York: Teachers College Press, 1990.

[117] GUBRIUM J F, HOLSTEIN J A. From the individual interview to the interview society[M]// GUBRIUM J F, HOLSTEIN J A. Handbook of interview research. Thousand Oaks, CA: SAGE Publications, Inc, 2001: 3-32.

[118] GUSKEY T R, PASSARO P D. Teacher efficacy: A study of construct dimensions[J]. American Educational Research Journal, 1994, 31(3): 627-643.

[119] GÜZEL E B. An investigation of pre-service mathematics teachers' pedagogical content knowledge, using solid objects[J]. Scientific Research and Essays, 2010, 5(14): 1872-1880.

[120] HAN S W. The role of teacher efficacy in the development of pedagogical content knowledge among experienced science teachers[D]. Austin: The University of Texas at Austin, 2014.

[121] HILL H C, BALL D L, BLUNK M, et al. Validating the ecological assumption: The relationship of measure scores to classroom teaching and student learning[J]. Measurement: Interdisciplinary Research and Perspectives, 2007(5): 371-406.

[122] HILL H C, BALL D L, SCHILLING S G. Unpacking pedagogical content knowledge: Conceptualizing and measuring teachers' topic-specific knowledge of students[J]. Journal for Research in Mathematics Education, 2008, 39(4): 372-400.

[123] HILL H C, ROWAN B, BALL D L. Effects of teachers' mathematical knowledge for teaching on student achievement[J]. American Educational Research Journal, 2005, 42(2): 371-406.

[124] HOY A W, SPERO R B. Changes in teacher efficacy during the early years of teaching: A comparison of four measures[J]. Teaching & Teacher Education, 2005, 21(4): 343–356.

[125] HOY W K, WOOLFOLK A E. Teachers' sense of efficacy and the organizational health of schools[J]. The Elementary School Journal, 1993(93): 356–372.

[126] HUBERMAN M. The professional life cycle of teachers[J]. Teachers College Record, 2005, 91(1): 31–57.

[127] HUME A, BERRY A. Constructing CoRes—a strategy for building PCK in pre-service science teacher education[J]. Research in Science Education, 2011, 41(3): 341–355.

[128] JACOBS V R, LAMB L L C, PHILIPP R A. Professional noticing of children's mathematical thinking[J]. Journal for Research in Mathematics Education, 2010(41): 169–202.

[129] JACOBS V R, PHILIPP R A. Mathematical thinking: Helping prospective and practicing teachers focus[J]. Teaching Children Mathematics, 2004(11): 194–201.

[130] JENKINS J M, VEAL M L. Perspective teachers' PCK development during peer coaching[J]. Journal of Teaching in Physical Education, 2002(10): 49–69.

[131] JENKINS O F. Developing teachers' knowledge of students as learners of mathematics through structured interviews[J]. Journal of Mathematics Teacher Education, 2010(13): 141–154.

[132] JOYCE B, SHOWERS B. The coaching of teaching[J]. Educational Leadership, 1982, 40(1): 4–10.

[133] KINACH B M. A cognitive strategy for developing pedagogical content knowledge in the secondary mathematics methods course: Toward a model of effective practice[J]. Teaching and Teacher Education, 2002, 18(1): 51–71.

[134] KLEICKMANN T, RICHTER D, KUNTER M, et al. Content knowledge and pedagogical content knowledge in Taiwanese and German mathematics teachers[J]. Teaching & Teacher Education, 2015, 46(2): 115–126.

[135] KLEICKMANN T, RICHTER D, KUNTER M, et al. Teachers' content knowledge and pedagogical content knowledge: The role of structural differences in teacher education[J]. Journal of Teacher Education, 2013, 64(1): 90-106.

[136] KOCHAN F K. Examining the organizational and human dimensions of mentoring[M]. Charlotte: Information Age Publishing, 2002b.

[137] KRAUSS S, BAUMERT J, BLUM W. Secondary mathematics teachers' pedagogical content knowledge and content knowledge: Validation of the COACTIV constructs[J]. ZDM Mathematics Education, 2008, 40(5): 873-892.

[138] KRAUSS S, BRUNNER M, KUNTER M, et al. Pedagogical content knowledge and content knowledge of secondary mathematics teachers[J]. Journal of Educational Psychology, 2008, 100(3): 716-725.

[139] KROMREY J D, RENFROW D D. Using multiple choice examination items to measure teachers' content-specific pedagogical knowledge[EB/OL]. (1991-02-13) [2017-12-11]. https://files.eric.ed.gov/fulltext/ED329594.pdf.

[140] KUNTER M, BAUMERT J, BLUM W, et al. Cognitive activation in the mathematics classroom and professional competence of teachers: Results from the COACTIV project[M]. New York: Springer Science+Business Media, 2013.

[141] KUNTER M, KLUSMANN U, BAUMERT J, et al. Professional competence of teachers: Effects on instructional quality and student development[J]. Journal of Educational Psychology, 2013, 105(3): 805-820.

[142] LANNIN J K, WEBB M, CHVAL K, et al. The development of beginning mathematics teacher pedagogical content knowledge[J]. Journal of Mathematics Teacher Education, 2013, 16(6): 403-426.

[143] LEE E, BROWN M N, LUFT J A, et al. Assessing beginning secondary science teachers' PCK: Pilot year results[J]. School Science and Mathematics, 2007, 107(2): 52-60.

[144] LEE E, LUFT J A. Experienced secondary science teachers' representation of pedagogical content knowledge[J]. International Journal of Science Education,

2008, 30(10): 1343-1363.

[145] LORTIE D. Schoolteacher: A sociological study[M]. Chicago: The University of Chicago Press, 1975.

[146] LOUGHRAN J, BERRY A, MULHALL P. Understanding and developing science teachers' pedagogical content knowledge[M]. 2nd. Rotterdam: Sense Publishers, 2012.

[147] LOUGHRAN J, MILROY P, BERRY A, et al. Documenting science teachers' pedagogical content knowledge through PaP-eRss[J]. Research in Science Education, 2001, 31(2): 289-307.

[148] LOUGHRAN J, MULHALL P, BERRY A. In search of pedagogical content knowledge in science: Developing ways of articulating and documenting professional practice[J]. Journal of Research in Science Teaching, 2004(4): 370-391.

[149] MAGNUSSON S, KRAJCIK J S, BORKO H. Nature, sources and development of pedagogical content knowledge for science teaching[M]// GESS-NEWSOME J, LEDERMAN N G. Examining pedagogical content knowledge: The construct and its implications for science education. Dordrecht: Kluwer Academic Publishers, 1999: 95-132.

[150] MARKS R. Pedagogical content knowledge: From a mathematical case to a modified conception[J]. Journal of Teacher Education, 1990, 41(3): 3-11.

[151] MCDONOUGH A, CLARKE B, CLARKE D M. Understanding, assessing and developing children's mathematical thinking: The power of a one-to-one interview for preservice teachers in providing insights into appropriate pedagogical practices[J]. International Journal of Educational Research, 2002, 37(2): 211-226.

[152] MISHRA P. Technological pedagogical content knowledge: A framework for teacher knowledge[J]. Teachers College Record, 2006(6): 1017-1054.

[153] MTHETHWA-KUNENE E, ONWU G O, de VILLIERS R. Exploring biology teachers' pedagogical content knowledge in the teaching of genetics in Swaziland science classrooms[J]. International Journal of Science Education, 2015, 37(7):

1140-1165.

[154] MULLEN E J., NOE R A. The mentoring information exchange: When do mentors seek information from their protégés? [J]. Journal of Organizational Behavior, 1999, 20(2): 233-242.

[155] National Council of Teachers of Mathematics. Professional standards for teaching mathematics[EB/OL]. （1991-11-01）[2017-10-17]. http://www.toolkitforchange.org/toolkit/documents/551_92_nctm_teaching_standards.pdf.

[156] NEWMAN K K, BURDEN P R, APPLEGATE J H. Helping teachers examine their long-rang development[J]. Teacher Educator, 1980, 15(4): 7-14.

[157] NIESS M L. Preparing teachers to teach science and mathematics with technology: Developing a technology pedagogical content knowledge[J]. Teaching and Teacher Education, 2005(21): 509-523.

[158] NILSSON P. Teaching for understanding: The complex nature of pedagogical content knowledge in pre-service education[J]. International Journal of Science Education, 2008, 30(10): 1281-1299.

[159] ÖVEZ F T D, AKYÜZ G. Modelling technological pedagogical content knowledge constructs of preservice elementary mathematics teachers[J]. Education and Science, 2013, 38(170): 321-334.

[160] PARK S. Teacher efficacy as an affective affiliate of pedagogical content knowledge[J]. Journal of the Korean Association for Research in Science Education, 2007, 27(8): 773-784.

[161] PASIGNA J C, HERRERA M L. Professional profile and pedagogical content knowledge of geometry teachers in mathematical proofs in the context of public secondary high schools[J]. SDSSU Multidisciplinary Research Journal, 2014, 2(1): 22-34.

[162] PATAHUDDIN S M, LOWRIE T, DALGARNO B. Analysing mathematics teachers' TPACK through observation of practice[J]. The Asia-Pacific Education Researcher, 2016, 25(5): 1-10.

参考文献

[163] PETERSON P L, FENNEMA E, CARPENTER T P, et al. Teacher's pedagogical content beliefs in mathematics[J]. Cognition & Instruction, 1989, 6(1): 1–40.

[164] PHELPS G, SCHILLING S. Developing measures of content knowledge for teaching reading[J]. The Elementary School Journal, 2004, 105(1): 31–48.

[165] PHILIPP R A, AMBROSE R, LAMB L, et al. Effects of early field experiences on the mathematical content knowledge and beliefs of prospective elementary school teachers: An experimental study[J]. Journal for Research in Mathematics Education, 2007(38): 38–476.

[166] PHILIPP R A, THANHEISER E, CLEMENT L. The role of a children's mathematical thinking experience in the preparation of prospective elementary school teachers[J]. International Journal of Educational Research, 2002, 37(2): 195–210.

[167] ROLLNICK M, MUNDALAMO F, BOOTH S. Concept maps as expressions of teachers' meaning-making while beginning to teach semiconductors[J]. Research Science Education, 2013(43): 1435–1454.

[168] ROTH K J, GARNIER H E, CHEN C, et al. Video based lesson analysis: Effective science PD for teacher and student learning[J]. Journal of Research in Science Teaching, 2011(48): 117–148.

[169] SCHMIDT D A, BARAN E, THOMPSON A D, et al. Technological pedagogical content knowledge (TPACK): The development and validation of an assessment instrument for preservice teachers[J]. Journal of Research on Technology in Education, 2009, 42(2): 123–149.

[170] SCHNEIDER R, PLASMAN K. Science teacher learning progressions: A review of science teachers' pedagogical content knowledge development[J]. Review of Educational Research, 2011, 81(4): 530–565.

[171] SEE N L M. Mentoring and developing pedagogical content knowledge in beginning teachers[J]. Procedia–Social and Behavioral Sciences, 2014(123): 53–62.

[172] SHANAHAN L E, TOCHELLI A L. Examining the use of video study groups for

developing literacy pedagogical content knowledge of critical elements of strategy instruction with elementary teachers[J]. Literacy Research and Instruction, 2014, 53(1): 1–24.

[173] SHULMAN L S. Knowledge and teaching: Foundations of the new reform[J]. Harvard Educational Review, 1987(2): 1–21.

[174] SHULMAN L S. Those who understand: Knowledge growth in teaching[J]. Education Researcher, 1986, 15(2): 4–14.

[175] SHULMAN L, SYKES G. A national board for teaching? In search of a bold standard: A report for the task force on teaching as a profession[C]. Hyattsville: Carnegie Forum on Education and the Economy, 1986.

[176] SLEEP L, BOERST T A. Preparing beginning teachers to elicit and interpret students' mathematical thinking[J]. Teaching and Teacher Education, 2012(28): 1038–1048.

[177] STEINBERG R M, EMPSON S B, CARPENTER T P. Inquiry into children's mathematical thinking as a means to teacher change[J]. Journal of Mathematics Teacher Education, 2004(7): 237–267.

[178] STOILESCU D. A Critical Examination of the Technological Pedagogical Content Knowledge Framework: Secondary School Mathematics Teachers Integrating Technology[J]. Journal of Educational Computing Research, 2015, 52(4): 514–547.

[179] THIESSEN D. A skillful start to a teaching career: A matter of developing impactful behavior, reflective practice, or professional knowledge? [J]. International Journal of Educational Research, 2000, 33(5): 515–537.

[180] THOMSON M M, DIFRANCESCA D, CARRIER S, et al. Teaching efficacy: Exploring relationships between mathematics and science self-efficacy beliefs, PCK and domain knowledge among preservice teachers from the United States[J]. Teacher Development, 2017(21): 1–20.

[181] TIROSH D. Enhancing prospective teachers' knowledge of children's conceptions: The case of division of fractions[J]. Journal for Research in Mathematics Education,

2000(31): 5-25.

[182] TSCHANNEN-MORAN M, HOY A W. Teacher efficacy: Capturing an elusive construct[J]. Teaching and Teacher Education, 2001, 17(7): 783-805.

[183] VACC N N, BRIGHT G W. Elementary preservice teachers' changing beliefs and instructional use of children's mathematical thinking[J]. Journal for Research in Mathematics Education, 1999(30): 89-110.

[184] VAN DER VALK T, BROEKMAN H. The lesson preparation method: A way of investigating pre-service teachers' pedagogical content knowledge[J]. European Journal of Teacher Education, 1999, 22(1): 11-22.

[185] VAN DRIEL J H, VERLOOP N, DE VOS W. Developing science teachers' pedagogical content knowledge[J]. Journal of Research in Science Teaching, 1998, 35(6): 673-695.

[186] WILSON S M, SHULMAN L S, RICHERT A E. 150 different ways of knowing: Representations of knowledge in teaching[M]. London: Cassell, 1987.

[187] ZOU Hui. U.S. and Chinese middle school mathematics teachers' pedagogical content knowledge: The case of functions[D].Phoenix: Arizona State University, 2014.

附录1　初中数学教师学科教学知识情境测评试题

指导语：敬爱的老师们，大家好！我是东北师范大学教育学部教师教育专业博士生。因做博士论文需要，请各位老师帮忙填写此问卷。此问卷只做研究使用，请各位老师认真填写基本信息及测评试题这两部分内容。非常感谢您的配合！

学科教学知识是指，教师能够将学科知识进行转化，并采取适当的教学方法和策略进行教学，使得学生易于理解和掌握的一种知识。

一、基本信息

姓氏：_____　电话：_____　性别：_____

1.学校类型（　　）A.一般　B.重点

2.教龄（　　）A.教学1~3年　B.教学4~6年　C.教学7~12年　D.教学13~20年

3.职称（　　）A.中学高级　B.中学一级　C.中学二级　D.中学三级　E.无

4.大学专业（　　）A.数学教育专业　B.其他师范类专业　C.非师范类专业

5.担任指导教师的情况（　　）。

A.担任新手教师的指导教师　　　　B.担任职前教师的指导教师

C.不担任指导教师　　　　　　　　D.担任新手教师与职前教师的指导教师

6.你当中学生时的学习经历对你学科教学知识的影响程度（　　）。（作为学习者经验不同认知）

A.影响最大　　　B.影响较大　　　C.只有一点影响　　D.根本没有影响

7.你认为在大学期间的学习对你学科教学知识的提升最有帮助的一项是（　　）。（对职前经验的不同认知）

A. 一般教育学类课程　　　　　　B. 数学教育类课程

C. 教育实习　　　　　　　　　　D. 数学教育类课程与教育实习

8. 当你参加工作以后，你认为（　　）对你学科教学知识的提升最有帮助。（对在职经验的不同认知）

A. 在职培训与有组织的专业活动

B. 在职培训与非组织的专业活动

C. 在职培训与教师自身因素

D. 有组织的专业活动与非组织的专业活动

E. 有组织的专业活动与教师自身因素

F. 非组织的专业活动与教师自身因素

二、测评试题（共12道题）

（一）将学科知识转化成学生易于接受形式的知识（1~4题）

例：方差是用来描述波动程度的，其公式如下：

$$s^2 = \frac{(x_1-M)^2+(x_2-M)^2+(x_3-M)^2+\cdots+(x_n-M)^2}{n}$$

有的学生不明白为什么方差公式中各个数据减去它们平均数后再平方，而不是各个数据减去它们平均数后取绝对值。

（1）请您用学生能够理解的方式进行解释。

（2）您为什么会这样解释？

（二）关于学生典型错误和困难的知识（5~8题）

例：在边长为5cm和7cm的矩形中作等腰三角形，其两个等边长为4cm，使等腰三角形的一条边是矩形的长或宽，第三个顶点在矩形的边上，求所作等腰三角形的面积。

大多数学生画的等腰三角形是△AEF，其面积为8cm²。该答案不完全对。

（1）请分析该学生在解这道题中存在的各种困难。

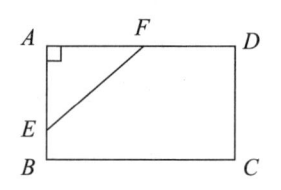

（2）分析学生出现这些困难的原因。

（3）您通过什么途径确定学生的困难及原因的？

（三）对于数学任务多种参考答案的知识（9~12题）

例：三角形ABC中M为BC的中点，P、R分别在AB与AC上，Q为AM与PR的交点。证明：若Q为PR的中点，则PR//BC，如下图。

请您使用两种以上的方法解决这个问题。（不用计算，简单写出解题方法）

（1）第一种方法：

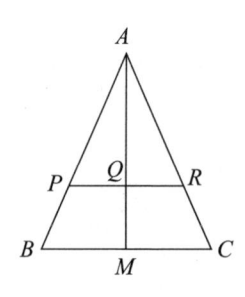

（2）第二种方法：

（3）其他方法：

（4）您通过什么途径获得的这些方法？

附录2　初中数学教师学科教学知识情境测评试题的赋分标准、赋分及参考答案

附表1　初中数学教师学科教学知识情境测评的赋分标准与赋分

赋分项目	赋分准则	赋分
将学科知识表征成学生易于接受形式的知识	（1）没有回答； （2）答非所问； （3）回答不正确，对问题理解错误或答偏了	0
	回答部分是正确的 即与所给参考答案对比，只回答了一部分且这一部分是正确的；另一部分没有回答，或是回答错误	1
	回答大部分是正确的 与所给参考答案对比，回答基本是一致的，但未能详细地阐述原因或写出具体过程	2
	回答完全正确，并且给出与内容相关的合理解释 与所给参考答案对比，回答完全正确，并且能够详细地阐述原因并写出具体的解题过程	3
关于学生典型的困难和错误的知识	（1）没有回答； （2）答非所问； （3）回答不正确，对问题理解错误或答偏了	0

续表

赋分项目	赋分准则	赋分
关于学生典型的困难和错误的知识	回答部分是正确的 即与所给参考答案对比，只回答了一部分且这一部分是正确的。另一部分没有回答，或是回答错误	1
	回答大部分是正确的 与所给参考答案对比，回答能够反映出学生常见的错误或困难	2
	回答完全正确，并且给出合理解释 与所给参考答案对比，回答不仅能够反映出学生常见的错误或困难，还能够分析学生所犯错误的原因，分析得合理到位	3
对于数学任务多种参考答案的知识	（1）没有回答； （2）答非所问； （3）回答不正确，对问题理解错误或答偏了	0
	回答部分是正确的 即与所给参考答案对比，只回答了一部分且这一部分是正确的。另一部分没有回答，或是回答错误	1
	回答大部分是正确的 与所给参考答案对比，回答基本是一致的	2
	回答完全正确，并且给出相关的合理解释 与所给参考答案对比，回答完全正确，对多种参考答案能够归类	3

附录

附表2 初中数学教师学科教学知识测评试题及参考答案

初中数学教师学科教学知识组成部分	初中数学教师学科教学知识测评试题	初中数学教师学科教学知识试题的参考答案
将学科知识表征成学生易于接受形式的知识（4道题）	方差用来描述波动程度，其公式如下：$s^2=\dfrac{(x_1-M)^2+(x_2-M)^2+(x_3-M)^2+\cdots+(x_n-M)^2}{n}$ 有的学生不明白为什么方差公式中是各个数据减去它们的平均数（即各个偏差）后再平方，而不是各个数据减去它们的平均值后取绝对值。 请您用学生能够理解的方式进行解释，并写出整个过程	答：让学生明白含有绝对值的式子不便于计算，且衡量一组数据的波动大小的功能上，方差更强大。 给学生提供一组如下数据： 甲：3、5、6、7、9 乙：4、5、6、7、8 丙：3、6、6、6、9 并运用两种方法计算这三组数据的稳定性。这两种方法如下： （a）先求各偏差的绝对值，再相加； （b）先求各偏差的平方，再相加。 用方法（a）算得：甲：8；乙：6；丙：6 （又如何比较乙、丙的稳定性呢？） 用方法（b）算得：甲：20；乙：10；丙：18 （这种算法算得，三者的稳定性都不一样。）
关于学生典型的困难和错误的知识（4道题）	在边长为5cm和7cm的矩形中作等腰三角形，其两个等边为4cm，使等腰三角形的一条边是矩形的长或宽，第三个顶点在矩形的边上，求所作等腰三角形的面积。 大多数学生画的等腰三角形是△AEF，其面积为8cm²。 该学生的答案不完全对，请分析该学生在解这道题存在的困难，并分析困难的成因 （图：矩形ABCD，A在左上，B在左下，C在右下，D在右上，F在AD上，E在AB上，连AE、EF）	学生存在的困难： 困难1：学生没有分类讨论等腰三角形可能出现的所有情况。除了学生想到的等腰三角形的两条边分别落在矩形的长和宽上的情况，还有另外两种情况也符合所给的已知条件。第一种情况：等腰三角形的一条边在矩形的长上，另一个顶点在矩形的宽上；第二种情况：等腰三角形的一条边在矩形的宽上，另一个顶点在矩形的长上。困难2：学生难在即使考虑到还有其他情况，但是不知道等腰三角形的第三个顶点应该落在哪里。 学生遇到困难的原因：第一，学生存在固有的"定式思维"，即直接将等腰三角形的两条边都落在矩形上。第二，学生只考虑特殊情况，即直角等腰三角形，而忽略了符合条件的钝角三角形或锐角等腰三角形，缺乏整体的数学思想。第三，该题可以通过以等腰三角形的等腰边长4cm作为圆的半径，画一个圆圈，并使之与矩形的另一条边相交的方法来确定等腰三角形的第三个顶点的位置。 学生缺乏数形结合的数学思想

续表

初中数学教师学科教学知识组成部分	初中数学教师学科教学知识测评试题	初中数学教师学科教学知识试题的参考答案
对于数学任务多种参考答案的知识（4道题）	三角形ABC中M为BC的中点，P、R分别在AB与AC上，Q为AM与PR的交点。证明：若Q为PR的中点，则$PR//BC$，如下图。请您使用两种以上的方法解决这个问题。（简单写出你的解题方法，不用计算）	证法一：（平行定理） 分别过P、R两点作AM的平行线，利用平行线截线段成比例定理来证。 分别过P、R两点作$PD//AM$，$RE//AM$，分别交BC于点D、E。 $\because PD//AM//RE$，$PQ=QR$ $\therefore DM=ME$， $\dfrac{AP}{AB}=\dfrac{DM}{BM}=\dfrac{ME}{MC}=\dfrac{AR}{AC}$ $\therefore PR//BC$ 证法二：利用面积法 连接PM，RM。 $\because BM=MC$，$PQ=RQ$， $\therefore S_{\triangle ABM}=S_{\triangle AMC}$，$S_{\triangle APM}=S_{\triangle ARM}$ $\therefore S_{\triangle BMP}=S_{\triangle MCR}$ $\therefore P$、R到BC距离相等，且在处于相同侧 $\therefore PR//BC$

附录3 初中数学教师学科教学知识的影响因素问卷

学科教学知识是教师的学科知识和教育学知识的融合，就是你采取适当的教学策略或方法，把具体的数学教学内容转化成为学生易于理解和接受的形式，使得学生能够更好更快地掌握的一种独特知识。请根据您的实际情况，按要求排序并在括号里画"√"。

请问：您明白学科教学知识是什么了吗？还有什么不明白的地方吗？

第一题 影响教师学科教学知识的因素：请您根据其对学科教学知识影响的重要程度从高到低进行排序。

A. 作为学习者的经验（从你曾经的初中数学教师教数学中获得的经验）

B. 职前经验（从大学期间，你所学习的相关课程，教育见习及实习中获得的经验）

C. 在职经验（当一名初中数学教师以后在教学、各种培训及活动中获得的经验）

排序：_____

第二题 若您选择"在职经验"作为影响学科教学知识最重要的因素（即排序第一），请回答第1题。若您选择"职前经验"作为影响学科教学知识最重要的因素，请回答第2题。若您选择"学习者经验"作为影响学科教学知识最重要的因素，请回答第3题。

1. 以下都属于教师的"在职经验"，请选出对您学科教学知识影响较大的几项。（多选）（   ）

A. 在职培训（如接受学历课程、非学历课程）

B. 有组织的专业活动（如校级教研活动、市级教研活动、省级教研活动和全国教研活动）

C. 非组织的专业活动（如听课、网络视频学习）

D. 教师自身因素（如教学经验、数学学科知识、数学教学观）

2. 以下都属于教师的"职前经验"，请选出对您学科教学知识影响较大的

几项。（多选）（　　　）

　　A. 一般教育学类课程（如大学的教育学、心理学等课程）

　　B. 数学教育类课程（如大学开设的中学数学教育类课程）

　　C. 教育实习（如大学期间顶岗实习或教育实习）

　　3. 以下都属于教师的"学习者经验"，请选出对您学科教学知识影响较大的一项。（　　　）

　　A. 在正式教育环境中的经验（你在中小学接受教育时的经验）

　　B. 在非正式教育环境中的经验（你在上中小学时，除了学校教育之外的经验，如来自家庭的经验）

附录4　关于同一职业生涯阶段初中数学教师学科教学知识影响因素的访谈提纲

　　基于附录3的调查结果，再根据教师所选出的对其学科教学知识影响非常重要及重要因素进行逐一半结构式访谈，访谈的问题如下。

　　请根据上述问卷中您选择的对教师学科教学知识有重要影响的因素，逐一谈一谈。

　　（1）为什么这些因素对您的学科教学知识有如此重要的影响？

　　（2）这些因素如何影响您的学科教学知识？可以举例说明。

　　研究者也可按照以下影响因素逐一进行访谈。

　　1. 作为学习者的经验

　　请结合事例谈一下作为学习者的经验具体指的是什么？它如何影响您的学科教学知识？

　　2. 职前经验

　　请结合事例谈一谈职前经验具体指的是什么？（可提示大学期间开设的一般教育学类课程、数学教育类课程、教育实习）

请你举例说明职前经验如何影响您的学科教学知识？

3. 在职经验

请结合事例谈一谈在职经验具体指的是什么？（可提示在职培训、有组织的专业活动、非组织的专业活动、教师自身因素）

请你举例说明在职经验是如何影响您学科教学知识的？

4. 其他影响因素

还有哪些因素影响您的学科教学知识？这些因素具体指的是什么？请举例说明这些因素如何影响您的学科教学知识？